成中英文集 第五卷

儒家与新儒家哲学的新向度

New Dimensions of Confucian and Neo-Confucian Philosophy

成中英 著 阮 航 译

中国人民大学出版社
·北京·

总　序

2006 年，湖北人民出版社出版了我的四卷本文集。在此四卷本文集中，我整合了获得博士学位后所写的一些中文著作。彼时是吾之哲学体系化的酝酿期，是吾之哲学体系化的第一阶段。为充实此四卷本文集，为将更多应收入的文章放进去，如部分英文著作，就有了出版十卷本文集的构想。整理十卷本得到了私淑于我的学生奚刘琴博士的帮助。奚刘琴博士帮助编辑了八本，加上我的两本英文著作的译稿，一起构成了现在所看到的十卷本。

通过这个十卷本，我回顾自己思想的发展性和完整性，有下面两个感想：第一，我的思想在不断发展中，思考面向繁多复杂，对很多问题都有自己的看法，但时间有限，没办法加以发挥。另外，我在海外教学四十余年，有很多发表过的和未发表的英文著述，由于种种原因目前还无法全部翻译，所以这十卷本未能包含我绝大部分英文著作。第二，我的思想近年来有很大的整合性发展，我努力想把自己的思想整合为一个更完整的整体。尽管还没有达到我的理想，但这些整合性的发展使我对中国哲学未来的发展有莫大的信心，这一信念见诸我在 2015 年写的《中国哲学再创造的个人宣言》一文。在这篇文章中，我这样说：

> 我个人对中国哲学再发展的宏图与愿景具有充分的理由和信心，或可名此为哲学自信。基于我的哲学心路历程建立的哲学自信，我提出下列个人宣言：
>
> （1）中国哲学是人类精神传承与世界哲学发展最根本、最重要的成分之一。
>
> （2）中国哲学的发展体现出，也透视出人类多元核心价值的开放统一性格。
>
> （3）中国哲学与西方哲学或其他重要哲学与宗教必须形成一个相互依存的本体诠释圆环。
>
> （4）中国哲学在其根源与已发展的基础上必须发展成为更为完善的本、体、知、用、行体系。
>
> （5）中国哲学的发展关系着人类存亡的命运以及人类生命共同体与和平世界的建立使命。①

---

① 成中英：《中国哲学再创造的个人宣言》，见潘德荣、施永敏主编：《中国哲学再创造：成中英先生八秩寿庆论文集》，8 页，上海，上海交通大学出版社，2015。

这个十卷本文集体现了我将自身思想加以体系化的第二阶段之发展。其与四卷本相异之处在于：

第一，十卷本的系统性相当完整，是迄今为止我的学术论著出版规模最为全面的一次，收录了最能代表我思想的各类中文论著，特别是我近十年来发表的论文，包括一部分重要英文论著的中文译稿。因此，本次出版更好地补充了四卷本文集一些衍生的意念，体现出我自己的哲学已更为系统化、一贯化。从四卷本到十卷本，不仅是量的增加，而且是质的系统呈现。

第二，十卷本收入了两部能够代表我学术成就的英文著作的译稿——《皮尔士和刘易斯的归纳理论》与《儒家与新儒家哲学的新向度》，这是有异于四卷本的一大特点，能够使读者对我的英文著作有所了解。

第三，一些个别新论述，包括美学论述及对其他问题的新认识，都被整合了进来。这些整合工作是由奚刘琴博士帮助我完成的。

十卷本文集的出版是我思想的一个里程碑，为以后的整合奠定了基础，同时作为一个比较完整的文献，使我的思想有更好的发展，并与过去的思想有更好的融合。这一过程，我名之为超融，即超越的融合。我希望在今后发展出更多超融的工夫，便于以后的学术研究，促使中国哲学进一步发展。这是我最大的宏愿，希望中国哲学有新的发展和再创造，并能够再辉煌，尤其在今天的世界里面不断地发挥影响，促进中国的发展，促进世界文化的发展与和平。

这个十卷本亦在更广泛的基础上彰显了我哲学体系的规模、结构和内涵，表达了我的思想发展过程，从中能够看到我的重要思想如中国逻辑学的发展、儒学思想的发展、中国管理哲学的发展、中国本体诠释学的发展、中国形而上学的发展、中国政治哲学的发展、知识论的发展、伦理学的发展、美学的发展，其中也提出了很多问题，这是中国哲学当前需要面对和审视的，是对当代中国哲学的一种促进、推动和激励，希望引申出更好的未来。

一、深契西方哲学

我从 1985 年在北京大学哲学系讲学时，就抱定一个宗旨，即古典的中国哲学和现代的西方哲学应能够建立一个彼此理解的关系。自 1965 年起，我即开始在美国讲授中国哲学，亦讲西方当代哲学，遂能有此判断。我做这样的努力，就是要把中国哲学从历史的含义激活成为现代的含义，使它能够在知识论、方法论、本体论的观照之下进行一种真理的意识、现实的所指。当然，我注意到过去有些学者喜欢将西方古典哲学与中国哲学对照，将古希腊哲学与儒家哲学甚至道家哲学对照。但我觉得实际上这是远远不够的，我们的后期中国哲学，从宋明到近现代，实际上也不一定和西方古典流派对比。若能有针对性地用力，最终我们或许可以有一个全方位的现代对古典、中国现代对西方古典、中国古典对西方现代之对比，并把这个意义展开——这是三言两语无法做到的。欲达致于兹，必须先了解一套诠释的理论、诠释的哲学。

1985 年之际，我已在北京大学哲学系讲诠释学的概念和方法。我们这一代学人注意到一个清楚的事实：西方哲学的发展在于理论和方法的交相利用。理论的发展需要方法的意识，方法的意识又是理论逐渐发展的基础。理论的重要性在于它能够说明现象，能够更进一步地说明现象中有生的发展之可能性。方法意识是一个指导原则，而且比较具体地告诉我们应该怎样去形成一个整合理念，它有一种逻辑的内涵，是程序、概念的集合。当然，理论和方法在某种意义上是一而二、二而一的，是一个整体。从认识的过程来讲，这是一个方法；从对象来说，这是一种理论。由此观之，西方哲学基本上是从对自然哲学的关注、观察，发展到苏格拉底之"内省"的、对人心理价值观的看法。苏格拉底致力于所谓的"诘问"，以此把人的思想挖掘出来。他看到人的灵魂里面包含着一些隐秘的真理，所以他考察一个奴隶的小孩能否认识几何的真理，此即苏格拉底的"内部启蒙法"。到了柏拉图，提出了"理念世界"之逻辑界定法，形成了将现象与真实一分为二的分野，这样就更有利于掌握真实之为何物。柏拉图之后，就是亚里士多德之观察与推论结合的定义法。到中世纪，是一种权威信仰的方法；其后期，乃有皮尔士所说的形上学之概念和范畴构建法。到近代，最主要的就是笛卡儿的怀疑方法、斯宾诺莎的公理规范法、莱布尼茨的逻辑可能性创建法。至康德，形成了本质概念批判的方法。于黑格尔处，则有"正反合"的辩证法。"正反合"特别有意义之处在于，在"正""反""合"里面，"反"把"正"取消掉了，呈现出一个和过去几乎没有关系的新层次，谓之超验，超越出来。在此以后，最大的改变，就德国学者而言，即是胡塞尔的现象括除法，然后便是海德格尔的内省体验法。这之后，伽达默尔的哲学诠释则是非方法的方法，见其《真理与方法》。最后，是导向后现代主义的德里达之所谓"解构方法"。这些方法的引进，即是理论的引进；理论的引进，也带有新的方法。两者相互为因为果——这实际上是一种"能指"与"所指"间的关系。

英国哲学的传统是以洛克哲学作为基础，探求一种印象，有联想法、建构法。尔后休谟持怀疑主义，完全走向心理经验的印象主义建构法、上帝直觉认知的方法。到近代，随着科学的发展，乃有逻辑失真论的意义鉴定法，要消除形上学、伦理学甚至美学，只能按科学方法、逻辑方法——这是意义的保证，超过此方法则没有意义。这是很极端的。其后，奎因即重新建构，讲"经验的世界"，尤其谓是语言在表达经验，重构科学的知识，通过语言分析和逻辑分析来构建科学真理。总而言之，如今的西方哲学方法愈来愈复杂。

二、反思中国哲学

方法对于理论有其重要性。其实，西方哲学的一大要点就是欲寻求方法之突破，而方法往往要求一种逻辑对思想形式之规范，以及对此种思想形式达到目标之规范，比如胡塞尔的现象法要求"括除"，形式上就要排除联想领域的心理印象，此后方能达到真实存在之显露。任何方法皆同此理，最重要的是外在之规定，以达致对象化的真理目标。问题是，我们的经验往往不能完全排除，不能完全为一个规定好的目标重建，故必须永远寻找新的方法来创造新的理论。新的理论有时而穷，所以必须反复重新规范目的、起点与过程间的关系。

中国哲学重视人在整体感受与对外在世界之观察时所形成的内在之整体真实直观。所谓"真实"，是基于观察而感受、反之而再观察所形成的自然之"真实"，以现有的经验为主体、为要点。其从不排斥现实的经验，而是要从现实的经验当中体验出观察的成果，以去摸索、掌握感受之意义，并形诸文字。这种文字不一定是最精确的，但相对于语境和经验而言，它具有一定的内涵，且因为此内涵是针对现实所呈现出来的现象，故可以没有界限，也可以引申到达无尽，故中国的终极概念均可以被深化、广化，也可以被显身成道家之"太极""无极"，儒家之"本心""本体"，佛家之"菩提""大圆镜智"——此皆是从内在显身到外在的理念。此处所说的是中国化后受儒、道之影响的佛教，其呈现的终极理念，与儒、道的终极理念在逻辑上具有一致性，即其均既无尽、终极而又可说明现象，不把本体和现象看作真实画等的关系，而是将其看作舍远取近、幻中作幻之经验。在这样的传统中，其重点在于以开放的心态来掌握真实，其方法为在观察、感受、沉思等心灵活动中以及在深化、广化过程中整合、融合我们的经验，使它形成对真实世界的观照、投射，引发出创造性活动。在这个思维内，方法已经消融于本体的思维之中，这和西方之方法独立于理论对象真实之外形成明显的对照。

故我认为，中国哲学若要让哲学思想者表达、传播、沟通人与人心灵中之意义，就必须强调大家内在之概念具有沟通性，具有指向的对象性，必须要有方法学以达致此。方法学的重要性在于把已经获得的经验、要融合的经验，用清晰明白的概念（至少）在形式上说得相当清楚；同时，也能将其各层次、步骤、方面、范畴、范围、过程说清楚。当然，兹方法系基于本体思想本身的超融性、丰富性。此方法可以是分析的、逻辑的、语言的、语义的，但必须要能把错综复杂的关系说清楚，说明其包含性和开放性。在这个意义上，方法的提出并不一定要影响到本体的思想。但吾人并不能因为方法消除在本体的体悟、经验中，就忘记方法的重要性。尤其在人类生活实践已非常频繁、交错的今天，现实中有多种不同的生活之功能性活动，故而要把我们重视的概念与所对应的实际生活之界域疏导得足够清楚。这就是一种基本的本体诠释。此基本的本体诠释，亦即"对本体的诠释"，就是基于分析的、系统的方法，强调分析、系统、概念，并且将本体之概念逻辑地、清楚地表达出来。比如孔子的心性之学，我们固然可以引经据典而论其概念之内涵，但为了说明斯者，还应该深化出孔子对生命之体验为何。唯有在生活的了解中才能掌握孔子之语的内涵，否则其一贯之道就无从彰显。我对早期儒家哲学的认识，即在于对《论语》《大学》《中庸》《孟子》《荀子》《易传》等文本进行深度的解读，以掌握其最深刻的、真实呈现的真善美经验与价值规范。表达出的语言结构还须符合系统性、层次性、整体性、发展性，尤其既重其根源，又重其从根源到系统之间的发展过程。此即对本体发生过程之研究，即诠释本体之进程（onto-generative approach）。之所以称本体是方法，是因为它包含着一种为方法而呈现出来的形式。而它又是本体，所谓"即体即用""工夫所至即是本体"。此处"工夫"指进一步深刻地掌握本体经验，到深处去融合、甄定各种差异，以回应现实的需要，以进行更细腻的表达。故我认为，"工夫"是对本体的"工夫"，不等于"方法"，也不等于"应用"。

在本体学里，我们通过工夫来深化本体，此之谓"即工夫即本体"。而如果能深刻地掌握本体学，也能有工夫。因此，工夫是人的心性活动过程之实质体验。而心性又是很复杂的概念，涉及朱子以后的性体情用、感体知用、心体思用、意体志用之整合。斯更开拓出心灵所整体感受到的真实内涵，更能呈现出吾人所能体验的真实。① 夫心智者，既可用以掌握性情，又能面对外在的世界，乃将性情与外在宇宙世界进行整合。这种工夫，可谓之"涵养"。此"涵养"是整体的，酝酿在心中，既不离开对外在世界的观察，也不离开内心的活动。苟将"涵养"与"格物穷理"对照观之，则"格物穷理"更是一种对象化的认知活动，而"涵养"则是将此认知感受加以整合与内在体验之举。需要特别强调的是，过去未能把"涵养"说得很清楚，故吾人作此深度分析，加以经验的认识。进一步地，我们可以对人之存在的自我同一性有所认识。心智是整合性情与宇宙现象的认知活动，开拓了性情和世界共存之终极认识、真实显露。故"工夫所至即是本体"，而此之谓"本体"，系假设我们能真正掌握之。若我们真正掌握了本体之真实感，那么就可以据此进行新知识活动、进行观察。但本体与工夫的密切关联并不代表斯是方法或应用，我所提到的中国传统思考当中，一方面要强调"本体""工夫"之关系是整体的、内在的，另一方面还要强调更外在化的概念分析、逻辑分析、语言分析——此即方法。这些其实也被包含在整体思维活动之中。我认为中国哲学需要进行方法的革新。要建立方法之意识，以帮助我们更好地将传统本体哲学彰显出来，使别人能参与、能认知。不一定能取代别人的真实，但至少能让传统被更好地认识。故曰中国哲学需要方法。

三、揭橥本体诠释

我在上文中提到西方之方法，斯是一种辩证的过程，方法、理论相互超越而产生新的方法、理论。在科学理论方面，其化出了自然主义的知识论；在心灵整合方面，则化

① 蔡清《四书蒙引》："意与情不同。意者心之发，情者性之动。情出于性，随感而应，无意者也；意则吾心之所欲也，视情为著力矣。心之所之谓之志，心之所念谓之怀，心之所思谓之虑，心之所欲谓之欲，此类在学者随所在而辨别之，然亦有通用者。"

出了历史主义之心灵哲学、诠释哲学。此二者有对立的一面，以伽达默尔为代表的内在心灵主义论者要把科学知识、方法也纳入诠释体系里面，奎因、哈贝马斯则分别想把心灵哲学、社会哲学纳入基于概念的理论建设中。西方的这些哲学活动重在表达中的概念之建造、整合，而对终极的本体性之真实缺乏深入的探讨。其长期处在二元论、宗教哲学之上帝论的架构中，故难以深入思考"本体"之类问题，而陷入理论与方法的辩证发展、冲突中。在这个意义上，它们很需要一种本体的深化之革新，恰似中国需要一种方法扩大的革新一样。这是因为，西方与中国的传统只有在此转向中才能更好地融合。并不是说完成这种转向就必须要放弃原来的历史经验或哲学思考，而是要建立一个平台、一个层面，以更好地说明人类共同的经验、找到一种共同的语言，通过彼此沟通，形成一个更能解决问题、取消矛盾冲突的生活世界。以上这些是我在1985年到1995年间所进行的基本思考，思考结果就是本体诠释学。兹在我别的著作中已多有谈及，此处仅是说明其发展之过程。

在这之前，我在从哈佛大学到夏威夷大学执教将近十年的过程当中，于西方哲学方面也做了很多研究。我有一个很鲜明的立场：想确立一个真实的自然世界和一个真实的人生世界。这也许是当时我作为一位具有中国哲学背景之年轻思考者的基本倾向。面对西方那些怀疑论者，我首先是无动于衷，然后是进一步思考其所以怀疑，最后，我的倾向总在于化解此怀疑，而重新建立一种信念，来肯定真实性、生命性。这是一个中国的出发点。在这个意义上，我是非常中国哲学的。在我的根本经验上面，有中国哲学强烈的真实论、生命论、发展论、根源论、理想论之思想。在西方哲学方面，我其实很重视西方的知识论基础问题，为了要强调基础的重要性，我在大学里一直重视康德和休谟的辩论，举例来说，我在写作博士论文时，就进一步用逻辑的辩论来说明知识经验之可能，说明归纳法的有效性。当然，我的这个论证是一个逻辑论证，到今天依然具有其逻辑与科学之价值。面对一个变化多端、内容复杂的世界，我们要理出一个秩序，就必须先凝练出基本的概念，如对事物的质、量、模式之认识，这样我们才能认识具有真实性的世界。我们不能只把世界看成约化的，更不能仅将之看成一个平面物质。在长期的观察与经验当中，显然可以认为：物质世界之上有一生命世界，再上则有一心灵世界。物质世界即是我们看到的万事万物。生命世界是我们对动植物之生长、遗传、再生现象的认识，动植物均有这样的生命周期，在进化论之基础上可以见其变化，而《易传》亦固有"品物流形"之说；我们亦能观察、感觉、思考自身之生命世界。这种思考与感觉是否如笛卡儿所说需要上帝来保证呢？我认为不需要，因为我们整体的思维呈现出相互一致、前后贯穿之整体性，我们对非抽象的具体整体性之认识，使吾生之真实具有高度的必然性。或问：这个世界是否建立在一个虚幻的"空"上？是否处在魔鬼设计的圈套中？或谓生命本就是无常多变的，生死变幻，瞬息而化。但我们也看到，生命之生生不已者前仆后继，如长江后浪推前浪一般。或曰宇宙在科学上有极限，会因"熵"而熄灭——兹前提在于假设宇宙是封闭的。但今人尚无法证明宇宙之封闭性，恰恰相反，其变化性启发我们视之为一个发展的、开放的宇宙。我们假如心胸更开阔一点，就能进行基本的、长期的观察，一如当年中国先哲观天察地而认识到生命之变动不居、生生不息。斯则是真实论之基础。虽有品类参差，我们亦能感受到这种参差，故能在此基础上掌握个别事物之集体性存在特征，由此推演出未来事物、更大领域内事物之相应。

我们不能离开生命观察而单独谈逻辑，所以在成为一个抽象的"世界"概念之前，世界是真实存在的，故据此能从哲学上了解生死关系之可能性推理。诚然，这种推理有主观性，是主观认识之抽象平衡，但在有其他反证来否定这种认识的现象性、规范性之前，它依然是可以被初步接受的。因此，我提到，归纳逻辑需要在大数原则之下、在真实世界之下、在真实论之基础上取得证明，这是我当初的重要论证。我认为，传统乃至近代科学之知识论，多是基于归纳法来认识知识，而不是基于知识来认识归纳法，这是一个倒置。我们若一定要说得更深刻一点，则此二者系相互为用，会形成一个动态的、平衡的关系。归纳法支持知识，知识支持归纳法，由是形成了知识的可能性，我们的世界在这样的保证下，是一个真实的世界。故曰，我的哲学体系既结合了西方哲学之所长，又为西方哲学开辟了一条重要的路线。在这个意义上，我的本体诠释学是一个结合逻辑推理的知识哲学。

另外，正如休谟所关心的，人类的道德价值、社会价值有没有客观性？故而我们会问：人的存在及人存在之现象有没有客观性？在西方，人们还是很强调人性的，柏拉图、亚里士多德、康德、黑格尔均有这样的对人性之认识。但他们认识的深度远不如中国，故在康德之前，休谟对人性之"知"的能力，对人能否建立道德而产生终极之价值观、行为观乃至宗教哲学，保有高度的警惕与怀疑。在某个意义上讲，休谟也许受到启蒙时代所传之中国儒家哲学的影响，认为人是基于感情、感觉的生物，所以虽然在知识上无法建立真实性，但基于本能的感情与感觉，我们可以产生对人之关怀，我们的感觉往往能够透过一种"同情"的机制来感受他人。当然，主观感情投射的基础何在，休谟并没有对此加以说明。但他认为人存在一种对正义的感知、知觉（sense of justice），我们的正义感使我们基于自己能感受到他人，而观察他人复能反思自己，在"观察他人"与"感受自己"、"观察自己"与"感受他人"间产生呼应，在真实世界的归纳与演绎中建立人之价值的一般性、普遍性，从而获得真实的根本。故必须假设人性拥有这样的能力，即观、感、知、整合、思维，亦即谓人能做此种兼内外经验为一的综合判断。有意思的是，在道德哲学处，休谟反而是真实论的；在科学哲学、自然哲学处，他又是怀疑论的。而观西方哲学，直到康德才能对此有所补充，以回答休谟的怀疑论。我很早就接触并研究康德，早在华盛顿大学攻读硕士时就接触到康德的《判断力批判》（第三批判），在哈佛大学时接触到其《纯粹理性批判》（第一批判）、《实践理性批判》（第二批判）。从"第三批判"开始着手有一个好处，因为康德在其中说明了人有先行决定的判断能力，即直观的判断能力。此判断能力并非缘于某种现实的需要或某种先存的概念，而是直觉观察所呈现出来的情感上之喜悦或目的性认知，它具有内在普遍性；当然，前提是假设"人同此心，心同此理"。但康德对人性的认识，一方面比较形式化、结构化，另一方面比较缺少一种活动的内涵。康德之人性的哲学和中国的心性哲学有相当大的差异，据此形成的道德哲学也有相当大的差异。但正如我一再强调的，我几乎可以证明：康德受到了儒家的影响，主张人之理性的自主性，以此作为道德哲学的基础，从而避开了宗教之"他律"的要求。西方伦理学往往离不开上帝的指令，但可以说康德在西方近代哲学中最早提出人具有自主理性。此自主理性表现在人的自由意志可为自己的行为立法，把道德看作一种内在普遍的道德律，据此道德律以决定行为之充分理由、必要理由。我对康德哲学之述备矣，于此便不再细说。

2006年，我在《中国哲学季刊》出版了一期专刊，即谓《康德哲学与儒家的关系》，我有一篇论文说明此观点不仅是理论的，而且是历史的。2009年，香港浸会大学举办了"康德在亚洲学术研讨会"，我在会上作为主讲，特别强调了康德道德哲学和儒家哲学的相同与相异，尤其强调其相异部分，以说明康德没有充分认识到"仁爱"之普遍的价值性、基础性、必要性，他只要求人"自爱"，而没有强调人必然去关切他人，这与儒家有相当的不同。这也表明，他的人性论基本上是理性主义的，是以自我为中心的，与儒家把理性看成人性的一部分，将人的情性、感性、悟性、知性结合为一体的人性论不一样。基于复杂的人性对人之普遍关怀能力的需要，儒家强调"仁义"的重要性，康德亦与此不同。当时我即指出，这一基本差异反映在康德哲学中"完全责任"和"不完全责任"的分别上。以上既是我对康德的批评，同时亦是希望儒家能补充康德，甚至建立新的伦理学，兹遂变成我本体哲学中的一个重要部分。这也说明，我在面对西方哲学时，引申出了我对中国哲学之本体性的新肯定。我们可以发现西方哲学的问题性和缺陷性，但中国哲学中潜存着一种能发之作用，不但在中西沟通上能本体地补足西方（相应地，西方的方法意识、语言意识亦更好地补足了中国），且在此补充发展中也形成了我对世界哲学、整体哲学的认识。我的哲学在自然、宇宙、本体、形而上方面走向了一种动态的而又生态的真实（dynamic and vital reality），在道德哲学方面则走向了强调人性的真实、发展之可能和整体的道德哲学。整体的本体宇宙哲学、整体的道德伦理哲学能更好地展开我对西方哲学的认识。

此外，我于1959年到1963年在哈佛大学攻读博士学位期间，从事西方哲学研究，对逻辑、知识论、本体学都有一些基本的表达，斯亦成为我的思想基础。我有一个本质上属于中国经验的传统，即对真实和生命的体验，故我对真实性所包含的价值性之坚持是有根源的。在对西方哲学所做的观察下，我亦重新审察中国哲学，正如我在具中国哲学之前理解的背景下审察西方哲学的发展潜力及其面对之困境。同样，在西方哲学之方法意识、问题意识的要求下微观中国哲学，可以发现其表达之不完备性、意念之模糊性、用法之含蓄性、建构之被动接受性，从一开始就是现象学的、建构论的。比如其特别要找寻一个理论的建构，异乎柏拉图、亚里士多德、康德、黑格尔；其对生命的体验产生了一些不断强化、延伸的终极之知识概念，其逻辑是一种扩充的逻辑，而不是一种"正反合"的超越逻辑。关于这方面的逻辑思维，我曾将其表达为"和谐辩证法"，其表达的逻辑思维不是否定并超越、创新，而是在否定中看到新的、差异的真实，再看如何将此新的真实和原有的真实融合起来，形成一个更新的事件。故，兹是五段式的，而非三段式的。三段式的"正反合"变成五段式，则是 $a \rightarrow -a \rightarrow b \rightarrow a+b \rightarrow c$。黑格尔的辩证逻辑与五段式不同，省掉了 b 与 $a+b$，而谓系 $a \rightarrow -a \rightarrow c$。我曾著文专门讨论过此五段式之问题。

总而言之，对西方哲学的认识使我更好地认识了中国哲学，对中国哲学的认识亦使我更好地认识了西方哲学。据西方哲学而观察中国哲学，可知中国哲学的优点在于其本体学，缺点在于其方法学；据中国哲学而观察西方哲学，可知西方哲学的优点在于其方法学，缺点在于其本体学。本体学能否在其二元结构基础上更好地考虑到一种整体的结构，尚未得到一个最根本的回答。我想，以后中西哲学应相互激荡、彼此互补，在不消除对方之前提下形成对西哲之本体、中哲之方法的革新。唯其如此，才能平等地认识彼此，通过对彼此的欣赏产生彼此间的共感、共识，使概念、行为、观念、价值的矛盾之问题得到解决。

四、建构理论体系

基于我对中国哲学之追求本体性所包含的根源性、发展性、体系性（即本体创生过程）之认识，我提出了本体诠释学。本体诠释学建立在本体学之基础上。夫本体学，即把"存有"的概念扩大为"本体"的概念，此即我所谓吾人之本体学不能用存有论（ontology）来替代，而应包含存有论；西方应认识到"存有"变成"本体"的可能性——怀特海已有此种认知。在此基础上，我才逐渐发展出一套更完整的中国哲学体系。对于这一体系，我简述如下：

1. 本体学。直接面对"本""体"之整体结构。完全从经验的反思、经验的观察、经验的自我认知及经验的不断整合，形成一有丰富经验之内涵，其至少应包含本、体、知、用、行五种活动。吾人可以把"性情"当作人的本体，把"心智"当作知之活动所致，然后再以"用行"来表达本体的实践。

2. 本体诠释学。夫诠释学，即在反思当中找寻意义，在整体中找寻部分的意义，在部分中整合整体的意义。它运用概念、理念，并讲究逻辑之一贯，以归纳、演绎、组合、建造。斯是一种理解、表达，故当然重视语言之结构、寻求语言之意义。其目标是：使我能自我认知，使他人亦能认知——兹体现了一种沟通性、共通性之需要。在此意义上，诠释学即知识学，是知识的一种展开。而我将其整合称为本体诠释学。简单地说，本体诠释学包含自然主义外在化之科学知识论——这是诠释之基层。因为宇宙开放、发展、具多层次，故可据之而有生命哲学的语言，以表达一种生命的体验——生之为生、生生之为生生的体验。对于此"生生"精神，我们有心灵、心理、心性之经验，以保证欲望、欲念和意志都在人的整体里面实现，这是一个心性结构，也在诠释学之范围里面。若谓之前所言关乎如何组成宇宙，此处则关乎如何组成自我。再一个层次：这些心灵、心性、心理活动怎样创造出一个价值活动，产生对真实、道德价值、审美、和谐、正义的认识？这样就变成了一种价值哲学。此价值哲学在我们的行为层面上又变成了一套伦理学——斯是一种规范性之基础，即其能化成一套标准，以规范行为，并导向一种道德哲学。这就是我所说的整体伦理哲学。

3. 整体伦理哲学。我在其建构当中，以德性主义为主，从德性伦理延伸至责任伦理和权利伦理，在此二者之基础上，说明功利主义的可能性与发展性之基础。权利和责任必须要以德性作为基础，功利必须要以权利和责任为基础。任何一个行为必然要求是有德的，必须要满足责任的需要，必须要维护个人的权利，在满足了权利和责任之后，才能谈功利——这样功利才不会影响到人的基本价值。现在的功利主义，最大的问题就是漠视了责任主义，漠视了权利意识，更漠视了根源性的德性意识。这就是我对伦理学的重建，其涵盖中西，具有普遍性的世界意识。

4. 管理哲学。现代化、工业化社会的生活具有组织性、集体性，虽然这并不否定个人存在权利之重要，但是人的基本权利还是要整合成群体，人终究离不开社会，社会也离不开个别之利益的、非利益的群体性组织。利益的群体必须有非利益的道德作为基础。在这种情况下，我们需要一套管理哲学。我对管理哲学的定义是：管理是群体的、外在的伦理，正像伦理是个人的、内在的管理。在此基础上，我科学化了中国的管理，也赋予伦理一种管理之框架。伦理是一种管理，管理亦是一种伦理，重点均在建立秩序、维护秩序。在这种意义上，我们才能谈政治的架构、法律的架构。管理其实涵盖着一种道德和法律的意识。我在写《"德""法"互补》这篇长文时，强调了康德哲学、孟子哲学、荀子哲学的相互关系。最近我在北京大学做了题为"中国政治哲学探源"的学术系列讲座，共十一讲。讲座中，我特别强调了一个自己长期坚持的观点，即孔子所曰"道之以政，齐之以刑"与"道之以德，齐之以礼"是一种立体结构，此二者非但不是彼此排除的，而且是相互整合的。也就是说，我们对他人和社会应有"德"与"礼"之结构，但维护"德"与"礼"则需要"政"与"刑"之结构，唯其如此，乃能达致一个更好的组织。我在即将出版的书里对此亦有新的发挥。

5. 本体美学。在对本体学的认识基础上，我发展出了一套本体美学。在人的观感之下，本体性、本体宇宙、本体生命在感觉上本身就具备一种快乐，能给人带来一种欣喜；当它出现问题，它就变成一种痛苦；当它被扭曲，它就变成一种伤害。所以，本体美学就是说我们要维护我们在本体体验中的整体性、自然性，让它能呈现出一种自然的快乐。一切美好的东西都可能具有这样的特性，一个真实的美便反映出一种本体的存在，而本体的存在又同样反映出真实的美。这样的美也导向一种善的行为、真的认识。所以，美是"在"和"真"的起点，另外也可以说，知道本体的美需要善之人性的基础、真之宇宙的基础。这也可以说是一种本体诠释之循环。美具有启发性。美代表一种理想、一种最根本的认识。

以上就是我的哲学之基本内涵。

需要说明的是，本文集的结构及主要内容如下：

第一、二卷题名为《本体诠释学》（一）、（二），主要从"何为本体诠释学""本体诠释学与东西方哲学"两方面收录了我的相关学术论文22篇，又从"《易经》与本体诠释学""本体诠释学与中西会通"两方面收录学术论文19篇。作为十卷本的首卷，还收录了我的"人生哲思"4篇，以帮助读者更好地理解我的思想发展历程。

第三卷收录了我的一部重要著作《儒家哲学的本体重建》，汇集包括代序在内的与儒学相关的文章19篇。

第四卷着重阐述我的儒学思想，由"古典儒家研究""新儒学与新新儒学""儒家精神论""儒家的现代转化"四部分组成，共收录论文32篇。

第五卷题名为《儒家与新儒家哲学的新向度》，收录了我写于不同时期的21篇论文，涉及中国哲学的向度、儒家的向度、新儒家的维度。

第六卷首先收录了我分论和比较中西哲学的专著：《世纪之交的抉择——论中西哲学的会通与融合》，还收录了另外6篇重要文章，内容涉及我在中西哲学的会通与融合方面的思考。

第七卷题名为《中国哲学与世界哲学》，既是对有关内容的补充与深化，亦表达了我的思想中中国化的根源、特质与世界化的指向、眼光。主要内容涉及中国哲学的特性、西方哲学的特性、中西哲学比较、中国哲学与世界哲学，共24篇文章。

第八卷内容是我的管理哲学思想的重要呈现，主要收录了我的专著《C理论：中国管理哲学》。除此之外，本卷附录部分还收录了关于C管理理论的2篇重要论文。C理论的创立与发展，对中国管理学的发展乃至世界宏观管理学都具有重要的借鉴意义。

第九卷主题为"伦理与美学"，主要收录我在伦理学与美学方面的重要文章，涉及中国伦理精神、伦理现代化、本体美学，以求将我的伦理学与道德哲学以及"本体美学"思想展示给读者。

第十卷题名为《皮尔士和刘易斯的归纳理论》，是我在哈佛大学博士论文的基础上撰写而成的，主要探讨归纳法能否得到逻辑证明的问题。

当然，即便这次的十卷本也未能涵盖我的所有著述，比如2010年我的《本体学与本体诠释学》30万字之手稿、部分英文著述，乃至正在写作的著述。这些尚未得到整合的思想，有待在第三阶段被纳入整个体系中。

最后，这次十卷本出版，有太多人需要感谢，首先要衷心感谢中国人民大学原副校长冯俊博士对我出版此十卷本文集的支持。其次要特别感谢淮阴师范学院奚刘琴博士为我收集及整合大量的论文，并进行编纂。可以说，没有她的时间投入，这个工程不可能顺利完成。最后，我要十分感谢中国人民大学出版社杨宗元编审的精心安排与鼓励以及相关责任编辑的认真努力，他们在不同阶段提供了不同的订正帮助。

中译本自序

　　1991年，我在美国纽约州立大学出版社出版了一本关于儒家与新儒家哲学的学术著作。这是我多年来思考儒学与新儒学（宋明理学）而获得的学术成果。波士顿大学南乐山教授为我写了序言。我自己深入思考性与理的深刻关联，写了一篇较长的导论。当时，我并未将中国早期哲学的发源定位在《易经》哲学，而只是说明儒学与新儒学中所涵盖的中国哲学特性包括内在的人文主义、具体的理性主义、有机的自然主义、修身的实用主义等。我指出中国早期哲学中没有西方传统的怀疑主义及独断主义，也没有任何本体上的二元主义。我强调儒学的哲学基础在《易经》。我更通过怀特海来说明《易经》的符号指谓系统，同时建造了基本方法论即"和谐化辩证法"（也作"调和辩证法"）。这是本书的第一部分。

　　在本书的第二部分，我开始寻找儒家的新向度，如"正名"主义、实用主义、具体实现原则，自然也涉及中国儒学中情心与理心的机体统一性。同时，我考虑了儒学中知行合一的重要性，考虑了道德与形而上学的内在关联，考虑了儒家的方法论思考，考虑了儒家与法家的根本分歧及其代表意义，最后还谈到海德格尔与中国《易经》哲学的关系。当时，中西学界仅仅认识到了海德格尔与道家的关系。以上也是关于先秦儒学的思考。

　　本书的第三部分谈论新儒学，我特别强调朱熹哲学中的知识与方法概念，特别强调王阳明"知行合一"之统一性和"致良知"之创造性的心性概念，特别强调明代以后颜元对道德实践、道德学习的新发展。我非常重视戴东原的"原善"哲学，这种哲学把"事"作为更基本的存在来说明"理"的存在，坚持理气互用。我指出了儒家哲学与新儒家哲学有自身的宗教实在和宗教理解的可能，这是从宗教哲学角度探讨宋明理学的学术观点。我谈到阳明哲学中的"四句教"问题，讨论了17世纪新儒家哲学中的理气与理欲问题。对理气问题，宋明新儒学主张理气并重；但对理欲问题，宋明新儒学主张"存天理，灭人欲"。对此，我有所保留。在宇宙自然中，理气互动是根本原理，但在人的生命里面，重理轻欲则是一个问题。最后，我通过比较、融合怀特海和新儒学关于创生性范畴的思想来说明宋明理学的创造性思维与发展，这对今后哲学的发展具有重大意义。

　　从本书的最初出版到今天，已经有 25 年了，它是我个人哲学认识的一个重要成果。如今被译为中文，成为十卷本《成中英文集》的一部分，具有重大意义。它代表了我对儒学与新儒学的早期认识。关于儒学部分，在本书的英文版出版之后，我重新整合了自己的一些文稿，写成了《儒家哲学论》一书，其第 2 版于 2015 年在新加坡发行。关于新儒学部分，我对朱子和阳明有更深刻的理解，对中国哲学的重建有新的构思、新的成果，在本书中可以发现这些构思和成果的原始形象。

　　本书的中文翻译工作由出版社精心安排，译者本人有翻译英文著作的经验，我个人花费的功夫较少。我必须依赖出版社的校对工作，若有不足之处期待再版时加以补充。在本书中文版出版之际，我要表达对中国人民大学出版社的感谢，表达对译者阮航的感谢。

成中英

2016 年 9 月 9 日

目　录

第三部分　新儒家的维度

自　序

　　本书由我的 21 篇论文组成。它们写于不同的时期，时间跨度有 20 年，从 1965 年到 1985 年。最早的论文《古典儒家的正名》可追溯至 1965 年，最近的论文《孔子、海德格尔与〈易经〉哲学》则作于 1985 年。这两篇论文代表了我研究的两个焦点：早期对儒家哲学微观结构的分析重构研究，以及后期对儒家架构的宏观范型的哲学诠释学研究。在这两端之间，我理解的深度和关注范围都经历了一个成长与发展的过程。我逐渐将儒家视为某种多维度的结构，某种关于创造性改变与转化的多阶段历程，其中包括创新的高潮与翻新的近高点。因此，我的兴趣不仅在于古典儒家的概况，而且涵盖古典时期儒家及其他相关流派思想的前儒家（pre-Confucian）根源，以及后来由古典儒家的体系发展形成的新儒家。

　　在我看来，新儒家哲学是在古典儒家基础上的创造性推进；这一判断的依据是，它应对了来自外部的巨大挑战，从而标志着儒家哲学的深化与成熟。特别的是，它展示了《易经》杰出的宇宙本体论视野，由此可见其当代意义。这整个奇观有其形成知识体系的前景，它将原初的认同保存于古典儒家所给予的道德与伦理灵感中。因此，儒家与新儒家哲学这一研究的主旨在于，将儒家的道德哲学置于某种形而上学与方法论背景及其发展过程，以阐明儒家道德包含的人类创造性。在此意义上，这一研究的最终证成可见于儒家与新儒家哲学各层次的、各维度的、有机的相互依赖和统一，展开于崭新洞见在尘世的辩证发展，这对一种伟大的哲学事业与传统的构成来说既颇具戏剧性，也合乎逻辑。

　　为了给所有这些作于不同时期的、服务于不同目的的论文背后的思想提供一个"统一的线索"，我写了一篇关于本书的综合性"导论"，以便就东西方或中西哲学比较以及儒家与新儒家哲学的兴起、发展和前景来说明我的观点。该"导论"也旨在为本书的主题提供某种方法论的背景与辩护，并为评估我的研究之哲学价值与意义提供根据。"导论"是综合性的，足以涵摄我近来对早期研究的某些反思，因而对本书的论文来说，我希冀它既提供了内容的自足性，也给予了形式的一贯性。由于这些原因，我无须再做说明以断定这些论文构成了某种统一。因此，我在此对这些论文不再做论断，而相信如我在"导论"中所表明的：每一篇论文都提出了自身独立的结论，与此同时也对其他论文的结论有所助益。

在本书即将出版之际，我想要感谢我的朋友兼同事南乐山（Robert Neville）教授，他给予了热情的鼓励，并提供了非常发人深省的"序言"。

序　言

　　我来介绍成中英教授的这本论文集，是由于我的幸运而非胜任。尽管我以同等学习中西传统的方式长期致力于哲学研究，但成教授已完成之事纯然是我在试图达成的目标。他既受教于中国大学也受教于美国哈佛大学，以展示中国思想在当代背景中的妥当性与有益性的方式，长期就哲学论题进行思考与写作。我可能比其他任何人都更倾向于认为成教授已发展出相应的建制和学术惯例，从而将中国哲学引入当代生活。他是国际中国哲学学会（International Society for Chinese Philosophy）的创立者，为了丰富学术讨论，这个学会所召集的不仅有研究中国思想的专家，而且有愿意接纳中国传统的、研究西方传统的思想家。他创立和主编的《中国哲学季刊》（Journal of Chinese Philosophy）也对欣赏中国思想的西方思想家开放。因此，介绍他的这本论文集让我有机会表达感谢，感谢他为我们的学术生活做出了令人印象深刻的贡献。

　　关于这些论文，我所领会到的第一点是：作者海纳百川的气度。由于急需在中国哲学中得到某些定位点，西方学者从一开始就将之归类为各个流派：儒家、道家、佛教、法家、墨家、新儒家，如此等等。我们之中从陈荣捷（Wing-tsit Chan）的《中国哲学文献选编》（A Source Book of Chinese Philosophy）中大为受益的那些人，会对他以及如冯友兰（Fung Yulan）那样的其他人所提供的范畴大加赞赏。然而，如下看法是错误的：多个世纪以来，中国思想家们的表现仿佛是仅认同某一流派，或仅在此范围内思考问题而其他流派似乎无足轻重。"儒家"并未一贯地将自身视为与佛教和道家相反对的流派，直到公元八九世纪诸如李翱（Li Ao）和韩愈（Han Yu）之类的学者才发生改变；王弼（Wang Pi）写了关于《道德经》的著作，因而就不那么像儒家吗？如朱迪斯·伯林（Judith Berling）所揭示的，到新儒家形成其自觉意识之时，"三教"（Three Schools）的 哲学实践正处于兴盛期。的确，新儒家学者们在其辩论中经常彼此称对方为"佛教的"，以作为批判的手段。但一般地说，有充分的理由认为：新儒家的学者们都从佛教那里得到了不少教益，对于道家的情况亦如此。中国各流派的思想家都涉猎广泛，并将所有传统都视为他们的资源，甚至在坚持任何一种学术爱好或政见之时也是如此。

　　成教授就是这种广泛包容意义上的中国思想家。他在本书中涉及了广泛的资源：从《易经》到古典道家、儒家乃至佛教文本，一直到20世纪中国思想家的文本。如果非要给他一个定位，我料想他会承认自己是当代儒家。但这是因为接受称号是儒家的而非道家的精神。他当然不会贬低道家的文献，也不会对其浪漫的自然主义持批判态度。

对这些论文要做的第二点评论是：它们是关于当代哲学的，因为其是通过我们时代的哲学需要来界定的。这一点很重要，因为我们大多数哲学家所论述的都是关于哲学家的问题。我认为，两个缘由促使成教授迈向使哲学变得切要的（relevant）途径。一个是他充分接受了当代西方哲学的教育，并持续参与美国哲学学术团体的活动。他知道当代哲学的问题所在，并且这些论文也体现了他的敏感性。另一个是中国哲学本身的实践面向。牟宗三（Mou Tsung-san）与杜维明（Tu Wei-ming）的"道德形而上学"这一用语可适用于整个中国传统，尤其适用于成教授的著作。

关于这些论文，我要讲的第三点是：除了其博雅与学识之外，它们还体现了出色的思辨想象。成教授的想象才能与其说是中国的不如说是美国的，这个提法是否显得不敬？我希望不会。在这个时代，哲学所面临的最大挑战在于，反思经传承而来的范畴（无论从何时传承而来），并建构新的视野；这种视野应有能力理解世界文化的相遇、现代化的影响以及目前尚未占主导的文化传统之兴起。思辨的想象是为此而备的工具，而成教授对中国哲学的省察已唤起对东西方哲学的反思。

应该从多个层次来领会这本书。它是中国哲学的学术研究之作。它是比较研究之作，使中国哲学进入与西方观念之间富有成效的对话。它是当代的思辨想象之作。但最重要的是，它也是纯文学之作，因而富于趣味。我希望读者与我一样，从所有这些层次来欣赏这本书。

XI

南乐山
波士顿大学

导论　中国哲学与儒家/新儒家思想：起源、方向与独创性

人类经验与人类思想的统一性

与其他哲学传统一样，中国哲学起源于人类经验与人类理性的统一性。但是，作为一种哲学传统，中国哲学有其独特的方向，这使它在诸多重要的方面不同于世上其他哲学传统。在一篇早期论文[1]中，我解释了中国哲学区分于其他哲学的特征，其区分的角度是：内在的人文主义（intrinsic humanism）与外在的人文主义（extrinsic humanism）、有机的自然主义（organismic naturalism）与无机的自然主义（mechanistic naturalism）、具体的理性主义（concrete rationalism）与抽象的理性主义（abstract rationalism）、自我修身的实用主义（self-cultivational pragmatism）与效用的或工具的实用主义（utilitarian or instrumental pragmatism）。然而，我没有努力解释，这些特征如何根植于人类经验与人类理性的共有本源，且如何于其中发生相互关联。如今随着更深入地探讨中国哲学的历史本源，以更宽阔的眼界来理解中国哲学各流派的发展，我或许可以揭示，中国哲学的所有这些特征都体现了基本经验和思想的某种统一性。这种统一性关涉人类、自然界以及人类与自然界的关系，其中经验是人类的情感或感知，而思想是自然的（natural）人类理性对自然界的回应。此即《易传》（*Commentaries of the I Ching*）所谓人类与世界之间的感应（感通—回应）："平静而作为不动者，一旦感知被引发，它就产生对世界所有原理的领会。"[2]①

经验与思想的这种统一性如何起始，这正如人之为人如何起始一样不可能被准确地断定。重要的是要记住，关于人类同自然界的关系的基本经验及思想导致了某种**经验与思想的格局和文化**②，这种格局和文化昭示着人是能动性（agency）的存在以及自然界

① "寂然不动，感而遂通天下之故。"（《易传·系辞上》）脚注均表示译者注，以别于原书注释（见每篇之后），以下不再说明。——译者注

② 原文斜体以示强调之处，译文用黑体加着重号来表示。下同。

是变化中的存在。这表明，**人类经验**与**人类思想**这两个术语中的任一个都具有某种认识论的和本体论的意涵；亦即，这两个术语不仅意味着人经验和思考世界或自然界的方式，而且意味着世界与世间万象被经验和被思考的方式。

在中国哲学中，人经验和思考世界、世界被人所经验和思考，这两者构成了现实的过程和自然的关系，这种过程和关系发挥着判断何为实在、何为自然的根据之用。换言之，正是通过人经验和思考世界以及由此发生相互关系这一实在（reality）过程，人与世界这两者同时得到了充分的实现。孔子（Confucius）在《论语》（*Analects*）中提到，人能够"证实'道'（*tao*）"[3]①；而老子（Lao Tzu）在《道德经》（*Tao Te Ching*）中提出，对"道"的遵从与体现是维持和增强人类存在的途径。[4]儒家和道家尽管采取不同的方式来评价人与世界之间的经验关系（experienced relationship），但都毫不怀疑：人类与世界或"道"处于不断相互作用的进程、相互交换的亲和关系中，并且存在某种共有的经验（a common experience）。事实上，如中国哲学史上所有相异的哲学流派一样，在它们看来，人类经验与人类思想的统一性，既源自人类与自然界的遭遇以及人类对自身在自然界中位置的思考，又是这一过程的结果。

在详述中国哲学中人类经验与人类思想的性质之前有必要提请注意，人类经验包含个人与社群（community）这两个层次，其中每一个都代表了在整个有机体的整体统一性中的人类经验与人类思想。这两个层次尽管领域不同，但在如下意义上却是密切相关的：只要社群是个人实际生活中分享文化与价值的一种组织形式，个人的经验与思想就有益于社群的经验和智识（intellectual consciousness）。社群的经验和智识不仅储存个人的经验，而且传递经验并塑造社群中的个人。正是在此意义上，孔子自称哲学思想的传输者而非创造者。② 因为他正是在此意义上从中国古代的文化和价值传统中继承了最优秀的社群经验与思想。他作为自身社群中的一员，通过体验和明确这一传统并给予新的形式与意义来塑造这一社群。

作为个人经验与思想经历史演变而形成的某种共有形式，社群经验与思想构成了一种基础；正是在此基础上，个人不仅被视为客观的对象（objective object），而且被看作内省的主体（subjective subject），由此个人意识的相互主体性（intersubjectivity）得以发展起来。按此理解，一旦谈及中国哲学中的人类经验与人类思想，我们就不仅意指某一哲学家个人的经验与思想，而且意指某一有其历史起源的社群的经验与思想。在此意义上，个人的经验与思想既塑造了社群的经验与思想，又为之所塑造。中国哲学起源于人类经验与人类理性或思想的统一性，这一观点如果脱离体现于中国历史、文学以及诸如艺术、医术等文化创造中的社群经验与思想，就不可能得到理解。

就作为中国哲学洞见之最终来源的人类经验与人类思想而论，另一个重要的考察在

---

① "人能弘道，非道弘人。"（《论语·卫灵公》）
② "子曰：'述而不作，信而好古，窃比于我老彭。'"（《论语·述而》）

于区分它们产生的环境与它们本身的性质。对于塑造某种哲学传统的人类经验与人类思想，用什么可以说明其发生？我的回答是：导致某种哲学立场和观点的人类经验与人类思想构成了有机的统一，因而它们应当支持和反映与此经验相关的所有因素。人类经验与人类思想的可能性，乃基于自然、气候、环境、人类文化与人类创造。在某种意义上，人类经验与人类思想代表着由人类环境中所有成分和要素组成的一种格局，无论这种格局是自然界的、人类的还是社会的。就此而论，人类经验与人类思想反映着人的整个生活世界。如前所示，它们不能仅被认作主体的思想或客体的经验，而是也反映着主体的经验与客体的思想。人类经验与人类思想只要代表或导致某种哲学立场和观点，就具备某种不可还原为主体特点或客体特征的新质。它们可以根据其所产生的哲学、或许还可以根据产生它们的自然环境而为人们所理解。[5] 这意味着中国哲学的发展并非偶然，而是从某种现实与环境的文化的、生态的复合体中演进而来。在这一复合体中，人类自身、人类的相互关系和互动以及人类与世界的关系得到了根本上的界定。

那么，先秦时期展示于儒家、道家和其他哲学流派的中国哲学，构成其根源的人类经验与人类思想之性质是什么？要回答这一问题，最好的方法是做个一般性的比较：比较的一方是西方哲学的起源与方向，另一方则是中国哲学的起源与方向。我早期文章中对中国哲学特征的说明，可被视为对导致中国哲学发展的人类经验与人类思想之性质的叙述。但是，我在那篇文章中既未表明也未叙述中国哲学的这些特征是如何得出的，同样也没有揭示与之相较的西方哲学的特征是如何得出的。因此，融入并滋养着中国哲学之发展的人类经验与人类思想，其性质还不能说得到了充分的揭示。对于那些对不同哲学传统具有定向和区分意义的人类经验与人类思想来说，要充分呈现其性质，就必须洞察不同类型的人类经验与人类思想所体现出的微妙旨趣。这种旨趣既受限于现实，又通过现实完成，由此既表现了人类意识的创造性，又表现了其接受性。

起源与方向的模式之对比

在结构的（structural）与生成的（generative）双重语境中，统合考察（synthetic examination）重要的哲学文本、语言形式、艺术、文化形式、医疗实践，以及政治的、经济的、道德的与社会的习俗，以此为据，我们提出某种假设模式来刻画哲学的起源与方向，由此中国哲学深层的人类经验与人类思想之性质就可被称为**自然的合自然化**（natural naturalization）和**人的内在化**（human immanentization）。与之对比，西方哲学深层的人类经验与人类思想之性质就可被称为**理性的合理化**（rational rationalization）和**神的超验化**（divine transcendentalization）。同两种人类经验和人类思想相应的两种起源与方向的模式之对比很重要，因为正是在其衬托下，东方的与西方的这两种经验和思想才得以更好的理解。尽管在此不可能充分展开关于这一对比的研究，但某些基本项目及其可能的融通可见于下表，并在此予以解释，以作为背景来理解中国哲学的基本动力及其在儒家思想中的表现。为了领会中国哲学中关于**自然的合自然化**与**人的内在化**的、设为基础的（ground-laying）经验，或许我们可以先解释西方哲学中关于**理性的合理化**与**神的超验化**的、原发性的（originating）与方向性的（orientating）经验。

中国哲学与西方哲学：发展与可能融通的对比

	中国哲学	西方哲学
基本 方向	（1）人类经验与人类思想的和谐统一	（1）用人类思想来控制人类经验
	（2）非还原论的自然主义	（2）还原论的理性主义
发展与 可能的融通	（1）合自然化（中国哲学中的自然与合自然：《易经》《道德经》）	（1）合理化（古希腊哲学中的理性与合理性：苏格拉底、柏拉图、亚里士多德）
	（2）人文化（古典儒家）	（2）超验化（犹太—基督教）
	（3）合自然化与人文化的相互作用（新儒家）	（3）合理化与超验化的相互作用（现代科学与现代理性主义哲学）
	（4）以与西方方向的互动为背景的未来发展	（4）以与中国方向的互动为背景的未来发展
	（5）合自然化的合理化之可能	（5）合理化的合自然化之可能

合理化是获得与实在相关的理性知识并按照这种知识做出理性行动的过程。作为理性的（To be rational），即是思考和行动要独立于想象与愿望（desire）的影响而依据对现实的感知。它是一个基于对如下两者做出区分的过程：对自己的了解与为了确定自己了解实在而对实在的已知。这一区分的必要性在于某种自然界的与社会的客观条件下的生存需要。然而，绝无可能单方面地构想出如此合理化的最终原因。人在自然界与社会中总有其特定位置，与此特定位置相关的整体环境（totality of circumstances）共同决定了人类经验与人类思想的构成对于个人和社群的活力。因此，理性的与合理性的要求作为认识现实和支配行为的一种方式，其前提是这样一种整体环境：人一旦自觉其自我的存在，就于其中实现自我。在此意义上，理性（reason）和合理性（rationality）这两者都是与存在相关的性质（quality），其展现来自与环境相关的个人之发展。其中，理性是人独立思考现实的能力，合理性则是通过理性的运用而被创造出的思想状态。理性与合理性的发展，其目的都是满足人类适应环境以及将环境转变为合意于人类生活的需要。合理化是一个运用理性、追求合理性的启动（initialization）过程。**但是，使合理化在生活的各方面都成为唯一的理念与目标，从而使理性与合理性成为某种系统一贯的追求和绝对的价值，那就是我所指的理性的合理化，因而可视为理性与合理性的某种激进式的发展。**

依据对**合理化与理性的合理化**的上述描绘，显然，始于宇宙论者的古希腊哲学说明了人类的理性与合理性的发展，从而代表了文化与人格的形成方面的合理化进程。在此不拟详述古希腊哲学的起源及发展，只需指出以下这一点就够了：古希腊的宇宙论思考代表了对真实的（the real）与自然物（the naturally given）做出理性描绘的最初尝试。它还试图从既定的自然界（the given nature）中辨识本质属性，并力图以清晰的概念范型来描述自然界。在此意义上，合理化或者说理性地思考就是将自然客体化并最终将自然概念化。这意味着主体从客体的分离。古希腊人是如何达到理性思考这一转折点的，这是一个关于文化发展与环境演化的问题。[6]因为根据对整体性情境的考虑，小亚细亚半岛（Asia Minor）的希腊人维持生存与实现繁荣的努力以及荷马史诗（Homeric Epic）时代海上贸易和战争的发展，为作为一种思想与认知模式的理性思维之原发和拓展提供了文化及生态背景。不用说，从古希腊的宇宙论者到苏格拉底（Socrates），再到柏拉图（Plato）和亚里士多德（Aristotle），人们可以看到理性与合理化作为希腊的思维方式不断趋于成熟的过程。这一过程不仅达到了高度的体系化，而且在理性标准与要求的指导下提供了关于人、世界以及人与世界之关系的概念化的本质界定。这是**理性的合理化**的开端，由此首次展现出一个自觉而勤谨的（conscientious）搜寻过程，其搜寻的目标是通往真理和知识的理性方法与方法论。

海德格尔（Heidegger）曾批评道，古希腊哲学是本质主义的（essentialist），并将存在（being）遮蔽于关于实体（substance）与属性（attribute）、观念与物质的形而上学概念中。[7]这可以被理解为对古希腊人所构想的理性主义的批判：不仅古希腊哲学中的合理化值得批判，而且任何传统中的任何合理化都值得批判；因为按照海德格尔的观点，任何一种合理化都会产生遮蔽我们存在经验的概念障碍。海德格尔的批判，其意思是说，古希腊哲学家要为以一种哲学思维方式来启动合理化进程负责，这一进程又会导向激进化而呈现为我所称的**理性的合理化**形式。从这一角度来看，海德格尔的意图不仅在于批判古希腊哲学，而且在于批判发源于希腊、以欧洲为主或为中心的哲学，包括古希腊哲学在罗马时期、中世纪和现代西方的发展。在他看来，直到现代，所有的欧洲哲学一直都奉行某种遮蔽存在（Being-hiding）和遗忘存在（Being-forgetting）的思维方式。他将这种方式描述为**存在—神—逻辑学**（onto-theo-logic）[8]，此即我所指的**理性的合理化**，其中存在的整体性、人类存在的个性、创造性的可能性以及经验与思想的创造，被还原为普遍法则与物性（thinghood）的形式和秩序。

只有指出如下一点才显得公平：合理化尽管并不通向对存在的永恒揭示，但确实会满足实践的目的，即控制环境以服务于人类的生存需要。换言之，人们不应忘记，合理化的起源和动机是实践的、实用的：其意旨最终不是本体论的（ontological）、价值论的（axiological）或救世论的（soteriological）。与其说总是应视之为目的，不如说应视之为手段。仅当被视为或当作目的而不是手段、或被绝对化为解决生活所有问题的唯一方法时，合理化才成为一种障碍或遮蔽。此外，合理化或者任何时刻、任何区间的理性运用，其结果只能是有限数量的概念解释，这种解释只适用于有限时空下的情境。没有任何理性的证据说明，某个理性的体系必定在一切时空条件下都有效。如此假设只能归为信仰，而不是理性的事实。

从经验和历史来看，所有理性的体系和理性的方法，其有效性都存在本有的限度，终必为新经验和新形势所超越。时势和经验可能是变革性的、无限开放的，这样的理解不能基于任何封闭的理性概念，而应基于开放的理性概念。因此，一切理性的体系和理性的方法都必须殚精竭虑（exhaust itself）、超越自身，从而更新和转化自身。依此方式，合理化作为一种开放的过程、一种根植于生命形成和转化的整体性进程的过程，就具有有效性和有益的作用，而不必在理解存在和生活方面与本体论关切相抵触。

与海德格尔对合理化的批判相关的另一点是，现代西方社会中科学的技术起源与技术的科学起源，对处在［马克斯·韦伯（Max Weber）所指意义上的］现代化或合理化背景下的现代人来说起着重要的作用，而这代表了合理化以科学与技术理性的形式在现代的发展为理性的合理化的又一例。尽管海德格尔对科学与技术的批判带有本体论的旨意，但我们不应忘记，在20世纪初阿尔弗莱德·怀特海（Alfred Whitehead）和亨利·柏格森（Henri Bergson）也做出了类似的批判。他们甚至颇具建设性地提议以极为新颖的方式来变革和扩展科学的合理性，并追求宇宙论和本体论的目标。

最后，我们必须注意到，尽管在西方海德格尔及其他哲学家批判了合理化与理性的合理化，但人类思想中的合理化或理性的合理化进程并不会就此止步。因为不仅存在对合理化的实践需要，而且合理化扎根于与环境相关的人类经验中。我们对此的诘难，不是为了阻止这一进程，而是要置之于对现实的整体性理解和人类整体性发展的背景中。因此，我们有必要考察其他哲学传统，以寻求其他基于人类经验和人类与此世环境（the world-environment）之遭遇的重要哲学原理。基于对所有人类经验的考虑以及对人类思想的重要方向的比较来和谐与权衡所有的哲学原理，将启动创新性和翻新性（renovative）的发展，从而推进人类在当今世界对合理化与理性主义的运用及人道的控制和约束。

对于所有重要哲学传统的如上理解可以作为起点和参考框架，由此说明对理性的批判与解构之谈根本无法公正地评判理性在人性中的定位，甚或产生将**去除合理化**（derationalization）予以合理化的危险，从而成为假扮的合理化之牺牲品。对当代西方与分析哲学和科学哲学相对立的批判诠释学（hermeneutics）或哲学诠释学的发展来说，这应该是一个警告。

对于源自西方经验与西方思维的西方哲学，第二个基本原理解释是**神的超验化**，它是力图超出世间事物、以求某种作为终极目标或价值根源的超验主体或客体的趋向和努力。超验的主体或客体被构想为具有不同于凡世的性质，却又是世间事物的终极原因或意义和价值之源。当然，这种思维模式有其犹太—基督教宗教虔信的根源，它结合成某种形式的宗教经验，其中带有为犹太—基督教的宗教经验和文化传统所激发的宗教信仰。对犹太文化的近期研究表明，古代犹太人有着对正义与平等的强烈愿望，由此导致设想出正义的上帝。[9]显然，这些不顾一切地寻求从奴隶制的压迫和束缚中解放出来的人们有着对正义的希冀与要求，由此创造出对上帝（divinity）的某种深刻洞见，这位上帝谴责不公，报答公正者和被压迫者。的确可以说，超越（transcendence）这一特有的观念最先来自犹太—基督教中的上帝，然后为宗教和哲学后来的发展提供了超越的范型及原因。注意到如下这点很有趣：在神圣感导致超越者（the transcendent）的同时，对超越者的领会往往也导致哲学思想中的神圣感。甚至康德（Kant）在他关于本体的实践—批判（practical-critical）方法中也是如此。一般地说，中世纪以降的西方哲学就是受刚才提到的两条基本原理及其统合原理之指导。将人类理性超验化而与人类身体相对立的趋向肇端于笛卡儿（Descartes），由此导致心灵与物质或身体的分别，并成为其后西方占主导的思维方式。尽管人们一再讨论这种二元论观点的困难，但这种事实依然未变：合理化似乎需要某种超验的证明，而超验化似乎需要理性的阐明。两者之间辩证的紧张为哲学思想提供了某种创发力，由此哲学思想自身展示为对哲学方法论和形而上学的不懈探寻与重构（reformulation），其结果是对它们或其限度的不断批判和拒斥。甚至在当今分析哲学对概念的语言分析中，我们仍然可以看到某种激进的合理化。我们还看到一种超越的**扬弃**（*aufheben*），其将现实生活中的实践道德问题转化为元语言的（metalinguistic）和元伦理的（metaethical）问题。

自然的合自然化与人的内在化

与西方哲学相较，中国哲学之经验与思想背后的基本原理表现出迥然相异的方向，我称之为**自然的合自然化**与**人的内在化**。拟从多方面的因素来说明这种差异，其中既有环境因素也有社会因素。应当看到，如《易经》（*Book of Changes/I Ching*）、《尚书》（*Book of Documents/Shang Shu*）、《诗经》（*Book of Poetry/Shih Ching*）中所示，这两条原理在中国哲学的开端就都已表现出来。"天"（*t'ien*）尽管起初被设想为某种超自然的、道德的、与存在相关的创造者—判官而带有人格的特征，但并不像犹太教的耶和华（Jehovah）和基督教的上帝那样被完全人格化。"天"与现实世界紧密相连，因为它为我们所见而未越出这个世界。或许可用"不杂不离"（*pu-tsa pu-li*）[10]这一说法来描述在世之天（heaven-in-the-world）的这种非超验（nontranscending）又非同一（nonidentical）的关系。

儒家学者常讲"天人合一"（unity and unification of man and heaven），而道家学者常说"天人合一于'德'（virtue/*te*）或者'道'"。在这两种情形中，"天"与人在宇宙论和价值论的意义上都被视为紧密相连。换言之，"天"与人远远不是一个作为既定事实而相离的问题，而是一旦人通过自我修养达至这样一种精致的（refined）状态，即其理解和创造可界定德性，那么就其本性而言"天"与人可以完全同一。人既然由"天"

10

产生和规定，那么实际上就可以说人总是自然界的一分子；但就某种理想发展状态而言，人可以让"天"成为自身的一部分。因此，就有两种意义上的天人合一，即描述意义的和规范意义的。通过人的发展、修养和转化，存在着由描述向规范转变的可能性。因为天人合一这一观念意味着，人是有短暂性者（the temporal）与无短暂性者（the nontemporal）这两种存在维度的交汇（crossing），由此构成了实在的整体结构。这体现于《易经》哲学中的"太极"（the great ultimate/t'ai-chi）观念。

根据《易经》哲学，世界是"阴"（yin）和"阳"（yang）的动态合一，其中"阴"代表接受者和潜在者，"阳"代表创造者和现实者（the actual）。显而易见的是，在时间（有短暂性者）中有着存在的创造性实现，而在存在中蕴涵着个性发展与个体创新发育（ontogenesis）的巨大潜能。因此，我们可以将时间设想为关于"阳"的问题，而将存在设想为关于"阴"的问题。由此可见，海德格尔的范畴暗合于《易经》的本体宇宙论思维，而在阴阳动态合一的意义上，也就是说在（从某种人类的视角看）一个连续创造的、不断提升的实在结构中阴阳相互转化的意义上[11]，它们之间的关系可以得到更好的理解。在类似的意义上可以说，时间将自身转化为将要潜藏和潜能化的存在，存在将自身转化为将要敞开和现实化的时间。由它们的相互转化产生了关于人类发展的历史世界和关于人类成长的道德世界。

11　　基于阴阳统一的范型来理解时间与存在的统一性，由此我们可以领会天人合一的某种新含义或新解释，并由此导出中国哲学中**自然的合自然化**这一基本原理。就"天"与人类而论，"天"显然发挥着时间开端上的个体发生的（ontogenetic）作用，而人作为时间之创造性进程的结果，是有待揭示或生成的存在。但人既然能够创造自身的环境，那么就能将自身限定为有时间性的主体（timely agent），以创建人类的组织或社会，或者是选择成为孤立的个体。因此，天化（heavenization）的过程或阶段是"天"创造人，而人化（humanization）或人类存在的发展过程或阶段是人创造"天"：儒家的天人合一强调第二个过程，而道家的天人合一强调第一个过程。在这两个过程可以循环往复、相互转化的同时，转化的动力还强调以下两个维度间的区分：儒家立场上的道德超越维度与道家立场上的自然包容（natural inclusion）维度。在此意义上，儒家与道家的观点相互一致而又相互平衡。

那么，**自然的合自然化**原理是什么呢？根据《易经》的本体宇宙论，对此的简要答复是：一方面，这一原理可以被理解为天为人存（preserving heaven for humanity）原理，即人的天化原理；另一方面，这一原理又为人化的互惠原理所充实。因此，自然的合自然化是一种双重原理，强调的是平衡、和谐和整体化的重要性。或许正是出于这种理解，中国人的基本世界经验才一跃而至整体、和谐、平衡和相互转化。被视为自然者，就是符合和谐与平衡的典型特征的行为或事件，而自然就是合自然化——**使之成为自然的**（to-make-natural）——的结果，这一过程服务于人之存在的最佳目的。

　　合自然化意味着世间各种因素的调和、平衡和整体化，这使得它迥然相别于合理化，后者依赖人类理性官能对其作用的认可。被称作**理性**或**合理性**的理性官能是用抽象的概念来表现的抽象法则去揭示和认识世界的能力，它也是用具有一致性的并被赋予普遍有效性的体系来安排知识的能力。我们已经说明，这种理性的能力和活动是工具性的，适用于人类探索和利用世界的实用目的。这种理性能力一方面导致逻辑推理的抽象原理，另一方面导致技能与技术的发明。一旦人们将同样的理性能力运用于道德的和实践的事务，道德与伦理就会转化为如康德实践理性所要求的、无条件地支配行为的理性规则体系。

　　人的理性能力成为一种广为接受的、突出的人类特征，这甚至使得亚里士多德将之作为对人类属性的界定来谈论。在西方哲学的最初阶段，理性就被挑出而加以关注与培养，这是一个文化与社会熏陶的问题，我们已一般地将之解释为人类经验与人类思想互动的结果。通过与此类似的互动过程，我们也可以解释，合理性作为一种普遍的官能如何别异并分布于形式逻辑、科学技术、伦理与法律这些看上去不相关的领域。不可否认，在西方哲学中，理性作为基本的认知与实践原理占据着主导地位：我们正是通过理性（抽象与体系化）来认识世界，且正是通过在行为与生活中理性的因素所做出的高度价值论的评估，理性成为了某种道义论（deontological）原理——在人们的行为中，服从理性或遵循理性的原则就是理性的。除了普遍性与符合客观性之外，合理性的另一重要特征在于，理性的作为一种认知原理通常是还原论的。这是由于在抽象中理性仅认可一般的概念解释，并要求对复杂性予以简化。这必然导致还原论以及由笛卡儿提出的理性方法论，笛卡儿关于方法的论文可以说是其典范。根本上说，寻求关于道德行为的简明的普遍主义原则也是还原的结果，因为它忽略了情境的丰富性。

　　相较之下，**自然**［"形"（hsing）］或**合自然**（naturality）（我发明这一术语以描述与自然力相一致的东西或者自然的东西，而与**合理性**相对照）的旨趣在于，承认人类经验中不同要素的作用和展示，以及为了整体利益而使它们处于协同与和谐的状态。尽管理性的因素（the rational）仍将对协同与调和发挥重要作用，那么由不同的既定要素形成的自然力也会得到良好的疏导，但它们不是为了某种支配性的理性方案或前景而被控制或操纵的。换言之，在自然或合自然的作用下，理性或合理性不被视为某种外在权威而被强加于某一给定实体（entity）的自然要素上，而是被看作某种内在才能，以服务于整体的保存和延续而无须牺牲部分。因此，自然的东西就不是让理性的因素在人类存在的所有构成要素中居于支配地位，而是让它促进由各种不同要素协同而成的具体实存。在如此过程中，自然或合自然并不产生某种抽象式的外部方案或科学计算，也不根据关于抽象实体的本体论而采取还原论的规划以重建或规制人类经验。自然或合自然毋宁是强调来自特定自然存在的自然性（naturalness）和自发性，并于具体性与特殊性中实现自身。自然或合自然的关键成分是整体性、自然性、非还原性以及具体性；与之相较，理性或合理性的关键成分是片面性、控制性、外在性、还原论以及抽象性。虽然合理性否定合自然的地位，因而以设计的背景来取代既定的自然背景或完全无视后者，但合自然并不否定理性因素的地位，而是将之做合乎时宜的恰当运用。因此，合自然的指导标准是具体的和谐，合理性的指导标准则是抽象的秩序。

经由自然或合自然的合自然化，在中国哲学中通常采取这样的形式：以《易经》关于对立统一的哲学精神来呈现和解释现实，《易经》提供了一种自然主义的（naturalistic）思维模式，并代表了一种自然主义的经验方式。作为一种过程，合自然化往往将超越的、外在的、人格化的东西转换或诠释为天生的（immanent）、内在的、非人格化的东西，因为根据整体和谐的需要，与人格化的和超越的力量有关的概念预设在整体的有机统一中不会有置身之地。因此，如古典文本中出现的上帝（Shang-ti）（高高在上的最高统治者）概念，在公元前1200年以前对夏朝（Hsia）人和商朝（Shang）人来说或多或少是某种人格神，到公元前1200年左右的周朝（Zhou）统治下已转化为"天"的概念，对当时的所有人来说，它的人格化程度较低。虽然到孔子时代，"天"的人格化性格仍有吸引力，但"天"的概念已变得越来越少人格化，一个更为流行和普遍的概念被提出：这就是"道"的概念。事实上，《道德经》中的"道"已完全没有人格化的意味。"天"一旦被去人格化和去实体化，就变成了"道"这一存在与价值的终极根源。自约公元前500年道家哲学的时代起到现在，"道"一直是中国哲学终极的本体论范畴。

14　这是中国哲学中合自然化的一个典范。显然，在这一合自然化的过程中，如《易传》所示，"道"被诠释为具有"阴"与"阳"这两种运动形式，它们形成了一个由互补的对立面组成的统一体。

在古典中国哲学的整个背景中，在"天"完全转化为"道"之处依然凝聚着某种形而上的意蕴，其中融入了"天"的人格化含义。合自然化的另一形式是在对人类存在的说明中几乎对立而又互补的概念之发展。这一发展过程的关键是作为人之性质［"性"（hsing）］的概念。何为人性？《中庸》（Chung Yung）中说："天命之谓性。""性"可以说由三条基本原理共同决定：其一，它是某一实体的特定存在方式，代表着世间事物筹划中的某一位置；其二，它构成了某一个体的特定潜力，这一潜力既开启又界定（delimit）该个体的发展可能性；其三，它是实体的活动与创造之源，为该实体的自由与价值之奠基。我们一旦在这种复杂的意义背景中来理解"性"就能看出，它可以与现实化（actualization）和自觉性的官能相对照，这一官能表现于"心"（heart-mind/hsin）的概念。因此，"性"与"心"是对立统一的。"性"进而可与人的情感存在（existential）状态形成对照，这一状态体现于"情"（feeling-emotion/ching）的概念。因此，"性"与"情"是对立统一的。最后，我们还可以将"性"与"命"（ming）相对照。"命"是施加于个人的、超出其自我意志和能力的外在决定性制约，因而对其生命构成了先在的决定或偶然出现的限制因素。在此意义上，我们可以将人类生命乃至人类经验看作"性"

与"命"通过相互作用和相互决定而达到的统一。与此类似，我们可以看到，在个体的个人认同中"心"与"身"（body/*shen*）构成了对立的统一，且如前所示，在人类存在的现实与理想的发展中，"天"与人也构成了对立的统一。

与对人性的探讨相联系，我们可以看到，**合自然**这一术语有其特殊用意。因为这一术语所表明的不仅是作为自然而被给予的东西，而且在于这种自然像人类构造（composition）中的合理性一样，是以某种方式积极发展的力量。自然的这种发展表现于达到某一实存的和谐、平衡和整体状态之过程，这里的实存相关于实在的特定形式之性质。于是，实现自然的过程及由此而来的某种形式的合自然就是合自然化的过程。

在中国佛教（Buddhistic）哲学和新儒家哲学中，去人格化与合自然化的传统一方面延续于进一步发展出来的"理"（*li*）与"气"（*ch'i*）的概念，另一方面延续于"心"与"性"的概念。这两对概念都遵循"阴"与"阳"统一于"道"的方式而形成对立互补的统一。[12]由此可得出这样的结论：《易经》的思维模式作为一种范型，其中的合自然化是中国哲学的普遍特征。在同样的意义上可以说，中国哲学的合自然化以《易经》的思维模式作为其范型。必须指出，在某种相对的意义上，合自然化包含了合理化；亦即在如下意义上：如果说作为理性的意味着在世界的整体秩序中有恰当的位置和某种本体的实在，那么自然的东西就是理性的。这是新儒家"理"概念中合理性的含义。

事实上，按照新儒家的哲学，自然的东西等同于"气"，"气"构成世间万物且是内在于万物的动能（dynamic energy）；理性的东西则等同于"理"，如朱熹（Chu Hsi）所言，"天下未有无理之气，亦未有无气之理"[13]。因此，理性的东西与自然的东西不可分，它们共同构成了世间事物的现实性。这是一种相互渗透与和谐的关系，它不同于西方哲学传统中合理化的演绎秩序。除了我们所说的合理化作为西方哲学的指导原理之外，还可以指出，理性或合理性作为人类原初的和首要的特性具有某种仅属于人类的价值论含义。因此，人类的才智（intellect）可以说是理性的，在此意义上却不能说自然界是理性的。世界若在某种意义上可以说是理性的，那么其合理性就得归因于并建基于人类的理性思维。这是康德的立场。严格意义的合理性总蕴涵着理性的东西与自然的东西之间的二元对比，后者可能是非理性的（nonrational）乃至不理性的（irrational）。这是自笛卡儿以来心身二元论的基本立场。经典物理学发现了自然界的机械法则，其后哲学家们开始考虑将物理科学而不是形而上学作为合理性的根据，而这一倾向直接导致了用物理科学的术语来表现和解释心智的某种物理主义立场。这是还原论的范例，还原论是诸多现代西方哲学的特征。

除了对西方的合理化予以说明的二元论和还原论，还有一种可能用理想意义的合理性来看待世界的唯心主义（idealism），这种合理性合于人类的才智与理念（ideal）。我们在黑格尔（Hegel）那里看到了这一命题：理性的就是真实的，真实的就是理性的

（what is rational is real and what is real is rational）。但对该命题的恰当理解表明，真实的与合理的首先是充分实现的绝对精神（Absolute Geist）的属性。类似地，如果我们将世界看作理性的上帝之创造，那么世界也可以被认作具有合理性这一属性，这里的合理性以上帝为根据。坚持合理性之无处不在，其方法就是以如下唯心主义命题为前提：预先存在着某种至上的精神或上帝。

与西方关于合理化的观点相比，中国哲学中根本没有关于合理化的二元论的、还原论的或唯心主义的解释。合理化作为合自然化的一部分，内在于事物的性质，而不仅仅内在于人性。此即新儒家学者如下说法的原因所在：他们发现万事皆有"理"或合理性，只需探究事物即可求得真知识。这种具体而平等主义的（equalitarian）合理性概念，在张载（Chang Tsai）那里得到了更好的表达："理"不过是"气"活动的具体方式。因此，"理"受限于并融入（contextualized）"气"和事物的特殊性（particularity）。这样看，"理"与其说是普遍主义的，不如说是特殊主义的，这显然不同于西方哲学中的情形。对道家学者庄周（Chuang Chou）来说，一旦被问及何处寻"道"，其回答就是，"道"可见于包括最低等事物在内的一切事物（anything and everything）。这可以被看作一切事物中均可见合理性，因而世间没有无价值之物或没有无存在的内在理由之物。人们进而可以发现一个饶有兴味的事实：与张载一样，庄周将自然的认同于合理的，这预示着中国哲学中合自然化原理的最佳样式。由于在中国哲学中这一原理是以自发和自然的方式发展起来的，因而可将其描述为**自然的**合自然化原理。由此显而易见的一个结果是，人心与人身各自有其自身的合理性。

现在，我们可以谈谈中国哲学中人的内在化原理。与自然的合自然化原理不同，人的内在化原理较易于解释和理解。神的超验化在于，假设存在某一外在的创造者、支撑者、拯救者、支持者和判官，比如高于世间的上帝，从而为世界以及人生意义提供了超越的根据与基础；与之相比，人的内在化在于指向创造和创造性的内在本源与资源，对实现有意义的人生以及世界的存在和价值之有效解释与证明来说，它们就在人类与世界的自然中。在此意义上，内在化的观念依赖人类与世界的自然或合自然概念，而且人们可以看出，这种自然或合自然代表着人类或世界的存在和价值之固有本源与资源。由于自然或合自然的呈现，就没有必要也没有理由去假设某一创造力或价值的外在超越之源。自然或合自然就是创造力本身，而一旦被概念化即是"道"。"道"具体普遍的创造性与转化性之力，在形式上不确定而又决定了每一种形式。无论对儒家学者还是对道家学者来说，作为具体普遍与终极本体的创造性源泉的"道"，一方面，其在于一切事物的自然，这种自然在一切事物的有机网络中将每一事物联系在一起；另一方面，其在每一层面对每一类型的每一事物予以个体化。然而，如先前所指出的，道家学者认为，实现人生目的的普遍与终极方式是复归于"道"，是效仿和体现"道"；儒家学者则认为，发展与培育人性是完成人性以及实现和澄清"道"的正确方式。因此，内在化原理不仅指出存在的一切真理和价值内在固有于人性与物性中，而且说明自然具备揭示、实现和体现"道"的可培养的能力。这不仅对个人与事物自身有意义，而且对"道"本身有意义。

中国哲学中的这一内在化过程，其开端可追溯至人类关于整个宇宙同质同源的有机体经验，由此人们可于整体的每一部分中看出或感受到整体及其各部分的呈现。当然，这只是一种关于人们集体意识的假设性观察，然而作为全面的相互渗透［周遍含容（chou-pien-han-yung）］原理，它的确被转述于中国佛教的华严（Hua Yen）宗和天台（T'ien Tai）宗以及宋明时期的新儒家哲学。历史地说，公元前1200—前800年《易经》的符号论（symbolism）首次得以阐述，在当时的人类经验与人类思想中，主体与客体、世界与人、真实的部分与整体之间全面的相互渗透即已存在。在《尚书》记录的、周代及更早时代圣王的政治与道德劝谕中，人们也可以看到在个人的德性、性格和行为中为了统治权和统治根据而进行的动机及理由的内化（internalization）。尤其是统治者有必要领会到，其天命在于尊重、关怀民众，即对民众仁慈。他也被赋予道德责任，即教化民众趋于有德生活，亦即趋于一种以自律和忠于社群为基础的生活。显而易见，儒家关于德性的伦理哲学发育于上述基本经验。简而言之，"德"（德性以及关于自律与关心社群的道德修养）的概念与原理，可被视为人的内在化原理之首要而显明的规定（formulation）。

人的内在化的另一确凿来源表现于《诗经》中对如下诗歌样式的运用："赋"（display/fu）、"比"（analogizing/pi）、"兴"（arousing/hsin）。在所有这些样式中，世上任何一物都有可能与他物发生关联，尤其是为了表达诗歌的批判、讽喻，或富于想象力地实现愿望与梦想。若非通过人类经验或人类思想来预设关于世界的、有机而全息的本体（其中每一事物都与其他每一事物有着深层关联），那么这显然就是不可能的。

根据将人性中的创造性和转化性之源予以内在化的含义，这一原理既可表达为人的内在化原理，也可表达为内在之"道"的人化原理。第一种表达强调这一事实：人类可能发展出的任何德性都基于且源自人性。这显然是孟子（Mencius）所持的立场。第二种表达则强调，内在于一切事物的深刻之"道"可为人所用并被用来转化或实现人类关系以及人类社群的更高目的；是转化还是实现，取决于人类经验的方向是儒家的还是道家的。即使孟子，他也不单单局限于人的内在化原理之立场；必须看到，他是如何越出内在化原理的第一种表达而延及第二种的。这可见于他的这一说法："一切事物都被彻底地涵摄于我之内，我会通过反思自己而将此实现。"[14]①其所讲述的是这样一种可能性：作为人可达至的、与"道"及世间一切相一致的状态。由此方式，人可以成就"大"（great/ta）、"圣"（sagely/sheng）、"神"（divine/shen）。[15]②当然，"道"的人化就变得等同于人的道化，后者不仅是内在化之事，而且是存在之实现的外显或对"道"

---

① "万物皆备于我矣。反身而诚，乐莫大焉。"（《孟子·尽心上》）
② "充实而有光辉之谓大，大而化之之谓圣，圣而不可知之之谓神。"（《孟子·尽心下》）

的 "践形"（form-embodiment/*chi'en-hsing*）。[16]①

　　中国哲学中人的内在化最具启发的实现，可见于人之宗教需要的伦理升华。人们一旦在发展其人性以及在通过德性与社群中的他人发生关联——通过促进社群中他人的生命实现——的过程中实现了自己，那么就达到并确立了德性（礼—德）的内在不朽[17]，而其达至终极的宗教需要也得到了满足。人们或许会说，如果将这种需要做如此理解，那么人在实现其人性的过程中就会消解通往终极与超越的宗教需要。这里的关键在于，实现人性是满足对终极与超越之需的途径，且在终极的意义上说，人就是终极者，而内在者即是超越者。当然，只有在最优条件下，人与终极者、内在者与超越者才可以等同，只有如此，这种观点才能成立。显然，儒家和道家都主张且相信这种条件是可获得的。这种条件基本上是在合自然化原理的背景中被予以诠释的，既事关价值的总体实现又关涉将永恒者俗世化和将俗世者永恒化的生死问题由此被消解了。换言之，生死不再成为问题。事实上，由于世界与人生中事物的相互依赖和渗透，生命实现的同时也就解决或遗忘了死亡问题。人的创化力整合了、突破了生死所提出的问题，并在认同更大背景的真实或人生更高层次的真实中提供了超越的拯救。然而，我们必须承认，由于缺乏最优条件，中国哲学中满足宗教需要的、得到大部分中国知识分子认同的这种理论可能性，可能并不总是能被现实化或实现。实际上，个人无论如何努力，仍然会受限于 "命"（对生命不可避免的决定因素）， "命" 有时表现为不可避免或不可改变的时空条件。因此，中国历史上尽管有儒家和道家的上述观点，但仍可能产生超越的宗教需要。而人们仍能观察到，将超越者予以内在化以及将神予以人化的倾向总在历史中发挥作用。这得归因于在中国哲学的开端人类经验与人类思想的如儒道所示的方向。

　　人的内在化的极端形式是，将一切实在与价值认作 "心" 的活动。这一立场被陆象山（Lu Hsiang-shan）归于孟子，并得到了陆象山和王阳明（Wang Yang-ming）强有力的支持，他们被称为**理想主义的新儒家**（idealistic Neo-Confucianists），与之形成对比的是**所谓现实主义的新儒家**（realistic Neo-Confucianists）的二程（Ch'eng Brothers）和朱熹。尽管这两派思想家之间存在本质区别，但将他们对比为理想主义者和现实主义者可能并不恰当。两派之间的第一点重要区别在于 "心" 与 "性" 之间的本体认识（onto-epistemic）之分，第二点重要区别在于将世界认同于 "心" 的模式与将世界认同于 "性" 的模式之分。在陆象山看来， "心" 是一切事物的实质，绝无离 "心" 之 "性"： "心" 的原初形态［被称为 "本心"（*pen-hsin*）］包含了事物的一切原理，因而人们通过训练心灵即可逐渐理解一切事物的根本真理。一个人的 "心" 之自主以及 "心" 中宇宙之发明构成了 "心" 最重要的活动。 "心" 是否及如何本体地创立，这并非重要问题。就此而论，或许令人想起禅宗（Ch'anist/Zen）哲学，其中， "心" 是作为真实根据的宇宙中

---

　　① "形色，天性也；惟圣人，然后可以践形。"（《孟子·尽心上》）

心。但陆氏从不愿说事物由意识的规划和转化而成，因而可被认作基本赞同儒家学派的本体论，即世界与人是太极及其转化的一部分。

对王阳明来说，"心"变得更为本体化而非认知化，因为"心"在此呈现为良知本体（*liang-chih-pen-t'i*）（关于善性之固有知识的原初内容）的形态，就其性质而言，既澄明真理又构成存在的背景。鉴于"心"构成存在的背景这一作用，王阳明主张"心"即"理"［心为终极实在（ultimate reality）］，与程颐（Ch'eng I）和朱熹的命题"性"即"理"（性为终极实在）相对立。在此意义上，王阳明是纳"性"入"心"，而朱熹是纳"心"入"性"。对朱熹来说，"性"是在本体意义上被给予的，而"心"是在认知意义上被给予的："心"根于"性"，由此可以设法得到来自"性"的指导；但"性"实现于"心"，因为"心"直接支配着人的行为。在他看来，天人相合必然采取的形式是，人性与实在或"理"（原理）相合，而不是人心与"理"相合。其原因在于，"心"可能遭受身体与欲望的影响，因而或许不能对实在的终极真理做出回应。另外，"性"作为人类实在的本体之源，可以为人类个体（human person）的转化与修身过程提供根据。

尽管"心"与"性"之间存在这些区别，但就它们均与"天"相合而言，它们显然享有共同的根据；也就是说，人性的完善与人生的实现是在确认人的内在化目标和天人合一的经验中达到的。或许"心"与"天"同是一种感知和澄明的状态，"性"与"天"则同是一种情感和沉思的状态。或许消除其区别的最好方法仍可见于孟子。孟子提出，人必须先彻底实现其"心"［"尽心"（*chin-hsing*）］，然后才能逐渐理解其"性"［"知性"（*chih-hsing*）］，最后开始知道"天"［"知天"（*chih-ti'en*）］。[①]

在以上论述中，我已经就中国哲学的开端和发展描述了其人类经验与人类思想的两条方向性原理。应当说明的是，这两条原理的用意不在于解释中国哲学所有歧异性的、多样的谱系，而在于说明其核心的共同特性。它们应当提供关于中国哲学传统的一个基本框架以及诠释中国哲学的框架，尤其是在与西方哲学相对照的情况下。应该指出，单单这两条原理并不能提供中国哲学的总体图景，尽管它们有益于理解与诠释中国哲学传统。它们在不同的场合会相互支持或相互制约，这种互动与相互作用使得对中国哲学中个案的实在理解和诠释不仅成为可能，而且会取得丰硕成果。然而，就分析与综合中国哲学的某一命题而言，从形而上哲学（metaphilosophical）与比较哲学的视角看，这两条原理必须与两条相对应的西方哲学原理即理性的合理化和神的超验化相结合。我们可以提问：这两条西方哲学的方向性原理在何种程度上体现于某些情形之中？在何种程度上已经产生了深远的影响？我们对中国哲学也可以提出类似的问题。以某种综合性的系统反思，两条中国哲学原理与相对应的两条西方哲学原理可能形成一个对立互补的体系而

21

---

① "尽其心者，知其性也。知其性，则知天矣。"（《孟子·尽心上》）

在更高的层次与更大的进程中统一。或许"太极"、"两仪"（two norms/*liang-yi*）、"四象"（four forms/*shih-hsiang*）的《易经》模型适合容纳每条原理及其转化。就这种可能性而言，我们所谈论的就不再是中国哲学，而是正在形成中的世界哲学，中国哲学与西方哲学都能对此做出独特的贡献。

基于这两条原理来理解中国哲学，其另一重要结果是可以解释为什么儒家与新儒家会成为中国哲学的主导流派和样式，这并非偶然，而是由于中国哲学史的内在逻辑。这就是说，在自然的合自然化与人的内在化原理之意义上，儒家与新儒家和中国哲学的主要方向有着本质的关联。我将在下文中说明，这种儒家哲学如何延续和展示中国哲学的初始方向，然后揭示新儒家哲学在迎接道家和佛教的挑战后如何延续与丰富这一传统。

作为主流的儒家哲学的两种含义

在两种意义上，儒家哲学可被称为中国哲学的主流。一种意义是所有的中国哲学史家都熟知的，公元前 136—前 135 年汉武帝（Han Wu-ti，汉代早期的武皇帝）统治期间，儒家哲学被确立为占主导的政治与教育的意识形态，以服务于政府政策的制定与官方的学术研究。这之所以可能，是由于武帝对儒家的个人信仰，而这又受启发于著名的儒家思想家董仲舒（Tung Chung-shu）的观点。董氏作了著名的《贤良对策》（*Proposals for Recruiting Worthy and Virtuous Men/Hsien-liang tui-tse*），以应答武帝对指导观点的寻求。董氏在该作品中提出，政府政策应遵循天命，应通过教化与教育来引导民众，通过适当的制度来控制民众的欲望。董氏的观点显然出自儒家传统，尤其是他对《公羊春秋》（*Kung-yang Chun-chiu*）的研究，《公羊春秋》是对孔子编辑的鲁国（孔子的母国）编年史的评论，它以改良为导向并着眼于未来。董氏还建议，除儒家之外，所有的思想流派在政府中都应予以拒绝、不受赞助。董氏之包括最后建议在内的基本提案被武帝竭诚接受，其结果是儒家被宣告为政府的正统意识形态。自此以后的各个朝代，儒家就在政府的政策制定、伦理教化和科举考试核心科目方面占据着主导与权威的地位，这种状况一直持续到 20 世纪初清朝灭亡。

儒家成为一种支配性的意识形态，以多种强有力的方式影响着社会和人们，尽管这并非偶然，但儒家之所以能够形成一种有吸引力的哲学，服务于政治统治以及社会与文化控制，其原因可从儒家学说本身寻找。董氏是一位公羊学的思想家，这一点尤其不容忽视。从这一背景出发来考察，人们可以看到，儒家学说是一种政治改良的哲学，其依据是人们最终希望的某种政治理想主义。儒家意识形态的官方支持还强调以下这一事实：或许始于孔子，儒者总是依靠圣王来确立和实施其改良主张。这种政治联姻或伙伴关系并未发生于孔子，但的确发生于董仲舒及其同僚公孙弘（Kung-sun Hung）身上。其结果是导致儒家不仅正式地扎根于政府与教育过程，而且使儒家的利益取决于统治者自身的利益，由此使其服从于传统皇帝的独裁任性。尽管这可能对统治者具有约束效力，但统治者也可能操纵儒家以符合其自身利益。从这个视角看，过去封建统治者的一切罪恶与弊端也可以归咎于儒家。过去对儒家的政治利用已经赋予它某种固定的形象与角色，从而导致儒家被树立为统治阶级与政治特权者思想封闭和保守的标志。这种形象与角色连同其哲学辩护，引发了现代中国 1919 年五四运动对传统儒家的激烈批判与否定。也正是基于这一形象与角色，列文森（Levenson）在其同名著作中谈论"儒教中国及其现代命运"。[18]

儒家哲学是中国哲学的主流，其第二种意义是从一种深层结构的角度来理解的。正是在这种意义上可以说，中国的经验与思想在儒家哲学这里得以正式开启，而在这种开启中，中国的经验与思想之根源也在儒家哲学这里得以展示并发展——尽管这样的说法不尽恰当。在孔子明确表达和传授其观点之前，中国哲学的观点和范畴有一个发展的过程，在此我当然无意简化这一过程。但至少有一点是清楚的：孔子后来编辑的五经或六经为其哲学与伦理的思考提供了资料和形式。他与鲁国及更大范围的政权相关的人生阅历以及不断变动的社会状况也给予他动力，促使他阐述某种改良目标以及与此目标相一致的人生哲学。其方法是整体性的、彻底的，因为他阐述了社稷和人类的理想目的以及针对这些目的的理想手段。他关于如何达到这些目的的提议，显然是基于某种对生活、人类、国家和社会之本性的整体性反思。这种对目的与手段都采取的整体性方法表明：他的哲学尽管立足于历史与传统，但在其时代既是无与伦比的，也是富于创新的。因此，对于其自身成长以及他所描述的传授内容，他的自述所展示的是一种发展过程，这一过程与过去有关联但也包含了他个人的贡献。因此，我们可以说，对各个时代而言，在多个层次上孔子都既反思又整合、既阐明又超越了源自最后一个千年夏商周三个朝代的、最全面的经验与思维方式。值得特别指出的是，我们可以坚持认为，孔子的哲学已近乎支持与体现了先前讨论过的中国哲学的两个方向，即**自然的合自然化**与**人的内在化**。确实可以认为，这两个进程在孔子这里趋于深化。

关于自然的合自然化，孔子的弟子子贡（Tzu Kung）在《论语》中说，"我从未听说过大师谈论'性'与'道'"。[19]① 但在《论语》中，孔子的确至少有 1 次提到"性"："人的本性是相近的，而习惯让人们产生较大的分别。"[20]② 他还不少于 16 次谈到"天"，不止 60 次提到"道"。但显然，孔子似乎总是避免讨论形而上的与超自然的事物。他的兴趣是关于人如何能以人类的方式变成更好、更高尚的人。他关心的是培养善人、善的社会、善的人类关系、善的国家和善的世界；而善意味着由诸如仁、义、礼、智、信之类的德性概念所蕴涵的仁慈、正直、得体和优雅、智慧以及诚信。但是，这并不表示他缺乏形而上的信念与宗教信仰。在个人正直地坚持己见或表达悲伤的时刻，孔子的确将"天"作为一个精神实体而向它倾诉。他向"天"倾诉的情境又转而表

① "夫子之言性与天道，不可得而闻也。"（《论语·公冶长》）
② "子曰：'性相近也，习相远也。'"（《论语·阳货》）

明：他并没有依靠"天"作为其道德、政治或教育哲学的基础。据说他从不谈论任何反常的事物、诡谲的力量和怪异的神灵。① 甚至就祭祀仪式而言，他也建议重视真诚的态度，而不是刻板的信仰。至于他对"道"的观点，同样清楚的是，他对"道"这一术语的大多数用法都意指人类的方式、统治者的途径或善政府的运作方式。有一二处"道"被给予了形而上的含义，但即便此时——比如言说由人类实现的"道"时，他也不是谈论超越的主体或客体，而是谈论切近的事物。

因此，在孔子的哲学叙述中，自然的合自然化趋向是很明显的。尽管孔子或许没有立刻接受如《道德经》和《易经》中某种一般的自然宇宙论哲学，但他依据和谐、均衡来展开思考的方式，德性与德性、情感与智识、个体与社群、形式与内容的统一性——这一切都表明他受到了《易经》整体性的、和谐的方式之影响，从而将其作为思考与评价的某种组织和指导原则，表现出很大程度的自然的合自然化。[21]

《论语》中仅 1 次提及《易经》，对《易经》的引用亦仅 1 次。在《论语》第七章第 17 节，孔子说："如果给我更长的寿命，我会在 50 岁学习《易》，那就不会犯任何严重错误了。"② 尽管许多学者对这一段的所指表示怀疑：孔子所提到的是否确实是《易经》，但仍然很可能的是：孔子对《易经》的研究提供了非常重要的思想。这可以理解为他到 50 岁时所思考的问题。在其人生自述中，他说到 50 岁他就知道"天命"。[22]③ 可以认为，《易经》内含某种"天命"，因为如果将"天"理解为整体自然的方式，而将"命"大致理解为依据自然的合自然化原则而变化的必要条件，那么"天命"就可被理解为变化或转化的方式。因此，有充分的理由相信孔子在此段中关于《易经》之所言。据大历史学家司马迁（Ssu-ma Chien）的《史记》（Shih Chi）记载，孔子晚年喜欢研究《易经》，由于勤读《易经》，他竟然致使《易经》的竹简 3 次散脱。

人们可以以一种历史诠释的洞见指出，孔子之后的儒家发展——见之于子思（《中庸》）和孟子的著作，以及《易传》中的《文言》（Wen Yen）与《系辞》（Hsi Tzu）——与《易经》哲学文本的关系甚大，对它们的解释必须基于孔子对《易经》的研究和传授，而后者又与自然的合自然化以及人的内在化原理一致。我所持的观点是：不仅古典儒家大大受益于吸取作为哲学文本的《易经》的思维方式和智慧，而且孔子发展其观点的途径也是对《易经》哲学之自然主义与人文主义方式的运用，因为其中隐含的深层指导原则是将人类视为有能力自身转化为善的与有德的；而这又必须建基于全面和谐与事物的相互关联性，因为善不啻是要达成创造性的和谐，而德性也蕴涵着在完成恰当行为之中表现出的"时中"（timeliness/shih-chung）。通过培养品格而转化的创造性活力以及通过形成德性而实现的和谐与时中，能够以《易经》哲学作为解释根据，

---

① "子不语怪、力、乱、神。"（《论语·述而》）
② "子曰：'加我数年，五十以学《易》，可以无大过矣。'"（同上）
③ "五十而知天命。"（《论语·为政》）

并且这种诠释有利于对《易经》的自然化与人文化理解。

价值与能力的内在化之发展，至少是《论语》观念的一个显著特征。孔子曾宣称："天给予我生来就有的德性，难道桓魋（Huan Tui）能对我造成什么伤害吗？"[23]①孔子还说："仁慈很远吗？如果我想要仁慈，那么仁慈就在此。"[24]②对孔子来说，人类生来就是道德上平等的，因而全都应以仁慈（"仁"）、正义（"义"）和礼貌（"礼"）来予以对待。这种道德价值上的平等还源自这样一种隐含的形而上信念：个体被赋予了转化自身的以及在道德关系与道德价值的领域引导他人转化的天生能力。这意味着，一个人具有内在于自身的、根源于终极实在的巨大价值，并且使自身能够达至个体的道德完善，这还蕴涵着一个本体论意义上的完善问题，从而通过扩展人类关系和仁慈政府的方式达至人类普遍的兄弟友爱。在此意义上，孔子创造出一种理解天人合一的人文主义模式，尽管他从未明言这一点。

人之价值与能力的内在化既给予孔子的哲学教导内容，又给予其创造性；这正如自然的合自然化给予孔子的论述或讨论合理的线索一样。由于这两种原理及其相互作用，古典儒家得以良好的形成与发展。这一发展伦理学与形而上学的过程从一开始就是一种整体性的过程，其中，伦理学、政治哲学和形而上学很好地相互交织、相互融贯为一体；在这一整体图景中，终极实在、宇宙、个人、社会与国家有序地展现，并与有机关联和相互依赖关系的内部辩证法保持着和谐一致。这构成了公元前5世纪至公元前3世纪的儒家发展历程：从孔子文本到《大学》（Great Learning）、《中庸》、《孟子》（Mencius）以及《易传》。鉴于这一人类与世界的整体视界下的儒家发展背景，即使荀子（Hsun Tsu）也可被认作一位强烈地趋向人文化与自然化的儒家拥戴者。换言之，在荀子那里，我们可以看到自然的合自然化与人的内在化原理的激进运用。对他来说，自然大体上可以类似于法的方式来理解并为人类所利用，而人性则可以彻底地被教育与教化所塑造，因为人类理性作为某种根植于本性且可经验地加强的官能，能够发展得既有利于个体也有利于社群。[25]

基于对儒家的上述描述与分析，我们可以得出结论说，儒家成为中国哲学的主流并非偶然或仅由于其政治上的正统地位，而且是由于它延续了来自过去的人文主义的根本传统，以及它对新经验与新思想的创造性吸收和诠释（如《春秋》中对道德人格的诠释、对德行的整合以及《易经》文本的形而上化）。由于其整体的视域、实践的面向以及历史的根基，它注定会成为主流。它是对自然化与人文化原理的创造性运用和自然而然地发挥，适应了那个时代人们的需要与情感。如此前所指出的，《易经》蕴涵的关于转化与时中的哲学发挥了决定性作用，在儒家面临来自与之竞争的道家、法家的挑战以及诸如佛教等外来传统的挑战时，这一点变得更为重要。在这两种情况下，《易经》思

---

① "天生德于予，桓魋其如予何？"（《论语·述而》）
② "仁远乎哉？我欲仁，斯仁至矣。"（同上）

维的视域与方法论都为重组、重新整合和重建提供了灵感及洞见。就它能够为新结构与新进程提供余地和自由而言，它还为解构提供了根据。此类的典型例子是宋明时期新儒家的发展，其中朱熹的系统哲学与王阳明的直觉主义哲学都就"理""气""心""性"这些形而上的范畴提供了全面自然化及全面内在化的卓越典范。作为最先在古典时期得到经验与思考的《易经》哲学资源，再次成为哲学洞见与生命创造性的源泉，并丰富和延续了儒家思想的主流。

对方法论的理解与关于理解的方法论

在《真理与方法》（*Truth and Method*）[26]中，汉斯-乔治·伽达默尔（Hans-Georg Gadamer）在真理与方法之间做了一个区分，其大意是：一方面，真理若被实现则不依赖方法；另一方面，方法会隐藏或遮蔽真理的呈现。在做出这一区分时，伽达默尔在其真理与方法的观念中紧跟其导师海德格尔。尽管没有详述**真理**和**方法**的确切含义，但显然，真理大体上是对此在（Being）的澄明或敞开（disclosure/*aletheia*），而方法是一种远离此在的、理性的概念化。鉴于海德格尔的体系，完全可以理解的是，伽达默尔对于运用某种方法来理解真理持批评态度。然而，人们仍然可以提出这样的问题：真理和方法是否在人类经验与人类思想的一切层次上都必定相互排斥？如下观点可能是正确的：在人类与社会科学中，运用某种方法——尤其是源自自然科学的方法——意味着将人类与社会的实在的丰富性和个体性降至较低层次的抽象化及一般化。但这绝不是否认这一事实，即在自然科学中，科学方法使人类能够企及某种明确界定的、有效控制的、自然界的实在。要理解人类与社会中关于存在的真理，必要的条件看来毋宁是使范畴和抽象应该产生于与人类及社会相关的、鲜活的经验环境。换言之，它们应该内在地产生于同一层次的经验。在此意义上，人类与社会科学的方法可以由人类科学和社会科学来裁决。正是在此意义上，狄尔泰（Dilthey）提出了人类与历史科学的生命范畴（life-category）。此外，对恰当地追求真理来说，任何方法都有其限度，不应为了外在的目的而过度使用。一种方法若已被理性标准化或变得刻板，那么要将之推广，或从一个领域运用到另一领域，就无法避免由于过度合理化而导致还原论（reductionism）或贫困化的危险；因而就适宜于某一给定论题的人类经验与人类思想而言，它在构想其生动的整体情境方面就会面临困难。根据上述讨论，如下假定看来就是合理的：如果对真理的前理解（preunderstanding）导致了某种内在于其自身的方法，该方法会带来真理的完全敞开，那么真理就能够包含方法，而方法也能够导向真理。通过顺应真理并在真理的完全实现之中，方法可以将自身融为真理的一部分。

因此，要达成对中国哲学的某种理解，就需要对理解中国哲学的方法论有某种恰当的理解，并对关于理解的一般方法论有恰当的理解。这两方面的工作都必须回答这一问

28

题：什么是理解？而要回答该问题，我们别无选择，只有探寻研究理解问题之诠释学的历史。有两条基本原则是直接自明的：理解的自主性原则（principle of the autonomy of understanding）与理解的整体性原则（principle of the totality of understanding）。理解的自主性原则要求，理解不可混同于知识或信息。在此意义上，理解将既被视为一种精神状态，也被视为一种精神活动或意图。理解的整体性原则要求，理解对象作为整体而存在并渗透于各部分之中，这就是著名的诠释的循环原则（principle of the hermeneutical circle）。第一条原则可说是源自施莱尔马赫（Schleiermacher）的诠释哲学，它主张理解产生于一个人生命历程（life-process）的重构（modification），并且理解要求对这个人的重构中各个时刻之间的一致性与相关性。这意味着理解是与同一过程相关的两种活动——一个人的内部思想与用于言说形式的语言——的独特产物。就此而论，理解不能分解为在一个人的语言与精神之中没有自然位置的任何东西，因而不必被解释为某种目的论的过程（如黑格尔或马克思的观点），或被看成指涉某种由经验质料组成的世界［如兰克（Ranke）或石里克（Schlick）的观点］。[27]

但是，该如何描述一个人的内部思想，这一点恰恰是悬而未决的，而直到狄尔泰，作为个人内部体验的理解之完全自主才得到充分的探讨和肯定。狄尔泰致力于建立人类科学的认识论和方法论。他认为，人类科学构成了一种知识的整体，它独立于自然科学的知识整体。狄尔泰效仿康德为自然科学知识提供方法论根据的做法，力图提出一套人类科学的范型和范畴，以提供其方法论根基。在他看来，人类科学中的理解根植于活生生的人类体验，因而是生命初始的范畴与展示。由于对理解的这种理解，理解就获得了比仅仅是个人的语言和思想更深刻的基础。事实上，语言和思想都可以被看作对生命历程之理解的实现，因而理解应被构想为人类存在的三维实体：人类的思想与语言被体现和统一于某种形式的人类体验之强度（intensity），亦即关于价值与目的的体验。

诠释的循环原则在施莱尔马赫的著作中得到了明确的阐述，此后它就一直被普遍认可为关于诠释过程的特征。但是，要解释理解如何关涉整体并明确说明这种整体的性质，就需要进行哲学上的详尽阐述。人们可以看到，诠释过程的自主性已经预先假定了诠释客体具有整体性。我认为，这种整体性直到洪堡特（Humbodt）那里才得以明确，因为在此我们发现，首要的关注在于理解的主体与有待理解的客体之间的预定一致性，在历史探究方面尤其如此。在一定意义上，洪堡特既受到莱布尼茨（Leibniz）的影响又受到黑格尔的影响，他们都将世界看作主体与待探究的客体所共享的共同体（unity）。莱布尼茨认为，世界之所有单子式的个体都处于预定和谐的状态；黑格尔则指出，存在于一切事物中的内在精神将世间事物推向更高的水平。诠释的循环存在于部分与整体的相互渗透中，上述两者都可以为辩护这种循环的必然性提供适当的理由。就我的目的而言，我希望从某种具体的自然主义观点来思考这种循环，这种观点将没有预定的实在的和谐和没有黑格尔—马克思主义辩证法中的那种冲突机制的世界的内在运动精神视为被经验的真实整体的两种成分。这无异于提出将自然的合自然化原理作为诠释的循环的本体认识论（onto-epistemological）基础。在本体论和认识论的意义上说，诠释的循环是一切事物之间**有机地建立的关于转化的和谐**，因而既是本体论的循环，也是认识论的循环。

鉴于理解的自主性与整体性，那就还存在作为由理解来实现的、关于实在的自主性与整体性，这应该区别于不具备这种自主性与整体性特征的经验。作为理解的内部特征，自主性与整体性可见于一个人的完形感知（Gestalt perception），也可见于关于实在的新形式或新层次之形成。事实上，我们可以考虑实体的任何新类型甚或实体的任何新实例，以作为实现理解之自主性与整体性的根据。这意味着，理解包含着在世间事物中所持的某种立场以及看待世间事物的视角。对这一点的说明，莫过于庄子在其《齐物论》（*Chi Wu Lun*）中表达的主张：不仅人类，而且一切众生都有属于其自身的恐惧与欢欣、好与恶，它们彼此相异；然而，若定位于全综合（all-comprehensive）与全转化（all-transforming）的真实循环即所谓"道"的视角，它们又都同样有效。理解特指属于人类的且相关于人类存在的理解，这一点由于人类的存在而得以可能，因为就**理解**这一术语的恰当用法而言，理解正是人类的理解，需要人类精神的在场以及根植于人类存在的人类视角。尽管在道家的意义上万物平等，但可以说**有机地建立的关于事物的和谐**呈现了存在者或事物的层次，这种层次可以分层级地（hierarchically）得到理解。在一种层级意义上，亚里士多德曾指出分层级的形式与质料。尽管我们不必在亚里士多德的意义上将层级看作某种目的论的结构，但对各生命形式之间生态相互依赖的现代认识，是将大自然作为包含某种生命的功能与相互作用的层级结构来揭示的。

层级的另一重要含义来自对人类语言与经验之含义（meaning）的观察和反思。人类语言与经验导致了含义和理解的不同层次，而这显然应归于语言与理解之组织层次的存在。甚至不能认为，人类的理解在人类语言中得到了确切的体现；在各组织层次上的语言对于激发理解可以既是一种媒介，又是一种触媒。在禅宗的著述中，语言显然导向对语言的超越；与任何普通的语言理解相比，这种超越代表了一种层次更高的理解，但来自对前者的挑战。

除语言与表达方面的这一级之外，含义和理解的层次也构成人类精神的一级。而人类精神不仅仅是理性主义传统所声称的人类理性。古希腊哲学与现代西方哲学都存在这样一种强烈的倾向：将人类精神合理化，并视之为思维的功能。但在中国传统中，人类精神不单单是心理，而是包含了心理与情感这两者，它们都根植于人的本性。这产生于人类存在的、**自然的合自然化**的原初经验，因为人类精神必须基于人类存在的原初性质，人类存在是自然整体的一个组成部分，并且由于存在于存在者的整体中而有其自主性与整体性，从而也构成了某一层次的存在。因此，在讲到理解是人类精神的一个事件时，那并不是指一个关于理性解释的问题，也不是一个概念化的知识或事实信息的问题。实际上，它是人类存在的一种由自主性与整体性来界定的体验，对其的解释不应仅仅凭借与人类存在相关的世间万物的转化和相互依赖，还应通过人类存在（作为敞开世界的一部分）的创造性潜能。换言之，人类精神是一种创造性的能动性，且其创造性源自人类存在，由此引发变动世界中的人类经验。

在西方哲学中，狄尔泰已明确而系统地将理解作为一种深层形式的人类经验来探究，这种人类经验不仅涉及理性的思维，而且涉及人类的生命。在他看来，要理解人类的生命与历史，就需要对之进行深入的体验。这种深层经验显然是作为整体的人类存在的经验，因而是作为一种整体的、一种自然生成的自主的经验。他将这样的经验称作生活的体验（Erlebnis），是生命与时间的体现。就人类的理解必须源自人类存在的鲜活经验而言，这是刻画人类理解之性质的一种恰当方式。这种体验不仅表示生命的即时流向，而且将人类存在的深层结构展示为一个完整的世界，因而它揭示出的存在层次仅相关于人类存在。在狄尔泰看来，一切相关于人类活动模式与恰当解释人类生命的基本概念都源自经历（living through/erleben）的过程，因而应该反映作为整体与自主的人类存在结构。正是基于此，狄尔泰希望发展其人类与社会科学的"生命范畴"。显然，其生命范畴要满足指定的目标，就必须始终关联对人类存在及其本性的基本理解，并且它们必须能够辨识人类经验的各种情况，无论这些经验发生于何时何地。另外，还应该就其价值与目标来识别这些经验的层次。

除了自主性与整体性原则之外，上述讨论应引导我们提出理解的层级原则。根据该原则，理解总是揭示与人类存在相关的、属于实在的某一层次，这一层次依人类存在的参与度以及参与哪个方面而定。根据其深度、高度或广度，理解也可以被设想为形成了某种层次与循环的递进，尽管每一层次的理解都具备自主性与整体性。从某种理想的视角来看，有一种理解包含一切循环与层次并将它们整合为某种自主性与整体性，它是人们在追求真理与价值的过程中所能力争达到的终极理解。必须明白的是，不同层次的理解可以根据有条件的从属关系而相关联，由此一个层次的理解可以在适当的条件或场合下导向另一更高的层次。在此意义上，我们可以诉诸迈克尔·波兰尼（Michael Polanyi）的自生性呈现层面理论（theory of emergent levels），并将其作为一种解释。根据波兰尼的这一理论，对某类实在而言，其存在条件不等于该类实在的各部分之和，因而该类型的实体始终是某种来自既定条件的、不可化约的自然生成者。[28] 由此看来，就某些树来说，我们除了看到其感性素材之外还可以觉察到这些树，除了觉察到树之外还可以洞察其意义。我们所谈到的人类理解，可以被设想为一个由于生命体验而将视（seeing）、觉（feeling）、思（thinking）予以整合的世界，并达到某种形式的和谐统一。实际上，鉴于借助精神的理解与借助语言的理解之两相对立（polarity），我们可以把这种形式的和谐统一看作一种语言的与精神的，亦即在实在的协同呈现（copresentation）中语言与精神的和谐统一。或者我们可以换个说法：这种意义上的理解是语言与精神以实在的某种实现形式而形成的和谐统一，它等同于指出，语言、精神与实在基于人类作为整体的存在而自然生成的融合。

鉴于理解被解释为生命体验或呈现于语言与精神的和谐统一形式中的人类存在之体验，那就不难领会到，理解基本上是存在论的或本体论的，而不仅仅是认识论的。根据这种理解，海德格尔将理解描述为人类存在的此在（Being／Dasein）；伽达默尔继承了这一点，将理解作为本体的来谈论。鉴于海德格尔哲学中此在之基本本体论（fundamental ontology）的分析论，在这种意义上的理解得到了重要的阐明。理解不是某种理性论述的问题，而始终代表某种视角或立场——它属于存在且特指人类个体的存在，即此在。理解的视角决定着理解的广度与深度，从而揭示从该视角看到的真实的整个世界。因此，海德格尔将理解称作在世之在（Being-in-the-world）的展开状态（disclosedness），它是被视为本真（fundamental reality）的世界。在这种展开状态，理解成为此在的意义呈现或此在在意义中的呈现。海德格尔将情态（state of mind）和人类语言作为此在的形式来谈论，就此而论，理解显然可被视为世界或此在的展开状态，它展开于情态和语言使用的有意义的统一，由此阐明呈现的意义内容。

在理解中，**理解**作为人类个体的存在与作为一个人或此在的活力，这两者变得密切相关。作为一个人或人类存在者，他不仅遭遇其所体验的世界，而且被给予觉察未来可能性与时变（transformation of time）的能力，并变得具有自觉世间事物变化的潜力。[29]因此，对个人来说，理解成了某种存在论的在世视域（world-horizon），其根据在于：一个人可以宣告其自身与世界相关的身份，昭示他对世人与世事的忧患（concern）。它成为个人的洞见，用作某种指南以筹划行为、形成判断，甚至是达成对于某一特定世事的观点。在此意义上，理解可算作个人的前有（fore-having）、前视（fore-seeing）、前思（fore-thinking）。或许伽达默尔所谓的**传统**与**偏见**也可以被视为在这种本体意义上的理解。换种说法，一个人可以确实将理解认作作为个人和谐状态下的此在，只要其存在、思想、自知与知世（world-knowing）融合为存在的自觉状态以及自觉的存在状态。

在作为此在的理解中，无论在原初状态还是在层进状态，随着此在被揭示于理解，理解也被揭示于此在。显然，如此敞开状态的标准是自我与世界之关联处于自由和谐的意识和体验，其中必然既体验到存在的整体性，也体验到其自主性。这种状态典型地说明了关于个人的自然的合自然化，它将合理化或合理性作为其隐含部分来表现。这意味着没必要将理解视为合理化，或视为依赖于将理性作为唯一的指导标准。事实上，在理解中理性从未占主导，反而从属于融思想、情感乃至意志于一体的有关存在的洞见。来自海德格尔的一个恰当的词语很好地描述了这种存在状态，即任由（let it be）或泰然任之（gelassen）。[30]理性或合理性不会任物自然，反而要求一贯而系统的说明与刻画。

依照海德格尔关于作为存在之理解的这种自然状态，我们可以将作为理解的解释（interpretation／Auslegung）与作为合理化的说明（interpretation／ interpretation）区分开来：

前者自然地关涉在世之在，后者将存在的某一既定状态相关联于某一特定的目的、规划、观念或理念。[31]在后一种情况下，我们可以看到产生对于某一既定在世之在的新含义与新关联之可能性，从而获得关于存在之新格局以及世间事物之关系的新结构。作为合理化的说明之所以可能，得归功于理性的辨别能力，及由此在事物蕴涵的整体性中揭示事物间的蕴涵关系，如我们所见，这一点存在于有机地确立的、有关存在的和谐中。在建立关联的这一过程中，含义根据给定的存在而得以明确，因而作为合理化的说明至少要基于作为此在的前有、前视、前思之状态而有（existing）的理解。依据作为合理化的说明，人们所能逐渐认识到的，不仅是作为存在的原初状态之理解与作为存在状态的范围内理性活力之理解这两者之间的关联，而且还包括前者如何促进后者，并因此作为后者发展过程中的预设。我们可以称这种作为此在的理解为关于我们对理解的理解的存在原则。

最后，我们来看看精神活动或意识活动，它们作为某种原则描述了理解的特征。众所周知，胡塞尔（Husserl）对精神或意识的能识—所识（noetic-noematic）过程进行了无预设的（presupposition-free）反思，以此方式提出了其现象学的方法。[32]根据胡塞尔的观点，就对某一表述（expression）的理解而言，对该表述之含义的直观是必不可少的，但所谓表述的含义（被理解的意思）首先要由精神活动来赋予。这就是他所谓表述的**意向**（meaning intention）。但是，含义不仅是一种结果，而且是一种这样的过程：其所包含的不止于在某一给定的旨趣或情境下进行精神的赋意活动（meaning-conferring act）以充实意向。通过意义充实的（meaning-fulfilling）活动，某种表述开始表达其含义，并实现或证实它对表述的所识对象之指涉。符号（sign）及其所表示对象间的统一性，产生于我们意向行为的赋意与意义充实之融合，由此直观地呈现一个由具有统一性的活动组成的活生生的世界。世界的现象学构成显然导致了理解的一个重要特征：理解是一种根植于精神之认知功能中的、创造性的、积极的过程，并且理解的对象不仅是某种被给予的东西，而且是某种有待在理解过程或精神的意义形成过程中予以构成的东西。

在早期胡塞尔那里［《逻辑研究》（*Logical Investigations*）］，这种现象学的构成过程集中于确立逻辑与数学的客观根据；但在其诸如《欧洲科学危机和现象学的任务》（*The Crisis of European Sciences and the Task of Phenomenology*）[33]之类的后期著作中，意义形成过程将精神活动与呈现出的整个世界图景连为一体，该图景的构成被称作**生活世界**（life-world）。[34]这颇具启发，其理由如下：它揭示出，世界是一种连续的呈现，并伴随着意义形成过程之下的可能转变；这就是说，世界是一种解释并始终是某一整体的一部分，该整体的另一部分是精神。它还揭示出精神的巨大潜能，即其不仅作为意识的某种活动或可能活动，而且作为我们价值观中有待实现的秩序、结构和意义之源泉。如此理解的最终结果是，世界与精神组成某种诠释的整体，它将实在作为整体而呈现出来。因此，我称之为**本体—诠释的整体**，基于体验的整体性与自主性之达成，这种整体应在不同的层次或以不同的视域得以实现。理解的这一过程还表明意义与指称是如何可能的：其之所以可能，是由于精神与世界的有机演化的关系，从而是由于来自展示这种关系的具体情境。因此，理解显然被视为一种创造性的构成过程，该过程将精神与世界这两者都呈现为参与者。它可以有其层次和阶段，正如意义形成可以有其层次和阶段一般。

可以指出，一方面，与这种现象学方法相关，当代英美哲学中的逻辑分析或语言分析可以说具有某种现象学的特征。这是因为在进行如此分析的过程中，某一特定结构是按照给定的逻辑或语义—语言（semantic-linguistic）意识而展开的。唯一的区别在于，这样的逻辑或语义—语言意识是被养成的而不是自发的。但可以认为，这种区别只是个程度问题。另外，在乔姆斯基（Chomsky）的内部语法（internal grammar）观念或海德格尔的前见解观念之下，分析的过程会养成某种作为分析精神一部分的自然性或自发性，尤其是在明确要求进行这种分析的情形下。另一方面，我们也可以通过意识活动，将构成概念甚至对象的现象学过程视为一种逻辑的或语言的分析过程，尽管对**逻辑的**或**语言的**词语用法，我们无须预设任何已知的具体逻辑形式。择代逻辑（alternative logics）的问题早已被提出。[35] 但也有可能将概念构成的任何合理过程看作能够界定或揭示某种独特的逻辑或关于有效性的逻辑标准。根据上述探讨，我想要提议，我们关于逻辑分析或语言分析的观念可以拓宽其范围，由此意识活动的原则能够涵摄逻辑分析的原则。

关于现象学方法的重要蕴涵，我所论述的并不必然反映胡塞尔自己对此问题的观点，但的确表明：根据对"理解"这一问题的理解，他的方法如何能促成我们对"理解"的理解。如果将此前讨论过的所有原则集中起来，那么我们就可以汇集出某种清晰而丰富的、关于理解的观念；这种观念，在当代文献中尚未经过讨论，但应该会说明理解的这一本性：它既是一种方法论的概念也是一种本体论的概念。如果认为理解包含此前讨论的五条原则——**整体性原则、自主性原则、层级原则、存在**（being）**的原则、活动**（act）**的原则**，那么我们就应该能够看出，理解如何不仅界定某种本体论于其中得以领会的方法论，而且界定某种方法论于其中得以领会的本体论。换言之，理解既是世界的敞开状态又是被敞开的世界，这一点显然是在本体意义上根深蒂固的，且是在本体意义上被提出的：对个人来说，它是世界经过心智启蒙的整体状态，是此在的自决与自制的自然生成层次。对作为存在的某一层次的理解来说，使之实现的成分与程序使得理解可能成为一种方法论。理解的开端可以是存在的展开，也可以是分析的自觉活动。在前一种情况下，作为被揭示的存在世界可以得到展示，并有待于通过反思与分析而被合理地构成。在后一种情况下，分析的理性活动应该会导向存在世界的自然生成，其途径或是通过在适当条件下某一层次的存在之生成的必然性，或是通过整体整合的、内在的诠释循环，这种整合对应于如整体性原则所提出的整体综合的本体循环。

由于这样形成的存在层次，意义的具体化与分化就会作为精神与实在之间的现存和谐问题而发生，并且要求意义一致性与自足性（self-containedness）的自主性原则就是这样被构想的。在这两种情况下，整体性或本体—诠释循环的原则对理解的顺利展开来说 *37* 是其背后的根据和驱动力。只要理解需要某种真实的过程或精神的活动，它就是方法论的，因为作为理性反思的结果，对如此过程或活动的理性描述和刻画始终是可能的。进一步说，理解这样一种复杂的过程或活动，将使我们能够通过理性的辩护达至理解的某种真确状况。理解自然地卷入或预设某种理解形式的恰当性及其完成，因而理解若不涉及本体，则无法于理性的概念化中得以充分合理化和周密化。这意味着：理解首先必须是本体的，并出于分析或探究的目的而转变成合理性和方法论，这转而又界定了存在的某一层次。这还意味着：虽然理解的本体论可能自我反思地（self-reflectively）成为方法论的，但就存在的某一层次之生成而言，经合理地界定和建构的理解的方法论也必然是本体论的。

如果将理解设想为本体论，那么理解就是对存在世界的整体揭示，这样的世界渗透着精神或意识的有意义活动，这种精神或意识可见于人类的存在。由此，还必须认识到关系性（relationality）。如果将理解设想为方法论，那么理解就是程序与过程或活动，以用于理性建构或重构的思想，这种思想属于揭示某一存在层次的人类个体。由此，最终必须认识到本体论。这表明，方法论的理解蕴涵着本体论的理解，在本体—诠释的循环中反之亦然，这既可作本体论的说明也可作方法论的说明。在此意义上，方法论与本体论一起构成了理解的双重性（duality）：若无可能的、有待揭示的本体论图景或存在世界与之相应，则根本不会有方法论；若无可能的、有待阐述的方法论图像或程序与之相应，则根本不会有本体论。这种双重性、关系性以及由此而来的相对性，为有关任何哲学问题或难题的理解提供了一幅完整的图画，由此我们可以将关于理解的方法论设想为由如下原则组成：整体化、自主化、意义的具体化、存在世界的揭示以及适用于理解某一文本或问题的分析活动之构成。

与这种关于理解的方法论相应，我们还可以根据五种原则及其内在一致性、有机的相互作用和相互依赖，将理解设想为存在的展开，由此将理解界定为某种本体论。确切 *38* 地说，要理解方法论，就是要领会作为必然涉及五种原则的合理性与理性，这些原则既可适用于本体论，也可适用于方法论。根据对理解的上述全面分析，现在我们可以得出这样的结论：在理解哲学问题或哲学文本中，并不会如伽达默尔所设想的那样存在真理与方法间的冲突。只是待实现的理解之充足程度有别。而且，真理可以拥有某种方法的或方法论的意象（image）；同样，某种方法或方法论可以拥有本体论的有效性，无论这种有效性的限度如何。一种方法或方法论体系可能服务于特定目的，甚至是在特定目的下去揭示真理。但它无法服务于一切目的，甚或无法始终服务于其特定目的。一种方法甚至方法论随着时间的推移而必须被超过或超越，其原因即在于此。从苏格拉底和柏拉图到海德格尔和德里达（Derrida）的时代，整个西方哲学史充分证明了这样一个连续的进程：创建或筹划方法，而后又超过和超越之。我之所以提及德里达，是因为其解构思想也是一种方法或方法论体系，因而要经受解构或为其自身所超越。我们关于理解的方法论的讨论并不产生任何严格的方法，也不需要某种严格的运用限制：其精髓在于，它具有某种方法论的开放性以及本体论的不确定性。[36]

根据本体论空间来改造方法论以及根据方法论的妥当性来改造本体论，这样的可能性始终是这种关于理解的观念所固有的。这两者的双重性与对立性都提供了相互限制与相互促进的来源，从而通往被理解的真理之实现。根据这种真理与方法（或方法论与本体论）的双重性，我们还能够发展更宽泛而丰富的理性或合理性概念，而方法论则建立在这样的理性或合理性概念的基础上。没有任何单一的、既定的理性和合理性概念是绝对的。理性和合理性根据主题以及真理视域或本体论的理解下的经验，而有其特定的层次以及特定的范围或结构。因此，我们不仅可以在传统的意义上谈论逻辑理性、科学理性、技术理性和批判理性，而且可以在非传统的意义上谈论诠释理性、交往理性、解构理性，如此等等。

关于将理解设想为方法论，最后有一个问题需要进行简要的处理，亦即我们所做的这一区分：作为存在之敞开的理解与作为通往前者的创造性活动的理解。这可以高度类比于中国禅宗史中的"顿悟"（sudden enlightenment/tun-wu）与"渐悟"（gradual enlightenment/ch'ien-wu）之区分。顿悟在于完全揭示实在界，这种实在是彻底全面的，但无须任何过程而完全超越非实在的。另外，渐悟需要一种通向实现完全觉悟状态的教化和酝酿过程。对通向佛教理想的觉悟目标来说，它们是两种不相容的途径吗？或者说，它们是通向同一目的地的并行之道吗？依据我们对理解的讨论，显然这两者绝非不相容，尽管其中一种与另一种的努力方式有别。但如果对其差异加以反思，那么我们就可能会认为其中一种强调层次生成（level emergence），而另一种强调一举形成（act constitution）。如果考虑到理解的整个范围，那么就不难断定，如此争议能够通过充分领会理解的方法论而得以解决。

儒家与新儒家哲学的论题

此前，基于对中西哲学的反思，我勾画和阐述了关于理解的方法论。这是过去20年我所提出的理解的方法论，其被运用于我的中西哲学研究中。特别是，我已将这种方法论用于研究中国哲学中的主要流派和问题。为了超越过去使用的其他方法并给中国哲学带来新的启发和生命力，审查中国哲学的方法论依据和形而上的内容就是很重要的。对这样的任务来说，理解的方法论就是一种自然而然的选择。事实上，我努力揭示中国哲学的方法论与本体论结构，并说明这些结构的双重性和共同决定的关系性，以及理解的方法论之演化与呈现，由此我发现，在当代西方哲学的语境中阐述这种方法论颇有助益。在某种意义上，中国哲学甚至从一开始就表现出高度的诠释特征，这一点可证实于经注（writing commentaries）传统。尽管从文本诠释或解经中并未产生有关哲学诠释学的严格方法论学科，但在富于内涵的重要哲学观念之起源以及围绕哲学新范畴的讨论中表现出的诠释的自我反思，其本身就是一种既具有方法论意义又具有形而上意义的哲学方案。不管儒家还是道家，都为达至对实在之整体性的理解做出了努力，这些努力是基于有关整体性、自主性、层次以及活动之考量。《易经》背后的思维模式使之成为可能；作为一种哲学方法或关于宇宙实在的哲学，它可能最适合被描述为整体性的、自足的、层次生成的、本体地展开的（无论完全还是部分地以被认为是卜卦的方式）、一举形成的，并因而是分析的［无论是通过其传统象数（numerology），还是通过现代代数、逻辑模拟］。关于就其自身来详细描述这种思维模式以及古典儒家或新儒家哲学对该模式的说明，在此无暇论述。但确凿无疑的是：我刚才描述的理解的方法论反映了《易经》的思维模式，后者我另有专文讨论。[37]

40

　　鉴于理解的方法论以及儒家哲学在中国哲学史上的主导地位，在本书中我对儒家与新儒家哲学的研究旨在论证和阐述儒家与新儒家哲学的方法论的维度与形而上的维度，并运用它们来促进和发展一般的方法论与形而上思想。就对理解中国哲学或儒家—新儒家哲学极具重要性的专题而言，我所做的专门研究可以被认为是对儒家—新儒家哲学志业（enterprise）的某种本体—分析的重构。依据哲学思想的全体实在以及关于实在的人类经验，理解的方法论集中于对哲学问题的某种理性的、分析的理解。因此，它不仅是分析概念化的，而且是诠释本体式的，从而将之刻画为本体—分析的就是适当的。但还可以看到，理解的其他原则仍然适用，因为我始终重视且将自足意义的整体性与自主性用作根据或标准，以界定有待实现或认识的在世之在或实在的某一层次。这是由于在中国哲学的整个传统尤其是儒家—新儒家哲学的全部传统中含蓄而支持性的、相互关联的意义网络。这种特征的传统既构成了理解的诠释循环，也形成了敞开的本体循环，因而可称之为**本体—诠释的理解**，此为其理解方法论的实质。我对儒家与新儒家哲学的研究提供了某种根据，它不单针对儒家与新儒家哲学的而且针对整个中国哲学的开放方法论的（opening-methodological）、形而上的理解。它还应该指向在中国哲学或儒家—新儒家哲学与某些突出而相关的西方哲学传统间的视域融合（fusion of horizons）。这之所以可

41

能，是因为借助某种关于理解的本体诠释学框架，我们会发现理解的共同基础。

　　本书的论文呈现为三个部分。在第一部分，我在一般方法论和形而上学的语境中说明中国哲学的方向，并以之作为儒家与新儒家的思想背景。事实上，这些中国哲学的方向进而提供了某些诠释的基本范畴或原则，由此能够促进对儒家与新儒家的理解。因此，在论文《对中国哲学的一种刻画》（Chinese Philosophy：A Characterization）中，通过对其主题及要旨的分析重构，我对古典的中国传统做了一个综合的刻画。我特别探讨了内在的人文主义、具体的理性主义、有机的自然主义、自我修身的实用主义以及它们

的相互关联，以之作为中国哲学固有与占主导的特征；与之相较，整体上看，西方哲学的主要特征是外在的人文主义、抽象的理性主义、无机的自然主义、效用的实用主义以及它们的相互关联。以此作为评论依据，我用自然的合自然化与理性的合理化这两种趋向对中西哲学做了一个基本的区分。

在《中国哲学中的一个因果性模型：一种比较研究》（A Model of Causality in Chinese Philosophy：A Comparative Study）一文中，我选择哲学的一个基本问题，即因果性问题，以在中国哲学的语境中进行批判性的细致分析与重构。我首先考察了休谟以经验与现象的方式对因果性的界定，并认为它为重新界定与重新描述因果性原则的形式和内容提供了某种共通的（common）根据。我探讨了中国哲学中替代科学理论的模型，由此有可能说明儒道两家在方法论与形而上学思想和言论中均表现出的要点。我特别参考了《易传》的形而上学框架，它尤为明确地表达出关于事物发生与转化的有机和全息（holographic）原则，并作为一种宇宙论的（cosmological）原则而导向关于因果关系的、生机论的（vitalistic）、整体论的理解。该论文还对自然的合自然化的思维方式提供了有益的说明，这种方式与此前描述的理解方法论是相符的。

在《中国哲学中怀疑论的性质与作用》（The Nature and Function of Skepticism in Chinese Philosophy）一文中，我就怀疑论中的认识论问题，再次探讨了中西哲学之间方法论的与形而上学的差异。首先，我讨论了消极怀疑论的自我挫败的性质，它似乎在西方传统中较为突出。接着，我探讨了道家、禅宗和儒家中的积极的或建设性的怀疑论，以作为辩证地通往实现更高层次的理解真理之路径。在此方面，怀疑论被用作一种方法论的怀疑，以带来形而上学的敞开，并强调在世之在中内蕴的主客合一。

在《中国哲学中的良知、"心"与个人》（Conscience, Mind, and the Individual in Chinese Philosophy）一文中，我试图以儒家与新儒家哲学的方式，对**良知**、**"心"**以及**个人**的概念做一种批判性的建构或重构。该研究集中于孟子的良知（liang-chih）（所谓关于善的天生知识）概念，与之相较的是 18 世纪英国道德哲学所构想的良知。尽管我绝未判定中国的道德哲学与 18 世纪欧洲启蒙时代的道德哲学具有历史类似性，但显然，良知（liang-chih）的道德哲学与良知（conscience）的道德哲学，为此前描述的合自然化趋向与合理化趋向提供了某种共同的基础。

在第一部分的最后一篇论文中，通过对辩证思维或有关存在与时间、超越与内在的思想的考察和阐述，我对中西哲学之间的（还包括前者与印度哲学之间的）方法论与形而上学的差异做了批判性反思。分歧的基本点在于中国哲学关于和谐与冲突的观点，它贯穿中国哲学传统并构成其重要的组成部分。我阐述并建构了调和辩证法（dialectics of harmonization），以作为中国哲学思维之方法论与形而上学或本体论的基本主题，如今我称之为思维的**本体—诠释**的理路或**本体方法论**（onto-methodology）。相比之下，我提出了与黑格尔和马克思相关的、现代西方哲学的冲突辩证法（dialectics of conflict），以及印度哲学与佛教哲学的否定辩证法（dialectics of negation）。这些讨论应该会为进一步探讨中国传统与西方或其他传统之间方法论和形而上学的差异提供某种背景与根据。它们还为说明如《易经》哲学中所示的和谐与转化问题提供了基本的途径，《易经》哲学是新儒家哲学的返回点（point of return）与灵感之源，前提对于古典儒家哲学并非完全如此。

在本书的第二部分，我说明了儒家哲学若干重要的方面，它们既具有方法论的意义也具有形而上学的意义。首先，大致上可以认为，正名（rectifying names/*cheng-ming*）体现了儒家哲学的所有主要观点，因为它代表了儒家的如下人文主义理想：基于个人的道德修身与社会的伦理教化来达成优良的政府。孔子希望统治者会树立某种供人效仿的个体道德榜样，乃至他只要如北极星一般南向而坐，民众就会循规蹈矩。① 这是一种"无为"（doing nothing/*wu-wei*），但统治者是作为某种"不动的推动者"，而不是"道"；无论如何，这不限于个别人，也不是纯粹的不动，而是自发地由己而动（self-moving）。正名是两者的结合：既含蓄地诉诸"无为"，又明确地诉诸为创建和维持优良的政府而"有所为"（doing something）。正名就是要在一个由周密规划的（well-conceived）、由社会地确定的道德关系组成的世界中，让每个人都居于恰当的位置，做恰如其分之事。在孔子看来，建立人类社会的第一步就是要认识到：人类个体之间存有天生的德性，他们会结成稳定而有社会意义的关系。于是，就有父母与子女之间的仁慈（kindness）和孝顺（filial piety）之德、统治者与民众之间的尊敬（respect）和顺从（obedience）之德。然而，如果相关的个体未认识到这些关系，也未培养出发展与保持它们的能力，那么这样的德性就不会产生。要做到这一点，个体最终需要履行三种功能：实现作为个人的道德发展、实现作为社会成员的社会发展以及实现作为政体成员的政治发展。正名蕴涵着一个人的这三种发展，以及用语言整理而成的概念与规范方式对这些发展予以的社会客观化（objectification）。然而，仅当作为道德典范的统治者能够将一个社会中的道德标准与道德理想规范予以推广和社会化时，这才有可能。统治者的政治权威与道德权威这两者都是预先设定的。有待校正之名是价值之名，同时也是一种规范；因为价值是效仿与修养所要达到的目标，而规范是蕴涵于价值命名之中的要求。但价值与规范都源自德性，德性实际上是一个人习得的对人己行善的能力与才能。因此，正名就是要求现实的个人践行被要求的德性，这种德性主宰着社会中个人之间的关系。

可以提出一个在《古典儒家的正名》（Rectifying Names in Classical Confucianism）这一论文中尚未提出的有趣问题：正名是否单纯是一种道德要求，而无须任何制度与法律的改良？我对此的回答是，可能存在两种诠释：一种严格的道德诠释会导向孟子的人性论，另一种可能的制度—法律的诠释则表现于荀子关于制度控制的哲学。在前者看来，

---

① "为政以德，譬如北辰，居其所而众星共之。"（《论语·为政》）

44 在体现善的人性发展为道德典范和自我反思所激发之时，道德价值就得以校正；而在后者看来，在体现私欲的人性为知识学习与社会控制所训导之时，道德规范就得以校正。儒家的正名为讨论各种道德的、政治的以及由道德向政治转化的问题提供了根据，因而对探讨作为一种道德的政治哲学[38]的古典儒家之总体特征来说，正名这一主题应该会开启一个重要的议题。它对证实——与自然的合自然化进程相对的是理性的合理化进程，后者在西方政治哲学中是通过权力制衡与法治政府来实现的——来说，它也值得予以专题讨论。

与正名和政府的制度—法律的途径相关，我在《对儒法之争的哲学评估》（Legalism versus Confucianism：A Philosophical Appraisal）一文中表明，荀子如何仍然更属于儒家而非法家，因为他将如下两者相结合：关于语言起源的自然主义理论与关于正名的道德主义（moralistic）理论，这里的正名以社会安排（social ordering）为目的。他并没有像韩非子（Han Fei Tzu）那样，采取一种严格的法律观点，该观点基于对统治者与国家利益的至上考虑。另外，荀子对教育与学习的重视无疑也体现出儒家哲学的方向。但不同于孟子，荀子的确是为了政府来谈论"礼"的制度化的，而且他对"礼"的描述表现出类似于法律的合理化功能，以便于社会安排与社会运作（social engineering）。这显然会导致"礼"丧失其审美的吸引力。因此，在韩非子那里，在将统治者——而不是民众、国家或社会——的利益作为出发点之时，就轻易实现了从"礼"到"法"（law/fa）的转换。该论文特别指出了在"文化大革命"（Great Cultural Revolution）后期某些中国大陆学者由于政治导向而产生的诠释谬误——将荀子视为法家的。

古典儒家的第二个维度关于儒家道德哲学与伦理学的意义和性质。尽管对古典儒家的这一维度已多有讨论，但作为展示其成长与活力的辩证进程的儒家道德之发展则鲜少被关注。在这一进程中，人们可以看到，儒家道德实质上是一种关于人类自我转化、自我超越与自我救赎（self-delivery）的哲学，因而是一种根植于作为人的基本经验的、人类自我理解与自我完善的哲学。这也反映了人类生活中的一种自我定位和自我选择的过程，这个过程导向人类存在的独特生活世界的创造。这种理解在论文《儒家道德的辩证法与关于人的形而上学：一种哲学分析》（Dialectic of Confucian Morality and Metaphysics of Man：A Philosophical Analysis）中得以说明；据此，我对儒家道德与伦理学的性质提出

45 了新的洞见。尽管"仁"是古典儒家最基本、最重要的德性（价值与规范），并且一般地说其比其他任何德性都得到了更好的领会，但是作为孟子特别选出来予以集中关注的德性，"义"却没有得到足够的解释或充分的理解，问题在于如何阐述"义"的原则以及如何养成并运用"义"。在我看来，古典儒家从孔子到孟子的发展，可以由"仁"的哲学到"义"的哲学来把握；后者不仅代表了"仁"的具体化，而且是对"仁"的理解之深化。在这一发展中我们可以看到，"仁"与"义"同样根植于人性，在其理解和运用中是密不可分的，这不仅是为了善人的修养更为均衡，而且是为了和谐社会的更大

发展。有鉴于此，"义"不仅被视为有关正当行动或公正态度的德性，而且是对与仁慈相关的普遍原则的认知，在优良而正义的人类社会中这种普遍原则可被具体用来保有或产生某种善良而正直的人格。

在论文《论"义"作为一种具体运用于儒家道德的普遍原则》（On *yi* as a Universal Principle of Specific Application in Confucian Morality）中，我还提出了孟子的如下要旨：在对"义"的道德培育中，"义"与人类—宇宙的关系（human-cosmological relationship）有关联。这应该会导向一种关于德性的整体宇宙论，其中"仁"与"义"成为既属于人类也属于宇宙的德性或才能。这表明，儒家道德在何种意义上并非习俗的（convention-al），且其就道德个人而言是创造性的，因为从"义"中可见：个体如何可能担负某种宇宙范围内的道德责任，从而获得充盈宇宙的道德尊严。

鉴于对儒家道德的上述理解，我们可以看到儒家道德的另一种整体论的要求，即理论与实践的合一。对孔子以及其他古典儒家思想家来说，道德不仅是抽象的理解，而且是实践，是体现于日常工作与生活中的德性。创建人类的工作世界（work-world）与生活世界是一项自觉而勤谨的努力，其中理想人性的价值成为可实现的。对儒者来说，道德的具体化与实现是内在地令人满足的，而不是为了某种外在目的的手段。甚至良好政府的政治目标，也是指向这种内在的目的而绝非其他。这一点蕴涵于孔子的如下评论：让民众繁庶而后使之富有，然后教育他们。[39]① 显然，在孔子看来，最终的教育是道德教育，其在于使民众实现与养成其道德本性。儒家道德的具体发展与实践形成了儒家伦理，其被整合成五种社会规范［"五伦"（*wu-lun*）］，在中国社会作为儒家的基本信条而被广泛遵循。值得注意的耐人寻味之事是：在被预设的、对道德理解的形而上性质中，德性的理论视域（vision）与道德的个体必然导向属于该视域的实践成就。以这样的整体论视域作为既定前提，人们还可以看到，儒家的理论与实践是如何一般地构成某种自我生成的创造性统一体的。它成为思维的内在原则，在儒家那里这种原则源自人类的既是形而上的也是道德的体验。《儒家的理论与实践》（Theory and Practice in Confucianism）对所有这些重要议题做了某些初步探讨。

儒家的第三个维度是形而上学。鉴于儒家的道德以及由道德到政治这两方面都已经哲学化，我们就可以看到，形而上学是如何自然而然地蕴涵于并被要求于这样的哲学化的。儒家的整体论理解也势必导致儒家的形而上学理解。此前，我曾说明了儒家的辩证发展是如何导向关于人的形而上学的。为了进一步探究这一形而上学主题，在《儒家"心"概念之若干特征》（Some Aspects of the Confucian Notion of Mind）一文中，我探讨了体现于《中庸》中的儒家的"心"概念，并说明："心"与实在潜在的整体性统一是如何被要求且被预设于儒家的道德修身过程中的。事实上，人类意志的善与创造性都必

46

---

① "子适卫，冉有仆。子曰：'庶矣哉！'冉有曰：'既庶矣，又何加焉？'曰：'富之。'曰：'既富矣，又何加焉？'曰：'教之。'"（《论语·子路》）

须依赖这种统一，从而为修身和成长提供自足的活力与信心。另外，我们不应对这种"心"做简单化的理解，而应同时将其理解为情感、意识与能力。在此意义上，我们一方面可将儒家的"心"设想为"心—理"（heart-mind），另一方面可设想为"心—性"（mind-nature）。在儒家的"心"中，修身过程还可以被解作这样一种过程：它反映富于创造性、和谐与平等化的宇宙进程，这转而又产生创造性。这是儒家整体论有机哲学的一个较深层面，可见于《中庸》与《易传》。对后者的哲学理解，不能脱离对儒家道德性与道德修身的充分理解。

为了探讨儒家关于人类之哲学的本体宇宙论基础，我着力于这样一个任务：以取自《中庸》"天命之谓性"（what heaven commands is nature/t'ien-ming chih wei hsing）这一命题的、儒家哲学关于"性"的理解来诠释海德格尔关于此在的哲学。这是一种本体诠释学的尝试，以在相互诠释的语境中将海德格尔与儒家一并来理解。在此情况下，《易经》哲学的适当性变得显而易见。因此，对理解儒家的形而上学洞见来说，《孔子、海德格尔与〈易经〉哲学》（Confucius, Heidegger and the Philosophy of the I Ching）一文提供了一条新颖的途径，这应该会大体上证明儒家哲学的当代意义。在这篇论文中，我还阐明，人类的道德经验背后始终是人类的形而上体验，而人类的形而上体验背后甚至是存在的超形而上（transmetaphysical）经验以及人类存在的形成。

最后，我们来看看儒家方法论的维度。在我看来，形而上学不能脱离方法论，正如方法论不能脱离形而上学。对儒家道德及其形而上学背景与蕴涵的细致分析应该会揭示，儒家就人类与世界问题的解决之道提出了一大堆方法论的洞见。我在本书中并未进行这种彻底的分析，但在《儒家的方法与对人类个体的理解》（Confucian Methodology and Understanding the Human Person）一文中，我探讨了这种有机的、整体的人类形象如何导致道德的与形而上的人类发展之形成以及对如此发展之形而上的证成。儒家的方法论既概念化又非概念化，这取决于实际需要。它本质上是一种对创造性转化与创造性超越的同情理解，同时又根植于一种丰富的体系，该体系是由作为完整实体的个人之具体经验组成的。进一步说，这种方法论已具备两个方面：道德的—实践的方面与形而上的—理论的方面，这两方面又构成了辩证的统一。如果不同时理解儒家哲学的道德的与形而上的这两方面内容，那么就无法理解这种方法论。

本书第三部分讨论新儒家哲学。从历史的视角看，新儒家哲学是对古典儒家哲学的创造性拓展与诠释；其方式是将后者纳入其知识体系的结构，比如朱熹的情形，或者是详述深入体察到的本体论洞见和典范，比如王阳明的情形。重要的是要看到，新儒家有其内在的生命力与动源（energy），它在本质上类似的文化、社会或政治环境中寻求自我的明确表达。换言之，社会—文化—政治方面对过去的延续并未受到挑战或被打断，因而过去的智识根基与道德和文化的视域可能为当时哲学思想之发展提供支持和资源，这种发展要根据当时的需要并考虑外在的挑战与批判。就此而论，新儒家既有其内在生命，也有基于对挑战做出反应的外在形式，是儒家的复兴与重构。

对儒家观点的挑战基本上来自佛教与道家，后两者又彼此挑战。可以指出，挑战实际上肇始于佛教，佛教早在公元 3 世纪就传入了中国。促使新儒家产生的过程很复杂。简单地说，道家哲学提供了中介，使佛教作为一种智识学科和社会宗教得以在中国立足。道家与佛教尽管彼此挑战，但一起在形而上学问题、哲学方法与基本概念或范畴方面对儒家构成了挑战。一个问题在于：新儒家受道家与佛教的影响更多是在心灵方面还是在形式方面？另一个问题是：新儒家更多地受佛教影响还是受道家影响？从新儒家学者对两者的批驳来看，可以说，新儒家的体系形成及洞见的发源受到了两者的同等影响，或许在心灵方面与形式方面受到的影响也是同等的。

更具体地说，我们可以认为，佛教与道家对新儒家哲学的影响更强烈地表现在形而上学与方法论方面。一般地说，新儒家无论对重大而显明的形而上学问题之自觉，还是对重要的形而上学范畴之发展，都受到了佛教与道家思想的刺激或促成，例如，成为新儒家形而上学核心观念的基本概念"道"与"理"，最初是在华严宗与道家那里居于中心位置，尽管它们以前在诸如《孟子》与《中庸》之类的古典儒家文本中有所使用（但不居中心）。由于以佛教与道家为背景，所以其形而上学的意涵在广度和深度上都大为充实。

类似地，就方法论而言，无论在结构的概念化方面还是在辩证的或理性的论证方面，新儒家都达到了儒家体系前所未有的高度。在这方面，就其自我反思的圆融（all-aroundness）而论，新儒家的方法论堪比佛教；但其所达到的表达简练直接之水平，则是佛教文本所不能比拟的。新儒家哲学的目标在于：让多个维度、多个层次的思想取得整体性统一，由此为个体也为社群启发出一个人类成就的生活世界，并可以用之来证实和引导人类生活。新儒家学者所关注的是：以这种整体性的视野来建立事物的秩序，并实现这种适于个人心性修养的整体性。据此可以说，任何单个概念都体现了某种整体联想的方法论（a methodology of the totalistic suggestiveness），因为只有参照某一概念网络，单个概念才能真正变得有意义。因此，思维的基本方法就是"**诠释的循环**"（hermeneutical circling）的方法，这是在如下意义上说的：通过将各种经验和见解与某一组核心概念群比如"理"和"气"、"心"和"性"发生关联，来建立意义的网络。一个人所拥有的经验与反思越多，就越有能力来发展这种"诠释的循环"。在此意义上，"诠释的循环"作为一种思维方式，是基于整合人类个体主观与客观经验的综合性思维，在此主观与客观都被构想为关于真理与存在的、可无限扩展的世界。因此，"诠释的循环"不仅旨在产生意义的诠释循环，而且产生经验的诠释循环以及性质不断增长的实在。这就是我所称的理解的**本体诠释学**。据此，我对新儒家方法论与形而上学的探讨显然会导致本体诠释学的观念，因而我们或许同样能够将本体诠释学描述为新儒家哲学的基本思考方式。

48

49

由于人类经验对个体来说始终是开放而鲜活的，且由于"诠释的循环"对任何思考着的心灵来说都是一种不断更新而富于创造性的过程，那么达成哲学理解的正确方式就是不断修身，而这么做不仅是以日常为据，而且指向日常生活中最普通的事务。朱熹根据《论语》中一个箴言似的说法，将其编纂的早期新儒家大师文选称作《近思录》（*Reflections on Things Close at Hand/Ching Ssu Lu*），其原因即在于此。实际上，我所称的"诠释的循环"的思考方式可见于所有古典儒家的文本，如通称的"四书"（Four Books）；通过细致的阅读可揭示这一点。由于这种思考过程无止境，且由于这种思考始终需要在共同生活以及与社群的交往中具体化，所以人类的生活与思考就应该构成一种共同充实和成长的动态的辩证统一，其目标指向一种由包括理解实在在内的一切德性组成的、理想化的完善形式。新儒家学者称此目标为圣。

需要补充的是，在古典儒家与新儒家哲学之间显然存在着思考的深度和广度之别。这是因为新儒家思想作为运用形而上学与方法论的典范尤为杰出，为古典儒家所不能比拟。区别恰恰在于，新儒家的这种鲜明形象以及致力于形而上学与方法论的呈现，这些在古典儒家那里是找不到的。然而，指出如下这点极为重要：如果把古典儒家看作包含形而上学与方法论思想的素材——这些思想可见于《易传》《中庸》《大学》《孟子》，那么我们就必然看到，无论形而上学还是方法论，古典儒家思想的基本框架和范型，对新儒家的洞见与着重点而言恰恰是激发灵感的源泉、形态、资源。朱熹关于《大学》"格物"（investigation of things/*ke-wu*）与"致知"（extension of knowledge/*chih-chih*）的学说就是如此。王阳明关于孟子"致良知"（fulfilling the innate knowledge of goodness/*chih-liang-chih*）的学说亦如此。但是，在朱熹和王阳明那里，人们可以觉察到一种形而上学与方法论的精密，这是在《大学》与《孟子》中看不到的。

必须指出，形式上说，新儒家的形而上学与方法论思想，其普遍而持久的源泉与资源来自对《易经》的哲学化。在新儒家学者看来，《易经》对事物无休止的创造与转化提供了素朴的洞见，这一洞见解释了世间事物的变化、它们相互依赖与相互渗透的关系，及其可更新的生命、创新性与丰富性。在我看来，《易经》的体系因此成为哲学灵感与活力的无尽宝藏。它还成为预测变化与融合过去的根据，从而是哲学综合与理解的一种方法论和形而上学的媒介。若非参考《易经》，则不可能有周敦颐（Chou Tun-i）、程颢（Ch'eng Hao）、程颐（Ch'eng I）、张载和邵雍（Shao Yung）对最初主题的奠基，他们彼此独立的著作为朱熹及其后继者知识体系的发展做出了贡献。毫不夸张地说，新儒家形而上学与方法论之形成是以《易经》的方式来思考并以《易经》为据的结果。当然，新儒家与《易经》的关系又转而是本体诠释学的；这就是说，《易经》由于新儒家对之的回应而成为一种形而上学与方法论，而这之所以可能，是因为《易经》包含着形而上学与方法论的洞见，这种洞见为佛教与道家的挑战所引发。

关于新儒家之发展的最后观察是：尽管形而上学与方法论成为其占主导的特征，但

50

新儒家哲学的道德与伦理成分仍然非常接近古典儒家。新儒家框架中的道德哲学并没有引入多少新奇的观念，尽管儒家伦理学与道德哲学变得更系统化和形而上学化，如在张载的文章《西铭》（*Western Inscription/His-ming*）中之所见。或许我们会从古典儒家的语境中挑出一两个概念来体现宇宙关联或道德心理关联的深层意识。谈及这种关联，我所想到的是作为生命创造性的"仁"以及作为道德警觉的"敬"（reverence/*ching*），这两者都带有认识论的与本体论的蕴涵。新儒家哲学以道德与伦理为中心，这不仅标志着新儒家对儒家的延续，而且标志着新儒家对儒家传统的创造性坚守，因为在这种形而上学与方法论思考尤为深刻的语境中，甚至儒家的道德与伦理成分也经历了某种微妙的转变，以应答时代的需要与挑战。在古典儒家并未着力拥有的形而上学与方法论视野内，新儒家必须（或不必）发挥作用。

这一最后的观察引向关于新儒家转化的现代命运问题的回顾性反思。这是一个在现时代的需要与挑战下如何在形而上学与方法论上转化和整理新儒家哲学的问题，它包括既要融合又要超越来自西方以及中国内部社会变化的挑战。一方面，形而上学与方法论的重构可能幅度很大乃至新儒家在道德哲学与伦理学方面的洞见会丧失其妥当性和意义。另一方面，新儒家的形而上学与方法论可能不得不屈服于某种新形式和新内容，由此儒家的道德哲学与伦理学能变得恰当而富于意义。在两者中的任一种情况下，新儒家的转化与现代化如今都意味着一种迥然有别的、史无前例的挑战。

在《朱熹的方法、学知与性理》（Method, Knowledge and Truth in Chu Hsi）一文中，我从整体诠释的视角对朱熹关于方法、学知与性理的观点提供了一种系统的阐释和辩护。关于人类精神的本体以及"理"世界的本体，我探讨了朱熹有关"格物"与"穷理"（exhaustion of principles/*chiung-li*）的认识论和方法论之有机的相互关联。这近乎是在确定由"道""性""心""气"的概念组成的知识体系结构。事实上，依据这些概念组成的有机背景，作为原理与秩序的"理"，其形而上学与方法论的意义作为深刻的洞见而得以凸显。这转而表明，理解的本体与对本体的理解是齐头并进的，由此共同确定了新儒家和谐的生活世界之根源，这是自然与人性、价值与事实、真理与知识之间的一种和谐。和真理与知识之关系相关的最后一点颇有教益，因为它直接指向这一问题：是由知识来界定真理，还是由真理来界定知识？在现代西方哲学中，它们分别属于理想主义的理路与现实主义的理路。朱熹的有趣提议是，它们彼此相互决定，乃至对知识与真理而言不存在单一线性的途径。关键的中介是人类精神，它有潜力用经验的知识与学习去唤醒全体真理。

在《王阳明心学中的统一性与创造性》（Unity and Creativity in Wang Yang-ming's Philosophy of Mind）一文中，我根据概念的有机统一，分析和重构了王阳明的心学，这种有机统一会促进对人性与人心的创造性领悟，进而启发人类的道德行为。与朱熹一样，对王阳明来说，道德担当（moral commitment）与道德行为之根据深植于对实在的形而上体

51

52

验以及作为统一体的自我。在王阳明看来，这意味着主客的一体，这种一体揭示出生命创造性，以及生命对关于存在的宇宙与本体真理之领悟，他称之为"良知"与"本心"（original mind/*pen-hsin*）。从方法论上说，任何经验的有机统一都会提供对实在的洞察；而道德经验则是一种关于实在的、有机的最为深刻的经验，代表着对实在的最深刻洞察。对王阳明来说，如"良知"所揭示的这种实在，其本身不必称作**道德的**，因为由此将限制其创造性的范围。但是，一旦这种实在由个人的"本心"所揭示，那就正是作为某种道德上重要的经验而出现的东西才导致了价值的澄明与实践的担当。换言之，人类生命与人类需要这一背景使实在者（the real）变成道德者（the moral），而人类的道德洞见又使我们能够看出作为创造性的实在。因此，在王阳明看来，道德地体验者（the morally experiential）或精神（比如"心"）即是实在者（比如"理"或原理），而养性就成为这样一种过程：在精神与实在相互作用的统一关系中，对精神与实在的发人深省的发现或再发现。朱熹强调审查与扩展的理性过程；与之不同，王阳明强调对实在的核心实质之类似禅宗的把握或直观，以及作为行为转化与应对挑战之创造力的精神。它或许还可以被看作某种超越与创新的道德力，由此将个体从常规与概念陷阱的束缚中解脱出来。显然，王氏的新儒家哲学不必像朱熹那样构成知识体系，但其和朱熹共享与古典儒家伦理的深层关涉，因为它希望使之成为在变动的世界中担当行为的动力。朱熹的哲学是空间导向的（space-oriented），强调领会与修养；王阳明的哲学则是时间导向的（time-oriented），强调担当与行为。就此而论，它们可被类比为禅宗北宗的渐教与禅宗南宗的顿教；与其说它们由于其各自的追随者以及许多后来的新儒家学者而成为彼此对立的，不如说它们是彼此互补的。在此意义上，将王氏描述为理想主义并不必然有益。如我在别处所表明的，有必要在融合新儒家见解的更大体系中来理解王阳明与朱熹。

53

尽管与朱熹一样，王阳明并未明确而系统地探究《易经》哲学，但可以说，他将《易经》哲学中创造性转化的精神直接用于其时代的日常生活与政治事务。

王氏心学被理解为主客创造性统一的哲学，其蕴涵是深刻的，其影响是巨大的。这不仅是因为他在其学术生涯中勤于教导，传授了不少弟子，而且因为其心学包含着某种形而上学与方法论，它尚未为他所充分阐述而需要予以阐明以证实其蕴涵与吸引力。因此，他晚年的教导"四句教"（four-sentence teaching/*shih-chu-chiao*）就为明确王氏心学的形而上学与方法论提供了一个焦点。在《〈明儒学案〉中四句教的融贯性与含义》（The Consistency and Meaning of the Four-Sentence Teaching in *Ming Ju Hsueh An*）一文中，我不仅论证了王阳明关于"心"与"良知"的后期观点和早期观点的融贯性，而且说明了其作为理论与实践合一的哲学之本体论发展的逻辑必然性，这应该会产生某种对如何实现"良知"这一问题的解决方案。因为"四句教"表明，"良知"不能被孤立地理解，而应被理解为根植于某种创造性的而又不可见的"本体"（original substance/*pen-ti*）的意志的分层次的实在。对"本体"的指涉，不仅开启了基础本体论的根本问题，而且打开了存在与道德评价之间创造性转化和统一的关系。在王氏及其诸多重要的弟子看来，如果个体根据其"良知"来行动而"良知"根据个体的道德实践来发展，那么这种关系就是有待在个人思想中被实现且充分践行的。这是一种本体—诠释的循环，其焦点在于知行合一以及本体与道德的合一。

上述讨论对于新儒家哲学中两相对照的（尽管如我所示是互补的）立场提供了某种重要的区分：朱熹知识导向的（understanding-oriented）哲学与王阳明行为导向的（action-oriented）哲学之区分。这本质上也是新儒家中以"性"为根基的思想与以"心"为根基的思想之间的区分，以及新儒家的道德哲学与形而上学中注重"理"的［li（principle）-accentuated］思考方式与注重"气"的（ch'i-accentuated）思考方式之间的区分。朱熹的哲学是知识导向的、"性"导向的、注重"理"的，这种说法并非说：朱熹不把道德实践看作其关于道德知识的哲学之组成部分，或不把"心"看作其天赋人性的观点之重要成分，或不把"气"看作宇宙本体论的两种组成要素之一（另一种是"理"）。但是，朱熹哲学方法的一般倾向和特点是，强调知识、"性"与"理"对个体充分发展的重要性。"理会"（understanding/li-hui）[40]包含以扩展知识为条件但不止于此，因为它表示整体而终极地把握从而唤醒关于真理与存在的普遍实在，这种普遍实在是由"理"的概念来代表的，所由之实现的精神力又为"理"所渗透且由"理"来激活。因此，理会是"理"构造的（li-constructive）与"理"活跃的（li-active），呈现出"理"的本体论与心性认识论的统一，以及"心"的主观能动性与"理"的客观秩序的统一。在朱熹看来，理会也是一种审查与反思的过程，它要求知识努力与道德约束的同时进行；这意味着，理会应该是基于某种激活与维持理会过程的根本性质而实现的。依据这种根本性质，不仅理会的过程变成确实可实现的，而且这一过程的启动也变成可解释的。一方面，"心"最终成为这种性质的官能；另一方面，这种性质与客观知识同样根植于终极实在。在朱熹那里，"心"与"理"获得了统一，因为一方面"心"与"性"相统一，另一方面"理"与"性"相统一。

与朱熹形成对照的是，王阳明未将"性"当作与"心"相分离的独立实体，"心"能够在给予对善的明觉（awareness）的同时趋向于善，在此过程中表现出活动性与创造性的特点。因此，"良知"一方面被认作道德价值的具体化，另一方面又揭示实在。在此意义上，某人之"性"乃其"心"之天然（naturing），而某人之"心"是其对价值实现的行为之道德担当精神（minding）。因此，道德理会是一举达成的，无须依赖某个相关联于已达成的道德理会的过程。这之所以可能，是因为属于"心"的"气"之活力，它既是明觉也是意志。但这也并非否认与"理"的关联，正如并非否认与理会和"性"的关联一样。在"心"的活动以及产生于"心"的行为中，"理"变得至关重要。"理"被根本地理解为道德上重要的，尽管根据"四句教"，它在一个不同的层次上具有本体的重要性，并且因存在于"心"之"气"的活力与"良知"之内而由此展示自身。

54

55

朱熹与王阳明的比较使人联想起荀子与孟子的比较：荀子强调人类情感、欲望和作为人类活动原理的"气"是恶的；孟子则强调人类情感和心身之"气"是善的，只要它们发自人的本性，只要人向宇宙的实在敞开怀抱，并将其作为某种生命活动和谐的实在与真理。它还使人想起前面提及的禅宗北宗的渐悟法与禅宗南宗的顿悟法之间的比较。朱熹与王阳明的哲学都处于新儒家传统关于道德与伦理关切的共同框架内，但有着本质不同的形而上学与方法论；上述两组比较应该都对此提供了某种集中而有益的理解。可以说，它们代表了新儒家整体有机思维的两个基本维度：一个倾向于"理"，另一个则倾向于"气"。

在先于朱熹的早期新儒家哲学的发展中，既有如程颐的以"理"为主的体系，也有如张载的以"气"为主的体系。另外，也存在如周敦颐和程颢一般对"理"与"气"予以同等关注，但或许未充分展开的哲学立场。考虑到所有这些基本问题和需要，对一种新儒家意义上的整体论哲学来说，理想的目标显然是以某种融贯而有机的统一来融合所有这些基本的概念与主题；而鉴于此，就应从两方面对两组概念的作用及其限制做平衡的考虑：一方面是"理"与"气"，另一方面是"心"与"性"。这并非提议任何意义上的二元论，而是提出：必须认识到概念与经验的二元性和对立性，并将之作为建构完整的、关于人性与实在的总体图景之根据。这还表明，不应单方面地夸大"理"的重要性，因为"理"是在其与"气"的二元性背景中更好地发挥作用的。重要的是，朱熹似乎在宇宙论的层次接近于这种理想的平衡立场，但他也未能发展出主客之间的某种切实可行的内在关系。

在王阳明及其学派流行之后，关于"理"与"气"的新儒家哲学得到了持续的传播和发展。就王阳明被认作朱熹的批评者而言，后继的哲学家们或者站在朱熹一边，或者站在王阳明一边，或者试图综合两者。由此产生了许多在哲学上具有促进作用的争论，并且与"心"有关的新概念——比如"意"（intentions/yi）与"识"（consciousness/shih）——也得到了阐述。新儒家的这一历史向度确实需要细致的独立研究。但总的事实依然是："理"与"气"作为形而上学与方法论的概念，这两者的融合愈益受到关注。在道德与伦理的层面，"理"的哲学尤其被认为是助长了更多的道德不公正与不平等，因为"理"被用来压制正常的表达与自然欲望的满足。这种尖锐的批评被表达于 18 世纪哲学家戴震（Tai Chen）所谓的"以理杀人"（using li to kill people/yi-li-sha-jên）的批评中。[41]涉及的基本问题在于：如何发展出"理"与"欲"（natural desire/yu）的正确关系，以便实现个人、社会与国家的健康而开放的伦理？

另一种重要的倾向是由于未能带来改善国家与社会的有效行为和变化而批评朱熹、王阳明及其流派。这直接导致了晚明时期各种行为导向的道德哲学。除了强调行为相对于知识的重要性之外，"理""气""心""性"这些基本范畴也被给予了充实与创新的诠释和阐述。一个恰当的例子是颜元（Yen Yuan）对"格物"的理解：积极地作用于事物，以获得关于事物的生动而有用的知识，而不是对它们进行感性的和冥思的审查。另一恰当的例子是王夫之（Wang Fu-chih）对"理"概念的解释：不是解作消极静止的原理，而是活动、转化和成长的原理。这些创新和批判的新儒家哲学之发展，或许可称之为**批判的**（critical）或**实用的**（pragmatic）新儒家哲学，它们甚至对当今许多中国哲学家仍有吸引力。新儒家哲学的这种基本历史转变与发展，在《17 世纪新儒家哲学中的理—气与理—欲关系》（*Li-ch'i* and *li-yu* Relationships in Seventeenth-Century Neo-Confucian Philosophy）和《颜元、朱熹与王阳明的实学》（Practical Learning in Yen Yuan, Chu His and Wang Yang-ming）中得到了描述。

新儒家哲学除了系统的（systematic）（包括道德的、形而上学的与方法论的）与历史的（包括前面讨论的"理"系统的、"心"系统的、"气"系统的、批判的与实用的）维度之外，其另一维度也值得注意，即宗教的维度。它清晰地表达于有关人生命运、使命和内在目的性的深沉情感，以及对心灵深处实在的深刻体验。这种表达可见于陆象山、张载和程颢的作品，甚至可见于其他理性的作品，如朱熹和王阳明对生命与实在之生动理解的哲理诗，其中融合着关于终极真理的个人信仰。或许可以提出，这种宗教维度是必然的，是这样的体系哲学之自然结果：它既建基于个人的自我修养，也建基于对儒家传统的深入解读，这种传统含有天命的概念和对之的体验以作为其必要部分。如前所示，在古典中国哲学的发展中，天命被逐渐自然化和人文化。但尽管如此，在新儒家学者对实在、生命和道德行为的领会中，有关天命的暗示与深层情感仍设定了某种总体性的样式。换言之，作为对深层的、总体的和终极的东西之深刻体验，宗教性是新儒家中无论"理"导向的还是"气"导向的哲学家一般所共享的特征。事实上，这种对与个体生命和宇宙生命相关的深层体验的表达揭示了一种领会宗教问题的基本途径，这样的领会内在于儒家传统。这条途径融合了道德的与宇宙的、经验的与本体的、个体的与普遍的、知识的与实践的，由此我们将通往天与人之间真诚的动态合一。可以看出，王阳明的哲学基本上是这样一种合一的哲学：以天人合一作为最终证成与终极目标。它所表达的是一种人性神圣的宗教，一种人性中神性内在化的宗教。这是一种与西方的超验宗教截然不同的宗教意识。在《儒家与新儒家的宗教实在与宗教理解》（Religious Reality and Religious Understanding in Confucianism and Neo-Confucianism）一文中，我探讨了新儒家的这种宗教性及其儒家根源，并说明它如何可能产生一种关于宗教理解的新模式与新典范，它不同于奥托（Otto）所阐述的神秘范型，且对某种普遍的人类自我理解来说是有意义的。

在第二部分的儒家向度，我纳入了一篇从比较的视角来讨论儒家哲学的论文；同样，在第三部分的新儒家向度，我也纳入了一篇从比较的视角来讨论新儒家的论文。我在《怀特海与新儒家的创生性范畴》（Categories of Creativity in Whitehead and Neo-Confucianism）一文中，对与宇宙论—本体论层次上的创生性相关的基本范畴进行了哲学探讨，其参照是怀特海、周敦颐以及其他重要的新儒家哲学家。为了比较的目的选择怀特海，其理由显而易见：与海德格尔一样，怀特海是最具系统性的当代西方哲学家之一——他将实在解作整体与转化，并以一种综合而融贯的方式来表达这种理解。新儒家的形而上学受《易经》关于变化与转化的哲学之启发，表达了宇宙论与本体论的整体性和创造性，就此而论，两者存在着有趣的交集，从而形成比较、彼此诠释和交互作用的架构。而这一比较研究从一种宽广而开放的崭新视角，不仅阐明了而且重构与反思了新儒家哲学。在这样的背景中，新儒家哲学作为一种具有深刻意义的传统，可以融入新的活力和现代的旨趣。

【注释】

[1] 成中英：《中国哲学的特征》，见阿伦·奈斯（Arne Naess）编：《中国哲学的邀请》（*Invitation to Chinese Philosophy*），141～167页，奥斯陆，1972。

[2]《易传》第一部分第10节。

[3]《论语》第十五章第29节。

[4] 参见《道德经》第二十五章，其中说："人法地，地法天，天法道，道法自然。"又见《道德经》第二十一章，其中说："孔德之容，惟道是从。"

[5] 存在着两种层面的理解，不应混淆这两者：就某一特定对象的内在结构而言的理解，以及就外在条件而言的理解，可以说后者会以这样或那样的方式导致该对象的内在结构。这种区分可类比于关于存在对象的目的因与质料因。

[6] 参见弗朗西斯·康福德（Francis Cornford）：《从宗教到哲学：西方思想探源》（*From Religion to Philosophy：A Study in the Origins of Western Speculation*），纽约，1957；《智慧的原理：希腊哲学思想的起源》（*Principium Sapientiae, the Origins of Greek Philosophical Thought*），剑桥，1952。

[7] 参见马丁·海德格尔：《形而上学导论》（*An Introduction to Metaphysics*），拉尔夫·曼海姆（Ralph Manheim）译，81页及其后，纽约，1961；《存在与时间》（*Being and Time*），约翰·麦奎利（John Macquarrie）、爱德华·罗宾逊（Edward Robinson）译，"导论"49页及其后，纽约，1962。

[8] 参见马丁·海德格尔：《同一与差异》（*Identity and Difference*），琼·斯坦堡（Joan Stambaugh）译，纽约，1969。

[9] 参见格奥尔格·弗勒（Georg Fohrer）：《以色列宗教史》（*History of Israelite Religion*），大卫·格林（David E. Green）译，纳什维尔，1972；约翰内斯·佩德森（Johannes Pedersen）：《以色列的生活与文化》（*Israel：Its Life and Culture*），艾斯朗·莫勒（Aslang Moller）、安奈儿·斯保尔（Annil Fausboll）译，第四部分，牛津，1926—1947。

[10] 这一说法为当代中国新儒家所常用，以描述朱熹哲学中"理"与"气"的相对自主及相互依赖的关系。

[11] 尽管人类在科学技术领域取得了长足的进步，它们逐步改变了人类社会和人类的生活方式，但是人类的生态环境已恶化到了相当的地步。这并不意味着毫无进步，而仅仅是所有的进步都为某种退步（counterprogress）所抵消，而进步与退步的总效果构成了相对冲的统一，由此应该会导向某种均衡的统一：这是持续创造的、富于支持与成效的均衡。

［12］在此无法详细讨论"理"与"气"、"心"与"性"的对立统一结构。对此的讨论，参见我的文章《中国哲学范畴问题初探》，见人民出版社编：《中国哲学范畴集》，40～96 页，北京，人民出版社，1985。

［13］《朱子语类》卷一。

［14］《孟子》第七章上第 4 节。

［15］参见《孟子》第七章下第 25 节。

［16］参见《孟子》第七章上第 38 节。

［17］参见《左传·襄公二十四年》："太上有立德，其次有立功，其次有立言。"

［18］参见约瑟夫·列文森：《儒教中国及其现代命运》（*Confucian China and Its Modern Fate*），伯克利，1958。

［19］《论语》第五章第 13 节。

［20］《论语》第十七章第 2 节。

［21］参见我的文章《作为转化的和谐》（Harmony as Transformation），见刘述先、爱莲心（Robert Allinson）主编：《和谐与冲突》（*Harmony and Strife*），225～249 页，香港，1988。

［22］参见《论语》第二章第 4 节。

［23］《论语》第七章第 23 节。

［24］《论语》第七章第 30 节。

［25］在此无暇详述古典儒家名著中有关合自然化、人化、内在化过程的细节。

［26］约埃尔·魏因斯海默（Joel C. Weinsheimer）译，纽约，1985。

［27］参见《弗里德里希·施莱尔马赫的文选》，见库尔特·穆勒-福尔默（Kurt Mueller-Vollmer）主编：《诠释学读本》（*The Hermeneutics Reader*），74 页及其后，海牙，1988。

［28］参见迈克尔·波兰尼：《认知与存在》（*Knowing and Being*），伦敦，1968；《意义》（*Meaning*），芝加哥，1975；《人的研究》（*The Study of Man*），芝加哥，1959。

［29］海德格尔说："领会是此在本身的本己能在之生存论意义上的存在，其情形是：这个于其本身的存在，开展着随它本身一道存在的何所在。"（海德尔格：《存在与时间》，第 31 节）[①]

［30］参见马丁·海德格尔：《泰然任之》（*Gelassenheit*），首篇论文，符腾堡，1959。

［31］海德格尔说："我们暂时的目标是，将时间诠释为对于任何存在的任何领会之可能视域。"（海德格尔：《存在与时间》，1 页译者注 3）

［32］对胡塞尔来说，精神是以一种稳定的（nonactive）方式体验世界的认知意识，而其他的一切之被构造都是出自意识的能识—所识过程。 *61*

［33］胡塞尔于 1934 年开始写这本书，首次发表于 1954 年。

［34］罗曼·英加登（Roman Ingarden）已运用这种较宽泛的现象学方法来重构和诠释呈现于文学艺术中的文学生活，而海德格尔深化了这一过程，以用来揭示和领会作为人类存在的存在——此在，如我先前所述之理解的存在原则所表明的。（参见库尔特·穆勒-福尔默主编：《诠释学读本》，28、30～32、187～213 页）

---

① 译文参考了海德尔格：《存在与时间》，陈嘉映、王庆节译，168 页，北京，三联书店，2006。

［35］参见苏珊·哈克（Susan Haack）：《变异逻辑：若干哲学问题》（*Deviant Logic：Some Philo-sophical Issues*），伦敦、纽约，1974。

［36］这种理解方法论在方法论上的开放性源于自主性原则和过程的创造性活动，而其本体论上的不确定性源于层面自生性与存在的原则。

［37］参见注释21。

［38］不仅是道德与政治哲学，而且道德考虑与政治考虑的融合也是儒家的特征。

［39］《论语》第十三章第9节。

［40］朱熹运用这一术语来表示对实在的理解，对就内在于或预设于实在中的原理而言的问题或处于考虑中的问题的理解。换言之，"理会"（契合于原理）在于，唤醒给精神带来启发和真理的原理与实在。这种理会的观念显然是整体的和本体诠释学的。关于朱熹对该术语的用法，参见《朱子语类》卷五。

［41］参见我的专著《戴震原善研究》（*Tai Chen on the Origin of Goodness*），檀香山，夏威夷大学出版社，1969。

第一部分

>>>>>><<<<<<

中国哲学的向度

一 对中国哲学的一种刻画

中国哲学早期研究中的谬见

关于中国哲学的真正性质，早期用欧洲语言来表达的中国哲学研究造成了诸多困惑 65
和误解，在许多有关中国哲学的作品中，常见的这些困惑和误解有四种。第一，存在着
这样一种信念：中国哲学是非理性的、神秘的，只能用某种直觉的方式来把握。据此，
自然就会假定：中国哲学与西方的思维模式有着根本的差异，乃至不可能用西方的术语
来表达中国哲学。这种假定和预设是错误的、误导性的，因为中国哲学有其显而易见的
自然主义传统和理性主义传统以及其他的普遍要素，它们使得中西哲学的比较和对照不
仅是可理解的，而且富有成效。

第二，与关于神秘性的谬见成反差的是如下错误信念：中国思想毫无新意和原创
性，其中的一切在西方传统中都已被论述。这后一种观点是欧洲 18 世纪初对中国文化
的批判之特征，恰如前一种观点是 20 世纪美国对中国文化与哲学的仰慕者之特征。第
二种观点当然是不正确的，因为对中国哲学的全面理解会揭示中国哲学的许多基本概
念，它们是西方传统中所没有的。尽管在中国哲学与某些西方哲学思想之间的确存在诸
多相似之处，但必须指出，在哲学探究的过程中，这些相似可能具有深刻意义和启发作
用。事实上，仅当彼此的异同不限于表面的考察，中西哲学的对话才能进行和开展起

66 来。要开展中西哲学的对话，一个人必须首先懂得双方的语言，并能够以某种富有建设性的方式将一种语言翻译为另一种语言。要做到这一点，显然一个人必须拥有创造性的见识，由此得以洞察呈现于一种相异传统中的哲学问题及其解决方案，然后能够将它们概念化于自身所在的本土体系。

中西哲学的对话带来的有益结果可能有很多，其中具有重要意义的是对自身位置的更好理解。如果说哲学的功能之一在于揭示某种被接受观点背后的预设，并探讨思想与论证的新方法，那么上述对话当然会为这样的揭示和探讨带来新的启迪。如果没有这样的揭示和探讨，在自身理解方面要有所增益就是不可能的。

第三，与以上提及的第二种谬见相关，一种常见的错误倾向是许多以马克思主义为导向的中国哲学研究所采取的粗糙概括。对中国哲学性质的粗糙概括，其表现是将所有的中国哲学家肤浅地归类为唯心主义者与唯物主义者、客观主义者与主观主义者、无产阶级与资产阶级。根据这样的归类，继而做出虚妄的价值判断；如此判断对其所考察的流派之真实性质来说只能起到遮蔽作用。中国哲学的这种研究和评价方法是不可接受的，因为它基于不接受批评的独断前提，并且使用的如此归类过于笼统模糊，不足以把握具体流派或思想家富于个性的长处和弱点。不用说，它们会导致中国哲学的扭曲而非澄清。从这种谬见可以得到如下教益：在着手研究和评价中国哲学之前，研究者必须批判地看待其自身用于研究和评价的概念工具。对无论中国的还是其他的哲学而言，如果没有足够的用于揭示和形成一种全面理解的概念工具，那么对其主题就不可能有充分的领会。为了理解起见，概括通常是必要的；但应当牢记，作为结论而达成的概括必须基于细致的研究、分析和重构，且必须被视为开启进一步批判性研究之促成者。正是怀着这种关于概括的观点，我将从总体上做出对中国哲学的一般刻画。

第四，盛行于中国哲学研究中的最后一种错误观点是，中国哲学可以通过思想家及67 其时代的社会政治或社会经济甚或社会心理的条件和特征来解释。的确，马克思主义者发展出了一种系统化的方法，以将哲学关联于某时代的社会经济条件。以此为根据来对待中国哲学，其不可取在关于中国哲学研究的第三种谬见中已经讨论。在此我所指的是那些非马克思主义的知识型历史学家，他们在未提出任何系统的方法或理论论证的情况下致力于用历史事件来解释中国哲学。这种研究中国哲学的方法导致许多重要的哲学观念被化约为特定的历史指称，从而被剥夺其普遍意义及其真理主张（truth-claim）。这是历史化约的谬误。和任何形式的化约一样，它必然使中国哲学思想的丰富内容变得贫乏，且误导人们忽视中国哲学家独立的哲学性格。

在对中国哲学的总体特征进行一般性的探讨之前，有两件事要做：一是应当明确说明我们研究和评价的方法；二是应当确实地运用我们的方法，以作用于我们对中国哲学中主要流派和传统的历史评价。我们将要用来描述中国哲学的方法是一种分析和重构的方法，或许可简称为分析的重构方法（analytical reconstruction）。这一方法由如下几步组成：首先，在尝试对各种中国哲学的基本观点进行分析的过程中，展现并揭示与这些观点相关的概念之复杂含义和关系；接着，引向对这些观点的预设和效果之厘清；最后，对于这些经过分析的概念与观点，形成某种系统的批判性说明。看来很不幸，这样的方法以前根本未被用于研究中国哲学，甚至如下尝试都极少：用清晰而系统化的哲学语言来说明中国哲学中的观点和概念。由此的结果是，中国哲学的观点掩埋于古文之中，从而其对现代人的哲学心灵逐渐失去了吸引力。这是由于概念的障碍，以及语言批判的缺乏。下文的中国哲学讨论将基于分析的重构方法，并通过对如此方式的运用来展现中国哲学与现代哲学家和现代人之间的关联，且使得中西哲学比较成为可能。

前儒家时期的原型观念

历史地说，中国哲学起始于这样一种传统，其特征并非任何体系化的方法论或教条式的人格宗教，而是关于人与自然关系密切的情感、对历史性及有限生命之延续的意识以及对人与此世的实在及其潜在的可完善性（perfectibility）的终极信念。在儒家远未产生的商周时代，就已经发育出与如下相关的原型观念（archetypal idea）：终极实在及其决定性的权威、人类成善的潜能、人类存在的外在限制以及用某种修整得当的（well-tuned）行为模式来建立人类和实在之间的统一与和谐。存在着这样一些观念："天"、"帝"（上帝、人类的先祖神祇）、"性"（人性）、"命"（命令、命运、必然性）、"德"（能力、潜能、德性）与"礼"（礼仪、得体）。"帝"和"天"的观念与古时的祖先崇拜实践尤为相关：人类的先祖等同于终极实在，并被认作某种常驻的生命之源。这种观点具有深刻的哲学意义。后来，更人格化的观念"帝"被较少人格化的观念"天"取代，因为后者代表了更一般的观念，更广泛的人群更愿意接受。在一定意义上，我们可以将"天"视为"帝"的一般化观念，其出于统一不同人群的祖先崇拜的需要而发展起来。就此而论，"帝"可被视为特定人群的祖先，"天"则可被视为所有人的祖先。通过这种方式，"天"变得比"帝"更少人格化，因为"天"尽管仍保留"帝"特殊的和道德的能力，但消除了其特定的人格特征。

除以上所述之外，"天"基本上是一种空间性的观念，而"帝"基本上是一种时间性的观念。从"帝"到"天"的观念发展，表明了终极实在与至上权威在物理上（physical）向人靠近的意识。这种靠近进一步表现于如下事实："天"对人们的福祉怀有某种深切的关注。"天"福泽人们的愿望，使政府和统治者的存在得以可能。因为"天"的这种关注，统治者有责任让他的民众获得良好培育与妥当安排。也因此，天意同一于民意，以至民众的不满和反抗可以解释为由于某个统治者失德或不善，"天"撤销对其作为统治者的任命。所要考量的德性与善，无非执行天意的能力，它内在于生命潜能的发挥。在某种意义上，这种"德"是内在于人的，也是人可以培养以便在与天意

68

69

（或天命）保持一致的同时实现其自身的；人的这种潜能及修养这种潜能的能力，被称为人性。显然，正是由于人与"天"——"天"是人的生命之源，是人追求崇高的楷模——具有密切关联这一事实，人就必须修养其性以实现"德"。进一步说，人类秩序既然基于自然秩序，那么应当维护人类秩序这一原则就是对人的现实关切。正是出于这种关切，作为对人际关系以及人与其精神之间关系的治理，"礼"得以培育而受重视，它对人类发展以及社会福祉的维护来说至并紧要。

综上所述，前儒家时期的原型观念具有深刻的哲学意义。它们相互关联，并建基于对人与自然间原初密切联系的感受，以及关于人类作为能自我成长的潜在实体之自觉。因此，内在于人的德性就是一种能力，人以此能力去尽心地追求和达成或实现自己与实在的统一。在下文我们将看到，中国哲学的主要流派和传统是如何基于这种总的根据而发展和丰富起来的。

儒家传统

儒家时代始于孔子对如下观点的确认：外在之"天"与人的内在之"德"具有根本的联系；人应当以等差之爱（graded love）的方式扩展自身而趋向他人，由此实现内在于人的普遍人性。因此，孔子所代表的儒家可以说是人在他与"天"、他人及其自身之间的关系方面的觉醒。在践行和完善诸如"仁"（爱与仁慈）、"义"（正义）、"礼"（得体）、"智"（区分善恶的智慧）之类的德性的过程中，人的关系性（relationality）将会被认识到。"仁"是关于人的普遍原理（universality of man）；"义"是"仁"面向情境和关系的多样性而呈现的必然和切实的运用；"礼"是在通过"义"来践行"仁"的过程中表达自身的得体方式。如果说"礼"是一个人在某种情况下对其他人的外在行为模式，那么"义"就是被考虑到的、给予这种行为模式以适当性的原则，而"仁"则是以"义"的精神去实现"礼"的自然意愿。由此对人之为人来说，"仁"最为根本。因为人正是以"仁"为根据，才会设法为达己而达人、为达人而达己。也正是以此为据，人才能够与他人建立关联并成就自己。

70   一个专心追求"仁"的人被称为君子（a superior man/chün-tzu），他逐渐养成对"仁"的意识及其达成"仁"的必然能力。一旦他成功地达成"仁"的完善，乃至可以完全自由地行动而又符合"义"与"礼"的严格原则，那他就不仅是君子，而且是圣人。因此，"仁"还可以代表儒家思想中理想的完人，可以被认作一切德性之全体，也可以被视为一切德性之精髓。

"天"一旦被看作关联于人的内在之"德"，它也就成为君子的道德勇气与智慧之源。但在孔子及其后的孟子那里，"天"不仅被看作人之潜力的内在源泉，也被视为某种外在的限制以及困扰和限制生命的必然性。就理解"天"这一说法而言，君子将不得不接受诸多有关生命的限定事实，比如死亡、不幸，如此等等。这些限定之所以可能，是因为人有其对象性（object-nature）——也就是说，人是一种客体。但孔子和孟子认识到：根据这种对象性，人由外因决定；除此之外，人还具有充满活力的主体性——这就是说，人是一种主体，能够沿着德性之途修养自身，因而能够在实现其人性之充分自主性与独立性的方向上做出自我抉择。正是由此途径，如下情况才成为可能：人尽管作为一种客体有着施加于自身的外在决定性和限制，但仍可能实现精神自由。孔子的重要性在于：他坚持人能够成为某种充足的主体，其人生是充满意义的，因为人具有主体性（subject-nature），从而有能力通过在某种关系网中踏实地做人来追求完善。

在孔子之后，孟子、荀子以及著作《大学》和《中庸》大大发展了古典时期的儒学。孟子确立了关于人性善的学说，以作为人有能力通过自我修养而趋于完善的根据。他诉诸人的自然情感，比如同情、羞耻、谦逊（modesty）、尊重（reverence）等，将它们作为诸如"仁""义""礼""智"之德的根基和开端。因此，孟子断言，德性具有内在于人的自然根基，而人性只不过是追求德性的能力。从而人性之善只不过是内在于人的自然之德（nature-virtue）的实现，而恶只是人在受环境支配下对其自然情感和人性的抛弃与偏离。但是，人不可能真正丧失其本有的善性以及认识和了解必须怎样去保存其善性的天生能力。因此，孟子喜欢谈论"求己复善"（collecting oneself in return to good-ness）。他关于仁爱民众和统治者个人成为道德楷模的仁政学说，乃基于上述性善论。

作为孟子之后的儒者，荀子尽管主张人性恶，并且认为人类之善只是出自人为而非自然，但他仍然是个坚定的儒者，因为他相信人改善自身的能力、潜能及原初的意愿。荀子之所以认为人性恶，是因为人性被基本看作不知适当约束而仅仅意在自利的欲望。但这并非荀子关于人性的全部观点，因为他认识到，人心的能力或理性也内在于这种人性。通过体验，人必然会为了自身和他人的利益而使用其心与理性。因此，荀子坚决为通过"礼"来教化和修养的重要性辩护，"礼"被视为规约与组织人类行为和社会政治活动的原则。在此意义上，"礼"是理性的创造，是人基本的补救性美德。

在后来的时代，儒家学说得到了多种阐述，但大体上说，从汉代到宋明时期，如下一些最低限度的必要原则从未被抛弃并得到了普遍的确认：德性的自我修养、天人合一以及社会秩序与政治和谐对个人自我实现的重要性。尽管宋明儒学（所谓新儒家）被深深地卷入了关于"理"与"气"问题的形而上思辨，但是"理"与"气"也被用来解释人的本质善性、人性与天性之间的潜在统一、实在的一切以及人为什么能够通过自我修养而实现本有之性（这一点并非不重要）。

道家传统

中国哲学的又一重要传统是道家。可以认为，道家代表着古典时期由"天"概念到

"道"概念的发展阶段。儒家文献中确实已经使用"道"这一术语，但只有像老子和庄子这样的道家思想者，才明确表达出一种关于"道"的独特哲学。"道"是一种关于终极实在的、完全非人格的概念，就此而论，它根本不同于"帝"的概念与"天"的概念。它包容世间的一切事物，因而其范围更广于"帝"与"天"。然而，"道"有一个方面同于较早的"帝"与"天"："道"与人有着内在的关联，这正如儒家的"帝"与"天"内在地关联于人。在一定意义上，"道"可被视为人类的始祖。必须注意，这一说法中的"道"与"帝"或"天"有所不同："道"不被认为能够给予人类以特别的优待，或者是对人类的福祉怀有深切的关怀，因为"道"在其产生、包容、改变和保存万物的过程中是一视同仁的。正是就"道"的公正无私而言，万物可以被看作在本体意义上是平等的。在老子那里，正是"道"这一概念隐含着这种本体意义上的平等观念；而庄子根据这一同样的概念，更进一步地提出了一种万物在本体意义上平等的新含义。

按照庄子的观点，万物之所以在本体意义上是平等的，是因为万物通过某种自我转化与相互转化的过程而形成。无论个体的事物还是个体性都是微不足道的，因为一切个体的事物都仅仅是相对地确定于事物自我转化和相互转化的整体过程中。因此，在既自我实现又相互确定的意义上，事物也在本体意义上是平等的。

关于"道"的哲学，有若干重要的特征必须被提及。必须首先提及的是，"道"是大全（totality），根本上说是不可定义和命名的。对"道"的这种不可定义与不可命名的性质，一种恰当的诠释是"道"不可能受限于任何对象或被有限定地描述。这意味着，用任何对象和特征来表示"道"都不可避免地会导致对"道"之观念的片面化与误解。由于不可能以任何有限的特征来描述，所以"道"就可以与可有限描述的事物相对照。如果把可有限描述的事物称作"存在"，那么"道"就是存在的对立面，且实际上被老子称作非存在（non-being）或者"无"（void/*wu*）。因此，在老子看来，"道"并非某种仅仅被消极地构想的实在，而是只能被构想为不定者（indeterminate），被构想为万物之根源。尽管老子是用"无"这一概念来表达把握"道"之品性（virtue），但要说明"道"确实创生人与物的可能性，用"不定者"或"无限者"（ultimateless）这样的术语会更好。事实上，老子明确地宣称，正是"道"产生以某种方式与我们相关联的一切有限事物，并且人必须理解的以及在对"道"的理解中必须予以考虑的正是"无"或"不定者"。

关于道家的另一要点在于，"道"并非被设想为静止或不变的实体，而是某种运动变化的过程。这意味着被包容于"道"的一切事物都处于运动变化的过程中。于是，在这种关系中有两个问题有待回答："道"通过何种运作方式而使万物得以存在？"道"作为一种运动变化的过程应如何被描述？第一个问题的答案是："道"通过分化与自我实现的方式而生成万物。在经由"道"的生成过程中存在一个明显的悖论，其应当通过辩证的观点来解决。

如我们所见，"道"是"无"而又产生万物。之所以如此，是因为"道"是这样一种原理：通过它，否定者（the negative）能够变成肯定者（the positive），潜在者（the potential）能够变成现存者（the actual），虚无能够变成实有，一能够变成多。正是由于"道"的否定性与潜在性，肯定与现存的万物得以创生和持存。但在潜在成为现存、否定成为肯定、无成为有、一成为多的同时，相反的过程也在发生。在此意义上，"道"是不可竭的（inexhaustible），而其运行以辩证的相反相成的方式界定着变化。道家坚持认为，"道"这一概念代表了生活最根本的智慧；而通过对生命与实在的细致反思，这种智慧基本上是可体验的。

"道"是变化，而变化总是由某物变成他物，因而"道"本身就是两种对立面的统一。"道"的两种对立面分别被称为"阴"与"阳"、雌性的力量（或原理）与雄性的力量（或原理）。在老子那里，无论对个体还是对"道"之整体而言，"阴""阳"的力量显然代表一体之两面。"阴"可被认作否定者、潜在者、主观者、保守者，而"阳"可被认作肯定者、现存者、客观者、创造者。在某种意义上，"阴"代表"道"作为不竭之源的一面，一切形式的活力或活动源于此；"阳"则代表"道"作为某种不断创造的活动的一面，但这种活动有其始终从而是可耗尽的。"阳"的力量一旦耗尽，就消退于"阴"；而"阴"一旦占主导，就显现出"阳"之活动的迹象。这一变化过程是由"道"的双重运动——"阴"通过"阳"而得以实现，"阳"通过"阴"而得以潜藏——中两种力量的相互作用而构成的，其中老子特别强调"复"（return/fu）的观念。"复"是复归于**"道"、不定者**和**不可竭者**。其着重在于"道"作为"阴"的力量。但这并非对"阳"的否认，因为事物除非通过耗尽自身中"阳"的活动，否则就不可能复归于"阴"。由此老子同时说明了两方面的宇宙原理，即万物由"道"而化生与万物由"道"而归寂。

老子将化生与归寂的宇宙原理运用于人，因为人类世界并非分离于自然界。根据这些原理，人类的福祉在于其遵循"道"的能力，而这意味着其保持活动的潜力，但不把这种潜力现实地表现出来。之所以如此，是因为人类是"道"的一个组成部分，是"道"的产物之一；一旦努力表现自身乃至竭尽全力，他就只会作为"道"之产物而消亡，这可以解释为由于努力过度而导致的挫败和衰竭。因此，对待生命的更佳方法并不是竭尽其力而成为客体。相反，个体应该尽量让现存者潜藏，并保有其来自"道"的根源。要做到这一点，人就必须在模仿"道"的无为之为（action of non-action）的意义上去察"道"、修"道"，由此人就会变得具有无限的创造性，并避免受制于破坏性的势力。正是在这种状态，人生将顺其自然，而一切将以类似的自然而自发的方式得以持存。这一信条被恰当地描述为"无为而无不为"（doing everything by doing nothing）。"无为"意指不做特定的任何事，而"无不为"意指让一切事顺应"道"本身而流行。老子强调保存生命潜能、在生活中保持一种不着力与自然而然的状态，为表达这一点的重

74

要性，他使用了许多意象和譬喻。对于诸如水、山谷、未经雕饰的木块、婴儿、母亲和雌性之类的事物，我们如果觉察其性质与强度，就不难理解老子的观点。

就"道"之运行与生活福祉的达成而言，庄子与老子有着根本的区别。首先，庄子不强调复归于作为万物之根源的"道"的观点。对他来说，"道"是某种普遍存在，是一切事物活动的总体。这尤其表现在一切事物的相对性与关系性之中。这些是庄子尤为强调的观点。事物的相对性和关系性是双重的；事物对彼此来说是相对的和相互关联的，进而对一切事物之总体的"道"来说也是如此。每一事物都既是"此"又是"彼"，因而被相对地和相互关联地确定和界定；在此意义上，它们既彼此相对又彼此相关。事物彼此相异，但就其个体性而言又相互依存。因此，没有任何事物是世上的某种绝对或中心（center），因为一切事物都是世上的某种绝对或中心。每一种事物都是"道"的一分子，且都通过自我转化与相互转化的方式产生，在此意义上，每一种事物对"道"来说都是相对的和相关的。以"道"为根据，自我转化与相互转化的过程是无限的，并且"道"就其自身而言就是某种表现自我转化与相互转化的整体。因此，事物的任何个体性和差异性都不是绝对的，并且也没有不可区分的、单纯的同质性。

从"道"的观点来看，个体既是"道"又不是"道"。它是"道"，因为它是
75 "道"之自我转化的一个例证；它不是"道"，因为它并非全体。如前所示，这种自我转化与相互转化的原理确立了事物在根本意义上的平等。进一步说，它适用于人类的生命。基于对事物相对性与关系性的体认，人可以让自身超脱于看待事物的任何特定视角，从而放眼于一切可能的视角以及事物呈现的可能性。这样的态度会导向一种自然而自发的人生，即便面对困难与灾难也是如此。庄子并不认为这是一种退缩和消极的态度，相反，他将其作为由对"道"的理解而来的一种自然的积极效果。积极地理解"道"，就是要成"道"并采取"道"的视角，从而意识到一切事物的中心。依此方式，人就会接受关于发生（becoming）的一切可能性，在此意义上，他就变得富于创造性；人不会执着于任何一成不变的单一立场，在此意义上，他也是自由的。可以认为，除了将人生目标定位于自然与自发之外，庄子的道家学说还主张自由与创造。

中国的佛教传统

中国哲学的第三种重要传统是中国佛教。必须将中国佛教与在中国的佛教区分开。后者是从印度传入的，而前者是在中国的佛教在后期发展中产生的中国本土的智识。在对中国佛教的讨论中有个有趣的事实经常被忽视：在中国佛教中，两个流派有其相应的印度前身；另两个流派则不是如此，但可视为对其他两个流派的发展或演化，并在重要性和深度方面有所超越。中国佛教的前两个流派是中观论（Madhymika）与唯识论（Yogacara），后面的两个则是天台宗与华严宗。我们将先简要讨论：后两个流派是如何通过

提出典型的中国佛教概念而使前两个流派相形见绌的；接着这两个流派如何能被认为通过理论的结合而产生了某种新观点，该观点在后来的时代里发挥了重要的影响，对慧能（Hui-neng）的禅宗学说及其后另一位禅宗大师的影响尤其大。

中观论之要义在于，要达至无挂碍（non-attachment）的状态以及佛教智慧的超越性格，就必须既超越对"此"（this）的肯定，也超越对"非此"（not-this）的肯定。但对（"此""彼""此与彼""非此非彼"）四术语的这种否认，其逻辑一旦被运用于本体论，就势必导致某种关于恒常无限的无牵挂和否定的概念。然而，这种处理难以与秩序和稳定——它们是人们自我实现的环境——的实际经验相调和。天台宗的形成显然出于对此类问题的关注，即对人与此世关系问题的关注。 *76*

在天台宗的典籍中，不断超越"此与彼"的否定态度与看到肯定"此与彼"之意义的肯定态度，这两者是结合在一起的。此世乃空无（nothingness）故而应予摒弃，这一命题为如下命题所补充：空无即此世，因而应于此世中予以接受。就天台宗的思想家而言，这样做的宗旨在于：摒弃此世即是接受此世，接受此世即是摒弃此世；因为人们可以摒弃此世中可摒弃者，并接受此世中可接受者。因此，此世被看作既是可摒弃的又是可接受的，既是可肯定的又是可否定的。从而其主张是，真理是双重的，而仍不失为一个整体。那么，就必定提出这样的问题，即这如何成为可能。答案很简单，因为世界是被从辩证的观点来看的，所以其被视为对立而又互补的两极之动态的统一。可以看出，道家和《易经》中的古典中国哲学提供了有关这种辩证思维的一个模式。

从唯识论到华严宗的理论发展过程似乎遵循着类似的模式。在唯识论的原初教义中，整个世界被视为某种转世精神（trans-this-worldly mind）或潜意识的构想活动之投射（projection），这种精神或潜意识被称作阿赖耶识（*alaya*）。这种全能精神或意识的假设与该精神构想的依附之假设相结合，由此说明世界的存在。换言之，世界被视为来自精神活动的、某种附随的实在。因此，只要这种精神的构想活动持续下去，生生死死的循环就不会停止。唯识论教义的终极目标之一在于：揭示通过终止精神活动来终止生死活动的方法，进而说明通过拒绝精神的实在来拒绝世界的实在之方式。于是，这种观点又不相容于生命之善的以及世界存在之连续性的人类经验。或许正是由于解决这一不相容性的需要，华严宗才开始提出如下教义：可以用多种方式来看待世界，且智慧与真正的拯救在于确实以多种方式来看待世界。

因此，根据华严宗第一位大师杜顺（Tu Shun）的观点，世界是一切"事"（particular）与一切"理"（principle）的统一，同时是一切"理"与一切"理"的统一，是诸"事"的和谐，并最终是一切"事"与一切"事"的统一。所有这一切意味着：世界是无限丰富的，同时又是真实的；精神应该放眼于这一丰富而真实的世界，而不受制于对观念的执着。华严宗进而主张，一切即在于一，而一即在于一切；由此显见的是，它必定将精神认作某种共相，并且是一种呈现于其他一切共相及其他一切殊相中的共相，反 *77*

之亦然。这种本体的相互依赖与相互关联的共相因而就旨在通过重建精神和世界的初始统一，来重建对这两者来说的实在。这一共相还有如下蕴涵：在无限和谐的实在中，主观与客观必定是相互依存的，以至两者对有关实在者（the real）的知识必然都有所助益。上述思想之所以可能，仍必须根据由道家与《易经》所发展的辩证观点来理解。

接着，我们来看中国哲学中禅宗的发展。如前所示并从分析重构的观点来看，禅宗最适合被描述为来自此前中国佛教传统的、最精致的终产品。这意味着，禅宗在理解空无（nothingness/Kung/sunyata）的问题上充分利用了天台宗传统，而在理解精神（mind/hsin）或意识的问题上充分利用了华严宗传统……上文已经解释了这两派的基本观点。在此解释中显而易见的是：天台宗已形成一种关于空无的本体论，而这种空无又给予关于存在的意义与此世的实在，并保留了精神在现象意义上的实在；华严宗则发展出一种有关精神或意识的现象学，它认可与肯定世界在本体意义上的实在。就此世的以及人心的实在而言，这两派都表现出将本体与现象统一的可能性。它们尽管由于各自的哲学背景有别而始于不同的观点，但都指向同一个方向。

对于世界与人的实在，上述将本体与现象统一的可能性，亦即将世界的本体实在与精神的现象活动统一的可能性，通过禅宗的教义与实践而切实地得以明确实现。因为根据禅宗的教义与实践，某人一旦体认出自我的真正性质与原本精神，就不再受制于任何种类的执迷、偏见与幻象；在此意义上，他就会认识到终极实在而觉悟。这当然并非意味着他丧失其精神或拒绝承认世界的存在。相反，对禅宗教徒来说，为了达到觉悟的目的，保持其精神并肯定世界的存在是很重要的。因为只有如此，他才能由此摆脱其精神与世界的束缚。用佛教的术语来说，现实人生中存在涅槃（nirvana）或自由，而涅槃中存在现实人生。

上述的辩证结合不仅实现于觉悟行为（act of enlightenment），而且体现于人生的实际表现中。或者换个说法，觉悟行为并非且不能脱离人们的现实生活。甚至语言离开其所在的语境，其本身也不可能被认为是可理解的。事实上，在禅宗看来，语言的运用代表着关于实在的许多方面，且来自实在之中所有可能性的相互作用。因此，语言及其运用除了陈述、辩论或提出某一语言要点之外，尚有其他多种功能。语言通常可以通过陈述某一点来表达某种意义，但也可以通过不说明某一点或口头否认某个要提出的要点来表达某种意义。禅宗大师运用语言来表达或启发觉悟的复杂方式，值得细致的分析和说明。这样的分析和说明不仅对揭示禅宗思想简洁而深刻的特点来说很重要，而且会证实语言及其运用的潜在性质。实际上，在禅宗大师看来，运用语言并非引发或表达觉悟的唯一途径，其他许多诸如生理的身体活动的方式也可能富有启发。

与此相关，重要的是指出：人的每种行为都有其在现象上显见的本体意涵，亦有其本体上隐含的现象意涵。禅宗的洞见在于，以创造性生成与自我意识的简单方式去揭示隐含者，吸收显见者。某些对禅宗精神及其历史背景仅有浮泛把握的外行，有时声称禅宗是神秘的或非理性的，其实根本并非如此。在此具有重要性的是维护这个世界的自然而然的愿望，但同时不将世界的意义局限于某一层次的绝对理解。这也是道家与《易经》所传达的信息。

作为本质上是"道"或佛性（Buddha-nature）之体现的人类，我们具有充分的理由声称拥有通过有意识的活跃生命去认识并达至"道"或（和）佛性的能力。"知"与"做"或"行"的本体关系应该容易导向禅宗的顿悟（instantaneous enlightenment）主张。顿悟是主观与客观的动态统一，即已知的客体与认知的主体之统一。

当代中国的马克思主义

最后，我们来看看马克思主义的状况，马克思主义是当代中国一种代表性的思想流派。自中国进入 20 世纪以来，中国的知识分子一直在不懈地寻求某种具有坚强生命力的哲学——它可以容纳和调整中国人的心灵、生活与文化，以适应现代世界的需要，而现代世界是由西方的科学、宗教和技术以及随之而来的优劣并存的一切东西所塑造的。在中国政治、经济混乱与社会动乱的状态下，几乎无暇对过去做出分析与评估，对未来做出规划、建构和展望，也几乎无暇调和过去与现在、东方与西方。仅有的只是对过去不断增长的不满以及对过去的拒绝，以支持某种能够成为促进实际变化与转变的动力之事物。这应该足以解释 20 世纪初马克思主义在中国的兴起，以及中国知识分子在平和地实现从过去到未来的过渡方面的普遍失败。

显然，对如前讨论的儒、道、释的传统中国哲学来说，中国的马克思主义是一种背离。然而，它也享有传统观点对社会政治行为的实用取向。随着马克思主义在当代中国的兴起，马克思主义原理与过去传统哲学之间的和解，成为某种既是理论的—意识形态的又是文化的—现实的问题。尽管在此不可能探究在当代中国思想中知识的连续性问题，但有一点愈益明显：中国的马克思主义者已做出了时断时续却成体系的努力，以马克思主义意识形态的方式诠释或重释儒家、道家和中国佛教，并做出相应的评价。然而，在这样做的过程中，他们也接触到过去的学说，由此必然会更新它们对当前思想的影响。换言之，在目前的情境中，中国哲学以往学说的语言和智识将继续发挥作用，并与马克思主义的语言和智识相互作用。这种相互作用的结果难以预测。或许随着对过去精华的重估，中国哲学对现代世界的重要性将逐渐被认识。因此，目前阶段的中国马克思主义代表着某种检验，即检验中国哲学对满足人类需要的真正潜力。

中国哲学的四个特征

基于以上讨论，现在我们可以阐述中国哲学的四个显著特征。我们的问题不在于评

80 价中国哲学，而在于以最妥当的方式予以描述。对中国哲学的这种描述与刻画，可被视为基于对中国哲学之性质的某种综合反思而得出的结论，或许还可被视为我们对中国哲学中重要传统的分析重构之结果。在此所阐述的，仅代表中国哲学主要而非全部的特征，但其足以为进一步探究中国哲学的性质与意义提供某种根据，足以把握和展示中国哲学作为一个整体的辩证性质与问题性质。

作为内在的人文主义的中国哲学

尽管可能存在多种版本的人文主义，但人文主义可以被方便地划分为外在的与内在的。西方的大多数人文主义思想是外在的，中国哲学中的人文主义则是内在的。在古希腊以及文艺复兴（Renaissance）的哲学中，人的存在及理性能力在大千世界中被给予了一个独特的位置。但由于某种超越的宗教［无论俄耳甫斯教（Orphic）还是基督教］与思辨形而上学［无论柏拉图主义的（Platonic）还是托马斯主义的（Thomist）］——它们都在自然的与超自然的、人与神、主观的与客观的、心（或灵魂、或精神）与身之间做了某种绝对意义上的区分——的背景，对人之价值的肯定，往往是以否定某种与人形成对照者的价值为代价，无论后者是自然的还是超自然的。也就是说，对人之价值的肯定，势必导致对某种与人或其价值形成对照的价值，要么加以贬损，要么予以中性化。

因此，作为文艺复兴的人文主义之后果，西方的精神为某种提高人之地位的兴趣所指导，趋向于探索、利用和控制自然，将之作为某种无生命的客体以及实现人之力量的手段，由此直接促进了现代科学的发展。但一旦科学壮大到可敬的高度，人文主义就被视为过于主观而被局限于应对自然，从而由于真正的科学兴趣而变得无足轻重。之所以如此，是因为鉴于科学的成就，不仅自然已经被剥夺了人类的意义而被认作价值中立的（value-neutral），而且人类本身也被看作科学探究的对象，服从于将价值纯粹视为人之发明的方法论。这种人文主义始于人与自然相别因而相对立的外在假设，以上是其不可避免的结果。

存在主义（existentialism）之中对这种科学心态（mentality）的现代反叛依然是外 *81* 在的，因为它强调人的绝对主体性并以之作为人文主义的原则来排斥有形的客观自然。这导致某种关于人的精神分析学（depth-psychology），它同样是令人感到沮丧和卑微的。

自然内在于人的存在，人内在于自然的存在，这一哲学假定是中国人文主义的基础。这里客观与主观、心与身、人与神之间根本不存在如此绝对的二元划分。其原因当然不是未能做出二元划分，而是从中国哲学的观点看不应做出如此划分。在中国哲学所有主要的传统与流派中，如下观点颇为重要：人与自然或实在应该被看作达成了某种一体和谐，正如人自身是心与身的一体和谐。进一步说，自然者与超自然者也是不分的，如果的确可以将"帝""天""道"的先秦（pre-Chin）观念从根本上视为超自然的。心与身互相决定而彼此确定，由此构成了人的存在；人又与世间的一切他物相互作用，成长而形成某种既有人类意义又有宇宙意义的理想圆满。或许人的心（或灵魂）与身之间没有根本的分别，有关人类存在及其价值的根本范畴就是"生"（life/sheng），它既适用于自然，也适用于"道"或"天"的创造性活动。

作为具体的理性主义的中国哲学

理性主义是这样一种信念：人可以通过其理性运用而获得真理。实际上，西方哲学中的理性主义传统已经区分了理性的真理与事实的真理。理性的真理是独立于经验而被认识到的真理，因而是**先天的**；而事实的真理建立在感性经验的基础上，因而是**后天的**。于是，这种理性真理的观念相关于理性主义哲学中的两个基本预设：其一，理性是人所固有的，而通过理性反思，人们自然会逐渐理解理性的真理，因为它们内在于理性；其二，与事实的真理相比，理性的真理被认为更为理所当然和高贵，因而被认作人类知识的典范。在西方的理性主义中，逻辑、数学甚至理论物理学都被当作理性真理的例证。甚至在伦理学和形而上学中，理性的真理也是受关注的焦点，只是到了相对晚近的时候，上述意义上的理性主义才遭受严厉的批评与怀疑。

显然，西方理性主义最重要的特征就在于这一信念：抽象与推理作为人的理性官能能够确立关于知识的抽象与普遍的原则。理性的官能基本分离于经验，因而理性的真理基本分离于事实或经验的真理。因此，一方面，西方的理性主义可被称作抽象理性或将理性作抽象运用的理性主义。

另一方面，中国哲学不是在抽象的意义上而是在具体的意义上是理性主义的。中国哲学家将人认作理性的存在者，这种存在者被赋予了认识真理的理性官能。这源自如下信念：人与自然是统一的；作为富于创造性潜力的存在者，人是自然发展的极致。人可能自然而然地逐渐认识实在或"道"，这仅仅是人的创造性潜力发展中的一步。在人看来，"天"或"道"意义上的实在是某种呈现于具体事物中的理性秩序，它可以通过人的探寻而为人所洞察和理解。既然主客之间原本不存在分界，那么在人的主观就必然相应于在自然的客观。这或许被看作某种形而上学的信仰，但有其优点：它排除了关于外部世界和其他精神的知识的认识论难题（epistemological puzzle）。因此，中国哲学中没有唯我论（solipsism）和怀疑论。

我们可以在三种基本的意义上界定中国哲学中具体理性的具体运用。首先，人必须看清实在，并观察事物的活动与样式。正是根据整体上经验的观察和体验，《易经》才以阴阳相互作用的说法发展出关于变易的哲学。进一步说，从典籍中的语言运用可见，诸如"天"和"道"之类表示终极实在的术语，并非能够对之进行逻辑定义的一般与抽象的术语，而是拥有普遍且具体的内容的、以多样的直接经验的途径来理解的术语。

类似地，在伦理学中我们会看到，儒家的德性观念与对基本情感的体验密切相关。孟子将当下情感作为德性的开端，我们如果将孟子的这一学说与康德的绝对命令学说相比较，就很容易看出：德性的情感是在具体情境中体验的具体实现，绝对命令的指导则是理性的抽象推理。因此，一方面，儒家德性的运用不存在实践上的难题，而康德的绝对命令在具体情境中的运用却确实提出了一个难题。但另一方面，康德伦理学具有某种推理的结构和理性的论证，而相对来说，儒家文献中的道德洞见几乎没有成体系的组织。尽管孟子论及人具有关于善的固有知识（即所谓的良知），但良知并不被当作某种使人能够达到道德律令的官能，而是被视为在具体情境中区分善恶的能力。因此，儒家哲学中的具体理性并不直接相应于康德的实践理性，就此而论，儒家抽象的"理"也不直接相应于康德的纯粹理性；因为作为中国哲学中典型的具体理性，不仅应对实践问题，而且保证理性与实践最根本的关联。这导致了第二种意义上具体的理性主义。

中国哲学一般指向行为以及社会与政府的实践，并旨在对人与世界进行改良和完善。它进而强调，理论必须运用于实践，否则就仅被视为空谈。在如王阳明那里的极端情况下，理论与实践被视为一事之两端。这意味着：理论的理解势必导致实践的作为，而在任何一种实践的作为中，人们都会获得关于自身与世界的知识和智慧。依据中国哲学的这一特征——下文将做进一步讨论，具体的理性主义仅仅意味着，人必须通过自我修身以及实践中知识的具体实现之过程而达到道德完善。实际上，这一过程不仅仅是理性的某种合理活动，因为它展示出生命中以及已达的某种理想的完善中的合情理性（reasonableness）。事实上，将抽象理性中纯粹合理性的理念与具体理性中自然的合情理性理念这两者予以比较，是突出正在讨论的中国哲学之特征的一种途径。

最后，中国哲学中具体理性的第三种意义在于，其首要指向是道德与政治的目标。甚至本体论与宇宙论的思辨亦不无道德与政治的意涵。新儒家的"理"就是一种具体合理的理想和概念。"理"并非某种与人的基本生命体验相分离的东西，这种生命体验相关于人自身、他人与事物；"理"被当作达至社会和谐与管理政治秩序的根据。

合理性的抽象原则与合情理性的具体实例之间的分别，在中国思想中是付之阙如的；或许正是这一点，阻碍着诸如逻辑和数学之类纯粹科学的理论培养，其也可以解释为什么中国思想家不把哲学本身视为某种推理性的理性活动，而视之为能够影响人们行为的综合性的道德成果。

作为有机的自然主义的中国哲学

自然主义是中国哲学的一个重要特征，因为中国的世界观基本上是此世的而非彼世的。事实上，如此前所指出的，人与神、自然与超自然之间的二分在中国哲学中是不存在的。因此，中国哲学中不存在超越主义与内在主义的争论。每一种属于实在的形式本质上都被视为某种变化与发展的过程。如前所见，对道家来说，变易与转化的潜力内在于事物的本性；这意味着个体事物没有固定不变的内容，且它们作为个体性的实体并非彼此无关的，而是在有机关联的背景之范围内、于变化的动态过程中相互决定，彼此界定。

通过思考客观与主观、物质与精神之间的关系，中国哲学中有机的自然主义或许可以得到更好的描述。对此，中国哲学家是用自然的相应、相互依赖和互补的方式来思考的，生命与理解由此方式而得以实现与持续。事实上，一般来看，讨论中的这种关系甚至可以被看作连续性的，因为客观与主观、物质与精神之间并不存在真正的分离。从本体论和宇宙论的意义上说，它们对作为终极实在的"道"而言是一目了然的，从而是整体的动态进程的组成部分。

人、社会与政治体之间的有机关系，为中国哲学中有机的自然主义提供了进一步的证明。在儒家看来，人是一种关系性的存在者，依赖他人来进行自我修身与完善。在道家乃至中国佛教的学说中，人与一切事物都是相关联的，但为了健全与完善，其必须相互作用并参与"道"之活动。人不是简单地与"道"同一。在这种人际以及人与物之间存在有机关联的背景下，和谐与调和是关键所在，并且其仅可能实现于存在多样统一的有机关系之时。中国哲学提供了一种关于这种关系的认真细致的说明，以此为根据，"善"可以被设想为本质上是达成与保持和谐的能力。

作为自我修身的实用主义的中国哲学

如上文的一般性说明，中国哲学从其开端就一直关注如下实际问题：促进个体的福祉以及社会和国家的秩序与和谐。孔子与其他儒家思想家的道德观点鲜明地展现了这种精神。甚至在老子这样的道家思想者那里，也存在对最佳政府形式的关注。"无为而无不为"，既是关于"道"的宇宙原理，也是受"道"之启迪的统治者所持的政治原则。对中国佛教与当代背景下的中国马克思主义之实用性，无须进行专门的说明，因为显然中国佛教旨在实际地解决生活的根本问题，而中国的马克思主义旨在实践地解决中国的社会与政治问题。值得注意的是，在中国没有任何哲学流派和哲学家仅仅将哲学视为一种思辨活动。中国哲学有一个特别的维度，我们或许可称之为"以哲学的自我陶冶为手段的自我实现"。

儒家和道家都已发展出一种特别的研究分支，可称之为"自我修身论"（theory of self-cultivation）或"自我实现论"（theory of self-realization）。这尤其表现于儒家典籍，如《大学》明确提出了自我修身的八个步骤，其终极目标是世界的和谐统一。前两个步骤，即审查事物（"格物"）和扩展知识（"致知"），指向理解世界的目标；接下来的三个步骤，即使意念诚实（"诚意"）、修正"心"（"正心"）和修养或增益其人品（"修身"），指向人自身内在完善的目标，由此人能够为以利他为目的而承担社会与政治责任做好准备；最后三个步骤，即整治家庭（"齐家"）、管理好国家（"治国"）和让世界变得和平（"平天下"），指向个人德性的拓展，以便个人能够在真实的关系中实现其潜力。①

这一自我修身与自我实现的过程具有两个本质特征：其一，它是一种由个人完善向一切人完善的拓展过程；其二，它是个人的内在成就及其外在效果的统一。这一过程已被表述为"内圣外王"（sageliness within and kingliness without/*nei-sheng wai-wang*）的统一。儒家已完满地说明了这一理想——在自我修身的同时虑及他人完善，这一点似乎显而易见。但在这方面道家和中国佛教如何可以被称为务实的，这一点却并非如此明确。对如何通过个体自我修身的努力而达到整体的拯救，中国佛教提供了实用的指导。尽管道家基本上保持着个人主义的立场，但就老子而言，维护一切人福祉的理想统治者必须遵循"道"。如下也是一个历史的事实：对后来的政治家来说，道家的原则暗示着在处理政治与社会问题方面的各种实用策略，这一点在韩非子的著作中得到了体现。

一般认为，在中国哲学中，人能够达到终极至高的完善状态，无论它被称作"圣人"（sagehood）、"真人"（true manhood）还是"佛陀"（Buddhahood）。换言之，人能够造就最高形式的善，而无须外在于此世的视野、超越其自身所在的世界。因此，对崇拜和依赖至上神祇来说，中国哲学中自我修身的实用主义为其提供了一种替代。由此可以说，这种自我修身的实用主义背后的道德哲学，对中国人的心灵发挥着在西方由宗教所发挥的作用，但无须经受西方宗教的独断论（dogmatism）。这种自我修身的实用主义中的宗教意义与道德自主的可能性，还可以以其他诸多理由为据，但它们无不被包含于我们所讲的有关中国哲学的内在的人文主义、具体的理性主义和有机的自然主义之中。

结论

在以上论述中，我们基于对中国哲学主要传统与思想的分析重构，对之做出了一种综合性的说明。中国哲学有三大传统：儒家、道家与中国佛教。在其历史的与理论的发展过程中，这三个传统相互作用并有共同之处。我们注意到，中国马克思主义的发展是近代以来西方对中国产生影响的结果。依据对前儒家时期原型观念的讨论，可以看出，儒家与道教实际上享有共同的根源，并且在一定意义上相互界定、彼此互补。这一观点应该恰好吻合于如下情况：关于阴阳的辩证的形而上学是儒家与道家都接受的。

我们说明了中国哲学的四个特征。第一个与最后一个即内在的人文主义与自我修身的实用主义，主要涉及中国思想中道德、社会与政治的方面；第二与第三个特征即具体的理性主义与有机的自然主义，则主要讨论形而上学与认识论的方面。必须注意，中国思想中道德的与社会政治的方面是内在而辩证地交织在一起的，因为一方面，道德和社

---

① 括号内关于《大学》八个步骤即"八条目"的原文表述系译者所加，以资对照。

会政治思想以形而上学为根据，而另一方面，形而上学与认识论的思想总是以道德实践和社会政治的改善为目标。从我们的讨论来看，中国哲学的这四个特征显然是相互关联和相互支持的，因而最好以彼此为背景来理解。

我们并未讨论中国哲学的每一分支。因此，我们没有将新儒家作为在中国佛教影响之下古典儒家的特定发展而详加论述。但是，如果对新儒家加以考察，我们就会看到它像中国哲学的其他主要传统一样，也拥有这四个特征。

我们还忽略了对一些哲学问题的讨论，这些问题是由接受如我们所描述的中国哲学观点而产生的。中国哲学大体上基于如下原理：人与自然的统一，实在是"阴""阳"辩证地相互作用的过程，主观与客观、心与身、抽象与具体之间不是二元分立的，通过个体的自我修身而达到整体的完善。关于最后一点，如果可以这么说的话，那就必然存在这样的问题：中国哲学该如何面对超越的需要问题、恶的起源问题、科学中逻辑的与理论知识的性质问题。我们还不得不问，中国哲学的原理如何能够与西方传统中关于超越、恶、逻辑与理论知识的现存学说相调适。我们在讨论中有意悬置了这些问题。如果中国哲学让我们对这些问题保持批判意识并提供替代的思考方式，那我们就更有理由将之作为一种具有普遍重要性和广泛意义的哲学而提出。

二　中国哲学中的一个因果性模型：一种比较研究

理解因果性的两个层次

　　像科学哲学中诸如"法""时间""空间""运动""力"之类的相关概念一样，因果性（causality）是一个难解的概念。尽管经过了两千多年的哲学讨论，但对此尚未达成明确一致的、易于接受的概念界定或说明。最近关于因果性的专题讨论表明，对之的解释存在不少分歧。[1]我认为，界定或说明因果性的部分困难源自如下事实：理解因果性的两个层次并非总是得到清晰的区分。

　　理解因果性的两个层次是：一方面是现象的或经验的层次，其中因果性可被理解为某种经验的或可观察的关系；另一方面是理论的或概念的层次，其中因果性可被理解为仅根据某种理论或理论性的哲学，这种哲学用来解释并证明在观察或经验意义上的因果性。关于因果性，休谟所提出的观点是，"我们可以将一个原因界定为，一个事物（object）为另一事物所跟随；并且在此所有类似第一个事物的事物，均为类似第二个事物的事物所跟随。或者换言之，如果第一个事物不出现，那么第二个事物就绝不会出现"[2]。在此，他似乎不知不觉混淆了两种意义的因果关系（causation）。在第一种界定中，他提出了一种关于因果关系的现象的或观察的概念；但在他认为等同于第一种的第二种界定中，他暗中引入了对从观察意义上来理解的因果关系而言的一种理论解释。他试图以其经验—现象的因果性定义来挑战关于因果性的形而上学观点，但其自身关于因果性的理论概念是未经说明的。当然，他具有一种明确的关于因果关系的心理学解释，然而该解释并非旨在说明对因果关系的第二种界定，而是说明对因果关系的第三种观点，即我们通常所经验的因果关系可举例说明为：一个事物以某种方式促使另一事物运动或改变，仿佛该原因具有动力。这第三种观点可以重新表述为：因果关系是内在于事物性质的因果有效性（causal efficacy）。这是一种可追溯至亚里士多德的西方传统观点，即因果关系是一个事物作用于另一事物，并有效地使后者产生一个新的状态的过程。第一个事物（或者毋宁说是第一个事物的行为）被称为因果关系的有效原因，而第二个事物所产生的新状态被称为因果关系的效果。

假定休谟的观察——因果关系只不过是两个观念间的恒常联系（conjunction）——是正确的，那么这样的提问就是自然而合理的：如此的联系是否存在客观的或合理的根据？事实上，休谟得接受两种挑战。第一种是，因果有效性是否只是某种心理习性，该习性乃对被恒常联系起来的两个观念的联想？第二种挑战提出了有关心理之因果关系的重要性问题，这种因果关系独立于心理解释。

恒常联系的事实根据似乎必须被加以说明，以便人们可以说，并非任何一种事物都可能恒常地关联于另一种事物。或是我们对世界的经验，或是世界的结构，抑或两者，必须为我们的经验所揭示的事物的实际联系提供某种限制条件（restricting condition）。这当然并非不合理的要求。事实上，通过刚才引用的那段文字中关于因果关系的第二种定义，休谟下意识地答复了这一要求。休谟之后有许多哲学家提出了因果关系的客观条件和（或）主观条件。其中尤为突出的是，康德将因果关系作为人类理解的一个范畴来解释，该范畴不是某种心理状态，而是科学知识可理解性的一种先验条件。怀特海及其他哲学家[3]已经指出，我们不仅将因果关系视为两种相似类别的事物之间的某种联系，而且将这种关系视为真实的。这是一种根据影响或有效的诱因而起作用的关系，比如人们看见因擦火柴而生火。在如此实例中所观察到的事件，被怀特海恰当地描述为**因果有效性**的模式。

本文的目的不在于考察休谟之后西方哲学传统中对因果关系的各种解释，而在于从中国哲学尤其是古典中国思想的视角来引出、阐述和说明因果性。我前面之所述与实现这一目的相关，因为我认为，休谟对因果关系的经验与现象的定义，与中国哲学家的观点颇为相容。这为关于因果性的比较哲学研究提供了共通之处。基于此，我们可以看到，中西哲学各自对因果关系的理论解释之间存在着重要而巨大的差别。中国哲学的理论观点不亚于任何一种西方观点，因而从某些客观的角度看，其各自的优点必然有理由呈现于一种综合的框架中。我在讨论中将使用"因果性"这一术语，以表示在经验观察意义上对因果关系的理论说明与诠释，由此因果性势必意味着因果关系，反之则不然。

90

西方哲学中因果性的标准模型

为了与关于因果性的中国方法形成对照，我将勾画 18 世纪西方科学中关于因果性（因果关系的理论）的一个标准模型。之所以称之为标准的，是因为它似乎内在于由牛顿（Newton）提出的机械物理学，这在当时被科学共同体普遍接受为自然知识的范型。该模型似乎也隐含于当今大多数科学家的科学思维以及西方大众的常识世界观中。后一说法之所以正确，是因为如我们将看到的，它与现代机械科学吸取其自身灵感所用的背景资源是相同的，而这一资源也构成了常识世界观的形而上学背景。人们甚至可以认为，现代科学及其因果性模型所表达的，就是西方主流的形而上学与文化经提炼后的产物。

西方科学哲学中因果性的标准模型有如下要素：

（1）因果性普遍发挥作用的世界由无数分立的个体事物或物质（substance）组成的，若被静止地加以设想，这些事物就是彼此独立的。

（2）个体事物或物质所在的世界可被认作是由牛顿物理学的绝对时间与绝对空间连接起来的。但时间与空间不像在爱因斯坦相对论中一样作为流形而结合在一起。

（3）在一物向另一物施加外力之时，世间事物的运动得以可能。

91　　（4）假定世间的运动遵循严格而准确的法则，这些法则可被物理学进行定量描述。

依据这个模型，我们可以将因果性的法则描述为，要求（A）世间一切事物都被因果地决定于在时间上先于在其自身的事物，这意味着这些先于某一既定物的他物是该既定物的存在条件；以及（B）一切既定的运动都是由于时间上先于它的运动而得以可能的。（A）和（B）都可以被进一步精确化。关于（A），我们可以将某物之存在的必要条件与充分条件区分开。若给定某物 Y 则必须存在另一物 X，或若无 X 则 Y 不可能存在，那么 X 就是 Y 存在的必要条件。如果 X 的存在势必导致 Y 的存在，或者如果没有 Y，X 就不可能存在，那么 X 就是 Y 存在的充分条件。因此，一般认为，可以将某物的原因界定如下：某物 E 的原因是这样一组条件（事物）——在由其他条件一起构成的整体范围内，这些条件的分别存在是 E 的必要条件，且联合构成 E 的充分条件。[4] 用关于原因的必要与充分条件来描述因果关系的这种逻辑方法，显然未穷尽因果性法则的含义，因为它并没有告诉我们一组条件是如何成为某物的原因的。因此，我们必须认识运动的相关性，或能够使一组条件对另一物的**产生**来说是必要而充分的动力。此即（B）的目的。（B）可重申为这样的要求：一组条件要是某种原因，就必须对产生某运动（或影响）或作用于另一物而产生运动这一目的来说，其中单个条件是必要的，所有条件联合起来是充分的。原因必须通过某种形式的运动而引起效果，其中的运动在时间上先于效果的产生。

由此因果性法则可以说至少包含三点：（1）条件的充分性与必要性；（2）（运动和力的）有效性；（3）时间的在先性。[5] 因果性的这种标准模型似乎要求：每一种因果关系都可归入某种一般法则，并且世间一切事物都是通过这样的一般法则而建立关联或秩序的。事实上，这些法则被视为描述了世间事物的性质，尽管事物本身是多种多样的、不可化约的个别物质或对象。这种模型进而主张，科学调查、实验和观测的作用在于发现事物的这些因果法则，并且我们能够做出这样的发现。不难看出，根据因果关系的法则，人们能够谈论的是事件（event）而非事物（object），是事件的发生而非事物的存在。

因果关系法则的本体论预设

从上述分析可以看出，因果性的标准模型包括对因果法则（或因果关系法则）以及因果关系法则持有的某种世界图像的描述。由此或许可以断定，该模型基于如下构成其本体论背景的哲学原则：（1）分立性原则（principle of discreteness）：物质是分立的实体。（2）外在性原则（principle of externality）：因果关系法则外在地控制事物。可以说，事物符合这些法则或为之决定，而法则并非恰如事物之所是。（3）运动外源性原则（principle of external source of motion）：如果世界并非静止的，运动不仅可能而且是实存的，那么因果关系法则就会导致某种终极因的假设，该假设被亚里士多德称作"不动的推动者"（unmoved mover）。"不动的推动者"或"上帝"是给予事物最初运动的根源。后来的西方哲学家做出另一种构想，即上帝给予了事物的连续运动。但即使无此假设，上帝给予最初的运动或能量似乎也足以根据因果法则来解释事物的运动，因为机械论中的能量守恒定律可以维持现存运动而不损失能量。

于是可以看到，因果性模型与"不动的推动者"这一图像相结合而变得可能，这仅仅是由于上帝创造了一个事物于其中受因果关系法则支配的世界。可以让上帝去负责这些法则的创造。因此，对该模型、世界、因果法则以及运动的终极解释，可追溯到作为无限存在的上帝。而这种上帝的观念意味着，与其说上帝是因果法则，不如说其是外在于事物的原理。因为上帝既不受因果法则的支配，也不是世间事物中的一员。

依据以上论述，显然，犹太—基督教传统的超验神学与德谟克利特的机械原子论模型结合在一起，构成了现代科学背后关于因果性的标准模型。我不拟解释这两种传统——或许还有罗马法（Roman Law）传统作为外在性的另一原理——如何为这种标准模型的形成提供了历史的—起源的基础。我的观点是：若没有这些文化传统作为知识背景，西方的科学就是不可能的。还可以看出，一旦因果性模型得以充分阐述，或许就没有必要关注上帝的存在了。这可以解释19世纪基于这种因果性模型的唯物主义之形成。根据由此形成的哲学，应该在分立的事物本身中寻找能量与运动的源泉。

一种中国模式的因果性模型

中国的形而上学思想中有一个根本主张，即万物以自然自发的方式来自一个源头。对中国哲学的一切流派都重要的问题是，解释人与物在来自同一个源头的事物总体系之中如何被恰当地定位。这样的关切看来可能易于理解，而它们给中国哲学的本体论与方法论定向以及一般中国人的心灵带来了深刻的影响。其中之一是，中国思想家普遍说来既没有发展出西方哲学传统中关于因果性的原子论——机械论模型，也没有演变出任何像西方科学与哲学所描述的因果法则观念。但这并不必然导致这样的结论：中国思想家没有发展或演变出任何有关经验观察意义上的因果性观念。相反，他们极为关注这样的观念，乃至发展或演变出了与他们对因果关系的经验基本上相宜相续的、理论的与形而上的世界观（或解释）。在此意义上，这种关于因果性的理论的与形而上的世界观（或解释）是具体的，且是直接向经验开放的；如此说法的意思是，经验的与可观察的体验似乎是对因果性所蕴涵的实在而言的一种直接呈现。因此，对于作为恒常联系的休谟式因果性概念，其解释将以事物的客观性质为据，而不是像休谟那样诉诸人的心理习性。

中国思想家提供了一幅世界图像，因果性的经验概念可适用于其中，就此可以说，中国哲学有其因果性模型，而它与西方的模型有着根本的区别；因为支持中国因果性经验的世界图像或本体论背景是不同的。鉴于这种本体论背景，人们或许可以认为，其因果性经验亦即经验观察意义上的因果性与休谟的定义相比，甚至可能具有不同的含义；因为休谟对因果性的定义不可避免地带有关于世间事物的某种原子论——机械论假设，而中国的形而上学中没有这样的意涵。

我将说明中国因果性模型的两个重要方面，在此之前，我要叙述中国哲学的两大主要传统，它们演化出隐含于中国因果性模型中的形而上学世界观。它们分别是儒家和道家。这两者尽管在许多重要的方面颇为不同，但似乎在对世界的形而上理解方面大体一致。这是因为它们源自同一种关于本体论经验与洞见的资源。

儒家的世界观

众所周知，儒家将"天"看作世间万物之源。"天"创造万物，但不是以上帝造物的方式，而是在通过赋予丰富多彩的内在生命而促生万物的意义上创造万物。"天"是一切生命形式的源头，也是事物在其形成过程中据以产生的及其所符合的秩序与样式。儒家在这种意义上讨论天道（the Way of Heaven）。在一定意义上，"天"就是其运作方式；而沿此方向发展下去，儒家就趋近于道家。当然，作为"道"的"天"还存在另一个重要的方面：产生于"天"的一切事物，维持着与"天"的某种关系以及与他物的相互关系。换言之，"天"的内部秩序渗透于一切事物并使之相互关联，乃至一切事物一旦从"天"那里获得其存在，就有其在世间的位置。事物的这种内部秩序被新儒家明确地认作事物之"理"。最后，"天"不断地将其能量与生命赋予事物，因为它是一直隐藏于万物背景中的终极实在。因此，"天"不仅是万物之起源，而且是万物持续存在的根据与理由。简而言之，"天"内在于万物并构成事物的真正本性。对人类存在来说也是如此，《中庸》中说："由'天'赋予而内在于人的东西，就是性。"[6]①《易传》中说："天与地交互作用，万物由此而萌发；雄性与雌性交合，万物由此而产生。"[7]②

事物起源于单一的源头"天"，这一基本观点以及事物相互关联的性质，可称之为某种**生命的存有论**（life-ontology），因为整个世界及其内部结构以及一切变化过程都是**仿照生命的范型**（paradigm of life）来设想的，一如人类在其自身的出生、成长以及世间各种生命形式中所体验的。生命是从宇宙的时间与空间这双重维度来焕发生机的。生命不是整体中的单一部分，而是由部分组成的整体；它也不是某种与外在事物外在地关联着的孤立现象。就生命现象或生命体验而言，某一物或部分总是既与整体中的其他部分又与整体本身有着内在的关联。各部分彼此之间以及其与整体具有内在关联，这一说法的意思是：无此关联，则部分不成其为部分，整体不成其为整体。在此意义上，部分与整体是在它们实现其自身的关系中得到界定的。因此，部分既不像原子，也不像某一类别之一分子——前者被认为具有其独立于他物的本质；后者则是通过概念化的过程予以抽象的结果，并且也独立于其所属类别之存在（由于在柏拉图主义中，类别也可被赋予存在）。

生命的范型并非仅仅分别地局限于事物，而是扩展到整个世界，因为整个事物世界都被设想为来自同一生命之源——"天"。在此观念下的整个世界就是一个巨大的有机整体，并且在时空的双重维度中通过内在关联或相互关联而统一。就此而论，这种关于实在的形而上见解，往往被恰当地称作有机论（organism）或有机体哲学。[8]

儒家的有机体哲学或生命存有论（或生命形而上学）在《易经》的形而上学中得到了最好的表达。其中，原始儒家的"天"的概念为变易的观念所取代。但变易其实只不过是连续不断的生命发生［"生生"（sheng-sheng）］。生命的连续发生过程是以阴—阳的形而上学为据被构想的。"阴"与"阳"被普遍地关注与体验为事物的性质和事件发生的动力。它们代表着与实在相关的两面、两端与两极。"阴"与"阳"尽管为二，但也是动态的一——也就是说，在不同的情况下，两者相互转化、相互排斥。事实上，对它们的构想与具体的事物和过程是分不开的。一切个体事物都是由"阴"与"阳"这两种力量构成的，而其内部结构及其与他物的关系是由阴阳分布以及在此的比例而决定的。事物的内部关系以及相互关系都促进着变易的多种形式或方向。事物组成的整体构成了这种变易发生的背景。

正是参照呈现在万物中的变易决定者、变易的结构及其与他物的关系，事物才确立了它在世间的恰当位置。因此，《易传》明确地将事物的恰当位置认作"理"。这样的世界既是一种秩序与样式，也是一种变易的过程。这种结合可见于《易传》的第一段：

---

① "天命之谓性"（《中庸》第一章）。

② "天地絪缊，万物化醇。男女构精，万物化生。"（《易传·系辞下》）

96   "天"是尊贵的,"地"是谦卑的。由此确定了创造者与感受者。与这种高下之别相应,就确立了位置的高低等级。运动与静止有其确定的法则,据此就有了刚强与柔弱的方式之别。事件遵循确定的趋势,每一种都依据其本性。事物以确定的类别而彼此相互区分。由此方式就产生了幸运与不幸。在"天"那里形成现象,在"地"上呈现形体。依此,变易与转化就展现出来了。[9]①

依据此段显而易见的是:秩序于变易之中被发现,而变易又呈现某种秩序。这就是"阳"(创造者)的易(easy/yi)知与"阴"(接受者)的简(simple/ch'ien)能。一旦明白了这个道理,就会理解事物变易的终极根据。因而《易传》继续说:"通过易与简的方式,就能把握天下的**道理**(principle)。一旦把握了天下的道理,于其中就有对事物道理的**恰当定位**(proper placement)。"(强调之处系引者所加。)[10]②所谓天下的道理以及对事物道理的恰当定位,正是"阴"与"阳"相互作用的背景中事物的秩序与变易。

道家的世界观

    像儒家一样,对于万物得以产生的终极源头之统一性与单一性,道家也给予了有力的肯定。这一终极源头被称为"道",对老子与庄子来说,它不可等同于任何可设想的或实际的确定性存在。[11]因此,它被称作"无",或某种高于太极的存在者。像儒家"天"的观念一样,"道"也不断呈现并孕育众生。在《道德经》中,"道生一,一生二,二生三,三生万物"[12]。这一断言蕴涵于如下事实:一切事物发源于"道",并且存在着芸芸众生。换言之,"道"不是静止的本体,而是生命创生过程的具体统一。活动中一切事物的统一性也体现于如下陈述:"人效仿大地的运行方式,大地效仿天的运行方式,天效仿道的运行方式,道效仿其自身的方式。"[13]③

    鉴于"道"的创生力,或许可以说:"道"代表关于终极生命之源的理想,这种理想包含于"天"的观念之中,并与关于秩序和样式的观念结合在一起。它似乎是"天"的观念所能拓展到的自然之极致。通过强调万物创生过程的方式,"道"与"天"的相别之处具体如下:

97   1. "道"并不作为(act),然而一切事物创生于其非作为性(nonactivity)。这意味着"道"是生命创造之自发性的终极标准。生命进程的可能性以及众生的创生是由非作为性这一性质来说明的。它也是统一一切者。这还引出这样的观念:一切事物都是

---

    ① "天尊地卑,乾坤定矣。卑高以陈,贵贱位矣。动静有常,刚柔断矣。方以类聚,物以群分,吉凶生矣。在天成象,在地成形,变化见矣。"(《易传·系辞上》)
    ② "易简而天下之理得矣。天下之理得,而成位乎其中矣。"(同上)
    ③ "人法地,地法天,天法道,道法自然。"(《道德经》第二十五章)

"道"的自身转化，而"道"则是自然而然发生的。这种观念对中国的因果性模型具有重要影响。

2. "道"是万物之源，而又不离事物。理解"道"，也就是理解个别事物本身。庄子尤为强调"道"的内在性与普遍性，这还导致他提出如下命题：在宇宙、社会、感觉、概念和物理的理解中，人们所看到的一切区别都是相对的。然而，这并非说由此一切区别都是不真实的，而是仅仅意味着：为了实现终极意义上的自由，人们不应将区别视为理解其条件亦即"道"的障碍。

3. 道家与《易经》的思想家共享着这样的辩证观念，即事物的发展顺应"道"。阴—阳相互转化的原理同样包含于"道"的运行之中，从而蕴涵于一切事物的运动。但道家思想家尤其是老子，往往将"阴"与"阳"这互补的两极之间的辩证运动设想为某种回归和反复的过程。换言之，回归"道"这一源头，是"阴"与"阳"相互转化的驱动力，而任何变化过程一旦开始，就发生着倒退的过程。另外，《易经》同时强调事物的反复与发展特征。庄子不像老子那么强调阴—阳反复。"道"的辩证运动，严格来说是事物的相互渗透以及事物彼此自然而然的转化，而未特别涉及向源头的回归。各种各样的事件被诠释为以其最具自然创造性的运动而服从于"道"的内部转化。

4. 最后，在老子看来（但庄子并不必然这么看），"道"的运动可见于事物的柔软、简朴、温顺和谦卑之品质。事实上，生命本身可等同于柔弱。他说："人活着的时候柔软而温顺，死的时候就变得坚强而僵硬。植物活着的时候柔软而娇嫩，死的时候就变得凋谢而干枯。因此，坚强与僵硬伴随着死者，柔软与温顺伴随着生者。"[14]①结合反复原理来看，柔弱者显然比坚强者具有更强的创造力，从而导出坚强者受挫的结论。

中国的因果性模型：三个描述性的原理

依据此前对"天"与"道"本体论的和形而上学的描述，现在可以尝试建立基于儒家和道家提出的形而上学与本体论考虑的、关于因果性的描绘或模型。我们首先可以问：为了建立中国（儒家和道家）视域中的因果性概念，可以阐述何种根本原理？这种原理内在于儒家和道家形而上思想的基本概念与观点。基于仔细考察和总体反思，我认为，从儒家和道家的形而上学中可得出如下三个原理，由此将通向对中国视域中因果性的描述。

首先是**整体统一的原理**（principle of holistic unity）。我这么讲的意思是，世间一切事物由于不断地产生于同一源头或根源而被统一为一个整体。或许还可以说，一切事物在发生的意义上是统一的。因此，一切事物都是"道"或"天"的图景下的一物。它们

98

---

① "人之生也柔弱，其死也坚强。万物草木之生也柔脆，其死也枯槁。故坚强者死之徒，柔弱者生之徒。"（《道德经》第七十六章）

共享同一种本性和关于实在的品质。此外，它们也是相互关联的，因为它们犹如一家，来自同一个源头。可以将它们看作同属一个宇宙家庭、来自被称作"天"与"地"这两极力量的统一。它们所共享的唯一（"道"），既维持众生又产生众生。

其次是**内在的生命运动原理**（principle of internal life-movement）。我这么讲的意思是，世间一切事物都有其内在的生命力，其驱动事物的方式在于：运动不是由他物或某个上帝施加的，而是来自生命能量的不竭之源，亦即"道"。这一源头内在地关联于个体事物，因而动力源像在有机体那里一样是内在的，而非像在机器那里一样是外在的。与此类似，一切事物相互关联而构成一个相互转化的过程网络，从而动力的传递被设想为生命活动的展示，非此则个体事物不再得以规定。对这一内在的动源来说同样重要的一个特征在于，生命的能量之源无穷无尽；这并非说个体能够从这一源头取得无尽的能量，而是仅仅意指：一切事物及其变化最终发源于此，并且变化和转换的过程永无止境。这一内在动源的原理，也可被称为**内在生命成长的原理**（principle of intrinsic life-growth）。

最后是**机体平衡的原理**（principle of organic balance）。我这么讲的意思是，世间一切事物与过程都和趋向平衡与和谐的进程相关。这当然并非意味着：一旦达成了平衡与和谐，就不再存在变化与转换。在某种意义上不可否认的是，由于**整体统一的原理**，世间总存在着平衡与和谐。尽管每一事物在事物的总体系中都有其位置，但世间的所有运动、变化与转换之发动都产生于同样的源头并趋向于更高的发展。由于生命是不断更新的，争取更广泛平衡与和谐之努力也就会持续。其关键在于，我们必须在动态的与切实的意义上理解平衡与和谐。具有相反相成性质的阴阳两极，即是事物趋向平衡与和谐的进程之显例。

以上提及的原理在本质上显然是形而上学的。但我想指出，它们不应被仅仅视为形而上学的原理，因为其也应被理解为方法论的原理。事实上，要理解产生于这些原理的形而上学，就必须同时理解导向和达到形而上学结论的方法。在此意义上，它们必然是方法论的规范原理。[15]作为一种方法论的原理，**整体统一的原理**规定：对任何个体事物的理解，都必须在构成其背景、来源和相互关系网络的整体环境中进行。因而可称之为**完整性原理**（principle of wholeness）。与此类似，**内在的生命运动原理**要求思想家总是注目于世间的运动变化，将之当作由于实在的内在生命力而发生的自然自发的事件，而不是寻求以某种外在的终极因来说明。这一原理从方法论上可被描述为**内在性原理**（principle of internality）。最后，在其方法论的意义上，**机体平衡的原理**让人们通过考量变化的消极面与积极面来评估事物和事件，由此它们可能被认为应适合某种真实的平衡关系。因此，可以将之简称为**机体性原理**（principle of organicity）。总之，这三个原理可被视为对中国辩证思维的方法论说明，这是在如下意义上说的：为了正确地体现实在，任何关于事物的思考必须同时符合如儒家与道家形而上学所描述的上述原理。

既然这三个原理支配着儒家和道家形而上学与宇宙论思维的方法、内容，那么我们　*100*
现在就可以由此描述中国的因果性模型。

中国的因果性模型：关联式思考

显然，刚才提及的三个原理的因果性相当不同于西方的因果性模型。如果可以说西方的因果性模型以原子论的、外在论的和机械论的原理为特征，那么中国模型的相应特征就是整体论的、内在论的和有机论的原理。可以说，中国哲学的这三个形而上学与方法论的原理说明了中国因果性的三个基本方面。

假定有任意的两事物或两事件 A 与 B，它们在现象的因果意义上发生因果关联，那么对这种关系的解释就不是说，存在某种支配 A 与 B 所属种类的事物的一般法则，而是 A 与 B 都属于某种秩序，该秩序来自事物整体之源。它在建立 A 与 B 之关联的同时，也将所有不同种类的他物联系在一起。理解这一点，并非要理解某种特别地作用于 A 与 B 的法则，而是要理解在事物间形成的某种秩序，是要理解事物之"理"。中国思想家一般把有关（在 19 世纪科学意义上的）因果法则的事例视为进入关于整个世界的整体知识的一个契机。因此，朱熹说：

> 因而《大学》一开始的教导就是要确保：学者会为了世间的所有事物，而将他已经知道的一切事物之原理扩展到极致。一旦他以此方式不断地进行自我训练，并持续到某一天完全觉悟，那么一切事物的里里外外、大大小小的方面就都会得以理解，而"心"的一切功用就都变得清楚了。这就是所谓审查事物，这就是所谓我们的知识之终极。[16]①

由此可见，审查事物的目的不是探寻支配事物个体关系的法则，而是理解相关于整体并指向整体的个体秩序。关于法则——法则既不同于个体事物，也不同于个体秩序及其整体——的观念，在中国思想的整体论定向中根本找不到位置。由于这种整体论考虑，因果性也就服从于如李约瑟（Joseph Needham）所述的"关联式思考"（correlative thinking）。[17]"关联式思考"的实质在于：将各种事物分类和协调为相关联的秩序与样式，并由此认为对个体事件的解释和这样的秩序与样式相关。[18]关于变易的哲学及其基　*101*
于《易经》和五行（five powers/*wu-hsing*）理论的符号系统，提供了大量相关的平列（coordinate）范畴，它们能够将世间一切过程关联起来。所有这些范畴都代表着关于终极实在的某些分化（differentiation），且应被理解为可以通过唯一的实在即"道"而终将

---

① "是以《大学》始教，必使学者即凡天下之物，莫不因其已知之理而益穷之，以求至乎其极。至于用力之久，而一旦豁然贯通焉，则众物之表里静粗无不到，而吾心之全体大用无不明矣。此谓物格，此谓知之至也。"（朱熹：《四书章句集注·大学章句》）

得以明确。

汉代的董仲舒提出了一套高度精细的体系，该体系在颜色、声音、方向、地点、政治权力、历史阶段以及其他自然的与人类的事件和品质之间建立了关联。这是基于阴阳五行理论之"关联式思考"的一种极端形式。将个体事物和事件归入更大范围、更为明确的秩序与样式，其基本精神仍保留着中国思维的特点。

关于这种"关联式思考"，李约瑟未提及的一个要点是：它不仅跨越了自然界与社会，而且跨越了物质界与精神界。这意味着：理解人类的情感和精神状态与解释自然的、社会的、历史的事件，这两者所用的是同一种秩序与样式。其目的在于道德品质的自我修养和人类的福祉，因为仅当实现内在于其自身的、相应于天下与社会的秩序，人们才能成善。这种思维的根据，亦即所谓"天人合一"（the coincidence of Heaven and man/*t'ien-jên-ho-yi*），也是整体论原理，由此主观与客观并非决然相分，而是被认作紧密关联的，且主体（人）被认为能够参与"道"的创造性运作。

人们即使能够满足于以关联式的秩序来说明因果性，但仍有可能提出质疑：应如何解释关联式的秩序，以及每一种以某些稳定的事物关系为例的秩序如何得以说明？换言之，人们可能想要知道，什么激发出了秩序如其所是地存在这一思想。问题的答案可见于**内在性原理**。李约瑟对内在性原理在因果性方面的运用做了非常清晰的说明。他说：

> 事物以特定的方式来表现，这并不必然是由于先前的行动或他物的推动，而是由于它们因其在循环运转不止的宇宙中的位置如此而被赋予了内在的性质，该性质使得它们必然那样表现。它们如果不以那些特定的方式来表现，就会丧失其在整体（该整体使得它们是其所是）中的关系性位置，从而变成某种非其自身的东西。因而就其存在地依赖于整个世界——有机体来说，它们本来就是部分。而它们彼此做出反应，这与其说是由于机械的推力或因果关系，不如说是由于某种神秘的共鸣。[19]

102

事物的运动及其在运动中相互关联，不是由于作用于它们并符合机械或化学法则的外力，而是由于它们的内在（intrinsic）性质及其在整个宇宙中的位置。事物的内在性质拥有能力或力量来改变处于彼此关联中的事物，因为事物的性质建基于一切事物之间的关联，这种关联来自事物的终极实在。这如同说：一切事物都有其自身的生命活力，并按照彼此协调一致的方式形成预定和谐。预定和谐以及事物运动的协调一致并非被外部强加，而是终极实在的某种展现。它是某种终极与既定者，但不应按照任何确定的关系来阐述。因此，不仅每一种在运动中将两物相关联的秩序与样式是此两物的内在性质之自发表现，而且所有不同事物的秩序与样式也是内在相关联的，由此一种秩序可能遵循某种生命的内部冲动而转化为另一种。五行相生相克，即是其显例。[20]由于这种内在论的（internalistic）考虑，一切事物都被设想为自然自发地发生，而又符合并展示出和谐的样式或秩序，例如季节变换和昼夜交替。

虽然任何一位拥有科学因果性精神的人都不愿意这么说：春天导致了夏天或黑夜导

致了白天；但是，处于内在论传统的中国哲学家却愿意将科学因果性的所有情形视作与季节变换和昼夜交替相等同。从科学因果性之视角来看，人们可能会称之为某种"无原因"（no-cause）理论。事实上，在以某种秩序的相关性或以所有秩序及其彼此转化的相关性来解释事物之时，道家的"无为"观念确实强烈地暗示着非科学的"无原因"理论。没有任何东西会外在地改变事物，因为无论在亚里士多德主义的意义上还是在基督教上帝的意义上，外在的推动者都不存在，而事物会自动地发生改变。

类似地，在儒家看来，"天"不可能是某种外在的活动。孔子说："四季运行：天说了什么吗？"[21]①在道家看来，这表明：正是由于不做任何事，才能做到一切事。其含义可解读为：由于没有任何外力强制事物和发布命令，所以事物就靠自身而自然地变化。显然，自动力（self-moving power）被认为存在于每个事物中，并且一旦认识到"道"将一切事物贯通为"一"，事物的自动力就无非"道"的自动力。因此，王充（Wang Chung）断定，"事物的变化，是由于它们属于自然之类，而不是由于努力与意图"[22]。王弼（Wang Pi）以同样的精神表达了同样的观点，他说："我们并没有看到'天'命令四季，然而四季的运行从未偏离其方向。"[23]

事物不仅自主活动，而且其自主活动展现着它们于其中发生关联的秩序与样式。像关系一样的秩序与样式乃动力。这些秩序与样式尽管不应被视为因果必然性，但它们产生于事物来自其内在性质的必然性。因此，人们谈论的因果必然性，可以不必蕴涵一物由另一物所引起的含义。人们也不应由此得出结论说，整体是静止不变的。相反，在运动着的事物的所有秩序中所展现的和谐是一种创造性状态，由此生命将如再生一般不断产生。

中国的因果性模型：辩证法则

以上所述可能会让我们认为，根本没有对支配具体事物的一般法则——这种法则可与西方机械科学的因果法则相比——的认识。这在某种意义上是正确的，因为确实没有如科学所发现的、被准确阐述的因果法则，也没有定量实验的科学去做出这样的发现。但在另一种意义上，如下说法是不正确的：根本没有关于任何一般法则的阐述，这种法则可以解释事物的因果关系与机械作用。我已经指出，可以从两个层次阐述这样的原理。在完全经验的层次，可以做出许多关于事件的类型联系与关联的经验观察，这些联系与关联表现于天文学、医学、生物学、气候学乃至如光学与机械学这样的物理科学中。[24]然而，它们可能没有类似法则形式的理论性质。在形而上学的层次，人们可以看到以有机考虑为根据的一般原理或法则。甚至可以认为，所有这些原理都是依据机体平

① "子曰：'天何言哉？四时行焉，百物生焉，天何言哉？'"（《论语·阳货》）

衡理论与机体性原理而提出的，机体性原理将往返的必然性视为事物的终极实在，并将如此过程的内部结构设想为符合由阴阳之力来配置的力量均衡。因此，所有这样的一般原理在形式上都是"简"与"易"的。我们甚至可以认为，所有这些原理**完全**给出了某种对因果性概念的说明，这种因果性符合机体性原理。

104　　如我已表明的，有机地思维即是辩证地思维。中国的辩证法遵循儒道两家对实在与人的形而上学的和方法论的思考。因此，主宰变化的一般原理根本上是辩证的。西方科学家根据因果法则做出预测与解释，中国思想家则根据辩证法则。现在我们可以引用《道德经》，以作为例证来说明这种根据有机思考而阐述的辩证法则。[25]

（1）"万物都在兴起之时，只有我在考虑复归。尽管它们确实在茁壮成长，但每一个都将回到其本根。"①

（2）"委屈就会保全，弯曲就会挺直，保持空虚就会被充满，变老就会更新，拥有很少就会得到很多，拥有很多就会变糊涂。"②

（3）"旋转的风不会持续一整个上午，突如其来的大雨也不会持续一整天。"③

（4）"军队驻扎之处，会有荆棘草木生长。大战过后，凶年必然随之而来。"④

（5）"过度发展就会加速衰败，而这是违反'道'的，违反'道'的东西不久就会丧失其存在。"⑤

（6）"对最终要予以动摇的事物，一开始要先让它伸展。对最终要予以削弱的事物，一开始要先置之于高位。对最终要予以毁灭的事物，一开始要让它被大量地给予……柔软和弱小者会战胜坚硬和强大者。"⑥"在一切事物中，最柔弱者凌驾于最坚强者之上。"⑦

（7）"各种各样的一切事物都背负着'阴'而怀抱着'阳'，从阴阳两者生命之气的恰当调和中获得其生命的和谐。"⑧

（8）"燥胜寒，静胜热。"

（9）"祸兮福之所倚，福兮祸之所伏。"

（10）"人活着的时候柔软而温顺，死的时候就变得坚强而僵硬。植物活着的时候柔软而娇嫩，死的时候就变得凋谢而干枯。因此，坚强与僵硬伴随着死者，柔软与温顺伴随着生者。因此，强大的军队往往由于其自身的分量而失败，正如干燥的树木易于被砍

---

① "万物并作，吾以观复。夫物芸芸，各复归其根。"（《道德经》第十六章）

② "曲则全，枉则直，洼则盈，敝则新，少则得，多则惑。"（《道德经》第二十二章）

③ "飘风不终朝，骤雨不终日。"（《道德经》第二十三章）

④ "师之所处，荆棘生焉。大军之后，必有凶年。"（《道德经》第三十章）

⑤ "物壮则老，谓之不道，不道早已。"（《道德经》第五十五章）

⑥ "将欲歙之，必固张之。将欲弱之，必固强之。将欲废之，必固兴之……柔弱胜刚强。"（《道德经》第三十六章）

⑦ "天下之至柔，驰骋天下之至坚。"（《道德经》第四十三章）

⑧ "万物负阴而抱阳，冲气以为和。"（《道德经》第四十二章）

伐。强大者会被置于低位，谦卑弱小者会被置于高位。"①

　　尽管无人会把以上说法称为因果法则，但也无人能够否认，以上列出的大多数原理可被用作对具体事件进行预测甚至解释的根据，无论在人类与历史事务的领域还是在自然过程的领域。科学—机械模型所满足的某些条件如可预测性、可解释性甚至可为人类行为所控制性，这些原理也可以满足；就此而论，它们发挥着与科学因果性一样的作用。可以认为，它们说明了中国世界观中的因果性成分。显然，这种成分为有机关系提出了各种动力法则，比如互补法则、复归法则、恢复法则、消极能力法则等。许多类似的原理可以从其他资源引出，比如《易经》、《吕氏春秋》（*Lu Shih Chun Chiu*）与《淮南子》（*Huai Nan Tzu*）。

　　总结这三部分，中国哲学中的因果性概念根本不同于西方科学的因果性模型，乃至看不出两者有任何相似之处。实际上，我们可以认为，中国哲学中的因果性模型与18、19世纪欧洲科学的原子论—机械论模型恰好相反。西方科学的因果性模型是原子论的、外在论的与机械论的，而中国的因果性模型是反原子论的从而是整体论的，是反外在论的从而是内在论的，是反机械论的从而是有机论的。不难说明它们之间真正的根本区别，即生命的意象（Image of Machine）与机械的意象（Image of Machine）之别。生命是人的具体体验，而机械建基于抽象的设计与定量的规划；就此而论，也可以说，中国的因果性模型根本上是对生命、历史与时间的具体体验之反映，而西方科学的因果性模型则根本上体现了抽象思维与定量计算。对于为什么说中国的因果性模型是出自科学的视角，如果有人感到疑惑，那就必须提请注意：中国的因果性模型同样有效，且从中国模型的视角来看，或许更恰当的提问是，西方的因果性模型究竟为何得以形成。任何人要探寻这些问题的理由并判断这些模型各自的优点，就必须先努力就其本身并根据其本身的主张来理解这些模型。

【注释】

[1] 参见《哲学杂志》（*The Journal of Philosophy*），第70卷第17期（1973）：556~572页。

[2] 参见休谟：《人类理解研究》（*An Enquiry Concerning Human Understanding*），第7节。

[3] 例如，理查德·泰勒（Richard Taylor）对休谟的观点提出了明确的挑战，参见其论文《因果关系》（Causation），载《一元论》（*The Monist*），第471卷第2期（1963）：287~313页。

[4] 参见上书，303页。

[5] 这并非否认，原因与结果不可能如实际经常出现的那样在时间上同时发生。此处的要点在于，在原因与结果由于因果关系（因果性）的作用而同时发生之前，必定存在时间上先在的条件，它们对因果关系来说是潜在充分的与必要的。鉴于因果关系的同时性，泰勒尽管拒绝原因的时间先在性，

① "人之生也柔弱，其死也坚强。万物草木之生也柔脆，其死也枯槁。故坚强者死之徒，柔弱者生之徒。是以兵强则不胜，木强则兵。强大处下，柔弱处上。"（《道德经》第七十六章）

但似乎并未拒绝潜在原因的时间先在性。（参见上书，303 页）

[6] 这是《中庸》的首句。陈荣捷对此的英译是 "What Heaven (*t'ien*, nature) imparts to man is called human nature" [陈荣捷：《中国哲学文献选编》(*A Source Book in Chinese Philosophy*)，98 页，普林斯顿，普林斯顿大学出版社，1969]。

[7]《易传》第二部分第 5 节。陈荣捷的《中国哲学文献选编》未翻译该部分。

[8] 在中国的文献中，"有机论"这一术语被频繁地使用，以描述中国思想家的世界观。对该术语的使用与扩展，参见李约瑟：《中国科学技术史》(*Science and Civilization in China*)，第 2 卷，91～92、248、281、286 页，伦敦，剑桥大学出版社，1962。

[9]《易经》，卫礼贤（Richard Wilhelm）译，280 页，普林斯顿，普林斯顿大学出版社，1972。

[10] 同上书，287 页。引文有改动。

[11] 在《大宗师》(The Great Master) 篇中，庄子说："'道'是真实可信的，（但）它是不活动、不做任何事且没有形的；它可被传播但不可被拥有，它可被理解但不可见；它以自身为本源，为根据，它产生遍及过去与未来的生命精华，并给予'天'与'地'生命；它存在于太极之上，然而不在高处；它存在于六个方位之下，然而不在深处；它先于天地而存在，然而活得并不长久；它存在于上古，然而并不古老。"①

[12]《道德经》，吴经熊（John Wu）译，第四十二章、第六十一章，纽约，圣约翰大学出版社，1961。

[13] 同上书，第二十五章，35 页。

[14] 同上书，109 页。

[15] 或许任何真正的形而上学的原理都不可避免地是方法论的原理。在阐述形而上学的理性观念之先验论证时，康德曾指出了这一点。

[16] 参见朱熹对《大学》的评论。

[17] 李约瑟使用"关联式思考"这一术语，以描述这样的思想体系：它们将各种过程关联或协调为简单相关的秩序模式，比如阴阳理论、《易经》的符号体系以及五行理论。（参见李约瑟：《中国科学技术史》，第 2 卷，279 页及其后）我在本段的解释基本因循李约瑟。

[18] 李约瑟将此当作称中国思想为有机论的根据。（参见上书，281 页）

[19] 同上。李约瑟大量引用董仲舒的《春秋繁露》来说明其观点。李约瑟的另一段说明也颇有启发。他说："这个不是被创造出来的宇宙有机体，其每一部分都由于内在于自身的强制力、由于来自其本性，自愿地在这个整体的循环往复中履行其功能；这种有机体反映于这样一种人类社会：该社会具有某种彼此善意相待的普遍理想，以及某种相互依赖和团结一致的温顺优雅——它们绝不可能根据无条件的命令亦即法律……因此，机械的与定量的、力量的与被外部强制的，所有这些都付之阙如。秩序的观念排斥了法律的观念。"（同上书，290 页）

[20] 参见上书，253 页及其后。

[21]《论语》第十七章。

---

① "夫道有情有信，无为无形；可传而不可受，可得而不可见；自本自根，未有天地，自古以固存；神鬼神帝，生天生地；在太极之先而不为高，在六极之下而不为深，先天地生而不为久，长于上古而不为老。"（《庄子·大宗师》）

［22］《论衡》第十九章。

［23］转引自李约瑟：《中国科学技术史》，第 2 卷，561 页。

［24］本文没有足够的篇幅来讨论新墨家（Neo-Mohist）的科学成就。如有兴趣，参见我的评论文章《中国科学述评》（On Chinese Science, A Review Essay），载《中国哲学季刊》（*Journal of Chinese Philosophy*），第 4 卷第 4 期（1977）：395～407 页。

［25］这也是"关联式思考"的完美之作。

三　中国哲学中怀疑论的性质与作用

怀疑论及其范例的两种意义

　　什么是怀疑论？对这个问题，可以给出消极的（negative）与积极的（positive）① 怀疑论这两种意义（sense）的回答。就消极的意义而言，怀疑论是一种哲学立场，旨在否定**一切**知识或（和）真理主张，或证明其无效。如果知识或（和）真理主张的总体是无限的（如"一切"这个用语所蕴涵的），那么怀疑论立场就显然不可能得到充足的表达，由此其立场的真正性质就依然未答、未言、未明。它是否应该被称作哲学立场，就是成问题的。维特根斯坦（Wittgenstein）说，"对于不可言说的东西，我们应该保持沉默"，此时他指的可能就是上述情形；任何如实的东西（whatever is true）都不可言说，而任何可言说的东西都不可能是如实的。

　　看来显而易见的是，怀疑论如果要避免产生矛盾，就必须是某一组运用于至少排除该怀疑论自身立场的立场的、具体的知识或（和）真理主张。倘若有这一限制，怀疑论的意图就可以是攻击和摧毁某一组特定的真理或知识主张，在此意义上，它仍然可以是消极的。无须特别地澄清或说明怀疑论立场的其他积极意义。在极端情况下，怀疑论的主张是，如果根本不存在真理，那么真理就是无真理。但这种真理没有积极的内容，因为它甚至未在第二种层次上被证明。消极意义上的有限怀疑论（restricted skeptical）只会产生不可知论的（agnostic）论点：即使有任何关于真理或知识的主张，它们也是完全无效的。怀疑论者只需坚持，其自身主张是不同的，且属于形而上学或元哲学的（metaphilosophical）层次，因而不必被纳入其要否定的主张。

　　另外，肯定意义上的有限怀疑论前进了一步，越出了有限怀疑论的消极论点。它超

---

　　① negative 可译为"消极的"或"否定的"，positive 可译为"积极的"或"肯定的"。从英文看，这两种意思其实是相通的。为照顾中文表达习惯，在本文中，在修饰名词时一般分别译为"消极的"与"积极的"，如消极怀疑论、积极怀疑论；作动词谓语用时一般分别译为"否定的"与"肯定的"。

越受到怀疑批判的知识与真理，积极地赞成更高层次的知识与真理。这种怀疑论立场的积极性（positivity）总是倾向于在知识与真理的两个层次或领域之间划界：对更高层次知识与真理的肯定，乃基于对较低层次知识与真理的否定，进而又以某种方式导向对后者的重新肯定。这一辩证过程一旦发生，消极怀疑论就自身转化为积极怀疑论，其中的怀疑论要素被整合于某种有关世间实在与自然的哲学观念体系中。

根据对西方哲学怀疑论传统的细致考察，我们可以提出，西方哲学中的怀疑论就其性质而言时而消极，时而积极，从而服务于某种积极的理论目的。我们可以举出消极的有限怀疑论的一个例证：亚里士多德对矛盾律的辩护，其背后蕴涵着不相信。亚里士多德知道，甚至就对矛盾律之有效性的否定而论，如果这种否定要有任何意义，那么就不得不预设矛盾律的有效性。因此，关于矛盾律的怀疑论观点就归结为某种不可明确表达的状态（a state of nonarticulability）。消极怀疑论之第二个例证或许没有亚里士多德的批判那么极端，这就是塞克斯都·恩皮里柯（Sextus Empiricus）的批判——其为对外部世界的判断、感觉、信念之不确定性和不可置信做出申辩。他就我们关于世界的知识之有效性提出了各种否证，力图说明人们如何可能通过悬置关于世界的判断而达到心灵的安宁。他甚至用如下话语来描述怀疑论：

> 怀疑论是一种能力或心理态度，它使表象（appearance）与任何方式的判断相对立；其结果是，由于对象与判断如此相对立的均势，我们首先被直接引向某种"无烦扰"（unperturbedness）或平静（不动心）的状态。[1]

从这种描述看，与被视为"表象"的东西相对立，任何知识判断显然都不可能被视为有效的；并且，在知道"表象"与判断相对立的情况下，我们将自然而然地悬置判断而享有安宁状态。这种怀疑论立场由此似有积极的一面。我们如何解释这种结果？答案是：怀疑论的这种积极面在于其构成一种实用的并被认为是有益的状况（situation），但这种状况无关于对真理更高层次的说明或理解。怀疑论的简明要点在于，一旦撤除所有判断，我们就不会受困于关于未来的不确定的期待或烦恼，从而能够拥有当下的享受。这是一种不可知论与决定论结合在一起的立场，其旨在达至安康的愉悦状态。中国哲学中的道家（肯定形式的怀疑论的一个范例）尽管享有皮浪主义（Pyrrhonism）的这种实用性，但力图通过使真理较低或不重要的形式成为可能而展示终极的形而上学真理，就此而论，它超过了皮浪主义。由于缺乏形而上学的兴趣，或许还由于暗含对形而上学思维的反对，西方的怀疑论立场基本上保持着消极的性质，尽管其有时也表现出实用的考虑（practical-minded）。

消极怀疑论的反形而上学趋向在休谟的著作中得到了充分说明。休谟的哲学连同其心理学都超出了皮浪主义，它们将怀疑态度拓展至不仅针对关于外部世界的知识，而且针对关于自身和其他心智（mind）的知识。基于其怀疑论，他毫无顾忌地拒绝形而上学思维，毫无保留地敦促我们过一种常识的和实用的人生。由此，消极怀疑论确实导致了一种积极实用的人生。[2]康德力图维护和证明，我们尽管不能认识终极形而上学意义上的实在，但确实拥有关于经验世界的有效知识，由此去应对休谟的挑战；就此而论，休谟怀疑论的消极面受到了康德的重视。康德甚至试图说明，通过实践理性的运用，我们可以逐渐认识关于实在的某些真理，从而把过于简单实用的皮浪主义转化为一种积极的、证实本体的（noumenon-certifying）实践理性。实际上正是通过康德，西方传统中的消极怀疑论才转化为一种反对形而上学思维的积极武器，以及在其他领域追求积极真理的资具。

根据以上关于消极怀疑论的论述，我们其实可以把怀疑论立场界定为一种满足如下条件的立场：

> a. 人不可能企及关于真理或实在的任何知识。
> b. 人不可能以任何融贯而有条理的方式明确表达关于真理或实在的任何知识。
> c. 根本没有任何理由让人相信，我们所宣称了解的知识体现了真理或实在。

根据这些条件，怀疑论会得出如下结论：

111

> a. 关于自身的知识是不可能的。
> b. 关于外部世界的知识是不可能的。
> c. 关于其他心智的知识是不可能的。
> d. 关于终极真理的知识是不可能的。

显然，这种怀疑论立场可以既适用于先验知识，也适用于经验知识。一个融贯而彻底的怀疑论者会在最大可能的意义上认定知识的不可能性，他将不得不保持沉默并成为一个神秘主义者，或者成为像休谟那样把生活与习惯按照实际样子来接受、不提出任何有关理性证成问题的实用主义者。

在转向中国哲学中怀疑论的作用这一问题之前，必须指出怀疑论立场与怀疑论方法或怀疑方法之间的区别。对一个真正的怀疑论者来说，怀疑态度（skeptical doubt）摧毁了经验与理性的有效性。因此，他不会求助其他的认识途径（包括天启、信仰和直觉）而将其作为摆脱怀疑的方法。他无意恢复或重构为其怀疑所摧毁的东西。但在奥古斯丁（Augustine）或笛卡儿运用怀疑方法时，他们的哲学抱有积极重构的目的。怀疑设定了推理与经验的局限，但引出了认识或达到真理——与此相同的真理确实为怀疑所摧毁——的其他积极途径。在这一点上，我们可以看出，奥古斯丁哲学或笛卡儿哲学中的怀疑论确实存在某种辩证的因素。我们可以把这些与康德哲学一起都认作西方传统中积极怀疑论的范例。[3]

中国哲学中积极怀疑论的辩证作用

尽管无法肯定地说，中国哲学中从来没有消极怀疑论，但可以肯定，我们所称的积极怀疑论在中国哲学中非常典型，并且事实上支配着中国哲学传统。鉴于有关自然、人生和实在的中国观点形成了一般共识，做出如下预期似乎就是一贯的：中国哲学中的所有怀疑论观点都是趋向于积极的和高度建设性的。我打算解释这种形式的积极怀疑论及其在中国哲学中的辩证作用，然后提供一种解释来说明中国哲学中存在积极怀疑论的根据与理由，以及缺乏消极怀疑论的根据与理由。

积极怀疑论及其转化作用，其最典型的形式当是道家哲学。本部分不拟对道家做出完整的说明，而是把讨论限定在解释：怀疑的元素（element）是如何有助于确立道家的立场，或反过来说，道家立场如何促进了怀疑方法的积极与建设性的运用？毋庸赘言，一般地说，道家代表了对有关道德、人生和世界的常识性观点的一种批判，这种常识性观点体现于早期儒家之中。道家的批判乃基于某种有关人生、实在和道德的观点与经验，这种观点与经验并非怀疑论的，道家的批判也确实为这种观点与经验提供了一条通路。在道家这里，怀疑论被用作一种方法，以建立某种反怀疑论的哲学观点。在此意义上，道家显然不处于消极怀疑论的立场，而是一种具有建设性的哲学，其中包含了服务于建构目的的怀疑的元素。

如果把注意力集中于道家的逻辑与本体论，我们就会明白：为什么道家没有发展出终极的怀疑论（怀疑论立场）；道家用来批判道德与知识的怀疑的论点如何依赖于反怀疑论的形而上学预设；以及最终这种怀疑方法的发展路径如何必然导向某种非怀疑论甚至反怀疑论的形而上学观点。我们从中可以得到的哲学教益是，在道家的形而上学框架内，怀疑不可能发展为一种终极的立场。可以提出这样的问题：是否存在为发展出极端类型的怀疑论提供支持的形而上学框架？人们甚至可以提出：对一种融贯的怀疑论立场来说，可明确表达的形而上学是根本不可能或不需要的；并且，如果存在这样一种形而上学，那么它就会与某种不可言说的神秘主义相吻合。

在老子与庄子的著作中，道家提供了怀疑的论点或意旨，它针对的是知识、政治、道德这三个领域中习俗与常识的、经验与理性的主张。与此同时，它也提供了关于自然、实在、人生的某种反怀疑论—形而上学的而最终是实用的观点。那么，怀疑的论点与关于"道"的形而上学这两者谁先出现，这就是个有趣的问题。历史地看，人们可能认为，有关知识、政治、道德和社会的怀疑要先于"道"的形而上学之发展或充分发展。实际上，目前有些学者倾向于这种观点。[4]道家产生的社会历史背景高度支持这样一种观点：道家肇端于对动荡变化的社会政治过程中混乱、冲突和不安的某种反思，并逐渐形成了一种形而上学的立场——根据这种立场，与社会和政府相对立的个人仍能够在他对"道"或终极真理和实在的沉思体验中获得满足。但从逻辑和现象学的视角看，道家哲学的兴起必然有其已有的经验根据，因为纯粹的社会政治批判不可能产生形而上学。只有形而上学的洞见以及对真理之为真理的沉思，才能导向形而上学思想的兴起。因而对"道"的体验不单单源自对社会政治的反应，而是深植于对人生与自然的原创理解。由于道家的这种双重面相，我们可以直接假定：怀疑的论点与关于"道"的形而上学这两者是相互支持的，并且构成了理论建立的一个辩证过程；这种理论，如《庄子》所表明的，在较低层次的有限真理与较高层次的无限真理之间做出了区分。

我们可以从道家对知识、道德和价值的怀疑的论点入手。这些怀疑的论点的真正根据在于，其一方面认识到日常知识的相对性、主观性、有限性及负面影响，另一方面认识到"道"的形而上智慧对于其他智慧的超越相对性（transrelativity）、普遍性、无限性及有益成果。

《道德经》非常强调感知、道德与价值的相对性，同时也强调它们对他者的负面影响。对于感知、价值与知识的相对性，老子这样说：

> 如果每个人都知道美好为什么美好，那就有了丑陋；（如果每个人）都知道什么样的善是善，那就有了不善。因此，有（being）与非有（non-being）相互生成，困难与容易相互促成，长与短相互形成，高与矮相互依靠，单调的声音与有节奏的声音相互谐调，前与后相互跟随。[5]①

因此，价值、存在、品质、空间关系、时间以及其他关系都是在相互对比的背景中得到区分的。因此，它们是相对于与之相关联的对立者而分别得以辨识的。它们的存在是有条件的，受制于与之对立者的存在。相对者依赖其他条件而存在，没有这些条件，它们就不存在。因此，对相对者的认识，并没有得到任何有关终极整体的真理或"道"的真正知识。但是，拥有知识就是认识到这种有相对条件的区分，而这样的知识不可能有助于对真理（"道"）的理解。这被老子称作与"道"相对立的"学"（learning/*hsueh*）。老子说：

> 为学要天天积累，为"道"要天天削减。我们不断地削减，以至于无为（non-activity）。不做任何事，那就没有任何事不做。[6]②

"学"与"道"之间的对比，是相对知识与绝对知识的对比。前者有条件，后者无条件。尽管老子没有明确地说，与"为道"相对的"为学"没有获得真知识；但从"为学"与"为道"的对比来看，要拥有真知识（"为道"），我们显然就必须抛弃"为学"。"我们如果抛弃学习，就**不会有任何忧虑**。"[7]③在学习过程中，我们通常执着于相对区别的某一方，这种区别是对真理的遮蔽；而在为道的过程中，一切区别都被看轻了，并且实际上是被忽略了，由此，人便不执着于相对区别的一方去而反对另一方。无区别或没有相对区别而被关注的状态，被老子描述为"**空**"（voidness/*kung*）或"**静**"

114

---

① "天下皆知美之为美，斯恶矣；皆知善之为善，斯不善已。故有无相生，难易相成，长短相形，高下相倾，音声相和，前后相随。"（《道德经》第二章）

② "为学日益，为道日损。损之又损，以至于无为。无为而无不为。"（《道德经》第四十八章）

③ "绝学无忧"（《道德经》第二十章）。

（tranquility/*ching*）的状态。这是一种容许万事万物苗壮生长、人们可以看到它们向其根源——"道"——自然回归的状态。因此，老子说：

> 达到空虚至极，坚守宁静。万物就会同时苗壮生长，而我就会看到它们的回归（"复"）。[8]①

因此，对于事物的知识，其怀疑的批判是显而易见的。对于事物的知识依赖对目前相对区别的认知，这种认知会阻碍整体真理的显现。区别的相对性进而导致人们的**片面**（one-sidedness）观点，转而阻碍整体真理的自身呈现。

从其负面影响来反对知识和感知的论点，在老子那里有直截了当的表达。老子径直指出：

> 五色使人们的眼睛变瞎，五声使人们的耳朵变聋，五味使人们失去口味，骑马打猎使人们的心灵变得疯狂，宝贵的财物使人们的行为变得鬼鬼祟祟。因此，圣人只求满足口腹，不求满足眼前，因而他摆脱后者，择取前者。[9]②

五官的感知以及基于它们的知识，往往对人们的心灵和意志产生令人不安的影响，并将人们引向一种情绪和欲望被激发的状态。要想避免情绪和欲望的不安或过度，就必须限制或消除感官的运用，或不让感知与知识变得过于复杂纠结。因此，老子认为，"要拥有简单的面貌、持有朴素的心灵，就应该有较少的个人情感和欲望"③。老子把知识关联于人们意志的和嗜欲的性质，这是富于洞见的。他似乎认为：一个人拥有的知识越多，其愿望和需要就越过分；而后者的数量越多，前者也就产生得越多。这是一种恶性循环，会导致作为健全个体的人的毁灭。因此，老子关于知识的怀疑批判，不仅关涉知识的有效性，而且关涉其道德与形而上学的健全性。

在庄子的著作中，以知识、感知、价值的相对性及负面影响为根据的积极怀疑的论点，甚至得到了比其在老子那里更精致、更成熟的说明。知识的相对性发展成为一种本体论原理，其大意是，世间一切事物若要得到恰当的界定或区别，其界定或区别就必须取决于某个对立者，并事实上可将其看作由对立者导出的。因此，任何事物都不是孤立的，都不可脱离某种关系性的背景，而某物的相对性正是这种关系性的依赖。

> 没有任何事物不是彼（that），没有任何事物不是此（this）。从"彼"的视角看，这一个（one）不可能清楚地看到"此"，但从"此"的视角看，这一个就能够清楚地看到自身。因此说：彼导源于此，而此导源于彼。[10]④

115

---

① "致虚极，守静笃。万物并作，吾以观复。"（《道德经》第十六章）
② "五色令人目盲，五音令人耳聋，五味令人口爽，驰骋畋猎令人心发狂，难得之货令人行妨。是以圣人为腹不为目，故去彼取此。"（《道德经》第十二章）
③ "见素抱朴，少私寡欲。"（《道德经》第十九章）
④ "物无非彼，物无非是。自彼则不见，自知则知之。故曰：彼出于是，是亦因彼。"（《庄子·齐物论》）

庄子进一步指出：

> 此是彼，彼是此。彼代表着一种"对与错"之间的区别。①

就"彼"与"此"代表着对立的不同视点或视角而言，它们必然产生对立的知识或感知，这种知识或感知只能是相对的。任何知识或感知的判断都不是绝对正确或绝对错误的，因而就没有绝对的有效性。

与老子一样，庄子指出，在事物的相对视角背后存在着绝对的、无条件的立场——它不固定和偏信于任何具体的立场。正是根据这种立场，"彼"与"此"之间的对立就变成不恰当的和非决定性的，这种立场也不产生任何具体知识或不执着于此。这种立场就是道枢（axis of *dao/tao-shu*）。他说：

116

> 实在之中存在"彼"与"此"的区别吗？实在之中根本不存在"彼"与"此"的区别吗？一旦"彼"与"此"不是对立的，这种立场就被称作道枢。一旦把握了道枢，就处于事物循环的中心，并且能够回应对与错之间的无穷区别。（既然）存在无穷的对，也存在无穷的错，那么运用相互发明的方法而达至真理，就要好过依赖这样那样的区别。②

因此，对庄子和老子来说，真理或真知识来自对日常（ordinary）知识或感知的否定，后者基于有限的视角和相对的区别。针对知识的怀疑批判就成为达至更深层知识的工具。这种批判实际上是要说明：一方面，人们不应该就其表面价值而选取日常知识，因为这么做就看不见真理；另一方面，人们应该看到日常知识的局限性和相对性，从而达至关于终极真理的知识。由此看来，被怀疑地否定或批判的东西发挥着引入更深层知识的积极作用。更重要的是要注意到：一旦经过怀疑的批判引入和揭示出更深层的知识，此前被怀疑批判的东西亦即日常知识，就可以重新被引入或重获肯定而无须消除。日常知识只要有用，只要构成了认识更高整体真理的条件，就可以被接受。这就是道家之怀疑的双重辩证作用：达至整体真理，以及达至整体真理之后重新引入有限的相对真理或知识。

庄子也同意老子有关知识与感知的负面影响的观点。他认为会引发负面影响、无用无效的知识和感知，首先是指技能以及其他专业知识（know-how）。在其《庄子·胠箧》（Opening a Box）中，庄子描述了一个技术精湛的盗贼如何能扛走这样一只箱子：它已被人有技巧地封住以防里面的财物丢失。他因而问道：

> 就世间所称的最有智识的人而言，他难道不是在为技术精湛的盗贼储备财

---

① "是亦彼也，彼亦是也。彼亦一是非，此亦一是非。"（《庄子·齐物论》）
② "果且有彼是乎哉？果且无彼是乎哉？彼是莫得其偶，谓之道枢。枢始得其环中，以应无穷。是亦一无穷，非亦一无穷也。故曰：莫若以明。"（同上）

物吗？[11]①

由此，庄子提议：

因此，仅当消灭圣人、抛弃知识，才不会再有盗贼。[12]②

由此看来，显然庄子认为知识基本上是有害的。这里考察的知识尽管或许仅涉及 *117* 专业知识，但其不需要被如此诠释。从此前的讨论看，庄子可能同意，片面的知识和关于区别的知识实际上就是产生技术和诱发情感的根据，因而其在道德与社会意义上是不可取的。

庄子对知识、感知和价值判断的批判，除了依据其相对性和负面影响展开的论点之外，还有许多在逻辑上相当健全的论点。依据判断标准相对性的论点强化了这样的观点：日常知识预设了某些未经审查的假定，并以之作为其有效性的根据。但是，对这些假定的接受，既没有证据也并非必要。由此他指出，鸟在秋天的羽毛尽管是小的但可以被认作大的，在与大得多的事物相比较时它才是很小的。与此类似，就时间的持续性而言，也不存在时间上的绝对长短；就价值好坏、美丑来说，亦是如此，不存在判断它们的绝对标准。庄子的意图在于说明，人们不应该被关于事物的知识或感知误导，因为它们至多只是部分地正确，仅代表事物的某些部分。因此，它们不值得被相信或被认真对待。

就庄子的论点乃基于知识的主观性和事物的相对性而言，其立场类似于皮浪主义。但与之不同的是，庄子从自己的怀疑批判出发，得出了积极的结论。他敦促人们将自身认同为天地和万物。他说：

天地与我共生，万物与我一体。[13]③

通过这么做，他开始把主观判断认作纯粹主观的，并认识到无用之用。他把自己从日常对所谓实在的执着以及对梦的怀疑中解脱出来。庄周梦蝶这一著名寓言，阐明了一种对于实在、知识和经验的终究**无执着的立场**（noncommittal position），这种立场能够包容一切而对任何事物既无须肯定也无须否认。这是一种非皮浪主义的立场。

最后，庄子明确主张，我们对任何争论都不可能做出对错判断，而任何真理或谬误也终究不可能确立。他基本上是从第三者的角度对此做出论证的。因为假定有两个争论者或对立的双方，无论他们做出何种判断，从更高的层次看，他们都会受到 *118* 同等的质疑，而不得不引入另一个判断者来平息争论。但这会导致无限的回溯，因而庄子说：

---

① "世俗之所谓至知者，有不为大盗积者乎？"（《庄子·胠箧》）
② "故绝圣弃知，大盗乃止。"（同上）
③ "天地与我并生，而万物与我为一。"（《庄子·齐物论》）

我应该请谁来裁决呢？该让同意对手观点的人来裁决吗？他确然已同意我的对手，那怎么能够裁决呢！该让同意我的观点的人来裁决吗！他确然已同意我，那怎么能够裁决呢！该让既不同意我也不同意对手的人来裁决吗？但他确然已不同意我和对手，那怎么能够裁决呢！该让既同意我也同意对手的人来裁决吗？他确然已同意我和对手，那怎么能够裁决呢！因此，我自己、我的对手和第三者都无法知道正确（the true）所在，那么要知道正确所在，我该找谁呢？[14]①

在这种归谬法（reductio ad absurdum）之中有趣的是，一种逻辑的论证被用作说明，论证在逻辑上没有解决任何有关真理与知识的争论。庄子的建议是，人们对待双方的对立，应该仿如它不是对立，从而"用**天倪**（natural relations/t'ien-ni）来使之和谐，让它听任自然而自在地进行"②。这意味着，人们不应该认真看待对立，而应该根本不做任何断言。这也等于说，要在一种统合的框架内容纳各方的对立。庄子的真正意图其实在此。

怀疑的倾向亦可见于禅宗哲学。或许可以认为禅宗的主张是，用语言、思辨或推理的方法都不可能企及有关终极真理（觉悟真理）的知识。但禅宗也不否认，日常的生活经验、语言使用以及对生活具体情境的感知都有其适用性。禅宗引入了一种含蓄的形而上学（本体论）视角：这种视角使怀疑成为达至觉悟的手段，而并非一种自我否定的消极方法论；也就是说，怀疑不被用作建立任何形而上学观点，而是积极地揭示，对觉悟这一终极目标而言没有任何东西是恰当的或必要的。一条常见的禅宗格言这样说道：

（禅的教导是这样的:）教外别传；不立文字；直指人心；见性成佛。[15]

根据这个格言，可以认为禅宗佛教徒（Ch'an Buddhist）怀疑所有的经文，乃至怀疑一切语言形式的真理陈述。但禅宗的怀疑同样不是消极的。因为通过摒弃通往真理的经文和语言途径，禅宗佛教徒同时也向真理靠近。在真理会被揭示而可见的意义上，对经文和语言的摒弃实际上正是达至真理的契机。由于这种放弃能力，起初被摒弃的东西，只要其被剥夺了误导人们寻觅真理的力量，就能够予以重建。因此，禅宗的怀疑态度发挥着积极的双重作用：揭示真理，并由此使经文和语言的价值成为不相干的。

以公案（public case/koan/kung-an）形式展开的禅宗对话，正是要达至怀疑态度的这双重积极作用。理解体现于公案中的这种作用，就是要理解公案中隐藏在不理性、不相干有时甚至是诡异的表象背后的逻辑。诸如"给我看看你本来的面目""让我听听一只手发出的声音"之类的公案运用，其意图在于排除关于真理的一切概念预设，并引出真理的自身呈现或呈现的契机。弟子一旦领会了这一点并把握了真理，就能够

---

① "吾谁使正之？使同乎若者正之？既与若同矣，恶能正之！使同乎我者正之？既同乎我矣，恶能正之！使异乎我与若者正之？既异乎我与若矣，恶能正之！使同乎我与若者正之？既同乎我与若矣，恶能正之！然则我与若与人俱不能相知也，而待彼也邪？"（《庄子·齐物论》）

② "和之以天倪，因之以曼衍。"（同上）

以其觉悟（领会真理）带来的自由创造的方式运用语言，并且对某种无相关性和意义的问题给出答案。真理得以获得，语言运用得以重建，那么起先的怀疑态度就发挥了积极的双重作用。[16]

对消极怀疑论存在与否的背景解释

到此为止，我已经解释了两种怀疑论的区分与差别，以及它们分别表现于西方传统和中国传统中的性质与作用。我认为，存在消极怀疑论是西方传统的特征，而缺乏消极怀疑论是中国传统的特征。鉴于这种特征上的差别，寻找存在如此差别的原因就成为自然而恰当的。做这个工作就是要解释并说明：何种令人信服的机缘会导致这种特征差别或使之成为可能，或更确切地说，何种令人信服的机缘（如果有的话）导致了怀疑论或怀疑态度，无论它是消极的还是积极的？在如此短的篇幅内，显然没人能指望对有助于怀疑论发展的所有因素都做出历史追溯与理论阐述。在不求历史或理论完备的情况下，我想弄清消极怀疑论发展或不发展的某些重要条件，并以此方式提出一个解释方案。

首先我想指出，怀疑论一般地说是某些限制条件的产物，这些条件是人们在寻求知识的过程中引入的。它并非根植于人类本能或理性的东西，而是来自对在渴求知识过程中受到的挫折和失望的反思体验。更具体地说，它与知识的方法、概念和模式相关，是人们在探求知识的过程中形成和强加的某些限制的产物。因此，作为对知识探求的否定，怀疑论受限于知识探求这一背景。

然而，必须对这种怀疑论的起源观做出两点评述。第一，尽管怀疑论源自对知识的探求，但不是一切形式的知识探求都必然以怀疑论告终。怀疑论的存在仅相关于某些**特定的**限制条件，这些条件是人们强加给知识探求与知识概念自身的。这意味着，在某些其他的特定条件下，根本不会产生怀疑论，而且事实上这些条件往往会防止怀疑论的产生。若我们清楚什么条件会促成怀疑，那么我们就能了解什么条件可以清除怀疑，例如，儒家与新儒家哲学中就不存在怀疑论，尽管其中有某种关于知识的非独断论哲学以及对知识的强烈追求。

第二，怀疑论尽管基本上处于一种在知识探求的背景中展开的认识论立场，但也有某种本体论意义，因为它基于某种根本的形而上学，或本体论视野，或对实在的理解。由此，我想坚持这样的观点：怀疑论不仅反映了一种认识论态度，而且体现了一种本体论立场。因此，怀疑论的存在与否可以被认作反映了某些基本形式的、对人的本体论理解，其中的人是与世界或实在关联在一起的。

西方对知识的探求，一经启动就被设定了好几个根本要件。第一是知识的终极性（ultimacy）与整体性（totality）要件（requirement）；第二是要求知识的唯一精确性（unique precision）与客观性（objectivity）要件；第三是知识的确定性（certainty）或肯定

120

性（certitude）要件。就第一个要件来说，知识的终极性被认作知识的绝对性与始终有效性。终极知识被认为是论证清晰的、稳定的，是永恒形式的实体之确切如实的图像。任何未达至终极性的东西亦即显示出不确定性、可变性或不精确性的东西，都不能满足终极性要件。这是柏拉图主义和亚里士多德主义的知识概念，可见于或被例证于逻辑与数学。它一直持续到当今关于验明性真理（demonstrative truth）的理性主义观点。

整体性要件同样极其苛刻。知识必须形成一个整体的体系——该体系是被合逻辑地构造和组织起来的，绝无不一致性，并且原理上是完备的（即使细节上不被这么要求）。事实上，如果知识不是整体性的，那么人们就不会认为自己已达至知识的终极。整体性似乎已被包容于知识的终极性质之中。可能的（若非实际的）整体性必须得到证明。这就可以解释，哥德尔不完备性（Godel Incompleteness）的结果为什么在确信数学知识之完备性——如希尔伯特（Hilbert）的形式主义计划所蕴涵的——的那些人看来是那么令人震惊。

第二个要件即准确性（exactness）或精确性与客观性，对知识概念同样有很强的限制。准确性尽管无法得到确切的界定，但其对证明我们所拥有知识的清晰性和清晰度来说是一种方法论条件。或许正是由于这一要件，复杂的问题和概念才被分析成基本成分的简单要素。出于类似的精神，准确性要件导致了西方认识论中还原论与原子论的发展。拥有确切的知识，就是要拥有可以用确切而基本的单位来界定的知识。这种对确切的寻求，与寻求单一性、一致性和可界定性相一致，并导致诸如现象学和逻辑原子主义之类的还原论极端形式。

客观性要件必须在暗含主客体二元区分的背景中来理解。要求知识的客观性，就是要求对客体的知识是与主体相分离而独立的。这种意义上的知识是对外部事物的反映，是支配它们的规律。它不关涉任何价值判断，或不关涉任何有待人的主观经验去解释的东西。关于客体的最初模型是一种物理的对象。与准确性要件一起，客观性要件往往把人或其精神的主观存在化约为物理实体。它支持决定性思维，并促成了现代的哲学物理主义（philosophical physicalism），进而通向各种科学的发展。

最后且同样重要的是知识的确定性或肯定性要件。这个要件为了获得知识的可靠性，可以被恰当地称作"认识论的可靠性"（epistemological security）。这一要件在于，已知的知识须通过确定性或肯定性的过程而被知晓。有时，获得直接知识就会获得确定性或肯定性。但在其他情况下，只能通过某种证据处理或给予证据（evidence-giving）的途径才能获得确定性或肯定性。因此，为了满足确定性的要求，各种形式的证据及其处理程序都被发展起来。对逻辑与科学方法论的发展与进步来说，这种要求成了真正的根据与动力。根据上述知识要件（可称之为理性主义的知识要件），我拟定了解释消极怀疑论之起源的如下假设：

（1）这些要求越严格就越难得到满足。

（2）这些要求越多就越难得到满足。

（3）终极性和整体性的要求越严格，就越可能发展出怀疑态度。

（4）准确性和客观性的要求越严格，就越可能发展出怀疑态度。

（5）验证性的要求越严格，就越可能发展出怀疑态度。

（6）知识终极性与整体性的要求越可能得到满足，准确性与客观性的要求就越不可能得到满足；反之亦然。

（7）验证性的要求越可能得到满足，终极性与整体性的要求以及准确性与客观性的要求就越不可能得到满足；反之亦然。

上述假设并没有得到如人们所乐见的准确阐述，也不必然正确。它们被用作背景条件，这些条件对合情理地解释怀疑论的起源来说是必要的。我说它们构成了这种解释的必要条件，并非意在表明它们必然产生怀疑论，因为可能还有其他相关的必要条件。然而或许结果会表明，这些条件确实是足够的，但并非必要的。实际上，我很乐意把假设（3）、（4）、（5）看作为怀疑论的产生制定了较强的必要条件。依据这些假设，怀疑论的产生显然是针对知识要件的严格性而做出的反应和反对。相似地，这些要求越严格，反应和反对就越强，由此怀疑论就越可能产生。对知识的要求既严格又数量众多时，对之的反应和反对最强。怀疑论与对知识的要求之间的这种逆向（inverse）关系，似乎既自然也易于理解。它似乎反映了人类精神之理性与心理的本性，因而其不仅是一种心理的反应而且是理性的关系。作为一种理性的关系，怀疑论与知识之间的逆向关系可以表达如下：如果某个论点不可能有肯定的证据，那就必须给出其反面论点的证据。因此，如果在可实现或可证实的意义上，完备、终极、确切、客观和确定的知识是不可能的，那就必须证明其不可能性。怀疑论就是在知识要件的背景下，去证明知识之反面的努力和结果。因此，当所有这七种知识要件是对知识模型的严格苛求之时，作为对所有这七种要件以及恰好满足这些要件的知识模型之否定，怀疑论的产生就不令人惊讶了。

关于主要的理性主义知识要件之间的逆向关系，关于满足导致怀疑论的所有要件的不可能性，如下图所示：

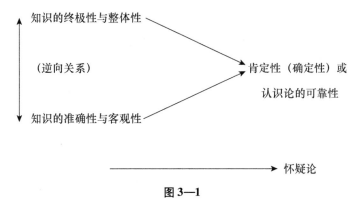

图3—1

我们可以得出结论说，怀疑论就是要求满足所有知识要件的产物。一旦要求满足所有知识要件，这些要件之间就存在内在的紧张和不相容。因此，消极怀疑论也可以被视为知识的基本要件之间冲突与不相容的结果。

对知识要件的本体根据做更深层的分析，可以揭示类似的逆向关系。对本体理解来说，要件之间的冲突与不相容可能产生本体的不安（ontological anxiety），这种不安会否认并反对这样的观点：这些要件满足了对实在模型的理解，如下图所示：

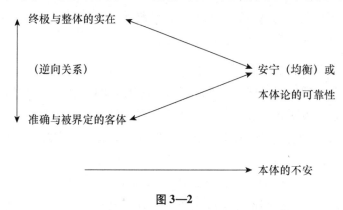

图 3—2

尽管这两个体系之间有着平行的结构，但就西方传统中的某些怀疑论立场而言，它们确实是有区别的。显然，皮浪主义希望通过悬置一切知识判断来实现心灵的安宁。就其怀疑而言，皮浪主义产生于要满足图 3—1 中所有知识要件的要求。作为一种本体论立场，它并不赞同本体的不安，反而通过否定在终极和整体的意义上对客观世界做出确切理解的探求，由此坚持达至安宁的必要性。显然，一种消极的怀疑可以在认识论的意义上是怀疑的，但同时在本体论的意义上无怀疑。因此，消极的怀疑可以在认识论和（或）本体论的意义上被界定。

参照这两个图示，我们还可以理解，体现于道家和禅宗中的积极怀疑论是如何发生的。为了消除知识要件之间的不平衡和冲突，人们不得不放弃**某些**知识要件。可以一般地说，道家和禅宗放弃了知识的准确性与客观性要件，以便维护终极性、整体性和肯定性要件。如已指出的，道家和禅宗对事物的客观知识持怀疑态度，并且一般不相信概念的确定性，因为这会遮蔽其终极与整体的视野。因此，道家和禅宗的立场可以解释为，为了实现知识的终极性、整体性和肯定性而拒绝知识的准确性和客观性要件。事实上，在它们看来，这种拒绝对实现知识的终极整体性和肯定性来说是必要且有益的。一旦实现了终极整体的确定知识（禅宗中称之为觉悟状态），被摒弃的观点就能够以常识和日常生活的方式被接受。被拒绝的是这样一种需求或冲动，其以牺牲主客体或普遍性与特殊性之间的整体统一为代价，去寻求理性的准确性和客观性。这种立场就是我所称的积极怀疑论。类似地，积极怀疑论的本体论特征在于，消除这样的观念——准确的对象以及对之的探求——以便实现起先假定的、心灵的统一与安宁。被假定的是，如果没有对准确对象的探求，心灵与终极整体中的实在就是一体的。这也是人起初拥有的本体的安宁之终极意义。

或许会有人提问：在探求知识的过程中，人们能否与道家和禅宗相反，放弃知识的整体性和终极性要件，而集中关注知识的准确性、客观性和肯定性？对此的肯定回答显然是顺理成章的（in order）。实际上，17世纪以降的西方现代科学正是以这种可能性为前提和基础的。如通常的理解，科学并没有把理性主义形而上学的梦想——呈现和达成关于世界或实在的终极整体知识——作为目标。相反，科学的发展将自身活动限定在某个特定的经验领域。科学强调的是知识在某一特定领域的准确性与客观性。因此，科学对主客体之间的区分是明确的，并且要求有定量数学上的精确性。科学还追求肯定性与可靠性。尽管存在着程度上的逆向关系，但科学在尽可能追求肯定性与可靠性的同时，也尽可能追求准确性与客观性。它可能达不到绝对的肯定性，而一般稳定地处于高度可能的肯定性之中。科学甚至对科学知识的可变性持开放态度。只要这些基本的知识标准要件维持在一个合情理的水平，科学就容许框架上的修正和变更。通过这样的努力而在有限范围内实现平衡，科学由此避免了怀疑论。似乎显而易见的是，一旦推动科学去产生终极和整体的知识，那它就不再保有肯定性，而倾向于引发怀疑态度并产生本体的不安。

如在此前说明的，现代形式的科学没有在中国发展起来。尽管还有许多造成科学在中国不发展的其他因素，但一个主因似乎在于，缺乏对知识**准确性**与**客观性**的严格要求，以及缺乏避免消极怀疑论的热切需要，因为根本不存在消极怀疑论。缺乏对准确与客观知识的需要，其原因在于在实在中不存在主客体二元的确切区分。中国的经验与本体论中的首要命题是，人（主体）与天地（客体）是一体不分的。中国的经验与形而上学还秉持这样的观点：理论与实践或者说知与行是不可分的；并且它们相互制约，从而不需要任何外部标准的准确性（比如理论数学与逻辑）。由于没有对准确形式的客观知识之迫切需要，科学与怀疑的取向都受到削弱，尽管本体论的需要仍被维持着——这种需要通往对终极的整体实在之理解以及人的内心平衡状态之实现。事实上，不坚持知识的准确性与客观性要件，对人与天地一体的积极说明以及中国哲学中的知行合一理论，使得关于实在的终极整体知识相容乃至有益于认识论的可靠性或肯定性之实现。为什么儒家和新儒家这一中国主要的哲学传统并没有发展出任何怀疑论倾向，这一点在以上论述中得到了确切的说明和解释。

儒家和新儒家哲学是建立在这样的经验与前提上的：人与自然构成了原初的统一整体；对于像图3—1所描述的知识要件之间的内在冲突与不相容，这种一体性似乎提供了一种解决之道。首先，人与自然的一体，使人们能够通过一种始于其自身的拓展过程而寻求对实在的整体和终极的理解。要认识整体，就要通过对事物的细致审察，先认识自己，然后逐渐达到对一切事物的说明。这可见于朱熹的格物学说。一般地说，这对陆象山或王阳明的心学而言也是绝对正确的。

其次，至于知识的客观性，前面已经指出，儒家和新儒家传统（一般地说，中国哲学亦如此）中不存在主客之分，而这之所以可能，恰恰是因为人与自然的统一性。由此，真理与知识既有主观的维度也有客观的维度，这两个维度是相互支持的。在这种知识模式形成的开端，以牺牲主观性为代价去追求客观性这一激进要求就受到了抑制。

最后，作为一种人与自然一体的体验，人与自然的统一性使得如下观点既自然又合意（desirable）：把理论和实践或知识与行为设想为统一的整体。知识并非由于其自身之故而受到重视或值得追求，因此我们并不认为，理论的准确性对理解真正的知识来说至关重要。生活中的实践足以证实知识的高度可接受性。在此意义上，即便新儒家中的知识原理（"理"）有其实践的目的性，也没有排除它对于日常生活的适用性。

由于中国哲学中关于知识要件的新理路，要件之间的冲突与不相容性带来的紧张趋于消弭，因为它们被融入了人与自然的形而上之统一。而实际上，正是被重释的知识要件的这种相容性与和谐乃至统一，有助于产生某种肯定性或认识论的可靠性，它源自人与自然相关联的本体论意识，并且被各种可能的知识要件之间的调适以及确保其和谐的意识不断强化。

儒家和新儒家的道德理论根植于其形而上学框架，其中道德成为人与自然相统一的宇宙论和本体论的一分子。而且，人与天之本质的同一原理，理论与实践相统一的原理，个体、社会与政府有机统一的原理，使得任何针对道德真理的怀疑态度或论点都丧失了妥当性和力量。因此，不同于道家或禅宗——其中社会日常生活、政治生活与沉思默想是脱离的，儒家和新儒家的道德哲学摆脱了怀疑的批判；像宇宙论一样，道德不仅是自我证成的，而且是自我实现的。[17]

作为结论，我的论断是，维系怀疑论的条件正是科学（以及科学的方法论）和逻辑得以发展的条件。对确定性、绝对性以及分门别类的单纯性（specific or specified simplicity）的探求，推动着怀疑论与逻辑这两者的发展。怀疑论就是用来反对逻辑的逻辑，用来挫败理性的理性，从而它要求一种非常根本的关于逻辑与理性的意识。因此，怀疑论与还原论、相对主义是如影随形的，后两者或者要避免怀疑，或者要在认识自身限度之时引入怀疑。

【注释】

[1] *Outline of Pyrrhonism*, Bk. I, chapter 4, in Jason L. Saunders, ed., *Greek and Roman Philosophy After Aristotle* (Glencoe, III: The Free Press, 1996), p. 153.

[2] 类似的思路可见于乔治·桑塔耶纳（George Santayana）的《怀疑论与动物信仰》（*Skepticism and Animal Faith*）。但与休谟显然不同的是，桑塔耶纳力图引入一种他自己关于物质、本质、心灵和真理的形而上学。

[3] 但我们必须注意积极怀疑论的这些范例与主导中国哲学的积极怀疑论相区分的一个因素：在

笛卡儿那里得到重释的知识正是此前为怀疑方法所摧毁的知识；而如我们将要看到的，为道家的怀疑所批判的知识，随着对更高层次的真理或知识之肯定而被肯定。

[4] 例如，刘殿爵（D. C. Lau）在其对《道德经》的翻译中的观点。

[5]《道德经》第二章。

[6]《道德经》第四十八章。

[7]《道德经》第二十章。

[8]《道德经》第二十六章。

[9]《道德经》第十二章。

[10]《庄子·齐物论》。

[11]《庄子·胠箧》。

[12] 同上。

[13]《庄子·齐物论》。

[14] 同上。

[15] *Chu Ting Shih Wan. Shih Men Cheng Tun.*

[16] 参见我的文章《论禅的语言与禅的悖论》［On Zen(Ch'an) Language and Zen Paradoxes］，载《中国哲学季刊》，第 1 卷第 1 期（1973）：78～102 页。

[17] 道德怀疑论只会产生于对个体的**相对主义**和**原子论**考量，以及作为证成能力的理性与作为运用能力的经验之间的分化。

四　中国哲学中的良知、"心"与个人

方法论考量

就对哲学结论问题的讨论而言，当代分析方法使得哲学家几乎必须介入这样的讨论，以便保持方法上的慎重。分析心态（analytical-mindedness）有这一特点，其主要原因在于人们不想触及那些未得到预想的有效性原则保证的结论。另一个原因在于，人们总是想在尚未引发严峻反驳之前，就认识到自身的局限性。即使哲学讨论中有这些方法论保障的优点，但在方法论本身未经更高层次的方法审查之时，人们仍必须对方法论思考的负面影响和否定效果保持警惕。在哲学、人类学和社会学的比较研究中，某些可见于当代分析哲学的假设，可被证明是极其困扰和束缚人的。这一事实应该促使严谨的研究者先质疑自己的方法论，然后再为其基于方法论的结论辩护。

根据以上论述，我想提及当代哲学分析方法中的两个著名命题，它们可能导致在哲学或文明比较中无效或受限制的结论。之所以提及它们，是因为我在本文将要论述的内容不会符合这两个命题，而是显然与和这两者正好相反的命题一致。可以说，正是这两个方法论命题的相反者，而不是命题本身，才会维护并产生对本研究最令人满意的理解。

第一种方法论来自翻译的不确定性（indeterminacy of translation）的哲学命题。[1] 根据该命题，任何术语从一种语言翻译成另一种语言，总会存在某种意义不确定之处。如果这意味着任何一种语言中任何一个术语的意义都不可能在用同一种语言或另一种语言来表达的任何一种诠释体系中，在它不容许未来调整、修正和重释的意义上被穷尽和界定，那么这个命题就会导向某种有益的促进——促进创造性地运用对人类理解的分析综合，通往对理论与经验的发现。但是，如果这个命题的发展必然导致这样的最终裁决，即两种语言或文明体系之间始终存在交流上的隔阂，那么它就必须经受审查，审查那些的确存在隔阂的个案（individual cases），以便确定：经过更多的经验共享，这些隔阂能否被消除。作为一种规范原理，无论语言还是文明方面，意义最终可确定的假设在比较性质的研究中似乎比意义最终不确定的假设更有助益。这样的比较研究似乎很有可能预设了这一规范原理的合意性（desirability）乃至真理性。

当代哲学中第二种重要的方法论是语义上溯（semantic ascent）方法。[2]语义上溯方法要求我们始终要问：某一特定术语到底该运用于何种事态，或一个术语对于何种对象是正确的，而不是寻求该术语表面直接的指称。我们要理解"miles"的意义，由此就不应该寻求被称作"miles"的实存物，而是要审查"miles"这一术语被用于何种条件下、何种情境中。显然，这会使我们避免在我们的世界提出（或假设）进而增加不必要的抽象实体。但同样，这种有用的分析方法〔还可以称作"去诠释化"（de-interpretation）〕有可能被推向极致，从而产生这样一种情况——其中，基于人们确实的经验的、对于实在的重要洞见可能被否认。相当清楚的是，哲学语言中有不少这样的术语，它们必须在某个人直接具体地表达的体验这一背景中予以诠释，但同时无法以一种仅容许感知（或观察）作为对个别事物的论断依据之语言来解构诠释。还有相当的理由认为，有些术语所指涉的体验是人们如果没有某些本体理解或实践经验就不可能被唤起的。因此，语义上溯对于揭示术语意义的真实性提出了一些要求，与这些要求相反，或许必须通过培育该术语产生和获得其最初意义的经验条件甚或经验本身才能恢复这种意义。正是这种与语义上溯相反的精神〔或许可称之为**本体的下溯**（ontic descent）〕，才是我们在处理来自某种不同语言或文化的重要术语时应该运用的。我们应该基于这些术语的体验根据及理论背景来确定其意义。具体地说，在可能有坚实的根据来断定某一术语没有本体的指涉之前，人们必须先假定，这样的本体指涉总是可能的，是在经验或理论的基础上讲得通的。

作为对比较研究的方法论反思之结论，我的要求是，一方面，对于不同语言或哲学体系中有关体验和理解（或判断）问题的主张，秉持一种文本开放和适当（或自然）尊重的态度。经验或许是有限的，但始终是理论概括的根据。将之从本体指涉的考虑中消除，将是不恰当的、不公平的。另一方面，我希望，我们有足够精致的技巧，不把所有的语言条件都归结为纯粹偶发的狭隘经验。我们还必须坚持认为，比较研究旨在提出普遍的主张，因而语言与文明之间的交流不仅可能，而且有益于普遍化的学说或理论之发展。

问题及其探询的范围

本文的意图在于，参照关于良知、"心"与个人这些概念的一般意义上的常识理解或其他特定的西方哲学假设，对这些概念进行既描述又分析、既评估又予以理论化的工作。在此必须说明：我所关心的，不是要处理中国哲学家是如何思考已在**本质上**（essentially）得到界定的良知、"心"与个人问题。这样就会无根据地假定，中国哲学家持有与西方哲学家相同或相似的良知、"心"与个人概念。相反，必须指出，中国哲学家的良知、"心"与个人概念就其本身而言，在性质上和根本上都颇不同于西方哲学的这些概念。因此，在这里我们所关心的，是要描述和说明某些中国哲学家在道德哲学、社会伦理与心灵哲学领域的观点，这些观点可以与西方的良知、"心"与个人问题进行比较并建立有效的关联。当然，这并非否认存在同良知、"心"与个人相关联的普遍性问题。事实上，根据前面所讲的与翻译不确定性相反的原理，我们应该能够确定在某一特定哲学传统中的普遍性哲学问题。如果在这种普遍可确定的意义上来理解良知、心灵与个人问题，那么本文的任务是处理中国哲学家有关良知、"心"与个人的问题——这样的说法甚至也是无可反对的。

为简明起见，让我们把普遍可确定的良知[3]、"心"与个人问题理解为这样的：如果良知一般被理解为个人为了现实和潜在的行为之目的而认知与判断好坏对错的能力，那么我们想要知道的是，在我们的道德生活中这种能力的**性质**、**根据**和**限制**是怎样构成的。我们还想知道这种能力如何可能，它与其他心灵能力如何发生关联，以及它如何影响我们对于"心"和个人的观点、对于个人在社会中的角色与命运的观点；或许还包括依据对良知的恰当理解，应该如何构想社会本身、政府和宇宙。我在本文首先要讨论中国的良知［对善性的本来知识（innate knowledge of goodness）］理论，与西方的良知理论可相对照。接着我要把良知这一概念追溯至一种心灵（"心"）理论，良知概念根植于此。然后将讨论儒学传统中的中国哲学家如何构想个人在社会中的地位，以及如何构想良知在预示理想社会时的作用及其在现实社会中的运用。最后，我将分别在不同的部分阐述有关良知、"心"和个人的中国观点之本体论与社会学基础及意义。

一种良知理论——孟子作为良知的良知

在儒家和新儒家传统中，良知是"心"认知和判断好坏对错的能力，从而是道德知识之源。在许多方面（如果不是在所有方面的话），良知在与对错相关的道德决定和实践选择领域扮演着与西方的良知同样的角色。因此，它可以被称作中国意义上的良知。在当前的文献中[4]，良知通常被译为"对善性的本来知识"。如我在别处指出的，这并不是一种准确和恰当的翻译。[5] "良知"这一术语包含了"知善"（knowing good）与"依据善性而知"（knowing from goodness）这两种含义。它还明确地表示，存在着人类之"心"面向这种知识的、某种生来的或固有的自然倾向（natural propensity），从而预设了孟子这一学说——人性在其本然和原发的状态是善的——的妥当性。在后来王阳明的新儒家哲学对这一概念的发展中，良知显然被认作具有本体意味的道德洞见之作用，甚至被认作"心"的唯一功能，由此"心"的真正性质得以被认肯和实现。

作为良知的良知，其性质于孟子的原文可见一斑，该概念就是在这个语境中形成的：

> 一个人无须学习就能够做到的，就是他的良能（good ability/liang-neng）；一个人无须思考就知道的，就是他的良知（good knowledge/liang-chih）。没有任何一个孩子不知道爱自己的父母；长大后，没有任何一个孩子不知道尊重自己的兄长。爱父母是"仁"，尊重兄长是"义"；它们是普遍地呈现于天下所有人之中的原理。[6]①

一个人无须学习、无须思考就能够做到的和知道的，就是来自其内在的、给定的、天生的、固有的以及本源的性质。根据孟子的观点，人被认为普遍地拥有这种作为人之规定性的性质。尽管有提出这个提议的形而上理由（我将在下文阐明这一点），但孟子力主的这个立场基本上是建立在直觉的，然而也是经验的基础上的。他要求我们设想，在**突然**看到一个孩子将要跌入井中之时，人们会有怎样的当下**感受**。根据孟子的观点，在此情境下，人们当下体验到的感受将是同情从而本能地想要救助这个孩子。这是一种关于人性之善的真实展示，因为这种对遇险孩子的即时自发反应是善性的例证，而善性始终直指具体的生活情境。根本上说，它也是两个有情感的人类存在者之间的关联。此外，善性在社会交往上是合意的，并且是可以直觉认取的。它是人们不可能失去的东西，并且它即使在外部影响下误入歧途，也始终可以通过在生活中的适当规约而得以恢复。最后，据信，如果人性在自发反应时会在具体情感和行为中呈现善，那么它就取决于个人保存、加强和提升此刻心灵状态的自觉。孟子的信念是，一个人能够变得始终留意于人类情境中"心"的这种原发的反应性质，并努力从中获得清晰的原理，由此这些原理能够在类似情境中无碍地得到遵循。

道德之"心"（良知）的这种自发的初始洞见，一旦被理性地加强、培育和具体化为人们的品质，就被称作"德"；"德"具有使人们在生活中倾向于做出善行的潜能。这就是始于孔子的儒家理想：敦促人们自我修养成德性完善的人格，其终极被描述为"圣"。"圣"这一概念，我将在后文讨论。

从孟子的著作看，似乎很明显的是，良知确实是构成人性之善的官能。或许还可以说，良知是发挥着作用的人性之善。它是认知人性之善的唯一条件，是对善之直觉的存在根据。因此，由于内在于人自身的良知，人们总是能够在具体情境中判断善恶对错。但这不是说，良知、心以及来自良知产生自身之处的本性，包含着善与对的根本原则。[7]包括孟子在内的古典儒家并没有这么讲。孟子只是断言，我们的人性或"心"是善的，而良知会直觉地做出善的反应。由此可以推论，良知之作用不离生活情境，因而不阐述独立于生活情境的关于善与对的知识，"心"是在生活情境中以良知来做出反应

134

---

① "人之所不学而能者，其良能也；所不虑而知者，其良知也。孩提之童，无不知爱其亲者；及其长也，无不知敬其兄也。亲亲，仁也；敬长，义也；无他，达之天下也。"（《孟子·尽心上》）

的。善的知识不是与其即时运用相分离的一般原理，而始终居于即时的实际运用之中。与此相关的另一要点在于，人们不会发现一切道德原理，除非接触道德判断和情感得以引发和产生的一切特殊生活情况。[8]人们还可以得出如下结论：由于生活与社会的特殊情况是潜在地无限的，所以即时的道德决定与判断也是无穷多的。

关于对错的知识与它的运用是不相分离的，这是根本不成问题的；将道德原理应用于特殊情境以形成正确的判断，这同样是根本不成问题的；识别或证实独立于其应用的道德原理，这也是根本不成问题的。唯一的问题在于，个人通过良知的功能，坚持对善与对的最初洞见之理解，以及在其他（也有可能是所有的）情况下如何加强它们，并调用相同或相似的洞见。这是一个关于加强和拓展良知之作用的问题，也是一个如孟子所阐述的、人之"心"或人性的修养问题。到了王阳明那里，我们就可以看到他如何阐述实现良知［致良知（*chih-liang-chih*）］，并以其作为对孟子含蓄提出的"心"或人性修养问题的回答。这一学说对孟子首倡的良知之性质与根据做出了前所未有的详尽阐述。

135 人们可以在柏拉图主义的道德知识概念与亚里士多德主义的道德知识概念之间做个区分。前者认为道德知识可分离于生活情境中的善恶对错经验。后者则认为道德知识与道德经验是不可分的，而认为道德知识来源于具体的道德经验。鉴于这种区分，可以指出，孟子的良知理论在上述意义上是一种柏拉图主义的而不是亚里士多德主义的理论。

良知在行为中的活力

孟子在其良知理论中没有明确指出，"心"是否具备关于善与对的道德原理；王阳明则明确提出了一种回答这一问题的理论。其理论主旨可概括于一个命题："心即理"（Mind is identical with principles/*hsin-chi-li*）。王阳明说，"心即理。在这个世界上，心外会有事态或理（或事理）吗?"[9]①这一提问的要旨，不是要把"事"和"理"化约为主观唯心主义哲学中的精神实体。其意图在于：作为一种活动，"心"既界定又说明、既创造又揭示"理"，由此"事"得以理解和评价。这转而蕴涵着如下两点：（1）"心"是创造性的，并且在活动与经验的动态视域里，"心"呈现人们可能发现的"事"中众"理"。（2）"心"在其活动中呈现的任何"理"都必然符合事物客观本性中的"理"。我之所以说，根据王阳明的观点，"心"同时既界定又说明、既创造又揭示"理"，其原因即在于上述两点。在王阳明看来，道德情境是"心即理"这一教义的根本和初始的检验依据；而在该教义具体运用于道德情境时，王阳明显然做出了这样的假定：道德原理及其知识一旦在"心"将自身运用于具有道德意义的情境中就会实现，这一点在直觉上是清楚的。

---

① "心即理也。天下又有心外之事、心外之理乎?"（王阳明：《传习录上·三》）《传习录》版本众多，本书《传习录》古文译文以阎韬注评本（南京，江苏古籍出版社，2001）为据。

"心"由此而被运用，而道德原理及其知识得以实现，我们可以把此时之"心"称作良知之"心"；或者可以说，"心"已确实运用了自身。从这样的观点看，良知只不过是"心"在被运用于人类情境的过程中的真实活动。王阳明称之为"心之发（activation/fa）"[10]。他认为，"心"始终是可激发的，且只要保持对情境的自觉就可以被激发。这原本是孟子的观点。而王阳明进一步主张，只要人们保持不受私欲和偏见影响的状态，"心"就可以被激发。良知运用的道德问题，不在于"事"中寻"理"或一旦发现原理即予以证成，而在于在具体而微的意义上发用"心"并让它创造性地做出直觉的好坏善恶判断。终极信仰在于，人们如果保有其"心"免除私欲和偏见的状态，那么其善判断就始终是即时呈现的。这并非全然盲目的信仰，因为人们可以通过不断观察和涵养"心"的道德知识（良知）而予以证成。由此，良知涵养说就成为良知说的一个必不可少的组成部分，因为只有通过涵养良知，人们才能在各种生活情境中确保良知的充分活力。

至于是否应该在运用道德原理之前就去寻求它们，有如下一段王阳明师徒的对话：

> 弟子徐爱问："以孝侍奉父亲、以忠诚侍奉君主（ruler）、以诚信（integrity）对待朋友、以仁爱之心治理民众，在所有这些事务中存在许多理，这恐怕也是必须明白的。"王阳明答："……就侍奉父亲而言，人们在其父亲那里找不到孝之理；就侍奉君主而言，人们在其君主那里找不到忠诚之理；就结交朋友和治理民众而言，人们找不到诚信与仁爱之理。一切（理）都来自此心，心就是理。在不受自私的或私人的欲望阻碍时，此心就是天理（亦即纯粹的理，也就是良知本身），而无须从外面添加任何东西。这个天理之心，人们一旦在侍奉其父亲时发动，那就是孝；一旦在侍奉其君主时发动，那就是忠诚；一旦在结交朋友和治理民众时发动，那就是诚信和仁爱。人们需要做的事情——确保良知的发动并达成正确结果——就是消除其欲望并保有其（内在于其心的）天理。"[11]①

由于对"心"在判断善恶对错之中通常的天生能力的有力肯定，以及对如何能够确保这些能力恰当发用的展示，王阳明确信，"心"自身能够做出正确的决定，并且在生活中的任何道德情形下实施指向善和正当的正确行动。尽管王阳明所展示的是**基本**而简单的生活情境，但在他看来，这一点对**一切**生活情境——无论它们多么复杂——无疑都是正确的。如果"心"在基本而简单的情境中保有其原初的反应性（这是一种孟子式的要义），且不断地得到强化或涵养，由此保持其不受自私或私人欲望蒙蔽的状态，那么

---

① "爱曰：'如事父之孝，事君之忠，交友之信，治民之仁，其间有许多理在，恐亦不可不察。'先生叹曰：'……且如事父，不成去父上求个孝的理？事君，不成去君上求个忠的理？交友治民，不成去友上民上求个信与仁的理？都只在此心，心即理也。此心无私欲之蔽，即是天理，不须外面添一分。以此纯乎天理之心，发之事父便是孝，发之事君便是忠，发之交友治民便是信与仁。只在此心去人欲存天理上用功便是。'"（王阳明：《传习录上·三》）

"心"就可以在任何人类情境中达成正确的决定并澄明善——这一原理（或论点）可被称作**道德的创造性原理（或论点）**。显然，该原理（或论点）既使得对道德原理的寻求优先于原理在具体情境中的运用，也使得如下做法显得不必要而多余，即寻求在具体情境中证成道德原理的运用。道德的创造性原理之作用在于良知的涵养，这里的良知是产生道德洞见和道德行动的一种自发的恒常设置。[12]

在王阳明那里，良知可被分析为若干重要的方面。[13]（1）良知不是来自善性的某种被动的或第二序的情感状态。它是对作为人性本质之善性的某种积极感知（或体验）。因此，可以将之描述为一种空虚、灵明、洞察、觉知［虚灵明觉（hsu-ling-ming-chueh）］的状态，以及一种智识的清澈和觉悟的感知［灵昭明觉（ling-chao-ming-chueh）］的状态。它被认作"心"的终极实质。（2）从良知的角度看，"心"的活动不仅产生一切道德判断［知善（chih-shan）］以及具体情境中的道德行为，而且其本身就是至善。换言之，良知作为人们无蔽的自发活动，其本身就是善的标准和来源。[14]它被视为自我证实和自我维持的，它不服从任何其他的外在判断。这意味着，它就像自身呈现的神性，无须符合任何外在的其他标准。在此意义上，良知不仅是"心"的终极实在，而且是整体的实在。它就像内在化的根深蒂固的神意。（3）良知从"心"的其他活动中被挑选出来，以作为确定善恶对错的恒常自然之灵明（natural light）。王阳明认识到，"心"可能被激发出许多意图，由此可以导致行为过程。良知被视为"心"的这样一种唯一的特殊动机：它能够即时地判断"心"所有活动的道德性。如果情况并非如此，那就是由于良知没有得到恰当的涵养。一旦良知得到恰当的涵养，"心"所有的动机（亦即"心"所有的意图）就都会从良知那里得到道德判断。良知就是使"心"成为道德心者。进一步说，它使得人们的自我认识成为可能，因为仅当有能力通过良知活动来判断自身（或其意图、念头）时，人们才会认肯自身的道德价值。（4）最后必须指出，良知不仅仅是"心"之道德评价活动的反映形式，而且被王阳明认定是积极意志[15]的一种形式，它使"心"趋向于其所认为的善行为。做出这种认定的理由在于，良知在意愿的意义上是"心"之发，就此而论，它始终是实践趋向的。良知的这一特点，可以依据王阳明的知行合一（the unity of knowledge and action/chih-hsin-ho-yi）理论而得到更好的解释，他在如下话语中表达了这一理论："根本不存在不导致行动的知识。一个人如果有知但不采取行动，那么他实际上是无知的。"[16]①

限于篇幅，在此无法对王氏的知行合一学说做出充分说明，因而我将大略指出某些哲学预设以及该学说对于王氏良知理论的蕴涵。其中一个哲学预设是，心之发（mind-activity）不会分离为非实践认知的（non-practical cognition）孤立活动与对于倾向的非认知评价的（non-cognitive valuation for inclination）孤立活动这两者，而应该被视为始终有

①　"未有知而不行者，知而不行只是未知。"（王阳明：《传习录上·五》）

多重维度的"意"（intention/*yi*）。"意"就是对某事（内或外）的认知以及对被认知对象的评价。它还是某种促使人们倾向于某一行为过程的潜在活动，该过程于"意"中体现、呈现或实现评价。鉴于这种心之发的整体观，良知对"心"指向行为来说显然极其关键，因为良知具有源自其判断善与对的力量，从而在行为中强化这种判断或避免方向相反的其他行为。在此意义上，良知必须被理解为不仅是天生的善知识，而且是指向善的**意志**。因此，一方面，只要良知得到强有力的涵养与增强，人们就始终会做出善和正当的行为。另一方面，如果忘记良知或不着意于把良知涵养成"心"的有力守护者，人们就可能误入歧途或在私欲、私意而不是良知的自然之灵明的影响下被误导。

要了解如何涵养、加强和保存良知，我们现在就必须较详细地探讨王氏的**致良知**说。考虑到西方的良知说历史，我推测，致良知说会显得难以理解。在西方传统中显然没有这样的提议：良知必须在人们的某种道德成长或自我实现中被涵养和强化。情况似乎是，人的良知是由上帝预先给予的，上帝告诉我们何为对错。因此，我们无法扩展或强化良知以便更好地予以运用。的确，我们可以运用理性去证实或确证心灵的自觉活动。但似乎存在一种强有力的传统认为，我们即便真诚地遵循良知的判断，也可能在客观上是完全错误的。[17]一般认为，根据理性、理性论证和计算［其被称为道德决疑法（moral casuistry）］来确证良知判断的努力，对实现道德正确和智慧来说是一种有价值的妥当之举。

然而，在王阳明的良知传统中，这样的努力被认为是不必要且不相干的，因为良知被看作自足的：良知在其判断中始终是正确的，并且始终是自我运用的。中国新儒学哲学家的核心问题在于，人们是否遵循自己的良知并予以拓展，以便在为生活情境所需要时能够遵循。当然可以理解的是，无论在何种生活情境中，良知始终是必要的，因为重要的是，我们在未经良知认肯的情况下不发动意念。致良知说存在于一种良知说中，这一点是独特的，因为它解释说，良知如何始终以某种其运用过程不断重生的方式自我运用。这种解释削弱了寻求独立于该原理运用的道德确定与证成之需要。

致良知确保良知始终正确地将自身应用于个人的生活情境，这一学说有若干方面的根本考虑。第一，此前已提出，良知在诸多具体的生活事务中直觉地判别善恶对错。这些生活事务是人们在家庭和社会生活中必然涉及的基本的亲密关系。它们是相对于父亲和兄长的关系。在这些关系中，人们自然会体验到良知所认定的善。人们应该一直珍视这些体验并将之融入性情，由此培养孟子所谓"仁""义""礼""智"之德。人们可以从某种亲密关系入手启动良知，进而由良知发展其他关系——这种观念也是孔子的德性理论所提议的；亦即，"孝"（filial piety/*hsiao*）与"悌"（brotherliness/*ti*）是"仁"这一最高德性的根基。人们一旦于其性格中树立了诸德，就可以通过这些符合良知作用的德性，自然地对那些不熟悉的环境和事务做出回应。就这一方面来说，要致良知，就是要出于这样的信念——德性总是会导致使良知的认可成为正当的善举——去涵养趋向德性的性格。这里要指出，德性不必导致关于善与对的自觉决定或判断。然而，德性有助于做出善与正当之举，而良知的终极善取决于行为或理论与实践的统一；就此而论，德性至少是良知令人满意地发挥作用的一种重要方法。因此，培养德性在某种重要的意义上就是致良知。

140
　　良知如何可能在不熟悉的情境中提供正确的应用原理，这第二点考虑与王阳明的这一论断有关：在需要正确的应用原理以便实现道德善之时，良知能够认识到这一需要并确实形成寻求如此原理的实际意愿。这并非说，良知体现了一切应用原理或关于客观世界的知识；而是仅仅意味着，良知发动对事物的一切必要的考察，从而导向必要的知识拓展。尽管王阳明没有明确提出，由良知需要驱动的事物考察必然获得为在具体情境中实现善所需的正确应用或知识，但其著作中仍然贯穿着一种未明言的假设，它强调如下事实：对事物的真心实意考察会收获关于应用的相关正确原理，以及对良知判断为善和对来说的必要知识。就侍奉父母而论，人们是否应该考察正确的应用原理？王阳明的答复如下：

> 冬天的时候，人们自然会想到父母处于寒冷之中，因而就会去寻求如何御寒的道理；夏天的时候，人们自然会想到父母处于炎热之中，因而就会去寻求如何消暑的道理。这些举动都发自人心的真诚和孝敬，人必须始终具有这真诚孝敬的心，然后这些举动就由它们发出。用树木做个类比，这真诚孝敬的心是树根，而那些心（去寻求知识）的举动就是树的枝叶。一棵树必须先有根，然后才会有枝叶；人不应该先寻求枝叶，然后去种根。[18]①

树木的类比清楚地表明了王阳明的意思：良知自然会获得正确的应用原理和知识；通过用良知来关心基本的生活事务，人们能够根据其德性而将良知应用于各种各样的生活事务中。对理解致良知说的道德力量来说，这两点意思都很关键。

　　第三，致良知说的一个关键方面还在于其回答了如下问题：人们如何能够确信其良知在一切生活情境中都会做出正确的判断？[19] 其答案在于这样的告诫，即在日常活动范围内，人们在一切生活事务中都应该事无巨细地约束、省察和涵养自身。王阳明说："功夫（effort/kung-fu）须贯彻始终。人如何会启动何等为正当的念头？一个人需要在一
141　切生活事务中'磨炼'（grind and temper/mou-lian）自己，并做功夫以便使其有益于己。"[20]②

　　"磨炼"这一观念，生动地显示出一种过程——其中人们以省察和严肃（热切）的眼光看待自己的所作所为，并防止做错事或有不当行为。它是要不断练习人们的道德感

---

① "冬时自然思量父母的寒，便自要去求个温的道理；夏时自然思量父母的热，便自要去求个清的道理。这都是那诚孝的心发出来的条件，却是须有这诚孝的心，然后有这条件发出来。譬之树木，这诚孝的心便是根，许多条件便是枝叶，须先有根然后有枝叶，不是先寻了枝叶，然后去种根。"（王阳明：《传习录上·三》）
② "功夫一贯，何须更起念头？人须在事上磨炼，做功夫乃有益。"（王阳明：《传习录下·四》）

受力（moral sensibilities），从而使人们即便面临困难或陌生的情境也自然自发地做出道德决定。根据王阳明的观点，即便是在没有具体事务可供一个人去"磨炼"其良知的应用能力之时，人们也必须通过"存养"（preserving and nourishing/ts'un-yang）来保持良知的完整和潜力。这是良知涵养的一种方式，其目的是保持良知的清澈和警觉而随时准备发动。"反思和审查其良知，是良知应用于事时的存养；存养良知，是良知不应用于事时的反思和审查。"[21]①这样一种道德心（良知）的无间断的活动，是对错误判断的预防，并证成了人们采用良知根据而做出的道德判断或选择（的有效性）。要说明这种证成的有效性，就有必要深入良知这一观念得以阐明的形而上学框架。显然，这种证成并非意在表明：人们已表现出足够的德性，从而其决定和判断应该被认可为某种道德规则或规范。[22]

在"心"的理想状态下，良知做好了运用的准备并且具备对道德情境产生洞见的能力，此时的"心"是高度敏感的、活跃的、反省自身的。致良知就是要达成"心"的这种理想状态。在"心"的这种活跃状态中，良知始终保持发用状态——王阳明曾将之比作流动的河水。[23]②

对增益并实现良知的创造性活动——促成"心"的这样一种状态：其中良知能够即时无疑难地创造性运用——来说，一个重要的方法是消除私欲。这就是我们将要看到的致良知说的第四个也是最后一个方面，即致良知消除私欲（selfish desire/ssu-yu）、私意（selfish intention/ssu-yi）。要理解这个命题，就必须了解：与宋代早期的新儒家一样，对王阳明来说，"心"是由"气"（vital nature/ch'i）构成的，"气"实质上也正是万物得以生成的东西。因此，王阳明将情欲视为"心"之作用的一部分。尽管所有的新儒家也都认为情欲有可能以自然的方式发生，但他们认识到情欲可能超出自身限度而造成"心"的失序和受碍，乃至整个"心"都可能不符合善性而起作用。这是因为欲与意虽然是自然的，但倾向于干扰和偏离整个"心"以及良知这一更高官能的成长。因此，对"心"通往真理的修养来说，一个重要的原理在于控制情欲，直到它们不会影响"心"的自然活动，这里的"心"是大自然必不可少的组成部分。[24]这表明，控制和约束情欲就是一种反省手段，以预防"心"丧失其自主、活跃和创造的官能。

就王阳明关于良知与致良知的理论框架而论，消除私欲、私意，就是要消除违背良知裁决的那些欲望和意图。通过良知的不断呈现，人们能够识别欲望和意图偏离的端倪。人们如果具有这种识别力，就能够将私欲、私意消除于萌芽状态，由此让良知的力量更加稳定有力。另外，如果良知通过其不断运用而在人心中被确立为一种恒常的约束力，那么人们就不大可能有私欲、私意在心中出现。最终，良知与对欲望和意图的控制的交互作用将增强良知的潜能，从而使之可能在任何情境中成功地运用自身。

---

① "省察是有事时存养，存养是无事时省察。"（王阳明：《传习录上·三十八》）
② "须要时时用致良知的功夫，方才活泼泼地，方才与他川水一般。"（王阳明：《传习录下·五十三》）

必须注意，这并非意味着良知的活动与欲、情、意（"心"的活动）相抵牾，而只是意味着，一旦良知在消除私欲、私意的意义上得以实现，一切与良知相符的情欲就会被认作善的。用王阳明的话来说，"所有七种情感（喜、怒、哀、惧、爱、恶、欲）按照其自然状态流露，同时它们也是良知的活动"[25]①。基于这种考虑，他显然相信，只要免于其所谓的私欲、私意的负担，良知就会发挥作用，并对情境做出正确的判断。良知如此有力，乃至对良知来说，私欲、私意是如何形成的这一点是显而易见的。因此，无论无私欲、私意之蔽地发挥作用还是终究发挥作用，良知都是能够自证的。

如是，人们可能断定，如果王阳明的观点正确，那么只要免于私欲、私意之积习的
干扰，良知就始终能达成正确的道德判断；反过来说，一旦某个判断不正确，人们就必然假定其行为受到了私欲、私意的影响。当然，良知作用的这种观点是极其直觉的和高度乐观的。但人们也可以看出，为什么人们要不断省察其精神态度，并且因此道德感受力的不断涵养成了保持良知力量的关键。

依据以上论述，很明显，致良知说直接地说是一种良知涵养论，而间接地说是良知运用及证成的理论。我的后一种说法意指：根据致良知说，良知运用于各种情境的可行性是通过其力量的涵养过程而获得的；其一切运用中的判断之可靠性，转而是通过诉诸良知在致良知说所界定意义上的不断涵养而得到保障或证成的。由此，同样清楚的是，良知并不涉及在其运用之时要援引先在的有效原理，也不涉及要在运用中证成其运用或判断。可以认为，其没有这样做的必要。可以说，以致良知说提出的不断涵养为背景，良知将直觉地认取证成其判断的有效原理或规范，从而确保在具体情境中的完美适用性。事实上，在良知自身运用之时，这些原理是通过特例本身而得以具体化的。因此，良知做出正确判断的唯一必要条件就是加强和涵养良知，并使之成为人们心中有力的情感自觉和意志。鉴于所有这些原因，人们就可以理解，为了证成良知应用的理性决疑法在良知和致良知的中国良知说中为什么是全然不必要的。在中国思想家的心目中，甚至从未出现决疑和明确证成的观念！

"心"的两种理论类型：与"理"相关的良知

"理"及其运用尽管在王阳明的良知说和致良知说中未发挥良知的道德决定与道德判断之用，但其并未从有关良知及其等同者"心"的讨论中完全消失。事实上，它必须依据良知说和致良知说，说明"漠视'理'与其运用之间的相关性"是有正当理由的。其证成表现为两种论证：本体论论证和方法论论证。

在其本体论论证中，王阳明断言心即理。如前所述，这意味着，"心"的活动和实

---

① "七情顺其自然之流行，皆是良知之用。"（王阳明：《传习录下·九十》）

质构成了"理"的内容。这不是说，"理"存于"心"，而是说"理"是由"心"创发出来的，"心"仿如一种创造力。"心"在界定自身的同时，也本质上界定着普遍必然的"理"，因为如前所述，本体上说，此心与一切其他的心共享着终极实在（"道"），"心"源于"道"。出于同样的原因，在被产生的"理"用于生活情境之时，"心"就是通过界定"理"而成为运用之"理"的产生者。

方法论论证表现为王阳明对朱熹格物致知说的批判。朱熹与他的导师程颐宣称，人们必须寻求关于事物的知识，明白事物之"理"，然后才能在"集义"的过程中实现"心"的统一。在没有对这种关于"心"的观点做出必要的公正评判的情况下，王阳明认为这种养心方法是外在的且容易导致心之混乱，从而予以拒绝；同时他还认为，它会导致丧失"心"的本然之善，而不是揭示或增益之。他说：

> 有些人不明白至善就在自我的心中，因而到外面去求善；以为一切事物和事情都有确定的"理"，因而力图在事物和事情之中寻求至善。因此，他们在一种充斥着杂乱无序的不相关信息和残缺观念的混乱状态中迷失了自己，而不知道通往实在的确定方向。[26]①

王阳明要反对的假设是这样的：善标准可以由外在于"心"的评价—创造性活动而形成；"心"应该直接指向外部世界；"心"从外部所获得的东西能够确定"心"应该感受的东西，"心"仿佛只是一个被动的信息收集者。王阳明批评了朱熹的穷理功夫——它在朱熹的著作中有显著的体现。这种批评是否公平？这并非此处要关心的问题。但由此显然可见的是，王阳明的这一批评的确适用于所有这样的方式：通过专注外在的决疑推理来确定道德决策的依据。因为情况难道不可能是这样的吗：决疑推理论可能在一种充满不相关的琐碎信息和残缺观念的迷宫中迷失自身，从而导致失序、疑惑与混乱，它们会完全挫败所要证成的最初意旨。

对这一批评的一种答复，或许可见于朱熹著作中对"心"的确切论说及其与"理"的关系。根据朱熹的观点，"心"不可能像王阳明认为的那样轻易地等同于良知，因为就其本性而言，不可以说"心"显然是一个关于"理"的问题。换言之，朱熹的主张是，虽然人性是"理"，但"心"不仅仅是"性"因而不能简单地等同于"理"。"性"源自终极实在，因而潜在地被赋予了一切事理，但"心"要发现它们，就需要通过穷理活动这一过程做些功夫。朱熹提请我们注意如下事实："心"由"气"构成，"气"既（在理性和原理的意义上）分享了理性的本质，也必然是情与欲的生命活动。他同意其导师程颐和张载的主张，"'心'综合了理性本质和（生命）情感（'气'）"["心统性情"（*hsin-tung-hsing-ching*）]。[27]由于"心"与"性"在本体论上的区别，所以必须先

145

---

① "人惟不知至善之在吾心，而求之于其外，以为事事物物皆有定理也，而求至善于事事物物之中，是以支离决裂、错杂纷纭，而莫知有一定之向。"（王阳明：《大学问》）

以理性的方式训练"心",然后"心"才能达到一种觉解知识和洞察至善的状态。朱熹不认为"心"能够靠自身能力揭示其实在本体,而是遵循程颐的看法,认为"心"的实在本体只有经过考察事物以及拓展事理知识的过程才能建立。换言之,他认为,"心"应该寻求事理,并且"心"从外部获得的知识能够使自身维持和确立其坦诚,从而避免私欲、私意的诱惑。这蕴涵着,"心"只有在明事理后,才能发出符合终极之理的真诚之意。

儒家经典《大学》提出格物、致知为个人修养及其心通向至善的前两步,朱熹对格物致知说的注解如下:

> 致知在格物这个命题的意思是,要获得知识,我们就必须在事物中穷索其事理。其原因在于,人心的智能始终有知识的能力,而天下的一切事物始终有其理。
> 仅当事物之理未被穷尽时,心中的知识才是不完整的。因此,《大学》教导的第一点就是,学习者必须以已知之理为基础,增益和穷尽天下一切事物的知识,乃至可以达到(事理知识的)极致。当"心"按这样训练的时间足够长,并达到一种突然的全面透彻的理解,那么就会达到对一切事物的洞见,事物的内外、精粗之性质就都会被洞悉,而"心"的全体之大用就昭示无遗。这就是所谓的物格,这就是所谓的知之至。[28]①

146

由此段可以清楚地看到,朱熹并没有否认:"心"可以具有某种初始的理知识,以及"心"之穷理功夫的终极目标在于借助知识达到"心"的全体觉悟。本质上说,其所设想的关于"心"作为道德判断主体的最终特性描述,无别于王阳明良知学说中的观点。在朱熹看来,仅当"心"拥有事理知识且除良知存在之外别无其他,"心"才是良知。但与王阳明不同,朱熹坚持认为,"心"成为良知,要经过一个被称作格物的心外穷理过程。关于这个穷理过程,有三点有待说明。第一,"心"并不是仅当心中有事才去寻求事理。在任一给定时刻,"心"都使考察事物以求得理知识变得有意义,这一过程独立于"心"的道德激励(moral promptings)。这暗示了一种研究面向的客观学习态度而为王阳明所拒绝。第二,"心"会在许多经验的和实践的生活领域寻求事理。在不少地方,朱熹都提出一种对社会事件和自然现象的科学考察。这显然表示,存在一种伦理中立的研究态度。第三,它假定,通过致力于这种宽泛意义上的事物考察,"心"将会突然明白事理的整体和极致以及"心"自身。这可以被描述为一步归纳(a step of induction)和(或)直觉归纳(intuitive induction)。这种直觉归纳之所以可能,是因为它假定"心"从"性"那里获得理性能力,而"性"已然容有世界的一切终极真理。由于

---

① "所谓致知在格物者,言欲致吾之知,在即物而穷其理也。盖人心之灵莫不有知,而天下之物莫不有理,惟于理有未穷,故其知有不尽也。是以《大学》始教,必使学者即凡天下之物,莫不因其已知之理而益穷之,以求至乎其极。至于用力之久,而一旦豁然贯通焉,则众物之表里精粗无不到,而吾心之全体大用无不明矣。此谓物格,此谓知之至也。"(朱熹:《四书章句集注·大学章句》)

直觉归纳这一机制，"心"显然就可以防止自身迷失于由不相关的琐碎信息和残缺观念组成的迷宫中，因此王阳明的批评就变得不妥当。

鉴于对朱熹与事理相关的"心"理论的上述理解，我们可以断定，对朱熹来说，王阳明意义上的良知需要"理"来发挥其能做道德决定的作用。"理"必须通过考察研究过程而得以汇集或产生，就此而论，朱熹似乎没有排除决疑推理的需要，因为我们可以把决疑推理认作基于考察事物来运用"理"。甚至可以说，王阳明在其整个致良知说中都不承认决疑推理对于良知活动的理论相关性，朱熹则根据其格物致知说认可了这种相关性。但为避免夸大这种反差，我们也必须注意，无论对朱熹还是对王阳明来说毫无疑问的是，"心"为道德判断和道德决定提供了证成的自身根据，尽管这种提供是通过如朱熹和王阳明分别认识到的不同过程而得以可能的。就"心"具有道德法庭（forum）的终极权力而言，朱熹与王阳明是完全一致的。由朱熹和王阳明分别发展出来的两种"心"理论，提出了"心"与事物之"理"或实在之间的两种关系以及两种涵养过程。它们同样支持和证实了"心"中正确道德判断的绝对权力。因此，它们之间的区别并非本体论的，而仅仅是方法论的和认识论的。

要讨论他们在关于道德实践与证成（推理）中"心"之力的本体根据这一问题上的观点一致性，必须先简要澄清我们此处——双方哲学家关于"理"与"心"的关系之论说的语境——所讨论的"理"概念。在此语境中，"理"必须被有意地置于某种极为广阔而又必然的形而上意义中来理解。"理"这个概念暗示着终极的理性与事物的合理性，它不仅说明事物是其所是的原因，而且解释事物为何彼此相关进而以某种有序的样式关联于终极实在。"理"既是统一性的原理也是分异性的原理。它最终是多种多样的**出类拔萃**（par excellence）者相统一的原理。因此，对"理"的最终理解，必然是为众理所说明的一理。一切理本体上说统一于一元进而终极的一理（所谓"道"），这导致了如下一种形而上学可能性："心"可以做出直觉归纳的一跃而达到整体的理解，这种理解可描述为明白众事之众理，而又将此众理归结为单一的真理。

"理"概念的另一面在于，它不完全是科学和经验考察的对象，而是人们必须在实践中体验、明白进而体现的东西。朱熹描述研究"理"的考察过程，其用语是诸如"养"（nourish/*yang*）、"熟"（very acquainted with/*shu*）、"体验"（deeply experience/*ti-nien*）、"理会"（thoroughly understand/*li-hui*）、"践"（practise/*ch'ien*）和"涵养"（embody and nourish/*han-yang*）之类。在此意义上，"理"一如王阳明的良知，是内在性的、有关内部构造的。在这两种情况中都显而易见的是，道德决定的整体运用效果与证成都是有保障的，因为这些决定终会被视为良知的直接呈现或"心"对"理"的体现。对于"心"之运用及其运用之证成，包括朱熹和王阳明在内的新儒家学者都赞成同样的本体解释框架。其中包括良知的运用以及致良知说所阐述的对修养必要性的证实。这一结论有望说明我先前的提议：尽管缺乏对良知运用原理的证明程序，但"心"在上述意义上的存在，的确提供了某种理由来解释为什么在本体的层面这种程序是不必要的而又总是可以理解的。

心学作为良知说与致良知说的本体论根据

将人心视为终极实在[29]的参与者，由此能够理解实在者是自儒家发端——或许是始于伏羲作画（公元前 6000 年）的中国哲学发端——即已存在的强烈趋向。与此同时，人们认识到："心"由于其气质，可能容易忽视其实在本体，从而成为人体低级官能的奴隶。关于人心，《尚书》中有一段话讲道："道心（mind of the Way）极其细微，而人心极其危险。人应该集中注意力，保持警觉和意愿单纯的状态，从而要始终坚持中庸之道。"[30]①道心是终极实在（"道"）的自身展示；人心则是情感和欲望的活动，由此个人被赋予个性。道心细微这一说法，并不是说它在质或量上很小，而是表示它极其微妙而很容易被忽视。人心危险这一说法，并不是说其本身很危险，而是指如果缺乏恰当的理解和约束，情欲就可能控制人们，压制人们对整体真理的任何觉察，这种觉察有益于实现"心"的整体潜能。

鉴于对"心"的这种最初描述，显然人们必须十分注意反省其心。情况看来必然*149* 是，人们必须极其重视修养过程——其中道心变得愈益清晰，而人心在"心"的约束与省察下变得愈益自制。在致良知说中，我已经说明了这种修养过程的一个重要目标，即它使"心"能够在运用于生活时达到对正当与善的正确判断。在此，我要说明另一个目标——或许有时其还被视为对"心"的修养过程而言更重要的目标。在这同一修养过程中如何同时达成这两个目标，关于这一点的讨论留待下一节进行。关于"心"之构造及修养的本体根据，我也将在下一节做一些简短的讨论。

养心的第二个重要目标可以上述的《尚书》引文为背景，那就是实现人心从而达成人自身与世界的终极真理之间的统一与同一（identity）。"心"是人自身的个体性原理，而"道"是包容万物众生的终极实在，因而养心的这一目标就是：作为一个人，要凭借其心性达到高度陶冶的状态，将自身同一于世间万物。在大多数情况下，这种状态可被称作"仁"。它既是看待事物的一种态度，也是对事物的一种理解，其中事物被认作属于一个统一体而又不断创造性地充实该统一体的内容。由此，如同将"心"同一于"道"，将自身纯粹地同一于万物因而就不是像人们可能乍看上去的那样静态地融合为某种"无差别的连续体"（undifferentiated continuum）。新儒家哲学尤其注意防止陷入这种同一观念（concept of identification）——他们归之为佛教或道家观点的所谓"静"（tranquility/*ching*）或"寂"（quietude/*chi*）。新儒家哲学的同一状态是生命之间动态的交互

---

① "人心惟危，道心惟微。惟精惟一，允执厥中。"（《尚书·大禹谟》）

作用。它是要在至为普遍深刻的层面、在终极实在的创生中体验其创造性的脉动。我将援引一些资源，以描述这种被视为心之最高修养阶段的、人心与终极实在的动态同一。[31]

《中庸》上说：

> 只有那些至诚（ultmostly sincere）之人才能充分实现其本性；一个人能够充分实现其本性，就能够充分实现他人之本性；一个人能够充分实现他人之本性，就能够充分实现事物之本性；一个人能够充分实现事物之本性，就能够在天地发挥其创造性的产生和转化作用（活动）时做助手；一个人能够在天地发挥其创造性的产生和转化作用时做助手，就能够与天地一起组成这三者的统一体。[32]①

至诚这一观念暗示着在没有私人情欲干扰的情况下，心中对终极实在与事物整体的体验。这是一种经过持续不断的养心而达到的心态；且就其蕴涵而言（如下文对同一文献的引用所表明的），也是一种通过知识及洞察众理而达到的觉悟状态。《中庸》认为，人们可以通过培养"其'心'中对实在的体验"（"诚"）来获得关于真理的知识以及对众理的洞见。这可以说是由于人心的真正本性。它还肯定，人们可以通过教导而达到理解实在的全体体验。最后，它主张心中对实在的体验与心中"知识觉悟的达成"（"明"）这两者的动态均衡。它说：

> 从"诚"到"明"，被称作"性"；从"明"到"诚"，被称作"教"。只要"诚"就"明"，只要"明"就"诚"。[33]②

"诚"的确可以等同于良知说中的良知，而"明"可以等同于朱熹关于"心"的解说中对事物之理的理解。《中庸》中两者的动态均衡暗示出，王阳明的理论与朱熹的理论并无高下之分。但无论其中任一种情况，都会支持将"心"与天地的统一作为最重要的本体论原理。因为正是通过这一原理，在第一段引用给定的意义上，人才能实现"心"与实在相同一的终极目标。

证明"心"能够同一于终极实在与事物全体的第二个资源来自孟子。此处不可能详述孟子关于"心"的理论。但从我们前面对良知的讨论看，孟子显然接受这样的基本主张：人心包含着或被赋予了终极实在（即所谓"道"）。据此，他就能够主张人性善并援引经验证据予以支持。如前所述，这种证据来自"心"的感受（反应）。[34]这意味着，正如人性被视为不离于一切事物的终极实在，他也认为，"心"不离于人性。"心"的情感反应是善判断的标准或根据，除此之外，孟子还主张，"心"包含一切真理。他说：

---

① "惟天下至诚，为能尽其性；能尽其性，则能尽人之性；能尽人之性，则能尽物之性；能尽物之性，则可以赞天地之化育；可以赞天地之化育，则可以与天地参矣。"（《中庸》第二十三章）
② "自诚明，谓之性；自明诚，谓之教。诚则明矣，明则诚矣。"（同上）

如果一个人心中没有获得真理，那就可以说，他不应该将其心运用于其意愿和生理欲望。然而，如果一个人没有通过以语言为中介的对真理的考察研究而获得真理，那就不可以说，他因此就不必深入心中探求。[35]①

这段文字明确地说明，他认为"心"包含一切真理且事实上正是真理之源头。他还更进一步肯定："万物皆备于我矣"[36]，其含义是一切原理都能够在自我之中得到揭示。道德生活的最大问题在于，如何在人心中揭示一切事物之理。最后，通过肯定人们能够爱惜带有终极实在（天地）之自然活力的"气"，他不仅提出，"心"在开启其自身实现的过程中具备道德创造性，而且主张，通过人自身的自然活力与宇宙的自然活力相同一，可以说"心"能够将自身同一于终极实在，而此时"心"就得到了充分实现。正是源自这种本体的关于"心"的生命修养论，王阳明才得出了其致良知说。

证明"心"与终极实在的动态同一，第三个资源来自两位新儒家哲学家张载和朱熹；他们主张，"仁"是一种将整个宇宙理解为生命统一体的德性。张载在其《西铭》中说：

上天是我的父亲，大地是我的母亲；甚至像我这样藐小的生物，也在其中找到了一个亲切的处所。因此，那些充满宇宙者，我视之为我的身体；那些引领宇宙方向者，我视之为我的秉性。所有的人们都是我的兄弟姐妹，所有的事物都是我的同伴。[37]②

它把人心的修养看作体现这种宇宙一体的内心感受。正是这种统一的真实的可能性显示出，"心"作为一种实体能够与整体实在本身相互渗透。

朱熹根据天地（终极实在）的终极性质解释了"心"的缘起及品质，并由此认为，人们所能企及的"心"之至高之德是在一切善行得以产生的"仁"之中人心与天地之心的自觉统一。他说：

天地之心是要产生事物。在人与物的产生过程中，人与物又将所得的天地之心作为自己的心。因此，就心的品德而论，尽管它包容和贯通一切而别无所求，但一言以蔽之，其就是"仁"。天地之心有四种道德品质：发源（"元"）、兴盛（"亨"）、有益（"利"）、贞定（"贞"）。而发源之理又统一和支配着所有这些品质。就其运行而论，它们构成了四季交替的进程，而春天的生命力又贯通所有四季。因此，人心之中也有四种道德品质，即"仁""义""礼""智"，其中"仁"又包容所有四种品质。它们在发散并起作用时形成了爱、尊重、适宜和辨别对错这

---

① "不得于心，勿求于气，可；不得于言，勿求于心，不可。"（《孟子·公孙丑上》）

② "乾称父，坤称母；予兹藐焉，乃混然中处。故天地之塞，吾其体；天地之帅，吾其性。民，吾同胞；物，吾与也。"（张载：《西铭》）

四种情感，而怜悯的情感又贯通这四者。[38]①

最后，我们可以再次引用王阳明的观点以说明：与前面的其他儒家思想家一样，他也主张，人自身及其"心"的至高修养是达到一种人与天地一体的状态。能够做到这一点的人被称作**大人**（Great Man/*ta-jên*）。他在《大学问》中说：

> 大人将天地万物（全体事物）视为一体，在他看来，天下所有人都属于一个家庭，而整个中国如同一个人。如果一个人以有形体和种类之分而区别"你""我"，那他就是小人。大人能够将天地万物视为一体，这并不是某种武断的意见，而是因为此心之仁就是如此：他与天地万物是一体的。不仅大人之心，甚至小人之心也是如此，小人的品德是自己使自己成为小人。[39]②

王阳明接着解释道，小人自使为小人，是由于其服从私欲以及用私意蒙蔽其心。他提出：一个人如果着意成为大人，就只需去除私欲，从而实现原本的善性；并由此恢复"（其心）与天地万物一体的本来状态"。

显然，在王阳明看来，一个人只要己心同一于终极实在，那就是大人。大人和圣人一样是这样一些人：他们会行善且可以说是能将其良知完善至极，乃至不会犯丝毫错误。

基于上述对养心之终极目标的讨论，可以得出如下结论：（1）"心"源自"道"这一终极实在。本体上说，"心"与"道"是不可分离的。（2）就人的实存而言，私欲、私意是难免的，他可能看不到其"心"与"道"的这种本来同一。然而，经过由"心"自身启动的修养过程，"心"在本体上可融合于"道"，由此对"心"来说一切真理与事理都变得清楚明白。这一修养过程可被认作"心"本身的一种自身实现过程。（3）"心"与终极实在的同一，将在本体上确保"心"正确地判断事物。（4）在其本体的意义上，"心"就是孟子和王阳明所谈论的良知。因此，良知与致良知的根据是由儒家传统中"心"的本体论提供的。（5）从上述引文显然可以看出，所有重要的儒家和新儒家思想家一般都同意这些基本观点。

理解"心"理论中的个人

按照儒家的"心"理论及其通常的形而上学根据，个人（"气"）是何种状况（sta-

---

① "天地以生物为心者也。而人物之生，又各得夫天地之心以为心者也。故语心之德，虽其总摄贯通无所不备，然一言以蔽之，则曰仁而已矣。请试详之。盖天地之心，其德有四，曰元、亨、利、贞，而元无不统。其运行焉，则为春、夏、秋、冬之序，而春生之气无不通。故人之为心，其德亦有四，曰仁、义、礼、智，而仁无不包。其发用焉，则为爱、恭、宜、别之情，而恻隐之心无所不贯。"（《朱文公文集》卷六十七）

② "大人者，以天地万物为一体者也，其视天下犹一家，中国犹一人焉。若夫间形骸而分尔我者，小人矣。大人之能以天地万物为一体也，非意之也，其心之仁本若是，其与天地万物而为一也。岂惟大人，虽小人之心，亦莫不然，彼顾自小之耳。"（王阳明：《大学问》）

tus)？要回答这个问题，就必须先了解，儒家学说或其关于"心"的理论如何设想个人的概念。儒家哲学家以及其他中国哲学家一般用人己关系和人己分别来设想个体的人。个人是与他人相别的自我，而又必然以某种方式与他人发生关联。要在肯定自我存在的同时不隐含对他人存在的肯定，这似乎是不可能的。与此类似，个人也是以区分人之具体与一般的方式被设想的。这种区分乃基于如下观念：人拥有一切个人都分享的且本身为善的普遍性质；但就具体的人而言，他的本性会受到其特殊性情和生命欲望的影响。个人可以是由其拥有的普遍性质来说明的个人，也可以是由其特殊性情和生命欲望来说明的个人。在指涉个人的这两种情形中，个人概念都是相对的，因为根本不存在界定个人之个性（individuality）的绝对本质。

中国哲学家将个人设想为不仅是相对确定的，而且是容有改变和转化的。要了解中国的个人概念的这一特征，我们必须把儒家关于"心"的理论当作理论依据。事实上，我认为只有借助这些关于"心"的理论，我们才会对中国一般的个人概念有越来越深刻和清晰的理解。

首先，我们可以断言，对中国哲学家来说，"心"是个人的个性原理。如两种"心"理论所设想的，个人是有"心"的人。如前所述，"心"不是某种被一劳永逸地确定的、抽象的、一般的实体，就其本身而言也不只是理性的能力。中国的"心"概念之独特性在于，它把心理、心情和本能的一切作用结合在一起，而不仅仅是认识之心的逻辑的理性能力。我们看到，对王阳明和朱熹来说，"心"都是能够表现情感、理由和欲望的具体实在。因此，"心"可被描述为某种心理—心情（mind-heart），可被比作生命的缩影。事实上，根据这两种"心"理论，"心"的构成要素是"气"，由此其构成同于世间一切事物。这让我们看到作为个性原理之"心"的另一面："心"与"身"（body）有着亲密的关联，其密切地关联于"身"得以形成的基本质料（material）。"心""身"之别在于质料（"气"）的精粗之分。可以说，它们在本体上根本没有区别，并形成了某种统一和同一：心理就是心情，"身"就是心理—心情的延展。一般认为，"心""身"之间有着亲密的相互作用。事实上这种亲密的相互作用就是认同，因为身体作用与心理作用趋于一致，同等地促进个人的内部和谐与统一。

我们可以回顾此前提及的孟子的观点，一个人可以通过其内心获得真理和洞见，以"气"陶养和充实身体。该观点显然基于这样一种理解："心"就其作为"气"而言，可以直接地唤起体内之"气"。当然，人不仅是"气"的物质（matter），而且是"理"的物质；他可以发出"理"，因为他被终极实在赋予了被称为"性"的明晰之"理"。每一"理"都是一种普遍性，而这一事实——作为"气"的"心"体现"理"——不会影响"心"的具体化力量（particularizing force）。由于其情感、欲望及其认同于"身"，"心"能够得以具体化；由于其"理"及其同一于终极实在，"心"能够得以普遍化。因此，个人可以通过其心而被赋予个性，只要其心能够表现具体化的情感和欲望，且能够认同其"身"。但就把"心"认作个人的个性原理而论，我们不应忘记：按照形而上学理解的两个论点，个人在一种普遍的根源那里被赋予个性；并且，由于这种普遍性，个人与他人潜在地共享着同样的品质。第一，存在着在"理"中呈现自身的终极实在。第二，存在着被设想为气质（生命力）的终极实在。王阳明将"气"与"理"视为同一的，朱熹则认为两者有所不同。但无论采取其中的哪一种观点，对如下事实都没有影响：在中国哲学家看来，个人被设想为不可还原的实体，因为就"心"是个人的个性原理而言，"心"没有被设想为如此实体。

在中国哲学中，"心"与个人不仅在并非绝对分立的实体的意义上是不可还原的，而且在"心"与个人的状态可以通过修养而得以转化的意义上也是不可还原的。如我们所见，"心"与良知是可修养的。因此，它们可以去除私欲与偏见，从而达到这样一种状态：其中终极实在会创造性地发挥作用，一切事物可与"心"同一。如果"心"的这种修养过程被视为"心"的潜质，那么人们或许就会认为，个人可能由于这一养心过程而丧失个性。但情况并非如此。因为个人不必凭借自私的情欲而变得有个性，反而是通过不自私的情欲或者通过那些不会阻碍修养心之德之进程的情欲而变得有个性。如对"心"的自身修养之终极目标的描述所指示的，"心"得到充分涵养的状态并不意味着个性的丧失，而是通过生命创造活动、爱以及参与宇宙进程对个性的展示。从这样的观点出发，就可以说，个人成为理想的个人或其理想意义上的个性化，是通过修养其心以趋于至善的功夫而达到的。正是"心"的修养过程而不仅仅是"心"自身，才是个人实现个性的终极基础和根据。这种修养过程与个人的天然个性之本体或形而上学根据是吻合的，后者是气质认同于"理"的创造性活动，或者说是在生命之宇宙诞生的具体过程中创造的"理"的气质。

对于个人能够凭借其心而修养成理想状态这一原理，我们可称之为**可修养性原理**（principle of cultivability）。要说明儒家的个人理论，我们还必须诉诸除此原理之外的另一条原理，这就是**可关联性原理**（principle of relatability）。如我们将要看到的，它是随可修养性原理而来的一个必然后果。

个人在养心过程中必须让自我与他人建立关联。这在儒家看来是一个极为自然或自发的、不言自明的过程。个人没有被给予某种得到明确界定的本质，而是必须在与他人建立关联的过程中界定自我。他首先必须在至为基本的关系中与自己的父母建立关联。在孔孟那里，与父母建立关联的德性修养被视为君子（superior man）一切德性的基础。实际上，如前面所讨论的，"仁"这一至高之德可以说是由对父母的"孝"和对兄长的"悌"而成长起来。这种成长，不仅是一种描述人们内心发展的形而上学方式，而且有着扩展与他人的关系之范围的实际指涉。除父子关系之外，还有四种关系是有待个人扩展的：兄弟关系（我已经暗示）、朋友关系、夫妻关系，最后是上下级关系。鉴于这五种关系，个人仅当进入这些关系并发展出与之相关的适当德性，才能界定其自我。换言之，仅当履行适切于这些关系的规范，个人才会实现其为善的潜能，如孔子所指出的："个人在作为君长时应该表现为合适的君长，在作为下属时应该表现为合适的下属，在作为父亲时应该表现为合适的父亲，在作为儿子时应该表现为合适的儿子。"[40]①

概言之，个人在适合某种关系——他在其中建立与自身的关联——的德性（行为和心态这两方面都被包含在内）中发现其个性。如果他能够在一切关系中建立自身关联，并找到使自己适切于任何相关关系的情境之德性，那么就可以认为，他已然明确其个性，而其心也可说已然修养至极。《大学》这一经典文本指出，存在某种在可关联性的维度中逐步自我修养的次序：

> 在古时候，那些希望在天下实现光明之德的人，会先治好他们国家的秩序；那些希望治理好国家秩序的人，会先管理好他们的家庭；那些希望管理好家庭的人，会先修养自身的品德；那些希望修养自身品德的人，会先修正自己的心灵；那些希望修正自己心灵的人，会先使自己的意念诚实；那些希望使自己意念诚实的人，会先获取知识；知识的获取在于考察事物。事物得以考察，那么知识就得以获取；知识得以获取，那么意念就得以诚实；意念得以诚实，那么心灵就得以修正；心灵得以修正，那么品德就得以修养；品德得以修养，那么家庭就得以管理；家庭得以管理，那么国家就井然有序；国家井然有序，那么这个世界就得以实现和平。[41]②

157　《大学》已明确讲出自我修养这一过程的步骤：超出内心修正的范围，这一过程涉及的关系就指向规模越来越大的他人群体，直至这样一步——所有人都在一种合意的秩序中发生关联，而这种秩序是通过这个人而得以可能的。通过这样的方式，个人扩展自我并给规模越来越大的他人群体带来善。

关于可关联性的这种可扩展秩序，应该做出三点评论。第一，在家庭的与社会的伦理关系之间，儒家显然没有做出特别的、质的区分。政治与社会关系同样被看做高度伦理性的，因为它们全都关系到自我修养。第二，显然，自我要在家庭、国家和世界中与他人建立关联，其关键在于先应该进行自我的内在修养。但必须看到，这一内在修养过程与发生外部关系的过程是联系在一起的，后者反过来又会加强心之善。它可以与这样一种方式相比：使良知在现实生活情境中发挥作用而做的功夫，会改善和增强良知的判断能力。第三，必须指出，人们在自我与他人发生关联中养成的德性是相互性的（reciprocal）；儒家的这种观点意味着，它们作为品德既是普遍性的，也是人们希望予以普遍化的。在此意义上，个人在自我与他人建立关联中养成的一切品德或德性都不是任意

---

①　"君君，臣臣，父父，子子。"（《论语·颜渊》）

②　"古之欲明明德于天下者，先治其国；欲治其国者，先齐其家；欲齐其家者，先修其身；欲修其身者，先正其心；欲正其心者，先诚其意；欲诚其意者，先致其知；致知在格物。物格而后知至，知至而后意诚，意诚而后心正，心正而后身修，身修而后家齐，家齐而后国治，国治而后天下平。"（《大学》）

的，而是有其客观的面相的，其可被解释为源自事物的终极实在（"道"）。这等于说，个人最终必须以普遍的方式确定和识别自我。自我与他人建立关联的能力、在如此关系中识别自我的能力以及由此而来的德性，就是个人之为个人的修养过程中的独特要素。

我希望，"心"的可修养性与自我的可关联性这两条原理可以明确如下事实：儒家的个人概念拒绝实质性的和绝对的个人实体理论。但情况相反，儒家已发展出的观点是这样的：个人是在两种过程中得到界定的——一种是普遍性贯通于特殊性的自然过程，另一种是特殊性贯通于普遍性的修养过程；其中所有的个人关联于一种实在，这是一个主要且重要的维度。其结果是，根本不存在待拯救的不朽灵魂，只有待实现的与终极实在的最终动态同一。当然，人们可能质疑和担心，这种观点中的个人会迷失自身于某种社会政治的或伦理的关系网络。但我们可以提醒批评者，在儒家看来，伦理的、社会的与政治的关系肯定不会耗尽个人的个性，因为存在心和自我与天地及其创造性活动之间本体的动态同一这一最终目标。如良知说及致良知说所表明的，正是在这种同一以及由此而来的道德创造性中，作为个体的人找到了其表达的最高形式。当然，毫无疑问的是，直到个人尽可能地履行了可关联性的一切要求，正统儒家才会认可这一点。

儒家的良知、"心"与个人之社会学基础

如果某一哲学学说得到了令人信服的阐释和广泛的宣传，那么该学说可能有怎样的社会学基础，这就始终是一个有趣的问题。现代哲学家似乎并不在意于为这种问题提供答案；但现代社会学家和人类学家可能已发展出一种重要框架，其中这类问题可以得到准确的阐述并且确实取得了有意义的答案。在中国文化传统以及智识阶层（如果不是所有社会阶层的话）通常的社会信念中，良知、"心"与个人的这种儒家和新儒家概念相当根深蒂固。因此，提出关于这些概念的社会学根据问题就是妥当的。由于缺乏对这个问题的详尽分析，所以我仅试图指出中国社会和中国文化与此相关的某些方面，以期对该提问的完整答案有所启发。

关于良知、"心"与个人的儒家概念之社会学基础问题，我认为必须从两个层面来回答。在第一个层面，我们必须指出，良知、"心"与个人的儒家和新儒家概念产生于怎样的社会基础。在第二个层面，我们必须指出，这些概念在一定社会背景下经过阐述，如何在社会中产生影响和占据人心。最后，我们还必须指出，在中国的过去与现在，它们在何种程度上被接受为有效发挥作用的社会行为标准。

同样，由于缺乏对这些中国哲学概念的社会与文化之根的全面考察，我只是基于古代历史和文学艺术设计的旁证来做出提议，这些旁证是与儒家和新儒家的良知、"心"与个人概念相关的。它们似乎全都根植于人类与自然统一为一体的社会和文化经验。在周代以前的古代中国，在甲骨和考古学的其他发现中可以找到足够的迹象显示，人与

"天"（自然）被经验为同一与和谐的关系。或许可称之为同源（consanguinity）的经验。鉴于早期中国的气候与地理，在中国人的经验真正起始之时发生于人与自然之间的这种经验，可以被认为是极为自然的、自发的。

依据这种经验，人类祖先与天同一，人的诞生是一个自然的过程，这些都变成了人们共同的信念。"天"作为一切生物的创生者被崇拜，随之而来的是发展出祖先崇拜和君主崇拜的体系。在不断发展的历史进程中，"天"甚至丧失其意志和目的的特征，由此完全被认作一种自然变化过程，而人是其中的一分子。

如果对中国早期经验的以上描述是正确的，那么就容易看出，良知、"心"与个人的这种儒家概念为何如此，以至它们不容有任何错误地成为善的，且要经过修养和转化。

要提及的第二种社会因素与儒家良知概念的获得有关，其中良知被认作正确道德判断的有力根据；这个因素是，中国社会自一开始就是围绕家庭展开的，家庭被视为社会最根本和核心的单位。家庭情感、家庭关系作为在不同情境中解决差异和难题的标准与基础而被社会采用。事实上，甚至社会组织和政治关系也往往建模于家庭经验。以此为据，显而易见的是，就良知和"心"被要求去处理诸多新情况并给予适宜的判断而论，它们可以轻而易举地做到这点，其途径是类比于家庭的典型情境，或将不同的困难情境化约为良知和"心"于其中有着深刻体验的家庭情境。与家庭中心主义相关的这一点，其用意不仅在于指出，良知、"心"与个人的儒家概念可能根植于家庭经验；而且在于说明，支持良知的道德判断的决疑推理为何没有得到发展，以及即使发展出来也是可有可无的。之所以如此，是因为良知和"心"通过将复杂情境化约为简单熟悉的家庭情境，能够担负起直觉地进行处理的任务。不仅决疑推理甚至是一般的逻辑都变得多余。

160

必须认识到，自中国历史早期起，理论与实践就是相互支持的。因而必须假定，已发展出的社会制度与实践类型支持着上述哲学经验和信念，而后者反过来又导致维护如此经验和信念的更深层的制度。有了这样的看法，我们就可以讨论中国历史的这样一个重大转折点：关于良知、"心"与个人的经过恰当思考的儒家观点被整合成最高的社会意识形态，即政治意识及相应的政治制度。公元前 134 年，汉武帝宣布将儒家哲学与学术作为中国的国家意识形态，因为他认为，儒家作为意识形态根据与社会力量的提供者将稳定和维护其政治统治。自此以后直至 20 世纪伊始，儒家思想就一直是制定政策的官方根据，从而成为中国人两千多年来根深蒂固的意识。如果记得这个事实，那么就同样容易看到，良知、"心"与个人的儒家概念如何在实践中盛行，而未曾遭遇严重的挑战和激烈的批判。有关这些概念的理论与实践一直如此坚持不懈地融入中国的政治、社会与文化，乃至在既定的社会历史框架下几乎不可能遭遇理论上的挑战。

如今，中国的情况已发生巨变。但是，剥去其术语表面的遮蔽，对生长于中国土壤上的这些变迁、特征和学说予以认真审查，仍不免令人困惑：如果可以说良知、"心"

与个人的这些儒家/新儒家概念适用于当今中国的社会日常生活，那么它们在遭遇亵渎或挑战中到底发生了多大的改变？

结语

在以上论述中，我相继处理了良知、良知的修养、"心"的理论、该理论的本体根据、个体自我（"气"）的理论等问题，以及这些儒家和新儒家理论作为中国哲学与文化中占主导的代表性观点，其社会学基础如何的问题。我不拟概括已做出的这些论点和结论，因为它们太多，难以在此一一重述。但我想就这一长篇大论做出两点简短的总结。

第一，良知、"心"与个人的这些基本观念和概念，必须被看做一个完整的有机统一体。它们彼此支持，因此作为整体属于中国形而上学和伦理学整个理论的结构，属于中国历史的、文化的和社会的经验的根本总结（inventory）。第二，如果王阳明的良知说和致良知说应被接受与践行，那么就可以看到，哲学论证和分析在相当程度上可被取消或去除。因为哲学的或哲学思考与推理的目标由此被认作达成某种心灵状态或生活样式，其中人们始终能够找到正确的观点并做出正确的价值判断与善判断。正是这种能力的获得以及这种获得在实践上的可取性，使哲学推理变得没有必要。如果可以说，正是哲学推理与哲学对证成和证据的要求使得分歧成为可能，那么只要分歧的根源被消除，哲学论证的冲动就不得不屈从于某种生活样式与经验过程——它们承诺人们能够达到其在根本上和实践中欲求的目标。良知、"心"与个人的儒家/新儒家概念，全然指向社会整合与个人实现的实践目的。因此，要判断它们的价值与重要性，就必须依据内在的一致性、经验的实用性以及更优良的社会的达成，而不是依据其纯粹的理论完善性。

【注释】

[1] 在其现代经典之作《词与物》（*Word and Object*）中，奎因（V. W. Quine）首次阐述了这个命题。（参见奎因：《词与物》，第2章，剑桥、麻省，麻省理工大学出版社，1967）

[2] "语义上溯"这一观念由鲁道夫·卡尔纳普（Rudolf Carnap）在其著作《语言的逻辑句法》（*The Logical Syntax of Language*, 1937）中首次提出，并将其称作"形式的言说方式"（formal mode of speech）。奎因将这个观念命名为"语义上溯"，并做了概括。（参见奎因：《词与物》，最后一部分）

[3] "良知"这个词没有准确的普通用法。在此，我在"道德感"的一般意义上使用它，未假定其必须有客观有效性，因为"良知"是否客观有效取决于理论。

[4] 最早见于陈荣捷的英译。[参见陈荣捷：《中国哲学文献选编》，普林斯顿，普林斯顿大学出版社，1969；王阳明：《对实践生活的教导》（*Instruction for Practical Living*），陈荣捷译，纽约，1963]

[5] 参见我的论文《王阳明心学中的统一性与创造性》，载《东西方哲学》（*Philosophy East and West*），第23卷（1973）:49～72页。

[6] 参见《孟子引得》（*A Concordance to Meng Tsu*），北平，哈佛—燕京学社，1941。

[7] 或许如我们将要看到的，新儒家学派的朱熹可能不适用于这一断言。

[8] 这种发现得以实现的真正过程，一般被儒家学者认为是一种自我修养和自我实现的过程。

[9] 参见王阳明：《传习录》，第一部分第三，台北，1958。除非特别注明，本文有关王阳明的英译都由本书作者译出。

[10] 同上。

[11] 同上。

[12] 当然，这意味着良知本身是创造性的。

[13] 参见我的论文《王阳明心学中的统一性与创造性》。

[14] 这一断言或许可以被称作**道德的统一性原理**。

[15] 这里的"积极意志"应理解为康德哲学传统中自我的自觉、自由和决定的能力，而不是叔本华（Schopenhauer）和尼采（Friedrich Wilhelm Nietzsche）哲学传统中盲目的冲动力量。

163　[16] 参见王阳明：《传习录》，第一部分第五。

[17] 参见圣奥古斯丁（St. Augustine）与奥卡姆（Ockham）的论说《科普勒斯顿哲学史：中世纪晚期与文艺复兴时期的哲学》[*A History of Philosophy（Frederic Copleston）: Late Medieval and Renaissance Philosophy*]，第3卷，第一部分，62页以前，纽约，1963。

[18] 王阳明：《传习录》，第一部分第三。

[19] 显然，这种确信是归纳的而不是演绎的。

[20] 王阳明：《传习录》，第三部分第四。

[21] 同上书，第三部分第三十八。

[22] 显然，这里的证成是一种自我纠正过程，如同归纳的情形。如果说正确判断是唾手可得的，那么自我修养就是获得正确判断的唯一途径。

[23] 参见王阳明：《传习录》，第三部分。

[24] "心"就其等同于"理"而言，就是同时实现自然的决疑原理。

[25] 王阳明：《传习录》，第四部分第九十。

[26] 王阳明：《大学问》。

[27] 朱熹、吕祖谦编：《近思录》，第一章。该书已由陈荣捷译出，标题为 *Reflections on Things at Hand*（纽约，1967）。

[28] 我根据朱熹的《大学注解》译出。

[29] 我是在本体实在的意义上使用"终极实在"一词，不必含有任何宗教或神学的指涉。

[30] 《尚书·大禹谟》，见屈万里：《尚书释义》，台北，1956。

[31] 参见我的文章《儒家与新儒家宗教哲学中的实在与觉解》（Reality and understanding in the Confucian and Neo-Confucian Philosophy of Religion），载《国际哲学季刊》（*International Quarterly of Philosophy*），313（1973）：33~61页。

[32] 《中庸》第二十二章，见《学庸引得》，台北，1970。

[33] 同上。

[34] 对孟子的或所有儒家的"心"这一概念，一种更好的术语是 heart-mind，因为"心"的活动不仅在于感知和思考，也在于情感、情绪和欲望。

[35] 《孟子》2A-2。

[36]《孟子》7A-4。

[37] 转引自陈荣捷：《中国哲学文献选编》，497 页。

[38] 同上书，593~594 页。

[39]《传习录》附录：《大学问》首段。

[40]《论语》，12-11，见《论语引得》，北平，哈佛—燕京学社，1940。

[41]《大学》。

164

五 中国哲学与象征指涉*

怀特海的象征指涉（Symbolic Reference）论

165　　怀特海的思辨哲学并非在所有的关系或所有的重要方面，都完全与中国哲学体系相吻合或相符合。事实上，两者存在重要区别，例如怀特海的创造性范畴与中国哲学的创造性范畴之别。但有一点无可否认：怀特海的思辨体系提供了诸多概念工具和方法论线索，它们可被用来说明和探讨中国哲学的内容与蕴涵。其中的一种概念工具和方法论线索是象征指涉论。

　　我将在下文简要介绍怀特海的象征指涉论，然后用之解释和说明《易经》和《道德经》中某些重要的但常被忽视的思想特征。

　　对怀特海来说，象征指涉是这样一种方法：通过这种方法，语言或象征系统（system of symbolism）努力阐明隐晦的意义或观念。象征指涉具有三重意旨。除了指涉客观事实以及阐明它们的意义或观念之外，象征指涉还能用来引起对主观情感和体验的关注，其中的情感和体验是与人们关于对象和事件的观念、意义或记忆相关联的。以上似乎是所有象征指涉论的共同点。但在怀特海的论说中值得注意的是，他给予这种理论以及对其根据的阐述哲学的深度、广度和重要性。他指出，我们以象征方式指涉的东西，是那些我们以某种方式意识到并影响我们生活的对象与事件。接着他指出，我们用来指涉对象和事物的符号并不必然是任意的约定（convention），而可以是我们自身的观念、印象或体验。

166　　根据怀特海的观点，我们以两种不同的知觉方式来知觉事物。比如说，我们看到一根火柴，又由于黑暗中其突然的发光而刺眼，从而知觉到火柴可点燃；由此我们观察到

---

　　* 本文翻译有些地方参考了如下中译本：成中英：《怀德海之象征指涉论与易经、道德经中心思想》，唐洁之译，见成中英：《中国文化的现代化与世界化》，120～141 页，北京，中国和平出版社，1988。

因果过程或原因与效果的关系。在这种意义的知觉过程中，我们是在受影响和体验客观变化的意义上知觉的。怀特海称之为"因果效力模式的知觉"（perception in the mode of causal efficacy）。另外，我们作为人类存在，也将事物的性质作为我们当前意识的对象来知觉。我们看到了诸如颜色、形状、大小等性质，仿佛它们是被直接呈现的。根据怀特海的观点，这种意义的知觉被称作"当前呈现模式的知觉"（perception in the mode of presentational immediacy）。因果效力模式中的知觉通常是不明确的、不鲜明的、不肯定的和有时间性的（temporally localized）；当前呈现模式中的知觉则是清楚的、明确的、鲜明的、肯定的和无时间性的（atemporal）。怀特海指出，在物种中，因果效力模式的知觉比当前呈现模式的知觉更原始、更普遍，后者的出现基本代表了包括人在内的更高物种之特征。于是，怀特海的象征指涉论之最重要的观点在于，我们在象征指涉中统一了这两种知觉模式，其途径是将当前呈现模式的知觉中的感知（percepta）用作因果效力模式的知觉中的感性符号。

怀特海对这种象征指涉过程的解释如下：

> 这两种知觉模式之间的象征指涉，提供了支配象征的主要范例。象征的前提是存在两种感性；并且，其中一种感性（perceptum）拥有某种与另一种感性共同的"根据"，从而这两种成对的感性之间的关联被建立起来。[1]

在象征指涉的过程中，对共同根据的要求是非常重要的。因为没有共同根据，就根本不会有一种知觉模式与另一种知觉模式之间的自然相关性。当然，我看不出怀特海有任何理由会否认，仅借助接受约定就能够人为地建立共同的根据。自然接下来，前面达成的约定能够为象征指涉提供共同根据。怀特海没有专门谈到这种类型的象征指涉。他在此涉及的是知觉中的象征指涉与知觉中的意义。其理论解释了我们如何达到关于对象与事件的客观知识，以及它们基于我们当前知觉的关联。提及的这两种知觉模式的共同根据在于，这两种模式以及两种知觉的同一现存资料（identical datum present）都有着模糊的（specious）呈现或被显示出轨迹。怀特海说：

> 因此，象征指涉尽管在复杂的人类经验中同时以两种方式发挥作用，但其主要被视为通过当前呈现模式中强弱不定的感性介入而在因果效力模式中的感性说明。[2]

167

知觉的澄清以及在象征指涉中一种知觉为另一种知觉所说明，是由于两者的共同根据以及两者的差异而得以成为可能的。因此，象征指涉把与一种知觉相关的情感和体验，经沉淀而传送给另一种知觉，后者由此变得更强烈、更丰富。用怀特海的话来说：

> 因此，这两种知觉之间的"象征指涉"是在这样的情形下发生的：作为关联者，某一种知觉引起了情绪、情感及其派生行为之间的融合，它属于成对的关联者

之中的任一种，并且也受益于这种关联。[3]

换言之，象征指涉会引起进行象征的知觉与被象征的知觉之间**情绪的合一**（unity of feel-ing）。情绪的融合显然不是一种单向的过程，正如关于两种知觉模式的象征指涉也未被认为是单向的过程。尽管由于趋向简化的自然倾向，我们通常是使用当前呈现的资料来象征因果效力的对象，但没有任何理由认为后者就不可能象征前者。对于这一点，怀特海有着清晰的认识：

> 作为象征的与作为意义的这两类知觉内容之间，没有内在的差异。当两类知觉以相关的"基础"相互作用时，哪类是象征群，哪类是意义群，要靠经验过程（组成知觉主体的经验过程）来决定。此外，究竟有无象征，同样要靠知觉来决定。[4]

即便象征指涉的方向取决于知觉者，也没有理由认为象征指涉的过程不能被视为（或约定为）双向的。在双向的象征指涉中，两个知觉系统互为象征指涉项，并交互作用，形成统一的感情，相互阐释各自具有的意义。在这双向的象征指涉中，有机的统一（全体）是由它们的象征形成的。被象征的知觉互为镜子，有助于在整体中更深刻地理解每一知觉。

168

怀特海的象征指涉理论，其终极意义来自一个基本的洞见，即人类能构造知觉系统的相互关联或统一，以便从一个或多个系统入手，更清晰地理解另一个系统。经概括的象征指涉范型可图示如下：

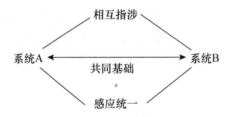

A 和 B 是两个知觉系统。两系统的相互关联产生了对较玄妙实在之意义的清晰洞见，这仅仅靠某单一系统是不可能得以了解的。

怀特海对其象征指涉理论提出了一个终极论点。我们如何赋予象征意义成立的理由？或者说我们如何知道哪个象征指涉系统是正确的？怀特海的答案很简单。通过考虑观察或采用象征意义所产生最终结果的"幸运"度或有效程度，我们就能证成我们的象征意义。也就是说，象征意义的正确与否取决于实用的考虑。怀特海用"幸运的"和"不幸的"来描述采用象征意义的结果。一方面，幸运的结果给我们继续信任象征意义的依据。另一方面，不幸的结果让我们有理由为了自身利益而放弃该象征意义。要讲清楚这一点，可能得费些功夫。但怀特海又提出一个替代检验。在象征与被象征之间，好的象征意义能产生感应的汇合或统一，而坏的象征意义则产生情感的冲突或贬损。因此，对于任何象征意义，我们都需要做全面的考虑，才能最终判定其价值。

下面我将运用怀特海的象征指涉理论来解释和阐明体现于《易经》和《道德经》中的中国哲学的某些重要特征。尤其是，我要把这两个古典文本诠释为一个相互象征指涉的系统。我将讨论其中包含的共同基础原理（Principle of Common Ground）、相互阐释和感应统一原理（Principle of Mutual Illumination and Unity of Feeling），并说明象征指涉理论中的实用证成原理（Principle of Pragmatic Justification）。

《易经》——作为象征指涉系统

尽管《易经》的古代文本不包含任何关于变易的位置、方式和结构的系统化解释，但毫无疑问，这部经典的发展是出于理解人生实在和指导人类行为这双重目的。后世增加《易传》，其后《易经》作为象征指涉系统的哲学意义就明确了。然而，对于体现在《易经》中的经验的意义与结构，我们仍缺乏令人信服的解释。或许应该首先肯定，《易经》以易的原初经验和宇宙的创生性为基础，发挥为卦象的象征意义和哲学注解所要阐明与解释的义理。 *169*

就易的原初经验与象征意义以及象征意义与注解之间的关系来说，《易经》中显然存在两个主要的象征指涉系统。第一个是用六画符号表示变易之原初经验的象征指涉系统。六画符号表示我们在因果效应模式中所经验到的变化结构的清晰意象。这些六画符号表示人类事务与自然事件中的转化、影响、冲突、支配、和谐、调和、对立等相互联结的关系。返回、反转、结构开放性、成就秩序与否等人类经验，在六画的体系与结构中也占有一席之地。象征系统及其有力的有机相互关系和层次排序，显现出我们在变化经验下的结构，增强我们对变化与转化等性质的知觉。显然，在象征及其相互关联的知觉和变化的经验之间存在共同的基础。卦中诸线条的形状、位置和方向，指示出我们各种变化的经验。

另外，很明显的是，人类经历的背景经验阐明了《易经》的象征意义系统，是《易经》中第二个主要的象征指涉系统，因为它有条理地显示出许多对象征系统的可能解释。因此，尽管象征系统阐释了某时代的人类经验，但我们的经验也有助于丰富对象征系统的理解。重要的是要记住，被象征的事物可以被独立地理解，并且可以被用来解释已有的象征系统。因此，经验与象征系统变成可相互依赖的。可以说，它们在《易经》文本中代表两种彼此界定、相互支持和相互阐释的过程。这双重象征指涉过程已具有极大的幸运或极具实效，使我们能够重视《易经》一书的哲学洞见。 *170*

虽然作为指涉变易之经验的六画体系澄清并阐明了变易[5]的经验结构，但在《易经》中有两项平行的思想及知觉的子系统，它们意图解释和阐明象征系统的意义，以及变易之缘起经验的意义。其中一个思想系统属于宇宙或自然哲学，另一个则属于人或人类的哲学。这两个思想系统同等重要，且共同在《易经》的注解［《系辞传》（*Hsi Tzu Ta Chuan*）、《说卦传》（*Shuo Kua Chuan*）、《序卦传》（*Hsu Kua Chuan*）］中得到发展。但不幸的是，自古及今的学者和思想家在理解易之经验及象征系统时都未能注意到这种并行。从怀特海的象征指涉理论看，对于一类经验或一组知觉符号的形式（组成指涉的共同基础并使其相互关联成为可能），我们可以期待发展出一个或更多的思想系统。更多的思想系统之发展在某些情况下可说是件好事，因为这些思想系统通过怀特海所称的"感应统一"方式表明了原初经验中实在显相的多样性，也使该实在得到多彩多姿的表征。这一过程无疑可以丰富我们对易之原初经验的理解。《易经》的作者之所以为深刻的思想家，其原因即在于此。

《易经》的宇宙系统用天地、尊卑、刚柔、阴阳来解释宇宙的经验。它用具体的自然概念和易的原理来描述变化过程。《系辞》说：

> 天尊地卑，乾坤定矣。卑高以陈，贵贱位矣。动静有常，刚柔断矣。方以类聚，物以群分，吉凶生矣。在天成象，在地成形，变化见矣。[6]

171 宇宙系统也定义了一些基本术语，用来描述易之实在及意义：

> 一阴一阳之谓道，继之者善也，成之者性也……富有之谓大业，日新之谓盛德。生生之谓易，成象之谓乾，效法之谓坤，极数知来之谓占，通变之谓事，阴阳不测之谓神。[7]

> 是故阖户谓之坤，辟户谓之乾；一阖一辟谓之变，往来不穷谓之通；见乃谓之象，形乃谓之器；制而用之谓之法，利用出入、民咸用之谓之神。是故易有太极，是生两仪，两仪生四象，四象生八卦。[8]

由此可以清楚地看出，宇宙论相对地存在于我们对变化的体验以及对变化象征的理解中。有关从太极到八卦依次发生的这段引文，说明了宇宙原理如何同样地运用于宇宙实在及其象征系统。甚至"易"这个术语逻辑上能够产生有益的模糊性。从象征指涉的理论观点看，易的宇宙原理包含于宇宙实在和体验的象征系统中，因而"易"兼指象征系统与宇宙实在，通过相互参照而形成一种"感应统一"。这之所以可能，纯粹是因为对宇宙实在和对文本的理解都共享着对变易及其原理的相同知解，这就是它们共同的指涉根据。

在《说卦传》中，就理解**创生者**（the creative）与**接受者**（the receptive）的意义以及易作为普遍原理的关联属性而言，感应统一延伸到人类经验的许多领域。创生者是刚的，接受者是柔的，躁动是危险的。执着意味着依赖，守柔意味着静止。马中有乾，牛中有坤，龙中有震，鸡中有巽，豕中有坎，雉中有离，狗中有艮，羊中有兑；

172 乾且见于首，坤见于腹，震见于足，巽见于股，坎见于耳，离见于目，艮见于手，兑

见于口。

> 乾为天、为圜、为君、为父、为玉、为金、为寒、为冰、为大赤、为良马、为
> 老马、为瘠马、为驳马、为木果。坤为地、为母、为布、为釜、为吝啬、为均、为
> 子母牛、为大舆、为文、为众、为柄。其于地也为黑。[9]

关于乾坤的宇宙范畴和相关经验，在此我们不必考虑这些异质的东西如何统一于中
心的感应。这么讲就够了：它们的和谐联结，证实了怀特海体系中存在的那种感应
统一。

在《序卦传》中，易的象征意义以处境变换的方式被表示出来，其中这些变换取决
于该处境中内在固有的自然倾向。把六画的卦位构想为诸变化阶段，且能够在时间进程
中交替地发生有机的互动，这是由宇宙哲学充分证成并肇因的。这无疑为易的象征引进
了动态的维度，并导向情感丰富的有力统一。这些情感不仅涵摄于象征的所有组成部
分，而且贯穿于我们关于易（居于易的象征体系背后）的生命体验。作为例证，《序卦
传》的一段叙述如下：

> 《兑》者，说也。说而后散之，故受之以《涣》。《涣》者，离也。物不可以终
> 离，故受之以《节》。节而信之，故受之以《中孚》。有其信者必行之，故受之以
> 《小过》。有过物者必济，故受之以《既济》。物不可穷也，故受之以《未济》，
> 终焉。[10]

那么，我们来看看《易经》关于人的哲学。与宇宙哲学并行，人的哲学显然假定：
人能充分理解易的世界；并且，通过这种理解，能够修养和转化自身，进入完美境界，
一般也能够促进他人和世界实现完善。在此意义上，人被认作体现了基本的变化原理，
从而拥有参与生命创造进化的极大能力。在这方面，《系辞》与《中庸》的观点一致，
认为人能够统合天地，构成了天地的终极实在中潜在价值实现的中介。因此，《系
辞》说：

> 《易》与天地准，故能弥纶天地之道。仰以观于天文，俯以察于地理，是故知
> 幽明之故。原始反终，故知死生之说。精气为物，游魂为变，是故知鬼神之情状。
> 与天地相似，故不违。知周乎万物而道济天下，故不过。旁行而不流，乐天知
> 命，故不忧。安土敦乎仁，故能爱。[11]

173

人能够通达并参与"道"和"易"的创生性活动，因而能够贯通易的终极真理，对
行为做出正确的判断。见之于古代经书中的易之象征的创生性及实践，正是圣人——已
完善自身者——智慧的结晶。因此，《易经》中易之普遍真理的提出已然反映了天地的
广泛参与。《系辞》以如下方式描述《易经》的形成：

> 天地设位而《易》行乎其中矣！成性存存，道义之门。[12]

　　　　圣人有以见天下之赜，而拟诸其形容，象其物宜，是故谓之象。[13]
　　　　圣人设卦观象，系辞焉而明吉凶。[14]

　　人的圣智既然在《易经》中得以具体化，那么《易经》就是天之真理从而变易本身的映像。《易经》包含了天地的设准，因而使我们能够理解天道及其秩序。[15]

174　　　　鉴于人创立了象征自己的符号，人的哲学就阐明了易的象征系统之意义，并带来了本体理解的深层意义以及真理满足的深刻感受。

　　依据《易经》中关于宇宙和人的哲学之性质，这两个思想系统显然是相互阐释、相互支持的。它们虽然分别由卦的象征系统得到意义的启示，但作为两个符号化的系统，它们是互换的。当这两个系统相互支持和相互阐释时，我们就有了一个相互象征指涉的实例。这是怀特海尚未指出的象征指涉的新特征，但像之前已经解释的那样，其已充分展示于易的两个系统中对易之象征和经验的理解。在象征指涉中，这两个思想系统彼此交换，同时相互交换对易的经验和象征。这四者之间情感充实的丰富统一，由此得以实现。

　　易的哲学及象征指涉的结果可图示如下：

《道德经》——作为象征指涉系统

　　现在，我们转向谈论作为象征指涉系统的老子之《道德经》。我将简略说明，当明确了《道德经》中的象征指涉结构时，早期道家中"道"的意义是如何变得更深刻、更丰富的。《道德经》把"道"当作终极实在来谈论。"道"是什么？《道德经》说："道可道，非常道。名可名，非常名。"因而"道"不是一个日常概念，不能用概念的方式来理解。尽管《道德经》有许多段落都试图说明和表示"道"是什么，"道"如何运作，它如何与人和物相关，如何运用于政治；但是，理解"道"的核心主题，在于我们在日常生活中对"道"的体认（experience and perception），这需要强烈的专注力和精微的洞察力。作为《道德经》的作者，老子可以说已获得这种专注力和洞察力，而且知道

*175*如何用具体形象和事物的性质来澄清与阐释他对"道"的体认。这些具体形象和经验的性质服务于双重目的：其一在于认清和显示"道"这一普遍的、终极的和具体而有洞察力的实在；另一在于归纳思想系统的发展，以在共同的基础上将其运用于人类学习和兴趣的各个领域。这双重目的是重要且必要的，因为"道"是不能用言语来察知、确定和

描述的。

　　老子用"无"来指"道"。他这样描述"道"：

> 其上不皦，其下不昧。绳绳不可名，复归于无物。是谓无状之状，无物之象，
> 是谓惚恍。[16]
>
> 天下万物生于有，有生于无。[17]

"无"当然不必是完全虚无。它是不确定的、无形的，但其使事物成形和确定。它虽然是"无"，但却是存有的不竭之源。它还是事物的生成与变化，因为它不仅仅是寂静与不变。

　　"道"是生成及生成之源，这在如下一段话中清晰可见："道生一，一生二，二生三，三生万物。"[18]对"道"的构想是：它不涉及完成特定计划的任何具体活动，然而却可以说它实现一切事物。事实上，整个宇宙之所以都被构想为"道"的运作，正是因为它"无为"。因而，《道德经》说："道常无为而无不为。"[19]在"道"的诸性质中，"道"被有力地描述成这样：它不仅是物之始终，而且是物的生成过程。事物的生成起始并发育于"道"之中，然后返回其根源。"反者道之动。"[20]因此，如果能把握"道"的虚无和静寂，我们就能观察到"道"的复归。《道德经》说：

> 致虚极，守静笃。万物并作，吾以观复。夫物芸芸，各复归其根。[21]

鉴于"道"的这些性质，我们如何辨识"道"的形象？尤其是，我们如何辨识"道"的无形之象？这也就是说，"道"的形象如何以使事物变、动、反的微妙力量而不参照静止的样态来表示"道"呢？老子的确关注并提出了一系列关于"道"的无形而具体的意象，由此不仅"道"的性质以及我们对之的体验在感知上变得清晰；而且，依据这些意象，"道"运用于生活与社会的范型和模型以及关于实在的方法和观念，也变得易于界定和发展。这些"道"的意象构成了结构与感应的有机统一，并且为根植其中的并行思想系统之别异与整合提供了根据。这些思想系统可分别称之为"道"的美学、"道"的形而上学、"道"的辩证法和"道"的政治学，它们是并行的结构，导源于"道"的意象与"道"的普遍经验间的感应统一；这些统一通过这些意象和思想系统之间的象征指涉而导致更高层次的感应统一之实现。

176

　　老子之"道"的意象是什么？以下是《道德经》中提出的需要我们关注的意象，而我将对这些意象略加评述，其中涉及它们阐释"道"、澄清思想系统及将其运用于生活的潜力。

　　第一，把水当作"道"的意象。显然，水是柔的、形态灵活的，它具备包容性，并且具有自我变形和使其敌对势力变形的极大力量。它反映了"道"，是善与美的典范，并且在对待生活和实在的态度上代表着谦卑、柔顺的巨大力量。老子说：

> 上善若水，水善利万物而不争。处众人之所恶，故几于道。[22]

> 天下莫柔弱于水，而攻坚强者莫之能胜，以其无以易之。[23]

除了把水当作"道"的意象外，"道"还被比作河流、海洋、海水和洪水等与水有关的事物。因此，老子说：

> 譬道之在天下，犹川谷之于江海。[24]
>
> 大道泛兮，其可左右。万物恃之以生而不辞。[25]
>
> 江海所以能为百谷王者，以其善下之，故能为百谷王。[26]

177

第二，把赤子当作"道"的意象。赤子和水一样，都是柔弱而不争的。但与水相比，赤子更富有生命潜能，更富有学习、成长与创造的能力。赤子是纯洁单纯的，尚未被片面的知识、坏习惯和邪恶的思想所污染，因而赤子对遭遇之事无偏见，能无为而无不为。因此，他是创造的种子、新奇的肇端、和谐的典范。他不设防，因而不曾引来伤害和竞争。老子说：

> 载营魄抱一，能无离乎？专气致柔，能婴儿乎？[27]
>
> 含德之厚，比于赤子。蜂虿虺蛇不螫，猛兽不据，攫鸟不搏。骨弱筋柔而握固。未知牝牡之合而全作，精之至也。终日号而不嗄，和之至也。[28]

第三，把母亲当作"道"的意象。母亲是存有之始，是生命的源流与储存之所。她抚育、资助孩子，始终甘于爱护孩子、为孩子付出。因此，她不仅是生命之源，而且是生命的维持者。母子之间没有天然的障碍，因而知子可知母，知母可知子。

母亲为她的孩子是愿意自我牺牲而不自私的。她永远仁慈温柔，无微不至地照顾她的家庭。她永远理解并默默地承受生活的重担。虽然关于母亲的美德老子说得不多，但显然，他意图透过象征指涉过程和感应统一，把我们所理解的母亲意象运用于"道"。对于母亲，他明确地说：

> 有物混成，先天地生。寂兮寥兮，独立不改，周行而不殆，可以为天地母。[29]

178

> 天下有始，以为天下母。既得其母，以知其子，既知其子，复守其母，没身不殆。塞其兑，闭其门，终身不勤。[30]

如下叙述隐含了老子所指的母亲意象：

> 谷神不死，是谓玄牝。玄牝之门，是谓天地根。绵绵若存，用之不勤。[31]
>
> 大国者下流，天下之交，天下之牝。[32]

第四，把雌性当作"道"的意象。上面最后一段引文已然指出，雌性是母亲的首要意义。在此意义上，雌性是原理，不是平行于或附属于雄性的原理。她是一，不是二之一。作为一，它生长二和万物。老子也设想，"道"拥有雌性的性质和美德，并且它的作用与雄性对立且补足雄性。雌性也是柔、静、灵活、温雅的，由此能征服和同化雄性（粗糙、固执、好斗和出风头的），以形成和谐与统一。缺少了和谐与统一，现实世界和生命就不可能。因此，可以说雌性使世界的一切现实过程成为可能。由此对个别事物的实现和保存来说，它是创生力量。作为创生力量，它与其作为母亲的潜能和养育孩子的能力是不可分离的。就其柔而能克坚来说，它类似于水。因此，雌性的意象就常被联想于母亲、赤子和水的意象，从而必定存在这三种意象的感应的汇合。关于雌性能实现统一、成就原始的纯真和创生，老子有如下论说：

> 知其雄，守其雌，为天下溪。[33]
>
> 牝常以静胜牡，以静为下。故大国以下小国，则取小国；小国以下大国，则取大国。故或下以取，或下而取。[34]
>
> 天门开阖，能为雌乎？[35]

第五，把"未雕刻的木头"当作"道"的意象。《道德经》至少有六次提到"朴"这个词，意指未雕刻的木头。这个词暗示着风格与形式的简单性（simplicity），以及性质与内容的真实性。因此，这个词常在这些意义上被使用。在《道德经》中，暗喻的意义转变为一个正式的概念，而其象征的对象变成了其所意指的东西。虽然生命的简单性很难被定义，但我们如果将之定义为木头的未雕刻状态，就可以得到较清晰的对简单性的想象。简单性不是单调，也不是粗糙，而是生意盎然和充满新奇的潜能。未雕刻的木头是最好的例子，它充满新奇的潜能，能变成不同的、有用而有趣的事物。它是未定的，正由于此，它能呈现出许多形态和样式，转变为确定的器皿。因此，《道德经》说"朴散则为器"[36]。

"朴"的价值在于其有用性和能达成多种理想目标的潜能。在这方面，它与赤子、母亲、雌性和水在性质上很相似。但只有未雕刻的木头才显出定、静、牢固、没有固定形状的结合，并且突出统一性。因此，老子似乎最喜欢用这一意象来指涉"道"以及人的理想性格。在谴责智慧、仁和技巧之用后，老子说：

> 此三者以为文不足。故令有所属：见素抱朴，少私寡欲。[37]

对想要真正理解"道"的那些人，老子提出了如下劝诫：

> 知其荣，守其辱，为天下谷。为天下谷，常德乃足，复归于朴。[38]

老子也明确地把"道"比作"朴"，因为"朴"和"道"一样无名、不确定和不显著。"道常无名，朴虽小，天下莫能臣（也）。"[39]在把"道"当作克制人欲的方法时，他用"朴"这个词。他说：

> 化而欲作，吾将镇之以无名之朴。无名之朴，夫亦将无欲。不欲以静，天下将自定。[40]

复归于"朴"的状态，是管理国家和自己的方法。它是通过无为达成一切的方式，是通达和平、和谐的方式，也是不受欲望干扰和主导的福祉。[41] 显然，老子把"朴"的状态视为事物萌发时（人发展知识与技艺之前）的自然和原始状态。

前面我们讨论了《道德经》中"道"的五个主要意象。每个意象都作为"道"的象征，并导向象征与"道"的意义之间的感应统一。所有这些"道"的意象都是相互支持也相互阐释的，而这种相互象征指涉的事实使我们对"道"的理解更开阔、更有力、更深刻。另外，老子用某些基本特征所解释的"道"之概念，唤起了这些根植于我们世界和生命经验的意象。这不仅表明我们对"道"的知觉与对"道"之意象的知觉这两者有着共同的基础，而且表明"道"本身也阐释着这些阐释着"道"的意象。甚至可以提出，正如"道"呈现了这些意象，这些意象也体现了"道"本身，从而"道"与这些"道"的意象是交相阐明的。这就是我们所称的**象征指涉的交互性**（reciprocity of symbolic reference）。

而我们必须牢记，阐释"道"的意象不止这五个。贯穿《道德经》的还有许多或隐或显的意象，例如：风箱意象，指涉虚无和"道"之中的不竭生命；山谷意象也有相似的意义；弯弓意象，指涉"道"的平衡能力；另外还有许多不同的性质作为"道"的意象，如弯曲、卷曲、低下、小、少、守一、至柔、空、静、弱、不显，等等。

181 老子说：

> 人之生也柔弱，其死也坚强。万物草木之生也柔脆，其死也枯槁。故坚强者死之徒，柔弱者生之徒。[42]

显然，他看到以下两者在质上的类似和实际同一：一面是柔、弱和生命，另一面是坚、硬和死亡。出于同样的原因，"道"的意象不只是一个类比，而且是实际的感应和实在的同一。"道"是一，却有许多表现，"道"的意象是这些表现的自然象征。

《道德经》全书用一系列意象来表示"道"，这些意象作为"道"的终极实在的象征指涉系统而发挥作用；这么做就动态地产生了具体感应的统一领域，从而赋予"道"的概念有效意义。既然在运用"道"之意象的感应统一中，"道"这一概念的感性意义得以阐释，那么各种关于"道"的思想体系就能够在此背景下建立。换句话说，我们能够就着不同的相关学科观念来明确"道"的概念，因为由此产生的"道"之意象和感应及意义的领域，为发展这些观念提供了丰富的基础和来源。我们尤其可以提出建立"道"的形而上学、"道"的辩证法、"道"的伦理学、"道"的美学以及"道"的政治学的可能性。要依据"道"的意象的感应统一来发展这些概念系统，需另文详述。目前我们仅意于指出，这些系统可被视为或实际上被呈现为分立的而又相互关联的象征。它们相互指涉，从而体现和形成了由统一而丰富的感应和意义组成的更进一层的相互支持的网络。

我们可以用下面的图示来表示《道德经》中象征指涉的结构及概念分支：

结语

依据怀特海的象征指涉论，我已经解释了《易经》和《道德经》中的一些核心概 　　*182*
念。这个解释不仅展示了怀特海象征指涉论的成效，同时也通过发展彼此或相互象征指
涉的原理，扩展了该理论的深度和广度。我们把《易经》和《道德经》当作两个象征系
统的结构，讨论其中的许多方面，却没有特别讨论《易经》和《道德经》这两个象征系
统实用的成立理由。然而，任何熟知中国哲学史和各种实际思想及行为领域的人，都能
够在怀特海式的效验性与正确性之意义上，证实来自《易经》和《道德经》的观念之实
用效验性与正确性。

【注释】

[1] 阿尔弗雷德·诺思·怀特海：《过程与实在》（*Process and Reality*），274 页，纽约，麦克米兰　　*183*
出版公司，1957。

[2] 同上书，271 页。

[3] 同上书，274 页。

[4] 同上书，276 页。

[5] 在对《易经》的传统评述中，易有三重含义：变易、不易、简易。

[6] 《易·系辞》，卫礼贤（Richard Wilhelm）译为德文，贝恩斯（Cary F. Baynes）译为英文，
1950 年初版，1985 年再版。

[7] 同上书，297 页。

[8] 同上书，318 页。

[9] 同上书，275 ~ 276 页。

[10] 同上书，714 页。

[11] 同上书，294 ~ 295 页。

[12] 同上书，303 页。

[13] 同上书，304 页。

[14] 同上书，287 页。

［15］参见上书，293 页。

［16］《道德经》第十四章。

［17］《道德经》第四十章。

［18］《道德经》第四十二章。

［19］《道德经》第三十七章。

［20］《道德经》第四十章。

［21］《道德经》第十六章。

［22］《道德经》第八章。

［23］《道德经》第七十八章。

［24］《道德经》第三十二章。

［25］《道德经》第三十四章。

［26］《道德经》第六十六章。

［27］《道德经》第十章。

［28］《道德经》第五十五章。

［29］《道德经》第二十五章。

［30］《道德经》第五十二章。

［31］《道德经》第六章。

［32］《道德经》第六十一章。

［33］《道德经》第二十八章。

［34］《道德经》第六十一章。

［35］《道德经》第十章。

［36］《道德经》第二十八章。

［37］《道德经》第十九章。

［38］《道德经》第二十八章。

［39］《道德经》第三十九章。

［40］《道德经》第三十七章。

［41］参见《道德经》第十五章、第五十七章。

［42］《道德经》第七十六章。

184

六　面向调和辩证法的建立：中国哲学中的和谐与冲突*

绪论：主题的模糊与当前的任务

在近来的中国研究中，出现了一股期望对中国哲学的性质及演化进行整体理解的热 潮。[1]也许正是由于这个缘故，才发展出种种对中国哲学、中国思想中的和谐与冲突的讨论和定型。尽管各方面提出的看法很多，但我们既看不到有任何肯定的结论，也没有人真正感觉到这个问题对理解中国社会及其未来转变的重要性和相关性。经常被触及的主题有三种，但其间没有恰当的明确区分。第一种主题是：中国各家哲学思想之间存在和谐与冲突，和谐与冲突的种种形式在各家思想发展的过程中被表现出来。第二种主题是：中国哲学中有很丰富的和谐概念与冲突概念，这两个概念在中国哲学中得到了尤为详尽的说明。第三种主题是：中国哲学中的所有重要概念，都可以通过一个由和谐概念与冲突概念建立的架构来理解和评价；和谐与冲突可视为这个架构里的两种思考模式，或是取向上的两极，或是变动不居的实体的两个面。[2]当然，在对中国哲学史上的任何一位哲学家或任何一本哲学著作的理解上，这三种主题都是相关的，甚至是分不开的。

本文要对中国哲学的主要思想流派发展出来的和谐与冲突的类型进行澄清、建构、分析和认可。但讨论仅限于上述第二、三这两种主题。我的目的在于，确定各家和谐与冲突哲学观背后统一的关键结构，以便为进一步解释那些哲学观提供根据。我认为，关 键在于要先了解中国哲学中的哲学思考方法和模式，其中和谐与冲突是两个相互界定的范畴。在这一点上，我想引介一套和谐与冲突的形而上学以及由之而来的中国哲学方式的和谐辩证法。根据这种形而上学，就可以在中国形而上学、方法论的结构里无碍地定义和解释和谐与冲突这两个概念。换句话说，我们将以中国哲学中的一些基本用语来澄

---

* 本文翻译有些地方参考了如下中译本：成中英：《和谐化的辩证法》，见成中英：《论中西哲学精神》，173～201 页，北京，东方出版中心，1991。

清和谐与冲突的直观意义。我尤其要指出，作为形而上学的、辩证的架构里的两种经验形式或两种对实在界的看法，和谐与冲突之间是有极紧密的概念联系的。这一点是前人没有直接提出来讨论过的。

在澄清、详述和谐与冲突形而上学及调和辩证法之后，我将开始我的第二项工作：在中国道德哲学、知识论、社会哲学、政治哲学的领域内，在同和谐与冲突相关的观念之间建立关联，并予以证实。正是在这些领域，和谐与冲突形而上学及调和辩证法才能得到最具意义的运用，并有助于我们一般地理解个人内部和社会之中的和谐与冲突，其中个人作为道德个体，社会则是个人发展与成长的媒介。另外，我们也会比较几种关于本体论和方法论的替代观点。当然，经过这种方法取向上的集中比较，我们定然会对中西哲学传统的融合与会通有一个新的认识。在这个新的认识下，我们将会对和谐与冲突形而上学及其辩证的历史经验，以及它可能引起的个人和社会的未来改变，有进一步的了解。

儒家思想中的和谐与冲突形而上学

史华兹（Benjamin Schwartz）在研究新儒学思想中的某些对偶现象时论述道[3]，理解新儒学的思想，既要基于其时代背景，也要依据内在于整个儒学传统的**问题意识**（problematik）。史华兹这里强调的是，把思想流派与产生该**流派**的那组问题联系起来的重要性，由此就在流派的继承者与创始者之间建立了关联；这种强调无疑是正确的。这意味着，思想的发展有其历史连续性，然而又具有可作分析研究的非历史的**问题意识**。

187 按照这一假设，我将分析中国哲学中和谐与冲突形而上学及其辩证法最初形成时的情状。这种分析性的理解，也将有助于我们了解中国哲学发展过程中产生的其他思想。[4]

从中国形而上学的视角看，什么是和谐，什么是冲突？内在相关于和谐与冲突形而上学的方法论或辩证法原则是什么？这两个根本的问题，必须依据儒家和道家这两种基本思想流派来回答。无可否认，自古典时代到 20 世纪早期，儒、道两家比其他任何流派对中国智识**阶层**的思想之形成都更具影响。如果我们再大胆一点，甚至可以说，儒、道两家乃源于同一宇宙经验，它们一开始所欲解答的**问题意识**便是相同的。我将通过《易经》和新儒学著作[5]来讨论儒家的观点；通过《道德经》和《庄子》来讨论道家的观点。

为了便于讨论，我要非正式地解释和谐与冲突这两个概念。从直觉来看，和谐的意义如下：就任何两种共存或继存的相分别的力量、过程或实体而言，如果这两者之间有着互补和相互支持的关系，乃至一方在力量、实现、生产力和价值方面有赖于对方，那么我们就可以说，这两者形成了一个和谐的整体或一种有机的统一。相反，冲突意味着：两种相分别的（无论是否不同）力量、过程或实体之间缺乏和谐，乃至一方趋于取消、抵牾、伤害甚至摧毁对方。因此，在两个冲突元素之间是没有和谐与统一可言的。按照这种对和谐与冲突的解释，我们可以设想两种相分别的东西既不相互冲突，又不和谐。那么，就可以容许存在一种中立于和谐与冲突的无关、无涉、无偏的情况。但必须注意，在人类的经验过程中，一种无关、无涉、无偏的情况不会永久保持中立的状态，它不是较易流入和谐，就是较易导致冲突。因此，我们可以讨论和实际和谐与实际冲突相对的潜在和谐与潜在冲突。由此可以假设，任何两个相异或相别的既定事物，它们要么趋于相互调和，要么趋于相互冲突。

应指出，在自然和人类生存的不同层次中，存在着多种类型的和谐与冲突。和谐与冲突在质和量上所表现出的复杂性是关系多元的自然反映，事物应该在这种多元关系中得到界定和辨识。因此，简单地运用任何一个公式，都不可能勾勒出所有类型的和谐与冲突。从客观实际来讲，脱离了和谐与冲突关系的产生背景，我们甚至无法说明和谐与冲突的产生原因和条件。因此之故，为了便于哲学讨论，我们不妨设想一个普遍的形而上结构——这一形而上结构贯穿所有类型的和谐与冲突，有助于我们理解和谐与冲突的原因和条件。我们还可看出，和谐与冲突对人都有一定的价值，但一般地说，不论个人还是社会，在正常情况下都会视和谐为较有价值者，且倾向于追求和谐，而不是冲突。于是，和谐与冲突问题就可被视为对创造及追求和谐的解释和证成问题，或者（和）以追求和谐为旨趣，如何解决现存的或潜在的冲突问题。

对儒家来说，和谐乃根本状态，是基础性的结构或实在；而**冲突**不隶属于实在界，毋宁说其代表一种不自然而失衡的秩序，或没有持久意义的失序。根据儒家的观点，世界是一个变化发展的过程。虽然世上的确有改变、相异、分歧、紧张、对立和敌视等现象，但儒家坚持认为，宇宙、人类社会、个人生活的大势是趋于和谐与统一的。作为有力的例证，可以考察《易经》如下根本原则：（1）包容天、地、人及万物的实在（所谓"道"），既是一个变化的过程，又是一个有秩序的结构。（2）生命之创化乃易之根本，道的创生能力是无限的。[6]（3）变化过程中始终存在两种相反相成的动力，它们被称作"阴"（雌性原理的力量面）与"阳"（雄性原理的力量面）。（4）"道"是一，是一切变易的动力源，从而是一切对偶之源。在此意义上，"道"被称作一切事物的"太极"。（5）事物之分化乃阴阳互动的表现，因而可同一于"道"。（6）万物之生成是由于"道"之"性"，凡是能依循或发展"道"之"性"的事物都含有善。[7]（7）人能够理解这种变易之动力，在其行为中能够符合动力原理，从而能够成就至善于世界。（8）就达成对"易"之理解而言，人能够参与"易"之活动，实现自身与世界的和谐。（9）失调、不幸与缺陷问题，源于人未能了解变化的真相，由此未能与世界和谐。

由这个对《易经》形而上体系的简明描述，可以澄清关于和谐与冲突问题的以下数点：

188

189

首先，《易经》本身说明，事物的创生与统合是和谐的一个基本要素。亦即，在《易经》作者看来，世界是一个创生的统合体，变易的进程即是众多事物的自然和谐；这些事物有始有终：以和谐始，亦期终于和谐。其次，尽管事物之中存在的是短暂的连续，但短暂的连续也是无限的生命创造。与之相应，一切事物都是在变易与生命的进程中创生，而通过人不断努力将自身统合于"道"，生命的终极目标可以达成。最后，变易的进程被构想为种种对偶的创生性统合，这种对偶在于事物的相反相成，由此得到解释的不仅有变易，还有繁复的万物。值得注意的是，矛盾、缺陷、冲突、不符或斗争等经验中的表象，均可被视为对偶互动中不适当、不完备的子进程。只要对偶终究会同一于"道"，对偶——以一般意义上的阴阳来表示，例如冷热、刚柔、动静、高低——就不是真正的相反或敌对，而只不过是相成意义上的相反。它们的存在使实在界变得有趣、有意义，且完整。只要我们让它们依照其内在的自然及简易性去运行，"阴"与"阳"之间就没有紧张和敌意。按此观点，任何对偶的互动形式，不论其复杂程度如何，都是和谐的表征。这种和谐是在动态的意义上而不是静态的意义上说的，也就是说，它们是事物总体上调和的一种存在状态。

在《易经》中，实在、整体、统合、自然等，都是和谐的规定性。人性亦如此，故而无论是否有自觉地自我修养，人都会达成这种和谐。人的问题在于，如何尽其所能地让自身与自然进程、既定事态或变易历程相和谐。儒家相信，人能够通过自我修养而达成这种与自然的调和。这种思想表现在诸如"仁者，浑然与物同体"[8]、"大人者，以天地万物为一体者也"[9]之类的话里。汉以来，这种思想被称为"天人合一"或"天人合德"[10]。因此，《易传·系辞上》中说："是故天生神物，圣人则之；天地变化，圣人效之。"[11]人道正是要成圣，从而人自身与世界的调和就是要修养和发展自身从而趋于道德完善。这种成圣的修养过程，被表述如下：

190

> 与天地相似，故不违。知周乎万物而道济天下，故不过。旁行而不流，乐天知命，故不忧。安土敦乎仁，故能爱。
>
> （《易传·系辞上》）

这段话足以表明，儒家之所以如此看重人的道德修养，正是因为其希望人能够与世界及其中的万物相调和。这种观点在《论语》《中庸》《大学》《孟子》乃至荀子的著作中得到了进一步的表达。如我们所见，人的道德修养牵涉许多复杂和对偶性的考虑，但儒家还是坚信，道德修养必然带来善与和谐。到了新儒学，这样的观点甚至表达得更明确：通过指向道德完善的自我修养，人们会达到一种能消弭冲突与紧张的宇宙万物和谐状态。

如果说和谐等同于善，与和谐对立的冲突等同于恶，那么冲突就必须被调和。《易经》中有两个有关冲突的要点值得注意：第一，冲突的问题在于，人无能力与实在界相合。因此，从根本上说，冲突是个人或人群软弱的表现——他/它未能赏识变易之妙，由此不能控制或约束自身以契合本性。第二，只要人们以适当的时机和恰当的方式增进理解，调整行为，从而努力契合本性，那么冲突就总是能避免的。只有在这两点基础上，我们才能了解《易经》中对人世间之恶与不幸所做的判断和告诫。因此，冲突基本上意味着个人与环境、时机或众人的做法之间缺乏和谐，而就此而论，通过个人或人群的智识努力，冲突应当是可调和的。

道家思想中的和谐与冲突形而上学

现在，我们谈谈道家的和谐与冲突形而上学。一如《易经》，《道德经》也肯定：终极实在是一，是大全（all-comprehensiveness），即"道"。在道家这里，具有一、常、大全的"道"这一终极实在，被进一步刻画为无定性（indeterminativeness），也就是没有任何确定性质的"无"。在此意义上，"道"不仅是终极实在，而且是无极（the ultimatelessness）。[12] **"无"正是万物变化和创生的无限的不竭之源。**道家的和谐与冲突形而上学，同样把阴（也是指雌性原理的力量面）、阳（也是指雄性原理的力量面）的对偶与互通视为"道"的基本功能，例如在《道德经》中，一方面，阳面的强、贵、明、善，有别于阴面的弱、卑、隐、恶；而另一方面，阳面被设想为是从阴面中已经导出且正在导出的。显然，《易经》与《道德经》都强调这种"反—生—反"的观念。

还可以比较另一点。《易经》以三爻六爻变化不定的方式极为明确地认可了反复原理，老子则明确且充分地阐发了"反""复"原理。他这样谈论"道"："弱者道之用。"[13] 他还说："万物并作，吾以观复。"[14] "反"与"复"之间有一微妙的差别："反"是反面之反，亦即物极必反；"复"则似乎暗示归于变易根源的"道"或"无"，所以老子说"归根曰静"[15]。"复"也可指"反"后之再"反"。因此，变易转化的整个过程，其特征就是"道"之对偶性的"反"与"复"。显然道家意义上的和谐就是：按照上述的对偶、互通、反、反者之反（复）原理，万物的自然统合以及变易的自然进程。当然，它也是"道"之展开中的万物的无限创生。老子无疑很看重自然的这种创生活动，并且这构成了"道"之和谐的一个要素。

老子认为，善与恶、美与不美、真与不真相互规定，从而就其存在与为人所知的方面而言，其是相互依赖的。他把这种价值上的相互规定推至人类经验中所有的重要范畴。他说：

> 有无相生，难易相成，长短相形，高下相倾，音声相和，前后相随。[16]

这是道家相对性原理的雏形，它在《庄子》一书中得到了极为详尽的阐发。

根据庄子的观点，世间一切事物都是相互依赖、相互规定的。价值的区分是人为的决定，并无客观的根据；事实的区分则是可以齐一的（equalizable），它们只不过是无限而无定性的"道"之有限表现。庄子说："物无非彼，物无非是。自彼则不见，自知则知之。故曰：彼出于是，是亦因彼。"[17] 在此意义上，万物皆为"一"这个整体的一分子，这些区分根本没有必然性、不可变性和绝对性。因此，从道的观点来看，所有的区分与差异都是不可辨识的，也无损于齐一之"道"的无定性实在。我们可称之为"本体齐一化或本体相对化原理"。根据这一原理我们可以确认，在事物和价值的别异中根本不存在**冲突**或恶，也不缺乏相关性。还可以进一步推论说（庄子实际上也这样宣称），万物均可相互转化，一切观点都同等有效、同样重要。因此，庄子说：

193

> 故为是举莛与楹，厉与西施，恢恑憰怪，道通为一。其分也，成也；其成也，毁也。凡物无成与毁，复通为一。[18]

庄子无视一切区分与差异，同时认为这些区分与差异是现象界中的相对本质，其根据即在于这种万物（不论大小）在本体上的齐一性。

与老子不同，庄子并不强调要复归于"道"这一根源。但关于"道"之大与终极，庄子达成了与老子同样的结论，其途径是认识到"道"中不竭的丰富性，这种丰富性对"道"之实在来说轻而易举。因为"道"中的一切事物之构成都是相对的、可以相互转化的，从而同时又是可化约为同一的。既然万物间的区分与差异是本体上可超越的，那么区分与差异导致的冲突、对立、敌视自然也是本体上可超越的，是可泯灭于道之中的。因此，在"道"的慧眼中，冲突与对立完全没有本体上的地位。这足以解释，为什么庄子把很多不愉快的人生经验视为认识"道"之同化力的契机，从而不把灾难视为不快。这么做，就是要理解逍遥与创造的真正含义：从价值的执着中解放出来，从局限于单一观点的偏见中解脱出来。庄子说：

> 唯达者知通为一，为是不用而寓诸庸。[19]

一个人如果能出于"道"的精神去超越而又包容万物，那么就能随时随地避开、化解冲突。因为他会看出，冲突、敌对、区分或者差异只不过是和谐与同一的辅助形式，是产生和谐与同一之所由。这种观点最初是由老子提出的。庄子将之发展为如下自然结论：懂得万物齐一之道理的人是最快乐的，并且，他能在这种意义的快乐中达到最高形式的和谐，即与"道"齐、与"道"一。庄子由此提出了这样的洞见：

194

> 庸也者，用也；用也者，通也；通也者，得也，适得而几矣。[20]

调和辩证法

尽管关于世界以及人于其中之地位的形而上观念，儒、道两家的态度与方法显然有别，但我们必定会很快注意到，《易经》与道家的形而上学有如下共同点：（1）两者都把世界认作一个和谐或处于调和中的历程，其中事物之间的所有差异与冲突都没有本体上的根本性，而是服务这样的目的：完成多种多样的生命之间的和谐状态，或者是在变动不居的实在之创生动力中生发多样的生命。(2)两者都承认，人在生活中可能体验和遭遇冲突与逆境，但是人能够通过增进理解和调整行为来克服这些情况。在此意义上，冲突与敌对可以通过修养以及与自然间的调适来化解，这些都是可以在人力之内达到的。

形而上学决定了人类看待世间事物的方式，也提出了人类解决困难和进行探究的方式。此外，形而上学还能提供分析、评价、指导生活事务与问题的途径。在此意义上，我们可以基于和谐与冲突形而上学来谈论和谐与冲突辩证法。鉴于儒家与道家的上述和谐与冲突形而上学具有通则性，我们就可以探讨一种为儒、道两家所共有的辩证法，以作为运思、分析和看待人生与世界之中和谐与冲突问题的方法及模型。这一共有的辩证法，我们称之为"**调和辩证法**"（dialectics of harmonization）[21]。可将之阐述如下：

（1）一切事物都以对偶的（和相对的）方式生成。

（2）对偶同时包含相对、相反、互补、可相互产生等性质。

（3）事物之间的一切区分与差异都生于（也皆可解释为）原理上的、力量上的和观点上的对偶。

（4）具体地说，对偶产生了无限的生命创造力（对《易经》而言）、"复"的历程（对老子而言）以及事物与事物之间的可相互转化性（对庄子而言），还有反转（对《易经》、老子、庄子三者而言）。

（5）冲突是可以化解的，其化解途径是将冲突置于一个相关的对偶及其互生关系的框架中，其中可以断定终极实在的唯一性与万物的本体齐一性。

（6）通过理解实在与自身，人能够认同并发现化解冲突的途径。

如果我们把"道"（实在）视为万物差异的调和，由此也将之视为蕴涵于差异中的对偶之统一，差异和对偶两者都是冲突、敌对的表面原因及缘起，那么我们便可以下列方式应用"调和辩证法"来化解冲突与敌对。首先，我们认识到，冲突与敌对含有对偶性和相对性，由此蕴涵着互补性和可相互产生性。这会让我们明白，冲突与敌对有助于且参与实在中的调和进程。基于这种理解，我们就会在对"道"的无限把握中，把冲突与敌对的双方视为本体上可齐一、可辩证地同一的。因此，我们便可经过自我与世界调适的整个过程，将自我投射到一种没有冲突、没有敌对的境界中。这种调适的过程，便可被称作调和的过程。

鉴于对偶性和相对性的内在动力，冲突与敌对的出现因而就要求人们的道德（实践）转变，同时要求人们在（对世界的）理解上做出与调和辩证法相应的、本体上（形而上）的转变。

与冲突辩证法的比较

只要可以把"调和辩证法"当作受儒、道两家广泛影响的传统思维方式，我们就可以将之与发展于其他文化及哲学中的其他辩证法相比较。[22]我们立刻会想到，有两种著名的辩证法可作为这样的比较对象，它们富有深刻的哲学与文化意义。其一是代表现代西方的、主张不断进步的黑格尔—马克思主义辩证法；其二是代表佛学信仰的、提倡全然否定和放弃的中观辩证法（Madhyamika dialectics）。我的比较目的是要表明，儒、道两家的调和辩证法在逻辑上与黑格尔—马克思主义辩证法、中观辩证法都不相同，以及

196 其不得不在人类历史进程中与后两者一较短长。从一开始比较就要说明：这三种形式的辩证法各有其产生的文化背景，相应于不同的文化经验、需要与抱负。就此而论，我们无法就其内在的优劣进行比较。从理论思辨的视角看，这三者虽然不同甚至对立，但却是互补的。如果采取这种观点，我们就已是在较高层次采用调和辩证法。当然，没有任何理由认为，另两种辩证法不能在其各自的辩证思维模式内重塑三者的关系。要在这三者之间合理地做出最终选择，需要极广泛的人类理性与经验，需要极为周全的反省。

黑格尔—马克思主义辩证法在于接受如下命题：（1）世界（主观上）是一元既定的（正）。（2）世界通过既定者与其对立面之间的冲突和对立来实现自身（反）。（3）世界以某种更完整的配置来综合冲突因素，由此达到一种更高层次的存在（合）。（4）按照这种顺序，世界以无限系列的方式前进，从而接近理想中的完美。尽管我是用黑格尔主义的基本术语来勾勒这种辩证法的，但它可以轻易嵌入马克思主义特有的唯物论架构，正如它可以被黑格尔主义特有的思辨形而上学框架重新表述。在我看来重要的是，不论黑格尔主义还是马克思主义，都具有这种辩证法的三个主要性质。

首先，这种辩证法肯定，在实在或人类历史中存在着本体上真实的客观冲突，这冲突所呈现的形式是既定状态与其反面的对立，或者是一个阶级与另一个阶级的对立。这种**意义**上的冲突蕴涵着对立、敌对与不合作。其中不含有为构成一个完整整体所需要的互补与相互依赖；另外，这一整体必须作为辩证进展的界限而被实现。因此，冲突的存在要求斗争与艰苦的努力，以便消灭其内在的逻辑矛盾。

其次，欲解决冲突状态的逻辑矛盾，就要设法将冲突的两面在一个更高的层次上综合起来。对于这种意义的综合，黑格尔所用的术语是"扬弃"，马克思则使用社会革命的概念。在综合中，先前的正与反两面都发生彻底的改变，由此形成新的本质。

197 最后，实在的辩证运动是一个不断前进的进化，其迈向更高、更理想的存在状态；这种迈进带有浓厚的线性前进的意识。不论在黑格尔主义的架构中还是在马克思主义的架构中，这种进步目标都是极度理想化的。事实上，这种目标是被无限逼近的，在此意

义上，它必然是理想化的或乌托邦化的。如果以这套辩证法来看待和谐与冲突问题，冲突显然就被视为实在中的关键客观要素，是迈进更高历史发展阶段的关键角色。调和辩证法认为，个人通过逐渐理解实在的真正本性，能够避免或化解冲突；冲突辩证法则认为，冲突是实在之真正本性中的构成成分，因而个人不可能通过理解来避免或化解冲突。换句话说，在冲突辩证法看来，变易的过程基本上不是和谐的，而是一个不和谐的过程。但不和谐尽管是客观的，却不被视为恶或无价值的，而被视为达成进化或进步的必要元素甚至工具。进化或进步是无限的，因而我们甚至不能确切地说，和谐是这种围绕冲突与斗争的辩证变化的目标。与和谐一样，斗争也是工具性的：它带来愈来愈高形式的综合，综合在其存在中含有真正的冲突之根。相比之下，调和辩证法尽管把和谐视为实在的基本性质，但仍必须舍弃黑格尔—马克思主义辩证法中所表达的那种耀眼的进步意识。

与超越辩证法的比较

中观辩证法的特色在于，否定一切对实在的肯定命题以及对这些命题所做的命题。依此类推，一切实在界的命题都在被否定之列。把这种观念表达得最好的，是大乘佛教哲学家龙树（Nagarjuna/Lung Shu）的"四句破"（tetralemma）。[23] "四句破"要求否定一切命题，再否定其否定的命题，这命题本身及其否定都被否定，否定命题本身及此否定之否定也再一起被否定。这样做的基本精神是完全地、彻底地从对实在和真理的看法中解脱出来、超越出来，甚至从这种想法中解脱出来、超越出来。经过这种连续的否定，我们可以达到一种彻悟的境界（般若）和对这世界的真正了解（菩提）；这种境界与了解是不能用一定的语言和行为方式来描述或达到的。这种对实在的理解方式，用辩证的术语可转述成以下诸原则：（1）实在的生成是断说之结果；（2）任何断说均含一反对，即该断说之否定；（3）虽然经由常识我们承认断说与其否定之间有冲突，且实在中有许多形式就是这种冲突的表现，但为了避开这种冲突的（哲学上的、逻辑上的、现实上的）后果，以及为了掌握根本的真相，我们必须舍弃对任何断说及其否定的肯定；（4）经过这个历程，个人便会从冲突与矛盾中解脱出来，而达到一种彻悟世界真相的境界。

对于持否定主义的所谓中观辩证法，我不拟讨论其宗教实践的一面。应当注意的是，在处理和谐与冲突问题时，这种辩证法企图在龙树否定因果实在性的形而上框架内超越问题，从而化解问题。在他看来，和谐与冲突本来就是常识界的东西，或者说是幻界或假象界的事物。虽然在常识界我们的确有冲突，但只要我们在任何情况下都不肯定和谐与冲突，并且连追求和谐这个念头都丢掉，那么我们就能超越冲突。这套想法会导致一个人对现实事务的被动，导致其视现世为一连串不相干的、无意义的、不可断说的

198

表象历程。它丝毫不含黑格尔—马克思主义辩证法中的进步观念、综合观念，而与儒、道两家的辩证法比较起来，它也没有那种包容世间一切差异的、调和的积极精神。

上述三种辩证法之间的简单比较，自然不足以勾勒出其全貌，也不足以断定其优劣。但是，指出三者之间逻辑结构上和哲学意义上的差异，我们就可以清楚地看出，在和谐与冲突问题上，除了儒、道辩证法所表达的中国本土观点之外，人类还发展出另两种不同的辩证思考方式和替代方法。这是我进行比较的目的之一。我的另一目的是想指出，黑格尔—马克思主义辩证法与中观辩证法，都是中国本土之调和辩证法的来自中国历史文化圈之外的潜在竞争者。从历史来看，中国佛学 4—9 世纪的发展壮大，就包含了儒、道调和相对性的辩证法与超越和否定的中观辩证法之间的接触和互动。我们看到，这些接触和互动导致儒、道辩证法逐渐被注入中观辩证法。譬如天台宗的"三谛圆融"说，禅宗之倡导主体自由，是不据说法的入世观。再如华严宗的"一摄一切，一切摄一"的"事事无碍"说，也是和谐观念被注入中观辩证法的明证。最后儒、道辩证法终于会通了佛学思想，从而儒学复兴，新儒学诞生。另外，虽然儒、道辩证法在中国战胜了印度本土的中观辩证法，但后者对人、对世界的形而上态度也不知不觉被注入了新儒学的血液。

在 20 世纪，中国传统的"调和辩证法"又遭遇另一次挑战，这次的对手是西方的黑格尔—马克思主义冲突辩证法。不巧的是，两者的遭遇正是在中国文明被迫面对西方船坚炮利之时。从 20 世纪初达尔文（Darwin）、斯宾塞（Spencer）的进化与适者生存学说入华[24]，到 1949 年共产党革命成功，以及随后马克思主义、列宁主义和毛泽东思想的意识形态宣扬，中国一直强烈地受到西方冲突辩证法的影响。与此同时，儒家中国在面对现代世界的思潮时暂时变得相对薄弱。列文森（Joseph Levenson）甚至主张，儒家中国在现代的命运是由儒家思想无法应对现代世界及其问题的挑战所致。[25]但鉴于这两种意识形态及内在的辩证法在现代中国的稳定与成长过程中可能处于长期竞争状态，列文森的结论可能说得太早了。在中国，1973—1975 年马克思主义、列宁主义和毛泽东思想对孔子及儒家展开的批判运动[26]，似乎隐含着儒家调和辩证法与马克思主义冲突辩证法之间的短兵相接，这是一场必然在许多领域展开的斗争。"文化大革命"初期的"一分为二"与"合二为一"之争[27]，自然也是这种斗争的表现。究竟是把和谐视为终极目标、把世间的所有差异都视为实在的丰富性，而绝不指望永恒的进化，**抑或**把冲突用作前进的工具，强行一律地以其作为动力，把进步认作永不息止的斗争（表现于长期革命的观念）呢？这**仍然**是中国在一切文化、政治、经济活动中都会遭遇的一个悬而未决的问题。[28]

中国伦理社会与政治哲学中的调和辩证法

依据对儒、道两家调和辩证法的上述说明，我们现在可以开始探讨和谐与冲突观念及其在传统中国伦理、社会、政治哲学中的作用。很明显，调和辩证法必然极广泛地运用于和谐与冲突问题的形成或发生之处——伦理与社会政治领域。先须注意，尽管就对偶与相对性而言的调和辩证法包含相当一般化的对偶与相对观念，如"阴阳""彼此"等，但它们在人类经验其他领域的运用产生了种种复杂的对偶；其中有些对立不明显，有些互补不明显。但不论哪一类对偶，其生成无疑大体都受到了儒、道一方或双方的原始调和辩证法的影响。在伦理、社会政治哲学、科学思想、医学、历史与史学、文学艺术中，我们经常发现对偶性与相对性的描述或训诫，其中包含着儒、道两家或其中一家调和辩证法的基本观念。[29]由此我们可以说，儒、道两家的调和辩证法决定了一种中国经验的多对偶结构，它是由大量对偶性结构及其相互关系组成的。如何说明和阐述这些结构及其相互关系，这个问题尤为困难，我们到目前为止仍没有对此的全面研究。在本文余下的篇幅中，我要依据调和辩证法与冲突辩证法，对这些结构及其相互关系做一些系统的分析。

　　就我们目前所能做出的判断而言，可以给出关于人类伦理、社会政治经验领域的如下主要对偶结构[30]：

    （1）内—外

    （2）文—质

    （3）己—人

    （4）知—行

    （5）义—利

    （6）仁—义

    （7）礼—义

    （8）法—礼

    （9）性—学

201

    （10）中—和

    （11）天—人

    （12）动—静

    （13）道—器

    （14）形而上—形而下

    （15）体—用

    （16）理—气

    （17）理—欲

    （18）修身—治国、平天下

这些对偶结构所含的对偶，根本上都被视为与相符的调和辩证法既对立又互补。但我们应该注意，在人类伦理与社会政治经验中的对偶，并不能仅以道家的相对观来视之，因为在一些例外情况下，对偶的双方都对人有积极意义，都是可欲的。另外，相对关系下的双方也不必然是人类所欲的，比如战争与和平的相对，好与坏的相对，等等。我们也可进一步注意，儒家意义上的对偶固然可以是相对的，但并非道家意义上的所有相对都是儒家调和意义上的对偶。

要着手详述对某个对偶结构（不必为相对性结构）来说调和的确切含义，还必须注意到，伦理、社会、政治等人类经验中的对偶结构有不同于宇宙本体领域内人类经验中的对偶结构的一面。在后一种情况下，对偶涉及时间上或逻辑上的次序，由此我们可以讨论某一组对偶中这两种状态的变化，例如，我们可以讨论阴与阳之间或无极与太极之间的时间变换或逻辑变换；在前一种情况下，对偶的基本寓意或范型是某一已完成状态中空间的平列和关联。换句话说，对偶涉及可比作高与低、左与右、内与外的空间范型，代表两种彼此相对又互补的同时共存状态。这种情况下，调和的实现要通过对偶双方的平衡、均衡的相互关联与互通，由此某个功能性的有机整体得以实现。

202　　通过上述对伦理、社会和政治经验中对偶结构概念的澄清，我们可以讨论和说明，调和辩证法如何运用于列表中一些典型的对偶结构。我们将集中探讨的对偶是内与外、义与利、法与礼、知与行、理与气、理与欲、体与用。可以看出，内与外这一组对偶结构涉及其他大量作为典型或类比的子对偶。还需注意，义与利、法与礼这两组对偶是古典儒家的核心论题或关注点，从而为后世儒家或非儒家的哲学思考发展相关的新论题提供了基础。而理与气对偶主要为新儒家所关注，体与用对偶则是 19 世纪末现代中国儒家为应对西方挑战而提出的方法。

内与外对偶

内与外对偶的观念，明确可见于《中庸》的一段论述："成己，仁也；成物，知也；性之德也，合外内之道也，故时措之宜也。"[31] 在此，"外"是指"成物"，"内"是指"成己"；内外之分是身外之物与身内之性的区分。推而广之，我们可以说，"外"就是文化、客观秩序、环境、社会、世界、他人等事物，而"内"就是自我的主观存在、心智、人性的各种功能和天赋等。内与外还有如下含义："外"是指在自身意志与修养以外的被给予者，而"内"是指人的道德和精神的潜能，是可以按照自己的意愿来发展和培养的。由此，我们可以把内与外视为实在的两种秩序。内与外的和谐及冲突问题，在于如何形成实在的某种均衡的有机统一，其中内与外是相反相成的对偶。孔子似乎相信，内与外会形成有机统一的、和谐的整体，其理由是根据自我之"内"的有序化，"外"可以变得有序；尽管如此，他并没有明确提出，情况必然总是如此。这可进一步从孔子的"文与质""礼与义"这两组对偶中看出。

203　　在孔子看来，个人应该根据礼所代表的社会规范和行为礼仪来修养人格。但个人同时也必须关注正义感，它根植于人自我实现的人性。因此，"文与质"对偶就很自然地引申出"礼与义"对偶。显然，一个人很可能在其社会行为方面具备一切礼仪文饰，然而却缺少真正的德性与正义感；或者，一个人可能具有正义感，却没学会按照礼仪来行为。那么，就不能说这个人达到了和谐，因为内与外之间存在着失调和抵牾。要化解这种失调和抵牾，就要在文与质、礼与义之间同时达到一种相互对应和相互关联的状态。在文与质、礼与义的对偶关系上，人可能蔽于对偶之一端而做不到这一点，正是这一事实凸显了调和的必要；而人可能在这两端上顾此失彼，正是这个事实凸显了冲突的存在。孔子所倡导的儒家伦理学，就是为了克服这种潜在的冲突，使人能够达成内外之间最大程度的调和或和谐，由此达到至善。

孔子并未开出一个能够确保获得内外和谐的良方。但他的确相信：只要社会上每个人和国家的领导者均修养内在的德性，合乎礼的外在秩序就会随之而来。依据这种信仰，在《大学》《中庸》《孟子》里，孔子的后继者在不同程度上指出：内在秩序如何以及为何是外在秩序的基础，由此后者会遵循前者。因而《大学》有本末、终始之论。

根据《大学》的观点，从修养内部如修身、正心、诚意，到治理外部如齐家、治国、平天下，这两者之间有着连续的成长与发展过程。[32]

另外，《大学》说，"诚于中，形于外"[33]。孟子同样主张，人天生具有善性（与生俱来的道德能力）且应予以存养和扩充。一旦这种内在道德能力在个人生活里实现，并且被扩充到他人身上，社会与国家就会有秩序。这就是说，社会与国家中一切善的事物都以内在的自我为据，且可由之导出：和谐是通过发展内在自我而达到的，由此可以表现于外部。按照这种观点，内外之间根本不存在冲突。所有的社会冲突不是产生于人没有顺性而行，就是产生于人没有存养天生就有的内在之善。一个人在社会上经验到的所有冲突，从根本上说都是小人自利与君子德性之争，这是《论语》中就已做出的两种人格分别。只要在上位者修己，其他人就会效仿，那么冲突就是可避免的。总之，内与外最终会联结在一起，这一点得到了明确的认定，因为内必显于外，外必为内所决定。这意味着：一方面，就社会整体来看，一个人的心志能决定其行为；另一方面，一个人的行为举止也必然影响他人，被他人效仿。

如史华兹所指出的，内与外之间必然存在着紧张[34]，这种情况也可见于文与质对偶、礼与义对偶。就从外到内的一般空间关系而言，似乎很明显的是，"外"作为与"内"共存的实体，可以具有相对独立于"内"的属于自身的问题、需要和性质。尽管"内""外"之间可能保持和谐（平衡与统一），但"外"不必基于对"内"的考虑而与"内"调和。除了个体自我之外，社稷还涉及大众和秩序；在不少别的哲学家看来，这一事实所需要的秩序原则当有别于由《大学》《中庸》《孟子》的内部论提出的原则。因此，在告子（Kao Tzu）那里就开始有这样的论点：尽管"仁"是内在于人的本性的，但"义"却是基于对外在事实之理性观察的外在秩序。[35]这种观点自然引申为：所有的**社会性美德**都必然被理性地灌输和习得；在此意义上，社会性美德根本没有内在的意涵，而只有根据礼来判断行为正确与否的外在意义。这基本上是荀子的观点。根据这种观点，对社稷及其秩序与组织的外在考虑，应该决定和指导人类个体的内在成长。因此，个人必须接受教化，从而能够让自己顺应经过圣王睿智的头脑设计的社会礼仪与国家规范体系。顺便提及，这里仍然包含调和——社会与个人的调和在于，先安顿社会秩序，然后由之教化个人——的意识。社会冲突之主因，是个人利益与社会利益之间的失调，其化解之道就在于令个人配合社会秩序。

对社稷秩序的外在考虑，最终在法家哲学中呈现出激进的形态；其中社稷秩序绝对至上，完全排除了个人内在修养的地位，提高效率、增强国家控制力、增进国家财富成为唯一的目标和需要。于是，我们就看到了一种极端对立于孟子自我修养论的立场，其基础与根据是国家机器和社会秩序。内外之间的紧张，可能以一方完全压倒另一方的形式收场。这一事实就显示了内外之间的确存在着实际的冲突，中国历史上法家与儒家孟子德性存养之学的冲突即是明证。[36]

法与礼对偶、义与利对偶

与内外冲突相关联，我们可以再介绍两组对偶，它们充满潜在的冲突，儒家学派是把它们作为问题来看待的。首先是充满冲突的法与礼对偶。众所周知，孔子及其追随者希望弱化甚至抛弃刑法，而主张用礼与德来安排国家和社会的秩序。虽然如此，儒家还是隐隐约约地承认，社会上的多数人是自利的小人，单靠"礼"或许是无法管理的。因此，儒家承认，依靠政府的规章制度与依靠个人德性和教化，这两种治法之间总是存在紧张关系。宋代王安石（Wang An-shih）变法所遭遇的困难，就是这一紧张关系的公开化。王安石主张由制度入手，而其批评者则希望采取道德化的政策。[37]就达成国家和社会的秩序而言，这种紧张关系的根源或许并非只是采取的手段不同，更在于追求目标的不同，追求何种目标的问题，甚至在同一学派的哲学家之间也难以形成定论、取得共识。

这就让人想起正统儒家在义与利对偶中所体验到的强烈冲突。须注意：谈到义与利对偶，我并没有假设这两者之间相反相成的关系已被解决，而只是认为这两者的关系应该且能够按照儒家的调和辩证法来解决。从其他辩证法的观点看，这两者的关系可能永远也弄不清楚，甚至不应该弄清楚。但从这样的观点看，这类对偶结构本身就没有存在的必要。而对儒家来说，这种对偶是存在的；孔子已然将求利的需要与取义的需要予以调和，其方法是让前者受制于后者的判断。对于不违背义的利，人可追求之；但若违背了义，人就应该放弃利而服从义。还可以补充说，求义应该是君子的终生目标，小人的终生目标则是求利。这种立场理当是诸如孟子之类的正统儒家思想家所坚持的，并被充分表达为董仲舒的名言："正其谊不谋其利，明其道不计其功。"[38]

然而，"利"就其性质而言是模糊不清的：它可以是个人的私利，也可以是社稷的整体利益和功用。尽管人们会有充足的信念，认为对义的考虑会带来有利的后果，但孟子对义的狂热追求，使他甚至不去考虑国家利益。[39]墨家与法家由于强调社稷富强的重要性，必然采取不同的观点。[40]因此，墨家用社会功利或共同利益来界定"义"。法家则反对儒家所言的仁义，认为这两者妨碍了国家的富强。

义利对偶中目标与价值上的各种理论紧张和冲突正如以下两者的对立，一方是法家和（或）墨家，另一方是正统儒家，这导致宋、明、清时期的儒家发展出新的形式。研究宋代的功利派及明清时期发展出的实学（Practical Learning/*shih-hsüeh*）[41]就足以发现，作为对偶的义与利之间有着丰富的动态紧张关系。儒家能够进行自我批评并找到对义利之间内在紧张或冲突予以调和的方法，这一事实显示，义与利逐渐呈现为高度现实化的对偶性统一。历史地看，儒家在面对法、墨两家之挑战时，不得不应用其调和辩证法来化解，化解之道便在于承认、肯定并且建立起一种真实的对偶关系。我们对于不同形式的内外对偶之讨论已经说明：这些形式如何相互关联、在儒学史中早期儒家所面对的和要建立的是何种形式，以及在刺激儒家向通过其辩证法来阐明对偶的方向发展的过程中何种紧张发挥了作用。

207

知与行对偶

现在我要说明另一对偶的类似发展，即"知"与"行"对偶。孔子把"知"与"学"看作行为的指导。他说："不知礼，无以立也。"[42]他还把"行"看作修身和社会治理的目标。因此，在他看来，知与行之间的关系对于发展道德人格和优良社会秩序来说是相辅相成的。"知"与"行"是一体之两面，甚至不必是对立的。因此，他说："言顾行，行顾言，君子胡不慥慥尔？"[43]"言"相关于"知"，因为一个人如果没有正确的知识，就不能正确地讲话。孔子尽管已经坚持"知"与"行"的根本统一，但没有详究关于"知"的一切可能手段、目的与方法，也没有讨论行为的动力与类型。因此，"知"与"行"之间可能产生的冲突及紧张有待探讨和解决。首先要问：我们要知什么？如何组织我们的知识？其次要问：知识如何引导人做出正确的行为？

对孔子来说，知识不是描述性的，就是规范性的；不是事实，就是原理。[44]到了宋代，理学家认为，"知"首先就是要了解一切事物的原理，知识的对象必然包括世间一切"理"。一般而言，这是程颐与朱熹的观点。但新儒家的这些"理"主要指构成事物存在与人类社会事务的本体理由，并不一定含有现代科技知识的意思。但到了18、19世纪，"知"的范围愈来愈趋近于探究科学的原因、方法，或工艺与政策制定的途径，以达到经世致用（Chin-shih-chih-yung）的目的。这种观点见之于如颜元、李塨所代表的实学，以及 19 世纪龚自珍（Kung Chih-chen）等人代表的公羊学派。一旦知识的内容与范围发生改变，"知"与"行"之间的关系就不得不变；甚至"行"的概念也不得不变，不得不扩大其范围。对朱熹及其老师程颐来说，穷理要助益于人的尽性。虽然追求知识的功夫（穷理）与尽性的功夫（居敬）之间的确切关系尚未弄清，但朱熹坚持认为，这两者都是修养上必须做的两件功夫，合起来便能完成一个尽性的自我。也许，他并不坚持要把关于"理"的一些形而上之知作为社会政治行为的条件，但如其《仁说》所表明的，他认定：一个人对"理"的深知，能够达成某种关于人性与整个宇宙的境界和价值态度。

王阳明认为，关于"理"的形而上知识及问学，可能妨碍一个人的自我实现或减损这样做的动机。以此为根据，他反对朱熹的取向，并借此强调良知直接而彻底的自我发明活动。[45]王阳明的立场是，只有良知的自我实现与善恶判断以及由此可能产生的正确行动，才是一切的关键。王阳明顺着陆象山的思路，认为"道问学"（抽象思辨或关于具体事实的知识）会妨碍人的道德实现，因而知识对行为不但无补反而有害。行为被限定于道德行为。为了与这种意义上的行为相和谐，知识也就要重新被界定或说明。由于"知"与"行"这两个概念的模糊性而潜藏的紧张与冲突，充分可见于朱陆之争[46]，并延续到后世的朱子学与王学之争。尽管朱熹、王阳明之类的哲学家个体可能对知行问题已达成某种程度的主观调和，但这种调和既没有得到充分的解释，也不够全面，不足以容纳解决两者调和问题所需的知行的内容与范围。因此，他们个体式的解决之道，不能满足调和辩证法在最大程度上的应用；就此而论，可能要根据这种辩证法来做进一步的发展。

史华兹指出，朱熹的学术研究与日常生活之间缺乏内在相关性，而王学末流超越的个人主义又在无形中否定了外在世界。[47]这个观点基本上是不错的。看来，清代学者戴震、王夫之、颜元对朱子学和王学的批评是讲得通的，这恰可以证明：在宋明大儒所界定的知行范型中，对知行和谐与冲突问题的解决之道是不充分的，难以令人满意。既然知识与行为的内容、范围、性质、结果在持续变化，那么对任何在不同方面和维度面对这些变化的社会来说，这两者间的冲突与紧张就仍然是极其令人困惑的。中国今日之处境尤其如此。对当代儒学取向的中国哲学家来说，知行调和问题以及如何根据调和辩证法来化解两者的内在紧张与冲突，依然是一个重要而严峻的挑战。[48]

理与气对偶、理与欲对偶、体与用对偶

我将简论中国思想发展中的最后几组对偶。关于"理"与"气"对偶，我想多谈谈，我在别处也讲了不少。[49]首先要注意的是，对宋明理学来说，理与气主要是一组宇宙论上的对偶，其被用以解释万物的生成、变化历程以及终极实在的本性。理与气作为一组宇宙论对偶，其结构在新儒家思想家（比如二程及朱熹）那里得到了明确的说明，

这对新儒家形而上学的发展是一大贡献。周敦颐提出了无极与太极、太极与阴阳、阴阳与五行的一元创生说，甚至这些哲学叙述中就隐含着，"理"与"气"是作为实在的相反相成的形式和力量而统一的。在朱熹那里，"理"与"气"的统一得到了充分的认定和阐述，尽管他似乎看重"理""气"孰先孰后这一悖论式的问题，从而堕入二元论。[50]另外，宋代的其他新儒家思想家也有不视"理"与"气"的对偶结构为二元者；他们把"理"降到第二位，把"气"升为第一位，由此努力解决两者之间可能出现的紧张与冲突问题，比如在张载的气一元论里，"理"就成为内在于"气"之本体的组成样式。[51]

210

在这种宇宙本体论的背景下，诸如二程、朱熹和张载的大多数新儒家思想家都用"理"与"气"的对偶结构来解释人类理性、生命活力、感情、欲望之间的和谐与冲突问题。就这个与人性相关的对偶结构来说，绝大多数新儒家思想家都承认，在自然生命的创生与成长中，"理"与"气"处于调和状态。除了明代王学末流中的几位先生外[52]，新儒家思想家中似乎没有人不肯定"理"在人性发展与修养上的重要性。但是，一旦论及人性修养问题，就产生了"理""欲"[53]之间的紧张与冲突问题。因此，几乎所有的宋明新儒家思想家都视理—欲问题为伦理与社会政治哲学的根本问题，希望通过控制或减少欲望来达到理与欲的调和。

"欲"通常指"私欲"，"理"通常指"天理"；由此，这两者的对立也可被视为公益心或公心与自私或自利之间的对立。关于两者对立的化解之道，新儒家通常认为，自利应服从于天、地、人同理的公心。这相当于反对伦理、社会政治哲学中的个人主义与功利主义及其相应的制度和政策。但是，看到了这一点，当然也就会看到，"理"与"欲"之间潜在的紧张与冲突有可能导致新儒家之外的其他立场。因此，对新儒家思想家来说，如果要在方法论的层次融贯地坚持儒家的立场，那么和谐与冲突问题就必须在调和辩证法的指导下被重新考量。在这个问题上，可以注意戴震的观点。戴震批评朱熹与王阳明对人欲之性和气质之性（vital nature）所持的反对态度，提出普遍化原理（universalization principle）作为理欲之取舍标准。"欲"若是普遍的，则须存；"理"若是为私心所左右，则须去。[54]按照这种方法，他提出了一种认识"理""欲"对偶结构的新方式："理""欲"都是人类之善的表现，对人类生活来说，它们是相互支持的。这无疑是在人类生活中调和"理""欲"的新理路。

最后，我们要谈的是体与用的对偶结构。它受到了19世纪末儒学政治家张之洞（Chang Chih-tung）的特别关注，张氏的意旨在于化解西方科技同中国文化及其人文主义之间的紧张与冲突，并寻求两者的和谐与调和。然而，原本是在新儒家背景下得到阐释的体用范型[55]，适用于永恒长久之道；并且，它有一整套对形而上学或哲学关系的设想，其被用以说明：道之体与道之用之间如何达成和谐，以及两者于何时何处会产生紧张与冲突。但张之洞把这一范型运用于"中学"与"西学"在新形势下的遭遇以化解两

211

者的冲突时[56]，却没有建立任何像以前那样的和谐或调和关系的系统，由此看来这个对偶结构是缺乏效果和启发性的。这也就解释了为什么这个结构没有发展出全面持久的策略和（或）行动方式来证实这种和谐的存在。关于该结构的和谐与调和，至今未得到解决，或许其可在将来实现。

在 20 世纪初期以及 1911 年辛亥革命前后，中国在观念、观点与推论、价值观等方面的冲突、紧张与恶意的对立，及其所形成的复杂形势都凸显了这样的事实：为了卓有成效地运用调和辩证法，不仅体与用对偶有待证实，或许还必须探索和建立对偶的新形式。1949 年中国的马克思主义者执政后，这种调和辩证法遭到了严峻的挑战和有意的抛弃。

结语：调和范型的发展趋势

上文我们给出并建立了中国主要哲学流派中和谐与冲突的概念和范型，提出并概括了儒、道两家在和谐与冲突问题上的辩证法观点。我们已经说明，儒家的调和辩证法如何在人类伦理与社会政治经验中产生大量的对偶范型和结构。可以说，调和辩证法的思考方式一方面在不知不觉中指导着中国思想家，让他们采取这样的范型和结构；另一方面，这些范型和结构转而有助于与调和辩证法相应的中国思维方式条理化。不论是哪一方面，典型的中国思想家都力图探求和明确建立新的对偶结构，其途径或是参照旧的对偶范型，或是将其从直接的人生经验本身导出。这意味着，作为理解伦理、社会、政治领域一切重要范畴和中国思维方式的支配性意象，调和辩证法必然与自身产生充分且必要的关联。

在此，这样的提问可能是很有意义的：儒家和（或）道家的调和辩证法中的冲突范型以及冲突的和谐与调和，在何种程度上仍然会塑造中国今天乃至整个未来的价值观、社会行为、社会结构以及历史发展？在这里显然无法对此做出回答。但是，能够提出这个问题就是一个有价值的进步，这有助于了解中国历史与社会及其与中国哲学的关系——中国哲学是前两者的投射与指针。当然，可以确定这一点：儒、道两家思想家都是在调和辩证法以及由之产生的概念化对偶范型和结构下来观察历史与社会的。如前所示，这种辩证法观点事实上基于对终极实在的反思与体验，因为一般地说，终极实在是体现于宇宙、历史、社会和生命中的。因而在此意义上可以说，对人类社会历史与命运的评价和理解，既是自然主义的也是人文主义的，完全符合儒、道两家的调和辩证法。

以上所述无意否认，历史上中国社会经历了饱含紧张、冲突与斗争的动乱期。其关键在于，从儒家和（或）道家的观点来看，所有这些动乱都倾向于受调和辩证法的支配。19 世纪末 20 世纪初，随着西方思想及其各种产物进入中国，中国人面对的是貌似奇怪的混乱现实。这一经验可能是痛苦的，其后果可能是灾难性的。但作为儒、道两家历经世世代代得出的成果，调和辩证法仍然有利于了解、整理、评价这一带有新的对立冲突的新局面。我们也不否认：这种辩证法本身就面临着真正的挑战；其范型可能无力化解今日之冲突，无法取得令人满意的结果。换句话说，由于过去这种辩证法的失败经验，我们不否认它可能面临着消亡与被取代的威胁。中国马克思主义的确立及其冲突辩证法成为思考、解决问题的方式，这或许实际上暗示了深刻反省调和辩证法之价值的必要性。但在未对现存事实进行彻底分析之前，或者在缺乏对未来发展的耐心观察的情况下，我们没有任何资格做出武断的结论。

213

　　我们必须特别提及一个方法论的问题。从哲学的立场看，一个问题范型在现在行不通，并不代表在未来也行不通；调和辩证法没能建构某种范型，用以把某一现存的冲突化解为对偶结构，这也同样不代表这个辩证法本身的失败。就经验、融贯性以及对人类需要与理性的基本考虑而言，儒道的调和辩证法在有力程度与发展前景方面绝不逊色于任何其他既成的辩证法，因此，与历史上其他许多辩证法相较，它仍然是一种有效的范型，可以提供可靠的指导。

【注释】

[1] 参见卜德（Derk Bodde）：《中国哲学中的和谐与冲突》（Harmony and Conflict in Chinese Philosophy），见芮沃寿（Arthur F. Wright）编：《中国思想研究》（*Studies in Chinese Thought*），19～75 页，芝加哥，1953；本杰明·史华兹：《中国思想中的若干对偶》（Some Polarities in Chinese Thought），见芮沃寿编：《儒家与中国文明》（*Confucianism and Chinese Civilization*），3～15 页，阿森纽出版社，1964；成中英：《17 世纪新儒家中的理—气与理—欲关系》，见狄百瑞（Theodore de Bary）编：《新儒家的展开》（*The Unfolding of Neo-Confucianism*），469～510 页，纽约，1976。一些有关《易经》的研究，往往关注在趋向和谐的框架内解决或解释冲突的问题。

[2] 第三种主题尚未为中国思想的学习者所明确认识。目前分析的一个目的在于，明确这一主题以及在种种历史情境中由之产生的问题。

[3] 参见本杰明·史华兹：《中国思想中的若干对偶》，见芮沃寿编：《儒家与中国文明》。

[4] 这些其他思想，可被认作运用这些基本的形而上学与辩证法所产生的结果。

[5] 这里的新儒学著作，我首先是指周敦颐、张载、程颢、程颐、朱熹和王夫之的哲学著作。

[6] 这个断言基本上是对《易传》"生生之谓易"的解释和翻译。

[7] 这里的"nature"表示"性"这一中国哲学术语，在此语境中意指真正的实在。这里"性"的内涵与外延不同于"自然"（*tzu-jan*）（自然而然地存在或自然而然生成的东西），后者也译作"nature"。此处及此前的陈述，是基于《易传》的如下说法："一阴一阳之谓道，继之者善也，成之者性也。"

[8] 程颢：《语录》。

[9] 王阳明：《大学问》。

[10] 汉儒董仲舒含蓄地持有这样的观点：借助天人之间的某种对应关系，天人成为一体；宋代新儒家一般强调：人分有了与天同样的**德性**，拥有与天同样的潜能，能够成就体现天之伟大的圣人人

214

215

格。这种论点尤可见于张载的《西铭》和朱熹的《仁说》。［这两篇文章的英译版，参见陈荣捷：《中国哲学文献选编》（*A Source Book of Chinese Philosophy*），554 页及其后，普林斯顿，普林斯顿大学出版社，1963］显然，新儒家的天人合德学说比董仲舒的天人合一学说，看上去更契合《中庸》和《孟子》中所表达的古典儒家观点。

［11］这段及下段英译都由本书作者译出。

［12］"无极"表示终极实在的无边界性与无定性。这个术语首见于《道德经》，"太极"则首见于《易传》。把"无极"与"太极"结合在一起的是宋代的周敦颐，见之于其名言"无极而太极"。

［13］《道德经》第四十章。

［14］《道德经》第十六章。

［15］同上。

［16］《道德经》第二章。

［17］《庄子·齐物论》。

［18］同上。

［19］同上。

［20］同上。

［21］之所以这样称呼这种辩证法类型，是因为其指向是要在世间与思维中的冲突因素之间建立和谐。显然，儒、道两家都享有这种辩证法旨趣。但我们也必须注意，儒家有别于道家之处在于，其不像道家那样强调事物与视角的相对性。儒家起初的辩证法旨趣是达到和谐，其途径是理解多样性的统一而又不否认事物的个性；道家起初关心的则是事物的统一，其途径是指出个体存在中的相对性与局限。我们或许可以把调和辩证法的道家子类型称作相对性的辩证法，把调和辩证法的儒家子类型称作互补性的辩证法，以区别两者。

［22］我认为，"辩证法"作为一个术语是用来描述通向理解实在这一过程之结构的。因此，辩证法基本上是揭示何者为真实的和有价值的方法。按照这种广义的辩证法，我们可以讨论各种类型的辩证法，也可以赋予柏拉图的辩证法与黑格尔的辩证法共通的含义。

［23］关于对四句破的解释，参见 K. N. Jayatilleke：《四句破》，载《东西方哲学》，第 17 卷第 1 ～ 4 期 (1967)：67 ～ 83 页；Richard S. Y. Chi：《存在与逻辑推理的论题》，载《东西方哲学》，第 24 卷第 3 期 (1974)：293 ～ 300 页。

［24］达尔文与斯宾塞的进化与适者生存学说，在 20 世纪前 20 年为许多有智识的作者所阐发。这一学说最初由严复引入，后得到如梁启超等其他学者的拥护。［参见本杰明·史华兹：《寻求富强：严复与西方》（*In Search of Wealth and Power*），剑桥，1964］

［25］参见列文森：《儒家中国及其现代命运》（*Confucian China and Its Modern Fate*），加利福尼亚、伯克利，1965。

［26］参见 1973—1975 年的《北京评论》。

［27］这一争论的范例，参见《中国哲学研究》（英译版），第 6 卷第 1 期 (1974)：61 页及其后。

［28］在某种程度上，这个问题显然在中国内地得到了或多或少带有意识形态与哲学色彩的作者的明确讨论。前述"一分为二"与"二而合一"之争，即是其显例。

［29］参见注释 19。

［30］对偶的思维方式是中国关于问题、视角和实在的观念之广泛深入的特征，这一点不局限于

儒家/新儒家和道家著作。在禅宗六世祖师惠能的《坛经》中，惠能在对其门人的讲说中阐述了 36 组对偶。（参见《六祖坛经》，Philip B. Yampolsky 译，171 页及其后，纽约，1967）显然，在儒家/新儒家、道家和佛教中，还有比这里多得多的对偶尚未被辨识。

　　[31] 这里的英译由本书作者译出。

　　[32]《大学》中记载："在古时候，一个人要想在世上彰显其光明之德，就会先治理好他的国家。要想治理好他的国家，就会先管理好他的家庭。要想管理好他的家庭，就会先修养自身。要想修养自身，就会先修正自己的心灵。要想修正自己的心灵，就会先使自己的意念诚实。要想使自己的意念诚实，就会先拓展知识。知识的拓展在于考察事物。"考察事物（格物）与拓展知识（致知）这前两步，似乎既可取外部论的（outeristic）诠释，也可取内部论的（inneristic）诠释，因而是模棱两可的。这种模糊性引发了朱熹与王阳明之间的分歧：前者主张外部论的诠释，后者主张内部论的诠释。 *217*

　　[33] 这里的英译由本书作者译出。

　　[34] 参见史华兹：《中国思想中的若干对偶》，见芮沃寿编：《儒家与中国文明》。

　　[35] 参见《孟子》第六章。

　　[36] 这种冲突仍然在各个领域以各种形式见于现当代思想中。

　　[37] 对这场争论的解读，参见 John Thomas Meskill 编：《王安石（1021—1086）：实用的改革家？》[*Wang An-shih*（*1021-1086*），*Practical Reformer?*]，波士顿，1963。

　　[38] 班固：《汉书·董仲舒传》。又见董仲舒：《春秋繁露》；朱熹：《朱子语类》。

　　[39] 参见孟子对梁惠王所提问题的著名回答。（参见《孟子》第一章）

　　[40] 必须简要指出的是，墨家与法家对社稷富强的强调是出于不同的理由。对两者立场更准确的说明似乎是：墨家首重社会的富裕，法家首重国家的强大。

　　[41] 参见我的论文《颜元、朱熹与王阳明的实学》，见狄百瑞、艾琳·布鲁姆（Irene Bloom）主编：《原理与实践：新儒家与实学论文集》（*Principle and Practicality：Essays in Neo-Confucianism and Practical Learning*），37~67 页，纽约，1979。

　　[42]《论语》，20-3。

　　[43]《中庸》第十三章。

　　[44] 参见我的论文《儒家的理论与实践》（Theory and Practical in Confucianism），载《中国哲学季刊》（*Journal of Chinese Philosophy*），第 1 卷第 2 期（1974）：179~198 页。

　　[45] 参见我的论文《王阳明心学中的统一性与创造性》（Unity and Creativity in Wang Yang-ming），载《东西方哲学》（*Philosophy East and West*），1973：49~72 页。

　　[46] 参见 Julian Ching：《鹅湖寺的辩论》（The Goose Lake Monastery Debate），载《中国哲学季刊》，第 1 卷第 2 期（1974）：161~179 页。

　　[47] 关于这一观点的详论，参见史华兹：《中国思想中的若干对偶》，见芮沃寿编：《儒家与中国文明》。

　　[48] 大多数当代中国思想家—学者（Chinese thinkers-scholars）似乎含蓄而不自觉地在沿着调和辩证法的思路来思考，但没有人充分自觉到这个问题的明确形式，或明确承认在面对西方观点的挑战下这一问题的重要性。我在这里所讲的当代中国思想家—学者，指的是熊十力、梁漱溟、唐君毅和牟宗三之类的学者。 *218*

　　[49] 参见我的论文《17 世纪新儒家中的理—气与理—欲关系》，见狄百瑞编：《新儒家的展开》，

469 页及其后。

［50］在关于"理"与"气"的形而上学和道德哲学方面，朱熹被认为是一个二元论者。但他如果把"理"与"气"的关系简单地看作类似于周敦颐那里的无极与太极的关系，就不必然是形而上学的二元论者。然而，他想要确定，"理"与"气"是否以及在何种意义上有先后。

［51］张载在其重要著作《正蒙》中提出了他的"气"一元论体系。王夫之详细评注了《正蒙》，这本书成为他哲学的灵感之源。

［52］王阳明学派的某些后期追随者发展出狂禅倾向与浪漫的个人主义，不容于新儒家的理学正统。

［53］"欲"被解释为气质之性，"理"被解释为义理之性。

［54］参见我的专著《戴震原善研究》（*Tai Chen's Inquiry into Goodness*），第 3 章，东西中心出版社，1971。

［55］这种体用范型在古典儒家和新儒家文本中都出现过。

［56］参见张之洞：《劝学篇》，武昌，1895。又见 Henry D. Bays：《张之洞与中国的政治改革 1895—1905》（*Chang Chin-tung and the Politics of Reform in China 1895 – 1905*），密西根大学博士论文，1971。

第二部分

>>>>>>><<<<<<

儒家的向度

七　古典儒家的正名

一

在《论语》中，正名（rectifying names/*cheng-ming*）[1]是一个常见的概念。它在 孔子的政治哲学中占据的位置即使不是核心的，也是重要的。既然根据孔子的观点，正名是社会和谐与政治秩序得以建立的基点，那么人们就可以猜想，后世儒家的政治理论可以被追溯到孔子的正名说。无须多言，荀子于公元前 3 世纪提出的正名理论服务于双重目的：一方面是强化其关于政府的政治学说，另一方面是驳斥关于"名"的理论。

在孟子的著作中，正名说同样重要。他运用正名来提议：要让事实描述符合价值，以实现或维护社会和谐与政治秩序。事实上，通过正名说，他能够维持其仁政说与性善说的说服力。[2]然而，本文不拟讨论正名说自孔子于公元前 5 世纪提出之后到公元前 3 世纪的整个发展历程，而要联系孔子的政府理论及其方法论含义，提出某些指导原则以诠释孔子的正名概念。进而我要将孔子的正名说与后来的一本古典儒家哲学著作《大学》[3]联系起来，由此揭示后者是前者的拓展与范例。

二

关于孔子的正名说，可提出如下两个问题：正名说的含义是什么？该学说如何可能 被用来实现社会和谐与政治秩序？

要回答第一个问题就应该解释，对孔子来说"名"表示什么。在孔子看来，"名"不仅是对事物性质的称呼，而且包含对个人关系的称谓以及对内在于这些关系的价值的称谓。因此，孔子在列举学习《诗经》的益处时说，"我们大略地熟悉鸟、野兽和植物的名称"[4]①；此时，他心目中的"名"确然是指对事物性质的称呼。但他在谈到郑国伟大的政治家子产（Tzu Ch'an）时说："他有君子的四种特征：就其自身的举止而言，他是谦卑的；就其服务于君主而言，他是恭敬的；就其教养民众而言，他是友善的；就其命令民众而言，他是公正的。"[5]②此时，他不是指用之事物的性质，而是指一个人与其自身和他人相关的各种德性。在孔子的体系中，这些有德的性格显然不是自然论的（naturalistic）品质；这是由于如下事实：个人不仅是物理的或生物的实体，而且是能够产生情绪、情感、思想和理想——它们规约和指导着这个人的生活与行为举止——的主体。的确，在现象上说，一个人能够拥有众多更富于**意向性的气质**（intentional dispositions），其可被描述为信念、知识、德性和性情。这明显地表现于日常语言中的大量术语中，这些术语传达着道德的、社会的、文化的和人类其他的品质，而显然无法用自然论的方式来解释。

我们不必详述人类与生俱来的气质与能力，只需像孔子那样聚焦于人们可以在其社会与伦理生活中经常进入的关系，每种这样的关系一般都提示一种可能的德性。在这些关系中，人们可能被描述为父亲、孩子、配偶、兄弟、朋友以及国家的忠实下属。由此显而易见的是，对孔子来说，表示社会地位和伦理关系的称号也是"名"。这种意义上的"名"包括表示关系的特定称谓，这些关系有：君臣、父子、夫妻、兄弟、朋友。它们后来被孟子和《中庸》当作人们之间的五种基本关系。[6]这些关系提示出如下一些可能的德性：君臣关系中的忠诚与尊重，父子关系中的仁慈与孝顺，夫妻关系中的相互尊重与各履其责，兄弟关系中的友爱与体贴，朋友关系中的信任与值得信任。

223

在《论语》通篇，孔子都试图确定和描述对维护良好人类关系来说非常关键的各种德性，诸如"仁""义""礼""智""勇""诚"之类的术语即是其显例。这些德性代表了达成并维护社会和谐与政治秩序的才能，因为它们是依据人类的能力而培育起来的。

既已解释"名"的含义，接着应该指出，"名"是能够被矫正的。这之所以可能，是因为我们的"名"有可能没有准确地代表我们打算让它们代表的真实情况。因此，在自然界和人类世界，我们都可能对事物和事实产生不正确的认识；也就是说，我们可能对它们产生受误导的和片面的理解。由此，要正名，就要认识关于自然界与人类的某些真理，并避免对这些真理做出不当的说明。

那么，只要把正名限定在对于人性与人类的社会和伦理才能之真理的理解问题中，它对实现社会和谐与政治秩序的重要性就是显而易见的。人们对个人以及人类关系的理解，有可能受误导且片面化，因而是需要改进的。由此这就意味着，由理解上的如此不

---

① "多识于鸟兽草木之名。"（《论语·阳货》）

② "子谓子产：'有君子之道四焉：其行己也恭，其事上也敬，其养民也惠，其使民也义。'"（《论语·公冶长》）

足而导致的偏见和错误观念，可以被改正或矫正。而人们对德性的践行取决于对自己和他人的理解，其理解的改进与矫正也就意味着其德性的改进与矫正。这必然有助于社会和谐与政治秩序的创立和维护。

三

让我们看看孔子是如何阐述其关于正名说的观点的。可以看到如下一段论说：

> 齐景公就政府问题问孔子。孔子答道："［政府在这样的情况下存在：］① 君主是君主，臣子是臣子，父亲是父亲，儿子是儿子。"景公说："说得好呀！确实如此，如果君主不是君主，臣子不是臣子，父亲不是父亲，儿子不是儿子，那么我即使有收成，又怎么能享用呢?"[7]②

孔子在此暗示，仅当统治者表现得像统治者、臣子表现得像臣子、父亲表现得像父亲、儿子表现得像儿子，优良的政府才得以可能。**统治者、臣子、父亲、儿子**这些术语，其第一义是社会与生物关系之"名"，而其第二义表示与地位和关系相关的德性，指示出社会福祉以及个人道德自我实现的明显可能。统治者**是**统治者、臣子**是**臣子、父亲**是**父亲、儿子**是**儿子，这些陈述并不必然是同义反复。因为孔子实际上要说的是，**统治者、父亲、儿子**这些"名"仅当在这样的情况下适用于个人：这些个人不仅满足某权威或地位得以占据的条件，而且满足拥有适当德性——比如君臣关系中的尊重与忠诚、父子关系中的仁慈与孝顺——的条件。如果这些条件得到满足，那么社会和谐与政治秩序就随之而来。

根据孔子的观点，社会和谐与政治秩序体现于君臣、父子的有序关系中。由此可见，正名要求"名"相应于自然事实与价值实现。因此，该学说不仅要求定义的一贯性，而且蕴涵着对原理的认识，亦即对行为标准的认识，这些标准可一方面被用来判断真的、好的、正当的，另一方面被用来判断错的、坏的、不当的。但通常情况下正当与否的道德知识带有做正当之事的命令。因此，正名就关系到履行在恰当情境中做恰当之事的命令。正名之所以具有对于人类行为的实践意义，而不只是语言正确与否的问题，其原因即在于此。

然而，必须注意，儒家的正名虽然被视为实现社会和谐与政治秩序的必要条件，但并非唯一的必要条件。在《论语》一段明确指出正名说的论述中，我们看到：

> 子路（Tzu-lu）说："卫国的统治者一直在等你，要和你一起管理政府。你认为

224

---

① 方括号内是理雅各的英译为补足文意而添加的部分，原文用斜体表示。
② "齐景公问政于孔子。孔子对曰：'君君，臣臣，父父，子子。'公曰：'善哉！信如君不君，臣不臣，父不父，子不子。虽有粟，吾得而食诸?'"（《论语·颜渊》）

首先要做的事是什么?"孔子答道:"必需要做的是正名。""这样啊,的确!"子路说:"你真是离谱!为什么必须要有这么一种矫正?"孔子说:"由(Yu),你是多么缺乏教养!君子对于自己不知道的事,要有谨慎的保留。如果'名'不正确,语言与事物的真实情况就不相应;如果语言与事物的真实情况不相应,事务就不可能被成功执行;如果事务不可能被成功执行,礼乐就不会兴起;如果礼乐不兴起,刑罚就不会得到恰当的裁决;如果刑罚得不到恰当的裁决,民众就不知道如何放置手足。因此,君子认为这样是必要的:他所用之'名'可以被(恰当地)讲出来,他所讲出来的也可以被(恰当地)执行。君子所必需的只不过是,其言语中不会有任何不正确的东西。"[8]①

225

由此段引文显然可见的是,正名被视为管理政府的首要的且最基本的要求。但此段引文展现的推理系列说明,这种要求本身并非充足的。可用如下方式阐述这个推理系列:

"名"没有被矫正——没有条理一致的语言

没有条理一致的语言——事务不成功

事务不成功——礼乐不兴起

礼乐不兴起——刑罚得不到恰当的实施

刑罚得不到恰当的实施——民众不知道如何放置手足(即不知道如何做)

这个推理系列蕴涵着,如果"名"不正,那么民众就不知道如何行为。通过揭示后果,我们说明了这一要求,即民众的正确行为要求"名"应该被矫正。这仅仅意味着,正确的行为蕴涵着正名。有鉴于此,可以说,在孔子看来,除正名之外,实现社会和谐与政治秩序还需要其他因素。有效的教育以及提供有利于民生的条件是其中的两个因素。[9]

在《论语》中,我们发现还有另两处涉及正名说:

孔子说:"当一个君主的个人举止正确时,其政府无须发布命令也会有效率;如果其个人举止不正确,那么他可能发布命令但不会被遵循。"[10]②

季康(Chi K'ang)就为政之道问孔子。孔子答道:"行政意指矫正。如果你用正确来领导民众,难道谁敢不正确?"[11]③

226

第一段引文表明了作为民众楷模的统治者之行为的重要性。统治者的正确举止在于以"仁"来表现自己;也就是说要致力于利民。仅当他知道作为一位统治者的正确行为标

---

① "子路曰:'卫君待子而为政,子将奚先?'子曰:'必也正名乎!'子路曰:'有是哉,子之迂也!奚其正?'子曰:'野哉,由也!君子于其所不知,盖阙如也。名不正,则言不顺;言不顺,则事不成;事不成,则礼乐不兴;礼乐不兴,则刑罚不中;刑罚不中,则民无所措手足。故君子名之必可言也,言之必可行也。君子于其言,无所苟而已矣。'"(《论语·子路》)

② "子曰:'其身正,不令而行;其身不正,虽令不从。'"(同上)

③ "季康子问政于孔子。孔子对曰:'政者,正也。子帅以正,孰敢不正?'"(《论语·颜渊》)

准且按照该认知而行动，其行为才是正确的。由此，他就会受到民众的尊敬并被民众效仿。于是，这成为使社会和谐与有效管理民众的方法。第二段引文明确地将为政之道界定为正名与纠正行为的过程，亦即认识并遵循善与正当之标准的过程。如此的认识与实践，为善的社会与政府提供了合理的根据。

四

就真实定义的原理而言，正名说在逻辑上是重要的。真实的定义并不基于任意的约定，而基于对事物与关系的基本性质的认知。可以说，它们包括对物理对象的定义以及道德品质；前者的根据是对事物的基本物理特性的认知，后者的根据是对实现社会和谐与政治秩序的人类固有才能的认知。人类不仅具有物理性质而且具有道德品质，因而对人之为人的定义，不仅要考虑其存在的物理特征，而且要考虑其存在的道德特征。以此方式来定义人类，必然将涉及人性的实现可能以及与他人的有序关系的参考依据。因此，亚里士多德将人定义为一种理性的动物，而孔子将人定义为能够做到"仁"的动物。[12]

最后，我们可能还注意到，要达成对事物的充足定义，如下两个语义原则似乎是正名说在逻辑上的要求。第一，一类事物可能有众多名称。第二，任何一个名称都不应该被用于众多不同的事物。对人的定义问题，又会成为这两个原则的范例。人可以被定义为物理的存在，但也可以被描述为一个社会单位和道德主体。因此，一方面，作为与他人的不同关系之结果，他可能得到**父亲、儿子、朋友、兄弟**等名称。另一方面，**父亲**这一名称所适用的个人，可能是生物意义上的父亲，也可能指其道德上践履了作为父亲的德性。但在严格的意义上，它仅适用于既在生物意义上也在道德意义上是父亲的那个人。对运用于个体事物的名称不做任何区别，不仅会给我们的语言带来模糊性，而且会混淆我们对事物性质的理解。这样会阻碍社会交往并导致政治的混乱失序。因此，支配正名的这两个语义原则必须被包含于正名说，且实际上必须成为其逻辑预设。

227

五

在《大学》中，正名说构成了相对较为完善的政府理论的基础。《大学》的作者[13]认识到一种在精神实质上极为类似于正名的方法，它是了解事物目的的方法。《大学》说："物有其根本与分支，事有其结束与开端，知道了何者最先、何者最后，就接近于《大学》之教。"[14]①如此前指出的，正名在于达成关于个人及其与他人关系的真

---

① "物有本末，事有终始，知所先后，则近道矣。"（《大学》）

知识。在《大学》中，寻求真知识被等同于"彰显光明之德"〔所谓"明明德"（*ming-ming-te*）〕，因为所讨论的知识是关于德性的知识。这种知识是要揭橥人性以及人类实现社会和谐与政治秩序的潜能。因此，它是一种为个人提供智慧、为实现福祉提供指南的道德知识。

令人关注的是，在《大学》的作者看来，个人道德知识的开端是由"格物"及随后的"致知"这两步组成的。《大学》本身没有提供对所谓格物致知的诠释，而朱熹对之的传注如下：

> "知识的完善取决于考察事物"这个命题的意思是：要想把我们的知识完善至极，我们就必须考察所接触的一切事物之理，因为人的智识心灵的确生来就有认知的能力，而一切事物无不有其内在之理。只有事理未被穷尽，心中的知识才不完整。根据上述论说，成人之学（亦即《大学》）一开始就教导：就世间一切事物而论，学习者要在其已知之理的基础上予以推进，并力求考察一切事物的知识，乃至可以达到极致。一旦长期按这样训练，他就会突然发觉拥有某种全面透彻的洞察。那么，一切事物的性质——无论其内外、精粗——就都会被洞悉，而"心"就其全部内容及其与事物的关系而论，就是彻底明智的。这就是所谓的物格，这就是所谓的知之至。[15]①

228　根据朱熹的诠释，所谓"格物"，仅在于寻求事物之理，其中事物显然被构想为物理世界的对象。我认为这一观念过于狭隘。在此必须指出，"格物"不仅涵盖自然界，而且包括人类的才能与德性。它不仅是一个观察事物特性的问题，而且是一个界定和确立关于真与正当的标准问题。事实上，这种广泛的观念可以解释，"格物致知"如何使在坚实的基础上实现世间的社会和谐与政治秩序得以可能。

为了使正在讨论的解释变得清晰，我们提醒自己，根据《大学》的观点，从"格物致知"导向好政府与社会和谐的过程还包括如下中间步骤："诚意"（making sincere intentions/*ch'eng-yi*）、"正心"（rectifying the mind/*cheng-hsin*）、"修身"（cultivating the person/*hsin-shen*）以及"齐家"（regulating the family/*ch'i-chia*）。事实上，从"格物"开始直到最后的"平天下"，《大学》提出了一个三段论式的链条。《大学》意在指出，在这个三段论链条中，一步与另一步之间存在着某种与其说是逻辑的不如说是亲密的（intimate）关联。这样的关联可分为两种类型：第一种是从知道怎么做，进展为做到其所知；第二种是**扩展**道德活动的范围。从"格物"到"致知""诚意""正心"，最后到"修身"，这些步骤属于第一种关联；从"修身"到"齐家"、"治国"（governing a state

---

① "所谓致知在格物者，言欲致吾之知，在即物而穷其理也。盖人心之灵莫不有知，而天下之物莫不有理，惟于理有未穷，故其知有不尽也。是以《大学》始教，必使学者即凡天下之物，莫不因其已知之理而益穷之，以求至乎其极。至于用力之久，而一旦豁然贯通焉，则众物之表里静粗无不到，而吾心之全体大用无不明矣。此谓物格，此谓知之至也。"（朱熹：《四书章句集注·大学章句》）

well/*chih-kuo*）、"平天下"（bringing peace to the world/*p'ing-t'ien-hsia*），这些步骤属于第二种关联。

对于"诚意"取决于对事物的考察与知识这点，可以做出更详细的解释。关于"诚意"的含义，《大学》做出了明确的说明："绝不容许自我欺骗，要像我们厌恶难闻气味、喜爱美好事物一样。"[16]①但一个人是如何做到厌恶难闻气味、喜爱美好事物的呢？答案是：他通过对其好恶的直接感受做到如此。对于无法直接感受的事物，人们必须通过诉诸关于正当或真理的标准，根据真假对错来判断。如果不经过考察事物而获得关于它们的真知识，那么就得不到任何标准。考察事物而得真知的必要性，蕴涵着寻求正当与真实之标准的必要性，这与正名的目标是一致的。

在某种重要的意义上，一个能够根据正确标准来判断真假对错且不自欺的人，可以说他是意念诚实的。这就是说，其意念不再受到个人偏见和私利的驱动或支配。仅当一个人的意念根据真理与正当而使之诚实，其心才可以说是得到矫正的，也就是说使其始终遵循真理与正当。那么显然，"正心"预设了矫正知识和指导个人意念诚实的知识。之所以如此，可以说只是因为人类有能力去做那些他们知道为正当与善的事情。或许正是在此意义上，考察事物而获得知识被称为"知本"（knowing the fundamental/*chih-pen*）。 *229*

于是，能够根据其所知来证成自己的好恶，就是《大学》所称的"修身"。《大学》中说："世界上极少有这样的人：他在喜爱的同时，知道其喜爱对象的坏品质；或者在厌恶的同时，知道其厌恶对象的好品质。"[17]②一个经过修养而能够做到这一点的人，就会成为被效仿的榜样。由此这个人的家庭就会得到整治，这么说的意思是，每个家庭成员都会根据其位置做出正确的行为，这就是所谓的"**家齐**"（regulation of the family）。

通过扩展，一个已实现"家齐"的人，可以在家庭之外成为人们的道德榜样；因为可以假定，通过维持与社会上其他人之间的有序关系，人们能够使所有人都这么做。对于一个处在国家统治者位置上的人来说，这种德性实践被称为"**治国**"。如果国家被治理得很好，整个世界无疑就能以治理好的国家为榜样而变得有秩序。由此我们就看到，与正名目标相一致的"致知"是如何导向世间的社会和谐与政治秩序的。

如果道德与政治理论取决于正名，那么《大学》所提议和说明的有关根本的知识就必然基于这种认知。在此我的意思是，有关根本的这种知识取决于事物按照正确定义的真知识。真知识与正确定义，再加上关于人类行为的道德知识之动力，必然导出社会和谐与政治秩序。依据真知识的道德行为原理使知识成为一种实践智慧。知道正确的行为应该导出正确的行为，在此意义上，这些知识沟通了理论与实践并展示了其中内在的有机关联。这个原理还让一个正确的行为导致更多的同类行为。这依然是《大学》所称的 *230*

---

① "所谓诚其意者：毋自欺也，如恶恶臭，如好好色。"（朱熹：《四书章句集注·大学章句》）
② "好而知其恶，恶而知其美者，天下鲜矣！"（同上）

个人的自我修养。

总之，通过由八个步骤组成的序列而获得真知识，《大学》对产生社会和谐与政治秩序的必然性提供了逻辑的与实践的评论。拥有事物之真知识的个人，将努力成善并完成其善性，进而导出社会的道德秩序。《大学》由此就对知识如何指导实践并完成于实践做出了例证。在此意义上，它基于正名说提出了一种关于社会和谐与政治秩序的理论。

【注释】

[1] 将正名译作"rectifying names"，取自詹姆斯·理雅各（James Legge）对儒家经书的译著。[参见理雅各：《中国经书》（The Chinese Classics），3 版，第 5 卷，香港，1960]

[2] 孟子并未明确赞成正名说。但他采用了该学说，其证据是他经常试图界定各种人类情境、德性、悖德行为以及道德人格的类型，例如，他说："违反（与其本性相宜的）仁慈的那些人，被称为盗贼。违反义的人，被称为恶棍。既是盗贼又是恶棍的人，我们称之为纯粹的匹夫。我听说过一个名叫纣的匹夫被杀，但没有听说过（在此情形中）有一个统治者被处死。"① （理雅各：《中国经书》，第 2 卷，167 页）孟子每给出一种界定，通常都会做出基于该界定的道德判断或价值判断。在另一个例子中，他主张，一位仁慈的君主不应该"诱骗民众"[罔民（wang-min）]，因为他把这种诱骗界定为不相容于仁慈的君主之"仁"。最后，在他对人性善的论证中，孟子似乎认为，人性的定义等同于德性之开端，这些开端表现于同情、羞耻与厌恶、尊敬与尊重、赞成与否的情感中。这使他有可能面对各种批评而为自己的理论辩护。

[3]《大学》的成书年代一直是近来中国历史学者争论的问题。我认为《大学》成书于战国末期。

[4] 理雅各：《中国经书》，第 1 卷，323 页。

[5] 同上书，178 页。

[6] 就意指人们之间伦理关系的开端而言，孟子显然认为，它们在于教导："父子之间应该怎样保有亲情，君臣之间应该怎样保有正当，夫妻之间应该怎样保有对其各自有分别的作用之关注，兄弟的长幼之间应该怎样保有适当的秩序，朋友之间应该怎样保有忠诚。"② （理雅各：《中国经书》，第 2 卷，251～252 页）《中庸》中的说法是："支配君臣之间、父子之间、夫妻之间、兄弟之间、朋友之间关系的原则，是五种被普遍履行的义务。"③ （理雅各：《中国经书》，第 1 卷，406～407 页）

[7] 同上书，256 页。

[8] 同上书，263～264 页。

[9] 孔子认为，在可能受到礼仪与德性教育之前，民众必须被给予良好的生活条件。

[10] 理雅各：《中国经书》，第 1 卷，266 页。

[11] 同上书，258 页。

---

① "贼仁者谓之贼。贼义者谓之残。残贼之人，谓之一夫。闻诛一夫纣矣，未闻弑君也。"（《孟子·梁惠王下》）

② "父子有亲，君臣有义，夫妇有别，长幼有序，朋友有信。"（《孟子·滕文公上》）

③ "君臣也，父子也，夫妇也，昆弟也，朋友也，五者天下之达道也。"（《中庸》第二十章）

［12］孔子说："有人能够一天将其气力用于德性吗？我还没有见到其气力不够的情况。"① （理雅各：《中国经书》，第1卷，167页）"德性是某种很遥远的事物吗？我想要成为有德性的，瞧瞧！德性就在身边。"② （同上书，204页）

［13］根据朱熹的观点，孔子写作了《大学》的经文（仅由6段组成）；而孔子的弟子曾子写作了《大学》的其他部分，用作对经文的传注。但在现代，关于《大学》作者的传统解释已遭到质疑。但该书作为《礼记》的一章，一般被追溯到战国末期。

［14］理雅各：《中国经书》，第1卷，357页。

［15］同上书，365~366页。

［16］同上书，366页。

［17］同上书，369页。

---

① "有能一日用其力于仁矣乎？我未见力不足者。"（《论语·里仁》）
② "仁远乎哉？我欲仁，斯仁至矣。"（《论语·述而》）

八 论"义"作为一种具体运用于儒家道德的普遍原则

一般认为,"仁"是古典儒家最重要的观念。鉴于孔子对该观念的发展及其大量运用,"仁"作为人类行为的原理以及人类完善的理念,其重要性怎么说也不为过。虽然承认这一点,但关注儒家学说之全体的人们必然急忙补充说:第一,儒家道德中还有其他重要原理,"义"作为其中之一是需要进一步说明的;第二,在孟子——继孔子之后儒家的首要拥护者与倡导者——的著作中,"义"与"仁"一样重要。

儒家学说中"义"的含义与作用

我们必须认识到这一事实:在《论语》中,与"仁"不同,"义"从未得到明确的界定。[1]实际上,令人奇怪的是,似乎没有弟子提出关于"义"的问题。[2]对此的一种解释可能是:由于"义"不重要,孔子及其弟子认为没有必要说明该概念。然而,"义"被用于许多处理规范判断的关键阐释中,考虑到这一事实,一种更优的解释可能是:孔子及其弟子认为"义"这一概念是理所当然的;并且,对于"义"在阐述和说明人类行为的规范与目的中的构成及作用,假定存在着某种清晰的一般理解,故而没有澄清的必要。由此,问题就在于,在关涉"义"的阐释中对"义"预设了何种理解。"义"是这样的原理:它应该使一个人的行为在道德上可以为他人所接受,应该证成人类行为的道德性。换言之,可以认为,"义"是道德的根本原理,它给予人类行为正当与否的性质,并产生某种令我们作为道德主体感到内在满足的情境。如果我们在儒家学说中先考察"义"的发生背景,然后将之与"仁"之理相比较,上述理解就应该变得更清楚。

在许多情形下,孔子把"义"当作君子的最终原理。因此,他说,"君子把'义'当作(行为的)最高原理"[3]①,"君子把(一切)与'义'相比较"[4]②。因此,"义"显然是一种与君子人格相关联的原理,从而同各种与君子人格相关的德性发生

---

① "君子义以为上"(《论语·阳货》)。
② "义之与比"(《论语·里仁》)。

关联。

进一步说，"义"独立于物质性的自利，并且与缺乏仁德的倾向相对立。"义"构成了德性人生的必要组成部分，规范着对物质利益的爱好以及对快乐与舒适的欲求，由此对善之为善做出形式上的规定；这一点可揭示如下。首先，就物质收益与一切日常活动而论，"义"的缺乏使这样的收益变得无意义。

孔子说："如果我在不符合'义'的情况下变得富有和有地位，那从我会把这些收益视同浮云一般。"[5]①这蕴涵着：仅当"义"存在且是作为追求物质收益的价值判准而存在时，这样的物质收益才是可接受的。这还意味着，对物质收益的追求并非一种有内在价值的活动，且其价值必须由对"义"的考量来提供或认可。"义"由此就决定了人生与活动的整个意义。为了证实这一点，我们给出如下引证："就君子如何考虑情境做出与他人相关的行为而言，他没有任何特别的参照，也没有任何特别的禁忌，而只是以'义'作为评价标准。"[6]②据此，"义"显然是一种普遍且完整的原理，适用于每一种判断行为是否有价值的特殊情形。正是这种普遍性才能证成人类的道德高贵性，其途径是根据某种标准来证成行为。"义"使根据标准的证成得以可能，并构成了经如此证成的行为之规范性。因此，它体现了一种贯穿各种行为情形的统一性。

"义"不仅使物质收益成为可接受的（如果它们值得接受），而且使德性成为有德的或值得接受的德性。换言之，儒家体系中所有一般的德性都要经受"义"的规定和认可："义"是一切德性的根基，从而是德性的必要原理。它是德性成为德性的原理。这一点在考虑如下情况时尤为明显：一种性格倾向如果缺乏"义"作为要素，那就不是德性。因此，孔子说："君子如果有勇气而没有'义'，那就会惹麻烦；小人如果有勇气而没有'义'，那就会成为强盗。"[7]③

根据陈大齐（Ch'en Ta-chi）的提议，如果一个人必须学会某事，那么他就必须学会"义"及其运用。[8]

> 好仁不好学，其蔽也愚；好知不好学，其蔽也荡；好信不好学，其蔽也贼；好直不好学，其蔽也绞；好勇不好学，其蔽也乱；好刚不好学，其蔽也狂。[9]

那么，以上陈述就清楚地表明了这样的事实：诸如"仁""知""信""直""勇""刚"之类的基本德性，必须受到"义"这一原理的规定，并在其规定中证成自身之为德性。当然必须说明，"义"如何能够规定并证成每一种德性之为德性。它必定是由于这样的考虑：每种德性单就其本身而言可能发展过度，乃至妨碍其他德性；所有德性必须在不忽视整体之善的情况下被运用于特定的情境。"义"代表了这种整体性的理念，以及在

235

---

① "不义而富且贵，于我如浮云。"（《论语·述而》）
② "君子之于天下也，无适也，无莫也。义之与比。"（《论语·里仁》）
③ "君子有勇而无义为乱，小人有勇而无义为盗。"（《论语·阳货》）

情境中适切地运用德性的决定之产生能力。因此，它就是使潜在的德性成为适切的现实德性的原理，因为它具有在具体情境中实现德性的能力。习得这种普遍联系特殊的能力，即是习得"义"的秘密所在；当然，这种习得需要对生活意义以及关于整体统一的真理与善之意义有所理解。就"义"代表了对整体统一性的洞察这一论点而言，人们可以看到，孔子实际上已有所提示："君子把'义'当作其精神实质，按照'礼'行动；以谦逊的态度表现自己，以正直的方式实现自己。"[10]①

孔子进而谈论"通过践行'义'来实现自己的道"[11]②。因此，"义"可被视为一切德性的基质（substratum），并且其本身就是其他德性可能得以派生的来源。它不仅给予所有已知德性统一性，而且能够在必要时产生更多德性。[12]

总之，"义"既相关于对德性适切具体情境的道德考量，也相关于整体的善，由此"义"就是那种给予诸德性统一性和创建道德情境的原理。进而它在其他已确立的德性之间进行裁决，从而使道德主体能够做出正确的决定，以保有所有德性的统一、有序与和谐。作为一种排序原理，"义"显然是由于能够产生正当的行为决定而将自身呈现为与特定情境相关的。以此为据，人们就可以看出孔子如下陈述所隐含的相关性与证成，"在父亲或儿子偷羊的情形中，父亲为儿子隐瞒真相，儿子为父亲隐瞒真相。直率（frankness）这一德性于此可见"[13]③。这一判断的要点在于：考虑到所涉及的个人、原则与违法之类别，隐瞒行为中展示出的更多的"义"。如果允许我们视之为这样的一个例证——其中"义"紧密运用于产生适切德性的特定情境，那么"义"实际上就被确立为立德之理与道德中的可运用之理。因此，有"义"之人就必然是拥有创造性洞见之人，能够在特定情境中做出恰当的道德判断，这种判断维护着整体的善与正义。

依据以上论述，尽管孔子的《论语》中没有关于"义"如何构成的明确陈述，但我们或许可以用与做出道德决定相关的两种成分（component）对"义"进行分析。其一，就道德主体一方而言，存在着对目的的某种理解或知觉。这是主观的关于善真理（或"道"）的自我知识。其二，存在着某种潜在的状态或情境，它需要适宜的行为使之成为道德状态或情境。为了做出适当的决定并采取某一行为，人们必须正确地洞察情境中存在的客观性质。作为人类行为的原理，"义"包含了这两种成分或这两个方面以及对之的理解。"义"的实现，是一个将主观标准或价值规范适用于客观情境的问题。正是行为在情境中的适宜性、对这种适宜性的认知以及源自这种认知的内在满足，构成了"义"在运用中的复杂原理。依据这种分析，并不令人吃惊的是：在诸如《中庸》之类的后世儒家著作中，"义"被明确界定为适当性或适宜性。[14]这种界定揭示出"义"的

---

① "君子义以为质，礼以行之，孙以出之，信以成之。"（《论语·卫灵公》）
② "行义以达其道"（《论语·季氏》）。
③ "父为子隐，子为父隐，直在其中矣"（《论语·子路》）。

适用性这一深层含义，这种适用性在于，普遍性适用于特殊性以及主观适用于客观。当然，“义”的适用性要求在理解其运用中进行自我修养。

或许正是基于“义”的这种“普遍性适用于特殊性”（universal-to-be-applied-to-the-particular）的特点，孔子才没有自认绝对信守某种行为原理。他认识到实际生活情境的多样性，进而认识到善必定内在地产生于某种具体的情境。因此，他并不坚持任何独立于具体现实的一般性。他是无**可**无**不可**（no absolute yes or absolute no/*wu-ko-wu-pu-ko*）的。但这并不意味着他无法对其行为做出融贯的决定。相反，就是因为免于自我克制的束缚，他可以自由地运用“义”这一原理——“义”体现于其个人自身，并表现了他的存在的统一性。由此，可以重述他的这一说法，“（君子）没有任何特别的参照，也没有任何特别的禁忌，而只是以‘义’作为评价标准”。他以这样的方式达到了一种真正自由的状态——这种自由使他不受制于任意（willfullness）、必然（necessity）、故步自封（stubbornness）、傲慢自大（self-arrogance）。[15]① 同样是这种自由，使他能够做其心所裁决之事而总是正当的，因为其所做的恰恰是他做得正当的。

综上所述，可以说，“仁”给予人类德性内容，其途径是借助对他人的关心与爱而将自己向他人扩展；“义”则给予人类德性意义，其途径是通过理解自己的目的以及自己与人类整体的关系来界定自己。与此类似，“礼”现实地展示人类的德性，并阐明人类德性得以稳定和谐的规则；“义”则给予“礼”某种认可，认可“礼”是相关于“仁”的实现以及自我实现与自我证成的自觉。“义”是居于普遍与特殊之间、居于对普遍的理解与对特殊的理解之间的调适原理，因而也在作为德性内容的“仁”与作为德性形式的“礼”之间起着调适作用。因此，它可以被视为德性生活的基础，在具体情境中确保内容和形式的统一与和谐。

孟子对“义”的发展

在孟子的著作中，“义”成为德性的支配原理。不仅孟子对“义”这一术语的使用比孔子在《论语》中对“义”的使用更频繁，而且“义”的含义以及对其重要性的理解被给予了前所未有的深度。第一，“义”被给予与“仁”同等的重要性，并且总是与“仁”连用。这显然说明，孟子认为“义”是与“仁”一样重要的德性，而又认识到两者有别。孟子比较了“义”与“利”（profit/*li*），而这基本保持了孔子所给予的“义”的意义：“义”是独立于自利与物质收益考量的行为原理，也是作为能够实现德性的个人保持独立性的原理。在此意义上，“义”是一种使一切德性得以可能的普遍德性，并由此应该是一切德性的基础。第二，除了作为一切德性的基础之外，“义”是独立而有

237

238

① 参见《论语·子罕》：“子绝四：毋意，毋必，毋固，毋我。”

别的四种德性之一，孟子提出"仁""义""礼""智"这四种德性，以作为道德与善的生活的支柱。对于这些德性，孟子尽管没有给出正式的定义，但提出了近乎定义的解释。他宣称："同情感是'仁'的开端；羞耻感是'义'的开端；谦逊感是'礼'的开端；对正当与否的感受是'智'的开端。"[16]①并且，孟子坚持认为，这四种情感是人的定义性特征，是人性内在固有的，因为人如果缺乏它们就不成其为人。在此意义上，"义"与其他基本德性一样，是人性的一部分；并且，如孟子所强烈主张和呼吁的，"义"构成了人性被称为善的原因之一。我们在此要面对三个问题：（1）我们如何理解按照羞耻感来解释的"义"？（2）"义"如何被视为人能够发展的一种内在性质？（3）在孟子这里，是否仍有理由认为"义"是德性的基本原理？只有在答复了第三个问题之后，我们才能讨论"义"的本体含义。

"义"被孟子认作人的一种内在情感，它使人趋于保持其尊严与一贯性的行为。就其本身而论，"义"是界定和实现个体性及其作为个人自由的情感。"义"构成个体性的内在本体原理，这一点拟在后面加以解释。这里将讨论，"义"是内在于人性的情感。就肯定"义"是一种普遍的天然要素而论，孟子已经表示，它是人性的天然组成部分。"义"和其他德性是取决于情感的问题，这一信念背后的信念是这样的：人性是在情感中实现自身的；这里所要说明的是人性的实现。因此，他在讨论人性善时说："一个人如果遵循自己的情感，那就可以行善。"[17]②由此当然可以预期，与"仁"一样，"义"也是人性的自然流露。尽管没有任何一段文章证明，在某一情境中内在于人的"义"会当下呈现，但确实可以合理地认为，与"仁"一样，"义"在适当条件下对所有人来说都是能够当下实现且不可能被真正失去的。这正是由于"义"与"仁"一样，是人性的定义性特征。当然，"义"这种可当下实现的情感必定是对情境的适当反应，从而可被解释为一种洞察能力，洞察到与情境相关的适宜行为之构成。类似地，出于"义"的行为可被视为在某一情境中带来适宜性质的行为。

239 前文已指出，"义"的情感是人性的普遍要素。作为人性的普遍要素，它为一切人所共享。因此，孟子说："心所共享的原理是什么？它是理，是义。"[18]③可以说，被孟子认作"义"之端的羞耻感，就是自觉到有所不为（not being able to do certain things/ *yu-so-pu-wei*），正如"仁"的情感是自觉到有所不忍（not being able to bear certain things）。对于这种有所不为的感受，当然可将其原因解释为某情境中某些事物本身的不当性。虽然孟子没有给出明确的例证，但在我看来，如下论说以具体生动的方式描述了"义"这种性质。

---

① "恻隐之心，仁之端也；羞恶之心，义之端也；辞让之心，礼之端也；是非之心，智之端也。"（《孟子·公孙丑上》）

② "乃若其情，则可以为善矣。"（《孟子·告子上》）

③ "心之所同然者何也？谓理也，义也。"（同上）

(1)〈假如有〉一碗饭，一碗汤，一旦得到就能够让一个（饥饿的）人活下来，一旦失去就会导致（饥饿的）人死去。但如果某人以轻蔑的语气施舍这些东西，那么路过的人就不想要；如果把这些东西踢给（别人），那么甚至乞丐也不愿意接受。如果不当地给予我优厚的俸禄而我却予以接受，那么这些优厚的俸禄对我又有什么用呢?[19]①

(2)一个齐国人的妻子和妾当发现她们的丈夫乞讨用作丧祭的食物时，感到很羞耻。②

这两个例子表明，有所不为的感受如何与情境相关联并引发某种回应。羞耻感可被认作诸多保持个人尊严及个性的情感之一。它还是人们通过其本性而得以认识的。也就是说，人们在特定情境中意识到"义"。这意味着，人们意识到某些区别，并萌发对它们的某些情感。就此而论，一切基于它们的德性与情感都可以被认作体现了"义"的根本性质——自我认识与对"道"的认识。在此意义上，"义"不仅是一种情感，而且是一种自觉——自觉到这样的情感代表着个人独立性的价值。因此，它是孟子所谓的良能和良知，或天生的善才和天生的善知识。[20]

作为"义"之端，羞耻感或有所不为的自觉要成为坚定、全面而融贯的，就必须经过修养。事实上，"义"尽管根植于羞耻感，但其作为德性的现实形式是鲜明的。如前文指出的，它蕴涵着自我意识的成分以及自觉的努力选择。因此，孟子说："对所有人来说都会有某些事是他们不会忍受的。如果将此运用于他们能够忍受之事，这就是仁。所有人都会有某些事是他们不会做的。如果将此运用于他们实际所做之事，这就是义。"[21]③ 人们能够将有所不为的感受运用于他们能做之事，自然包含着这样的认识：人们所能做出的必然是他们不会感到羞耻的行为。以此方式，"义"成为一种普适的生活模式，赋意于人类行为的各领域中。也正是通过修养羞耻感，人们才能在各种人类情境中表现这种情感并认识到它的力量。修养羞耻感的最后一个重要理由在于，保持德性的融贯性从而予之力量。事实上，一个行为如果没有保持"义"在理念上的融贯性，那就不可能真正符合"义"。孟子批评了陈仲子（Ch'en Chung-tzu），这一例证充分说明，一个求"义"之人如果看不到"义"的整个理念会怎样现出原形，其原因正是：他不怎么明白"义"，因此面对认为其无"义"的批评，他无法做出融贯的自我辩护。④ 如我们随后会看到的，"义"一旦经过充分的修养，就应该如整个宇宙一般广阔，可称其为"浩然之气"（the great flood of breath/hao-jan-chih-ch'i）。[22]

240

---

① "一箪食，一豆羹，得之则生，弗得则死。呼尔而与之，行道之人弗受；蹴尔而与之，乞人不屑也。万钟则不辨礼义而受之，万钟于我何加焉?"（《孟子·告子上》）
② "由君子观之，则人之所以求富贵利达者，其妻妾不羞也，而不相泣者，几希矣。"（《孟子·离娄下》）
③ "人皆有所不忍，达之于其所忍，仁也。人皆有所不为，达之于其所为，义也。"（《孟子·尽心下》）
④ 参见《孟子·滕文公下》。

"义"被看作根植于人之自然自发的情感。形而上地说，它内在于且天生于人性，人性中生长着一切情感的潜能。然而，"义"并非全然主观的。在引发行为时，"义"保持着一种既有客观性也有规范力的性质。"义"是每一位道德者都应该怀着真诚与自觉去遵循的。因为如我们已经分析的，"义"不仅是某类情感的自然流露，而且其在某些特定情境下觉知何种行为是正当的。其觉知使人们能够将普遍原理适用于具体情境，以产生适宜的行为。因此，它包含规范知识的成分。由于这种觉知与规范知识的成分，"义"似乎还是一种客观原理，是在某情境中与道德主体相关的、被觉察到的事物本性中的性质。因此，这就产生了对如下问题的争论："义"到底是主观而内在于人（或在人性中）的，还是作为事物的客观性质而外在于人的？如果审查孟子与告子——孟子时代具有道家倾向的哲学家——之间的辩论，我们就可以更好地回答这个问题。告子说：

> "食欲的本能与性本能是关于性的问题——仁是内在的，不是外在的；义是外在的，不是内在的。"孟子说："为什么说仁是内在的而义是外在的？"（告子的）答复是："如果某人年龄比我大而我认为他年长，这不是因为我内在地具有年长（这个性质）；与此类似的情况是，某物是白的而我认为它是白的，这是从外部认识到白这个性质。因此，（我说）义是外在的。"[23]①

241   从告子的观点看，"义"只是对知觉——知觉到诸如高、白之类的对象性质——的某种反应。因此，使"义"得以可能者是客观情境，而唯一的主观因素只是对客观情境中某一特性的认知。这种特性尽管像高和白这两种性质一样是客观的，但就其为"非自然的"（non-natural）而言与后者有所不同，这里的"非自然的"采取摩尔（G. E. Moore）的用法。它在这方面极类似于摩尔在其《伦理学原理》（*Ethica Principia*）中所讲的善的不可定义性。对"义"的认知类似于对善的认知，两者都属于直觉。作为主观的原理，"义"只不过是直觉到某行为或情境的非自然性质之智识才能，这种性质是不可分析的、客观的。在此意义上，告子的立场近乎摩尔。

孟子不可能接受上述立场。在他看来，"义"不仅是对特定性质的智识直觉，而且是个人主观状态的调适以及支配其行为举止的价值规划。对他来说，将"义"的价值客观化为某种性质（即便是所谓非自然的性质），是不适当的，因为"义"不可能被完全客观化进而普遍化。因此，"义"不属于与"白"或"年长"同类的性质，尽管它是非自然的，因为白这一自然性质是白马与白人所共有的。但是，作为"义"的一个例证，把某人当作长者来对待不同于把某物认作年长的或高的。人们可以通过对马的年龄进行客观描述，由此认识而将马看作年长的；但对年长之人不可能这么做。要把年长之人当作长者来对待［"长人之长"（*chang-jên-chih-chang*）］，取决于某种价值态度并蕴涵着某

---

① "告子曰：'食色，性也。仁，内也，非外也；义，外也，非内也。'孟子曰：'何以谓仁内义外也？'曰：'彼长而我长之，非有长于我也；犹彼白而我白之，从其白于外也，故谓之外也。'"（《孟子·告子上》）

种尊敬,从而是对某情境中某人而产生的自然情感之投射。长者的客观性质不是"义",但怀着尊敬之情把长者当作长者来对待是"义"。因此,孟子说:"白马的白与白人的白没有差别。但人们难道不能认识到,把年长之马看作年长与把年长之人当作长者这两者之间的区别吗?我们是说长者具有'义'的品质,还是说(怀着尊敬之情)把他当作长者的那个人具有'义'的品质呢?"[24]①

显然,告子与孟子一开始是在如何诠释"义"的问题上产生了分歧,而这导致了他们在"义"与人性之间的关系问题上的观点差别。根据告子的观点,一方面,"仁"是有关爱好的问题,不能通过劝说将之强加给某人,因为"仁"是自然而然地发生的;另一方面,"义"不被认作来自人性的情感,而是对给定事实或性质的认识。由于事实或性质是由外部给予的,所以人们对之的认识也必然被认作外在的。因此,既然告子的选择是不去认识关于"义"的主观感受,而把"义"当作智识原理,那么他就仍可以断定"义"的外在性,而与"仁"的内在性形成对照。告子所指出的如下观点自然是错误的:不同人的特别爱好,是将外在的"义"与内在的"仁"相区别的充足标准。因为孟子已正确地驳斥说,即便人们的特别爱好也不同于特别的客观事物。这不会使爱好不那么内在从而更外在。[25]这种相互理解的困难,同样适用于这个问题:尊重作为一种性质是被确定为外在的还是内在于自我的?当然,对某人的尊重依赖对诸多外在因素的考量,这些因素造就了这个人的可尊重性,但这并不意味着这些外在因素就是"义",或能够确定对"义"的认识,正如共同的饮食习惯不是"义"或不能确定对"义"的认识一样。"义"尽管是普遍而客观地被意欲的,但也是人性的积极成分——由此成分,价值态度得以确定而认识得以真正可能。[26]

最后,我们谈谈作为主观的自我确定原理之"义"的本体含义。前文已说明,如此原理使人们能够对情境做出自然反应,并选择令自己满足的行为。但在"义"的形式中这种原理还有其本体的含义,这一点孟子已有所表示,但在文献中几乎没有得到讨论。"义"的本体含义在于,它给予个人自主性、独立性及自足,并使个人成为创造性的主体,由此宇宙的一切事物对他变得有意义。在此意义上,"义"是主观者(the subjective)的力量,完成并证成客观者(the objective)。就诠释"义"的本体含义而论,或许存在两种趋向。其一,"义"及其发展至极使自我能够与客观世界连成一体;也就是说,揭示世界与自我的终极意义,并实现两者的合一。其二,不必认为"义"使自我能够与世界连成　体,而可认之为把世界转化为自我世界的原理,这里的自我世界是自我完成其自我实现这一目标的世界,是价值的教化世界(cultured world)。这两种观点共享同样的关怀,即自我与世界的现实合一以及个人生活的一贯性与自足性的明确完成。就此而论,它们实际上是等同的。"义"在人生中的终极目的或许是达成这样一种完美状态:

---

①　"异于白马之白也,无以异于白人之白也;不识长马之长也,无以异于长人之长欤?且谓长者义乎?长之者义乎?"(《孟子·告子上》)

243 其中客观者已负载主观的意义，而主观者已呈现客观的（从而普遍的）有效性。而所要认识的重要之处当然在于：在孟子讨论"义"作为自然之情的背景中，"义"首先是一种主观原理；而由此"义"之本体意义指向主体——作为行为、价值、自我理解以及自我实现的创造性之源的自我。

作为使自我能够成长为某种普遍实在的本体原理，"义"与"气"紧密相关。事实上，正是在探讨如何达成"不动心"（unperturbed mind/*pu-tung-hsin*）的语境中，孟子才引入"气"的观念；而正是在探讨如何达成使"不动心"得以可能的"浩然之气"状态这一语境中，孟子才引入作为"浩然之气"之自我确定原理的"义"观念。孟子关于"气"与"义"之关联的陈述，可引述如下：

> 我懂得语言。我擅长培养我的浩然之气。但浩然之气是什么呢？（答复是）：它很难界说。作为气，它极为宏大且极其有力。它是用直截了当的方式来培养的，而不会产生任何害处。然后，它就会充满天地间。作为气，它是与义和道相匹配的；而如果没有这个（义），有此（气）之人就不会强健。（因此），浩然之气产生于对义的汇集；它是通过义而取得的……[27]①

在此，孟子明确指出了两个观点，这两点都具有本体的意义。其一，个体自我可以把自身培养至与天地相连的充满"气"的状态。这说明，人在本体上是与世界不隔的。其二，使人能够与世界相连的浩然之气，拥有"义"作为其本体的根源与基础。换言之，人们一旦于其自身发现"义"并变得一贯地坚持"义"，就会自然而然地通往自我在本体上的扩展，从而将世界转化为内在于个体自我的意义宇宙。但孟子指出，"义"因此并非将其自身强加于"气"而将"气"转化为"义"，而是在一开始就使"气"成为浩然之气。这说明，"气"的性质是主观的，应该由人们的情感来表达，并且是在人们自觉努力的背景中实现的，其中的自觉努力旨在促使自我融贯而真诚的内在情感趋于完成。

【注释】

244 [1] 例如，就描述"仁"而论，孔子在《论语》中说："仁者先难而后获，可谓仁矣"（《雍也》）；"爱人"（《颜渊》）；"能行五者（恭、宽、信、敏、惠）于天下，为仁矣"（《阳货》）；"刚毅木讷，近仁"（《子路》）；"克、伐、怨、欲不行焉，可以为仁矣"（《宪问》）；"居处恭，执事敬，与人忠"（《子路》）；"仁者乐山"（《雍也》）；"仁者不忧"（《子罕》）。

[2] 许多弟子问仁（*wen-jen*），但似乎没有弟子问义（*wen-yi*）。

[3]《论语·阳货》。

---

① "'我知言，我善养吾浩然之气。''敢问何谓浩然之气？'曰：'难言也。其为气也，至大至刚，以直养而无害，则塞于天地之间。其为气也，配义与道；无是，馁也。是集义所生者，非义袭而取之也……'"（《孟子·公孙丑上》）

[4]《论语·里仁》。

[5]《论语·述而》。

[6]《论语·里仁》。

[7]《论语·阳货》。

[8] 参见陈大齐:《孔子学说论集》,53 页,台北,正中书局,1961。

[9]《论语·阳货》。

[10]《论语·卫灵公》。

[11]《论语·季氏》。

[12] 尽管曾子已指出,儒家学说的统一原理是"忠恕"(loyalty and kindness/*chung-shu*),但其他诠释显然也是可能的。(参见陈大齐:《孔子学说论集》,55 页)

[13]《论语·子路》。

[14] 参见《中庸·哀公问政》。

[15] 参见《论语·子罕》。

[16]《孟子》,2A-6。

[17] 同上书,6A-6。

[18] 同上书,6A-7。

[19] 同上书,6A-10。

[20] 参见上书,7A-15。

[21] 同上书,7B-31。

[22] 参见上书,3B-10。

[23] 同上书,6A-4。

[24] 同上。

[25] 参见孟子的陈述:"喜好秦国人烧烤的食物与喜好我国人烧烤的食物,这两者没有分别。有关事物的规则有时是如此,但对烧烤食物的喜好也是外在于自我的吗?"(同上)①

[26] 参见上书,6A-5。

[27] 同上书,2A-2。

245

---

① "耆秦人之炙,无以异于耆吾炙。夫物则亦有然者也,然则耆炙亦有外欤?"(《孟子·告子上》)

九 儒家"心"概念之若干特征

一个方法上的区别

在对中国观念与价值的研究中，认识到方法上的区别似乎是重要的。首先，有一种将观念与价值关联于历史事件的历史方法，其目的一方面是聚焦于它们的社会、文化及心理的背景，另一方面是关注相关类别的影响。[1]正是用这种方法而不是以其含义，观念的历史发生才得以解释。观念之含义的各种面相，必须基于哲学分析来解释。进而其在于揭示观念的逻辑蕴涵与哲学意图，审查和评估它在概念相关性方面是否适当以及对于经验与理解的真理性。

鉴于方法上的上述区别，在此假定：对儒家"心"概念的哲学分析，基本上独立于（尽管在一般意义上相关于）对中国历史中事件并行的（parallel）因果发展之考虑。换言之，这个假定是：不管怎样，儒家思想家已阐明其关于人"心"的观点，并意在让这些观点成为对人与自然之实在的哲学说明。

我的分析不会通过历史情境来简单地解释——除此论点之外，本文还坚持认为：在儒家"心"概念的发展中存在着一种基本的统一性与连续性，由此不同的儒家思想家可以被关联并被诠释。但就这种关联而论，有一点不容否认，即不同时期[2]各种儒学著作

中"心"概念之间已然存在急剧的变化和显著的差异。指出如下一点很重要：这些变化与差异都是在单一的概念与问题框架中发展的。我将明确申述，先秦时期古典儒家的"心"概念具有四个根本特征。这些特征明确了一个概念框架，使宋明新儒家对"心"概念的详尽阐述得以可能。可以理解，从古典时期到宋明时期儒家"心"概念的统一性与连续性，可以兼容于其历史间断性与分立性，后者缘自其间新道家与佛教的兴起。还可以假定，新道家与佛教对后来的儒家思想家产生了某些重大影响。但这些影响源于刺激、启发和挑战，而不必导致概念上的亲近或认同。我在此的主张是，就儒家的"心"概念而论，远为便利且富有成效的做法是坚持古典儒家和新儒家的统一性与连续性，而

不是相反，因为理解"心"的这些基本问题及其隐含的解决方案，其理由正是在儒家学派的古典著作中得到阐述的。

古典儒家"心"概念的四个根本特征

在从公元前 6 世纪到公元前 3 世纪的先秦时期，关于人心以及人心与知识、善、对错之分、代表终极全体实在的天地等之间的关系，几乎所有的中国哲学家都提出了一些观点。在儒家传统中，或许孔子是仅有的例外，几乎所有的先秦儒家思想家都明确地关注"心"的性质与作用、"心"在宇宙形成与变化进程中的定位以及"心"在个人完美地修养成圣和理想社会——优异的世界秩序与全面和平——的集体福祉中的角色。这个事实可以在以下著作中得到令人满意的证实：《孟子》《大学》《中庸》《易传》《礼记》以及荀子的著作。而仔细审阅古典儒家的这些基本典籍，人们就可以洞察到儒家之"心"的四个根本而重要的特征。其根本重要性是在如下意义上讲的：有关"心"概念的一切问题都可以与这些特征相关联，并根据它们来阐释。

"心"的第一个特征：与实在的统一

古典儒家的"心"的第一个特征是关于"心"与自然[3]的统一，也就是如"道"这一术语所表示的、一般所说的真理与实在。鉴于一方是作为主观实体的"心"，另一方是作为客观存在的自然，既然主观的"心"显然不同于客观的自然，人们或许就会像笛卡儿那样自然而然地认为："心"与自然（包括身体与物质）本质上是不相干的，因为它们是具有不同属性的不同质料（substance）。但儒家传统从一开始就严格坚持的观点是，"心"与自然、主观与客观是一体而同一的。这是因为主观者与客观者都不是被设想为分离的静态质料，而是展示同一种实在并实现实在之同样潜能的过程与存在。从本体上可以说，"心"与自然是一体而同一的。这是因为"心"包含潜在的自然并且是自然的成就，而自然包含现实的"心"并且是其基础。"心"的实在就是自然或天地的实在，而"心"的活动就是天地的活动。因此，"心"不仅代表"道"，事实上它**潜在地**（potentially）就是"道"。"心"能知"道"的原因，恰恰在于"心"就是"道"。从而我们可以断定，根据古典儒家的观点，"心"的首要特征就在于呈现"道"本体上固有的均衡，并且"心"享有与"道"同样的潜能。[4]

还有另一理由说明"心"即"道"。"道"生成人性（"性"），而人性是以"心"之活动的方式表达的。由此可见，"心"与"性"并非分离的，而是一体的。人性是"道"自然而必要的实现，人心则是人性的自身实现与自身认识。在本体的意义上，人性、"心"和"道"全都是一体的。因此，可以说，"心"即"性"即"道"，因为"心"展示、完成、实现、确定、践行和成就"性"与"道"。据此，可以按照孟子的说法，说万物都在我之中完成[5]；也可以按照《中庸》的说法，提出基于尽己之性，可以尽物之性，进而尽他人之性，从而参与天地的创造性活动。[6]还可以进一步像《易传》那样谈论圣人的化成（formation and transformation）之力。[7]

249　　　看待"心"与"道"的这种基本的本体同一，一个重要的途径在于认识到，"心"与"道"这两者都具有化成的力量和属性，都是生生（creatively creative/sheng-sheng）不已的。"道"是实际地创生，"心"则是潜在地如此；这种潜在性也是"道"的潜在性，从而"心"对这种潜在性的完成也是"道"的自我完成。

　　那么，在关注"心"的实现与"道"之潜能的完成之前，我们先要用《中庸》作者所谓的"中"（chung）来辨识"心"与"道"的这种基本统一，这里的"中"是实在的中心均衡或未发（unarousedness/wei-fa）。"中"可被描述为一种"心"与"性"完全未分化的状态，一种存在着客观秩序和变易的状态，但它是一种对于秩序与变易缺乏主观经验的状态。我们确实可以将整个世界设想为以一种"中"的状态而存在，或者是在充满和谐与善的宇宙形式下中和、中心和均衡的状态。我们实际上也可以将原始状态的"心"设想为全然祥和安宁的，以及缺乏知识、情感和欲望之刺激的状态。

　　甚至可以认为，"中"的状态可被体验为消弭客观者与主观者之别的消失点。《中庸》声称，原始的"心"被赋予了这种"中"的状态。[8]这蕴涵着："心"最初与实在是一体的；也可以说，"中"代表着主观之"心"的本体的与客观的基础，并且与"道"一样是无限丰富的。

"心"的第二个特征：趋向实现和谐（"和"）的内在活动

　　鉴于"心"与"道"的统一性，可以设想，"心"的主观才能与性质源自"道"和天地的本体客观性。既然"道"的客观性含有"中"或"未发"的完美状态，那么我们就可以把"心"作为代表某种形而上的存在者来谈论。因此，这种形而上的存在者要由生成的动力来补足。"心"与"道"在"中"的状态中的统一，同样要由自我发展与自我完成的创造过程来补足。从宇宙论上说，"道"是按照阴阳——"道"的两面——相互作用和联结的原理，在化成万物的过程中呈现自身的，可以称之为世界的现象化（phenomenolization）进程。但就个人的"心"而论，生成的动力是用情感[9]和欲望来进行的创造性活动。

　　"心"趋向外在于"心"的现象物，在其能够反应和感应的开端，"心"的创造性活动就展现了。事实上，一旦被设想为某种情感与欲望的活动，就可以说"心"在真正的（proper）意义上是主观内在的，而世间事物也可说在真正的意义上是客观外在的。

按照《中庸》的设想,"心"的活动状态不同于"中"这一原始状态,或者说没有唤起或激起情感的"未发"状态。"已发"(arousedness/*yi-fa*)这一术语,尽管实际上未用于《中庸》且直到新儒家的时代才被使用,但从《中庸》的文本看,"心"显然可能从"未发"或"中"的状态通往"已发"或活动的状态。

活动的"心"(mind-activity)是用诸如喜、怒、哀、乐之类的基本情感来设想的,这些情感由作为个体的人们实际体验着。"心"的活动还完成人的各种功能,比如"志"(willing/*chih*)、"感"(sensing/*kan*)、"觉"(perceiving/*chueh*)、"知"(knowing/*chih*)、"官"(determining and controlling/*kuan*)和"思"(thinking/*ssu*)。活动中的"心"是多面相的,涉及多样的功能而仍保持为统一的一体;这些是作为活动的"心"的重要特征。

进一步说,以上强调的"心"之活动已经涉及现实事物,可设想为对现实发言。它是"心"在情境中实现自身,实际上是"心"积极地参与"道"的化成进程,因为表现"心"的情感是有目的的,并导致具体的行为。观念与行为是相关联的,知识总是导致行为,若没有或先或后的行为与实践,知识就是不完整的;这些都是古典儒家的根本教义,与作为情感和欲望活动的"心"概念有着实效上的关联。也就是说,活动的"心"指的是"心"的"已发"状态,它不是纯粹冥想的而是有目的的,指向在实际活动中达到"道"的化成能力。

那么,就这种关联要问的基本问题是:就"心"对其外在事物做出情感反应而言,活动的"心"到底可以实现什么?《中庸》对此的答案是:在活动的"心""中节"(hit the mark/*chung-chieh*)[10]的条件下,"心"能够实现和谐["和"(*ho*)]。事实上,就这种关联而论,《中庸》在阐释"中"之原理——它刻画了均衡状态之"心"的本体起源与潜在根据——的同时,也阐释了和谐的原理——它刻画了活动的"心"在其达成现实性的最佳状态下自我实现(actualization)的特征。

251

可以说,"心"的均衡或中心性,是一种诸如喜、怒、哀、乐之类的现实情感仍没有被激发、释放和唤起的状态;另外,可以说,"心"之"和"是一种情感受到激发、释放和唤起的状态,而其中"心"一旦被激发就会完成和实现内在于"性"的潜在本体价值,从而实现"道"的潜在实在。

"心"用情感来"中节"的基本构成条件是什么?在考虑这个导向"心"的第三个特征的问题之前,我们可以对"和"这个概念略加说明。"和"这个概念蕴涵着,相异的事物在相互关联的关系中按照完美的秩序而存在。由此与"和"概念形成对照的是简单的"同"(identity/*t'ung*)关系;而这又蕴涵着,相异的个体事物结成有机的整体,在这个整体中保持着彼此的差异以及个体之间的秩序。因此,"和"是一种多样统一的状态。进一步说,"和"并非静态,而是由个体力量创造性的相互作用形成的活力状态。它是创造的愉悦与审美的欣赏状态。在此意义上,我们可以把"和"认作一种价值形式，且实际上作为价值或善的最高形式。如我们将要看到的，"心"作为活动是一个价值实现的过程，其特征可说是：创造性与和谐被直接经验为善的最高体现。

"心"的第三个特征：对于指向成善之意志的内部认知

现在我们开始考虑活动的"心"在所谓"中节"时的成就状态（achievement）问题。我们没有发现解释"中节"这一概念的明确线索，但在《中庸》中有隐含的表示："心"能够知道这个"节"（mark），"节"只不过是内在于人类情境或人类关系的价值或善，比如，演习礼仪的情形和父子关系。最后，懂得"节"使活动必然实现作为"节"的价值。当然，在不知"节"而"中节"（或实现价值）与知"节"而由此"中节"这两者之间还存在模糊性。然而，《中庸》坚持认为，对实在的觉悟或觉解（"明"）与对实在的完成或实现（"诚"）这两者是等同的。[11]因为根据《中庸》的观点，"明"（对实在的觉悟或觉解）导向"诚"（实在之潜在性的完成），而"诚"导向"明"。事实上，从"诚"到"明"的过程发生于人性之中，而从"明"到"诚"的过程发生于"教"（the nature of instruction/chiao）之中；其中，"性"被界定为是由"天"赋予人的，而"教"被界定为对"道"的修养，而"道"是与"性"一致的活动。[12]

根据以上论述，可以得出这样的结论："中节"（实现实在中的价值）自然会导致知"节"（实在中的价值），而知"节"又自然导致"中节"。前面提出的模糊性，如今在知、活动与自我实现的统一中得以消解。

对于这一点，我认为采取如下做法是有益的：通过考察《孟子》来寻求活动——这个活动包含促进以情成善之意志的内部认知——的"心"的定义性特征，这将呈现在全体的善及其对之的自觉中的"心"的活动中。众所周知，孟子支持人性本善。其论证表明，人自然自发地表现出我们认为是善的情感方式。这些情感方式是同情或仁慈的情感、谦敬感、羞耻感，最后是区别是非的情感。由于"心"是以情感来设想的，所以它就是活动中的"心"；而这四种情感是"心"在与"道"的本体统一中的积极实现。

既然孟子已着重指出，这些情感是在人们遭遇某种情境比如小孩落井之时当下的自然流露，那么显然就可以一贯地坚持认为，活动的"心"能够自然地"中节"而实现价值，并且依据孟子的观点，在一定的情境中所有的"心"都能够被唤起。"心"之发首先包含对价值的认知，继而包含实现这种价值的行为或努力。对价值的认知，自然而无一例外地导致行为。这还蕴涵着，对价值或善的内在认知本质上包含了这样一种价值：它的确涵盖了实现或具体化价值之善的努力和决定。

活动的"心"既确定和认识价值或善，又确定并现实地成善，这双重活动构成了孟

子所称的良知。良知已被译为"innate knowledge of goodness"[13]，但其更准确的译法应
该是"mind-knowing-itself-in-goodness"，因为"心"的确知善，从而不是仅停留为某种
被动的能力，而是成为指向现实成善的关于认识、情感与行为的活动。

253

"心"的确知善，但这并不意味着存在待知的外在之善。这里讨论的善，实际上是
一种内在确定的价值，一种不受任何其他条件规定的目的。就此而论，善不可定义，因
为它是无规定的、无条件的。善是"心"的独特性质，由于它属于"心"的本性，故而
构成了"心"的本质。善本身既是"心"的自知，也是活动之"心"的自我实现。本
体上说，它只不过是对"心"与"道"原初而动态统一的认识。被设想为由"心"确
定和创造的善表明，活动的"心"将自身认作向善的意志，从而导致善的产生。活动的
"心"的这种内部体验有其必然性和普遍性——根据孟子的观点，如果有直接而恰当的
人类情境，其必然性和普遍性就能够被经验地呈现。由此呈现的善，体现于负载行为契
机的具体情感方式中。

在此关键处，将孟子与康德进行比较是有益的。作为一种活动，对"心"中向善
的意志的内部认知以及"心"对于成善的自我决定，并不完全同于康德作为自我立法
主体的善意志，尽管在良知的当下诠释与康德的实践理性或善意志之间存在一定的相
似性。其相似之处在于，孟子和康德都认为：善是由"心"或理性决定的，善是
"心"在其自我决定的自觉活动中的一种本体呈现。由此决定的善自然"支配着"
"心"，也就是说，"心"为了其具体实现，将按照对善的考虑而行动。进一步说，孟
子和康德都会同意善类似于法则的特点，亦即善意志的普遍必然性以及依据善意志的
道德行为。存在着对这种普遍必然性的内在需求。对孟子来说，这来自"心"与
"道"相统一的假设；对康德来说，善意志对一切理性存在者来说都是理性的典范，
因为它对于任何一个理性的人而言都是理性的界定。最后，孟子和康德都同意，善
意志在实在的自由中有其本体根据。康德专门谈到自由法则的预设，并以之作为一
个概念来解释理性主体的自我立法与自我主宰。另外，孟子将"心"设想为"道"
的自然成就，"心"能够完善"道"的潜在实在。"心"的自由也是"道"或终极
实在的自由。它是"道"的创造性化生之源。由于能完成"道"，"心"就是创造
着的自由决定的主体。善是对自由的创造性认知，创造性则是现实化的实在中的
"心"的自由。

254

关于在"心"的第三个特征方面孟子与康德的不同之处，我们只想指出三点重要的
考量。其一，以"天"与"道"[14]为依据的"心"本体得到了孟子的充分认识，并被
其他古典儒家著作如《中庸》赋予了意义。但就康德而言，自由意志的本体基本上是个
成疑的问题，并且其无关于理解与知识。然而，或许儒家对"天"与"道"的认识同康
德的理解理路不同，儒家将其看作依据"心"与"道"的根本统一而来的深层体验和知
觉，这种统一的假设在康德那里是没有的。[15]

其二，孟子和其他古典儒家思想家认可"心"之善通过人类情感而得以具体化，这些情感是能够被直接体验和经验观察的。这之所以可能，是因为作为善之创造者的"心"也是情感之源，并且善之端实际上可见于情感的萌发。关于认同于情感的萌发，还有另一个理由。善并非理性普遍性的抽象形式，而是人之实在的深层经验。在这方面，古典儒家的观点更接近休谟[16]而不是康德：前者坚持人类情感是道德价值的根本源泉；后者拒绝"性向（inclination）与道德相关"的观念，甚至拒绝把"心"自我实现的内部活动作为善意志的体现。

其三，我们须正视孟子与康德的又一区别。康德觉得这样的问题难以答复：理性究竟如何可能是实践的，或理性本身如何可能是导向道德行为的善意志；而古典儒家的观点不会导致这种困难，因为它认识到，对活动的"心"的善的任何确定与认知都有实践的维度。因为对善的认识与理解必然导致对善的实践和践行；并且，如果善只是在冥想中被认识而不被完全践行与具体化，那么就没有任何善是绝对的。对善的践行或具体化，要经历一个创造性的活动过程。善本身因而就包含着在活动中实现潜在性的某种潜能和努力（意志）。

与最后一点相关，或许要再次强调的是，古典儒家著作中的"知"既可被诠释为一种评价活动，也可被诠释为一种行动决定。它不是纯粹的认知本身，也不是被动的凭空想象；它是行为外显的开端，并指向行为。"心"中认识善自身的活动既是创造性的，也是实效性的——在此意义上，"知"是自由的创造与实现。

"心"的第四个也是最后一个特征：出错的可能性与自我纠正的修养能力

我们已经看到，"心"被描述为与"道"相统一的实在以及在与事物相互作用中以情感方式实现价值的活动。而最终"心"还被描述为自我决定的善意志；它产生善，并认识到无条件的善普遍必然地导向人类情境中价值的具体实现。现在，我们谈谈"心"的最后一个特征，即作为一种自我纠正与自律的修养过程。由于活动的"心"在通往"中节"的过程中可能出错，所以这一特征是应该被认识的。我们已经看到，"心"能够自然地认识善，并且这种认识会自然地导向现实的成善。但"心"或许有可能不会自然地觉察和确定善，还有可能在觉察到现实的善之后不会自然地努力成善，其原因或是看不到"心"与"道"的原初统一，或是"心"的创造性活动受阻于外部力量。古典儒家没有否认这些可能性的存在。如同运动中的身体，活动的"心"正是由于在其通往和谐状态的活动过程中失去了自控，所以无法恰当地发挥作用。

如果可以认可关于"心"偏离原初的中心状态及其可能失去自控的上述谈论，那么我们就会看出，出错以及确实的恶只是善的匮乏，从而是"心"的创造性和自由之缺失。这被孟子恰当地描述为"心"部分的或全部的丢失。[17]

这可能不能用于对世间恶或坏的最终或充足解释，但至少表明，根据儒家"心"概念的早期特征框架能够怎样去设想恶或坏。由于善是活动的"心"在与"道"的完全统一中的理想圆满和自我决定，所以这种善的反面就包括这种理想圆满、自我决定和完全统一的缺乏。或许荀子的"蔽"（obscuration/pi）这一概念解释了这种不完美、不完全以及自我决定的缺乏如何可能发生。"心"可能看不到善的这种理想形式，从而放弃成善的努力，因为"心"可能被无知遮蔽或受欲望和激情的支配。[18]"心"可能受自私等条件的制约，因为无知和自私代表了排斥整体与总体的片面性，从而也排斥"道"以及与之的统一。这些情况可能发生，是因为"心"的活动是一个微妙的过程，易受各种条件的影响。一个人的无知和自私，是由于其心无视与"道"的统一、不再自由创造；此时其心不再产生善，也不再是自我决定的。在此意义上，我们可以看到，恶作为善的反面是一种束缚；一旦人们不能坚持其创造、觉察和完成善的自由，恶就会降临。

为了让人们保持其与生俱来的自由并牢牢把握其确定现实之善的能力，古典儒家强调"心"的自我认识与自我修养的重要性。这是《大学》最重视的理念，该理念基于"格物致知"的初步觉悟行为而认真训导意念（或使意念诚实——"诚意"）和修正其"心"（"正心"）。本质上说，这种自我修养过程要求自觉地把握和持存"心"最初产生善的活动，从而要求"心"勤勉地致力于将某种对产生善的活动的较深理解作为原理来遵循，由此导向道德品格的形成。

德性是经过上述修养的结果，因为它们体现了依据良知决断的行为倾向。德性也必须经过一贯的修养，由此才能使作为价值确定活动的"心"得以成长和完成。如此完成的理想是成圣，这是自我的内心情感与对他人的情感达到完全和谐的状态。它是由一贯的自由与创造而成就的；在此阶段，"中"即"和"且"和"即"中"，"知"即"行"且"行"即"知"，它们是同时发生的、协调一致的。[19]

简要回顾

至此，我已经完成关于儒家"心"概念之特征的论述。这里进行一下简要回顾。"心"在与自然和"道"的统一中相应地找到其自身的本体；在此意义上，"心"就是实在，从而我们可以将"心"当作实在来谈论。"心"也是一种活动，其自然地从中心的状态转化为和谐状态，并实现实在之潜在性。在此意义上，"心"是创造性的主体，从而我们可以将"心"当作一种活动来谈论。进一步说，"心"作为一种活动，特别在于知善、确定善以及决定努力在行为中践行和完成善。在此意义上，"心"是善意志，从而我们可以将"心"作为良知来谈论。最后，"心"是区别如下两者的自觉与意识：一面是何为善与正当，另一面是何为恶与不当；它是保存善并将善作为行为的一贯原理来修养的决定。在此意义上，"心"是自我纠正的创造性过程，从而我们可以说，"心"是包含多个修养与纠正步骤的动态自制。

两个相关的基本问题

可能有人注意到，儒家"心"概念的上述特征乃基于所谓四书以及略微提及的古典儒家思想家荀子。或许有人提问：所有这些特征是否适用于荀子？在不拟详述的情况下，我的观点是，可以表明荀子会完全同意对儒家"心"概念的这种分析。[20]根据荀子的观点，"心"在"虚"（voidness/*hsu*）、"静"和"壹"（singleness/*yi*）的状态下是与"道"同一的。因此，"心"能够"知道"（know the Way/*chih-tao*）并且必须介入践行价值的现实。事实上，"心"能够"知道"，而后遵循"道"["心知道，然后可道"（*hsin-chih-tao*，*jan-hou-ko-tao*）]。"心"是自我指导的原理["自禁也，自使也，自夺也，自取也，自行也，自止也"（*chih-chin-yeh*，*chih-shih-yeh*，*chih-to-yeh*，*chih-chu-yeh*，*chih-hsing-yeh*，*chih-tzu-yeh*）]，从而是自由的创造性主体。一旦完全觉悟和明澈["大清明"（*ta-ching-ming*）]，"心"就会认识到内在于"心"的善与理性的标准。最后，"心"在其"知道"活动中可能由于感觉和欲望的片面性而迷失、受误导和遮蔽。因此，为了修养作为价值之源和作为行动与实现价值之意志根据的"心"，自制和学习是必要的。

对澄清儒家的"心"概念来说，还有第二个问题需要回答：儒家的"心"概念与其他古典学派的"心"概念（如果有的话）之间有何关联和区别？在此可以说，古典时期还存在道家、墨家和法家。但由于缺乏对这三家的详细讨论（每一家都需要分别加以处理），我将仅限于对道家与儒家的观点进行不确切的辨别。显然，诸如老庄之类的道家思想家会同意儒家之"心"的前两个特征。"心"与"道"一体并统一于"道"，并且"心"是一种能够悠闲地自由徜徉于"道"之世界的活动。在此意义上，"心"进而可以达到本体，且同一于个体的与整体的事物。"心"是自由与创造；然而，它不必涉及产生善的自我认识与自我决定，也不必关注并投身于实现具体善的特定行为。再者，也没有必要在善恶是非之间建立原则上的、规范上的区分，这种区分是作为途径去达成自我实现以及以和谐来实现的更大社会价值。善和区分善及其反面的自觉知识，都被视为"心"之自由与创造的障碍。"心"的实效行为也被视为一种障碍，阻碍着"心"与"道"之整体的艺术视域。鉴于道家的这些基本观点，显然后两个特征构成了儒与道的分水岭。[21]通过对照与中国 11 世纪至 16 世纪禅宗观点的区别，这些应该还可以解释新儒家观点的儒家性格。

【注释】

［1］ 这种历史方法体现于许多汉学家和有见识的历史学者如约瑟夫·列文森（Joseph Levenson）、威廉·狄百瑞（William De Bary）、本杰明·史华兹（Benjamin Schwartz）、芮沃寿（Arthur Wright）等的近著中。　*259*

［2］ 我对各时期儒家的区分是：先秦时期的古典儒家、汉代的杂儒（miscellaneous Confucianism）、宋明新儒家、清代批判的新儒家、现代新儒家。

［3］ 这里我使用英文"nature"，是要表示自然物的实在与一切事物的终极实在。意在将它用作对本文随后引入的"道"这一术语的中性表达。

［4］ 根据《中庸》的观点，"道"的原始状态是均衡而中心（centrality）的状态。这一点在 16 世纪王阳明的著作中有清晰的说明。

［5］《孟子》中的原文是："万物皆备于我矣"（《尽心上》）。

［6］《中庸》中说："一个人能够充分实现其本性，就能够充分实现他人之本性；一个人能够充分实现他人之本性，就能够充分实现事物的本性；一个人能够充分实现事物的本性，就能够帮助天地发挥其养育与化生作用，从而与天地结成一体。"①

［7］《易传》中说："（圣人能够）竭尽精神（的潜能），完全实现其性而知天命。"②

［8］《中庸》中说："心之未发为中。"③

［9］ 这里"feeling"一词取广义用法，不仅包含情绪，也包含知觉与见识。

［10］《中庸》中说："在被唤起而正中目标的情况下，（'心'的活动）可以说达到和。"④ 关于"中节"的解释参见下文。

［11］"明"和"诚"都是实在的潜在品质，并在"心"的充分实现中得以呈现。

［12］《中庸》起首的三句话是："天所赋予的是性，遵循性就是道，而对道的修养是教。"⑤　*260*

［13］ 这一英译或类似的英译"innate knowledge"是由陈荣捷在其《中国哲学文献选编》（*A Source Book in Chinese Philosophy*）中提出的。

［14］ 在《孟子》中，"天"是"道"的实在，而"道"是"天"的活动。在孔子的《论语》中亦如此。

［15］ 尽管康德设法提出，实践理性在道德原理中了解或揭示本体，但不清楚的是，实践理性或理性的实践运用是否等同于终极本体。从康德的批判视角看显然不可能等同。

［16］ 我想提出一个非常有趣的重要推测：休谟和沙夫兹伯里（Shaftersburg）受到了启蒙时代欧洲对儒家观点的译著之影响；在此期间，包括莱布尼茨在内的多位欧洲哲学家开始了解中国儒家，并在与中国明朝耶稣会（Jesuit）传教士的通信中表示钦佩。

［17］ 孟子用"自暴"（*chih-pao*）意指自我亵渎（self-violation），用"自弃"（*chih-ch'i*）意指自我放弃（self-abandonment），由此描述人们本心的丧失。他还用"放"（*fang*）和"失"（*shih*）分别意

---

① "能尽其性，则能尽人之性；能尽人之性，则能尽物之性；能尽物之性，则可以赞天地之化育。"（《中庸》第二十三章）

② "穷理尽性以至于命。"（《易传·说卦》）

③ "喜怒哀乐之未发，谓之中。"（《中庸》第一章）

④ "发而皆中节，谓之和。"（同上）

⑤ "天命之谓性，率性之谓道，修道之谓教。"（同上）

指放松和失去，以描述人们本心的丧失。

[18] 荀子的"蔽"还蕴涵着知识与觉悟的缺乏，而不仅是遮蔽心灵。对孟子来说，由于本心被认作充满（善的）知识，无知就是遮蔽本心的结果。受欲望和激情的支配，导致"心"的丧失。

[19] 这一点直到16世纪王阳明那里，才得以被充分揭示和明确阐述。

[20] 关于这一点，有待于对荀子做出细致的哲学分析。

[21] 关于这一点，有待于对老子和庄子做出细致的哲学分析。

十　儒家的理论与实践

引言

　　研究儒家理论与实践的关系，存在着若干基本的方法论问题。首先，存在着界定和识别儒家"理论"与"实践"概念的问题。理论与实践的直觉概念，可对应于儒家哲学的大量观念。对儒家著作的细致考察会显示如下对应关系："思"、"言"（language/*yen*）、"理"和"知"一般对应于理论的直觉概念；而"学"、"行"（practice or action/*hsing*）、"立"（establishing/*li*）、"推"（extending/*t'ui*）和"用"（applying one's thought/*yung*）一般对应于实践的直觉概念。由于这些术语显示了理论与实践活动的不同方面，所以理论与实践的确切关系问题必定是高度复杂的。

　　这导致对本文论题的另一个观察。在中国哲学中，理论与实践的关系一直被处理为要么"分"要么"合"。相关的问题有：是知难还是行难？《尚书》早就给出了对此问题的一个答案："知并不难，难的是行。"[1]依据儒学，到底该如何理解上述观点，这可能是一个有趣的问题。

　　下文将先讨论孔子那里理论与实践的关系，并基于讨论得出某些理论性的结论。接着将孔子的观点关联于后来的古典儒家著作，包括《大学》《中庸》《孟子》。最后将以 王阳明的哲学为背景，重新阐述理论与实践的关系问题。对王氏立场的分析，会引出对中国哲学中理论与实践概念及其关系的某些重要观察。

孔子那里的理论与实践

　　孔子的中心概念是"仁"，它被设想为"德"的范型和善的原理。相较于"仁"，"知"这一概念在重要性上居于其次。在厘清孔子之"知"的意义后，我们可以提问："仁"如何可能与"知"发生关联？孔子对"知"的使用，似乎基本上是模棱两可的，既有了解事实的意义上的"知"概念，也有懂得价值和规范或明白该怎么做的意义上的"知"概念。

就指涉第一种意义上的"知"而论，孔子说："见得多且了解许多事情，这是次要意义上的知。"[2]①他还说："在一百代以前预知事情，这是可能的"②，"一个人在被告知往事后就可以知道将要发生的事"[3]③。孔子显然认识到，通过经验与归纳得来的知识，对君子来说具有在实践上关键而重要的意义。如我们稍后将见到的，这种重要性是实践上的。除了基于经验与归纳的知识，孔子还提出要借助反思与推理的知识。由此他谈到有一种不好的情况是"知道事物的一面而不能经过反思知道事物的三面"[4]④。

然而，我们没有决定性的证据认为，孔子会秉持知识天生的主张。[5]从我们依据《论语》做出的判断来看，孔子倾向于认为：了解事实的意义上的知识是由于经验与归纳；而关于事实的一般性知识，必定是受经验激发的体验与见识的共同目标。人当然不是全知的，并且根据孔子的观点，人应该认识到自身知识的局限，如实地承认自己之所知及所不知。因此，可以认为，人在知道自己所不知的同时也就有所知。这必定是某种第二序（second order）的知识，从而其是反思与推理的结果。知道人并非全知的，由此在第二序的意义上知道有所不知，这也是一种知识，因为它是一种由"心"之反思的途径而达到的知识。这是一种知识，进而意味着，一个人在不做出"知"与无知之别的情况下，其行动（如果他要有所行动的话）就不会有适当的根据。

孔子强调，反思性的知识必须始终受到经验的支持，并且必须通过由经验来连续学习的过程来补足。"学"这一术语确切地把握了由经验来连续学习的观念。它是孔子德性学说的根本，其理由也不难确定。经验学习是达成与事实相应之知识的唯一途径，也是养成对真理之渴求的唯一途径。孔子认为，没有经验学习，人们就不能接触实在而发展自己，也不能致力于人类需要与情感的实在。经验学习既非知识亦非德性，但可被认作生活的智慧之源，并且在知与行中都是发展人们潜能的基础。

孔子说：

> 好仁不好学，其蔽也愚；好知不好学，其蔽也荡；好信不好学，其蔽也贼；好直不好学，其蔽也绞；好勇不好学，其蔽也乱；好刚不好学，其蔽也狂。[6]

由上述语境可见，经验学习对孔子来说大体是一个矫正、修养和践行或实现的过程。不学习，任何德性和成就都不会持续。不学习，每一种德性都会退化，都会偏离中道。尤其可以说，不学习，任何德性和知识都不能确保正确的实践和行为。以此为据，经验学习可以说是从实践获得知识以及知识融入实践的中介。

在孔子看来，事实意义上的以及反思意义上的知识如果与正确的实践和行为相分

---

① "多见而识之，知之次也。"（《论语·述而》）

② "虽百世可知也"（《论语·为政》）。

③ "告诸往而知来者"（《论语·学而》）。

④ "举一隅不以三隅反"（《论语·述而》）。

离，那就没有意义。它们是可以并且实际上是与学习过程联系在一起的。人们可以既把行为与实践、也把认识与思考视为学习过程的一部分。经验学习的目标是发展自己并实现自己善的潜能，是做真正的、实实在在的人——这种人的特征是拥有"仁"这一至高之德。在此意义上，人们确实可以把"仁"视为获得任何种类知识的动力，也可以视之为在知识转化为行为和行为吸收知识之中人与其自身的动态统一。因此，经验学习可以被视为"仁"通过知与行的相互作用而现实地展开的过程。孔子的如下主张强调了上述观念："不学习而仅凭思考是危险的；不思考而单纯学习是糊涂的。"[7]①

从以上论述来看，对孔子来说知识（既在描述的也在反思的意义上）与实践显然是不同而分离的，但能够通过经验学习的实现过程关联起来。一旦由此建立关联，它们就有助于达成"仁"这一至高之德。现在我们必须问：关于价值与规范的知识是否构成了有关行为的另一问题？

对孔子来说，关于价值与规范的知识是由懂得生命的意义［"知生"（chih-sheng）］、了解自己［"知己"（chih-chi）］、了解他人［"知人"（chih-jên）］以及知道做什么事是正当的［"知义"（chih-yi）］组成的。什么是懂得生命的意义？孔子说："还没有侍奉人的能力，我又如何能够侍奉鬼魂？"进而他又说："还没有懂得生命，我又怎么会懂得死亡？"[8]②懂得生命，就是懂得在生活中实现价值的生命潜能。它是要懂得一个人应当做什么，而又自然地在与他人和世界的关联中去做。它是要懂得一个人真正追求什么，以及何者构成了事物的性质与命运。最后，它是要懂得如何达成自由而同时又有所约束。换言之，懂得生命和懂得生命的意义，就是要了解自己、了解他人、领会"天"的意愿［("天命" t'ien-ming）］。所有这些都是紧密相连的，并且事实上构成了"知"与"行"的动态过程和有机统一。这种意义上的"知"产生关于生命价值的知识，并促使人们去实现这些价值。这种意义上的了解，不仅要了解行动趋向于何处，而且要了解行动趋向于某个目标的这一决定。

关于价值与规范的知识是指导性的、限制性的和评价性的。它包含实践性的天然倾向。因此，它不是纯粹单一的认知过程。它包含理智的、意志的（volitional）、情感的和实用的成分。理智成分是对目标的认知，行为的意志趋向驱使人倾向于这一目标。意志成分是意愿的决定，趋向于理智所认知的目标。情感成分是一种紧迫感，一种与存在相关的情感由此导致趋向于被认知之价值的行为。它是支持、维护和保存意志决定的力量。最后，关于价值的知识的实用成分就是对产生行为意愿之"知"的执行或践履。它是人由之可被称为行为者和主体的因素。

鉴于对关于价值与规范的知识以及规范意义上的"知"之过程的上述分析，我们必须牢记，对孔子来说，规范意义上的"知"（"知生""知己""知人""知义"）是一个

①　"学而不思则罔，思而不学则殆。"（《论语·为政》）
②　"季路问事鬼神。子曰：'未能事人，焉能事鬼？'曰：'敢问死。'曰：'未知生，焉知死？'"（《论语·先进》）

自然的、理性的而创造性的过程。关于这种规范意义上的"知",有好几点可说。其一,规范意义上的"知"在孔子看来是最根本的"知"。它包含但不止于描述意义上的"知",因为它主要是关于动机的知识以及产生理智认知的动机。它是在实现由"心"认知的价值之方向上"心"与世界的互动。它是"性"的活动,而不仅仅是"心"的印象。关于价值的知识提供了行为的自然倾向,这种行为倾向无疑具有导向性与目的性。因此,它包含了一种免于犹疑和任意的心智状态。由此,孔子说:"知者不惑。"[9]这个命题的蕴涵在于,一个缺乏关于价值的知识的人不能怀着清晰的目标去行动,也不能做出意志的决定。他只是无动于衷,根本不能说他有能力去行动。这意味着,拥有关于价值的知识就是拥有行动的意愿,就是拥有"行"的一贯性和一致性。

其二,关于价值的知识应该对照着行为背景来理解,并且直到被卷入行为才算完成。这意味着,关于价值的知识的真正概念(就知生、知己、知人、知义而言)逻辑地包含了行为概念并将其作为预设,而不仅仅是作为结果。在此意义上,关于价值的知识被视为一种德性,而与"仁"和"勇"这两个别的德性相关联。像"仁"德一样,我们不仅必须知道什么是价值或作为价值的价值,而且必须知道如何依据关于价值的知识来行动。换言之,一个人必须已经做出依据关于价值的知识的行动,因为行为倾向只有基于已完成的行为才能得以识别。这在"仁"的情形中容易得到理解。一个人是仁慈的,不仅因为他知道仁慈的定义,而且因为他能够切实做出仁慈的行为,由此其识别才能说是可靠的。

266

一切德性都包含知德者最初的转变,因为只有已经参与德性的养成,他才能知道这些德性。关于价值的知识亦是如此。关于价值的知识预设了已完成的与该知识相应的实践,这可以简单地理解如下:关于价值的知识预设了经验学习的过程。它本质上是人类经验的自然产物。

其三,关于价值的知识包含一种在实现为人所知的价值中的实践灵活性。这种实践灵活性在于,以不会不当地对待原理和特殊情形为前提,能够把原理运用于各种特殊情形。这就是所谓"知义"或"务民之义"(concentrating on righteousness of people/*wu-min-chih-yi*)。"义"是独特的、与各种独特情境相关的价值。拥有关于价值的知识,就是能够看到适宜于情境的行为并做出相应的行动。它包含实践的洞察力和灵活的管理。因此,它是高度创造性的,代表着对理想善行为的原初洞见。

最后,孔子关于此知识的学说只是表明了这一重要事实:德性作为善的方式,是相对于一系列条件而言的善,而非直觉模式下现成的(ready-made)善。事实上,脱离"知"的理性因素,就不可能说好实践或好行为是善的。然而,关于价值的知识中对善的自觉只是关于价值的知识的必要条件。善的知觉因素必须存在,这一点对任何形式的善来说都是必要的。这回应了苏格拉底的格言:知识即德性。但我们必须牢记,所讨论的这种知识首先是关于价值的知识,从而已经形成了理论与实践的统一。善一部分是理论的,一部分是实践的。有了自我努力的要素,才会获得善。

《大学》《中庸》《孟子》中的理论与实践

如我们所见，孔子在《论语》中已提出两种关于知识的基本概念。后来的儒家著作比如说《大学》《中庸》《孟子》，其主要的关注面显然在于有关价值和规范的知识，或者说规范意义上的知识。这种知识意志的、情感的和实用的成分得到了明确的关注。因此，《大学》开篇论述如下：

> 大学之道在于彰显光明之德，在于爱民，在于居于至善。一个人一旦知道应居于何处，然后就有了关注点；有了关注点，然后就会平静；平静之后，就会得到安宁；安宁之后，就能够深思熟虑；深思熟虑之后，就会有所得。事物有其根本与非根本，事情有其结束与开端。一个人如果知道何者先来何者后到，就离道不远了。[10]①

上述引文所指的"明"与"知"，不仅是知道做什么、如何做某事，而且是知道做什么是正当的、一个人能够做什么，从而知道行动的意愿以及值得"知"的行为之实际执行。因此，这表现出一种实践的态度和心态，其完成已经预设和表示了某种实践倾向及才能的实现。

《大学》进而详述了这种规范意义上的"知"的发展步骤。这些步骤包括众多的行为义务以及众多实践态度的养成，由此其既在心理的也在行为的意义上提出了一个关于修养的连贯系列。《大学》说：

> 在古时候，一个人要想在世上彰显其光明之德，就会先治理好他的国家；要想治理好他的国家，就会先管理好他的家庭；要想管理好他的家庭，就会先修养自身；要想修养自身，就会先修正自己的心灵；要想修正自己的心灵，就会先使自己的意念诚实；要想使自己的意念诚实，就会先拓展知识；知识的拓展在于考察事物。[11]②

像"知"的概念一样，"治""齐""修""正""诚"诸概念可以说都在除了作为理智的认知和对价值与目标的肯定之外，既是某种实践的倾向又是实际的履行。因此，它们是我们所讲的关于价值与规范的知识。这种关联中重要的是，所有这些条件结合起来，表现了一种实践倾向与相关实际履行间的有机的相互联系。

任何一种行为倾向和对行为的履行都不是孤立的；而情况是，在某种发展与预设的

---

① "大学之道，在明明德，在亲民，在止于至善。知止而后有定，定而后能静，静而后能安，安而后能虑，虑而后能得。物有本末，事有终始，知所先后，则近道矣。"（《大学》）

② "古之欲明明德于天下者，先治其国；欲治其国者，先齐其家；欲齐其家者，先修其身；欲修其身者，先正其心；欲正其心者，先诚其意；欲诚其意者，先致其知；致知在格物。"（同上）

序列中，一种行为与一种倾向会引出其他行为和其他倾向。上述步骤的次序提供了一个预设的序列。而《大学》的同一段文本也提供了一个发展的序列：

> 一个人一旦考察了事物，就拓展了知识；拓展了知识，他的意念就得以诚实；意念得以诚实，心灵就得到了修正；心灵得到了修正，就修养了自身；修养了自身，家庭就得到了管理；家庭得到了管理，国家就得到了治理；国家得到了治理，这个世界就实现了和平。[12]①

如果考察《大学》关于"诚意""正心""修身""齐家""治国""平天下""明明德于天下"的独特解释，那么显而易见的是，这些步骤都明确且紧密地关联于某种心理倾向和行为样式。由此看来，"诚意"包含如实地看待好恶的决定；"正心"包含一种心态，它免于诸如愤怒和恐惧之类的不良情感；"齐家"包含对那些值得爱恨者的好恶态度，从而包含根据这种好恶态度的行为倾向；"治国"涉及如友爱、孝顺和仁慈之德的实践。所有这些都必须在实际的人际关系中展开。最后，要"平天下"，就必须在一切行为与关系中遵循互惠的原理。《大学》说：

> 所恶于上，毋以使下；所恶于下，毋以事上；所恶于前，毋以先后；所恶于后，毋以从前；所恶于右，毋以交于左；所恶于左，毋以交于右。[13]

因此，在民众确实可以效仿之前，统治者必须在与他人的相处中使自己成为楷模。

269　　　可以得出结论说，我们对《大学》的讨论有两个要点。其一，显然，这些发展自己的步骤既在预设的也在发展的序列中发生紧密关联。进一步说，它们在一种从内到外的成长序列中紧密关联。"诚意""正心""修身"，这些步骤指向自身的内在成就。它们几乎主要指性情特点，而相对较少指涉外显的行为。另外，"齐家""治国""平天下"，这些步骤指向与他人相关的外在成就。它们主要是基于德性成就而表现出的倾向，从而涉及人们与世界和他人交往中的行为。内在成就与外在成就相关联，构成了一个动态的统一整体——内在成就导出外在成就，而外在成就导致更坚实的内在成就。人们实践人格的成长过程是内在成就与外在成就互动的结果。

　　　其二，我们有意搁置了被称为"致知"与"格物"步骤的实践意涵。对后世儒家以及宋明儒家来说，对这两步的诠释构成了一个聚讼的要点。我们所讨论的知识显然既可以被认作描述性的，也可以被认作关于价值与规范的知识。新儒家思想家中，程颐与朱熹倾向于将之诠释为描述性的知识，陆象山与王阳明则仅将其诠释为规范与评价性的知识。就《大学》全文的语境看，通过"格物"来"致知"，当然不仅是描述性的知识，也不仅是规范与评价性的知识。它必然包含描述性的知识，因为它涉及外在于"心"的

---

　　　① "物格而后知至，知至而后意诚，意诚而后心正，心正而后身修，身修而后家齐，家齐而后国治，国治而后天下平。"（《大学》）

事物，并且在儒家传统中，描述地认识事物由于使正确的判断得以可能而可以与行为发生关系。但它不止于描述性的知识，因为它必须导出"诚意"和"正心"，这两者都是实践的成就。因此，它必然包含一个致力于价值与目标的实践维度，从而形成规范性的知识。平心看待这种语境中知识概念丰富的模糊性，我们认为，它是描述性的知识与规范性的知识的某种合成，如此可使前者起到加固和支持后者的作用。它是人类本性的某种成就——某种智识—实践相复合的自觉倾向与世间事务的均衡。即便在程颐与朱熹用"穷理"（fully understanding principles/*chiung-li*）来诠释这种知识之时，他们也没有排除对实践的关切。这显然可见于其如下主张：他们将"穷理"设想为自我修养成更有德性之人的基础。

在《中庸》中，关于价值与规范的知识仍然是主要关切。显然人被设想为与被称为"天"的终极实在结成一体，进而又被设想为能够在与世间事物和他人相关的具体情境中实现其善的潜能。遵循"性"而行以便自然地实现人为善之潜能，这被称为"道"。自觉而勤谨地养成实现人之为善潜能的自然进程，这被称为"教"。这些根本观念无疑指出，人生来就具有求善并趋于完善的自然能力。或许通过厘清内在于人的善之意义，我们更能确定《中庸》规范性的知识之含义。

在本体的意义上说，善只不过是天赋之"性"，以及自然而然被追求的、实现天赋之"性"的"道"。更具体地说，《中庸》把善设想为一种均衡状态（"中"）与和谐状态（"和"）。它说：

> 喜、怒、哀、乐在尚未被（从"心"里）释放之时，（这种"性"）被称作均衡状态；这些情感在被释放出来并恰当地回应目标之时，（这种"性"）被称作和谐状态。均衡是世界的大根本；和谐是世界的达道。能够实现均衡与和谐，天地就会处在恰当的位置而万物会就得到良好的养育。[14]①

均衡状态是相对静态的，其中一切情感尚未被唤起。如果存在任何与这种均衡状态相关的知识，那么它必定是"性"所给予的均衡之自然意义。和谐状态是相对动态的，其中情感被唤起而又被满足；这里的意思是，被唤起的情感会满足生命成长的善的目的。情感的唤起可被简单地视为在与他人的关系中发展自己的一个必要步骤。这些情感的满足可被视为在具体生活情境中的价值实现。这些价值都具有达成现实和谐的特征。这里所谈论的达成和谐，其表现是事物之间的良序关系以及一切事物自然地趋向于活动与成长。因此，和谐是比均衡状态更高的善，并且实际上是均衡状态所要达到的目标。从这种视角看，内在于人的潜在善始于均衡，而均衡将和谐作为其现实目标。事实上，均衡与和谐之间的相对关系可以进一步解释为一种不断的交替。

---

① "喜怒哀乐之未发，谓之中；发而皆中节，谓之和。中也者，天下之大本也；和也者，天下之达道也。致中和，天地位焉，万物育焉。"（《中庸》第一章）

均衡是相对于运动与反应的均衡，并且它也可以被视为一种已达成的和谐形式，这仅仅是因为和谐只不过是相对于安静状态的和谐。它可以被视为一种暂居的均衡形式，从而是更高和谐形式的起始状态。因此，内在于人的潜在善可以被设想为，在发展、重组、重新排序、成长和创造这一动态的连续过程中均衡之维度与和谐之维度的一致性。对于这一发展过程的终极目标，《中庸》有清晰的说明：

> 在这个世界上只有至诚之人才能充分实现其本性；一个人能够充分实现其本性，就能够充分实现他人之本性；一个人能够充分实现他人之本性，就能够充分实现事物之本性；一个人能够充分实现事物之本性，就能够有助于天地发挥其创造性地产生和转化作用（活动）；一个人能够有助于这一过程，就能够与天地一起组成这三者的统一体。[15]①

世间的至诚者是那种能够保持其均衡，且以之作为一切事物和谐之起点的人。充分实现己之性、他人之性、世间一切事物之性，这些观念可被理解为：逐渐实现己**之内**的、人己**之间**的以及最终在一切事物**之中**的均衡与和谐。其终极目标在于，在完善与实现的自觉创造活动中再现自己与整体实在之间的统一。

于是，如果认为以上描述的是规范意义上的"知"之过程，那么我们马上就能看出：行为与对行为的意识不仅构成了人在其规范性之"知"中的两个维度，而且构成了两者之间的互动过程，由此将知者（knower）引向更高的存在与成就。就认识价值与规范而论，人们致力于成为并创造它们。这种意义上的"知"具有重要的本体论与宇宙论含义。这明确见于《中庸》的如下陈述："作为真而善的，他就成为有见识的；作为有见识的，他就成为真而善的。"[16]② "作为真而善的"是一个人的创造性行为之根源，它必然导致对真与善的认识；而对真与善的真正认识自然会增强体现、追求乃至创造真与善的倾向。换言之，规范意义上的"知"之过程有能力去转化自己、他人以及与心中预想的价值相一致的世界。进一步说，它有能力产生那种自然而然地与世界之实在相协调的价值。这正是规范性之"知"的奥秘，亦恰如《中庸》的如下论说所揭示的：

> 成就自己，是关于"仁"的事情；成就一切事物，是关于"知"的事情。这些都属于"性"的德性，代表着"道"的内外合一，保持着时机与情境的适宜性。[17]③

上述引文所指的知识，正是规范意义上的"知"，是我们已经讨论过的，而讨论的依据是在认识与存在表现的统一中保持均衡与和谐的交替。

---

① "惟天下至诚，为能尽其性；能尽其性，则能尽人之性；能尽人之性，则能尽物之性；能尽物之性，则可以赞天地之化育；可以赞天地之化育，则可以与天地参矣。"（《中庸》第二十三章）

② "诚则明矣，明则诚矣。"（同上）

③ "成己，仁也；成物，知也。性之德也，合外内之道也，故时措之宜也。"（《中庸》第二十五章）

在孟子那里，知识与行为的关系问题呈现出新的视角，它变成了一个这样的问题：人应该如何保存对于正当与善的先天自然情感，并予以拓展以涵盖其生活与活动的各个阶段？所讨论的知识仍然只是规范意义上的知识，而所讨论的行为只是实现人之潜能的行为。尽管孟子的确认识到，关于事实的知识关涉做出正确判断，但他一直强调的仅仅是作为人之先天本性问题的关价值与规范的知识。他的做法分两步：第一，他主张人性本善，人的天生善性在于人有潜力实现自身内在的和谐以及意识与世间事物的合一；第二，他主张人拥有关于善的先天知识。

人性之善表现于德性品质的自然情感。存在四种这样的基本情感，它们是同情感、羞耻感、谦逊感、区别是非之感。这些情感是自然的，且在适当的情况下能够被当下体验。事实上，根据孟子的观点，这些情感是如此自然而普遍，乃至无人能避免。它们是诸如仁、义、礼、智之德的开端。这些德性是人性善的内容，其实现会确保和谐状态，以及包括人在内的世间一切事物的安乐状态。在体验这些基本情感的过程中，人们会自然地认识到行为的价值与规范是什么，并自然地想要做出相应的行为。这表明，关于价值与规范的知识根植于人性中先在（或天赋）的价值与规范，而这些知识的实践性源自这样的事实：就其本性而言，人们希望在与他人交往的过程中满足自己的情感。

在规范与评价性的知识之基础与性质方面，孟子的第二个要点在于：人不仅自然地表现其基本的德性情感，而且通过其"知"自然地认识善恶并坚持善。孟子把这种知识称作良知。它是人能够正确做出的自然反应，并带有确定发展目标的力量与趋向。"知"的这种天生能力与展示基本情感的能力之间的区别在于：一方面，后者是涉及行为的存在状态，会导致某种理解、知识和知觉的实现；另一方面，前者被孟子视为德性的本体根基，因为它给予德性情感统一性，并使一切情感得以可能，进一步说，它势必导出适当的行为，延存适当的实践。

孟子把良知说成不经过思考的"知"或知识，这当然揭示了良知的直觉特点。这似乎对应于《中庸》"明"的概念。但它不止是《中庸》所指的"明"，因为它纳入了生活情境中的一切有道德的反应，并揭示了坚持这些反应以便其能够被扩展成实在之德性的努力。这是关于价值与规范的知识之实践性的真正来源。

总之，在孟子看来，生命的终极目标是要保存"心"或良知，以求整个人、整个人类与良知相一致的发展。他把获得浩然之气作为表达这种完善状态的一个观念来谈论。由此可见，知识对孟子来说是有实践力量的，因为它基于生命的实践力量。

王阳明和其理论与行为的统一

在儒家传统中，明代卓越的新儒家思想家王阳明曾集中讨论了知识与行为的关系。他反对程颐和朱熹将知识与道德实践分开的观点。这种反对表面看是针对理智知识与道

273

274

德知识之分离的，但实际上其更加深刻。他反对的是，他们认为理解的客观视角与致力于价值与行为的主观视角是分开的。本文没有篇幅讨论与程颐、朱熹和王阳明相关的、关于知识与行为关系之争议的新儒家话题，仅拟考察王阳明如何促进了对儒家哲学中知识与行为之关系的理解。

首先，王氏坚持知识与实践相统一的论点。这个论点有两层含义。第一层含义是，缺乏行动的知识不可能导致对事物之理的真正理解，并且不能被认作"心"的实现。在这种诠释中，所谓知识是在一般的意义上说的，因此既包含描述性的知识，也包含评价性的知识。一般的知识与行为是紧密相关的，因为知识必须基于学习（"学"）的过程，而任何学习过程都离不开行为。这显然取自儒家的经典观点，王氏只是做了阐发。他举出了学习孝顺和学习射箭的例子。就学习孝顺来说，学习者要懂得孝顺意味着什么，就必须实际地侍奉父母。就学习射箭来说，学习者要学会如何射箭，就必须学习如何张弓和瞄准目标。在这两个例子中，实践都是在宣称具有知识之前被提出的。王氏由此推及知识与学习的所有情形，并通过把这两者都列入学习过程而提出其知行合一的论点。如果能够证明"知"的一切情形都是知道如何（knowing how），那么他这么做显然就是正确的。但他并没有区分知道某某（knowing that）、知道什么（knowing what）与知道如何（knowing how）。可以认为，他一般认为知道某某与知道什么彻头彻尾地包含着知道如何。我们必须通过知道如何才能学会知道某某与知道什么，鉴于这一点，他的观点是强有力的。"学"这个关键词提供了一个背景，其将知道某某与知道什么关联于知道如何，进而关联于某些类型的行动与实践。具体地说，"学"在他的用法中是由"问"（inquiring）、"思"（thinking）、"辨"（distinguishing）、"笃"（confirming）这些步骤组成的。所有这些必然相关于某种行为。[18]

王阳明知行合一的另一层含义在于，他将"知"之行动等同于实践行动，又将实践行动等同于"知"之行动。他说："知之真切笃实处即是行，行之明觉精察处即是知。知行工夫本不可离。"[19]从这一陈述看，王阳明似乎认为，"知"与"行"在本体意义上是相互包含的，每一方都直接包含另一方。问题在于如何理解这一点。首先，对王氏来说，"行"的真正概念取决于对"知"概念的正确理解。一方面，如果行为者不涉及知识，不懂得其行为的意义或价值，那么就不可称之为行为。另一方面，一个人如果缺乏行为的趋向或事实上的行为，那么就没有理解"知"。因为王氏将"知"设想为某种深层的体验和承诺，而不是一个简单的概念化问题。实际上，他将"知"设想为一个生命的方向问题。从这种视角看，知识显然预设了某种行动，其会导致行为，并且如果没有实践过程就不会确实地得到生动的实现。这就引出了第二点观察。

在紧密相关于对价值与行为之承诺的意义上，知识在王氏的用法中显然是指关于价值与规范的知识，而不可能仅指关于事实的知识。在他这里，关于价值与规范的知识的提出，比此前的任何作者都要明确有力。事实上，包括孔子在内的古典儒家思想家只是

275

含蓄地表示有关于事实的知识与关于价值的知识的区分。王阳明率先坚持关于价值与规范的知识相较于关于事实的知识的首要而唯一的重要性。也是他最先提出，与行为的合一是这种知识的主要特征。因此，正是基于这点，我们的第三点观察是关注王阳明为什么要阐述其致良知说。王阳明继承了孟子"善与正当的知识之自然而必要的实现"的观点，并予以阐发以支持其知行合一说。

关于价值与规范的知识必须有其起源和发展潜力，因而王阳明在孟子的意义上，把这种起源认作分别是非善恶的天生意识。而他相比于孟子的进步之处在于其坚持认为，这种分别是非善恶的天生意识是"心"的内容，在其中一切原理和真理几乎都得以呈现。因此，发展和实现这种关于善与正当的天生意识，就是要完成"心"的自然潜能。这意味着，"心"就其本性而言实践地指向价值，而价值是被"心"的自然知觉所洞察的。这种知觉可以被行为强化，转而又会强化对价值的知觉以及对它们的信奉。知行合一由此最终成为一个关于客观世界与主观理解的"心"的统一的问题。 *276*

最后，王阳明关于知行合一的论点包含了《中庸》的这一论点，即"心"的均衡与和谐是中庸的两个维度。王氏一般认为，"心"的均衡与和谐之间不存在疏离，因为知与行是不离的。均衡代表对善的原初知觉以及对善的潜在义务，而和谐代表在"心"中趋向均衡与趋向和谐这两者的互动中善的最终实现及实际完成。知行合一由此成为人性活动的一个自然阶段。

必须指出，王阳明没有强调或者没有看到知与行之间的辩证关系，因为他没有强调和看到"性"的均衡与和谐之间的辩证关系。我们的提议如下：均衡状态自然导致和谐状态；而此和谐状态又可被视为更高完成形式的和谐状态，由此其又是更深的和谐与价值实现的开端。类似地，最初的"知"包含了实践性（practicality），其可被认为会随着更大范围的实践性而产生更高形式的"知"，并且还会继续形成更高形式的实践性之"知"。这种动态而辩证的发展过程，将构成如古典儒家思想家所设想的自我实现和自我修养成圣的创造性过程。

结 语

前文已经讨论儒家关于知行关系的各种观点。我们特别区分了《论语》中两种意义上的知识：描述意义上的知识以及规范与评价意义上的知识。我们已经看到：对孔子来说，这两种意义上的知识都与行为相关；而规范与评价意义上的知识亦即关于价值与规范的知识，在发展和完成人的潜在性中是最根本的。进一步说，甚至在孔子那里，规范与评价意义上的知识都必须在行为背景以及人们与他人相关的实际作为中被理解。它自然会导致道 *277* 德实践，后者又丰富了关于价值与规范的知识。我们已经看到，在儒家后来的发展中，这种规范与评价意义上的知识得到了极其详尽的阐释，并被认作有待于在生命中完成的终极目标。

我们已经指出，知识本身被设想为人性自我实现和自我完成的动态过程。它结合对于生命的知觉、关于实在的理想、意志的决定、实际的效用，以集中于使知觉敏锐、使理想完成和使决定持存。用《中庸》的术语来说，我们已经讨论了"明"与"诚"、"中"与"和"之间的辩证关系，并用之来阐发道德之"知"与道德之"行"间的动态辩证关系。以此为据，我们进而考察了王阳明的知行合一说。我们觉得，该学说尽管有所不足，但对解释个人经验中的知行关系是有意义的、有益的。

作为结论与总结，对于理解知识与行为的关系，儒家有四点重要贡献。其一，实践性的知识或规范与评价意义上的知识之所以是知识，是因为它包含对人自身本性以及一般事物本性的某种理解。它是实践的，因为它受生命潜能活动的某种自然实现的激发，并如"心"在其自身理解中所认识的，指向完善之目标的达成。因此，实践性的知识既是本体的，也是实践的；它既是价值知觉，也是行为规则。必须在人性论及其与终极实在间的关系的背景下，它才能得到理解。

其二，实践性的知识是在人性的实现中自然获得的。通过自我反思、实现、对实在的理解、达成内外均衡与和谐的努力，它可以得到改善与修养。儒家坚持认为：发展对实践性的知识的自然需求具有原初的重要性，由自由与创造的状态组成的充分成就具有至高的重要性。儒家进而主张：正是在实践性的知识的发展与完成中，人会感到幸福并保持良好的状态，而其他一切事物在与达成实践性的知识的关联中都是次要的；也就是说，其他事物的实现都是参照实践性的知识的实现与完善而得以证成的，并且单是实践性的知识就能够让一个人从藐小状态转变为伟大的完美状态。因此，作为科学与理论知识之发展根据的描述性的知识，始终被认为是第二位的，且始终被认为从属于其对实践性的知识之运用的考虑。换言之，描述性的知识必须在价值与规范系统中被重新认定，从而被给予某种规范与评价的内容。按照这种方式，描述性的知识能够以现成的和规划好的价值与行为规则为背景，与生活中的道德和实践活动建立关联。

其三，在孔子或许还有某些新儒家思想家那里，描述性的知识也可以被解作另一种方式的实践关切，因为它能够在学习过程中与行为建立关联。学习意味着经验的探究，包含诸如实际观察、检验与修正、运用于具体情形等之类的各种表现。因此，即便描述性的知识也有其中性的实用含义。

其四，儒家关于实践性的知识至高至上的立场带来了一个难题：如何关联实践性的知识与现代科学中的理论知识？虽然儒家思想家可能不必为了支持实践性的知识而废弃理论知识，但他们自然会认为：前者最值得我们关注，而后者仅仅是理智兴趣的产物，不足以达成生命完整的目标。儒家不会接受康德的这一立场，即把两者划分为彼此不相干的、两个不同的活动领域。然而，他们会同意康德的这一观点，即实践性的知识是本体论的，是相关于人之**本体**的，但不会认为理智的理解是某种自足的活动。相反，通过整体上肯定人的自然而然的实践之至高至上性，后者必须始终屈从于人的实践兴趣。

因此，依据对儒家的研究，我们可以指出，知识与行为之关联的现代问题势必有三方面的基本考虑。首先，它势必要考虑：在既定的行为体系或过程中，或者在既定的知识体系或"知"的过程中，如何协调知识与行为并建立两者的关联。其次，它势必要考虑：如何界定、描述和证成最佳的知识体系与最佳的行为体系，其中不同意义上的知识能够在不同的意义上与行为建立关联。最后，特别要指出，它势必要考虑：在任何既定的知识与行为体系中，如何将道德和艺术活动与已发展出的科学成果相关联。

【注释】

[1]《书经》，见屈万里：《尚书释义》，说明（2），台北，华冈书局，1956。

[2]《论语》，7—28，见《论语引得》，北平，哈佛—燕京学社，1940。

[3] 同上书，1—15。

[4] 同上书，7—8。

[5] 孔子说："我不是生来就有知识的，我是由于喜好古代而热忱地追求知识。"① （同上书，7—20）他还说："那些生来就有知识的人，居于最高级别；那些通过学习而知的人，居于下一级；那些碰到困难而学习的人，居于更低一级；那些碰到困难也不学习的人，居于最低一级。"② （同上书，16—9）总体上说，孔子似乎认为，生来就有知识的人是极其罕见的。

[6] 同上书，17—7。

[7] 同上书，2—15。

[8] 同上书，11—12。

[9] 同上书，9—29。

[10]《大学》，§1，见《学庸章句引得》，台北，1970。

[11] 同上。

[12] 同上。

[13] 同上书，§11。

[14]《中庸》，§1，见《学庸章句引得》。

[15] 同上书，§22。

[16] 同上书，§21。在此，我把"诚"这个词译为"being true and good"，是为了揭示该词的形而上内涵。

[17] 同上书，§25。

[18] 参见王阳明：《传习录·答顾东桥书》。

[19] 同上。

279

---

① "我非生而知之者，好古，敏以求之者也。"（《论语·述而》）
② "生而知之者，上也；学而知之者，次也；困而学之，又其次也；困而不学，民斯为下矣！"（《论语·季氏》）

十一 儒家道德的辩证法与关于人的形而上学：一种哲学分析

儒家道德的三个发展阶段

280 　　古典儒家的道德哲学可被理解为具有三个发展阶段。第一个阶段是背景预设（background supposition）的发展。这涉及对前儒家观念背景的考虑，这个背景为儒家关于人的观点之发展以及就主体性（subject-nature）而言自我的道德意识之发展（"性"与"命"）提供了本体论根据。我们可以把自我的主体性分析为由自我体验到的生命的潜在性与现实性，自我与他人、普遍者建立关联的能力，以及主体性与自由最终胜过"命"、客观必然性与客观决定的生机意识。可以看出，依靠这种本体论背景，我们就更能理解儒家道德及其宗教含义。我们能够看出，儒家道德如何做出关于如下情形的各种预设〔其中的术语采取的是约翰·史密斯（John E. Smith）教授的用法[1]〕：对人类状况的本体论理解、对完善与超越的理想以及为实现理想而得救（delivery）的来源。这些预设为人的存在及转化提供了统一的根据。[2] 因此，"天帝"（t'ien-ti）、"道德"（tao-te）、"生性"（sheng-hsing）、"令命"（ling-ming）这些前儒家观念及其动态发展、内在的相互关系，就不仅仅必须被视为儒家道德哲学发展的历史根据：它们还必须被视为儒家道德哲学的本体论根据及其形成的前身，而受到关于人的道德意识以及人在世间之定位的指导。

281 　　儒家道德哲学发展的第二个阶段包括：对道德意识的内容与性质的讨论，并将之作为人之主体性的实现过程而将之纳入道德生活。这通过孔子的伟大贡献而得到了充分说明。在这一发展阶段的视角下，产生了道德的自我理解阶段，这一背景中的本体论的概念比如"天""德""性"发生了道德上的转化，亦即获得了道德含义。个体自我不再被视为世间的客体，而是被视为能够实现完善理想的主体，其中的完善独立于经验世界的偶然性与限制。这来自对主体性（"性"）内在独立于对象性（"命"）的认知，以及对内心自由之意识与自我实现完整自由之能力的认知。如我们所称的，自我的主体化

（subjectivization）可以与个体的客观化形成对照：前者是从第二个发展阶段中"仁"与"性"的视点（point of view）来看的，后者则是从第一个发展阶段中"天"与"命"的视点来看的。依据对儒家道德内容的理解，这种发展可被称作个体道德意识与道德生活的普遍自主化。

古典儒家道德哲学发展的第三个阶段包括：讨论对于道德意识、道德生活的明确的本体论指涉及其最终证成。自我道德意识与道德生活的本体论指涉和证成在于，明确展示人之存在的本体论根据及其建构地更新与转化自我和世界的根本能力。在此发展阶段的自我，不仅被视为自主的、免于为"天"与"命"之实在所施加的必然限制和客观决定的，而且被视为某种决定性力量——这种力量按照实在来行动，并将实在的限制和决定转化成内心自由的展示与道德自我的能力。这构成了对道德的本体论证成，因为它展示了内在于人之存在根据中的道德之本体意涵。儒家观点的这一发展阶段，可被称作主体性的本体自我实现阶段。它也是普遍者的一种个体体现。这个发展阶段可见于孔子之后的著作，如《孟子》、《中庸》和《大传》（《易经》）。

作为理论三维度的三个发展阶段

现在可以指出，以上提及的古典儒家道德发展阶段可被视为儒家道德理论的三个维度。第一个维度表示思考（speculation）的根基，第二个维度表示思考的内容，而第三个维度表示对思考的证成。因此，它们必然提供某种无短暂性的一般框架，某种带有本体论预设及结论的道德可以于其中得到理解。我们坚持认为，除非这些发展阶段被理解为一种理论的多个维度，否则我们就不能领会某种现存道德的逻辑与疑难。另外，我们意识到，除非把这三个发展阶段作为同一个过程的紧密展开来把握，否则我们就不能领会道德生活的动力与辩证法。因此，只有既把儒家道德认作一个动态发展过程又将其视为一种理论结构，我们才能充分理解儒家道德及其作为一种道德哲学与一般道德的形而上学基础的重要性。

从动态与辩证的视点看，对儒家道德哲学的理解会带给我们何种教益？依据儒家道德三个发展阶段的观点，可以找到这个问题的答案。这三个阶段提供了一个自我的发现之链：发现个体自我的个性、在个体之中发现普遍性，最后是在普遍性之中发现个体。第一个发现是认识到，自我是在世界之中被给定的。第二个发现是认识到，自我是在与普遍者（整体实在）相关联之中实现价值的一种潜在。由此它涉及对普遍规则的认知。最后，第三个发现是认识到自由以及自我决定与自我转化的能力。从作为一种质料（datum）来实现自我到作为一个普遍关联的过程来实现自我，其中存在着自我超越（self-transcendence），其意义在于自我不再被认作限于自身，因为它可以关联到他人与世界。源于为实现自由而遵循普遍规则的普遍关联，产生了进一步的自我超越，这一超越的特

282

点是回到正被超越者并改造或重塑被给定的自我。道德意识与道德生活的这种辩证法，清楚地表现于由前儒家资源［卜辞（pu-tzu）、金文（ching-wen）、《诗经》、《书经》（Shu ching）］中"天"与"命"的道德转变到《孟子》《中庸》《大传》中"性""诚""化"（hua）的道德的运动中。

于是，依据儒家的立场，我们可以概括说，道德至少必须有三个层次：质料的自我、实现普遍性的潜在自我以及处于自由的现实自我。在这一框架中，要成为道德的，就要保持自我，就要在实现普遍性和遵循规则中约束自我，就要作为自由之表现去完成自我。这些变化在儒家道德的辩证发展中是紧密相关的，因此它们为人的道德意识与道德生活提供了自我实现的模型。这种道德辩证法将证实，个人如何发现其需求、主体性，以及面对客观决定性与实在的必然限制而将自身完善至极的能力。甚至可以提出：正是由于认识到客观决定性的存在以及必然受限于经验的自我，自我才可能警觉到其精神自由的可能性，并导向一种与实现潜在自由的自我定义过程相一致的生活。

从逻辑与结构的视点看，仍然可以问：我们从儒家道德哲学中能够得到何种教益？其答案是：儒家道德的逻辑及结构为理解人类基本道德意识与道德生活的逻辑及结构提供了一个一般模型。我们已经看到，儒家道德的第二个发展阶段提供了道德洞见与道德自我理解的丰富资源。还看到，这种道德意识并非无根据的或无理由的。相反，它预设了第一个发展阶段中对人的本体理解，并引出第三个发展阶段中对道德的本体论证成。当然可能出现这样的情况：人们或许仅仅承认，儒家道德的第二个发展阶段事实上适用于儒家道德，并支持儒家体系中的道德自主性。换言之，人们可能认为，儒家体系中的道德不是某种本体呈现或需要本体论证成的。再者，对于儒家体系中的道德根据或预设和证成，人们甚至还有可能提出极为不同的诠释。这些之所以可能，是因为与任何道德体系一样，儒家道德是通过一套行为规范来表达的。当然，亦如所有的道德体系，儒家道德要有意义，就必须依赖做出道德决定和阐述道德理由的道德主体之内心生活。甚至，人们不必为了道德理由的有效性与道德决定的妥当性而考虑道德的本体论框架或本体论证成。

基于上文，甚至可以提出，既定的道德体系很有可能相容于某一组元道德的（meta-moral）或本体论的诠释，而各组诠释之间不一定彼此相容。鉴于对一种道德可能有多种诠释方式，我们当然可以在道德的表层结构与道德的深层结构之间做出区分。道德的表层结构可能是普遍的，其深层结构则可能不是。也就是说，这种情况在逻辑上是可能的：不同的道德有着相同的表层结构，却有着不同的深层结构。由此产生了这样的结果：其一，如在儒家体系的研究中显示的，关于道德意识的研究存在众多有关证成的重要逻辑问题；其二，为了得到彻底的理解，人们可能还必须依据其本体论预设和本体论证成来寻求某种道德的元道德意义。如儒家的情况所表明的，人们必须在人与实在的总体理解中理解道德的必要性与道德原理的意义。儒家道德哲学提供了一种在道德自身的形成与转变中道德的和本体的不断相互作用的范型。

作为宗教意识之表现的儒家道德

重要的是，不仅要把儒家道德看作有着本体论证成的、自足的道德体系，而且要把它及其本体论证成看作提供了一种宗教意识（religious consciousness）的结构。我用"宗教意识"这一术语表示一种对终极实在的终极关切（ultimate concern），其中的终极实在界定了人的转变目标。因此，任何宗教意识必然包括：对人之转变的必要与可能之意识，对如此转变的目的与理想之认识，最后是对转变的手段与目的导向的过程之肯定。用约翰·史密斯教授的术语来说，宗教意识就其结构而论包括对**需求**、**理想**与**拯救者**的认识。对需求的认识，预设了对人之现状的认识。换言之，它必须提供对人类状况的本体论理解，这种理解揭示出转变的需求。这蕴涵着，宗教意识部分地源自对人类状况中消极因素的认识，这些消极因素产生了我们已经验到的一切人类问题。进而，宗教意识必须从对人类状况之消极性的经验中认识到完善的理想。它必须把这种理想明确为一切存在尤其是人类存在的目标，还必须认识到理想的本体论据据。对完善的理想之认识应该自然地导出对拯救途径——人从其困境中得救而进入完善的理想状态或避免不完善的状态——的认识。

确实，对于人类的状况如何构成、转变的理想如何形成、转变的有效手段如何制定，存在着不同方式的认识。有不同方式的认识，就有不同形式的宗教意识。最重要的是要认识到，宗教意识本身拥有某种动态的统一：这种统一见于这样的事实——对人类状况中转变需求的认识必然引出对转变之理想的认识，而后者又必然引出对转变途径的认识。宗教意识的这种动态统一提出了这样一个问题，即它是否预设了某种形式的本体统一，亦即拯救的需求、理想与途径是否都有同样的本体论据据。

由以上分析可见，要试图确定宗教意识的结构与内容，就应该问四个相关的基本问题：转变的需求问题，转变的理想问题，转变的途径或手段问题，以及这种转变的需求、理想、途径的本体论据据及其关系问题。在根据这四个问题来理解宗教意识的背景下，我们可以简要讨论儒家道德之宗教意识的性质与结构，并将其与基督教传统相比较。

首先，尽管典籍中未予强调，但儒家的确提供了对人类状况的某种描绘；如我们已看到的，它见于对"命"这一概念的分析。儒家思想家显然认识到，人在许多方面受到了外在条件的限制和决定。这是人的对象性。作为对象，人要遭受死亡的不可避免性、人类存在的历史性与时间性（temporality）以及屈从于激情与非理性的负担。人生还要遭遇担忧、怀疑、恐惧和冲突。人类性格与存在中的这些消极因素，可被认为是人之对象性的特征；在 12—13 世纪新儒家思想家（比如程颐和朱熹）的反思中，它们得到了清晰的说明。而

285

它们显然也为孔子、孟子和《中庸》《大学》《大传》的作者所认识。

人类性格与存在中的消极因素得到了认识，与此同时，人类性格与存在中的积极因素也得到了儒家的肯定。儒家思想家认识到人的积极主体性之存在。也就是说，他们认识到，人作为主体能够自我控制、约束和完善。对人的主体性的洞见，是在人的自我意识以及对其本体论根据的理解中自然获得的；但它要得以维持并成为自由与能力之源，就必须在自我与他人及世界的实际互动中不断地努力反思自己及其本体身份。甚至可以认为，只有在直面对于生命和人类存在的客观必然限制和决定时，我们才自觉到主体性的能力。对自由的内在根源和自我决定的能力来说，世界是意识到它们的条件。

依据上述理解，我们可以看出转变人类状况的理想及其转变途径是如何同时得以明确的。如以上解释，转变的理想是内在于个人的主体性之充分实现。主体性的这种充分实现具有三种含义，其可用来明确转变的理想之性质。第一种含义在于，就终极实在而论，它是人类存在的本体论根据之真正实现；从而就存在者本身可被如此完成而言，它是存在者的某种完成。换言之，主体性的实现是实在的发展与成就，而这种实现的可能性显示着实在本身的活力与创造性，人是其中的一分子以及力求完善的主体。第二种含义在于，主体性的充分实现是人类存在固有的自由之实现，这种自由在于觉察和赋意于人之潜能的现实性与发展。最后，第三种含义在于，通过实现主体性的过程，人们将超越由世界施加的限制与客观决定，从而把生命的消极因素转化为某种积极因素，因为正是在实现自我的主体性的过程中，消极因素与恶才成为积极因素与善的条件。

从以上对转变之理想的描述可见，转变手段只派生于这样的认识，即理想的转变是人之存在的本体意义上的延续。将人从其现状中拯救出来的力量在于，对其自身主体性的自觉与自我把握。从儒家的视角看，尽管拯救者只不过是觉得有必要并寻求拯救的那个人，但拯救不只是依靠自己，因为所涉及的自我已经是被理解为与某种大实在相关的自我，这种实在是其自由之源和转变力量。实际上，主体性来自对某种亲和性（affinity）的肯定，或来自将自身认同于某种自由和力量之源。因此，在将自身从现实限制中拯救出来的过程中，自我成为某种有活力的自我，可被认作既定自我的扩充。实际上他已经与自由和力量之源——"天帝"——在共同发挥作用。一旦将主体性充分实现，他就成为实在之创造性功能的全面展示。自然，自我与根源之间的区分也就成为某种多样性的统一；其展示出来的特点即如《孟子》《中庸》《大传》所认识到的，是动态的和谐［"位"（wei）］、普遍的生长［"育"（yü）］以及创造性的转化（"化"）。通过这种完整意义上的实现自我与实在的统一，对生命和人类存在的一切限制就被消除了。那么，以前的限制就反而可以被认作构成经扩充的个人之表达自由的显见形式。

或许正是基于经验以及这种假设——自我（就其主体性而论）与作为自由之源和转变力量的终极实在根本同一，作为一种宗教哲学的儒家才得以与基督教相区别。从正统基督教的视角看，人的拯救者与人本身并不享有同样的本体论根据。由此这种差异自然就解释了人的堕落状态与困境。它进而说明，上帝作为人的拯救者如何的确可能将人从其不完善状态中拯救出来。对儒家观点与正统基督教观点之公正的比较表明，儒家的过程似乎正好与基督教的过程相反：就前者而论，实现人性的内在转化先于社会与个人生活（就道德而论）中人之潜能的外部实现；就后者而言，认识到拯救的其他资源是借以因而先于发现人之存在的意义。在我看来，这种差异属于本体论认同与证成的一个方面：儒家认识到需求、理想与拯救者之间的本体统一，正统基督教则否认存在这种统一。因此，要解决儒家的宗教意识与基督教的宗教意识之间的差异，就是要解决需求、理想与人的拯救者之间统一与否的对立。没有任何理由认为，儒家与基督教不可能在这样一种宗教哲学框架中彼此接近：这种宗教哲学承认宗教意识的发展富于辩证法，并对多样性的统一问题与人的本体论根据问题做出了充分的说明。进一步说，很明显，儒家的宗教意识与基督教的宗教意识尽管在本体论根据问题方面存在根本差异，但在维持某种道德自主性方面可以说是等同的；这里的道德自主性意指，每种传统的道德哲学都可被诠释为实现个人生活中的普遍价值的方法。那么，这就让我们转而考虑与康德和休谟形成对比的儒家道德及其关于人的哲学，前两位是西方传统中现代道德哲学的重要奠基人。我在此要做的评说将是简要的，且仅仅是提示性的。

288

与康德道德观的比较

我想先强调儒家道德与康德道德哲学之间的不同点。从我们对儒家道德概念及其形而上学基础的分析可见，儒家道德并不符合某种如康德所要求的理性命令。从儒家的视角看，道德要直接而自觉地表现并揭示人的主体性，以及自决地努力去实现这种主体性。由于这一事实，根植于自我主体性的倾向，其情感因素就被涵摄于道德之中，并确实产生或塑造着对善的理解和践行着善的意志。的确可以说，人的主体性是一个整体，它于善意志、好善的情感以及行善的自然倾向中呈现自身。这在孟子关于人的性善说中得到了明确的强调。人的天生善性是一个整体。它一方面包括对于实在作为自由与能力之源的深层意识，另一方面是对在世间实现自我的自然自发的表现。可以说，在儒家道德中，理性的因素不被认为有别于道德表现之实践中的自然因素。意志、情感和理性（被纳入对实在之整体的意识），这些因素的融合明显体现于"仁"的学说，其中"仁"是"义""礼""智"等其他所有德性的根据。尽管孟子有时给人的印象是他把"义"与原始儒家的"仁"这一德性并列，但他对"义"的强调（截然有别于孔子对"仁"的强调）可被理解为是要强调意志的因素，以在德性整体中遵循普遍的规则（或义务），这种德性整体的真正体现是孔子的"仁"。强调用"仁"来统一各种相异的德性，是儒家道德的一个重要特征；这一点在后世新儒家思想家——张载、朱熹、陆象山、戴震——的体系中得到了证实。如我们此前指出的，它实际上已明确表现于孔孟关于

"性"或主体性的观点中。

儒家道德强调理性、意志与情感的内在统一性，因而它有某种道德灵活性；这种灵活性为孔子的"时"（timeliness/*shih*）这一德性所表达，被孟子断言为按照情境做出道德决定的观点［"权"（*ch'uan*）］，"权"将道德的普遍性与人的个体性直接而紧密地联系在一起。鉴于这种灵活性，道德就不仅要考察道德原理，而且要根据人们的自我理解以及对既定情境中整体实在之意义的理解去**创造**道德原理。如果说考察作为理性命令的道德原理是康德的主要考虑，那么作为道德原理创造者的人之修养就是儒家理论的主要考虑。因此，对儒家思想家来说，道德是要融入关于人及其转变的某种本体论之中的。

关于儒家与康德的观点，还可以提出三点比较：（1）从儒家的立场看，康德的绝对命令极为恰当地界定了人的自制的道德意识，并证成了道德自主性；但有一点尚未明晰，即道德的普遍原理如何适合于特殊的情境，以及人如何可能用它来做出具体的道德决定。换言之，从儒家的视角看，康德的理论没有认真考虑适用性问题，从而缺乏具体的实践性原理以使道德原理与完整的人类实在建立关联。康德宣称，其道德原理是**先天**综合的（synthetic a priori），意指它会被自然而然地运用于人的道德经验。然而，不同于理性在科学中的纯粹运用——它确然可以保证经验的可能性，理性的实践运用似乎不能保证一般道德经验的可能性。对于与理性在科学中的运用之类比，可以再做一点引申。虽然超验的范畴提供了一组科学经验的可能性条件，但科学理论的实际建构依赖对经验与事实的实际考察。类似地，假定道德原理规定了道德经验的先天条件，那么要实现道德行为与道德自由就还需要对人之实在（reality of man）的实际理解。这当然是对康德观点的一般意义上的批评，而不必视其为取自儒家的观点。但是，儒家的观点看来的确提供了一个例证：其中运用于具体情境的原理（比如"义"）得到了阐述，并且道德生活中实践的具体意义得到了高度的强调。

（2）第一点已经说明，康德理论中理性命令的普遍性是人的道德意识成分之一。就儒家道德而言，道德意识的普遍性根植于个体的情感与经验，它们如我们已指出的，不必是严格的理性。然而，人的道德情感与经验是依据关于人的某种本体论理解而获得其普遍性的。由此，康德与儒家之间就存在一种基本的区别，一种把道德普遍性设想为道德条件或道德结果的区别。换言之，对康德来说，理性化的普遍性似乎是道德的基础；而对儒家来说，主体性的个性经验是道德的基础。鉴于这种区别，可以说，儒家理论应该更不可能受到当代存在主义者如萨特（Sartre）的批判或反对。

（3）当然，对于萨特关于理性的道德原理不相容于人类自由这一批判，人们可以通过发展康德的自由意志概念而使萨特的批判失去效力，从而为康德辩护。但若如此，那么就难以清楚明白地说明意志与自由的本体，儒家的主体性（"性"）——它是作为对客观之"命"的转化力量——概念亦是如此。或许儒家和康德主义者实际上会同意，道德必须预设某种证成人之转变可能性的、关于人的本体论。而关于道德与人及其转变的本体论之间的关系，儒家观点似乎又包含了比康德观点更多的辩证思考。

与休谟道德观的比较

就其在《人性论》（*Treatise of Human Nature*）和《道德原则研究》（*An Enquiry Concerning the Principles of Morals*）中提出的观点来看，可以说休谟的理论与儒家的观点共有对道德之经验事实的关切。如儒家道德的历史与辩证发展所表明的，儒家传统中的道德基于并且被认为必然基于人们的实际道德经验。没有任何理由认为，孔子及其后继者不会同意休谟的这一观点：人们必须先考察道德的经验条件，然后才能思考它们对理解人类的意义。但显然，休谟似乎坚持认为，其道德理论乃基于关于人的经验理论，并且这种理论缺乏一种揭示道德之超越条件的形而上学基础的辩证结构。如我们所见，儒家观点是在某种关于人的本体论框架中谨慎地提出道德，明确地将之关联于对实在及其与人之关系的某种理解，并以高度的宗教意识使其终结。

然而，必须指出，儒家观点与休谟观点之间存在一个根本相似的领域。作为一位人文主义者和微妙的功利主义者，休谟确实与儒家共享着同样的实践性与道德实在论（moral realism）。对他和儒家来说，道德并非某种高高在上的原则体系，而是由某种人类品质的重要类别组成的，这些人类品质在个体与他人及世界的相遇中得以揭示。进一步说，这些品质并非某些理性的命令，而是根植于人性的情感。休谟仁慈的情感这一概念非常接近《论语》中的"仁"，并且很有可能是儒家 18 世纪在英国和欧洲产生影响的结果。

依据上述讨论，休谟观点显然没有康德观点的缺点。但同样清楚的是，休谟观点也没有康德观点那样的力度。之所以如此，是因为（让我们再次强调）他没有足够地深入，不足以提出——如我们在康德观点和儒家观点中见到的——道德的形而上学基础以及在道德与关于实在的根本问题之间建立关联。[3]

对于儒家观点与休谟观点，还有最后一项比较，这就是关于善的观念。我们已经看到，在儒家道德中，善（"善"及其在各种德性如"仁""义"等中的体现）满足如下条件：（1）善包含对主体性的自觉；（2）善包含一种社群（community）意识，这是鉴于这样的事实：德性是自我与他人建立关联的方式；（3）善蕴涵着一种普遍适用性，以及对个人特殊性的参考；（4）善指涉作为来源与作为目标的某种实在，也就是说，善被设想为对人的实在与终极无限者的实在的直接呈现和显现。显然，休谟的善概念会满足儒家的前三个条件，但不满足第四个条件，因为它缺乏对人及人性本体的辩证理解。

反驳萨特的批判

在当代存在主义哲学中，萨特对传统的人性概念提出了怀疑与反驳。他对任何固定

291

的人性概念都持批判态度，因为在他看来，这样的概念会妨碍人意识到自由，这里的自由是在人的自我理解中被存在地给予的。我们尚未厘清这种批判对儒家道德会产生何种影响，因为儒家道德是建立在关于人性的本体论观点之上的。但这一点是清楚的：如果我们认为人性是某种绝对客观的普遍性，那么我们就不会意识到自由，而是通过意识到这种普遍的人性去承担行为责任。在这一点上，儒家思想家会赞成康德而拒绝萨特，并坚持认为：在人类中认识普遍性恰恰是实现人之自由的途径，因为它是个体性超越限制并依据理性与意志的力量去承担责任的方法。

292

然而，这可能没有触及萨特的真正观点。可以说，萨特想要质疑的是关于道德的本体论证成：他质疑的是，人是否应该被设想为某种由客观特征界定的对象，而不是被设想为纯粹的主体。我们对儒家道德及其形而上学基础的辩证分析，给这个问题提供了一个答案。从儒家的视角看，当然要承认，在人的真正存在及亲身经验中，主客观之间、普遍性与个体性之间存在着辩证的紧张。在此涉及的问题在于，人们如何可能把这种自觉看作一个过程的起点——这是一个将客观转变成主观、将普遍性转变成个体性的过程，也是一个用客观赋意于主观、用普遍性赋意于个体性的过程。这一转变过程正是人类存在这一现象的特征，并且对在实际面对着他人与世界的个体来说具有内在的意义。

从儒家的立场看，人类存在的客观性是无限者和不确定者，人类存在的主观性是现实化的能力与解放的主体性。我们已经看到，在儒家道德的辩证法中，人类存在的主观性被称作"性"或主体性，而人类存在的客观性被称作"命"或对象性。在儒家的道德哲学家看来，如何化"命"成"性"这一问题内在于人性的动力机制。其结果是，道德问题不在于存在人性，而在于存在对人性及其内部动力的正确理解。人们如果除了拥有被给予自由作为其真正本性这一明显的悖论之外而别无他"性"，那么就不得不去发现整个异己的世界，以将其作为自己的本性，从而不得不悲剧式地在不可逆转的自我解放中对抗这种外在的世界性（world-nature）。对儒家道德来说，世界即吾性，因为吾性正是根植于这个世界的实在并被认作实现世界之意义的潜在过程。人的自由是其自我转化与有活力的创造之结果。

【注释】

293

[1] 参见氏著：《经验与上帝》（*Experience and God*），第 6 章，纽约，牛津大学出版社，1968。

[2] 在此，人们可以提议说，除了以上提及的如史密斯教授的书中所讨论的对人类状况的本体论理解、理想、拯救者（deliverer）之外，本体论根据构成了理解道德或宗教结构的另一重要成分。

[3] 关于实践理性的效力问题，可以认为康德与休谟之间存在一种确然的区别：康德把理性认作具有实践权威的能力，因为理性是向善的意志；休谟则把向善的意志与理智分离，从而在道德感的决定中寻求理性的实践运用。

十二　儒家的方法与对人类个体的理解

一

　　中国哲学可以被刻画为内在地人文主义的（intrinsically humanistic）、具体地理性主
义的（concretely rationalistic）、有机地自然主义的（organically naturalistic）和道德导向
地实用主义的（morality-oriented pragmatistic）。[1]这些特征尽管描述的是一般意义上的中
国哲学，但在具体特点方面尤指儒家哲学。由于极为重视人类的整全性（holistic integri-
ty）与统一性，以及对人类作为践行世间终极价值之资具的集中关注，儒家哲学无疑是
内在地人文主义的，其坚决反对对人类存在的二元划分——无论这样的对照和对峙是通
过要予以服从的外在神性，还是通过要予以控制和利用的外部物质世界。儒家哲学无疑
是具体地理性主义的，这特别是由于它将人类理性用于解决人类问题，并具体参照对人
类潜能及其可完善性的理解来阐述解决人类问题的标准。

　　儒家哲学中关于实在的形而上学的宇宙论图景，乃基于对自然之节奏变化的细致观察
与体验，与此相关的是对个体、社会与历史中人类事务变化的细致观察。在这样的基础上，
显而易见的是，儒家哲学形而上学的、宇宙论的宗旨是要褒扬以经过道德修养的人格来做
事的重要性，以及通过日复一日地践行人类事务来修养人格的道德成长。它强调"知"与
道德成长之间理智的相互依赖和相互渗透，这体现于儒家的知行合一说之中。

　　鉴于上述儒家哲学的显著特征，人们可能不禁要问：是什么使之如此突出，或使之
如此不同于其他所有哲学？关于后一点，可以这么说：尽管可以就某一方面提出儒家哲
学与其他无亲缘关系的西方哲学具有一些相似性，但儒家哲学与任何一种西方哲学的基
本差异仍然是显见的。认识到这些差异当然重要，实际上，我们可以参考儒家哲学的上
述显著特征来说明这些差异：

　　（1）儒家哲学是内在地人文主义的，西方哲学是外在地人文主义的；
　　（2）儒家哲学是具体地理性主义的，西方哲学是抽象地理性主义的；

（3）儒家哲学是有机地自然主义的，西方哲学是非有机地自然主义的（如果它属于自然主义的话）；

（4）儒家哲学是价值论地实用主义的和道德导向的，西方哲学是认识论地实用主义的和效用导向的。

二

对于这些差异及其证成，我们不打算详述，但我们可以对儒家哲学提出一个重要问题：赋予儒家哲学显著特征的方法是什么？我们能否阐明蕴涵于儒家哲学观点和视角深层的方法？为了回答这些问题，在我看来，我们应该聚焦于儒家哲学隐含的方向；如我们所知，它居于深层并起着维护作用。儒家的方法会随着如此审查的结果而显现。孔子在《论语》中首先暗示，甚至可以说是提出了这种方法；在其后的儒家哲学著作中，它逐渐变得愈益明确而丰富。事实上，在《中庸》和《大学》中，这种方法得到了明确阐述，乃至儒家哲学的核心宗旨变得至为鲜明。这种方法在《荀子》《孟子》《易传》中也有所明确，由此取得了其至高的重要性。围绕这种方法，可以说，宋明新儒家由于它实际上界定了儒家的哲学视角而引入了一种系统的思辨。

296

可以说，儒家的方法始于孔子这样的设想（vision）：人能够达到某种完善状态，这种状态不仅满足了其作为人的需求，而且使他能够建立自己与他人的关系；而通过发展关系中的这种潜力，个人和社会的秩序与和谐在此完善状态中得到了全面的实现。也可以说，正是这一设想，才引出对人类之最终命运与抱负的不断创造性的反复思考，从而引发了一系列的努力，以依据这种设想来理解人类存在的内部动力及活动与意向的外部方式。这种方法可以说是由如下两方面组成的：来自该设想的指导，以及一种对人类的理解，其基于在人类关系及其支配原理的背景中对人类的经验与细致观察而不断加深。孔子的设想指导着对人类的现实理解；而对人的现实观察又修正和加强了这种设想。的确可以认为，孔子已经达成了某种富有活力的理解或意识，这使他能够确定和明白其自身存在与命运的意义。可以说，这种理解对孔子有三种意义：

（1）就他对人类事务的观察而论，它展现出一幅关于人类能力的图景；

（2）就他向人类学习的热忱而论，它展现出一幅关于人类完善的图景；

（3）就他完善人类的努力而论，它展现出一幅关于运用人类能力以求人类完善的方法的图景。

依据上述理解，我们可以说，孔子的方法由此既是一种程序，也是该程序的产物；既是反思的结果，也是观察的产物；既是一种整合的举动，也是对人类设想的实际履行或执行。因此，它是一种展示人类创造性的方法，这种创造性表现在教导、学习、界定、解释和评价人类活动以及与它们相关或包含它们的一切事物中。因此，可称之为通过自我修养的理解的辩证法，也是通过理解的自我修养的辩证法。这也意味着，这种方法有着本体论特征、价值论特征以及转化的特征。因为它被用于建立关联、认识与转化。

三

那么，我们可以从孔子那里选取三段基本陈述，以阐明孔子对人类的设想，以及随之而来的依据人类的创造潜能而对人类的理解。我将对孔子的这三个根本而重要的命题进行诠释学分析，以揭示孔子对人类的理解，由此明确孔子的一般思考方法。第一个陈述是孔子的如下评论："是人类能够促成'道'，而不是'道'能够完成人类。"[2]① 这意味着：在这个世界上，人类拥有某种特殊的作用与能力，并且生来就胜任这种作用与能力，即促成"道"。这里对"道"的理解是井然有序的。这个"道"是有益于世界的"道"，会创造自我与他人的福祉。它也是理解真与善的"道"，会满足人类的深层道德需求。可以引用《大学》的说法，这个"道"是"明明德、亲民和止于至善"之道。"明德"之被发现，是在人自身（在人之性），如果一个人磨炼其意志去求善，那么就在这个人应当之所是、能够之所是。"明德"是人之价值的界定者。它是人的创造性本质和能力，使人能够完成自身生命之价值以及他人生命之价值。在《中庸》中，其说法是："惟天下至诚，为能尽其性；能尽其性，则能尽人之性；能尽人之性，则能尽物之性；能尽物之性，则可以赞天地之化育；可以赞天地之化育，则可以与天地参矣。"

目前暂且无须解释"诚"和"至诚"的含义，显然在儒家看来，"道"极其紧密地关联于人类的"性"。人类的"性"实际上是整个儒家哲学遗产中的中心观念；它不仅是有待认识或体验的，而且是应该通过学习、思考、辨别和勤谨的实践去完成的。换言之，人类的"性"尽管有其自身的结构与倾向，但不是借助抽象讨论而被充分把握的，而是通过自我与他人的人际互动过程来完成的。在此意义上，可以把人类的"性"看作既是创造性的，又是意向性的（intentional）：它是创造性的，因为它不是被决定的，而是有其自身的自由能力——决定其存在方式与存在价值的道德主体性；它也是意向性的，因为它通过人心的自觉意识——人类的"性"的自然扩展——来接受其存在和发展方向，因为"心"体现着人类的"性"。

我们到目前为止所讲的，不仅说明"道"是人类所能完成的，而且说明"道"如何与人类发生关联，以及这种关联如何决定着促成"道"的方式以及赋予这种促成意义的方式。

---

① "人能弘道，非道弘人。"（《论语·卫灵公》）

297

298

就孔子对人类的理解来说，第二个相关陈述再次表明了人类的创造性，同时还揭示出人类所能达成及应该向往的人性理想状态："如果我欲求仁，那么仁就在这里。"[3]① 尽管在《论语》和其他经典著作以及后世的传注中有好几种对"仁"的解释和说明，但"仁"依然是个吸引人的术语，其在每个时代都需要被做出新解。对人类人性化的全过程或就此而论人的完善过程来说，"仁"既是开端，也是终点。"仁"也是通往人性化与完善这一终点的一个不断成就与努力的过程。"仁"由此既有意志的因素，也有理想的因素——它是"知"（在某种意义上有待进一步阐释）与"行"的合一，这里的"行"是实现人的潜能以达到更高层次的存在。孔子想要提出的观点确实具有极为深刻的哲学意义。"仁"是人类能够拥有的双重知识：一重知识是人类是有限的和不完善的；另一重知识是通过自我的约束以及向他人的扩展，人类能够企及完善并超越限制。而"仁"作为知识可以说是与生俱来的，正是因为其始于能够与他人建立关系，所以人们才逐渐明白了这一点。在此意义上，"仁"根植于人的真正本性与存在。因此，一个人如果欲求"仁"，那么"仁"就可被马上企及——在这么说时，孔子不是指玩某种把戏（slight of hand），而恰恰是指出这样的基本事实：人性本身具有延及他人乃至一切人的深层需求。这种需求是要超越自身，通向更高层次的普遍性和精神生活，同时在安康与统一中深入扩展人类的相互关系。"仁"的超越始终伴随着"仁"的扩展。按照这样的方式，根本没有必要发展如西方在基督教神学影响下的绝对个人主义，也没有必要产生如基督教其他发展方向中的世俗福音主义（evangelism）。

拥有"仁"，就是要在合情理而自然的生活背景中与人们建立关系。它是要建构按照公平正义的原理即"义"来实现人际和谐的途径与方法，这里的"义"是根植于人性的另一种德性。实际上，"仁"指挥着理性的运用以服务于人性。其导致诸如"义"与"礼"等其他德性的提出，其目的是"仁"的恰当实现、表达和交流。就"义"而论，可以说它是人类理性运用于人类事务的结果：它是要按照含有相称、平衡与公平的恰当方式来做事，从而让事物和事务变得有条不紊，让人们能够安于某种富有活力、稳定性和安康的秩序。

在一定意义上，"礼"不过是"义"在举止礼节规则中的外化，体现了人类将理性用于轻松愉悦的目的即在人类社会中建立"义"并由之得"仁"的这种愉悦而又自然的过程。由此可以说，"礼"作为一种手段使人类的交际交往变得自然而顺利，乃至这种手段变得如实现"仁"的目的一般有价值和令人满足。"礼"是要在理性因素被运用于人类行为时将之自然化和人性化，后者经常被融入"法"的形式。

如果明白"礼"如何与"义"发生关联，"义"又如何与"仁"（回想一下孔子的说法："克己复礼为仁"）和"礼"这两者都发生关联，且如果意识到理性（没有明说，

299

---

① "我欲仁，斯仁至矣。"（《论语·述而》）

仅为隐含之义）发挥着使如此关联内在地可能的作用，那么在人际关系中依系于"礼"
的有力实施就没有任何神秘之处了。因为"礼"的真正效力和意义来自人性的最深处，
从而如果人性通过教育与自我修养而变得极具敏感性，那么最终就会证明"礼"是最令
人满足的。这一点在孟子那里变得明确：像"仁"一样，"义"与"礼"根植于人性，
并分享了人性的创造性与意向性。因此，要寻找"义"与"礼"更广阔、更深层的含
义，就要深入其创造性和意向性特征，这使得它们难以得到明确的描述和界定。

上述讨论的主旨在于表明，一般儒家思想家尤其是孔子已经认识到人类存在的创造
性之深层——可称之为"人性"（"性"）；这种人性可被理解为既是自我创造的，又能
够将人们提升到完善的水平。因此，可称之为人类的"仁"性。它是如孔子之后世儒家
（《大学》《中庸》《孟子》中）所主张和说明的，创造更优的个人、社会、政府和世界
的关键所在。"仁"的确唤起和养育着人性的根源，这一根源使人类有了理性的功能，
规定它应该人性地为人类的目的所用。换言之，正如某种价值与目标的意识指导着知识
和科学探讨，仁性也指导、校正、促进、激励和约束着理性和理智。欲求"仁"，就是
要回到根本，回到人类存在的根据。一旦回到根本，那么就有了真与善——"道"也就
呈现自身。因此，孔子说："君子务本，本立而道生。"[4]

就这种关联而论，对于"仁"作为人类之性的根本，我们可以提出另一个要点。
"仁"可以在各种情境以各种方式呈现自身，但其始终是以某种自然秩序呈现的。有鉴
于此，我们可以看到，孔子如何提出了"孝"与"悌"并以之作为"仁"的根本。因
为孝顺是与父母的关系中的自然的善，而友爱是与兄弟的关系中的自然的善。由于父母
和兄弟自然地为我们所亲近和熟知，怀有亲爱和帮助他们的某种**自然**情感就是人类之性
的自然流露，从而是"仁"的自然流露。基于孝悌并意识到其意义，人们就能够在各种
人类情境、不断扩大的人类范围中以不断修正的方式践行"仁"，直到实现人类中"仁"
的潜在从而实现人类之性的潜能。那么，我们就可以达到孔子所谓的"圣"——人性的
完美状态。

孔子关于阐明和证实儒家理解人类之方法的第三个陈述如下："志于道，据于德，
依于仁，游于艺。"[5]这或许看上去是个规范陈述，是关于一个人为了实现"圣"这一
理想能够和应该做什么的陈述。但经过更深层的分析，该陈述揭示出对最终方向的某种
理解，人类在其生活行为中需要采取这个方向并由之找到和平与力量，因为对任何一个
有能力去反思在其生活中真正想做什么的人来说，这个生活方向有着长久的意义。这个
方向提出了一个更大的框架，由此生活变得积极进取、有意义，其还设定了一个可作为
自我与他人实现之根据的立场。这就是孟子所说的"先立乎其大者，则其小者弗能夺
也"[6]。但为了做到这一点，人们必须有见于事物的性质，并达到对"道""德""仁"
"艺"的正确理解。就"道"来说，我们或许还应该提到，引文中的"道"根本上说是
指天道，其进而派生出人类之道、政治之道。"道"是实在，是在自然、人类、社会和

300

301

政治中自身呈现的原理。

要理解这种独立于特殊性的实在，就必须细致地观察事物并明白其意义。看到小河流过，孔子评论道："逝者如斯夫！"[7]这个评论尽管表面上看似简单，但却揭示出深刻的感受和观察：变化是一切事物的本质；由内部动力驱动的变化所展现的创造性，使得实在不断呈现和更新。让我们将之结合于如下评论："天何言哉？四时行焉，百物生焉，天何言哉？"[8]"天"自身的创造性成为实在的最终奥秘。孔子在《论语》中很少明确谈到"道"的这种形而上特征，但对专注于实现自身中的终极实在和事物与社会中的终极善的那些人来说，它就是能量与热忱之源。"道"就其呈现而言是客观的秩序，是事物由此得以判断的理想规范。这种客观秩序和理想规范，实际上构成了事物真正之所是与应该之所是（事物应该之所是，即是事物真正之所是）的本质；而这就是"德"或事物的真正性质。它是使事物成为其所是者，因而内在于事物。在此意义上，"道"是普遍的，而"德"是个别的。"道"无时不在呈现自身，而"德"是个体成长、实现和完成的潜藏**动力**（power）。这适用于一切事物，尤其适用于人。

就人类而论，"德"是人类的性质；它以"仁"的情感方式展现自身，并在其他所有被称作德性的情感与行为原理中变得多样化。然而，无论德性多么多样化，其根源和目标都是同一个："仁"或人类的真正本体，人类最内在的实在，它在变化流行的实在中最终使人类成为人类。就因为如此，孔子才说："吾道一以贯之。"[9]这个"一"显然是指人类的内在实在，表现于"仁"和其他德性之中。既然"道"是事物的秩序，而"德"是事物的真正本体，那么"仁"就提供了能力，其可被用于实现和现实化人类的真正本性以及人类的理想秩序，即由全然受支配于其真正本性和德性的个人组成的社会。而为了人类的理想秩序变成理想的，人类就必须修养其能力和才能，从而必须进行学习。

"学"由此被孔子推崇为个人自我修养的基本根据。甚至"道"也必须是习得的。学习是要从历史、文化以及已成的经验模式中学习。它是要让某人自己接受实在的修正，由此能够更好地理解、更为完整，从而确实地增长和实现自己的潜能，并在自身之内和人与人之间达到更大范围、更高层次的统一及和谐。

《论语》中有两段文字表明了学习的重要性，进而说明以"艺"（arts）为学习内容的重要性。有一段，孔子对其儿子说："一个人如果不学《诗》，就不知道该如何说话……如果不学《礼》，就不知道该如何在社会中确立自己。"[10]①在另一段，孔子对其弟子讲道：

> 好仁不好学，其蔽也愚；好知不好学，其蔽也荡；好信不好学，其蔽也贼；好直不好学，其蔽也绞；好勇不好学，其蔽也乱；好刚不好学，其蔽也狂。[11]

---

① "'不学《诗》，无以言。'……'不学《礼》，无以立。'"（《论语·季氏》）

由以上两段引文可见，"学"确实不同于一切德性，然而其是一切德性顺利地被正确运用之必需。在此意义上，"学"实际上是从实在和外物中学习：它要认识到事物之所是并评估其意义，从而我们能够与它们建立正确的关联，做出针对它们的正确行动。换言之，学习是要怀着一种终极切近的意识，去整合、规范实在即"道"这一永恒变化、不断呈现的创造性自身，并保持对实在的正确认识。如果人们要实现自己与他人的统一，实现和谐状态以及一切人的福祉，那么它就是其根基。基于对"学"的这种理解，人类艺术就可被理解为学习的常道，其学习内容是人们公认的成就，即射、御、书、数、礼、乐（诗）。对实现个人与社会中的人性来说，这些艺术提供了已知的途径。它们是实现人类真正德性的途径，进而是实现人类一切真正本性的途径。

关于孔子之陈述的重要意义，我们可以总结说，一个人的价值来自其如下能力：能够与终极实在建立关联，并反思其真正的德性；能够在与他人相关联的情况下积极地致力于实现其人性，以便形成一个相互友爱的庞大社群；以及寻求使这一切得以可能的途径。在做出其主张的过程中，如第一个与第二个陈述所表明的，孔子再次认识到内在于人类的创造力。这种创造力不仅通往关于事物的真理与实在，而且使他能够将这一切关联起来并予以融合，从而构成一个经过开化的和谐世界；其中人类的真正本性得到了展现，因为其本性展现于个人成就——其中，实在得以充分实现——之中，因为实在本身在人类这里得到了呈现和说明。这是人类本真的证明，因为它是实在本有的和谐。在此意义上，儒家的人文主义是儒家哲学的真正本质，就人类将人性转化成终极价值、将实在转化成终极人性的过程与能力而论，这种人文主义的确是深刻的。这种对人类的理解方法，可被称作调和辩证法。

303

四

在这一点上，人们仍然可能提问：依据上述对孔子三个陈述的分析，构成儒家方法的明确原理是什么？对此的回答是，就我们以上分析所揭示的理解人类的原理而论，儒家方法的原理**就是**这些原理。实际上，甚至可以说，用其寻求真理、认识实在、完成生命、达成社会政治秩序的自然倾向来理解人类，这构成了儒家的方法。但理解人类乃至难之事，因为这不同于理解事物或物质对象，也不同于理解某一门具体的艺术或技艺。要理解人类，就是要在某种全面然而不断变化和呈现的行为与意向性的背景中，以深层意义和价值规划去理解不断变化与呈现的完整个体。因此，它是要用某种完全而彻底的综合方法来理解人。

对这样一种理解方法的要求是，这种理解应该洞察到一切微妙的关系与相互关系、形成与形成之始、过程与过程的转化，同时在一与多的格局中不忽略人类实在的整体、

304 统一和淳朴。一方面，在保存人类实在如此丰富的细节时，人们可能忽视人类个体完整的独特性。另一方面，在集中关注人类独特的统一性与淳朴时，人们可能使人类实在成为某种贫乏的抽象，从而也可能如弗洛伊德学说（Freudian）或当代心理学、精神分析学的通常所做的那样，把人类影响与意向交织成的网络还原为简单的实体语词。

儒家对人类的理解丰富而有序、简洁而又不会变成还原论。这样一种关于人类的非还原论而又保持简洁的观点，其关键观念最终在于孔子的这一设想：人类与自然共享的统一性以及人性中的创造性。在孔子那里，它被认作呈现自身于"仁"及其他德性中的"德"与"道"。在孟子那里，它被明确宣称为"善"——这种"善"源自天道并可以于"仁""义""礼""智"四主德中呈现自身。在《中庸》那里，它是人类的创造性，这种自我实现的性质被称作"诚"；形而上地看，它相应于创造性断言或实在的呈现。由于对人类本性的认定以及把实在认作如世界所展示的不断创造与呈现，人类也就有其道——人道是实在的人性化之道；它始于对自己本性的自觉，并经历一个在"仁"和其他德性中自我修养的过程，以达到应该之所是与是其所是这两者合为一体的目标，因为事物的性质即在于是其应该之所是。由此而来的人类图景是一种有机的统一，是各种相互渗透的关系与相互依赖性的统一，是个体行为与意向的统一，是在人类社群中和谐互动的统一，也是有组织而又有适应性的统治与管理过程的统一，最终是宇宙中的人类与人类所理解的、人文化的宇宙的统一。这些统一是通过作为其本性的人类综合创造力而达到的。因此，要理解人类，就是要理解这种综合创造力，而在免于还原论的粗暴、现象学描述主义的零散、规范伦理之实用主义的宗教导向的同时，实现秩序、和谐与价值。

305 人们可能要问：用康德的话来说，儒家对人类个体的理解何以可能？这之所以可能，是因为儒家坚持用作为根本隐喻（root metaphor）的完整的人类个体来理解人类个体。对人类的恰当研究是人类个体，因而理解人类的适当模型与方法是人类个体：正是人类个体，不多一物也不少一物，才是理解的模型与方法。达到这种精确的理解，既不过分也不减少，正是孔子的洞见与智慧；它们体现于《论语》的论说以及儒家其他著作中的观点与范型网络中。要看出这一点，也需要洞见与智慧。而洞见与智慧可能来自对人类个体的细致观察与认真反思。由上述途径，人们可以更加理解孔子以及他对人类个体的理解。这个说法并不是要指出，人们可以用如苏格拉底所谓的认识自己或现代经验行为科学意义上的观察人类行为的方法来理解人类个体。儒家的方法并没有提出如此开端；实际上，它结合了以上两者，且不因为其中一种而削弱另一种。但是，这种结合是在一种更大的架构中进行的，人们必须通过学习、历史、语言和修养才能明白这个架构。这个架构要明白或学会"道"、修养"德"、扩展"仁"和德性，并且如《中庸》中的教导，通过博学、审问、慎思、明辨和笃行而不断地寻求真理。

五

总之，我们可以指出，为了理解人类个体，需要有如下方式的领悟（无论多么琐碎），其中每一种方式都不以另一种为前提：

(1) 认识到并证实个体自我；

(2) 认识到并建立与他人的同情纽带；

(3) 认识到并建立支配人类个体之关系和行为的理性的、合情理的规范；

(4) 认识到作为方法的艺术以把握关于价值与实在的更大架构。

(1) 可以说是通过证实来认识，这是由"诚"阐明的；(2) 可以说是通过扩展自我和人己互惠来认识，这是由"仁"阐明的；(3) 可以说通过运用理性来认识，这是由"义"阐明的；(4) 可以说是通过在整体及根本上明白和观察到真理与实在的价值来认识，这是由"知"阐明的。所有这些认识一旦发生，就会相互加强、相互修正、相互补充，直到呈现一个关于人类个体的更详尽精致之图景。这种人类个体之图景将在一个关系与方法之网中纳入有个性的人类个体，既指导又反映人类个体的实现。对人类个体的理解，产生于如此图景呈现之时。

可以认为，这种理解是源自某种**诠释的**理解循环，因为它设定用整体来理解部分的循环，反之亦然。这种理解进而为非还原论的，因为它包含诠释的循环，这种循环始终在扩大对人类经验与奋斗的理解和理想目的的范围内。如前所述，这种理解基本上是一元导向的，由此为非二元论的，因为它围绕着人类个体之本性以及实现这种本性的创造性活动。最后，这种理解无疑是包含实效的，这是在如下意义上说的：这种理解不是仅仅通过纯粹的推理和思辨达到的，其包含着实践性的学习与作为其必要组成部分的实践，因为根据孔子的观点，认识始终是与实践相关联并为实践所充实的。这也表明：人们必须看到，一切认识经验都有助于更综合的理解以及对人类个体更充分的描绘；就此而论，这种理解也是综合的。在认识与学习的交织之网中，我们可以看到一切认识、学习与实践行动都是相互依赖的。关于这一点的最佳说明又可见于孔子的陈述："一个人如果不知道天命，就不可能成为君子。如果不懂得礼，就无法在社会立身。如果不明白言语的对错，就不可能知道他人的对错。"[12]①

为了更全面地描述儒家对人类个体的理解，我们还可以说：这种理解依靠一种能力，这种能力将所有经验组织和联结成某种和谐而有意义的整体，并在一种有序而又有活力的开放的变化与转换——在变化和转换中，趋于有序和结构化的辩证创造活动必然得到肯定——过程中管理这种组织；就此而论，这种理解是有机而辩证的。

---

① "不知命，无以为君子也。不知礼，无以立也。不知言，无以知人也。"（《论语·尧曰》）

上述讨论的对人类个体的理解，无疑是通过儒家的理解方法而达成的。那么，我们可以将这种理解描述为在辩证互补、对比、相互反对和统一的某种诠释过程中人类知识的有机综合。如果遵循儒家关于个人内心修养与外部活动的分别，如果将人类个体对比于"天"（更大而原初的终极实在）之呈现，且如果将一个人类个体认作具有自我确认［"至诚"（*chih-ch'eng*）］的能力与本性，那么我们就可以看到，一个有上下左右的坐标体系将显示整合与架构的方向。不断扩大的圆圈表示对人类个体之理解的辩证运动的整合，它始于自我中心（"中"），向着得到整合的秩序与和谐（"和"）状态运动。由此可建立如下图示来表示对人性之理解的图景。

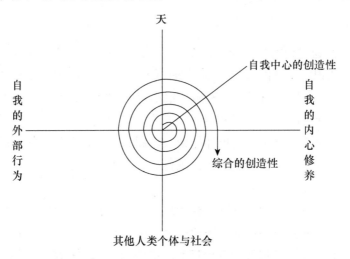

为进一步说明这个图示的框架，我们甚至可以明确指出儒家关于人类个体的理解方法的两个特征，即中心化辩证法与调和辩证法。这两种辩证法是互补的，因为它们构成了理解完整个人的两种关键运动。事实上，它们被简明地表达于《中庸》之中：

> 在喜、怒、哀、乐尚未发出之时，这种心态被称作均衡；在它们已发出并适合正当的尺度之时，这种状态被称作和谐。均衡是世界的大根本；和谐是世界的完善之道。已达到均衡（未发之时）与和谐（已发之时）状态，天地就会处在恰当的位置，而万物就得以良好养育和成长。①

"中"的状态与"和"的状态显然是同一实在之两面，无论这种实在是指"心"还是指宇宙本体意义上的大自然（cosmological-ontological Nature）。就此而论，人心、人类个体与宇宙本体意义上的大自然，必须处于这两种状态之任一种，并且不可能仅停留于一种状态。因为这样的话，它就抵牾于事物不断变化呈现的创造性。由此"中"与"和"这两种状态就构成了一个交替的过程，因而是一个创造性转化、形成与成长的过程。正是

---

① "喜怒哀乐之未发，谓之中；发而皆中节，谓之和。中也者，天下之大本也；和也者，天下之达道也。致中和，天地位焉，万物育焉。"（《中庸》第一章）

以这种方式，有个性的人类个体才学会与世界建立关联，并完成自身，达成与社会、社群中他人的和谐。也正是以这种方式，"性"才更新其生命范围（life-circle），展现其创造性活力。在此意义上，同一过程的这两个方面也成为成长与发展的两种运动，其中每一种都有自己特有的模式与成就。

就通往内在于人类个体的持"中"之活动而论，一切情感必然保持在静止和潜在安宁的状态。维持这种自制的能力，是由于人类个体的本性能够被理解，这种本性根植于具有无限创造性的终极实在，而这种创造性在最深层次上是不动的而又即将创造性地承担某种化成。因此，中心化辩证法就在于体验人类个体之本性的终极实在，其方法是在创造性之根本处保存其原创性质的持"中"或"中"之动（chung-movement）。这种辩证法在用于自然时，还意味着寻求自然变化的根源。

另外，调和辩证法在于，在与他人及世间事物的关联中实现和完成人类个体的本性；如此活动的目的是要创造自我与社群及世界之间的大和谐，由此实现人类个体与世界的本性。

这两种辩证法共同呈现出理解人类个体的方法，其中的人类个体既是实体也是过程，他能够也必须在实现一切事物的本性中实现己之性，由此能够在界定世界的同时界定自身。因此，这两种辩证法构成了理解人类个体的关键程序以及儒家做出如此理解之方法的关键成分。

六

关于对理解人类个体具有重要意义的儒家方法，本文并没有自称做出了恰如其分的充分讨论。在《论语》、其他的后世儒家著作以及儒家对《易经》的传注中，可以看到众多理解人类个体或说明这种理解的范型、规范和原理。我们在《论语》中可以看到正名原理、知行合一原理、自我修养的模式，在《孟子》中可以看到知识与评价、意志与知识、个体与社会、扩展与上升相互依赖的规范以及关于人类个体本性中的良知说等。为了维持某种整体统一的理解，它们需要以在此讨论的方法对其进行整合和简化。如果现代哲学要从儒家理解人类个体的方法中得到教益，那么学习上述方法就至为重要；而由此的结果是，人类个体必须得到不断的审查、修养和组织，从而使这种理解框架越来越综合与开放，对人类个体的理解也就更加切近而强烈，因为人类个体始终需要融入更大的框架，以便其存在能够变得愈益明确和开化。

309

【注释】

[1] 参见我的文章《对中国哲学的一种刻画》（Chinese Philosophy: A Characterization），载《探讨》（Inquiry），第 14 期（1971）：95～119 页。

[2]《论语》，15-29。

310

[3] 同上书，7-30。

[4] 同上书，1-2。

[5] 同上书，7-6。

[6]《孟子》，6A-15。

[7]《论语》，9-17。

[8] 同上书，17-17。

[9] 同上书，4-15。

[10] 同上书，16-13。

[11] 同上书，17-9。

[12] 同上书，20-3。

十三　对儒法之争的哲学评估

争议与问题

　　1974 年，在中国大陆发起了一场针对孔子与儒家的运动。[1]这一运动充满了马克思主义与毛泽东思想的政治意识形态，并且显然意在为某种政治目的服务。孔子与儒家受到谴责，其理由是其复古主义（restorationism）与历史落后性以及所谓的阶级背景。置于其历史背景，对孔子与儒家的这种批判又与对古典法家的赞扬与推崇相结合。事实上，法家被用作批判与否定儒家的根据。从马克思主义经济与历史辩证法的视角看，儒法之间的对立被描述为一场阶级斗争。因此，整场运动预设了马克思主义理论与毛泽东思想对（解释）中国传统历史的有效性，它们描绘了从奴隶社会到封建社会的发展，而封建社会是由地主阶级支配的。[2]然而，马克思主义与毛泽东思想分析方法的这种预设被隐晦地掩盖着，并且人们没有做出任何努力以确保对儒家和法家之发展或对在中国社会进程中人类历史发展的客观理解。

　　除了政治意识形态的考虑之外，围绕着儒法对立的真正性质，还存在大量的根本问题。首先的问题是中国古典哲学中"法"（law/fa）这一术语的模糊性：我们会问，法家是用何种方式来构想"法"的？"法"促进何种目的？儒家如何构想"法"？出于不同于法家的根据和目的，它会谴责"法"，还是会接受"法"呢？对于这些问题的澄清，一方面将呈现法家及其社会政治目标的真正性质，另一方面将解释在现代语境中法家给"法"这个词所施加的负担。为了正确理解法家，我们会描述它如何产生、其政治与社会控制计划所包含的基本内容以及它如何证成其计划。把握了这种背景后，我们就能够理解处于历史情境中的法家为什么要批判儒家以及这种批判是否有效。

　　我认为，鉴于其根本向度和哲学信念，儒法之间确实存在敌意。我还认为，尽管法家有助于实现秦政之下的中国统一，但在最终崩溃的法家政体下，深层的中国文化、价值和生活样式不可能得以发展。在此意义上，儒家不仅在理论上为己"报仇"，而且在历史上展现了远超法家的实力。因此，要维护被认作根植于人之实在本性的根本价值、发起反对非人性化和社会管制进程——这典型地体现于法家之中——的长期斗争，确实地把握儒家的真正精神就是必要且充分的。自觉到这一点就蕴涵着，儒家不仅具有历史的适当性，而且适合重构对人与社会的正确理解。就此而论，我们能够看到，儒家的人文主义尽管与法家对立，但其相容于法制（rule of law），且的确能够以人文主义为根据来吸收法制。若此，依据儒家人文主义的儒家民主将成为反对法家专制幽灵的最佳武器。

对马克思主义历史化约论哲学的反驳

社会的性质以及社会在历史中如何演进，这些问题是复杂的。要给出充分的答案，就需要进行彻底的、客观的科学探索与研究。社会因地而异，因此难以设计出确切地适合所有社会的解释公式。认为所有社会都会根据某种确定的安排线性地从一个阶段向另一阶段进展，这样的看法显然是天真的。然而，马克思关于社会的历史发展理论似乎给出了这样一种解释公式。中国的马克思主义者把如此公式运用于中国历史，此时就产生了一幅不自然的古代中国政治图景。显然没有理由认为，基于人类学、考古学和社会科学的关于中国社会历史的非马克思主义理论，就不会给出关于古代中国社会的更融贯的、更好的描述与说明。马克思主义的方法把人类文化活动的各个方面都予以政治化，然后将之化约到生产力与生产关系的经济层次。但是，文化或社会构成了一个有机整体。它一旦成长而具有某种复杂的结构，其所有部分就成为相互依赖的，从而就不存在这样的易于得出的公式：它可以在不损害有机整体的情况下，将一个有机的部分化约为另一部分。

依据上述评论，很明显，尽管可以承认，某些政治经济条件可能引出或激发某些哲学思想，而某些其他哲学思想可能发展出某些社会政治洞见，这些洞见反映着人们在某些社会政治经济条件下的价值承诺；但是，任何人都不能将哲学思考或对人与社会的洞见化约为政治与经济表达，化约为对某些狭隘界定的阶级利益的维护。将哲学思想政治化，并不是去认识哲学真正是什么：哲学既是社会文化的产物，也是理性与道德良心的产物。尽管哲学是从历史情境中发展出来的，但通过确立人努力追求的理想目标以及人遵循与效仿的典范，哲学能够达到自主与超越。在此意义上，就其追寻绝对价值与普遍真理而论，哲学本质上确实是理想的，也是理想主义的。

在哲学思想的两个基本方面，应该突出哲学相对于政治经济的独立自主性：（1）哲学思想体现了产生于社会文化自觉的价值洞见，但也界定和丰富着社会文化的自觉。一旦扩展到对人性的必要与普遍运用，哲学思想就成为自主的。（2）哲学思想展示着人的精神自由与人性的自觉。对人类经验而言，它不仅是调适规范性的，而且是构成性的，其不可能被说成由社会政治经济决定的。

通过反思人的理性与良心，我们认识到，人类存在本质上是自由的，并且能够通过哲学、艺术与宗教来表达其自由。人类存在并非预定的，因而最终不可能被化约为社会经济力量。由于没有看到这一点，儒家被描述为阶级利益的表达，而不是被视为某种洞见的表达：这种洞见相关于由完美之人组成的理想社会、对人之潜能的确信以及在个人与社会层面都被达到和实现的人文理想。哲学尽管独立于政治经济，但仍然能够作为政治经济的指导原理而为之提供根据。哲学，正如不是宗教的婢女一样，也不是政治或经济的婢女。正如中世纪时期的神学倾向于把哲学化约为教廷控制下的工具一样，马克思主义的历史唯物主义也把哲学化约为党派控制下的工具。在这两种情形中，哲学化约论都是对人及其自由自主的化约。因此，如果按照我们对人及其志向的理解，儒法之争就可以获得特别的意义。[3]

314

"法"与"法家"之术语的模糊性

在考虑儒法之间的对立和敌意时，我们必须问："法"与"法家"这些术语的含义是什么？如果将"法"诠释为现代文明的民主社会之法定的法律，那么我们就可能被误导。我们还可能认为，就律法一词最好的含义而论，基于儒家反对法家这一印象，儒家是与律法相对立的。事实上，中文"法"这个词是一个具有许多内涵的古老用词。它表示从古时周代早期（或许是商代早期）到法家时代的诸多事物。界定法家之法的，并非法的形式或内容，而是预设的动机或意图，以及法家意义上计划中的目标。只有参照法家的意图和目标，"法"才取得属于法家的某种含义，以及或许与法家意图和目标相关的特殊内容。然而，我们必须在相对独立的意义上看待"法"：原则上说，"法"能够促进其他的功能与决定，这些功能与决定相关于不同的目标以及在法家之外的特定框架内的不同意图。

"法"古体写作"灋"，如果考察这一术语的用法和含义，我们就会发现，在诸如四书五经以及其他晚周时期的古代历史与哲学文献中，它有两种初始含义和用法。"法"的第一种初始含义就是做某事的"方法"或"模型"，因而若某人要做好某事，"法"便可供学习之用。这种含义的"法"，可见于《尚书》和墨子（Mo Tzu）的著作。[4]就此而论，"法"可用作动词，是要模仿或遵循某个模型。在这一点上，我们可以讲"法度"（institutional measures/*fa-tu*）、"法仪"（norms/*fa-yi*）、"法纪"（constitutional regulations/*fa-chi*）乃至"法术"（technique or method/*fa-shu*）。我们还可以在相关于各种预先设定的规范意义上讲"法"，因而我们可以讲"礼法"（norms of propriety/*li-fa*）、"战法"（method of war/*ch'an-fa*）、"平准之法"（norms of measurement/*ping-chun-chih-fa*）。这种意义上的"法"，其最佳定义由《易传》给出："制定某事物以便能够为我们所用，

315

这被称作'法'。"[5]①在此意义上，"法"只不过是实现某种价值的客观结构或形式。它是制度结构和管理过程的组成部分。可以看出，孔子没有在这种意义上反对"法"。事实上，这种规范和标准意义上的"法"是一种古老的观念与实践。像其他思想流派一样，尽管孔子没有抛弃这一传统，且实际上在很大程度上支持这一传统，并把它作为政府管理的一个要素，但他不会阐发这一传统。

在含义和指涉方面同样古老但远为狭窄的"法"是指惩罚的法典和条例。惩罚的法典这一意义上的"法"，派生于古字"灋"；根据许慎（Hsu Shen）的《说文解字》（*Shuo Wen Chieh Chih*），它意指"刑"（*hsing*）。[6]"灋"由两个字组合而成，即"水"和"使曲木变直的工具"。因此，"灋"（后来简化为"法"）在"刑"的意义上，被认为是用强力使不直者变直的工具。在《周书》和《周礼》中，我们见到了"五刑之法"（*wu-hsing-chih-fa*）或"惩罚的法则"的提法。顾立雅（H. G. Greel）认为，"法"这个术语出现很晚，不见于《易经》和《诗经》。这是错误的，因为他没有认识到，"法"的含义体现于诸如"典"（*tien*）、"则"（*tse*）乃至"型"（*hsing*）之类的汉字中。所有这些在最古老著作中出现的词语，他都没有提及。应注意，"法"在惩罚法典这一狭隘意义上，还可以被认作惩罚的方法（刑法）。而一旦惩罚的方法（尤其是以特定条例的方式）被法典化，它就成为法家意义上的"法"之手段。由此，我们就达成了"法"在法家意义上的一个定义："法"是这样一个术语，它特指惩罚的法典或法典化的规范。我们会看到，这种惩罚的法典涵摄了法家极大的应用范围，并被用来实现某种目标——在古代中国历史传统中，这种目标不被认为是通过运用惩罚意义上的"法"来实现的。

将"法"区分为两种含义极其重要；这样不仅是为了避免混淆"法"的含义，也是为了认识体现于法家那里的"法"的真正性质，也是为了理解儒家与"法"之用法相关的真正精神。

法家的兴起及基本计划

316　　　关于思想流派的兴起与发源，大多数学者都以考察历史背景及其造成的影响的方式来展开讨论。但一个思想流派代表了一种视角（point of view）、一种为建立新的价值观所做的努力，和〈或〉对于其所支持的价值观的某种新实施方法。尽管来自此前观点的历史背景与历史影响会表明某一思想流派如何产生，但这并不必然说明该流派的基点，这种基点在于对某种独特视角的采用和阐述；我们可以问：从独特视角而来的那一组价值观是什么？进而追问：这一组价值观的实施方法是什么？我将要回答这些问题。[7]

法家采取的是一种专制统治者的视角。这样的统治者想要控制和支配政权以便获得

---

① "制而用之谓之法。"（《易传·系辞上》）

权力与财富，想要拥有凌驾于民众之上的绝对权力，因而必须确立严峻的控制。他要求一切决定均由自己做出，并且这些决定为其臣民所服从和执行。其所拥有的权力令他得到满足，因为他能够用之于进一步的扩张。因此，其权力服务于这样一种目的：成为同辈中的领袖，或许还要消灭与他竞争的一切力量，从而使其他所有权力都屈从于他的统治。在此意义上，法家的视角在于，将所有分离的权力联合于某一权力下，以便在某一个人的统治权威下建立集权化的强力政权。

为了确立这种集权并维护权力，统治者必须建立一种行政体制，该体制能够以系统而有效的方式执行统治者的指令。因此，统治者必须设计出某种政府，采取某种态度、某种技术或方法，以有助于统治者对权力的集中与维护，并提高行政效率。法家的这种视角，或许可被称为行政或政府的视角。它必然是功利的。它不仅指向统治者个人的集权控制，以及用技术和谋略消除对手以有效地维护这种权力，而且指向国家物质财富和军事实力的积累。法家的目标是创建富强国家，因而法家式的统治者或管理者就必须制定与此目标相应的各种政策和手段。如果要问努力创建富强国家的理由和目标是什么，那么答案就是：国家富强了，就可以征服其他所有国家，统一世界。因此，成为富强之国，其目标是变得更富、更强。据《商君书》（*Book of Lord Shang*）所言："强国致力于用战争征服，弱国专注于防卫。"[8]① 其中还说："一个人获得尊贵的头衔，拥有广袤的土地，乃至成为统治者，他是如何做到的呢？是由于赢得战争。一个人失去其头衔和土地，乃至于灭亡，他为何如此呢？是由于战败。不经过战争征服而成为统治者，不经过战败而失去政权，这样的情况是绝不会发生的。"[9]②

在商君时代，如何统一中国，这个问题已经存在。不可否认，商君作为秦国卿相，具有强烈愿望让秦国成为中国的统一者，并寻求在秦政之下实现政治一统。因此，他支持加强军力、为国家汲取物质财富的主张，由此国家可能着力于战争征服，且就此而论，战争征服是实现统一的战争。为了达至加强国家军力和增进国家收入的功利目标，商君明确阐述了招募全国民众当兵和促进农业生产的政策。这被称为着重农战。在全民征兵、强调赢得战争的重要性这点上，商君说：

> 如果民众勇敢，那么就会赢得战争；如果民众不勇敢，那么就会战败。如果能够通过战争训练来统一民众，那么民众就会勇敢；如果不能通过战争训练来统一民众，那么民众就不勇敢。圣王看得出，王者出自战争，因此他指挥全民（征募为兵）备战。[10]③

---

① "今世强国事兼并，弱国务力守。"（《商君书·开塞》）

② "名尊地广以至于王者，何故？战胜者也。名卑地削以至于亡者，何故？战罢者也。不胜而王，不败而亡者，自古及今未尝有也。"（《商君书·画策》）

③ "民勇者，战胜；民不勇者，战败。能壹民于战者，民勇；不能壹民于战者，民不勇。圣王见王之致于兵也，故举国而责之于兵。"（同上）

关于强调农业的政策，商君说：

> 一个国家能够由于着重农战而变得兴盛……所有的治国者都担心民众分散而缺乏联合。因此，圣人设计出一种联合民众的方法，那就是通过农业把他们聚在一起。[11]①

> 圣人治理国家的方法是，指挥所有民众在国内务农，在国外作战……（用这样的方式）就能够轻易地实现财富与权力的目标。[12]②

318 　　商鞅（Shang Yang）所阐述的实际上是一种农业（生产）与战备（作战能力）相结合的政策，由此民众既能够在和平时期生产，又能够在战时参战。这种管制政策，无异于把民众生命置于国家的支配下，乃至社会的一切人力都旨在实现如统治者所愿望和控制的国家富强。富强界定了法家功利视角的指导原则和价值观。

　　最后，为了实现富强，通过统治者亲自管理、控制和操纵的机构来促进这种成就，法家引入（在奖惩条例的意义上来理解的）"法"作为工具。尽管不能否认诸如商君、韩非子之类的法家认识到，（广义的）"法"是以控制为目的的管理手段和技术（如"术"这一术语所表明的），是维持控制和权力的要素；但是，他们的确更多地诉诸狭义的作为奖惩条例的"法"，并以之作为一种基本要素来服务于法家政策和计划的实施。法家的实践者商君使用惩罚条例和奖赏体制，依靠这样的手段来实现其目标，即统治者集权、强化国家军力、增进国家财富。法家这种狭义的"法"观念，其特点在于：（a）无论民众的地位或处境如何，使"法"可普遍适用于所有民众；（b）总体上说，将"法"运用于民众生活的主要领域；（c）使惩罚条例尽可能严峻。鉴于（a），法家之"法"会产生这样的效果：废除贵族特权，确立国家之所有民众在"法"面前的平等。鉴于（b），"法"服务于国家的目标，成功地管制和威慑社会与民众，并广泛地限制诸如追求教育与福祉之类的个人自由和权利。为了国家利益，个人权利做出了牺牲。鉴于（c），"法"成了实施统治者政策的极有效的工具。通过灌输对惩罚的恐惧和对奖赏的欲求，统治者强制人们屈从于他的意志。为了使民众都能知法，法家之"法"被公开发布，并通过努力让民众服从于法而形成国家控制。

　　根据对人类心理及人性的理解，法家证成了对"法"的正面使用。因此，韩非子说：

> 319 要管理世界，就必须顺应人情。人情有喜好与厌恶，故而赏罚有可用之处；一旦赏罚可用，就能够确立命令和禁令，从而良好的管理方法就随之产生。[13]③

---

　　① "国之所以兴者，农战也。……凡治国者，患民之散而不可抟也，是以圣人作壹，抟之也。"（《商君书·农战》）

　　② "故圣人之为国也，入令民以属农，出令民以计战……富强之功可坐而致也。"（《商君书·算地》）

　　③ "凡治天下，必因人情。人情者，有好恶，故赏罚可用；赏罚可用，则禁令可立而治道具矣。"（《韩非子·八经》）

韩非子还以如下方式总结法家之"法"的精髓：

> 就奖赏而论，莫过于让奖赏丰厚而可信，由此让民众从中取利；就惩罚而论，莫过于让惩罚严厉而必然，由此让民众恐惧；法，莫过于始终如一而坚固，由此民众就会知晓。[14]①

在以上论述中，我根据商君和韩非子的主要著作，描述和分析了法家的基本观念。必须认识到，尽管法家的传统可追溯到管子（Kuang Tzu），且尽管诸如申不害（Shen Pu Hai）和慎到（Shen Tao）之类的其他古代思想家对法家也有所贡献，但是商君与韩非子的观点和政治计划不必完全为管子或申不害所同意。就管子来说，已有学者指出，尽管他也旨在实现富强国家的目标且为此目标而推进农业，但他并不像商君和韩非子那样压制商人与商业。他也不反对把"礼""义"用作教育与社会行为的原则，这是不同于商君和韩非子的另一点。就申不害来说，受重视的是政府行政管理的技艺，而不是惩罚的条例，并且他对统治者的权力不感兴趣。[15]

在此，我们可能怀有疑问：如上所描述的法家计划和学说是如何实施的，何种历史、社会与政治环境促使了其发展与践行？还应该问：法家计划和学说对中国的社会历史做出了多大贡献，而法家在哪些方面对后来中国历史上的实践与观念产生了影响？回答这些问题，并非本文的目标。这么说就够了：法家之兴起，是由于时代之急务，是由于晚周时期的社会政治经济环境，而法家对中国的历史、社会与政治治理进程产生了很大的影响。但是，是否就该断定，法家比其他学说在价值观上更优、更有影响呢？其他学说在那个时期不占优势，因而就是错误或虚妄的呢？要回答这些价值观上的问题，我们就必须以对人性的理解及其启发为根据（个人与社会这两个层面都包含在内）。必须弄清，是什么造就了人关于自我形象与价值观念的自然选择。因此，要对法家做出判断，我们就不仅要基于历史的理由，而且要基于综合的哲学的理由，由此既看到其功利上的成功，也看到其反人性的缺失与局限。我们必须揭示，法家所隐含的对人类社会的理解以及法家计划与学说背后的预设。按照这样的方法，我们就可以对儒法之争给出更准确的公正评估。因此，我们将考察儒家的哲学、政治治理和行政管理，并弄清儒家为何在中国历史中得到支持、它如何被认为比法家更优以及法家如何最终被抛弃而儒家如何被接受为普遍的教义。

孔孟的政治哲学及其根据

春秋时期可以说是一个大转折（Great Transformation）期。其特点是：周朝中央权威积弱，所有的封建国家都陷入了权力斗争，旧的伦理与经济秩序迅速衰败，对价值观

---

① "赏莫如厚而信，使民利之；罚莫如重而必，使民畏之；法莫如一而固，使民知之。"（《韩非子·五蠹》）

的探寻悬而未决。在这个时期，连续性遭遇中断，对往昔的回忆遭遇对未来的梦想，理想遭遇现实，信仰遭遇知识，意愿遭遇理性，个人兴趣遭遇公共的思想。正是在这样的时代，我们看到了儒法间的对立与敌意。要把握儒法间的关系及其敌对的真正性质，我们必须先认识到，儒家哲学的提出是基于对那个社会与时代问题的感知和诊断，而这个时代又显然不同于法家所面对的时代。要更清晰地理解儒家哲学，唯一途径在于细致地分析和考量孔孟的著作及观点，而无须引入任何有关其所谓阶级背景或政治目的的、教义式的预设。[16]

法家纯粹从国家与统治者的视角（统治者中心或国家中心的视角）提出其改革方案，与之对照，孔子希望从人文主义的视角来改革国家与社会。我所讲的人文主义视角，意指强调个体的重要性与人性的价值，它们优先于政府与国家或其统治者的利益。孔子毫不否认统治者之角色的重要性。其人文主义的意旨在于，统治者应该是这样一种人——他能够看到民众个体的重要性以及社会的价值。因此，统治者能够做出努力，有能力施行与人文主义精神相应的政治治理。由此可以说，孔子将政府与国家视为实现普遍人性的工具，而在此基础上，政府可以说有其存在的价值并可为民众所接受。孔子要求的是这样的政府和统治者：两者心怀民众的整体利益，以实现人性的价值为目标，从而是那种仁慈的政府和统治者。"仁"的学说作为人性（人之为仁的内在而普遍的价值）的学说，就是政府与社会的真正根基。由此必然带来真正的秩序与和谐。

何为"仁"？按照孔子的观点，"仁"是要爱人。[17] 爱人，预设了认识到自我与他人的个性。作为个体的人们，通过共通的人性而交往并结成联盟，这在孔子看来是一种历史事实。爱人，就要把人当作目的而不是手段，就是要认识到普遍人性的价值，并在爱他人的过程中实现和完善自我。如下对话让孔子之"仁"的学说足够明确。

> 子贡问："如果有人能够广泛地造福人们，并能够为大众提供帮助，这样如何？他能够被称作'仁'吗？"孔子回答说："他不只是'仁'，他已经是个圣人！甚至尧和舜都做不到这一点。仁者是这样一种人：他希望确立自己，又努力确立他人；希望完善自己，又努力完善他人。"[18]①

"仁"，显然就是要修养自我，然后推广到修养他人；而修养"仁"，就是要把"仁"拓展到他人。那就可以说，"仁"在于发现自我之中的普遍价值，并认识到他人之中的普遍人性。它是要抛弃自私、自己的自我中心性与偏离，因而是一个自我完善与自我实现的过程。它可以表述为这样的原则：己所不欲，勿施于人。将"仁"之原则的积极与消极公式合并，可称之为互惠原则（the Principle of Reciprocity），或《大学》所谓的絜矩

---

① "子贡曰：'如有博施于民而能济众，何如？可谓仁乎？'子曰：'何事于仁，必也圣乎！尧、舜其犹病诸！夫仁者，己欲立而立人，己欲达而达人。'"（《论语·雍也》）

之道（the Way of Measuring and Squaring/*the tao of chieh-chu*）。人们可以明白互惠关系，并通过互惠在自己与他人之间建立关联；这一点是浅显易见的。它内在于人性，稍稍反思和关注即可被确认。因此，孔子说："如果我希望'仁'，'仁'就在身边。"[19]①

尽管"仁"被孔子看作根植于个人的本性并是个人道德的构成根据，但对他来说，"仁"是好政府与社会的起点。"仁"是好政府与好社会的基础，这至少可以从三个重要方面来理解：（1）如果社会中的每个人都践行"仁"，那么社会就自然地变得有序，而政府就会自然地得到很好的维持。（2）统治者一旦践行"仁"，就会关怀社会中的所有人，并努力引导所有人践行"仁"，从而实现好的政府与社会。（3）就统治者来说，他对"仁"的践行会引发其他所有人模仿对"仁"的践行。因此，在回答季康子（Chi Kung Tzu）关于政府的问题时，孔子说："如果某人想要为善，民众就会变善。君子的德性像风，小人的德性像草；风吹在草上，草就会弯曲。"[20]②因此，与"仁"相关的修养自身就是好政府的开端。孔子谈到的"修己"（cultivating oneself/*hsiu-chi*），指的是修养自己以发展和扩充"仁"。要修己和发现其"仁"，人们所需要的只不过是"敬"（earnestness/*ching*）与"诚"（sincerity/*ch'eng*）的意识。基于自我修养，人们自然会走向或踏上通往好社会与好政府之路。由此他提倡，成为君子的方法是"以敬意来修己"，进而"修己以使他人安定"和"修己以使所有人安定"。总之，"仁"是可于自身中修养的本性，而自修的过程既是伦理实践也是政治实践的基础。

孔子认为，好政府始于好人，而好人拥有成善的能力；我们将这一点描述为孔子政府观的人文主义视角。基于此，我们就能明白，孔子关于政治改革与社会重组的所有提议如何不同于法家。

儒家以"仁"为导向的视角，对立于法家以统治者为中心的视角，后者依靠权力和控制而否定个人的价值。可以说，儒家的视角是内部式的（interioristic），而法家的视角是外部式的（exterioristic）。儒家的观点必然是与法家的观点对立的：前者认为，通过自我修养及德性向他人的扩展，个人能够实现好政府；后者认为，国家与统治者比个人重要，有必要让国家改造个人，而不是让个人改造国家。我们可以将儒家的观点称作实现式的（realizational），而把法家的观点称作强制式的（impositional）。最后，儒家认为，普遍的人文主义是行为规范，能够在所有人那里得到揭示、扩展与实现。儒家还反对法家的如下观点：不存在普遍的客观价值标准，一切价值都来自"法"，"法"的实施追随统治者意志与权力利益。可以说，这种对照是自然法（natural law）与实证法（positive law）的对抗。儒家认为，人类的规章必须符合并基于人之本性与理性的自然法，必须是可由个人变更与普遍适用的；法家则否认这一点，认为人性不具备积极的价值内涵，人类的理性不能在好坏对错之间做出本质的区分。[21]

---

① "我欲仁，斯仁至矣。"（《论语·述而》）
② "子欲善，而民善矣。君子之德风，小人之德草；草上之风，必偃。"（《论语·颜渊》）

为展现儒法之间的充分对照，我们可以指出，孔子并非没有看到，人们在社会中的行为需要规则来支配。然而，他将这些规则称作"礼"（礼仪规则），而不是"法"（奖惩的法律）。尽管"礼"的存在有其历史的与社会的意涵，但关于儒家属于"礼"的规则或由"礼"支配的规则，我们仍会给予独立于历史与社会背景的普遍意义。可以把"礼"一般地描述为某种客观化的原则、规范或人类行为规则，它产生于对"仁"的考虑。"礼"根于"仁"，是在社会与政府层面实现"仁"的资具。由此，"礼"还被理解为根植于敬重的自然意识，根植于对秩序、和谐、人们发挥其作用的过程中平和而愉快的相互关系的自然考虑。"礼"是用于组织和规范的。它体现了人性的普遍情感，但旨在保持个人在社会中的恰当定位。在其最终意义上，"礼"或许可等同于在人际交往中尊重人的尊严。因此，"礼"又是内在式的、实现式的、人文主义的。当然，"礼"可以是特殊性的，而不是如"法"一般的普遍性的。这是因为"礼"更关注的是社会化的人们的个性，而不是独立于社会背景的个人。在此意义上可以说，"礼"应该是具体的普遍性，而不是像"法"那样的抽象的普遍性。有了"礼"，统治者就不必强加其意志于民众之上。有了"礼"，民众就会自我治理和自我约束，从而造就人际和谐。因此，"礼"的治理效果来自其自身的和谐，而不是外部强加的秩序。有子（Yu Tzu）说："'礼'的用处是如此：和谐在'礼'之中受珍视。由此古代王者的方法是优雅的；一切事情无论大小，都遵从它。"[22]①

324

在这方面可以认为，孔子回顾历史来寻求好政府的典范，并诉诸传统价值与实践体系来建立好政府。这样，就说他是守旧的（backward-looking）吗？他是否认识到其时代需要社会变革？对这两个问题的回答是：尽管孔子的社会变革理念是保守的，但他是极富创见的。他意识到了社会的变化，但在他看来，变化并不意味着要放弃恒常的普遍价值，这些价值蕴涵于人类的所有努力。他将其时代的社会变化认作揭示和肯定普遍价值与人类恒常真理的一个契机。因此，他成功地给予"仁""德"等术语普遍的含义。还可以说，他给予"礼"这一概念新的普遍含义。他认识到，"礼"有其缘由，应根据不同的时代和需要而变化更新。但他坚持认为，"礼"含有普遍的内容与意义，这些应该是不变的："礼"是指导社会和表达人性的规范与价值。在此意义上，甚至可以说，其保守主义也是革新的。他想要强调社会变化过程中的文化连续性，并让其同代人警惕这样的危险：如果文化连续性被彻底消除，那么就根本不存在"个体的认同意识"（individual sense of identity）。孔子的革新思维显见于如下范例——他把管仲（Kuan Chung）认作一位伟大的仁者，尽管管仲的行为方式并不完全像圣人：管仲无视中央的周王室，帮助其统治者将国家发展为一个强力国家。然而，他这么做预防了即将发生的政治失序和外族入侵，而此即其德性所在。[23]

①"礼之用，和为贵。先王之道斯为美，小大由之。"（《论语·学而》）

在孟子这里，我们可以看到，孔子的人文主义及政治哲学得到了更肯定的阐述和鲜明的界定。对"仁"的揭示、肯定、修养、扩充和践行，孟子提供了一个明确的形而上的价值根据。众所周知，他认为人的本性是善的，并且他力图说明这个论点如何能够确立。由此，对孟子来说，人的善性不只是一个可欲的理念，而且是人之存在的显见事实。基于此，他主张，好政府全然伴随善的统治者而来。一个善的统治者，是通过善榜样、运用善性教化民众来统治的。

关于好政府的实现，孟子更明确地说明了如下几个方面：（1）他对"义"与"利"（profit/li）做出了严格的区分并予以强调，且拒绝这样的考虑——好政府是与"利"相关的。事实上，他认为，失序导源于对获利的考虑以及对"义"的排斥。对于这一要点，在未及详述的情况下，我们可以认为，孟子认为"利"代表着统治者的利益，而"义"代表着民众的整体利益。因此，"义""利"之分实际上是以统治者为中心的立场与以民众或社会为中心的立场之分。要合乎"义"，统治者就必须从民众的好恶视角来看待事情，在此意义上，"义"无疑根植于孔子所提倡的"仁"。孟子选择"义"，以作为与影响他人和民众整体福利尤为相关的行为原则。（2）孟子极明确地强调儒家关于教化的必要性。教化被视为好政府的根本。其必要性不是出于政府或统治者方面的控制和掌控，而是出于民众方面的自我控制和约束。一个政府如果不教化民众，那么其对民众的供给就不能说是足够的。这表明了孟子政治哲学的本质是个人性的与人文主义的。（3）孟子尽管强调"义"与"利"、教化与控制的对立，但并没有忽视社会与经济的规划——这样的规划会提供现实的收益，符合民众生活稳定、追求更高生活目标的需要。其名言"无恒产者无恒心"，体现了对生活之经济基础的重要关切。他甚至提出了一个关于民众物质供养与社群关怀的方案。因此，他是实用主义者，而不是功利主义者。这表明儒家在其政治治理途径中有着彻底的人文主义与人道主义精神，也说明除了提倡奉行"利"之外，儒家也表达了制度性的规划。

就其支持过去的制度而论，似乎孟子也是保守的。但这一点必须在理想主义的意义上理解。他把这些制度作为范例或模型，而不是作为绝对的政策来诉求。实际上，就其关于政府的人文主义视角而论，他与孔子一样是革新的。甚至比孔子更明确的是，他认为，在一个社会中，民众是最重要的，社会与政府的制度及规则居其次，统治者最不重要而居其末。这种观点无疑清晰而彻底地展现出，儒家的政府观点中有着人文主义与民主的关切；这与反人文主义和反民主的法家学说是对立的。[24]

荀子是儒家吗？

在近来中国大陆出版的文献中，荀子被描述和称作法家的哲学家。[25]由此他被划入与商鞅、韩非子同类的代表与儒家对立的法家传统。既然荀子一直作为儒家思想家而为人所知，且荀子也自称儒家[26]，那么将他描述和标榜为法家，或根据其尚存的著作而将其归为法家，这一做法似乎就既不公平也误导人。荀子教授了韩非子与李斯（Li Ssu）——后者是始皇治下秦王朝的宰相，这是毫无疑问的事实；然而，这绝不是应把荀子归入法家的理由。相反，自然而然的恰当预期是，韩非子和李斯本该受到作为儒家的荀子之影响。荀子持有人性恶的观点——该观点被韩非子和李斯接受，以作为他们法家政府理论及社会控制计划的根据，这也是正确的。但这应该不大可能让荀子成为法家。其人性观所导出的只是强调教化与修身的重要，以及强调要注重用"礼"的方式进行道德激励和道德改良的适当制度。因此，我们应该问：是否确实有恰当的理由认为荀子是法家而不是儒家？荀子在其著作中究竟突出或主张法家之"法"了吗？我将在下文简论这些问题，并说明荀子毫无疑问是儒家，因而称荀子为法家既是曲解也是错误的。我要诉诸前文确立的标准，以判断他为与法家对立的儒家。

首先，荀子宣扬社会中个人教育与学习的重要性。在其名篇《劝学》（Admonitions to Learning/Chuan Hsueh）中，他提出，教育始于阅读儒家经典《诗》《书》《礼》。他希望个人经过训练和修养而成为达至圣人的有德者，这也是儒家的理念。如他的其他诸多学说一样，其人性恶的学说乃基于观察的经验学说。该学说之所以一贯被认定为反儒家的，是因为它与被接受为儒家的孟子性善说对立。某一学说是儒家的还是非儒家的，既取决于其动机，也取决于其逻辑上得出的结论。对荀子来说，其人性学说使他有理由倡导教育的重要和"礼"的修养。这两方面本质上都是儒家的。儒家对人的可完善性抱有充分的信仰，而荀子通过教育规划和自我修养表明其绝不缺乏这种信仰。他甚至写了

327 一整篇文章来讨论修身的过程，其中全面整合了儒家的自省方法。[27]此外，荀子推崇对人的性格的社会矫正以及人固有的理解与推理能力。在这两方面，他都认为，人们有能力实现经修饰的人之个性，并形成对社会整体的良序意识。其人性学说还往往被误解为这样的判定：人处于无助的状态，完全依赖外部条件。这似乎是法家式的，可比之于韩非子和李斯关于人类命运的观点。实际上，荀子的学说无异于这样的陈述：从社会的观点看，人性如果不经过指导和约束，那么就会导致被认作道德不良或不为社会所接受的行为。这种学说认为，我们需要社会规范，且应该发展社会规范，并用之塑造人们的性格以便使其符合社会规范。

其次，荀子的"礼"观念并不是法家的"法"观念。在其关于"礼"的论文中，他描述了"礼"是如何产生的及其成立的根据。[28]他指出，"礼"旨在辨别和区分如下两者，即我们能够欲求什么与我们不应该欲求什么；其目的在于避免为我们欲求的东西争斗。因此，他把"礼"描述为一种社会规章制度，以服务于"供养人们的欲望"和"满足人们的需求"，从而"使欲望不至于耗尽事物，而事物不为欲望所扭曲"[29]①。他

---

① "制礼义以分之，以养人之欲，给人之求。使欲必不穷乎物，物必不屈于欲。"（《荀子·礼论》）

把"礼"的实践直接称作"养"（nourishment/yang）的技艺，把"礼"的制度称作"分"（division/feng）的技艺。可以说，在荀子看来，"礼"就是规则和礼仪，它们经综合而被引入社会，并被用来规范和调适人们的欲望，以便实现和谐的人类关系、更舒适的生活和优雅的秩序。因此，在他看来，"礼"对社会秩序的维持至为关键，对人类整体的生存亦如此。在此意义上，对荀子来说，"礼"的依据是对生活本身的考虑、对天地之自然事实的观察以及对先祖和最初出于社会目的而设计"礼"之圣王的崇敬态度。

　　依据对"礼"的上述理解，荀子能够对"礼"的产生做出自认合理的论说。在这方面，他与孔孟一样，不反对从古代传统中寻求最佳之"礼"（what is best）。他进一步把"礼"看作自我修养的手段，并强调"礼"在教育过程中的重要性。他说："礼是为了矫正人，教师是为了矫正礼。"[30]①他经常把"礼"与"义""法"连用，譬如说"礼义"和"礼法"。第一种连用所显示的当然是其儒家的态度。但第二种连用是否显示了其法家的意涵呢？答案是否定的。"礼法"并非以"礼"的形式出现的法律或以"法"的形式出现的"礼"。它只是"礼"的条例或规范，因为对荀子来说，"礼"不仅仅是内在的情感和个人习惯。它确实有客观的一面，可被理解为用于人际行为的、具有充分约束力与规范作用的格言。它不是由自以为是的统治者强加于社会的、奖惩条例意义上的"法"。它通过教化来导入，通过修养来劝导，通过推理来加强。其所服务的目的在于，通过修整个人来修整社会与政府。因此，就"礼"的动机、目的和设想的效果而论，"礼"不可能类似于法家之"法"，因为"礼"没有表现出与法家之"法"有任何共同点。

　　尽管荀子在其著作中通篇都使用"法"这一术语，但其"法"的主要含义和指涉是"礼"的条文、行为规范，或者是政府组织和制度的手段、方法与原则。因此，与"法"紧密相关的是"度"与"制"这些术语。简而言之，"法"是"礼"及调节分配正义的原则之体系，是旨在社会交往有序的制度化规范。还可以指出，"法"源自"理"之意义上的"礼"。它并非统治者意志的体现。因此，荀子这样讲："就一切事情和行为而言，它们如果有益于'理'就确立，如果无益于'理'就废除，这就叫作合乎事。"[31]②在其关于政府制度的名篇中，荀子把"礼"与"义"认作组织政府的两种主要价值。[32]然而，他的确提出，官僚制度和行政是遵循被称作"法"的规范的问题。他谈到了"王者之制"与"王者之法"。[33]但是，他这么说的意思仅仅相关于维持旧的习俗，包括衣服的颜色、宫廷的建制、丧葬、器皿、音乐、税制、商业规章，等等。它们属于我们所指的原始的第一种意义上的"法"，而不是第二种奖惩条例意义上的"法"；后者如我已指出的，被法家当作第一义。

　　荀子的确用"刑"这个词指惩罚条例。他所指的"刑"，是儒家所理解的"刑"的

---

① "礼者，所以正身也；师者，所以正礼也。"（《荀子·修身》）
② "凡事行，有益于理者，立之；无益于理者，废之；夫是之谓中事。"（《荀子·儒效》）

精神。他说："执政的大分别在于，对那些表现为善的人，以礼待之；而对那些表现为不善的人，以刑待之。"[34]①他不赞成用奖惩条例来取代"礼"与"义"，但在政府制度（"政"）中确实给"刑"安排了适当的位置。这不仅与儒家是兼容的，而且实际上延续了与儒家关系相近的古代体系。

329

最后，必须注意，荀子并非如法家所必然是的、基于国家统治者视角的功利主义者。相反，他继承了儒家的"义""利"之分，并赞成对"仁"与"义"的考虑优先于对"利"的考虑。他说"君子对求利很疏忽"，并建议人们"在利少而义多时"[35]②应该行动。在他看来，君子正是这样一类人：他们能够克制私人利益，代之以对公共利益［公义（kung-yi）］的考虑。[36]因此，君子只会遵循"仁"与"义"。[37]但荀子把国家与社会看成一个整体，极为关注如何使国家与民众富裕。他认为，统治者应该根据"礼"与"义"的原则来建立制度，并通过不收过重的税、控制政府支出、不违农时来追求民众的财富增长。[38]尽管不能说他对发展贸易与商业有详述，但他支持商品与谷物的顺利流通，以便满足民众的需求。[39]尽管他提及要减少商人的数量[40]，但他不像法家那样主张压制商人阶层。其经济观点以及对保护农民利益政策的支持，大致相容于儒家与前儒家关于好政府的理论和理念。

以上讨论了荀子政治治理哲学的主要方面。我们发现，几乎没有任何一点可被认作代表着法家的立场。重要的是要注意到，以上分析已然表明，在荀子那里儒家的基本视角得以不断呈现和辩护。荀子的哲学是人文主义的、反功利主义的，代表着由个人组成的整个社会之立场；这对立于国家的立场与追求自身利益的统治者的立场。荀子表现出这样的善信念：一旦个人得到好的修养与教育，社会就会变好，因为社会不可能被政府支配而为善。他不排斥古代体系，不贬低古代圣王。尽管他同意我们要采用后王的手段而成为有创造力的自我，但他从未有意忽视先王的经验及值得称颂的标准和实践。他对"礼"与"义"的强调正反映了这种态度。毫无疑问，就人的可完善性而言，他是个内在主义者和（或）修养论者（自由意志论者）。所有这些都显然指向如下结论：荀子是伟大的儒家思想家，持有不亚于孟子的儒家观点。将荀子归入法家，这纯粹是个错误。

儒法敌对的真正性质

330

不可否认，儒家与法家在精神和内容上都是相互对立的。甚至可以说，它们是相互矛盾的，不可能认为它们同时正确。就政府的目标而论，不可能认为它们同时错误。鉴于两者之间这种强烈的理论敌对，且鉴于自孔子时代以来历史上儒法之间的竞争与敌

---

① "听政之大分：以善至者待之以礼，以不善至者待之以刑。"（《荀子·王制》）
② "君子之求利也略……利少而义多，为之。"（《荀子·修身》）

视，我们必须认识和理解为什么存在着这种对抗、敌视和竞争，其中一方如何以贬损另一方为代价而占主导，以及在不同的时代，何种变化条件使得一方击败另一方。

我们如果细察儒家与法家的理论内容，就会看到它们持有对立的观点。儒家是民主导向的、社会导向的、内在主义的（internalistic）、倾向于个人的、教育论的（educationalistic）、实现式的、成长论的（developmental）；法家则是独裁导向的（dictatorship-orientated）、统治者导向的、外在主义的（externalistic）、国家主导的、决定论的、控制式的。基于各自的立场，儒家与法家的目的和目标绝对不同。它们会产生绝对不同的两类政府、两类社会以及两类个人，从而要求两类统治。因此，我们可以把这两种思想体系认作建构政府、社会和个人的两种不同模型。当然，还可以存在关于政府与社会的其他模型，譬如道家与墨家的模型。在一个以人文主义与人道主义为标准的谱系中，我们可以把这些模型予以排序；这里的人文主义意指人的个人尊严与人的发展作为终极价值得到尊重，人道主义意指政府的努力使得与其他某种外在抽象实体相对立的整个社会受益。我们可以轻易地做出判断，儒家的政府模型是彻底的人文主义与彻底的人道主义，而法家的政府模型是彻底的反人文主义与彻底的反人道主义。它们占据了这个谱系的相反两极。事实上，我们能够根据对人文主义与人道主义的肯定与否定，来解释儒法之间的所有主要区别；这种肯定与否定是针对作为终极价值的人性、个人自我实现以及内在和谐的社会。儒家希望把个人发展看作社会中在道德上自我支配的自主实体，把社会看作基于道德自主的人们之间相互帮助与尊重的某种秩序，把国家统治者看作致力于个人与社会发展的圣人。与之相反，法家想要国家统治者裁决个人与社会的价值，让他们为了满足某个外在目标而服从于非人的控制体系，根据这个外在目标，个人与社会都将对价值进行评判。

现在，我们要面对这样一个问题：选择政府与社会的模型应基于何种根据？我们想知道，人们为什么应该选择儒家式的而不是法家式的模型，反之亦然。要回答这个问题，首先要认识到理性的事实，接着要弄清何种模型最适合我们作为人的本性与潜能。为了确定哪种政府模型最有价值、最忠实于我们的本性，我们作为人类可以反思自身的经验以及人类的一切历史经验。看来很明显，儒家提供了一个基于普遍人性并诉诸我们的心理与情感的模型。看来仍然很明显的是，作为人类，我们希望一个既是人文主义的又是人道主义的政府——它认识到人自我实现的个人潜能以及为此实现的自由与平等，提供并确保这些价值得以实现的机会。如果我们把儒家的模型认作人文主义的与人道主义的，那么无疑就必定会把儒家认作运作社会与组织政府之理想的、确实的根据。出于同样的理由，我们必定由于法家对人类的长期目标来说是不理想和不真实的而对其予以拒绝，因为它危及人类的人文主义与人道主义事业。

确实，人类历史表明，法家的治理方法有时会成功地统治特定的社会，而儒家的治理模型则被击败，乃至被闲置以至于人们不知其存在。法家模型的暂时成功，应归于历

331

史的紧急时期——其中，人性已然迷失，个人经受着灾难性的失序、窘迫和混乱状况，譬如他们遭遇始料不及的不断战争与穷困，而无暇发展出重整和重组的力量。秦国的成功正是如此，秦国在法家哲学的指导下于公元前221年统一了中国。始皇由此在反人文主义与反人道主义的基础上建立了第一个法家政府。在随后的历史中，秦国成功统一中国，并达成了不少意义重大之事。但是，这并不会让法家免除这样的指责：法家式的政府妨害人性以及人性化的社会发展。秦朝持续不久这一事实说明，其存在是应急的，仅仅是履行其历史任务而无法满足人类与社会内在的普遍目的。它不仅在历史紧急情况变化之时不再持续，而且面对人类意识与社会需要的重新觉醒，其合法性也会遭到质疑。历史自身做出了说明。从秦朝迅速过渡到汉朝，乃历史的必然。经过很短的时期，儒家的价值就被认作促进政府与引导政府目标的指示灯，儒家哲学及其政府与社会模型被用作官方的意识形态。

颇为有趣的是，在批评儒家时，法家的批评全都是基于急用，从而缺乏普遍有效性。因此，我们看到，《商君书》对儒家的批评，其大意在于，如果一个政府只允许学习《礼》《乐》《诗》《书》（因而只强调对善的修养、孝悌、忠诚、诚实、个人正直、仁、义），那么在生产财富与作战能力两方面政府就会被一定程度地弱化。商鞅的批评显然是基于其内部促进生产、外部从事征战的政策。它是基于对时代之特殊需要的认识。然而，这种批评没有认识到儒家价值普遍的一面，以及它对人类的种族生存和人性发展的益处与必要。类似地，韩非子对儒家做出了同样类型的论辩。这些论辩要么回避问题的实质，要么无视普遍主义基础上的人性价值和社会发展。另外，如果转而看看儒家如何批评法家的规划或如何反驳法家的论辩，我们就会发现，儒家观点的提出以普遍主义为基准：这一基准根植于对人类价值与社会发展的认识，而独立于历史应急之用和时代的特殊需要。因此，孔子批评法家的计划是使民众免于刑罚而缺乏羞耻意识。[41]① 孔子提出，如果对于民众用德性来引导，用礼来管理，那么民众就会有羞耻意识并追求成善。类似地，孟子谈到法家时说："他们只是力图用武力而不是用心来服众。"[42]② 孔孟的观点都是颇有启发的。法家式的政府可以成功地整顿社会，但由此而来的社会秩序是从外部强制的，而不是内部生成的，从而不会持久且实际上将崩溃，因为它与民众的内心愿望相背。荀子也对法家提出了一个中肯的批评。他说："慎子（慎到）沉迷于法而不知贤者之用。申子（申不害）沉迷于力量而不知和谐。"[43]③ 其意思是，法家心胸狭隘，未能见到事情的整体。

总之，儒家具有整体的社会历史观，并在普遍的人性下看待政府。或许可以说，儒家是理想化的，但事实上，我们需要理想化的视野和理想主义；它是人性必不可少的组

---

① "道之以政，齐之以刑，民免而无耻；道之以德，齐之以礼，有耻且格。"（《论语·为政》）

② "以力服人者，非心服也。"（《孟子·公孙丑上》）

③ "慎子蔽于法而不知贤，申子蔽于埶而不知知。"（《荀子·解蔽》）

成部分。否认理想主义，就是否认人性的一个重要部分。对儒法之间相互批评的审查表明，这两种政府模型之间的敌对其实是普遍主义与特殊主义的敌对，是关于人、人性和价值之整体观点的理想化视野与为了片面目标而施行机械控制手段之间的敌对。概言之，它是人文主义与反人文主义（虚无主义）之间的敌对，是人道主义与反人道主义之间的敌对。对这种敌对的基于阶级斗争的马克思主义解释，似乎遮蔽、扭曲和偏离了儒家的真正性质。

结论：儒家的人文主义能够结合现代世界的科学和法制吗？

由于儒家展现了古时的理想道德秩序，并且以保守的眼光看待当下时代的变革，所以有人就提出了这样的问题：儒家能否相容于科技日新月异、以创新与进步为主题的现代世界？依据上文所描述的儒家主要学说，不难回答这个问题。儒家的人文主义完全与科技相容，并且能够最好地利用科技。关于儒家的要点在于，它提供了一个达成和构想评价标准的视角，提供了一个判断与人、社会和政府相关的各种价值何者优先的量度。儒家的这种视角，也是使科技的客观性与人的主观性相和谐的视角。根据这种视角，科学应该为了改善人与社会而发展。政府是评价和保证科技之人文主义目的始终得以实现的机构。不应该听任科技剥夺人性或危及人的自我实现潜能，而应该让科技人性化，以作人文主义与人道主义之用。科技是要为人类使用而创造和释放活力，而不是让人屈从于其控制和操纵。儒家的视角以人类社群的方式来确保对科学知识予以恰当定位。

此前已指出，儒家的政府模型是社会导向的，且倾向于个人的自我实现。它采取的是个人与社会的双重视角，并认识到个人与社会是相互依赖的，以便共同发展与共同完善。进一步说，它认识到，政府与统治者应该把共同发展作为主要目标。这种视角是民主的吗？或者说，它是否与我们所理解的现代世界的民主相宜？答案仍是肯定的。儒家尽管没有演化出现代民主政府的具体机制，但其乐于承认，对满足人类的人文主义与人道主义的目的来说，民主政府是最适宜的形式。甚至在儒家的《礼记》中，世界大同（the Great Unity of the World/*shih-chieh-ta-t'ung*）的理想被宣称为人类的终极目标。这之所以可能，正是基于对天下的政府属于所有人［天下为公（*t'ien-hsia-wei-kung*）］的认知。[44]

鉴于儒家关于人性的普遍主义学说以及儒家人文主义与人道主义的一般原则，关于在儒家的人类价值框架下把民主制度与民主机制引导和植入实践这点，我们看不出有何理论困难。类似地，关于把科技引导和融入儒家价值体系及评价标准，我们也看不出有何理论困难。

最后，人们可能会问：法制是否相容和适宜于儒家的伦理、人文主义信仰和自然法

334

背景？要回答这个问题，我们必须牢记实证意义上的"法"与一般意义上的"法"之间的区别，前者是奖惩条例，后者是社会行为规范与政府规范的制度化。我们看到，儒家从未质疑一般意义上的"法"的重要性。没有"法"的规则或组织构造，政府就不会变得有组织，也不能运作。类似地，如果没有规范性的制裁与禁令，社会就不会变得有序。但儒家会坚持认为，要把组织引入政府，要把规范引入社会，就必须理解这样的组织与规范要服务于一般的人文主义与人道主义目标。它应该维护人们并以之作为自我实现的个人，维护社会并以之作为维护和实现人性的网络。也就是说，基本的人类价值必须指导规范和制度或组织的立法。理想地说，这些构造社会与公共行为的规则，是通过学习和教育，并由社会中的个人自我规定和内在化的。在此意义上，它们可被称作"礼"。但就较重要的基本人类价值而言，对儒家来说，支持从民主与社会的视角来立法是毫无困难的。如果民主法制相关于儒家的目的，那么法律就可以被看作形式化的"礼"与传统意义上最一般化的"礼"。重要问题在于，法制能否履行政府的人文主义与人道主义目的，以及就法制是出于人文主义与人道主义目的来使社会有序的手段而言，它是否真的是人文主义与人道主义的。要回答这些问题，就必须不断地监督对**法律**与**政府**的人文主义与人道主义批判。

为加强儒家的这种积极态势，有必要指出如下几点：（1）儒家并非没有类似于法律的传统。它承认刑罚条例的必要性；它反对无根据地扩大对人类行为的管制，反对剥夺人的自由与道德自主。儒家与法家对立，原因即在于此。儒家追求恰当地使用法律，并置之于人文主义的框架内。这在汉代以来中国长期的法律史中得到了说明，其中法律的儒家化是一个法律人性化的过程。[45]（2）儒家的政府哲学仅处理了终极价值与一般原则。它无意于为政府与社会组织提供技术体系或严格的立法，它给予统治者个人根据不同情境采取灵活手段的自由。儒家尽管认可具体情境下手段灵活的妥当性（"权"），但坚持绝对遵循人性与正义的一般原则。这意味着，根据儒家的观点，实证法是可实施的，但必须基于对人性之自然法的考量。关于司法中实证法与自然法的差异和整合，近来的讨论与儒家的观点尤为相关。[46]甚至可以提出，儒家的观点能够为如此整合提供根据，正如它能够为法制与人类价值的道德性之间的相互作用提供根据。（3）儒家坚持认为，善人与善法都重要。而前者的重要性甚于后者，因为若无前者，后者就可能被抛弃和滥用；而有了前者，后者就会得到推行和善用。这种观点极具启发性，因为它提醒我们，实证法是由人创建的，其目的是服务于人；而人始终能够创建法。这并不蕴涵着人根本不需要法。实际上，这说明善人会创建善法。善的事物无疑能够为社会所推行和实施。不仅科技要人性化，而且法律与立法也必须人性化。儒家的人文主义与人道主义为这样的人性化提供了一个背景和框架，由此人类的价值与法制不仅会保持相容的状态，而且会得到整合，从而实现个人与社会的理想统一。

【注释】

[1] 关于反对儒家的运动，参见《中国哲学研究》（*Chinese Studies in Philosophy*），第 4 卷第 1~2 *337*

期（1972—1973），第 5 卷第 3 期（1974），第 9 卷第 3~4 期（1978）。

[2] 关于这一观点的阐述，参见郭沫若：《中国古代社会研究》，北京，人民出版社，1964；吕振羽：《殷周时代的中国社会》，北京，生活·读书·新知三联书店，1962。

[3] 所有的哲学流派，在一种意义上都是历史性的，而在另一种意义上都是反历史性的；在反历史性的意义上，它们可以被规定为关于人类社会与个体自觉的范型和模型。研究儒法之争，可以被视为研究彼此对立的社会模型。

[4] 参见顾立雅：《申不害》（*Shen Pu Hai*），144 页及其后，芝加哥，1974。关于墨家逻辑中的"法"概念，参见我的论文《中国语法与逻辑中的意义与指称》[On Implication (*tse*) and Inference (*Ku*) in Chinese Grammar and Chinese Logic]，载《中国哲学季刊》（*Journal of Chinese Philosophy*），2（1975）：225~244 页。

[5]《易经》，卫礼贤（Richard Wilhelm）译，318 页，普林斯顿，普林斯顿大学出版社，1950。

[6] 参见许慎：《说文解字》，202 页，北京，中华书局，1963。

[7] 我们将从诠释学的观点来回答这些问题，其依据是对法家基本文本（比如《韩非子》和《商君书》）的综合诠释。然而，在总体说明法家的情况下，对包括慎到和申不害在内的法家思想家的种种著作做哲学文本分析与研究，将揭示许多不同的思路。

[8]《商君书·开塞》。

[9]《商君书·画策》。

[10] 同上。

[11]《商君书·农战》。

[12]《商君书·算地》。

[13]《韩非子·八经》。

[14]《韩非子·五蠹》。

[15] 参见顾立雅：《申不害》，135 页及其后。 *338*

[16] 儒家的基本文本是四书，即《论语》《孟子》《大学》《中庸》。

[17] 参见《论语》，12-22。

[18] 同上书，6-30。

[19] 同上书，7-30。

[20] 同上书，12-19。

[21] 对理解儒家与法家在根据上的区别，这个区分很重要。

[22]《论语》，1-12。

[23] 参见上书，14-17。

[24] 对孟子更详细的研究，参见我的论文《战国儒家与孟子思想》（Warring States Confucianism and the Thoughts of Mencius），载《中国哲学研究》，第 8 卷第 3 期（1977）：4~66 页。

[25] 例如，参见唐萧文（T'ang Hsiao-wen）：《荀子为何被称为法家？》（Why is Hsun Tzu Called a Legalist?），载《中国哲学研究》，第 8 卷第 1 期（1976）:21~35 页。

[26] 例如，参见《荀子·儒效》。

[27] 参见柯雄文（Antonio Cua）：《礼的维度：反思荀子伦理学的一个方面》［Dimensions of Li（propriety）：Reflections on an Aspect of Hsun Tzu's Ethics］，载《东西方哲学》（*Philosophy East and West*），第 29 卷第 4 期（1979）。

[28] 参见《荀子·礼论》。

[29] 同上。

[30]《荀子·修身》。

[31]《荀子·儒效》。

[32] 参见《荀子·王制》。

[33] 参见上书。

[34] 同上书。

[35]《荀子·修身》。

[36] 参见上书。

[37] 参见《荀子·不苟》。

[38] 参见上书。

[39] 参见《荀子·王制》。

[40] 参见《荀子·不苟》。

[41] 参见《论语》，2-3。

[42]《孟子·公孙丑上》。

[43]《荀子·解蔽》。

[44] 参见《礼记·礼运》。

[45] 参见赫伯特（Herbert Ma）：《中国理论与实践中的法律与道德》（Law and Morality in Chinese Theory and Practice），载《东西方哲学》，第 21 卷第 4 期（1971）。

[46] 参见上书。

十四　孔子、海德格尔与《易经》哲学[*]

从孔子的"天"与"性"到海德格尔的"存在"与"此在"

在经典儒家著述中，有两个重要概念包含了对人的本性及其存在根基的理解。"天"与"性"这两个概念，不仅被用作理解人性及其存在的根基，而且蕴涵着人在自身与世界打交道的过程中**涌现**和**具体化**的理解活动。因此，它们不仅是概念，而且同时是展示和揭示其自身的深刻生命经验。由此看来，《中庸》开篇那句"天命之谓性"就具有特别的意味。人性来自"天"，因为"天"限定了人的"存在"，而天性与人性都受限定（在必然与赋予的意义上）于必然性。在此，人们可能注意到三层重要含义：（1）虽然"性"受限于"天"，但"性"的生成却是"天"内在本性的自然流露，从而是"天"自然而然的实现，并由此揭示"天"的本性。（2）"天"与"性"在本体论上具有同一性，同时又具有现象学上的差异，以不同的方式丰富和展示自身。差异中有同一，同一中有差异。（3）"命"（限定/赋予）所显示的既是人类的活动又是超人类的过程，亦即存在的客体性与主体性两方面。事实上，正是通过主体性，客体性（作为被决定了的世界）才得以表现自己；而正是通过客体性，主体性（作为驾驭世界的主体）才得以揭示自身。主体与客体之间的这种相互性是一种相互渗透的体验，从而还为理解超越者与内在者亦即"外"与"内"之间的相互渗透提供了根据。^[1]

借助对"天"与"性"的上述理解，我们提供了一个背景，以理解海德格尔的"存在"（being/Sein）与"此在"（human being/Dasein）哲学以及蕴涵于其中的"存在"与"时间"理论。在《存在与时间》（Being and Time）篇末，海德格尔写道：

> 像"存在"这样的东西是在存在之领悟中展开的，这种领悟作为存在的理解方

---

* 本文翻译有些地方参考了如下中译本：成中英：《孔子、海德格尔、〈易经〉：对人的存在之真理性的比较探索》，李小兵译，见李翔海、邓克武编：《成中英文集》，第1卷，108～121页，武汉，湖北人民出版社，2006。

式，属于生存着的此在。存在以一种先行的方式展开，尽管其是非概念的，这使得此在作为存在的在世之在能够自身走向实存（entity）——走向那些它在世遭遇的存在者，也走向作为实存的自身。**这种揭示**存在的理解，对此在来说究竟**如何**可能？追溯领会着存在的此在的原始存在构造，能否回答这个问题？[2]

在这个极富启发的段落中，海德格尔通过此在对存在的领会建立了此在与存在的关系。此在领会存在，是通过此在本己的自然体验和内在的自我实现，而不是通过客观外在的理性把握。由此我们就可以理解为什么存在的展开是非概念的：领会的关键在于存在的展开，而展开的关键在于存在自身是否展开。因而，此在对存在的领会属于海德格尔所谓的**基本本体论**，而不是认识论。这种通过此在对存在的领会而达到的存在展开，可以说就是在由没有自我意识的诸此在组成的存在或实存世界中定位或定向此在。它向世界揭示此在，并能够让此在与世间诸存在发生关联；此在的这种内在结构说明，存在的内在结构是与此在相关的整体。

参照孔子"天"与"性"这两个概念及其关系，海德格尔的所有上述观点或许都能够得到更好的理解。如果我们把存在大致认作潜藏着一切德性与能力的"天"，把此在认作使人之存在得以可能的"性"，那么存在与此在的**关系**就应该是"天"与"性"的

341

关系。这种关系可清晰地见于《中庸》的陈述："天命之谓性。"这是通过"性"之存在而达到"天"之存在的本体论理解，它其实蕴涵着"性"自身的自我理解。用海德格尔的话来说：作为"性"的此在，在理解"天"使"性"条理化或成为必然的过程中揭示着作为"天"的存在。这种理解活动，是此在自我理解的方式；它通过揭示"天"及其赋予或条理化活动，为"天"之存在中的"性"的实存提供了根基。所有这些观点都具有本体论意义，因为它们在终极实在的意义上相关于存在的展开。它们还是相互蕴涵的，因为一方的存在导向另一方的存在。"天"与"性"在本体论上的相互蕴涵是明显的。[3]这种相互蕴涵的逻辑结果是，此在所揭示和体验的东西相关于存在的体验，反之亦然。也就是说，"性"说明着"天"，正如"天"说明着"性"；这一点在《中庸》和《孟子》中清晰可见。

我们拟借助上述"天"与"性"的关系作为范型来理解存在与此在的关系，借助《易经》哲学来理解存在与时间的关系；在此之前，为了厘清依据儒家著述对海德格尔的诠释中所预设的诠释方法，我们可以做出如下两点评论。第一，我们虽然把儒家的"天"与海德格尔的存在视为对等者，但并未假设它们在语义上是等同的。我们将两者对等的理由在于，就使所有陈述成为可能和有意义的基本实在与终极根据而言，它们意指的含义等同。就其意指的含义看，"天"在原初儒学语境中所揭示的"事物"同于海德格尔语境中存在一词之所指。[4]还应该注意，"天"意指的含义在中国哲学史上经历了一个辩证的发展与展开过程。如我在别处指出的，"天"的古代概念为其他哲学概念所丰富和补充，如道家的"道"、《易经》中的"太极"、新儒家中的"理"和

"气"。[5]这些概念如此辩证演化，乃至每个概念都重释和重新界定了另一个概念，由此吸收后者为其整个含义的一部分。这一含义吸收的辩证演化进程不断深化和拓展了对存在的理解，因为它在更深刻、更广泛的意义上与存在的体验建立了关联。[6]在这一进程中，基本与终极意义上的存在所意指的含义不仅保持不变，而且重新得到了肯定。因此，我们用"天"来谈论存在，也可以出于同样的精神，用"道""太极""理""气"来谈论存在。这些表达并不相互排斥，因而我们可以把它们看作揭示和展开存在的诸种可能方式。[7]

　　第二，海德格尔把人性刻画为此在[8]，刻画为这样一种实存，"正是在其存在之中，这个存在由此成为问题"[9]。这意味着人类是独特的；其独特性在于其在理解存在中揭示存在，并以此独特的方式与存在建立本体的关联。尽管人们对存在有某种理解，但这并不意味着人类在存在中**充分地**理解自身。如海德格尔所言，"此在始终以其生存——以其自身的某种可能性：成为自身与否——来理解自身"[10]。只有独特的个体才能决定其生存，而无论其决定是什么，这种生存都显示了构成其生存的存在状态。[11]面对死亡——存在的终结、忧患和烦恼、存在本质上是将来的（future），这些是此在的某些决定性的重要特征。

　　在儒家哲学中，从个人方面来说人的生存性被看作一个自我肯定和自我养成的问题：人必须承认自身的独特存在，这是由肯定他能够达到的和致力于达到的价值来表达的。因此，孟子说："人区别于鸟兽之处是如此之少，普通人去掉了那点差异，君子则予以保存。"[12]①他还说："一个人不能没有羞耻感。如果一个人由于没有羞耻感而羞耻，那么他就是真正的没有羞耻。"[13]②进而他还说："一切事物都完整地在我之中。如果我反思这个自我并真正成为自我，那么就没有比这更愉悦的事情了。"[14]③从这些引文来看，显然，一个人在其生存上不同于其他事物。虽然儒家没有明确谈到生存性，但如果我们把生存性看作一个自我理解的问题，一个在与"道"和"天"等终极实在以及其他事物的关联中理解自我的问题，那么儒家无疑极为关注突出个人的生存性。对一个独特存在着的人来说，其生存性的基础就是他有能力发现和理解自己不同于其他事物，有能力在其思想和行动中坚信并执着于这种差异。

海德格尔与孔子的差异："性"与"命"的生存性

　　我们在本节会指出海德格尔与孔子关于人之生存性的基本理路的差异。海德格尔想要通过面对死亡、虚无和存在的有限性时所产生的烦恼，来强调人的生存的生存性紧

---

　　① "人之所以异于禽兽者几希，庶民去之，君子存之。"（《孟子·离娄下》）
　　② "人不可以无耻。无耻之耻，无耻矣。"（《孟子·尽心上》）
　　③ "万物皆备于我矣。反身而诚，乐莫大焉。"（同上）

343 张；儒家则想唤起对人类自我修养（不仅仅是自我理解）至圣贤的潜能的关注。这源自孔子的这一观点：人能够欲求"仁"之类的德性，而且无论何时何地只要愿意都可以做到。孟子对人性之善甚至提出了更强的主张，一旦被予以这种善修养并付诸行动，人就会被引向德性完满的状态（"仁""义""礼""智""信"）。对孔子和孟子来说，德性的完满都是存在的一种完美生存状态，或者说是一种存在的完善已被揭示的存在状态。德性就是坚持某种存在状态并达到存在之完满状态的手段。为了表达人的这种根本性质和能力，"性"这一表达就被牢固地确立起来。"性"因而就成为人类生存的本质，它使人具有自我修养和自我转化的生存性与可能性。因此，我们把"性"认作把握了与此在在辨识存在方面同样的意涵，尽管塑造此在的外延是不同的。通过四书、《礼记》和《荀子》，"性"这一术语在古典儒家那里得以根深蒂固地确立和发展起来。

尽管我们评述了海德格尔与儒家之间的理路差异，但从整体上考虑它们的意义指涉，仍没有理由将两者一别为二。此在的存在不仅被揭示于此在的生存性紧张，而且在某人完善自身的努力及其对存在根基的反思中被体验为存在之存在。如我们将会看到的，甚至此在所体验的未来的短暂性（temporality）（其给予忧患本体意涵）都不仅是对此在的存在的揭示，而且还界定着背后理解着的存在之存在，并在此意义上使时间得以产生。在其后期著作中，海德格尔的关注点似乎从内在于自我的时间转向存在与时间之间关系的表现；存在与时间相互汲取、相互占用（appropriate），并共同汲取和占据此在，由此在本体上重构此在。这正是存在中的此在的肯定性根据。海德格尔写道：

> （但是，）人的独特性在于这一点：他——作为思考着的存在——对存在开放，并因此对存在做出回应。人本质上是这种回应着存在的关系，且仅止于此。这里的"仅"并不意味着限制，而是一种过度（excess）。在人之中，存在的属性（belonging）占主导，这是一种因占用着存在而聆听着存在的属性。[15]

人（此在）与存在相互占用、互为归属，这与儒家哲学所肯定和实现的东西相一致。在儒家哲学中，人类生存（人生）不仅是一个本性（"性"）的问题，而且还是对"命"（决定性）的思索。如果把"性"认作对人生积极方面的界定，那么就可以把"命"认作对人生消极方面的界定。"命"是自然而然的，又是事物被决定的或受限的发展；这种发展不是意愿的，也不能为个人所控制或改变，单靠个人并不能对其做什么。与之形成对照的是，"性"是人们能够对此有所作为者，人们可以根据自己的意愿和努力予以发挥及修养。因此，对于"性"，孟子有这样的说法："一个人如果能够完成其心，那么就能够知道其性。一旦知道其性，就可以知道天。保存其心，养育其性，这就是侍奉天的方法。"[16]① "性"是自然而然的，内在于人生；人们能够通过完成其

---

① "尽其心者，知其性也。知其性，则知天矣。存其心，养其性，所以事天也。"（《孟子·尽心上》）

344

"心"来知道并发展"性",这被看作一个自我把握和自我约束的问题。孟子还认为**性是善的**:知道和发展"性",就是要发展和完成自身之中的善,由此让自身向"天"展开。若把"天"认作前文所讲的存在,则"性"显然就是此在达到存在的自然路径。达到存在的生命是真实的,这意味着由存在修养的生命——它界定着好生活是什么——是真实生命的本性。成善指向成为实在的孟子范型;它要成为可能,只能借助人生中"性"的呈现。另外,"命"由此并不必然是坏的,因为它对人生来说也是自然而然且固有的。它是人生的一部分,超出了自我实现("尽")与明确知识("知")的范围。它可见于人们生活中所遭遇的限制与界限。

"命"对人生来说是内在地自然的,因而是不可避免和必然的。因此,孟子说:"人不可能企及和达到的东西,就是'命'。"[17]①而"命"享有与"天"同样的不可控性,他说:"人不可能实现,而实现的就是'天'。"[18]②"命"与"天"的差别在于,"命"限制个人,而"天"生成和抚育个人。从基本本体论的视角看,"命"是"天","天"也是"命":它们互为归属。因此,我们可以谈论"天命"。甚至在其生成和命令事物的过程中,"天"也通过"命"展示其力量。因此,《中庸》说"天命之谓性"。这也意味着,天之所命是就价值而言的,其规定即是性。但"命"也属于"天",因而就存在的限定与接受性而言,自然而来者与所命令者都是"命"。这意味着,"性"中有"命","命"中有"性";采取何种说法,取决于人们如何看待和评价个体及其看待和评价的结果——孟子对此已有所见。[19]一方面是"天"与"命"的关系,另一方面是"命"与"性"的关系,因而这种关系可表达如下:"天"所产生的,既有"命"也有"性",两者都界定着个体存在。在个体存在中,"命"与"性"相互渗透,代表和实现着人之为人的不同功能:"性"能够在达到与"天"同一的意义上完成个体;就其而言,"命"能够在与其他个体存在相互作用的意义上完成个体。前者代表个体存在的垂直维度(或运动),而后者代表水平维度。前者超越时间,而后者受限于时间。

345

$$\text{"天"}\begin{cases}\text{"性"}\\\text{"命"}\end{cases}\text{"仁"(此在)}\begin{cases}\text{"性":存在(同一)}\\\text{"命":时间(限定)}\end{cases}$$

人生中"命"的维度也可见于孔子的《论语》:"死生有命。"[20]当提及其弟子颜回的早逝时,他悲叹这就是命,并表达了一种尽管遗憾然而认识到事情不可避免的感受。[21]"命"是人之存在的一个方面,因而人就应该承认其存在,并准备接受其影响。因此,孔子说:"一个人如果不知命,就不能成为君子。"[22]③因为这种"命"最初来自

---

① "莫之致而至者,命也。"(《孟子·万章上》)
② "莫之为而为者,天也。"(同上)
③ "不知命,无以为君子也。"(《论语·尧曰》)

"天"，他强调，50 岁时成熟在于认识天命。[23]一旦"命"被认识和认可，那么如何面向"命"来定向或定位自己呢？孔子对此的劝告是献身于"命"和"仁"。[24]献身于"命"，当然不是纯粹地听"命"，而是无论何时遇到人所不能控制的事件，都不灰心，也不中断自己完成德性的历程。对人来说，"命"不是德性的障碍，有时甚至是完成其"性"的契机，因为"命"是生命之"命"，因而生命就其被视为给予者而言就是"命"。从"命"的角度看，生命就是"命"。从"性"的角度看，生命又是"性"。因此，孔子把"在危急关头献出生命"① 看作成为一个完满的人〔成人（*Ch'eng-jên*）〕的三个条件之一。[25]孔子讲"见危授命"[26]，孟子则讲"立命"。"立命"的意思是，承受那些不能控制的事件而无失落感。因此，他说："寿命的长短，不会使人对修养其性的职责有所怀疑。人应该修养自己，以等待未来的任何事。此即人由之立命的方式。"[27]②要"立命"，人就必须尽量避免不可取之事而完成可取之事。成功做到这一点的人，可称他"正命"或"顺受其正"。因此，孟子说："莫非命也，顺受其正。是故知命者，不立于岩墙之下。尽其道而死者，正命也。桎梏死者，非正命也。"[28]由此可见，"命"本身是如何与生活的积极态度相关联的，而这种生活态度正是一个人本性的展示。

对此在的儒家解释

借助儒家对人类个体的"性"和"命"的观察，现在就可以看出，此在如何由此得以分析。讲到此在属于或揭示存在，此时的此在就是一种"性"的存在，从而可等同于"性"——这也是我们已采取的做法。但海德格尔把此在看作忧患（care）并在烦恼（anxiety）状态中清晰地揭示出来，此时他所指出的是个人在面对其存在限制时体验到的某种心灵状态[29]，亦即他的"命"。在此意义上，以忧患、烦恼以及死亡的某种可能性而对此在所做的生存性分析，就相应于儒家对"命"的分析。海德格尔的观点与儒家关于"命"的观点的区别在于，前者既有对"命"的主观内在的生存性说明，也有对"命"的客观外在的描述：忧患和烦恼作为人之体验，呈现出"命"的主观内在的生存性方面；而死亡的某种可能性〔不能存在的可能性（the possibility of the impossibility of existence）〕显然揭示的是儒家所认可的"命"的客观外在的方面。然而，儒家并没有忽视人包括内省在内的、主观内在的生存性体验。在孟子那里，谨防**失足**（lapse）——由于"心"的丧失（"放心"）而从正心堕入偏心——理当相应于海德格尔的**沉沦**（falling/verfallen）观念。[30]沉沦使得个体存在变得不真实。

海德格尔认为此在是"这样一种实体：在其存在中，存在是一个问题"。这就意味

---

① "见危授命。"（《论语·宪问》）

② "夭寿不贰，修身以俟之，所以立命也。"（《孟子·尽心上》）

着此在趋向于实现自身的潜在本性，并能在其生活和思维中超越其存在的现存状态。海德格尔特别关注这种"超越自身"的性质，并把它叫作"在己之前性"；这种性质，若进一步分析，其含义是"已经在世界中的在己之前性"。这一点之所以重要，是因为此在已处于双重境遇：它已经在世界中，然而它自身又趋向于超越这种已经在世界中的状态。由此通过海德格尔对忧患、沉沦和被抛入的分析，可以让"命"呈现出更丰富的结构。海德格尔说："那种被展开的存在，是由心理、理解和展开的状态来构造的"[31]，由此，我们可以用儒家的"命"来诠释此在的存在。因而严格地说，此在应该是"命"与"性"相结合的存在，而不单是"性"。

上文以儒家哲学的方式诠释了此在与存在的关系，据此，我们就能够得出一个非常 *347*
重要的结论。人的存在在最大程度上体现着终极实在的存在。一旦有人做到这一点——当然是在本体论意义上其能力之内做到的，并且只要一个人能够持续这种努力，保持这种视野，那么他就是一个本真的人，过着本真的生活：其所体验的一切揭示和展开着终极实在的存在。必须在本体论意义上看到，一个人保持了本真性，就实现着存在。这个人在其主观性中所深切体验到的东西，已展现出客观的意义。这种主观性是实现客观性的资具，这么说的意思是：人们自然而然真正体验到的东西无论是什么，都相关于并展示着存在、意义与价值的普遍必然的一面；这些意义与价值是由存在赋予的，正如人们所拥有的无论是何种实在，也都是由存在赋予的。

在海德格尔那里，本真的此在是此在的存在之本体生存状态，它维系着自我认同、目前的打算（ends-in-view）、独特性、主体性和发展潜能（在世之在的潜能），而不落入事物和客体的平庸秩序——这种秩序是工具性或类似工具性的 [**上手之物**（things ready-to-hand/*das Zuhandene*）] ——或者是屈从于科技支配和操纵的事物或客体 [**现成之物**（things present-at-hand/*das Vorhandene*）]。换句话说，本真性应该导向存在不断更新的实现与展开，而不是其潜藏与遮蔽。在此意义上，本真性极为类似于《中庸》中的"诚"：

> 诚的实质（"诚者"）是天道；实现和体现天道的（"诚之者"）是人道。诚的实质就是，无须勉强和思考就达到并维持存在的均衡。一个无须勉强和思考就能够符合道的人，就是圣人。道的实现在于，选择善者，坚持遵循善者。①

显然，诚者是充分实现状态中的存在，是此在有待实现的理想。此在拥有这种实现的潜能，因而是诚之者；也就是说，人能够使其存在实在化，并且若选择这么做，则保持了其存在的实在化。这么做就是行善。善就是实现存在（"天道"），而不偏移。人还必须训练其意志，坚持存在的实现。这意味着，人必须面对紧张与诱惑。这种面对紧张与诱 *348*
惑的状态，对之的最好描述是**烦恼**状态。有趣的是注意到，在海德格尔看来，此在的存

---

① "诚者，天之道也；诚之者，人之道也。诚者不勉而中，不思而得，从容中道，圣人也。诚之者，择善而固执之者也。"（《中庸》第二十章）

在防止自身沉沦和客体化于上手之物和（或）现成之物，这一主张建立在忧患上：在此意义上，忧患是此在的存在的本质。海德格尔说："其中的全部秘藏可以被正式归结并说明为：烦恼作为一种心灵状态，是在世之在的方式。"[32]

一个人一旦努力使自身实在化（"诚"），就能够最大限度地实现"天道"，这一点为《中庸》所明确。《中庸》中说：

> 只有真实的人才能实现其本性，才能实现他人的本性；一旦实现他人的本性，就能够实现事物的本性；一旦实现事物的本性，就能够支持天地转化和生长万物的功能与进程；一旦能够支持天地转化和生长万物的功能与进程，就能够参与天地的造化，而与天地共在。①

如果把这种观点译成海德格尔的语言，就可以看出，此在能够展开和实现一切人与物的存在，最终完成和展开存在自身。由此可以看出，从对存在与实在的理解到对此在的存在的理解（反之亦然）这一辩证联结的重要性。

在《存在与时间》的最后一段，海德格尔说，在对处于此在中的存在的理解中，存在得以揭示；然后提出了如下问题："**这种揭示存在的理解，对此在来说究竟如何可能？追溯领会着存在的此在的原始存在构造**，能否回答这个问题？"[33]这一点显然可见于先前按照儒家诠释的对海德格尔的此在概念的解释：一个人揭示存在的此在是这个人的根基和根源；其途径是逐渐理解自身，同时正是通过揭示这种本体实在来理解其本体实在。

揭示人的本体实在，就是实现人自身的真实存在。海德格尔正确地提出，我们要追溯此在的存在的原始构造以求得这样的本体论理解。与"天"相关的人性学说以及与"性"相关的"诚"的学说，足够清楚地说明了这一点。而在更深入洞察此在之中理解和揭示存在这一方面，我们还可以更进一步。海德格尔用忧患和短暂性对此在做出了生存性的本体论分析，由此提出了如此的深刻洞见；而儒家的《易经》哲学则以"生"（creativity/*sheng*）和"化"（transformation/*hua*）对存在的本性提出了深刻洞见，"生"和"化"构成了"易"（change/*i*）的基本含义。

上文的讨论已确立这样的原理：在一个人本性中揭示和实现的东西，也揭示和实现着存在的本性。进而可得出如下原理：自我的主观性辩证地完成着世界的客观性，其途径是以人类之"诚"的实现来达成两者的原初统一。因此，自然而然的逻辑结论就是：以忧患和短暂性的方式对此在的分析，揭示出采取"生"和"化"之方式的原初存在模式。把海德格尔的此在哲学与儒家关于人的哲学予以整合，使这一结论得以可能。或者反过来说：这一结论使两者的整合得以可能。这表明了我在别处所讲的**理解的本体诠释循环**[34]。

如前文所指出的，海德格尔把此在描述为这样一种"实存"，"正是在其存在之中，

①　"惟天下至诚，为能尽其性；能尽其性，则能尽人之性；能尽人之性，则能尽物之性；能尽物之性，则可以赞天地之化育；可以赞天地之化育，则可以与天地参矣。"（《中庸》第二十三章）

这个存在由此成为问题"[35]。他这么说的意思是，此在把自己理解（或在理解中实现其自身的存在）为，指向自身最大存在潜能的、自我策划着的存在。[36]这表示，此在**朝向着**其潜在本性的实现，并超出其存在的目前生存状态，以此方式生活和思考。[37]海德格尔聚焦于这种"自我超越性"（beyond-itself-ness），称之为此在的"领先于自身的存在"（Being-ahead-of-itself），若细做分析，其含义是"领先于自身已在世的存在"（ahead-of-itself-in-already-being-in-a-world）。[38]这是颇有寓意的，因为此在可见于一种双重性的情境：它已经在这个世界上，而其自身又倾向于超出这种在世之在的状态。[39]

在世之在作为被抛入生存（在"那儿"）的一种状态，一方面已暗示出此在的沉沦，而另一方面又暗示和世上的事与物打交道的必然性：此在关注与在世的上手之物〔海德格尔称之为**共在**（being-alongside）〕打交道，其原因即在于此。沉沦还意味着陷入非本真的生活或上手之物与现成之物。忧患暗示着关心、烦恼和孤独；但在大体上说，忧患是此在由于沉沦的真实性以及失去存在的本真性而进一步沉沦的可能性，而持有的对在世之己的态度。因此，忧患是一种本体性表达，既表达此在想要实现自身，也表达其想要避免由沉沦而来的自我丧失。在此意义上，忧患的本体性结构的确是"领先于自身已在世的存在"。

相比之下，儒家思想也展示了存在的这一方面，见之于对个人的思考和生活。孔子说："君子忧道不忧贫。"[40]我之所以把"忧"（*yu*）一词译作忧患（care）而不是烦恼（anxiety），是因为想强调"忧"的生存性的本体意涵。忧患道的实现，正是忧患在这个由物和效用组成的世界中存在潜能的实现。它是一种在实现人的基本存在时对人的本性和努力的忧患。当然，儒家哲学并不把个人存在看作沉沦或被抛入。如本文开篇所指出的，人性是天赋的，因而是存在的完善而不是脱离存在的沉沦。此外，通过发展和实现存在，个人能够进一步完善自身。这就是潜在于海德格尔哲学中的创造性层面，但在儒家哲学和《易经》中这个层面却是明显的。① 孔子说："人能弘道，非道弘人。"[41]

孔子"仁"的学说揭示了"性"的纯洁性和本真性及其对存在潜能的指向，通过这一学说，孔子进而得以缓解和消除人之存在中的忧患。因此，孔子说："仁者不忧。"[42]事实上，所有的德性都以不同的方式维持着存在的本真性，将自身升华而免于世间事物的诱惑。君子由此既不是"上手之物"，也不是"现成之物"。[43]在忧患意义上的"忧"，是人类的存在中极富创造力的力量。它是此在中创造力的展开，其表现是它能够驱动人们**向前向上**，以实现"天"或"道"的存在。

忧患与短暂性

儒家的《易经·系辞》说："易之思想的兴起，是否产生于中古时代？易之思想的

---

① "creativity"在海德格尔哲学语境中翻译为"创造性"，在《易经》哲学语境中翻译为"创生性"。

作者，是否有忧患呢?"[44]①这里的"忧患"一词表示，对人类与社会政治秩序的瓦解，《易[45]经》作者所体验到的深度忧虑。**中古时代**（middle ancient time）是指夏商朝的后期，其时充斥着人类的紊乱、暴虐以及残忍（按照朱熹的观点，这实际上代表着一种堕落状态）。因此，《易经》作者体验到的忧患，就是围绕着此在对人类个体与群体来说的存在意义及目的。它承载着某种本体生存性的意义。这样来解释忧患，忧患的创生性作用也就清楚了。由于这种忧患，《易经》作者就能够反思存在与人生的深刻意义，建构《易经》的体系——在这种诠释之下，《易经》的体系就是存在之道的自然展开和启示。忧患的确存在，还让我们洞察到《易经》的展开是本体生存性的。在一般的观念中，《易经》只是一本占卜书，这是对《易经》真正性质——它是海德格尔意义上对存在的揭示——的误解。事实上，《易经》的形成乃基于忧患，这是通过孔子及其公元前6世纪—公元前5世纪的儒家学派才得以揭示和说明的。儒家之所以能做到这一点，正是因为其同样深深地体验到了这样的忧患。不过，强调《易经》体系的本体生存性并不是否定和贬低其实践性，而只是指出《易经》中对存在的本体论揭示不应为其实践性所掩盖。要把握《易经》之本体存在的**真理**（aletheia），我们就必须把《易经》看作源自并基于此在的在世之在的忧患体验；它所揭示的不仅是就忧患而言的人类自身，而且更为深刻的是就短暂性和时间而言的忧患之本质。这又把我们引向海德格尔对此在的生存性分析。

值得注意的是，在海德格尔看来，时间出自短暂性，而短暂性则出自此在的本真生存。这意味着，此在的本真生存具有丰富的结构，从而使关于时间的体验得以可能。而此在的这种时间体验，其根据就是此在本身。忧患以及海德格尔所称的自我连续性与整体性，也是基于同样的根据。在一定意义上，理解此在，就是要理解此在的这种根据。如随后要指出的，此在的这种根据是基本本体论意义上的存在。因此，理解时间与短暂性，就是要在其基本结构中理解此在，由此揭示进而理解存在本身。然而，短暂性来自此在，这一论点仍然重要，因为它强调了这样的事实，即时间在其最深切的意义上就是人本身的短暂性：时间不是独立于事件和事物而存在的抽象实体。[46]一切事物中最微妙精致的存在是关于人类生存的，从而人类的生存揭示着最生动、最微妙的时间因素。海德格尔对**短暂性**这一术语的使用似乎暗示了这一点：没有无短暂性的时间，也没有无此在的短暂性。时间因而就是揭示于此在结构中的短暂性。

在《存在与时间》中，海德格尔把**时间**看作此在沉沦的、从而是非本真的结果，因而其相关于日常的事与物。而我将在基本本体论意义上使用时间这个词，它代表揭示于此在结构的此在的短暂性根据。在其晚期著作《论时间与存在》（*On Time and Being*）中，这种本体意义上的时间对海德格尔来说才得以明确。[47]

_____

① "《易》之兴也，其于中古乎? 作《易》者，其有忧患乎?"（《易传·系辞下》）

我在下文想要说明，海德格尔把短暂性分析为忧患的本体意义，这显示了《易经》哲学的一个重要主题：理解变化和短暂性，是本真的理想人类（被称作圣人）最深切的关怀。《易经》聚焦于"易"，以之作为普遍且整体意义上（变化）的基本本体的实在；海德格尔则在自我和主观性的形式下提出了对这种真实的洞见。《易经》并未直接说明短暂性中的主观忧患，然而它在对实践中"吉"（well-being）"凶"（ill-being）的关注中也呈现出忧患的要素。同样，《存在与时间》并未直接说明时间的基本性存在。然而，如该书最后一段所述，作为存在视界（the horizon of Being）的时间的基本本体论已经被觉察到；这一点在其晚期著作《论时间与存在》中得到了讨论。在此意义上，关于作为变化的时间的《易经》哲学，极大程度上预示了后来海德格尔对时间与存在及其关系的理解，从而为当代西方进一步发展海德格尔关于存在与时间的哲学提供了论题。当然，这并不是说，作为此在体验方式的忧患，海德格尔对短暂性的这种分析没有益处。它很能说明《易经》哲学中人们占卜的实效理由及本体意义。

此在的主观结构在于此在的忧患，忧患来自面对陷入非本真的可能性时对其本真性的维持：前者是低层次的存在，后者揭示存在。此在具有"成为整体的潜能"，然而如果不能发展其潜能，此在就可能丧失当下达到的本真状态。但是，沉沦、维持和发展，这些可能性已深刻地预设了时间意识，并且还可能无意中为此在的内部结构所体验，这种内部结构使此在的潜能有可能沉沦、维持和发展。

未来的统一和时间的统一

海德格尔把时间的内在体验称作"预期性决断"（anticipatory resoluteness/*vorlaufende Entschlossenheit*）。[48]不过，海德格尔把"预期性决断"解释为"趋向于其自身最独特的存在潜能之存在"[49]。海德格尔说："这类事情之所以可能，在于此在**的确能够**在其自身最大可能中来到自身，并且它能够承受这种可能性，即由此允许自身来到自身的可能性——换言之，它存在。"[50]

如果把来到（coming）诠释为含有某种运动的本体意涵，把此在的潜能诠释为含有生成中的存在（being-in-becoming）的本体意涵，那么海德格尔之所言就是指，此在有能力借助并相应于潜在形式的存在而转化自身。在进一步把未来界定为来到的原初现象时[51]，他揭示出未来如何本质上仍然是一种有着一个中心和一个方向的运动。未来是向着此在中心的运动。如果把此在的中心理解为存在，那么未来只不过是存在向着存在的运动：它是存在的自我转化。而这种由存在到存在的存在运动并非无意义的。它不断实现存在的潜能，由此展开存在的视界。在《易经》哲学看来，变化始终是创造与转化的。变化的创造性与转化性似乎在海德格尔未来的意义上实现着存在的潜能。这一点随后讨论。

海德格尔似乎认识到，尽管未来者依赖此在的预期意识，但预期由于此在作为存在来到自身而成为可能。因而根本上说，未来者仍然是把自身揭示为借助存在的此在运动。他说："预期本身使此在真正是未来的，而且是以这样一种方式：预期本身之所以可能，仅在于作为存在的此在始终来到自身——也就是说，只要在其一般存在中它是未来的。"[52]

把未来者理解为一种来到，其另一重要含义在于，有此在的"已在"（the having-been）。此在必然是已在的，由此它才能来到自身。因而在向着自身的运动中就预设了此在的已在性（the having-been-ness）。这也就意味着来到自身是一种回复自身，是一种返回。因此，海德格尔说："只有此在是某种'我是作为已在'，此在才能未来地来到自身，由此返回。作为是真正地未来的，此在是真正地作为'已在'。"[53]他强调，"此在只有是未来的，才能真正地作为已在。在一定意义上，'已在'的特性来自未来"[54]。在此意义上，未来是过去的一个条件，但这么说的意思仅仅是指，未来的预期是此在生存的原初模式。从普遍存在中此在的存在之潜能这一视角看，已在的存在必然是未来者的一个根据，由此存在目前具有返回的打算。在此意义上，过去的已在也是未来者的一个条件。鉴于此在背后的存在之自我运动的整体结构，过去和未来作为两种生存方式，就是彼此互为条件的，因而可以说是同时间产生的；这里的时间被解作存在的原初的自我揭示。海德格尔后来把时间讲作"存在的视界"，此时他似乎就有意于对时间做这种理解。

此在返回自身而作为存在的潜能，对这一点的最佳理解理当参照老子的言论："万物同时涌现，我由此观察它们的回复"[55]①，"返回是道的运动"[56]②。这强调的是如下宇宙本体论的事实：属于"道"并在"道"之中的一切运动，都是往返循环。如果把此在看作存在的某种本质揭示，那么人类意识的内部结构自然而然就体现了存在的一个维度——这么说的意思是，对未来的预期与对已在的感受共存，两者在对此在的感受中同时发生，这种此在可等同于整体的存在，亦可说是"道"。道家的理解模式为海德格尔对短暂性的分析提供了有益的诠释。

在完整的意义上，短暂性不仅意味着过去和未来的同时涌现，而且意味着现在的共现（co-presence）。海德格尔解释了这种可能性及其实际发生，其途径是指出，此在在其存在和行动中不得不遭遇上手之物。[57]这又可追溯到此在的这一性质，即此在是在世之在，并与它物共在从而组成世界。在此意义上，现在也以未来为条件，因为正是未来的返回使此在的运动必须实现现在。现在是未来的运动，它关涉这样一个世界——此在于其中实现自身。反过来，我们又可以提出，本体上说，现在使未来的运动成为可能。因此，我们就意识到三种时间和短暂性状态或模式——过去、现在、未来——的统一和相

---

① "万物并作，吾以观复。"（《道德经》第十六章）
② "反者道之动。"（《道德经》第四十章）

互依赖性［被称作**出态**（ecstases）］。[58]三种时间模式的这种统一和相互依赖性，本质上就是海德格尔所讲的**短暂性**。

既然海德格尔是从考虑此在的忧患体验来导出未来的，那么他指出时间的统一是未来的统一就是有道理的，因为忧患的核心体验就是对未来最深切的关注——预期何者来到自身。这种考虑使海德格尔能够把未来的统一描述为"使现在处于已在的进程中"[59]，并宣称"短暂性将自身揭示为本真忧患的意义"[60]。如果以自身的原初展开来界定此在，那么作为"未来的统一"的短暂性就可以进一步以此在的存在的生存性分析模式来界定此在。依据这种生存性分析的界定，人类的生存显然就被视为具有作为其本质的短暂性，且必然以忧患的模式被理解为未来的原初统一，并以之展开和实现自身。本体上说，这意味着人生是通过存在的自我运动而在时间的统一中展开和实现自身的。在第一种意义上，我们看到海德格尔正确地指出，作为忧患的、此在的存在整体性意味着：领先于自身作为共在（遭遇世间的实体）的已经在世。[61]而在第二种意义上，我们看到人类的生存确实是这样一种事件——它是带有时间或短暂性的存在运动，其中的短暂性被揭示为该运动的特征。我们可以把存在运动的这个事件称作生成或转化的过程；而这正是《易经》哲学的明确主题。

短暂性是忧患的本体意义，在海德格尔对此的分析中，重要的是要认识到在与未来的统一或短暂性的现象中时间的原初意识，它深深地根植于人生的实现。人生是作为时间存在的生存，而这种时间的存在表明了在普遍意义上存在确实是什么。时间是存在的本质，由此使存在进而此在的存在得以可能。把短暂性看作在深层上属于人的，也是把人生看作在深层上是有时限的。这是要把这两者都看作普遍存在的本质特性。因此，未来的统一不仅是主观上属于人的，而且是本体上普遍的。它原初地被揭示于人生，而人们可以看到人生是它得以揭示的原初途径。通过对这种未来的统一的分析，可以看出原初本体意义上的时间是运动的统一，是相互依赖与相互渗透的统一。它是存在的原初的本真生存模式。把时间分离为过去、现在和未来，就会陷入较低于本真存在的层次，从而遮蔽了存在的本真的原初实在。这意味着，我们不能在事与物的时间中觉察时间的意义，而应该始终致力于人生的忧患模式从而把握时间。在此意义上，我们还可以把人生（生存性）的原初意义看作在于未来——它意指未来的统一。

原初时间或短暂性的可能性：从海德格尔到《易经》

在本体论意义上，我们必定会追问，原初时间是如何产生的，或者换个说法，此在中的存在的自我运动是如何发生的。这是一个关于短暂性或时间的终极问题。我们看到，为回答这一问题，海德格尔的《存在与时间》不得不做出一次飞跃，以一种新模式来对时间和存在做出新理解。在《存在与时间》中，海德格尔提出"短暂性到时"

(temporalize) 作为答案。他说："短暂性到时，且实际上是它把自身的可能路径到时。这些使存在的此在之多样性成为可能，尤其使本真或非本真生存的根本可能性得以成立。"[62]但如果我们没有把短暂性看作存在的短暂性，这一陈述就几乎是不清楚的。因此，讲"短暂性到时"，就是讲存在到时。未来的统一是此在的内在特性，时间的统一则是存在的内在特性。于是，我们终于认识到，时间（在短暂性的原初意义上）本质上既界定存在，也界定此在。时间既是此在（以忧患的形式）的也是存在（以存在的自我运动的形式）的展开和实现方式。由这种理解可导出一个重要结论：即使人类在时间进程中将其作为人类的本身存在认作有限的，也没有必要让其存在受限于这种时间限制，因为本体意义上的未来的统一是时间的统一，从而对这种时间统一来说不存在设置限制的可能。

海德格尔强调，要把此在的忧患看作面向死亡的存在，也就是面向此在不能生存之可能性的本真存在。他正确地指出，在此在预期的自我运动中，此在的未来把自身揭示为有限的。但反过来，这仅仅将此在看作处于此世之存在背景中的、处于忧患模式中的此在，因此它源于由未来的有限导出的存在的有限。[63]海德格尔断言，原初的来到自身就是生存于"其最本己的虚无"（one's own most nullity）[64]中的意义。这意味着，对未来的预期产生着某种对存在之有限的意识，进而导向对虚无的理解并以之作为其本己存在的根据。但海德格尔没有看到，把短暂性看作于此在中揭示自身的存在运动，其中此在不必由于存在的潜能性而体验未来的终结，而是由于通过认同于存在而意识到其潜能存在的真正无限性超出其存在的有限性。进一步说，如果没有意识到世界的本体意义与存在的目的，他就不会把虚无看作其存在的目的。虚无可被视为存在的一种形式，它使存在的自我运动得以可能；由于体验人之存在的真正根基，此在之存在的目的则可被视为一种契机，它产生关于此在之存在的自我认同的新意识，从而超越其有限性和历史性。

357　在《易经》哲学中，所有这些问题都得到了阐明，并且海德格尔也在其晚期著作中认识到了这些问题。在《存在与时间》一书最后一段的最后一部分，海德格尔已暗示出这种新的理解，其中提出了此在之存在的原初构造问题：

> 此在的存在的生存性的本体论构造根植于短暂性。因此，存在的绽出的筹划必须借助绽出短暂性本身的一种原初到时方式才有可能。怎样解释这种短暂性的到时方式呢？从原初时间到存在的意义，有路可循吗？时间本身是否把自己展现为存在的视界？[65]

我在下文会简略关注《易经》哲学，以回答海德格尔的上述问题，从而说明海德格尔分析此在和短暂性的蕴涵可以用《易经》哲学去阐发，《易经》哲学以本体生存性的方式补充了对此在的生存性分析。我们已讨论，海德格尔对此在的分析与《易经》对"易"这种个人实现的解释之间的忧患有着共同根据。沿着"忧患"这一线索，我将在

《易经》的哲学框架中探讨短暂性、转化以及创生性。尤其是我要把转化和创生性作为主题联系起来，这些主题可以改造海德格尔对时间和存在的分析，并创立对海德格尔哲学中时间和存在的一种新理解。

在先前的讨论中，我指出了《易经》哲学的发生有其忧患的一面。《易经》的作者对维持生活的本真性与维护人类社会的和谐秩序怀有忧患，从而对世间的事物予以细致的审查，对人类自身予以深刻的反思，这种审查与反思最终揭示了万物包括人类及其时中的"易"之方式。如我在别处指出的，只有通过深刻理解人类存在和宇宙中的一般存在与生成，才能揭示和发展《易经》哲学。[66] 儒家实际上尤为强调，人类的生存带有关于一般存在和生成的奥秘。因此，为了体现普遍之"道"并最终意识到"天"的自我意志之必然，重要的就是要理解、修养并转化自己。本体上说，人的存在与普遍存在被认为是相互渗透的。因此，不了解世界，就不能了解人自身；不了解个人自身的内部动力，就不能了解世界。

自己的烦恼、忧患和不幸，与世间的正确知识和正确行动相关。在追求和充实自身的内部和谐与世界的外部和谐这一意义上，它们反映了人类想要追求自身与世界的整体善。《易经》哲学的提出，来自这种内在于烦恼与忧患的动机。这既可以解释其所包含的实践性，也可以解释其所带来的有益性。就其包含的实践性而言，我们或许只要注意，《易经》的卦象把判断与决定关联于一切象所显示的吉凶。这些判断和决定显示，某个给定的情境是否值得谴责、有利或困难，以及在哪些方面与哪些行为相关。这说明，个人必然相关于他在世间的趋向、处所、行为，它们提供了个人的意义。因此，这些就揭示出个人现实生活中人生忧患的根源和内容。进一步说，占卜实践能够使判断和决定相关于特定的情境，并使对时间的理解适当和富有益处。对这种特殊主义的实践性和适用性来说，一般存在的本体展开和意义必然是系统的、自洽的、极其丰富的。但人们往往只注意其实践性，而没有看到其背后的本体意义。因此，重要的是通过对《易经》哲学洞见的缘起中忧患与烦恼之根源的生存性分析，来恢复和揭示《易经》实践性的本体意义。

作为时机与时中的时间

关于作为时间统一性的短暂性这一主题，《易经》显然没有进行明确的讨论。不过，一旦考虑到《易经》中时间与短暂性的意义以及时间指涉的背景，我们就可以清楚地看到作为时间统一性的短暂性，以及作为既揭示个体的内部实在也揭示事件与遭遇的外部结合的短暂性。在象征形式（"卦"）的呈现中，时间运动紧密地依赖于"势"（force）的定位，两者共同形成一个情境性转化的有机整体。时间是必要的，以作为事件成功完成和转化的内部结构。因此，"广泛地理解创造之道的开端与结束，（卦之中的）六个势位由于正确的时间而完成自身"①。正确的时机（timing）或时中（timeliness）（"时""时中"），是一切势位敛集的前提，并由此带来理想的秩序与和谐。《易经》在此意义上谈论"时成""及时""与时偕行""因其时而惕""与时偕至"。[67]在此意义上的时间，并不被体验为海德格尔短暂性意义上的此在返回，而是被体验为一般基本性存在的内在运动；这种运动不仅揭示一般存在，而且创造一般存在的内在秩序。在此意义上可以说，时间被理解为人类存在及其他一切存在发展、培育和实现的基础。我们可以把这种意义上的时间称作"作为时机的时间"，并且我们可以按照海德格尔的方式来谈论"时间到时"（Time times），由此表明作为一般存在或实在之本质的时间的内在和谐与转化进程。

当然，《易经》中原初本体意义上的"作为时机的时间"与海德格尔的短暂性这两者并不抵牾。海德格尔的短暂性反映了内在于此在之一般存在的时间运动，由此从原初本体论的视角揭示出作为时机的基本时间。或者用海德格尔晚期的表述，短暂性把时间揭示为一般基本存在的特性，从而超越此在的有限性，把此在和虚无这两者都容纳为整全运动的组成部分。时间的这一面，《易经》称之为"化"，晚期海德格尔称之为"自在生发"（appropriation/Ereignis）。

海德格尔对这种自在生发的事件解释如下："时间与存在这两者自身之中（亦即它们的互为归属之中）予以确定的东西，我们要称之为 Ereignis，即发生的事件。Ereignis 会被解释为发生或发生的事件。不过，应该记住的是，这里的'事件'不仅是发生，而且是那种使一起发生得以可能的东西。"[68]海德格尔强调时间和存在的相互归属性，这等于以一种辩证的方式界定时间和存在。存在是产生着存在的时间，时间则是产生着时间的存在。这种关于"给予时间"与"给予存在"的相互生成关系是一种自由而非决定的关系，这种关系产生了时间和存在。这意味着，从整全的视角看，终极实在的转化和创造这一辩证自我运动既是存在，也是时间。这种终极实在在《易经》中被认作"太极"。琼·斯坦堡（Joan Stambaugh）关注了晚期海德格尔的这一关于时间的原初本体论洞见，她说："在这种分析中，自在生发（一般存在）与时间显然是联合在一起的，但这并不是堕入互不相干的同一性。时间是途径，自在生成于其中生成。至于自在生成，我们既不可说它是'有'，也不可说它是被给予的。"[69]自在生成的确既不是"有"，也不是"被给予"，因为它是给予和被给予的源泉，如《易经》的太极概念所表明的，它将作为给予者的存在与作为被给予者的非存在（虚无）结合在一起。

就时间的这一面而言，事物得以发生，而世界就等同于一个自我创生的过程。因此，存在就成为自在发生（自身成长）的一个事件，它既揭示实在也揭示此在的存在。

---

① "大明终始，六位时成。"（《易传·象传上》）

"作为存在之真理"[70]的时间，就正是存在自身的转化运动以及界定存在的自在发生这一事件本身。这种时间观超越了《存在与时间》中的短暂性，在某种意义上达到了《易经》中"作为时机的时间"的观点。当然，对海德格尔来说，关于**时间**的基本本体论——单单由此能够导出其他所有的本体论——仍然必须从对此在的生存性分析中探寻。《易经》中"作为时机的时间"因而就代表了一种基本本体论的时间观，这种时间观出自人类意识中对短暂性的理解。

在一个层面，关于时间的原初本体论作为存在的时机在《易经》文本中得到了完整的呈现。在另一层面，此在的短暂性也被充分蕴涵于其中。事实上，通过细致考察可以看出，被指为"时意"（meaning of time/*shih-yi*）的许多判断卦象的象辞包含了对作为时间或未来统一性的短暂性的理解。以"随"（Following/*Sui*）卦（兑上震下）为例。它表示运动方向彼此关联的一个情境。但这种情境代表着人类个体的内心真实，对人类个体来说它是鲜活而有独特意义的。个人的内心情境（世界）是：存在着方向彼此关联的运动，这种运动在通过已在的赋意进程中产生对未来的预期。该卦的每一爻（line）都表示一种未来，这种未来确定了前面一爻的意义，并经过已在而成为现在。已在可被认作前面一卦的情境，它被预设于目前给定的卦之中。因此，第一爻的起始意义由其他各爻的未来意义给予，以构成整个卦的意义，由此各爻彼此相互决定，反映着过去、现在、未来的相互决定。在此，我们所关注的是时间的统一性，而不仅仅是未来的统一性，这种时间的统一性包含了未来的统一性。

具体说来，"随"是吉卦，各爻的运动如下：第一爻由于处在吉位而是吉利的，相对于后面各爻，它由阳势力占据，依据阴阳原初本体论和文本的根本意义，它把位置的吉利说明为个人必不可少的体验。然而，它有需要面对的预期和烦恼。第二、三爻表示的是危险或不幸的位置。第四爻的不幸不只是威胁，而是确实来临。但第五爻会由于过去与未来而得到善果。第六爻代表一种放松的情境，这来自其位置及其内在的德性。所有这些运动，都是内在时间或此在短暂性的运动，尤其这是就个人存在的在场性（thereness/*Da*-nature）而言的。一个人是通过情境的变化和转换来实现自身的，这既是必然的，也是情境变化和转换所要求的；由此在个人的预期体验中导向不同的忧患和烦恼状态。随卦的象辞就是这么讲"随"的时意的。与此类似，对于其他的许多卦，我们都可以讨论和提出这种时意（短暂性）。[71]

《易经》关于时间的哲学强调个人在情境中的创造性参与和转化。短暂性不仅是未来之事、未来和时间的统一，而且是要运用短暂性以便创造性转化而达到和谐。因此，时意的用途和功能就在于转化个人以改善其状态。由此，它实现了一种有益的"时用"（function of time/*shih-yung*），并导出短暂性的原初本体之用，现在我们可称之为**时中**。于是，**时间**就不仅是短暂性，而且是时中。正是由时中这个概念，我们才能易于看出"作为时机的时间"的发展。在原初本体论意义上，这种发展的过程是这样的：人们一

361

且在某一情境的符号形式中反省地审视运动或运动的契机，就会把时间看作人由之产生的实在的构成部分。当人在一种整体性中审视自身及其生存情境时，作为时间的存在和作为存在的时间就被揭示出来。因此，我们是在原初本体论意义上理解存在的时间，从而仍可以说存在的时间出自此在的短暂性。

这种理解还带来一个重要结果。人能够将其生存和情境关联于原初本体的时间，并做出相应的生存调适。这是由于原初本体意义上的时间就是转化本身，而人能够通过参与和自在生成原初本体的时间来转化自身。因此，我们能够获得时间的实践性，其途径是把作为时机的原初本体时间运用于短暂性以在个人转化中达到时中。然而，此在之实践性转化的这一面从未为海德格尔所触及，即便在其后期著作中亦如此；这方面仍然是《易经》哲学和儒家关于人的形而上学之独有的贡献。

时间的发展与由来如下表所示：

时间的本体及其辩证关系

作为短暂性的时间	作为时机的时间	作为时中的时间
此在时间的现象学本体（《存在与时间》）	存在的原初本体（《易经》《论时间与存在》）	参与性转化的实践本体（《易经》）

以上三个进程可被视为原初本体时间的三个维度，它们根本上仍然是不可定义的，仅当语言与思想能够概念地把握它们时，它们才会显现——如果我们认为时间是被揭示于其中的，那么就可以引入**永恒时间**（time as timeless）这一整全的概念，它涵盖而又超越了时间的这三个维度，由此人就不限于任何一个维度，而又企及它们差异中的同一关系。在这一最终的**永恒时间**概念中，人最终会意识到作为时间总体的存在视界（实在）。[72]

《易经》中的转化主题

《易经》哲学包含的主题有忧患、转化（"变"/"化"）和创造性（"生生"），前两个主题一定程度上在晚期海德格尔那里得到了讨论，但并不是完整的或充分的，因而有必要对这两个重要主题略加探讨。[73]

就转化的主题来说，"易"这一概念暗示着《易经》是本关于转化的书。"易"传统上被赋予了三种含义：变易、不易和简易。要考察对这些含义的哲学理解，就必须自觉到，"易"就是转化，是使事情随时而变。既然我们把作为时机的时间理解为内在于存在的，那么"易"就是一个时机的进程，是关于来自实在的事件发生。与转化相关，一切变易过程都包含有待遵循和体现的不易之理。就简易而言，一切变易都被认为始于简单的开端，而简易是一切事物源自终极真实而自然发展的进程。鉴于这种解释，转化就是体现不易的变易之理的、简易而自然的变易。

那么，关键问题就在于：作为一种形而上或本体的事实，变易或转化如何发生？《易经》哲学提供了如下答案。一方面，转化被认为是没有实体和范围的。它是普遍流行的存在，或者可以说，存在正是通过这种转化活动和过程而得以实现的。在此意义上，转化（"易"）是存在的生成，是生成中的存在。因此，《系辞》中说："精神没有固定的方位，而转化（易）没有实体/方式。"① 但另一方面，《系辞》中又说："《易》有太极，是生两仪，两仪生四象，四象生八卦。"然而，这两方面的观察并无抵牾，因为太极没有实质内容，而只是以变易的不易之理为根据的转化之源本身。自太极到八卦的创生过程，在宇宙论意义上说明了转化的本性。由人与物组成的世界，其形成根据是太极自然而然的分化（polarization）。转化的宇宙论形式还揭示了一切事物之中与之间的一般转化原理。"一阴一阳之谓道。"[74]

所谓的"阴""阳"，代表着转化过程的两种运动或两个方面，这要在性质的对比和关联以及事物及其关系的运动这一广泛背景中去理解——譬如说女与男（feminine/masculine）、晦与明（dark/bright）、阖与辟（closed/open）、来与往（coming/going）的性质及运动。概括这些性质与运动，我们就得到了转化的阴阳分化，可以说它们既是运动过程，也是事物转化而成的阶段。《易经》把这种阴阳分化称为乾坤，意指创生性的一极（乾）与接受性的一极（坤），分别用符号表示为☰和☷。我们可以认为，转化的这种一般之理呈现于世间的一切运动，从而产生具体事物的整合与别异。《易经》根据这一原理，解释了天地、季节、男女以及其他一切事物的产生。《系辞》解释说："是故阖户谓之坤，辟户谓之乾；一阖一辟谓之变，往来不穷谓之通。"[75] **阖户**与**辟户**，是指转化的创生性与接受性，但也可以被看作揭示实在与遮蔽实在的运动和阶段。一切实在的形式都可以被解释为如此辟阖变化的现象或结果，它们是终极实在的创生运动。

364

在此，我们可以指出，海德格尔那里蕴涵着关于存在辟阖转化的某些理解。显然，"阖户"是遮蔽之事，而"辟户"是去蔽之事。因此，海德格尔说：

> 存在意味着呈现。至于呈现什么，这种念头则是作为任之呈现（letting-presence）而自发展示的。而现在只要呈现是被允许的，我们就必须努力对这种任之呈现予以清晰的思考。任之（letting）在进入去蔽之中展示其特征。任之呈现意味着，去蔽以带来敞开。去蔽之中渗透着一种给予，给予呈现的给予，亦即处于任之呈现之中的存在。[76]

海德格尔之所言似乎为乾（创生性）之理提供了一种形而上的描述。海德格尔进而说：

> 一路讲来，我们已经对此有了很多思考，尽管尚未明确地讲出来，亦即作为送

---

① "故神无方而易无体。"（《易传·系辞上》）

这些的给予属于留守（keeping back）——由此对现在的否定和克制，游弋于已在与将在（what will be）的给予之中。我们刚才提到的留守、否定和克制，显示出某种类似自我退隐之事，我们或许可以简称此事为：退隐。[77]

在此，他似乎指出了"坤"（接受性）之形而上原理的作用。就与作为任之呈现的"乾"相对照来说，"坤"显然是克制或退隐，而终于隐藏。海德格尔的陈述意在解释存在与时间在彼此决定中的关联，一切存在的形成和转化都因这种决定而被认为得以理解。海德格尔把存在与时间在其互为归属中得以确定的东西称作**自在发生的事件**。自在发生的事件正是由于太极的乾之理而转化的创生性运动，因为这个事件揭示和延展着时间。而海德格尔所谓"自在发生就其自身收敛自身"（appropriation expropriates itself of itself）[78]，可被理解为由于太极的坤之理而转化的接受性运动。通过既自在发生又收敛，太极（一般存在）使存在与时间都得以可能，其可能性在于两者的共存性（togetherness）。

自在发生的事件如果被视为时间敞开与隐藏的独特结合，那么它就可被理解为恰恰是《易经》"太极"概念的不同表达。[79] 存在属于自在发生，因为存在就是转化，而转化是"敞开与隐藏着的真正时间的延展"，而这是《易经》哲学中"道"之"阖户"与"辟户"的重申。

《易经》 中的创生性主题

关于《易经》哲学中的创造性主题，除了前面所说的之外，我们尤需注意的是：创生性（"生生"）在多方面发生，并带来世界与事物的形成。既然创生性对事物的转化来说必不可少，那么转化也就对创生性来说必不可少。在此，我们可以对一般指改变或转化的汉语"变化"一词的蕴涵进行明确的区分。这个区分在"变"与"化"之间："变"只是既定状态或事物的改变或转变，不涉及新事物的出现或产生；而"化"指某既定状态的改变或转变，其中有新事物产生。因此，"变"先于"化"，"化"随"变"而来。"变"是既定者的移动，而"化"是新东西的创生。由这种理解可以看出，变化中的创生性基本上由"变"与"化"组成。《易传·系辞上》第1节中说："在天成象，在地成形，变化见矣。"《系辞上》第12节中说："化而裁之谓之变。"《系辞上》经常讲"变动"（第8节）与"变通"。前者描述变动，后者描述变化的成功完成以及带来的将进入新阶段的希望。因此，我们可以认为，产生创生性的转化由三个阶段组成：变动（change-movement/*pien-tung*）、变通（change-penetration/*pien-t'ung*）和变化（change-emergence/*pien-hua*）。

一般认为，圣人能够贯通这三个阶段的变易运动；而卦象及其相互关系揭示着存在之为存在的可能性，并通过它们之间相互转化的关系来揭示个人定位的可能性。

《系辞上》第5节中说："生生之谓易，成象之谓乾，效法之谓坤。"依据对创生性的这种描述，存在的转化能够产生天地、人类以及所有万物。对创生性的这种理解，在新儒家周敦颐的《太极图说》（*T'ai Chi T'u Shuo*）中得到了完整的表述。

《易经》中创生性的重要意义是双重的。它产生物的世界；它还产生诸存在的各种关系以及生成的各种形式，这些都是由《易经》文本的三爻和六爻符号来表示的。依据存在与时间之间的自在发生使存在与时间呈现为同一物的两面，可以说《易经》的所有卦象都是存在的展开，都是由存在—时间自在发生而来的创生性转化。

海德格尔在其1950年的论文《物》（The Thing）[80]中意识到了与《易经》哲学相应的创生性的地位。他从一般存在来思考世界的"流出"（outpouring）［或他所说的世界的"世界生成中"（worlding）］，其表述如下：

> 在宴酒流出的馈赠之中，凡人停驻于他们自己的路上。在祭酒流出的馈赠之中，诸神停驻于他们自己的路上，他们回礼给予者以为捐赠。在流出的馈赠之中，凡人与诸神都驻足于他们各自不同的路。天地驻足于流出的馈赠之中。在流出天地的馈赠之中，凡人与诸神在一起同时停驻。这四者由于其自身之所是而一体，有着共同的归属。在万物呈现之前，它们笼罩于某个四重而单一者。[81]

"流出的馈赠"是存在的给予者（"道"或"太极"）的创生运动，"流出的馈赠"的接受者则是天地、诸神和凡人的世界。这种创世的宇宙论无疑可以按照太极阴阳创生运动的方式，被重述为《易经》哲学中天、地、凡人、精神的形成。这再次表明，海德格尔如何接近于《易经》哲学，并且通过这种方式，其关于存在与时间的哲学会获得一个新的意义维度。

结语

起先，我讨论了儒家哲学的"天"与"性"及其相互关系，其目的在于诠释海德格尔关于此在的哲学，由此我们可以阐明与存在相关联的此在之意义。我们进而关注海德格尔对"忧患"与"短暂性"的生存性分析，并在它们与《易经》哲学中的忧患和时间概念之间建立关联。可以看出，《易经》哲学对时间与存在及其关系都做出了说明，这对海德格尔的时间与存在哲学是有意义的。而海德格尔的哲学也有助于阐明儒家哲学的"天"与"性"，以及《易经》哲学的时间与存在。从孔子、海德格尔与《易经》哲学的互释与概念相通入手，就可以发展出一种关于人性、"天"、时间与存在的全面哲学。这也自然展示出一种重要的形而上教益：只有在不同传统既存的本体论互释和阐述过程中，才能发展出关于真理与实在的本体论理解。这一教益在中国哲学史中得到了很好的说明。

【注释】

368
[1] 应区别两种类型的超越：超越者的超越与被超越者完全无关或不相联系，以及超越者的超越与被超越者仍有关联和联系。前者可被称作超越者的超越，后者可被称作内在的超越。前者的范例是正统基督教的上帝，后者的范例是儒家哲学与道家哲学中的"内""外"关联。

[2] 海德格尔：《存在与时间》，约翰·麦奎利（John Macquarrie）、爱德华·罗宾逊（Edward Robinson）译，488 页，纽约，1962。

[3] 按照海德格尔关于理解的本体论精神，甚至可以指出，概念或逻辑的蕴涵揭示着存在，因而属于本体论。

[4] 参见海德格尔：《存在与时间》，约翰·麦奎利、爱德华·罗宾逊译，"导言"28～31 页。

[5] 参见我的论文《中国哲学范畴初探》，见《汉学研究》，台北，1985。

[6] 也就是说，历史性是存在的实存性实现。

[7] 海德格尔在晚年试图以存在去理解"道"，或以"道"去理解存在。

[8] 参见海德格尔：《存在与时间》，约翰·麦奎利、爱德华·罗宾逊译，"导言"32 页。

[9] 同上。

[10] 同上书，"导言"33 页。

[11] 这被海德格尔称作实体生存的生存性。（同上）

[12]《孟子》，4B-19。

[13] 同上书，7A-6。

[14] 同上书，7B-4。

[15] 海德格尔：《同一与差异》（*Identity and Difference*），琼·斯坦堡译，31 页，纽约，1969。

[16]《孟子》，7A-1。

[17] 同上书，5A-6。

[18] 同上。

[19] 参见上书，7A-24。

369
[20]《论语》，12-5。

[21] 参见上书，6-3、11-7。

[22] 同上书，20-3。

[23] 参见上书，2-4。

[24] 参见上书，9-2。

[25] 参见上书，14-12、19-1。

[26] 同上书，14-12。

[27]《孟子》，7A-1。

[28] 同上书，7A-2。

[29] 参见海德格尔：《存在与时间》，约翰·麦奎利、爱德华·罗宾逊译，第六部分，第 40、44 节。

[30] 参见上书，第 38 节。

[31] 同上。

[32] 同上书，235 页。

[33] 同上书，488 页。

[34] 比较哲学的理想目标在于，通过引出两种哲学或哲学传统的相互渗透，在比较之下实现两者的整合。两种哲学或哲学传统的相互渗透必然产生理解的本体诠释循环。

[35] 海德格尔：《存在与时间》，约翰·麦奎利、爱德华·罗宾逊译，236 页。

[36] 参见上书。

[37] 海德格尔还使用**超越自身**（beyond itself）这一术语，以指涉朝向存在潜能的此在的存在。（同上书，236 页）

[38] 参见上书。

[39] 此在的存在是由存在与世界这两者共同决定的，因而此在始终是在世之在。海德格尔明确说道："如果借助这个'某物'我们理解了某个**在世之中**的实存，那就不言而喻地蕴涵着这个**世界**是已被预设的；而这个世界的表象共同决定着此我之存在的状态，如果确实能够说，此'我'是类似于'我在思考某物'的某物：在谈到'我'时，我在当下视野中就有那个实存，即在各种情况下我都是作为'我在某个世界中'的实存。"（同上书，368 页）

[40]《论语》，12-4。

[41] 同上书，15-29。

[42] 同上书，9-29。

[43] 孔子说："君子不器。"（同上书，2-12）海德格尔的"上手之物"和"现成之物"概念，最适合用来解释"器"，因为海德格尔的工具和客体概念所表达的正是孔子在运用"器"一词时的用意。

[44]《易传·系辞下》，第7节。

[45] 这里的"易"，指的是《易经》的象征体系以及附于各卦之上的断语。

370

[46] 我曾讨论了不同层次的时间概念，包括人类的心理层次。［参见我的论文《时间的分层理论：关于中国的时间哲学》（On the Hierarchal Theory of Time：With Reference to Chinese Philosophy of Time），载《中国哲学季刊》（*Journal of Chinese Philosophy*），第 10 卷第 4 期（1983）：351～384 页］

[47] 按照对时间的某种理解，我或许能够描述时间的三种意义：此在的短暂性、事物的日常客观时间、原初存在的基本本体论时间。在所有这三种意义中对**时间**的形而上语言使用之所以可能，正是因为基本本体论时间在不同层次和背景中得以揭示和展开。在下文中，我还会引入第四种时间：作为合宜的时间（time as timeliness）。作为合宜的时间（时中），是人自身行动中的创造性运用，以达成事情的和谐与人自身的发展。

[48] 参见海德格尔：《存在与时间》，约翰·麦奎利、爱德华·罗宾逊译，370 页。

[49] 同上书，372 页。

[50] 同上。

[51] 参见上书。

[52] 同上书，373 页。

[53] 同上。

[54] 同上。

[55]《道德经》第十六章。

[56]《道德经》第四十章。

[57] 参见海德格尔：《存在与时间》，约翰·麦奎利、爱德华·罗宾逊译，374 页。

[58] 参见上书，377 页。

[59] 同上书，374 页。

[60] 同上。

[61] 参见上书，375 页。

[62] 同上书，377 页。

[63] 注意，海德格尔把未来的有限性进而存在的有限性视为原初的，并且把无限时间看作源自在万物之中到时的非本真方式。（参见上书，379 页）

[64] 同上。

[65] 同上书，488 页。

[66] 参见我的论文《〈论语〉与〈易经〉中的时中：探究孔子与〈易经〉之间的哲学关系》［On Timeless (*shih - chung*) in the *Analects* and the *I Ching*: An Inquiry into the Philosophical Relationship between Confucius and the *I Ching*］，载《国际汉学学会学报》(*Proceedings of International Sinological Conference*)，177 ~ 338 页，台北，1981。

[67] 所有这些表达都见于《易经》乾和坤这最初两卦的《象传》和《象传》。它们表达了事物中与人类中的自然和谐及完美秩序。

[68] 海德格尔：《论时间与存在》，琼·斯坦堡译，19 页，1972。

371

[69] 同上书，"序言" XI 页。

[70] 同上书，28 页。

[71] 对于大过、习坎、屯等其他卦，我们也看到有明确提出的时意。而事实上，所有的六十四卦都揭示着其自身的时意或短暂性。

[72] 田立克 (Paul Tillich) 把时间划分为**机械** (chronos) 时间（定量的钟表时间）、**时机** (kairos) 时间（定量的按某事可做的正确时间）。他提出对时机的自觉需要视野。［参见田立克：《成体系的神学》(*Systematic Theology*)，第 3 卷，369 ~ 372 页，芝加哥，1951—1963］我要感谢保罗·比尔 (Bill Paul) 教授，让我注意到与《易经》时中观念一致的这一重要参照。

[73] 实践性的主题也可以从《易经》哲学中发展出来，对此另有探讨。

[74]《易传·系辞上》，第 5 节。

[75] 同上书，第 11 节。

[76] 海德格尔：《论时间与存在》，约翰·麦奎利、爱德华·罗宾逊译，5 页。

[77] 同上书，22 页。

[78] 同上书，22 ~ 23 页。

[79] 参见上书，21 页。

[80] 参见海德格尔：《诗、语言与思想》(*Poetry, Language and Thought*)，赫夫斯塔德 (Albert Hofstadter) 译，163 ~ 186 页，纽约，1971。

[81] 同上书，173 页。

第三部分

>>>>>✕<<<<<

新儒家的维度

十五　朱熹的方法、学知与性理

导论

尽管近来关于朱熹的大多数论述都讨论他对于方法（method/fang-fa）、学知（knowledge/hsueh-chih）与性理（truth/hsing-li）的观点，但似乎很少有人能够说明，朱熹的这些观点是如何发生关联、如何证成的。[1]实际上，似乎没有人能够做到把这些观点置于有效性和学知的基本问题关联以及方法与学知、学知与性理的正确关系中。细察朱熹的著作尤其是其《朱子语类》（Chu Tzu Yu Lei）[2]，我们就会发现，理解其基本概念"理"与"性"应有三个层次、三个维度：本体论的、认识论的、价值论的。困难不仅源自难以看出应该按照这三个层次、三个维度进行含义的区分与梳理，而且源自难以看出它们如何在一种包罗万象的方法论中形成统一，并融合关于性理的本体论、认识论与价值论。

如果可以认为性理是人类知识与理解的客观内容和标记，那么"知"就既是一个寻求"理"与"性"的启示和完成的过程，也是这一过程的最终产物。认知心与学知的目标之间的间隔，必须以能够整合心灵与世界、学知与性理的方法为桥梁。在此意义上，这种方法既是发展与完成人心而趋于性理的次序，也是出于心灵的旨趣而确定性理的次序；就此而论，这种方法就获得了本体论与认识论的双重意义。对这种方法的正确理解会揭示认知心与实在的根本统一，而实在有待于知且终究是对这种统一的根本洞见。这种统一与这种洞见，其性质必须被批判地说明，以便我们能够更好地理解朱熹的哲学。

在下文的讨论中，我们将审查朱熹学知与性理的含义，以及确证他的方法是如何导出和证成的。虽然方法论要阐明认识论与本体论，但后者也会阐明前者。由此我们将确定，"道""性""知"是如何发生关联的。在朱熹那里，"心"有两种作用，因而有两种理解方法（亦即"经学"与"涵养"），我们可以承认这两种作用和这两种方法的统一，它们被整合于人性，被揭示于人心的充分运用。出于这个理由，我们就能够看出朱熹对理解方法的独特而有成效的贡献。

学习与理解的目的

在中国哲学的语境中，无论儒家还是道家，"知"与知识都缺乏理论理解或概念理解的含义。亦即，认知不是用知识的眼光去观察事物，或者说不是满足知识的兴趣和好奇心。从真正的中国哲学视角看，"知"与知识都紧密联系于某种含有实践与价值意义的深刻观解。"知"出于某种目的，或是与价值或自我实现相关的认识，或是指向关于自身与实在的整体真理和理解。成功做到这一点的途径是创立某种关于生命、社会和实在的价值论框架或价值指涉系统，"知"与知识于其中得以安置、定位、扎根。至于人们如何认识这种框架及其终极价值，对其的假设是，人如果认识到其人性是什么，那么就天生能认识它们。这种知识**或许**是孟子所谓的"良知"，或许是孔子所谓的"知仁"和"知德"。我们也可以称之为**第一义的知识**（primary knowledge）。

关于"性"的**第一义的知识**本质上是双重的：它一方面包含认识其性的维度，另一方面包含认识到何者有益于修养和充分实现其性。可以诉诸孔子来说明。孔子尽管没有提出人可知其性，但其关于人能做到和达到什么的一切言说都蕴涵着某种关于人之本性的理论前见。因此，他说："我欲仁，斯仁至矣。"[3]其中蕴涵着：人能够决定其道德的行动，因为人在其性中即已有德——内在于个人的"性"就意味着达成善的能力以及实现这种能力的自由。这种蕴涵体现于《论语》中的另一句话"人能弘道，非道弘人"[4]中。这也暗示，尽管"道"包含所有的善，但不是"道"而是人被本体地赋予了完成"道"的特殊能力。考察《论语》，我们就会发现，所有关于"德"的言说都蕴涵着关于人性的这种双重含义："德"是"性"的道德内容，而"性"有实现、确定和说明"德"的能力。人不仅于其性中有善、有能力行善，而且一旦顺应其性就有行善的动机。

那么，我们可以断定，人的求知理由在于实现其心，并且由此实现其性而企及与"道"或天地的终极合一。尽性进而与天地合一的这种理想状态（所谓"圣"）就是求知与自我修养的目标，因而就必然存在达成这种目标的方法问题。在此，我们就马上可以认识到朱熹关于"学"与"知"的方法学安排（program of methodologizing）之重要性，这种安排是要让人发展成圣人。对理解和评价朱熹的方法来说，这个目的论或价值论框架是不容忽视的。

尽性中的学知与性理

为了理解朱熹的方法，我将从朱熹把"知"与"理"的概念引入对尽性的诠释这点入手。在关于《中庸》"尽性"观点的评注中，朱熹说：

> 人在完成其性时，任何德性都会得到证实。因此，在我之中毫无自利的人欲，而在我之中由天所命者可得洞察和遵循。无论大小精粗，毫无遗漏地都得以完成。他人和事物的本性，也是我的本性。它们的不同之处，仅在于它们呈现出不同的样式，被赋予了不同的气质。**谈到能够完成它们，这个提法的意思是：人所知之事没有不清楚的，人所做之事没有不恰当的。**（强调之处系引者所加）[5]①

由此可见，"尽其性"，就是要就人性的所有方面来说都清楚地"**知**"、得体地"**行**"。尽管在此朱熹没有讲出"理"这个概念，但"理"恰恰是可被视为规定事物大小精粗的原理，"理"是可为"性"所觉察的。

等到朱熹评论孟子的尽性说时，"理"的概念就出现了，它被视为"心"的构成要素，从而使"知"根本上指向"理"；其中我们看到了"穷理"或"穷天理"的范型。

朱熹把"心"诠释为人的"神明"，是"具万理"而"应万事"的。他还指出，"心"中之"理"源自天之"理"。他说："人心无非理之全体（全理）。如果人不穷理（意谓：'知'理），心中就会有所蒙蔽，而人就不会完成心之内容。能够认识心之全体而想方设法地完成它的人，必然是能够穷天理的人，他也就无所不知了。知道了（心中之）理，就知道了它来自何处。"[6]②依据其所说的"格物"，朱熹提出"知性"就是"格物"，"尽心"因而就是知道"格物"之"理"的极致。

沿着同样的思路，朱熹还把"践形"诠释为"穷尽其与形体相关联的理"；"众人有此形体，然而不能尽其理。因而他们不能尽其形体，只有圣人有此形体而又能尽其理。然后我们可以说他完成其形体而无遗憾"[7]③。显然，朱熹把所有完成与穷尽的范例都诠释为：其在根本上是知理之事，或普遍地贯穿终生地知理之事。

在朱熹对《大学》"格物"说的诠释中，这一立场又得到了强有力的表现。他通过补足《大学》原文中他认为佚失的传注做到这点：

> "致知在格物"的意思是，要想扩展知识，我们就必须在此事物中穷索其事理。人心有其奥妙，始终有知识的能力，而天下的一切事物始终有其理。仅当事物之理未被穷尽，心中的知识才是不完整的。因此，《大学》教导的第一点就是，学习者必须以其已知之理为基础，增益和穷尽天下一切事物的知识，乃至可以达到（事理

378

---

① "尽其性者德无不实，故无人欲之私，而天命之在者，察之由之，巨细精粗，无毫发之不尽也。人物之性，亦我之性，但以所赋形气不同而有异耳。能尽之者，谓知之无不明而处之无不当也。"（朱熹：《四书章句集注·中庸章句》）

② "人有是心，莫非全体，然不穷理，则有所蔽而无以尽乎此心之量。故能极其心之全体而无不尽者，必其能穷夫理而无不知者也。既知其理，则其所从出，亦不外是矣。以《大学》之序言之，知性则物格之谓，尽心则知至之谓也。"（朱熹：《四书章句集注·孟子集注》）

③ "人之有形有色，无不各有自然之理，所谓天性也。践，如践言之践。盖众人有是形，而不能尽其理，故无以践其形；惟圣人有是形，而又能尽其理，然后可以践其形而无歉也。"（同上）

379   知识的）极致。一旦"心"按这样训练的时间足够长，从而达到一种突然的全面透彻的理解，那么就会达到对一切事物的洞见，事物的内外、精粗之性质都会被洞悉，而"心"的全体之大用就昭示无遗。这就是所谓的物格，这就是所谓的知之至。[8]①

通过这个重要的段落可以明确如下几点。第一，人心有认识能力与认识的倾向，而借助事物之"理"，事物可被认识：这种**认识**，根本上说是对内在于事物之"理"的认识。但只要"心"能够有某种"全面透彻的理解"，就可以说"心"能够明白事物的终极之"理"，从而自然可以提出终极之"理"内在于"心"自身。第二，朱熹达成的立场是："心"之大用是要认识终极之"理"，这种"理"相应于"心"对事物的"全面透彻的理解"。这一终极之"理"即是朱熹在其他语境中所谓的"道体"（the substance of the *tao*/*tao-t'i*）或"本体"（the original substance/*pen-t'i*）。所谓的知之至，就是关于"道体"或"本体"的知识，而朱熹认为，这就是"格物致知"说的实质。第三，"穷理"并终于"尽心"或"知性"，是对同一事的不同说法，也就是达到终极之"理"亦即"道体"或"本体"，也可称之为"太极"。

第四，"就在当下事物之中穷理"（to exhaust *li* right in things presented/*chi-wu erh ch'iung-li*）不过是说，探究事理，有助于人的"全面透彻的理解"及其对终极之"理"的学知。这仅当把事物之"理"看作相关联于其他事物中的相同之"理"，看作源自终极之"理"时，才得以可能。因此，有待穷尽之"理"从根本上说是关系性的，并构成了某种属于自身的结构与层级。尤其是，这些"理"只有在与其他"理"的关系或关联中才能得以理解。因此，"穷理"既是归纳的也是演绎的，其所构成的过程导致显现出实在的有机整体之全景；在此全景中，事物得到更好的理解，人能够更好地与事物相调适。王阳明对朱熹的"穷理"说抱有很深的误解，因而在"穷竹子之理"生病之后，他拒绝了朱熹的"穷理"说，把"格物"不诠释为"穷理"，而诠释为"正事"（rectifying things/*cheng-shih*）。

在此可以指出，理解"理"，就是要理解某种具有形而上意义者。朱熹在其前辈周敦颐和二程的基础上发展出一种理学，其中"太极"即"理"，"理"即"太极"，*380*   "理"与"气"和"性"的关系得到了充分的阐发。此即朱熹哲学体系的基础所在。而值得注意的最要之处在于，他提出"理"的形而上学，一方面是出于对理解的证实的需要；另一方面是出于普遍化和统一关于事物的知识的需要，以便能够达到更高的层次。在上升到"理"的过程中，他还认识到"心"的更深、更大之用："心"由于"性"的

①　"所谓致知在格物者，言欲致吾之知，在即物而穷其理也。盖人心之灵莫不有知，而天下之物莫不有理，惟于理有未穷，故其知有不尽也。是以《大学》始教，必使学者即凡天下之物，莫不因其已知之理而益穷之，以求至乎其极。至于用力之久，而一旦豁然贯通焉，则众物之表里精粗无不到，而吾心之全体大用无不明矣。此谓物格，此谓知之至也。"（朱熹：《四书章句集注·大学章句》）

给予而潜在地具备所有的"理",从而使"性"成为"心"的根本之"体",以及"理"之知识的终极根据。

"知"的两个维度

作为认识实在的背景(context)与母体,"性"证实着知识,并产生为认清"理"之统一或太极所需的"全面透彻的理解"。这蕴涵着,认识"理"并非易事。它包含两个维度的"知":知事,以便我们能够认识其"理"及其相互关系;知"性",对认识"理"进而认识"理"的统一与终极(太极)来说,"性"提供了"理"之统一的背景以及对知事的超越。我们可以把前者之知称为"学",把后者之知称为"涵养"。我们将看到,对**人性**的整体实现来说,这两种知都是必要的。正确理解朱熹这两种形式的"知",对评估其理论与陆王理论的分歧至关重要,后者强调第二种形式的"知"而轻视第一种。这样的理解还可以解释,为什么朱熹会继承程颐的观点,主张这两方面——一方面是"学"与探究事物,另一方面是自身的涵养——同等重要。我们将看到,这两方面的平衡如何达到以及可用何种理据来评价和说明。

如果回顾一下前面有关知识目标的问题,我们还可以看到,无论怎样构想知识,知识必然产生如上讨论的"尽性"的道德与本体效果;也就是说,知识必然产生行动的自由、自我实现以及转化着的实在——其核心在于与万物之间的条理化和调和——的情感和能力。就知识根本上说是关于"理"的知识来说,它必然产生所有这些效果,或应该满足这些目标。这可以说是"理"之知识的形而上的或**道德的**证成。

至于"理"之知识如何可能满足上述目标,这可以被视为朱熹哲学中的一个根本假定:界定或构想"理"的方式必然是,知"理"就会引出所有道德的与形而上的价值。在此意义上,"理"之知识不仅是经验的客观知识,而且是超验的与形而上的知识;且不仅是超验的与形而上的知识,而且是改变、感动、安排、本体上充实个体自我的知识。换言之,在以上解释的成就的意义上,在朱熹看来,"理"的知识创造性地**成就着**个体之"性"。在此意义上,认识"理",就是要开展自身的自我转化,这种转化在道德价值的实现和转化实存者(他人与事物)的力量中展现自身,这种转化具有内在的意义从而构成完满的自然。由此,这种**自我转化着**的知识不同于概念的或科学的知识,因为后者缺乏前者所拥有的那种自我转化的动力、道德创造以及价值的完满。

在《朱子语类》第9卷关于学习的部分,朱熹说:

> 学者工夫,唯在居敬、穷理二事。此二事互相发。能穷理,则居敬工夫日益进;能居敬,则穷理工夫日益密。譬如人之两足,左足行,则右足止;右足行,则左足止。又如一物悬空中,右抑则左昂,左抑则右昂,其实只是一事。[9]

在朱熹关于如何为学的所有言说中,这一段似乎最清楚地给出了朱熹的为学方法。朱熹在此所持的观点显然是，对于学"道"或如我们所说的"道体"来说有两个要件。学习的一个要件是以获得知识为目的，其中的知识等同于我们所说的全面了解事物之"理"。第二个要件是关于"心"的本性之保存，以便能够趋近"本体"，安排和利用知识以理解"道"。那么，学"道"或本体的完整方法就有两个维度：穷理的维度与用敬（applying ching/yung-ching）的维度。这两者通过力行而得以具体化。我们可以用如下图示来表示这种"学道方法"：

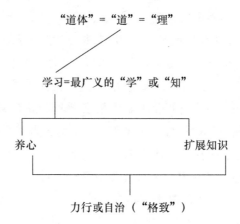

"道体"不仅是学习的正当理由，而且是其标准，还是学习与"知"的目标，因为学习的充分程度是由"道体"来评估和判断的。而"道体"也是学习的来源，是学习的热情与愿望之源。因此，"道体"既是学习的起点，也是学习的终点。学习的整个过程，最终可被看作"道体"自身的自我完成。

居敬作为学习的构成要件

为什么居敬在学习过程中很重要？答案得在如下认知中寻找：学习是对终极实在的学习，而这种终极实在是潜存于人心之中的。基于这种认知，我们可以把居敬这一要件诠释为一种致力于**整个"心"的持存，以便人能够体验到终极实在**。它还可以被诠释为，其需要修持"心"对作为整体的实在的认识能力，由此人不会失去他与"道"（终极实在）之间的关联。在这一点上，我们可以考量，居敬对涵养来说有多么重要。涵养这一用语，具有"沉浸"（"涵"）与"养育"（"养"）这两方面的含义。这提示，涵养意指沉浸于心中以养成对"道"的理解，以及为了理解"道"而养心。本体论上说，涵养意指用其"心"来反省其"心"而持其"诚"。有了对涵养的这种理解，我们就能够明白为什么朱熹追随程颢，把居敬视为学习的第一维度。那么，涵养在于居敬这个命题就暗示，存在着某种维系涵养的具体**程序**。也就是说，居敬是涵养得以可能者，是增进涵养之质量与数量者。

　　那么，这个被称作居敬的特殊程序是什么？其范型是什么？我们如何理解它？在《近思录》中，居敬被称作用敬，有时甚至被程颢与程颐称作持敬（to hold ching/ch'ih-ching）。在解释居敬这个概念时，程颢与程颐都提及《易经》中坤六二卦的《文言传》："直其正也，方其义也。君子敬以直内，义以方外。敬义立而德不孤。"程颐解释说：

> 君子主敬以直其内，守义以方其外。敬立而内直，义形而外方。义形于外，非在外也。敬义既立，其德盛矣，不期大而大矣。[10]

程颢也同意这种解释，他说："敬、义夹持，直上，达天德自此。"[11]程颢甚至把"敬"与"义"视为坤道，以在养成外在行为中与乾道相对。他由此断定，阐明"为学之道"的两个维度与两个要件的范型是：涵养须用敬，进学则在于致知。

　　由此可见，居敬是坚持其"心"以达至天德：它是一种内心态度或心态；它能够使人于整体中控制其"心"并获得德性展示的适当态度，就此而论，我们可以将之描述为"整体的心境"或"适当的心境"。

　　因而可以说，居敬是直内义外之德。只要内与外是不可分的，"直"（straightness）与"义"（righteousness）就是不可分的。因此，"敬"就是作为"性"之展示的"心"的自然之德，它需要"心"努力践行"性"的展示与坚定性。因此，程颢进而解释道："敬"是涵养之事，而必然包含运用于事，从而必须依赖"集义"（collecting righteous-ness）（就"集义"意指让"心"直指事物而言）。若不集义，则"心"无所用。[12]那就意味着"敬"成为空洞的德性，等同于缺乏生命活动的"静"。

　　程颐进一步解释了"敬"与"义"的如下区别："敬只是持己之道，义便知有是非。顺理而行是为义也。"[13]程颐甚至举出一例来说明。如果一个人想要行孝，那么仅有孝心是不够的，还必须知道如何**做到**孝。由此显然可见，"敬"不仅根本不是"静"，而且它还需要有关知道**如何**的运用。或许可以说成准备用之于事。只要"敬"一方面是为达天德所需的精神关注，另一方面指向用于事，那么它从根本上说就是一种"心"之"中"（centrality/chung）的状态，从而可解释为内在于"心"的双向活力，并构成一切德性的根基。在此意义上，可称之为"心"的前德（previrtue）之德：这进一步说明，把"敬"描述为整体心境或适当心境是有道理的。

　　关于"敬"这个概念，程颐提出了一种更具形而上意义的诠释。根据他的观点，如果想要摆脱念想而同时又不让"心"堕入虚静，我们就必须"心"有所主。但如何做到"心"有所主？程颐提出"敬"的方法。据此，他把"敬"解释如下："所谓敬是这样的，有主宰而一（于心），就叫作敬。［注意：主一（chu-yi）在此被译为有主宰而一于心，但也可被译为主宰心之一。］所谓一是这样的，没有固定处所就叫作一。"[14]①程颐

---

　　①　"所谓敬者，主一之谓敬。所谓一者，无适之谓一。"（朱熹、吕祖谦编：《近思录》卷四第48条）注意：此处方括号内容系作者所做的补充说明。

指出，如果没有坚守于一，那么"心"就会散漫而陷入混乱分歧，从而完全失去主宰。从对"敬"的这种理解来看，"敬"可被诠释为自我控制和专一的心境。人的心境专一，就不会为外在事物所控制，也不会滞于虚静。"心"由此就能够根据适当的环境，按照自己的意愿来动静。在此意义上，"敬"成为一种本体心态。

以"敬"（专一心境）来描述的这种心态，对人的道德发展来说是重要的。事实上，根据程颐的观点，一个人如果把"心"维持在"敬"这种本体状态，那么自然就会实现喜怒哀乐未发之"中"，且由此能够在喜怒哀乐已发时从"中"转到"和"。这意味着，"心"受"敬"——专一心境——的引导时，人能够得体地展示或表达情感。因此，程颐说："若言存养于喜怒哀乐未发之前，则可；若言求中于喜怒哀乐未发之前，则不可。"[15]"心"的存养，是要培养"心"进入专一自主的本体状态。"敬"能够引起情感已发的"和"，因为"敬"让"心"转入自主状态，有潜力和能力以恰当的尺度来回应事物，这也就是"中"的真正运用。因此，可以说，"敬"可被认作"中"。在此意义上，"敬"不可能是道家意义上的"静"，而是被包含在得体限度内的德性动力。

依据对"敬"的上述澄清，我们就可以理解为什么朱熹说居敬与穷理指的是同一个实质，尽管它们是两个条目或两个概念[16]①；因为它们都涉及"心"，都**将要**因格物而起作用，而格物会导向穷理或保持"心"的专一与完整，导向"心"的形而上的自我反思。如朱熹所指出的，"心"的两种作用对人发展至圣人来说都是关键性的。它们也是彼此互补的，因为一方是促进和协助另一方的条件。由此，朱熹说："持敬是穷理之本；穷得理明，又是养心之助。"[17]

或许仍有人质疑居敬与穷理互补的理论说明和根据。通观朱熹的著作，这样的理论说明从未得到清晰的阐述，这个问题也未被明确地提出。然而，在《朱子语类》中有一句提示性的话："居敬是个收敛执持底道理，穷理是个推寻究竟底道理。"[18]朱熹还说："这两者是彼此相似，而不是彼此相碍。"[19]②但这样的讲法其实不准确。居敬与穷理不是彼此相碍的两事，但它们似乎起着不同的作用，代表着两种不同的活动模式——屈（constraction）与伸（extension）。这意味着，它们属于实在及其形成、转化的两种不同原理，即"阴"与"阳"。据此，《太极图》中阴阳相反相成的整体论范型就适用于"心"及其作用。阴阳关系的整体论范型阐明了居敬与穷理的关系。据此，两者的关系就成为**可理解**与**可解释**的。可理解与可解释的，不仅有两者的区别与对立，而且包括其互补、统一与相互促进。因此，在讲这两事彼此加强和促进时，朱熹提出了一个不错的要点，尽管他没有解释原因。

事实上，太极的阴阳范型不仅提供对居敬与穷理的逻辑解释，而且提供对"心"之作用的形而上解释。也就是说，"心"即太极，居敬与穷理代表太极之心体的阴阳活动。这一点契合于朱熹在另一场合做出的评论，即心之理就是太极。心之动静就

385

386

---

① "主敬、穷理虽二端，其实一本。"（《朱子语类》卷九学三）
② "只此两者，便是相妨。若是熟时，则自不相碍矣。"（同上）

是阴与阳。这也意味着，在维持心之本体状态的形而上意义上，居敬与穷理是同等必要与自然的。

"敬"包含动静之根，就此而论，"敬"可被描述为**潜在的创造性**，可以这么说，这就是心体的模式。在如此状态中，也可以说，"敬"是"心"于知行发动之前坚持其自性。它可被描述为**扎根的心境**（root-mindedness）——找到其根源性的心。可以把"敬"与"知"做个比较：格物致知意义上的"知"是"心"的发动，是阳性原理的展示；"敬"则是"心"的持存，是阴性原理的展示。"心"向"知"开放，而"敬"是使"心"能够发动"知"的力量与原理，从而"敬"发挥着阴性作为动之根据——阳性原理的根据——的作用。而一旦"心"有了知识，"敬"就会安排并守住这些知识。在此意义上，"敬"成为联结**心之关注**（minding）（作为自我完成的方式）之始终的贯通原理。"敬"可被描述为"心"的形而上的自我反思或者说**"心"的自我关注**（self-minding of the mind）。这就导向了孟子提出的一个极其重要的要点。

孟子说："学习之道只是在于找回迷失的心。"[①]　这一动人的表达显示出"心"的"自我关注"意义上"敬"的实质。孟子所讲的迷失的心（"放心"），是失去自主、不能关注自我的"心"。"心"一旦迷失就失去了方向感，"学"与"知"就不可能有焦点。因此，找回迷失的心的方法就是"敬"。"敬"既是寻求的能力，也是重建放心的能力。它还是这样一种寻求的结果——自我关注与自我聚焦的状态。

孟子还谈到"学"的两个基本原理，可以说它们会进一步明确"敬"这个概念。第一个原理是"勿忘"（not to forget/wu-wang），第二个原理是"勿助长"（not to help to grow/wu-ch'u-chang）。[20] 在讨论如何为了"养浩然之气"而知"义"时，孟子阐述了这两个原理。按照包括朱熹在内的大多数新儒家思想家的观点，"心"是"气"之事，体现着"理"。那么，在与"理"的呼应（孟子称之为"道"与"义"）中，"心"能够自然而然地养育"气"。在孟子看来，这个过程并非出自人为的谋划，而是基于"义"。

387

可以提出，"敬"是"心"之成长的自然过程；其中，人必须"勿忘"，"勿助长"。因此，人如果能够与其本心或"赤子之心"（the mind of innocent child/ch'ih-tzu-chih-hsin）相关联，那么就能够达到"敬"。在更深层的本体意义上，"敬"就是本心或赤子之心——此心给予人之存在本真性，融合"诚"于人之行为，并为求知、求学提供动力，同时又不失自我控制与道德指南。"敬"由此成为"学"与"知"的终极指导原理。

通观《朱子语类》，朱熹多次或直接或间接地提到"敬"。他讲过居敬、涵养、（"心"的）存养。他涵盖了"敬"的三种重要意义以及其中遵守"敬"的原理。根本上说，他关于"敬"或居敬的概念源自二程。而朱熹的独特贡献是其对居敬与穷理如何发生关联的关注。他颇富见识地断言，居敬与穷理彼此互补、互进、加强，形成统一，

---

① "学问之道无他，求其放心而已矣。"（《孟子·告子上》）

且源自同一体。然而，有一个问题朱熹尚未做出令人满意的处理。在被问及致知与涵养这两者何为先时，朱熹说："须先致知而后涵养。"又在被问及程颐如何可以说"未有致知而不在敬"时，朱熹说："此是大纲说。要穷理，须是着意。不着意，如何会理会得分晓。"[21]但显然，朱熹并没有厘清他关于致知先于居敬的道理何在。看来情况是这样的：如果能够给出这样的道理，那么就不会影响"敬"这一终极的概念。就"敬"这一终极的概念来说，"敬"已然就是本心：它是致知与"学"的开端和可能性。但确实只有存在知识与本心的关系之后，居敬的第二义才变得有意义和积极。依据我们先前的解释，致知与居敬（涵养）之间的关系或许可图示如下：

388

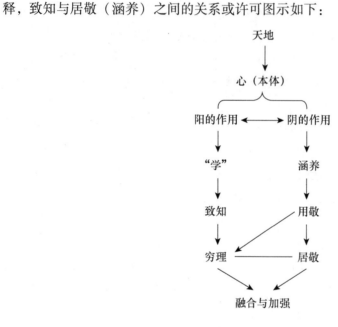

此图示表明，源自天地的"心"如何内在地具有两种作用亦即阴与阳，它们奠定并产生了两方面的能力：一方面是学习与致知的能力，另一方面是养"心"于整体和专一之中的能力。这两种能力是互补和相互加强的，正如阴阳之间的关系。

朱熹的方法论结构

依据对朱熹为学方法的分析，我们发现其"养心"与"进学"这两个分类的方法论原理是相互关联并形成一个统一体的；必须联系"心"的本性以及"心"与天地的关系，才能恰当地理解它们。事实上，"养"与"学"的方法论统一以及由此而来的"用敬"与"穷理"的认识论统一，必须依据本体层次的阴阳统一的太极原理来理解。这种方法论强调"养"和"用敬"，尤其是由于其在产生某种来自"心"的整体深层知识中发挥作用而获得了认识论的意义。这意味着，以"用敬"来养心的方法由于其本体根据与背景（它也是由此而得以证成的）而具有了认识论上的重要性。

"以用敬之法来养心"是"阴"的作用，正如"以穷理之法来进学"是"阳"的作用。阴阳作用的统一产生了"养心"与"进学"的统一及互补性和彼此的创造性促进。这导出了为学过程中"心"之大用的整体成就观。"心"之大用的这种整体成就由此具有本体论意涵。它说明了创造性之中的天地之大用。于是，对于《大学》关于"学"的学说与《中庸》"创造性地参与天地造化的活动"学说这两者，我们就有了沟通的桥梁。在一般的意义上，我们可以说，朱熹的为学的方法论体现并由此反映和预设了其关于"理"的认识论；而后者由于同样的原因，又体现并由此反映和预设了其关于太极与阴阳的本体论。除非明白其"理"的认识论和太极阴阳的本体论，否则我们就不能理解其为学的方法论。一旦进入认识论与本体论的层次，我们就会逐渐领会他关于为学与理解的方法论，以及就这两个维度或两个要件而言为什么以及如何是这样的。

朱熹方法论的另一重要方面在于，把这种方法论运用于生活与实践。从《近思录》的论题编排可以看出，不仅对"道体"的理解先于为学、致知与存养，而且为学、致知与存养之后即是克治（governing one's self/ke-chih），在克治的条目下讨论的是关于修养、规约以及成就个体的完善。《朱子语类》中的论题呈现出同样的次序。在《朱子语类》中，"克治"的观念为"力行"所代替，"存养"的观念为"持守"所代替。论题的次序暗示着朱熹为学方法的原理次序。"学"是为了求"道体"，并将已学运用于生活与实践。"养"与"学"的分类原理由此履行着双重功能：它们既是通向终极整体真理的方法，也是指导、安排和完善人的现实生活的方法。甚至可以提出，随着人对"理"的了解日益增加，原理知识在生活与实践中的运用范围也愈益广泛。由此就能够理解，从修身到齐家、治国乃至平天下的过程，就是"道体"之学的实践与运用的自然拓展。按照这样的方式，我们就可以看到，朱熹的为学方法如何为理解孔子的陈述"下学而上达"[22]提供了一个明确的模式。

根据以上论述，可以把朱熹的为学方法论图示如下：

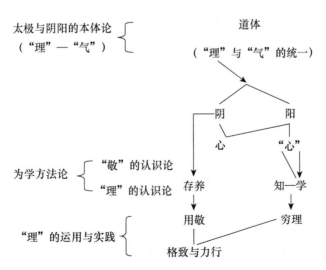

389

390

当代分析学的相关性

以当代西方哲学为参照，如何定位朱熹关于方法、学知和性理的观点？尤其是按照当代西方哲学的分析方法，其观点当作何解？如果考察当代认识论方面的文献，我们就会发现，当代关于知识与真理的某些观点阐明了朱熹的观点。这可能也意味着，朱熹关于方法、学知与性理的观点接近于当代认识论的某些观点，并显示出深刻的当代意义。在此我将参照在研究知识与真理方面颇负盛名和影响的当代哲学家罗德里克·齐硕姆（Roderick Chisholm）的著作，仅简短地讨论朱熹方法论的三个方面。

第一，在其《知识论》（*Theory of Knowledge*）[23] 中，齐硕姆接着迈农（A. Meinong）的例证，主张存在着这样的"自身呈现的事态"（self-presenting states of affairs）：它们一方面构成认知的适当入手处，另一方面为所有的知识提供某种根据与证成。按照齐硕姆对事态**自身呈现**的界定，对某人来说自身呈现的事态发生于某一确定的时候，且它们在发生时对这个人来说必然是直接而显明的（evident）。对此的一个替代的解释方法是：如果 h 在 t 时为真，那么 h 在 t 时对 s 来说是自身呈现的；而必然地，如果 h 在 t 时为真，那么 h 在 t 时对 s 来说是显明的。[24]

一个命题对某人是直接显明的，这理当意味着这个人会接受该命题为真。某事态对某人是直接显明的，这意味着这个人会接受该事态为自然而然地被给予的，并代表着实在或真理。真理或事实自身呈现这一观念由此就蕴涵着：（1）事实或真理一旦呈现就产生真正的知识。（2）事实或真理的呈现是心的一种呈现。（3）心一旦接受事实或真理的呈现，就会立即将之认可为事实或真理，这意味着心具有认可和保存真理的能力以及源自这种能力的本体意义。

这样来理解实在与真理的自身呈现，我们就可以看出，朱熹甚至其前辈二程都确信实在与真理的自身呈现。可以说，朱熹和二程将他们的天理哲学建基于天理自身呈现的性质以及心的自身呈现这种认知能力。如果一个人致力于"学"，那么一切天理或"理"对他来说最终都是自身呈现的。实际上，朱熹的穷理说显示，"理"是已然呈现于事物的，已然内在于心的；"学"之作用在于让"理"呈现于心。一旦学之不辍、不为欲望和偏见所蔽，"理"就会自然而然地呈现自身。因此，"学"只不过是达成"理"之自身呈现的途径。"理"一旦呈现，人就有知识；反之，则无知识。"理"的知识是自然自发产生的，因为正是在自身呈现这一性质中，"理"才成为"理"的知识。这也反映了心的接受能力，即所谓灵觉（subtle perception/*ling-chueh*），它是人在致力于"学"时获得的。

尽管实在和真理的自身呈现这一观念阐明了朱熹关于"理"的认识论，但必须承认，朱熹关于"理"的观点超出了齐硕姆或迈农给出的真理自身呈现的范围。在朱熹看来，一切"理"与终极之"理"都是通过它们的自身呈现和养心而得以认识的；但在齐硕姆看来，作为知识来源的自身呈现仅适用于感觉感知和人的思想情感的内心自觉，他把外物、他人的心理、伦理与形而上学归为由逻辑、归纳或标准来间接显明和推理的范畴。[25]换句话说，在朱熹看来，自身呈现是对一切真理的认识模式，包括通过读书得来的真理以及关于外物、他人、伦理和形而上学的真理；或许关于形而上学的真理尤为特别，在朱熹看来它是一切真理之学习基础。

这就引向了参照齐硕姆来看朱熹为学方法论的第二点。由于间接显明的知识与真理之间存在鸿沟，所以齐硕姆不得不承认，人可能（在间接显明的意义上）拥有假知识。他说："因此，如果不持怀疑态度，且不把显明限制于直接地显明，我们就必须面对这样的可能性：某一显明的，或我们持有充分证据的信念，同时也可能是一种虚假的信念。"[26]这当然是一个不受欢迎的结论、一个证实知识与真理之间存在不一致的结论。

要消除这种不一致，我们可以用知识来界定真理。但这只会让真理与实在相分离，而认识实在的问题仍然存在。因此，唯一的解决途径似乎在于要求：（1）一切真理必须是对心直接显明的；（2）一切间接显明的命题必须仅被视为假说。这似乎正是朱熹的立场。在他看来，真理（"理"）对人必然是完全显明的；否则，就不可以说理解了真理。"道体"的观念，就是全体真理的观念。这清晰地表现在朱熹关于心之全体大用这一说法中。人没有达到豁然开朗（hou-jan-kuan-t'ung），就不能说认识了真理。

在朱熹看来，真理是全体性的；而对如此全体理解的显明，是心之全体大用通过为学过程完成的。心中"豁然开朗"的体验，是把握整体真理由此获得完整知识的标准与标志。换句话说，如前所示，在朱熹看来，除了全体真理就不可能有真理，除了完整知识就不可能有知识。因此，可以说，为学方法为关于全体真理的完整知识提供了背景。有鉴于此，认识方法就不得不是一种自身呈现和直接显明，没有其他任何方法能够解决知识与真理之间的不一致。

齐硕姆在一定程度上承认这种观点的意义，但他提出了如下问题："但如何让自己确信：一个对我们来说是显明的信念，对这样一种存在者——对他来说一切真理都是显明的——来说也会是显明的？"[27]齐硕姆的回答是："那么，这就会要求我们不仅要假定有这样一种存在者——对他来说一切真理都是显明的，而且要假定我们每个人都等同于这种存在者，并由此彼此等同。"[28]这一属于唯心论传统的结论，齐硕姆称之为真理融贯论（coherence theory of truth）。[29]他不甘于接受这个结论，因为在他看来其中存在太多的假定。但依据朱熹的形而上学与方法论，我们不必如此悲观；因为本体上说，没有必要将某一个人的心与他人的心分开来看。朱熹关于心的哲学容许在达到对"理"的终极理解中一个人的心同于圣人之心，且就此而论同于天地之心。换句话说，所有的心都享有同样的太极，而为学的目的正是要使个人的心能够同一于所说的圣人之心或天地之心。这在陆象山的如下陈述中得到了最佳表达："人同此心，心同此理。"[30]

至于是否存在一种一切真理都对之显明的存在者，答案是天地之心正是此种存在者。但在此，显明应该意味着自身呈现。如前所示，天地之心正是被理解为自然与世界中全体真理（"道体"）的完全的自身呈现。依据我们对"理"的自身呈现性以及"理"全体性特点的解释，这些陈述是否仅仅是假定呢？答案是：在齐硕姆看来可能是假定者，在处于不断为学过程的心看来可以说是与全体真理之全体自身呈现相关的自明真理。这甚至是朱熹为学方法论的最终证成。在这种方法论中，方法的概念也变成自身呈现的，而朱熹哲学中方法、学知与性理也有了融贯性。[31]此即参照齐硕姆对朱熹方法论做出的第三个要点。

【注释】

394

[1] 参见《中国哲学季刊》（*Journal of Chinese Philosophy*），第5卷第2期（1978）；张中元（Chang Chung-yuan）：《康德的美学与东方》（*Kant's Aesthetics and the East*），载 *JCP*，第3卷（1976）：399页。

[2]《朱子语类》是朱熹解说中国哲学中所有重要论题的真实记录，也是对儒家经典的反思与评论。它是研究朱熹的第一手资料。

[3]《论语》，7-30。

[4] 同上书，15-29。

[5] 朱熹：《四书章句集注·中庸章句》。

[6] 朱熹：《四书章句集注·孟子集注》。

[7] 同上。

[8] 朱熹：《四书章句集注·大学章句》。

[9] 朱熹：《朱子语类》，黎靖德编，王星贤点校，150页，北京，中华书局，1986。

[10] 转引自朱熹、吕祖谦编：《近思录》，卷二第7条。

[11] 转引上书，卷二第34条。

[12] 参见上书，卷二第60条。

[13] 转引上书，卷二第61条。

[14] 转引上书，卷四第48条。

[15] 转引上书，卷四第53条。

[16] 参见朱熹：《朱子语类》，黎靖德编，王星贤点校，150页。

[17] 同上。

[18] 同上。

[19] 同上。

[20] 参见《孟子》，2A-2。

[21] 朱熹：《朱子语类》，黎靖德编，王星贤点校，152页。

[22]《论语》，14-35。

[23] 齐硕姆：《知识论》，Englewood Cliffs, N. J. ，1977。

[24] 参见上书，22页。

[25] 参见上书，第4、7章。

［26］同上书，99 页。

［27］同上书，100 页。

［28］同上。

［29］参见上书，100 页。

［30］《陆象山全集》。

［31］然而，这样一种融贯性中并不存在任何这样的暗示：朱熹的哲学或方法论必须被视为唯心主义的。或许有人会质疑说，朱熹的方法论不可能产生现代物理学所要求的科学知识。要对此做出评论，指出如下一点即可：朱熹的方法论显然不会产生现代科学所要求的所有科学知识，这不是他追求的目标；但不清楚的是：如果容许实践与运用层次上的致知得到相对独立的发展，而延迟科学知识与自我修身、道德实践和自我完善这些价值论上的价值观之间的融合，朱熹的为学方法论是否就可以产生科学方法、获得科学知识？

十六　王阳明心学中的统一性与创造性

王阳明心学概说

　　谈到王阳明，人们难免质疑其心学。其心学是什么？对此问题的恰当回答是：王阳明的心学是其全部的哲学，由关于心理的特殊**哲学**和特殊意义上的"**心**"的哲学组成。中国哲学中"心学"这一术语，实际上正是在关于心的这一双重意义上理解的。王阳明哲学的特点在于，其心学由经验理论与方法论组成；前者指对种种心理体验的现象说明，后者指对心理体验到的理想价值如何得以充分实现和发展的超越批判。实际上，关于心理的**哲学**基于对心理功能的现实观察，其提出的目的在于达成对与各层次实在相关的心理的充分理解。另外，"心"的哲学基于对"心"的形而上观点，其提出的目的在于将此观点运用于心理的现实作用，以便"心"能够企及终极价值（称之为善）与实在的状态。

　　我认为，在所有的新儒家思想家那里，实质观点与方法论观点、现象描述的因素与实践规范的因素是完全融合在一起的，这在王阳明这里得到了明确的说明。由此可见，"心即理"（mind is principle/*hsin-chi-li*）说根本上是现象描述或实质观点的因素，但也不无方法论和实践规范的意涵。"知行合一"（unity of knowing and acting/*chih-hsing-ho-yi*）

　说作为王阳明哲学中第三种形式完备的学说，代表着实质部分与方法论部分的均衡结合，从而似乎在某种程度上构成了第一学说与最后一种学说之间自然而然的桥梁和联结。

　　以上是把王阳明哲学作为一个整体所做的一般性元哲学反思，由此不难看出，其心学实际上是一个统一体，一种经验与方法的统一、描述与规范的统一以及认知与践行的统一。所有这些统一，只有通过王阳明对心与实在的创造性洞见才能得到解释，且应被构想为某种创造力，由此导向众多非如此不能得以理解的重要哲学论点，以及对于众多非如此不能得以阐释的重要哲学问题的丰富解答。

本文不拟详述王阳明心学，而是要处理其心学（在如前所示的双重意义上）的关键特征以及其中的多种统一与创造性。我认为，王阳明心学最精华的部分要在其所理解的终极实在的统一性与创造性中探寻，他的理解最终归结为其"心"的概念。

心的无体之体（原初实在）

作为一个概念，王阳明所谓的"心"必须在多种意义上来理解。在形而上的意义上，"心"同于"天"或终极实在及其运行之道，由此"心"具有与"天"一样的包容性和能力。在有所限定的层次即人的存在层次，"心"同于"性"，对所有人来说都是普遍可能的实在。它是人的一切活动、动机、情感和感知之源。它实际上是不排斥人的身体存在的统一体。在较狭窄的意义上，"心"是对人之身体或人之自然功能的指导力和控制力。它根于"性"而以其独特的存在方式展示自身，这一点必然是其独立的特征。在这种存在方式中"心"的主要特征是如前所示的**统一性**与**创造性**，由此"天"与"性"的普遍潜能及其统一性与创造性得以充分实现。

"心"在不同层次的统一性与创造性之实现，应该产生不同的具体德性。在"天"的层次，"心"对"天"之潜能的实现导致"天理"的丰富展现。在"性"的层次，"心"对"性"之潜能的实现导致诸如"仁""义""礼""智"之类的"表德"（manifest virtue/p'iao-te）的丰富展现，它们是给人类整体带来统一、和谐与善的根本所在。"心"自身潜能之完成的实际结果是统一性与创造性原理的具体而普遍的运用，从而在存在的各层次、生命体验的各领域产生更多的统一性与创造性。因此，"心"自身的实现是自证自成的。在形而上的意义上，所有这些组成了王阳明学说的"知行合一"说与"致良知"说。[1]

398

关于与王阳明著名哲学论题相关的"心"的形而上观点，我们可以指出如下几点：

第一，同于"天""体""性""命"的"心"，同样也是在各种具体表现中的"心"。"心"日益增进的包容力并不会削弱其恒常的具体性。无论在古典儒家的还是宋儒的语境中，"天""体""性""命"都是具体的术语，表示具体的过程与实在；它们不脱离现实，不是仅为抽象的东西。在此意义上，"心"就其最具包容性的方面而言，是通过对世间现实现象与事件的体验而被赋予意义的。对"心"的这种看法，其中的要点在于："心"必须被理解为具有统一性与创造性的终极实在。正是由于这种终极实在[2]中的统一性，"心"才能够且应该同一于不同范围内的实在；也正是由于这种终极实在中的创造性，"心"才能够通过不同范围内的实在被理解，且被视为涵盖于这些实在之中。

正是在上述意义上，一个人的"心"不仅是他自己的"心"，而且从根源上来说是整个宇宙的"心"。[3]而宇宙中事物的实在也不仅仅是宇宙的一分子,也是"心"的一分子,"心"把实在体验为实在并促进对之的理解。

　　第二,如果要问"心"的形而上构成是什么,一个简单的回答就是"气"。王阳明在众多场合都谈到"气",而所有显示出统一性与创造性的力量都必然是"气"本身的具体活动。就其最狭义的运用而言,"心"的主要功能是良知。作为界定性的本体,"心"的良知在现实运作中被称为"气"。[4]就给予告子"生之谓性"恰当意义而言,王阳明明确提出"气亦性,性亦气也"[5]。"心"不异于"性","心"也不异于"气",所以形而上地看,"心"应该同一于"气"而不是"理"——"理"与"气"这两者是朱熹哲学的两个基本原理,其原因在于,"气"不限于某一形体,而是无形且最具活力的。"气"被认作一切形体与区别之源,这是基于"气"的创造性而做出的解释。[6]

　　那么,我们可以用统一性与创造性这两个维度来描述王阳明哲学中的"心"。在一个维度,"心"达到与"天"和"命"、"体"和"性"以及"身"(身体)的统一性。其创造性见于"心"作为由各种范围的实在组成的存在。在另一维度,"心"的统一性与创造性是通过细致考察王阳明的"知行合一"学与"致良知"说而得以展示的;这两个学说都把"心"关联于实践以及生活的各个现实层面。如我们将看到的,"知行合一"说与"致良知"说,不仅就其应用而言是伦理的,而且对于本体上实现"心"与"理"的统一及其创造性区分也是重要的。[7]由此它极好地代表了阳明学关于"心"的统一性与创造性的最终发展。根据王阳明的观点,统一性与创造性这两个维度图示如下:

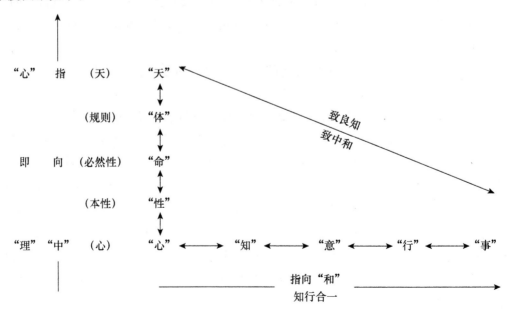

作为良知呈现之"心"的根源实在

作为创造力集中的实在而不只是反射似的意识,"心"能够发挥多方面的作用。这
些作用的发动既是自然而然的,也是修养之事。一方面,它是自然的,因为"心"就其
形而上性质而言是在不同形式的活动中展现自身的。另一方面,"心"之能力与功用的
发动是道德努力的结果,是自我矫正和自我指导过程的结果,只有以道德与形而上的方
式才能得以理解。

在实现其"用"的过程中,"心"之"体"自始至终处在"虚灵明觉"或"灵昭明
觉"的状态。"虚灵明觉"或"灵昭明觉"这些术语是形而上的,必须通过"心"的统
一性与创造性来理解。[8] 因为使"心"成为"虚灵明觉"或"灵昭明觉"者,只不过
是"心"与世间万物相互作用这一天生性质。以此方式来构想"心",就是把"心"构
想为富于各种作用的创造性中介,而其又构成了终极性与原发性的统一。

我们已经看到,就"心"在形而上的意义上被理解为原初本体而言,"心"也被称
作良知本体。但这种良知本体是怎样的?在古典儒家思想家孟子所主张的意义上,作为
一种能力它并非经过学习与思虑而来,但能够知晓和确定事物的善恶价值。我认为,王
阳明正是在这种原始孟学的意义上谈论良知的。因此,他说:"良知者,孟子所谓是非
之心,人皆有之者也。是非之心,不待虑而知,不待学而能,是故谓之良知。"[9]

我认为,这种原始意义上的良知至少有四个重要方面尚未得到明确的说明。

第一,良知是"心"中的是非感与判断善恶的能力。它是一种知觉的把握与理解,
使人引导自身向善,能够实现其"性"。它是对"性"之至善的知觉把握与理解。这种
对"性"至善的知觉,可以从两个方向来解释:(1)体验至善,就是要觉察在全体实在
中人性之实在的天赋,并由此觉察自我与终极实在的统一:在自我与终极实在之间完全
没有分界。进一步说,它是完成自我与他物之"性"的创造力。同样,它作为一种力
量,赋予整体实在生命,将全体保存为活生生的实在。(2)把握人自身之"性"或
"心"的至善,就是要将之视为标准,由此对行为过程做出善恶判断;因为一个行为过
程仅当有助于至善的展现或理解时,才是有价值的。知善的这两个方面,恰当地融合于
"致良知"的观念中,这也说明了为什么这种觉察本身是善的、具有实践的创造力。对
善的觉察与觉察之善,是同一实在与过程的两种说法,取决于良知的本体观念或良知作
为本体的观念。[10]

第二,良知作为知觉的存在与作为善恶判断能力的存在,必须被理解为最高、最终
的善以及无与伦比的善。因为正是由于符合良知的本性,所以应用中的善恶才必然被确
定。良知之至善因而就是本体的善或善标准:其之所以为善,正是由于它是通过其赋予
性(giveness)和实有而存在的。因此,它必须在实有的意义上被理解。[11]

400

401

第三，良知是自知（self-knowledge）或自我反省（self-reflective）之知。王阳明强调了这一点。在良知发动而与个人日常事务相关联时，良知的自知就是关于善恶的知识。在此意义上，良知是对人的意念做出评价性的判断。自知成为行为与选择的根据。一个人的善恶选择、发展与否，不是自知之事，而是"致良知"之事。王阳明说："凡意念之发，吾心之良知无有不自知者。其善欤，惟吾心之良知自知之；其不善欤，亦惟吾心之良知自知之。"[12]他还说："良知自知原是容易的，只是不能致那良知，便是'知之匪艰，行之惟艰'。"[13]随后我会讨论"致良知"的性质与意义。

依据先前所述，作为本体的良知自然是人之存在的主宰。它是支配性的原理，因为它是最根本的，且是人在其一切活动中获得统一性与创造性之根源。

402

第四，良知是本体或心体本体，就此而论，它同一于"天""性""命""天理"。在形而上的意义上，它是终极的统一性与创造性之源。根本上说，它是实践与创造的力量或意念（will/*yi*）。由此，它被设想为"行"的基础，从而始终为行为提供指导与动力。

依据将"心"作为良知的上述解释，显而易见的是，"心"一方面是一种知觉状态[14]，体现着善的内容；而另一方面是一个反应、成长与发展的感觉过程。良知本体或"心"的这一富于创造性与活力的过程性质极明确地见于如下这段引文："问：'先儒谓"鸢飞鱼跃"与"必有事焉"，同一活泼泼地。'先生曰：'亦是。天地间活泼泼地，无非此理，便是吾良知的流行不息。'"[15]

关于作为"心"之发动与创造性形式的"意"

作为一种反应过程，"心"的现实创造的结果被王阳明称作"意"。它发生于"心之发动处"。但"心"在发动自身时仍保持着明觉，因而能够知道其所发动处。这种发动的目标，被称作"物"，更多的时候被称作"事"。由此，"心"的发动是在某一情境中对世界做出反应，形成与世界的互动；这是一种复杂的关系，并构成了由于"心"而得以可能的统一。正是由于"心"的创造性，才创造出如此情境中的独特关系，以及包含如此关系的情境。

"心"不仅在具体情境中统一于"意""知""物"，而且同一于身体的实际感知，因为恰恰是感觉的感知能力被设想为"心"之用。如此包含"意"的情境，其具体性在于对事物的具体指涉。换句话说，只有在指向并回应具体事物中，"意"才得以发动或产生。[16]

"意"指向某物且涉及某情境，由此可以被认为是在某情境中行为与价值实现的驱动力。它可被认作某一情境中被意愿和被渴望的东西。在此意义上，"意"是行为的发端，以及获得直接经验或对某情境的价值知识的契机。[17]

　　这里清楚地说明，"意"是行为的实际情况与经验的契机，而"心"能够判断可欲（善）或不可欲（恶），由此是做出决定与选择的根据。因而"意"可被认作"心"的创造力，因为正是通过"意"，"心"才在某一导致行为的具体关系中建立与世界的关联。"意"是求知的驱动力。而"意"不仅是求知的驱动力与行为的方向，而且是事物变得对我们有意义之所在。在此意义上，"意"赋予事物意义，因此王阳明把"物"当作"事"来谈论。"事"是与我们相关或变得与我们相关的事物。没有"意"，事物就是与我们无关的，且不能在这样的关系中得到理解。因此，在此意义上，"物"是为"意"所规定和设定的。[18]

　　"物"的所有实例都清楚地表明，它们是在事态意义上的"事"。因此，王阳明谈到，在事亲、治民、读书或听讼时要用"意"。所有这些事态都是"物"，对王阳明来说即是"事"。用"意"于这些事，就是要建立这些事与自己的关联，并经验它们以确定与之相关的、需要实现的价值。因此，我们实际上可以把"意"的创造性运用视为达成知行合一和致良知的根据，知行合一和致良知是实现"心"与人的统一性和创造性的方法。

"心"在其发动中的统一性与创造性：知行合一

　　如果细察王阳明著作中讨论知行合一的部分，我们就很容易看出，知行合一本身就是"心"之统一性与创造性的表现。这种统一的根据是"意"：一方面，意是"心"通过心之知而对事物做出的创造性回应；另一方面，"意"是行为的指导力量与目标。"意"本身说明了"心"的统一性与创造性，因而知行合一在于"意"。"心"以"意"的形式发动，其中的统一性与创造性在于两个隐含的原理。

　　第一，依据我们对"心"的形而上理解，"心"就是终极实在，从而也是"天理"，是终极形式的善。[19]它不仅是客观化的静态，而且是积极的创造力，用我们的术语"创造性"来说：它是含有洞见、理解、觉悟（"明"）的创造性。或许可称之为觉悟的创造性。它是一个统一体，并非因为其为一个原理，而是因为依据它，所有原理都在"心"对事物的具体创造性运用中呈现自身，所有原理都在它这里交汇而展现意义，获得实现。因此，"心"的活动既是创造性的也是自发的：它始终处于觉悟状态或符合至善及其对之的理解。

　　第二，"意"可被设想为"心"的个体化活动，其要在具体情境中实现"理"。它是一种自我实现的形式。因此，它一开始就是实践的。事实上，在无蔽的状态下，可以把"实践的行为"当作"心"之发动或自发回应的手段或途径。在此，我并不是要说，在本体论意义上，"知"与"行"最初就不是分离的、不可分离的：仿佛是我们先有知，

403

404

然后再做出相应的行动。而情况是，人的知善与根据对善之知而行，这两者是同时的，其中善是"心"以"意"的形式的自发的个体化发动或反应。[20]

在全善和本真性实在的状态下，"心"会认识到情境的需要，因此它也将认识到情境的性质。"心"会自然而然地对其认识到的情境需要做出反应：这就是所谓的"发"。由这种反应而来的结果总是善的，并被称作德性。因此，"孝""忠""诚""仁"都是"心"之反应或活动的创造性的具体结果：它们是善的典范。而就这些德性本身来说，它们是知也是行：它们关涉做某些事情。这在孟子说明人的天生性善的例子中清晰可见——该例子指出，一个人看见小孩有落井危险时会做出怎样的自然反应。在这一著名的例子中，一个人认识到一个情境（小孩将落井），自然而然会同情他，并甘冒危险跑去帮助这个孩子。这是一个移情的举动，是仁爱的大德。这一行动是有目的的，因为其以救孩子为目的。要实现这个目的，人自然会卷入某种或某一系列的行为。

很显然，王阳明会将此视为知行合一的恰当典范。由此例还可看出，知是有目的导向与价值关涉的。对事实性情境的认识，承载着其中有何需要的判断以及要满足这种需要应该或要做什么的判断，从而含有对行为目的及实现手段的认识。所有这些都紧密相关于"心"之自然发用，以及根据"心"的判断而驱动人做出的相应行为。由此而做出的行为及其结果就不可能不善，且必然为德性。

在较复杂的情境中，人可能必须肯定对情境的恰当认识，或者说要把握情境的需要或需要做什么、如何做。在做出这些努力时，需要知识，必须发动获得知识的努力。但在王阳明看来，这一获得知识的过程，并非分离于对目的判断的考量和"心"的善恶评价。情况反而是，它们服务于"心"对目的的判断及其善恶评价，从而必须被看作来自"心"的创造性意念的结果。前者服从后者，由此导致具体的生命活动和有价值的行为（道德行动）。在此意义上，"心"的评价与有目的的判断既给予了求知统一性，也给予了求知创造性动力，从而得出的行为会在具体的形式（德性）中完成和实现统一性与创造性。其门人徐爱（Hsu Ai）曾问，就侍奉父母而言，是否应该考虑学习与保暖防暑的自然方法相关的各种礼或信息；对于此提问，王阳明的回答很敏锐。

> 冬时自然思量父母的寒，便自要去求个温的道理。夏时自然思量父母的热，便自要去求个凊的道理。这都是那诚孝的心发出来的条件，却是须有这诚孝的心，然后有这条件发出来。[21]

由此显然可见，王阳明并不否认或废弃对某一类型的知识或信息的寻求。但根据他的观点，任何这样的寻求都必须根植于或受激发于这样的愿望：在某一自发行为中带来某种价值。他所强调的实际上在于：（1）对知识和信息的任何寻求都必须由作为"心"之反应的某种愿望来驱动，且大体上通过其天生善性而证明为正当的。（2）这样的寻求进而指向某种目的，该目的是由"心"在如此反应活动中来确定和觉察的。（3）任何知识和信息都必须汇集于这样的框架，且必须有如此根据才有意义。如（1）、（2）、（3）

所确定的，正是在此意义上，王阳明才说诚孝之"心"是根，讲求温凊之节是树的枝叶。他认为，必须先有根，然后有枝叶；而不是先寻了枝叶，然后去种根。

由此可见，王阳明的观点是，对知识与信息的任何寻求都必须是有目的的，是由"心"体会到的价值所驱动的；在此意义上，这种寻求取决于两个条件：（1）"心"的真实反应（"意"）；（2）"心"所产生的服务于目的的行为。因此，知行合一只不过是"心"作为终极实在于其潜在价值（个人在情境中感知的善）的创造性实现中的统一，而且知行合一必须被理解为在一种动态的整体背景中知与行的连续体；其中，最初的反应导致寻求知识与信息的行为，而这又转而服务和满足行为的目标。从这样的观点看，显而易见的是，知行合一说必然导出致良知说。

406

关于知行合一的更深入的哲学观点

首先，"心"以"意"的形式发动，根本上是实践的和行为导向的，因而满足目标的求知和体现于"意"中的行为目标，不是离开"意"的存在来理解的。对行为表现或以道德为特征的某类行为来说，求知以及由此而来的知识似乎必然是工具性的。它受行动愿望的驱动，指向这一愿望的实现。要把这样的行为理解为道德的，就必须这样来理解：作为"心"的发动，"意"不仅是行动的愿望，而且是对行为之善的认识。认识某事为善，就是希望做出以所认识的善为目的的行为，或在具体行为中实现善。因此，王阳明说："未有知而不行者，知而不行只是未知。"[22]

在此意义上，知识显然是指在"心"之发动或"意"之发生处的善知识。这种知识是对情境做出的反应，这里的情境是指人于其中实现自我的情境。这一观点无异于苏格拉底的名言：没有人知恶而故意行恶。换句话说，人之行恶总是出于无知。由此，苏格拉底得出结论，知识即德性；当然，其中的知识必须被理解为道德知识或涉及正当与否的评价知识，以及依据正当行为的愿望。

正是在此意义上，"知"与"行"才可能是且本来是一体的；正是出于"心"之发动的性质，"心"才会决定能够做出为"心"所认识到的善恶行为。善会导致善行，而恶会导致恶行；因为善自然地为人所喜好并遵循，而恶如果不被认作恶或"心"有所蔽，那么它也可能为人所喜好和遵循，否则恶就是可以避免的。因此，王阳明指出这样的情形——人自然会喜好美好的颜色，自然会厌恶糟糕的气味——来说明，"心"是如何做出体现知行合一的选择的。因为把美好的颜色视为美好的颜色是"知"，喜好则是"行"。这意味着，喜好某事物可以导致某种行为，比如美化和保护其喜好的对象。类似地，人如果厌恶某事物，就会做出摆脱厌恶对象的行动。

407

王阳明想要坚持的观点是：看见某物之美好就应该喜好，闻到某物之糟糕就应该厌恶。但看见某物之美好或闻到某物之糟糕，不仅是见好色、嗅恶臭，而且是把某物看作善的、把某物闻作恶的，其中涉及善恶判断。在王阳明看来，根据"心"之发动和良知，这是自然而然的。对事物的善恶判断已然是潜在的知行合一。这种合一的可能性以及"心"以此方式的发动，要归因于"心"的创造性——"心"根据其本性之所是，自然而一贯地做出反应、呈现其活动。"意"就其驱动能力而言，良知就其善恶判断之能力而言，都是"心"的创造性特征。

从这种知行潜在合一的观点来看，确实可以说，知是行之始，行是知之成。[23] 同样正确的是，行是知之始，知是行之成。因为讨论中的知识始终是必然涉及行为的良知，而在"意"的觉知中的行为总是能够驱使"心"由于行为的缘故而求知。"知"与"行"是"心"之发动中潜在的两个方面，因而在合一的现实过程中，"知"与"行"必然相互需要、互为条件，以促成"心"的创造性发展。由此，更多的"行"导致更多的"知"，更多的"知"导致更多的"行"。这就可以扩大知识的范围，增进行为的效率。不知何故，王阳明并没有看到知行合一中的这种创造性潜力。他只看到"知"必然导致"行"，但没有看到"行"提供了求"知"的情境与契机。然而，他的确看出，"知"是"心"发出的，从而是有目的进而与"意"相关的。只有"意"才是"心"自然而然的例证和创造性展现。在王阳明看来，若非如此，则"知"不可能得到理解。他反对把"知"仅视为对事物之反映，其理由即在于此。

408

知行合一还有另一创造性特征，即被认识为善且由此使人行动的东西，是对某一情境中的"应当"的认识。认识到"应当"，就要设法履行。而为了履行，人就必须获得如何履行的知识；从而"应当"应该自然而然地导出对知识的寻求。在此意义上，如果有充足的知识，"应当"就可以蕴涵"能够"。在某一自然情境中，"应当"必然导出去做某件由"心"自然发动的事情。因此，这里通过"知"与"行"的相互作用，"是""应当""能够"之间的统一得以实现。"心"中之所"是"自然产生"应当"，"应当"转而又产生行为之所"是"。西方伦理学中"应当"与"是"的关系难题，在王阳明心学对"心"及其发动的形而上理解中得到了解决。

由以上论述显然可见，知行合一必须通过"心"的本来统一及其对情境的创造性反应来理解。"心"的创造性反应是"意"；"意"是行为的驱动力，在正常情况下应该自然地符合"心"对善的知觉（良知）。在达成目的的过程中，"意"本身是现实行为与为了实现行为而寻求知识的统一。在此过程中，"知"并非盲目的，而是作为"意"的结果发展出来的。

进一步说，在潜在的知行合一中揭示自身的"心"的创造性，也被揭示于这样的事实："心"能以不同的对善的评价、对不同行为形式的愿望去回应不同的情境。要保持这些不同的目的，就可能有不同的求知方法以及求知结果。

王阳明就是这样来解释，不同的时代为什么可能有不同的智识工作。因此，根据王阳明的说法，周公（Duke Chou）制礼（礼制）作乐（乐制）带来天下文明；这么做，无碍于这一事实：此前圣王尧舜也能够做出这样的事。类似地，孔子编辑六经以教化人民，这么做无碍于在孔子之前圣人周公也能够做出这样的事。王阳明认为，这些智识活动是圣者之心在不同时代做出的自然回应。在不同的时代，圣者之心能够对时代的智识需要做出充分的回应。这么做是毫无意义的：独立于圣者之心而从外部努力获得智识信息或进行智识考察。重要的是要尽可能地保持"心"的清明、敏感和活力。

409

　　根据以上解释的"心"本来的真正实在，"心"能够对情境做出反应；并且，在保持清明与敏感的情况下，"心"的创造性反应总是善的，因为它完全受自身活动的主宰，这自然而自然地会导出理想的行为或以理想行为为目的的求知。因此，按照王阳明的观点，重要的是要保持"心"的清明，这对于在至善（终极实在）的一致中统一知行来说是必需的。他说："是知圣人遇此时，方有此事。只怕镜不明，不怕物来不能照。讲求事变亦是照时事。然学者却须先有个明的功夫。学者惟患此心之未能明，不患事变之不能尽。"[24] 他指出："圣人之心如明镜，只是一个明，则随感而应，无物不照。"[25] 尽管这一段难免暗示禅宗关于"心"的某些观念，但"心"这种无限可能的自然反应方式，是相关于且创造性地推动着人类事务与人性完善的。就此而论，王阳明属于儒家，这一点毋庸置疑。

　　王阳明知行合一说的哲学要点可概括为：他强调"心"的实践的与创造性的刺激，以及作为发展与完成方式的目标导向的行为。他反对这样的观点：人能够让自己脱离对情境真正需要的考虑（这是为创造之心所意识到的），脱离"心"的真实愿望或需要（这在追求事物之理的过程中必然是实践的和富于驱动力的）。他进而反对这样的观点：求善就必须穷尽一切事物之理。对他来说，善始终是动态的内在统一，是对各种情境做出创造性反应的根源。借助"心"的善恶判断（就此而论是良知），人必须以"意"的方式对某种关系和情境中的真正感受保持敏感并做出反应。善的道德行为也就随之而来。[26] 仅仅在事物中求善，这是不可能的。善是内在的，必须为"心"所亲切体验，为"心"所决定。由此，在应事之时，具体形式的行为就会导出并确保善的呈现。[27]

　　如果朱熹认同这样的观点，即在穷理中人应该将自身与"心"的评价活动相分离，由此能够达成"心"之德，那么王阳明肯定会反对朱熹。在某种程度上，王阳明反对朱熹的格物说。我们可以主张，"在穷理中人应该将自身与'心'的评价活动相分离"中的"应该"事实上是"心"（良知）的评价观念。

410

"心"之统一性与创造性的完成：致良知

　　为了确保"心"的自然反应是善的且是为善所驱动的，王阳明必然提出其致良知说。可以说，这一后期学说是在知行的相互作用中反思"心"之本体性质的自然结果。而它既是作为在具体生活中达成善的实践性标志而提出的，也是作为知行合一的本体根据（亦即"心即理"）与知行合一的现实表现之间的动态联系而提出的。它把"心"之创造性的本体统一融入各种具体形式的行为，并使各种具体形式的行为指向"心"之创造性统一的终极根据。

我们已经把良知解释为创造性的"心"之"体"与"用"，其"用"在于呈现何者为善以及何者被感知或认识为善。良知是善自身的标准，这是由于认识到"心"自身即为至善（"心"的本体意识中的最高善）。[28]"心"具有认识与把握善的品性，从而具有判断行为方向之善恶的能力。它自然是内在于"心"中的根本特征。

就良知的力量来说，王阳明有时似乎在两种观点之间摇摆。在其早期，他认为，良知不仅是对善的觉察（这可能并不排斥它是行为的驱动力），而且事实上等同于"心"的创造性反应（"意"）。[29]

在此意义上，良知由于其来自创造之"心"的内在驱动力而导致善行为。这或许可被认作知行自然合一的理想情况，因为在"心"的呈现或发动中良知被充分发挥。然而，在王阳明的后期著作中显然可见的是，良知有可能不作为自然驱动力而发挥作用，因为可能是私欲驱动行为而使行为不受良知的指导。可能存在私欲障碍或私意障碍[30]，这是为王阳明所承认的自然事实。像宋儒一样，王阳明似乎没有设想出任何形而上的理论来解释私欲或私意的根源。他认识到，在具体的现实行为中，人可能做事过分或不及，或者是对情境做出不可取的情绪反应。人们可能经常出于一时冲动，而产生没有真正道理的喜怒情绪。人可能由于错误的信息或观念而变得无知或受误导，并采取相应的行动——例如，在不知道营养的恰当需要是多少的情况下，人们可能暴食。[31]

洞察心中的善恶之欲、消除可能存在的造成障碍的一切不良欲望以便只有善持存，且其在任何情况下都会持存，这是致良知说的主要目的。可以说，由于私欲的确时常产生于日常生活的行为中，致良知的着力处就在于，努力在私欲产生之前就加以预防或防止它们对行为的支配。王阳明把这种努力诠释为"致知"[32]与"诚意"。这种努力的可能性展示了"心"的另一种创造性作用。王阳明说：

> 在常人不能无私意障碍，所以须用致知格物之功，胜私复理，即心之良知更无障碍，得以充塞流行，便是致其知。知致则意诚。[33]

这里重要的是，《大学》中的"致知"被理解为致良知，其是要在每一个具体的生活情境中都产生善。把"致知"等同于致良知，客观地看这是否有道理，这是另一个问题。但从王阳明"心即理"说与"知行合一"说的内在视角看，"致知"不能不被理解为致良知，因为其中讨论的"知"就是对作为行为根据的善的洞察。因此，获得"知"就是要获得行为的根据；而依据我们对"本体（之）心"的分析，这种根据是与孟子的良知概念相吻合的那种创造性，是创造性统一的、不学而能的能力。

要注意，"致知而后诚意"这个命题蕴涵两层意思：（1）行为中的良知（对善的具体洞察），的确必然导出真实的意图或无私意的行为愿望；（2）这样的意图或愿望会产生善。

"诚意"被理解为总是导出善行的意图。"诚意"是要使"意"符合善的实在或 412
良知中对善的洞察，而良知必然使"意"符合其无私意的状态。[34]"诚意"是要遵循
为良知所认可的善，避免或消除良知所认识到的恶。良知所呈现的总是善的，但"意"
的发生有可能不根据良知而根据私意；"诚意"是要呈现良知，以明白私意之恶，从而
以行善的新意图禁止之。

致良知说不仅统一了"致知"与"诚意"的概念，而且统一了"正心""尽心"
"格物""明明德""穷理"的概念；而所有这些都是指同一个过程，即使"心"之本体
不为欲望所蔽，由此创造性地发挥作用以作为意图与行为的根据。也就是说，所有这些
都被视为对"心"之创造力的不同描述，以维护其起初的本真性、统一性和创造性反
应。因此，王阳明说："《大学》'明明德'之功，只是个诚意，诚意之功，只是个格
物。"[35]他还指出：

> "格物"如《孟子》"大人格君心"之"格"，是去其心之不正，以全其本体之
> 正。但意念所在，即要去其不正以全其正，即无时无处不是存天理，即是穷理。天
> 理即是明德，穷理即是明明德。[36]

在这样的背景中，"诚意""尽心""正心""格物""穷理""明明德"，这些基本概念
显然是同一事。事实上，依据我们对王阳明的"心""性""物""意""理""明德"
这些术语的理解，这些术语的等同也顺理成章。本体上说，它们均可被视为等同的，因
为它们有着同样的终极本体，只是代表着所谓本体之"心"这同一本体的不同方面。类
似地，"诚""尽""正""格""穷""明"，这些不同的活动都是指本体创造性的不同方
面：它们都指向对善及其实现于生活的具体洞察。所有这些功夫都致力于防止"心"
受私欲的误导与支配，以便让"心"能够在具体生活情境中有效地体现、洞察和完成
善。它们是"本体（之）心"的创造性作用。因此，王阳明说："我今说个'知行合 413
一'，正要人晓得一念发动处便即是行了。发动处有不善，就将这不善的念克倒了，须
要彻根彻底，不使那一念不善潜伏在胸中。此是我立言宗旨。"[37]致良知是根据人之真
实本性的潜在善有效地将知行合一付诸实施。

关于王阳明如何实际地支持"心"之统一性（或终极实在），以上应该给出了清楚
的说明。因为如果没有"心"之统一性的这种终极实在，所有这些观念之间的关系就难
以建立。通过所有这些观念，"心"的创造性在其现实活动中得以说明。而所有这些活
动与良知活动背后的"心"之创造性，也为王阳明所明确提出和强调。"心"与作为终
极实在的"天"是一体的，因而作为终极实在的"天"的不断活动必然蕴涵"心"的
不断活动。因此，王阳明说：

> 天地气机，元无一息之停，然有个主宰，故不先不后，不急不缓，虽千变万化

而主宰常定。人得此而生。[38]

王阳明进而把"心"认作常处于无私欲的反应状态。[39]由此,致良知必然被认作生命恒常不息的活动。他说:"须要时时用致良知的功夫,方才活泼泼地,方才与他川水一般;若须臾间断,便与天地不相似。此是学问极致处,圣人也只如此。"[40]他还强调,"良知即是《易》。其为道也屡迁,变动不居,周流六虚"[41]。

良知或"心"在上述意义上发挥至极之时,自然就成为善与善行为的根源。它自然发动并实现着善,那就不仅是一种无私欲的自制状态,而且一切善都随着"心"的自然发动而呈现。在此,个人的"心"甚至同一于天地的终极实在,并作为无所不包的无限创造性统一体而得以实现和揭示。对于"心"的这种创造活动状态,王阳明描述如下:"圣人只是顺其良知之发用,天地万物俱在我良知的发用流行中,何尝又有一物超于良知之外能作得障碍?"[42]

良知是处于充分运用状态的"心",而"心"又是终极实在,因而不难看出王阳明为何最终把良知等同于天。他说:"'先天而天弗违',天即良知也。'后天而奉天时',良知即天也。"[43]因此,要致良知,就是要完成天地原本被给予的潜藏实在。这是《中庸》所描述的一种"赞天地之化育"的状态。

"中和":致良知与"心"的统一性和创造性

作为本体的"心"揭示于良知的创造性运用中,这一终极状态常被称作"中和"。"中"与"和"这两个术语源自《中庸》,合起来表示一种创造性活动的统一。"中"被明确界定为"心"没有发动或预备发动["未发"(*wei-fa*)]的状态,"和"被明确界定为"心"符合中庸的发动状态;尽管如此,这两种状态实际上仍然是不可分的,因为它们享有同样的实在且代表在"天"的潜力之创造性完成中的同一实在。"未发"或"中"是为了"发"与"和","发"与"和"是要导出某种更深层的存在潜能。

在这方面,它们极为类似于"心"所激发的知行合一。事实上,由"心"达到的"和"是符合善的活动。"心"必须满足的尺度或标准,是对善的创造性认识以及具体地实现这种善的活动过程。由此,"中"与"和"这两个概念同于普遍实在的概念。它们刻画出作为在其最佳状态中的创造力的"心"之存在。因此,王阳明常常把本体(基本实在)称作"中和"或"心"之本体。[44]一旦被给予摆脱私欲影响的力量,"心"就自然处于安宁("未发")而又能够以恰当的方式("中节")自然地做出反应;如是,万物就都会在一种全面和谐("和")中找到恰当的位置。[45]

"中和"亦即创造性中的统一与统一中的创造性,就是终极之善,且为每个人所天生具有。[46]"心",在只是同一于终极实在之时就是"中";在根据良知和善自然地做出反应时就是"和"。"中和"的一体,极清楚地说明了"心"的创造性作用。[47]

　　按照王阳明的观点，"中"与"和"是不可分的，且应被看作创造性的统一整体，因而他认为，程伊川（程颐）、李延平（Li Yen-ping）、朱熹所讨论的如何体验"中"的状态这个问题在相当程度上并不构成问题。仅当"中"与"和"分开，它才构成问题；因为那样的话，人就不可能在任何一种情感发动状态下求"中"，而作为"已发"状态的"求"本身也使体验"中"的状态不可能实现。王阳明指出，要解决这个困难——人之求"中"，可以通过将其"心"作为一个整体来体验的方式，或求之于自觉或体验其良知的过程。[48]

　　在回答关于"已发"与"未发"的分别时，王阳明认定，"已发"与"未发"实际上没有真正的分别。他还说，如果一个人确实看出"已发"与"未发"没有分别，那么他自然就能够出于教育的目的来谈论这种分别。[49]接着他答复了这样的说法："未发未尝不和，已发未尝不中。譬如钟声，未扣不可谓无，即扣不可谓有。毕竟有个扣与不扣。"[50]这只能被理解为：在"心"原本的统一中就有潜在的创造性反应，在其创造性反应中并未丧失统一性。这是终极实在的统一性与创造性。理解"心"及其"中和"能力，就是要理解这种统一的创造性与创造性的统一。这要在上述形而上框架中求得理解。

　　依据对"心"的本体性质的这种理解以及"中和"的方式，可以看出，王阳明所谓"四句教"几乎不存在理解上的困难。四句教的内容如下："无善无恶是心之体，有善有恶是意之动，知善知恶是良知，为善去恶是格物。"

　　有人指出，王阳明的"四句教"表现出某些非儒家的思想，实际上体现了禅宗关于"心"之原本实在的观点。因为其中显然有个提法把"心"的原本实在认作无善无恶。甚至王阳明自己对其意思的诠释也不能完全令人满意。他告诉其门人：那些有慧根的人可以觉悟本原而认识到无善无恶，但那些落在意念上下功夫的人则必须致力于为善去恶。[51]对于第一句，没有清楚的说明，也没有任何清晰的描述去说明如何调和实在状态或心体与习心。我推测，由于王阳明解释的模糊性，后来就产生了其门人之间关于"心（之）本体"的争论，并最终导致分裂出不少门派。

　　的确，鉴于王阳明给出的回答是不完整的，是不令人满意的，关于实在或心体的禅宗观点就始终是可能的。而尽管有这样的历史发展，我们也可以提出，依据对王阳明形而上学中"心"之创造性与统一性的分析，关于"四句教"的诠释，我们可以找到某种令人满意的清晰答案。

　　我们会确认，心体无善无恶应被理解为此前解释的至善状态。在这种至善状态，善之为善是由于其存在并作为标准。王阳明其实秉持这种观点。他说："无善无恶者理之静，有善有恶者气之动。不动于气，即无善无恶。是谓至善。"[52]而这么说等于是在说，"心"尚未与具体事务相接，处于未唤起或未发动的状态，那么"无善无恶"这个说法只是意指"尚未形成'意'或不涉及'意'"。但这并不意味着，"心"应该或自然可以

416

停留于摆脱意念发动的状态而与生活中的具体事物相分离。因此，对正确理解"四句教"来说，第二个要点在于，心体能够行事且必然因事而动。也就是说，心体必然对世界做出反应，并导出善的创造及其本身的创造性实现。之所以如此理解，是因为如王阳明的知行合一说、致良知说和中和说所展示的，这正是"心"的本性。

依据我们对这些学说的论述，显然可见的是：甚至"四句教"中的心体，也必然是在与世界的创造性交涉中展现自身的，由此善始终流行。[53]心体必然如此创造性地发生交涉并仍然保持基本的统一，这一点明确而生动地见于王阳明揭示学习之成长与习心的两个譬喻中。第一个譬喻是孩子的成长。孩子在出生前是不学无知的。但出生后，他就会哭会笑，接着开始认识父母兄弟，然后能够站立、行走、动手抓东西、肩负重物，最终能够做天下事。第二个譬喻是种树。开始时只有种子和萌芽而无树干，接着有干无枝，然后树枝生叶，终于开花结果。[54]

王阳明用这两个譬喻是要表明：圣人的能力与知识之导源在于源自不活动（"未发"）和均衡（"中"）状态的现实修养。他强烈要求这种状态的修养以求其恰当而充分的成长，并发展至多样性存在与具体善的实现。因此，"四句教"的心体就其恰当存在与发展而言，就必然涉及善恶的创造性区分，以及如王阳明知行合一说与致良知说所主张的于行为中达成善的创造性实现。正是在这种创造性的统一中，王阳明才可以说，"四句教"所体现的本质上属于儒家（而非禅宗），最好地表现了《易》《论语》《孟子》《中庸》的精神。[55]

【注释】

[1] 王阳明的如下一段对话，其目的即在于说明关于"心"的观点。"他日澄曰：'恻隐、羞恶、辞让、是非，是性之表德邪？'曰：'仁、义、礼、智也是表德。性一而已，自其形体也谓之天，主宰也谓之帝，流行也谓之命，赋于人也谓之性，主于身也谓之心。心之发也，遇父便谓之孝，遇君便谓之忠，自此以往，名至于无穷，只一性而已。犹人一而已，对父谓之子，对子谓之父，自此以往，至于无穷，只一人而已。人只要在性上用功，看得一性字分明，即万理灿然。'"（《传习录·陆澄录》）。

本文对王阳明中文原著的所有英译都由本书作者译出，读者可参阅陈荣捷：《王阳明的〈传习录〉及其他作品》（*Instructions for Practical Living and Other Neo-Confucian Writings by Wang Yang-ming*），纽约，1963。

[2] 这应被称作"太极"，尽管如我们将要看到的，王阳明实际上不这么称呼，而是称作"中和"。

[3] 王阳明说："夫人者，天地之心，天地万物本吾一体者也。"（《传习录·答聂文蔚书》）在肯定人是天地之心、心只是灵明时，王阳明说："可知充天塞地中间，只有这个灵明，人只为形体自间隔了。我的灵明，便是天地鬼神的主宰。天没有我的灵明，谁去仰他高？地没有我的灵明，谁去俯他深？鬼神没有我的灵明，谁去辨他吉凶灾祥？天地鬼神万物离却我的灵明，便没有天地鬼神万物了。我的灵明离却天地鬼神万物，亦没有我的灵明。如此便是一气流通的，如何与他间隔得？"（《传习录·黄以方录》）从表面上看，这些引文似乎表明王阳明秉持某种主观的唯心主义立场。然而，如果认真看

待其断言"我的心离却天地与他物，就没有我的心"，那么他显然是秉持一种有机的自然主义立场；其中万物在一个整体中存在，"心"既是这个整体的展现，也是促进这个整体形成的力量。这是其断言"人是天地、宇宙间一切他物之心"的恰当含义。

[4] 参见《传习录·答陆元静书》。

[5] 《传习录·黄修易录》。

[6] 尽管王阳明没有详述他关于"心"即"气"的观点，但我以上提出的解释应该足以说明朱熹观点与王阳明观点的差异。朱熹把"理"说成散见于万物，意在说明"理"的统一性。但如何保证这种统一性、如何区别多种多样的事物中的统一性，有待朱熹未明确提出的活力原理。朱熹尽管把"心"界定为"气"之精者，但将之构想为"虚灵不昧"。尽管这些态度会为王阳明所接受，但朱熹仍然把"心"区别于统摄"理"的"性"，由此会得出"心"通过符合"性"之"理"而达成善。

[7] 显然，王阳明同意朱熹用"心（'气'）本体"或"心体"来指称"心"的存在。在王阳明看来，"心体"同于"天"的根源实在、世界过程、主宰性的统一与自然。它也被称作"良知本体""天理本体""仁本体""真知""诚"。

[8] 参见《传习录·答顾东桥书》。

[9] 《大学问》。

[10] 在这一点上显然可以看出，目前对良知的英译 innate knowledge of goodness，不足以完全表达良知这一中文术语的所有重要意义与指涉，至少良知作为本体亦即被认作至善这一含义没有得到表达。当然，有了这种认知，我们仍然可以在使用这一术语的同时，包含上述形而上的意义。 *420*

[11] 在这一点上，我们可以细分出两个层次来详述，基于这两个层次，善的实有论得以理解。在一般的层次，人被设想为必然享有"性"之善，因为人之"性"分享"天"之本性。在此意义上，人的理想和价值必然符合人性中潜在的或含蓄的实有，因为它们必须是由此被潜在或含蓄地界定或确定的。在较具体的层次，人被设想为必然要把这种良知用于生活事务以决定行为。在这样的运用中，人可能为私欲或其他外在于其"性"的事物所误导或支配；从而，他必须努力避免这种偏离，其途径是保持其良知的澄明，加强其运用能力来矫正偏离。这两个层次都要求统一性与创造性，因为对保持良知的纯洁与活力、使良知运用于生活的结果符合良知的本真实有来说，它们都是现实的价值与过程。

[12] 《大学问》。

[13] 《传习录·黄以方录》。

[14] 但它可能是一种潜在的状态，因为如王阳明在回答一个门人的问题时所指出的，尽管在睡觉时"心"是不活跃的，但醒时就能够变得活跃。显然，"心"或良知也可被设想为一种取向（disposition），睡时的良知只不过是处于收敛凝一。（参见《传习录·钱德洪录》）

[15] 《传习录·黄以方录》。

[16] 因此，王阳明说："耳、目、口、鼻、四肢，身也，非心安能视、听、言、动？心欲视、听、言、动，无耳、目、口、鼻、四肢亦不能。故无心则无身，无身则无心。但指其充塞处言之谓之身，指其主宰处言之谓之心，指心之发动处谓之意，指意之灵明处谓之知，指意之涉着处谓之物，只是一件。意未有悬空的，必着事物。"（《传习录·陈九川录》）

[17] 因此，王阳明说："夫人必有欲食之心，然后知食，欲食之心即是意，即是行之始矣：食味之美恶待入口而后知，岂有不待入口而已先知食味之美恶者邪？必有欲行之心，然后知路，即是意、 *421*

即是行之始矣：路岐之险夷，必待身亲履历而后知，岂有不待身亲履历而已先知路岐之险夷者邪？知汤饮，知衣服，以此例之，皆无可疑。"（《传习录·答顾东桥书》）

[18] 因此，王阳明说："其虚灵明觉之良知应感而动者，谓之意。有知而后有意，无知则无意矣。知非意之体乎？意之所用，必有其物，物即事也。如意用于事亲，既事亲为一物；意用于治民，即治民为一物；意用于读书，即读书为一物；意用于听讼，即听讼为一物。凡意之所用，无有无物者。有是意即有是物，无是意即无是物矣。物非意之用乎？"（同上）

[19] 王阳明说："至善是心之本体。只是明明德到至精至一处便是。"（《传习录·徐爱录》）

[20] 这并不是说"意"总是善的。如果"心"为私欲所蔽，"心"的反应就可能偏离善。因此，要保证一个人的反应与行为是善的，他就必须保持其"心"无蔽、尽可能纯洁，由此"心"之发动或反应的结果就能始终依其本性而善。因此，王阳明说："此心无私欲之蔽，即是天理，不须外面添一分。以此纯乎天理之心，发之事父便是孝，发之事君便是忠，发之交友治民便是信与仁。只在此心去人欲存天理上用功便是。"（同上）

[21] 同上。

[22] 同上。

[23] 王阳明还说："知是行的主意，行是知的功夫。"（同上）在这一语境中，知显然是一般的"意"，或者说善知识体现了行为的愿望。

[24] 《传习录·陆澄录》。

[25] 同上。

[26] 参见上书。

[27] 在此意义上，王阳明强烈反对告子关于"义"的性质是外在的观点，赞同孟子的观点："义"内在于"心"，是"心"联结事物并做出回应的创造性决定。

[28] 参见《传习录·黄直录》。

[29] 因此，王阳明说："知是心之本体，心自然会知。见父自然知孝，见兄自然知弟，见孺子入井自然知恻隐，此便是良知，不假外求。"（《传习录·徐爱录》）

[30] 参见《传习录·黄直录》。

[31] 参见《传习录·陈九川录》。

[32] 朱熹对"致知"的诠释是通过"格物"获得关于"理"的知识。但王阳明把这里的"格物"诠释为正事，由此把"致知"诠释为通过"心"的评价来阐明事。

[33] 《传习录·徐爱录》。

[34] 这一点在《大学问》对"诚意"的讨论中得到了清晰的说明。

[35] 《传习录·徐爱录》。

[36] 同上。

[37] 《传习录·黄直录》。

[38] 《传习录·薛侃录》。

[39] 参见《传习录·黄以方录》。

[40] 《传习录·钱德洪录》。

[41] 《传习录·黄以方录》。

[42] 《传习录·钱德洪录》。

［43］同上。

［44］参见《传习录·薛侃录》。

［45］参见上书。

［46］参见上书。

［47］也可以把"中"认作"体"，把"和"认作"用"。而在此王阳明想说的是，"体"与"用"不可分、共享同一种实在。他明确地说："心不可以动静为体用。"（同上）

［48］参见上书。王阳明还说："知得过不及处，就是中和。"（《传习录·钱德洪录》）

［49］参见上书。

［50］王阳明说："未扣时原是惊天动地，即扣时也只是寂天窦地。"（同上）

［51］参见上书。

［52］《传习录·薛侃录》。

［53］关于其无善无恶的观点与禅宗的分别，王阳明做出了解释。他强调，禅宗仅坚持无善无恶的原则而无视万物，由此不能把握世界；圣人则依"天理"而行，以之与世界交涉，但他不会为"气"之运动所左右（"动气"）。（参见上书）其中蕴涵这样一种观点：恶来自"气"之运动，这与朱熹和程颐的观点极为类似。或许一种更好的观点是：虽然"气"可被认作一切事物的构成，但恶来自没有注意到心体独立于私欲而做出的自然反应。

423

［54］参见《传习录·徐爱录》。

［55］不可否认，在其儒家哲学的形成中，王阳明的用语和思考方式受到了道家与禅宗的影响。但这些影响能够极恰当地被解释或认作有益于他对儒家形而上学及其实践性的独特贡献。关于道家对王阳明的影响，刘述先做出了一个上佳的讨论。［参见刘述先：《王阳明与道教》，载《香港中文大学中国研究所学刊》，第 3 卷第 2 期（1970）:489～509 页］关于禅宗或佛教对王阳明的影响，陈荣捷做出了一个上佳的讨论。［参见陈荣捷：《王阳明如何是佛教徒？》（How Buddhistic Is Wang Yang-ming?），载《东西方哲学》（*Philosophy East and West*），第 12 期（1962）:203～216 页；又见吴怡：《中庸之诚可以针砭佛学思想的空虚》，载《文艺复兴月刊》，第 18 期（1971）:5～11 页］

十七　颜元、朱熹与王阳明的实学

儒家"实践性"的模糊性

　　儒家作为一种哲学是被实践地推进的。它**意在**运用于实践生活，实现个人与社会的道德转化。因此，它是实践的，而不是理论的；亦即，它是与仅相关于非实践的思辨和理论知识形成对照的。但是，传统儒学是否是功利主义的？或在社会经济（或技术）发展中，其是否导出对现代实践性的科学知识运用？在提出这样的问题时，答案似乎必然是否定的。尽管有宋明新儒学及《大学》的格物致知说，但儒家无论在理论上还是在实践上都并非有助于现代科学的发展；这一结论当然是可理解的。著名的日本汉学家服部宇之吉（Hattori Unokichi）直言，儒家不是功利主义或实证主义。[1] 他坚持认为，古典儒家与新儒家一般以道德动机而不是以功利效果为据来证明行为的正当性。这些评论似乎确定，儒家哲学中的"实践性"有着显见的模糊性：在与道德、社会交往和政治活动相关的意义上，儒家哲学是实践的；在与经济和技术相关的意义上，儒家哲学则不是实践的。如果可将前者意义上的实践性称作**道德实践性**（moral practicality）、将后者称作**功利实践性**（utilitarian practicality），那么我们就可以说，一般地看，儒家哲学是道德实践性的哲学而不是功利实践性的哲学。

　　以儒家哲学中这两种类型的实践性的区分为背景，我们可以先解释"实学"这一用语在儒家思想发展中的用法，并考察：在何种程度上实学支持功利实践性、批判道德实践性，这两者又是如何关联或调和的？在本文，我想依据朱熹与王阳明的著作和体系来考虑这些问题；自18世纪后期至19世纪初，朱王既是实学攻击的目标，又是实学的来源，这颇有历史讽刺的意味。然而，值得注意的是，在实学的发展过程中，有些儒家学者进行了勤勉的探索，力求以牺牲道德实践性为代价来促进功利实践性。因此，我们就看到了儒家思想中的实践性是模糊的。

何为实学？

"实学"的发展来自对宋明新儒家的真正批判。尽管朱熹与王阳明属于相异而对立的思想流派，但他们共同组成了实学的反面。要理解什么是实学以及它是如何发展起来的，最好是关注颜元和龚自珍的实学学说，因为颜元以强烈批判宋明新儒家著称，龚自珍则是晚清儒家重启蒙经济哲学的倡导者。

通观颜元的哲学著作，"实"的观念占据着中心与主导的地位。"实"不仅是道德**实践**之事，或取得**实际**功效之事，而且正是宇宙的基本原理是可见于万物活动中的实在之原理。他将其关于"实"的哲学追溯至前儒家的圣王，把这些圣王的言行与他们对宇宙和社会的"实"绩建立关联。他说：

> 孔孟以前，天地所生以主此气机者率皆实文实行、实体实用，卒为天地造实绩，而民以安、物以阜。[2]

"实"在思（言）行、体用中之所指，给予了这个术语极其丰富的含义。"实"要表现于生活的所有方面，给社会带来可见的利益；"实"源自天地，被规定为通往真理与正义的途径。我们可以在这些"实"的语境中界定实学。

实学是关于思（言）与行的学习，关涉内外两面：其内关涉"理"（体），其外关涉"理"之运用（用）以有利于民，总体上产生于社会有益的效果。尽管在颜元那里完全找不到对实学的这种解释，但这无疑代表着他的根本观点。 *426*

在大多数情况下，颜元把实学作动词而不是名词来用。实学不是"实践之学"，而是通过实践的途径并以实践为目的而积极地学习。在"实"的这种意义上，颜元还讨论了"实教"（shih-chiao），或以实践为目的、以实际功效为途径来积极地教导。[3] 人之所学与所教，是如刚才所解释的可满足人们和社会需要的东西。实际上，颜元具体地指出了他所认为的实学包括哪些内容。这就是他经常提到的尧舜的"三事"与"六府"，周公与孔子的"六德""六行""六艺"。可以通过考察将之加以说明。"三事"是指《尚书》中提到的正德、厚生、利用；"六府"是指《周礼》中提到的掌管与水、火、金、木、土、谷相关的官职；"六德"显然是指智、仁、圣、义、中、和；"六行"显然指孝、友、睦、姻、任、恤；最后，"六艺"是指礼、乐、射、御、书、数。

尽管所有这些项目都有其历史内容，但显然颜元在提及它们时心中想到的只是其各自的领域。《尚书》的"三事"是其实学的指导原理；"六艺"是这些原理在育人方面的运用；"六府"理当是对政府及其功能的期待。[4] 而这些描绘出儒家学者的领域。"六德"与"六行"是道德实践之事，与"六艺"与"六府"的功利实践一样重要。在"实位天地"和"实育万物"方面，它们都很重要。[5] 借用儒家哲学中常用的"内"与"外"的范畴，我们可以把"六艺"与"六府"描述为相关于一个人的外部活动，"六 *427*

德"与"六行"则相关于一个人的内心修养。进而我们可以提出，我们所讲的**功利实践**
性是关于"学"的外部要件，**道德实践性**则是关于"学"的内部要件。以此方式来理
解，显然可见的是，颜元生动而有效地勾勒了实学的方案，并设定了"学"之过程的指
导方针以服务于"实"的目的。这正是他写作《存学编》的原因和意旨。

> 著存学一编。申明尧舜周孔三事六府六德六行六艺之道。大旨明道不在诗书章
> 句。学不在颖悟诵读。而期如孔门博文约礼。身实学之。身实习之。终身不
> 懈者。[6]

这样来界定和描述实学，颜元就获得了发起批判的坚实根据，这些批判针对的是佛教、
道家以及朱熹、王阳明（及其后学）的新儒家教义。他攻击他们为空谈，试图"断绝实
学"。[7]

颜元把实学一方面相较于"文"（learning of letters/wen），另一方面相较于"野"
（absence of learning/yeh）。"文"是学习常规、空洞而无灵魂的文本和教条，或者是学习
注疏、玄想的册问和文章以应试。颜元认为，这些学习内容受制于宋明新儒家神圣化的
教义，包含王阳明、道家和佛教的禅宗著述。这些被认定为与实学相对立，因为在颜元
看来，它们迥异于圣王与孔孟的践习，由此无关乎生活与社会的需要。另外，"野"是
一种抛弃学习与教养、容许粗暴对待学习与学者的状态。与这两者相对，实学突出表现
为一种问询探索的状态，一种逻辑上必要、实质上合理的状态。它不会受制于对教条的
肤浅记诵，以服务于取悦当权者或寻求政府的任命。它不是无用的、削弱肉体与精神的
词语练习，也不是形而上的空谈或无益于社稷事务革新的清谈。它是要寻求关于事物的
知识，人们可用之于社会生活以推进社会利益，或至少有强化精神与肉体之用。它包含
了学习在儒家传承下来的原典以及圣王与孔子根本精神中的宇宙和历史的基本原理。

428

在申明实学之必要时，颜元还表现出一种历史的视角。他认为，如果一个社会有过
多的"文"，那么该社会中的民众就可能予以抵制，并做出过激反应而暴力压制与"文"
相关的思想、教育和文化。因此，为了预防由于过度关注"文"而产生的对文化的非理
性颠覆，实学是必需的。实学必须在这种反应到来之前就发展起来，以制止这种历史性
的危机。从这种视角看，实学不仅代表着过度之"文"与完全抛弃文化之间的真正居
中，而且经过恰当发展，可以满足社会历史的需要。[8]这似乎表示，实学有两方面的特
征。实学是关于"实"的学问。"实"不是"虚"，因而不包含关于辞章的讲习与思辨。
实学关注"物"与"事"，从而是关于事物的知识与技艺。它也是对有益于社会的实践
与工作的学习。

如颜元所证实的，他30岁时曾致力于二程与朱熹的教义。但5年后其双亲去世，他
幡然醒悟，意识到性善论之真谛在于孟子，确定二程与朱熹的教义并不属于真正的儒
家。这是他阐述实学学说的开端。尽管他经常论及程朱陆王这些新儒家的对话，但他在
《存学编》与《存性编》中明确而有选择地批判二程与朱熹的观点。一般地说，颜元赞

同朱熹对佛教、道家和陆学（由此也包含王学）的批判。但他坚持认为，程朱并没有免于在陆学那里可见的这些弊病：空疏、琐细、思辨、高高在上、不实用。[9]如下引文为批判朱熹之一例：

> 若以孔门相较，朱子知行竟判为两途，知似过，行似不及，其实行不及，知亦不及……必更叹朱子之静坐主敬，为寂守无用。[10]

429

为强调其实学教义，颜元把汉儒董仲舒的名言"正其谊不谋其利，明其道不计其功"修正为"正其谊以谋其利，明其道而计其功"[11]。显然，颜元所称的功利（"利"）与实际效果（"功"）相关于通过政府作用和个人贡献而取得的实际进步与社会福利的提高。它们所构成的正是颜元功利实践性或实学的主题。

为了让颜元所谓的实学更具当代意义，可以考察教育学院课程所列的这样一个科目清单。[12]存在四类学习科目：（1）人文科目——写作、音乐（艺术）、历史、算术、天文、地理等。（2）武备科目——黄帝、姜太公、孙、吴的兵法，攻守、营阵、陆水诸战法，射御、技击等科。（3）经史科目——十三经、历代史、诰制、章奏、诗文等。（4）艺能科目——水学、火学、工学、象数等。侯外庐指出：（1）对应纯粹科学，（2）对应军事学，（3）对应社会科学，（4）对应科技。[13]引人注目的是，这些都明确把诸如理学之类的形而上学排除在外。为免受误导于实学这样的描述，该描述称实学是排除形而上学的，我们必须注意，颜元实际上并没有忽视哲学甚至形而上学思想。他提出了一种实学的形而上学[14]，用以激起并证明对实学的关注和促进。

大约50年后，在促进实学发展方面，龚自珍似乎继承了颜元的思想，以作为救治其时代社会政治之弊的良方。就攻击其时代的社会政治实践而言，龚自珍更激进、更直接，因为在他所处的时代，由于苛政和社会发展停滞而出现的问题更多。他尽管没有以宋代新儒家作为攻击目标，但其强烈抨击新儒家教义所代表的事物（例如科举考试），其根据是它扼杀人才，带来的只是抄袭和空谈。[15]与颜元相比，龚自珍更关注经济社会改革，以增进民众的福祉。由此他发展出一种坚定的功利哲学以应对其时代的挑战，由这种哲学导出了如19世纪末严复（Yen Fu）所主张的富国强兵思想。就富国而言，他提出要土地改革、反商业垄断和减税。[16]就强兵而言，他提议建立中国西域的行政区划，并从内陆向西域移民。[17]

430

在龚自珍这里可以看到，实学即使不在名义上也在实际上做出了如下两点重要的发展：（1）实学这一术语用得不多，而随着朱子学的衰微，实学密切相关于今文学派（New Text School/Ching-wen hsue-pai）中"公羊学"的发展。尽管我们无法详述历史上的今文学派与古文学派（Old Text School/ku-wen hsiie-pai）之争，但自17世纪末至18世纪末对儒家经典普遍深刻意义的探寻，显然有助于经典对于其时代的政治经济问题的运用，由此拒绝古文学派所支持的训诂学（historical and textual philological research/shün-ku-hsueh）。龚自珍把儒学的历史区分为三个阶段：他称第一阶段为有序阶段，第二个阶段为失序阶段，第三阶段为瓦解阶段。关于有序阶段，他提出：君、臣、民之间和谐与幸福的方法，力图呈现真理的圣王之学与儒学经典，以及社会政治秩序的实际建立，这三者实际上是一体的。[18] 他关于儒学三阶段的区分导致了康有为（K'ang Yu-wei）的"三阶段"论，后者也是以公羊学为根据的。这意味着，实学仍然是根植于儒学原典且以此为根据的。（2）对龚自珍所处的时代及其后中国历史的研究表明，中国的政治经济社会环境以及西方武力侵略带来的压力共同造成了一种危机，这种危机一方面导致了对宋明新儒家的批判和抛弃，另一方面导致了人们日益需要实学以用作国家与文化持存的方法。

431

总之，实学不是某种简单的独立存在，而有其自身的发展过程，其中结合了多种因素。它既反对、又以一种复杂的方式关联于新儒家哲学。它还是 18 世纪中国危机的产物。因此，它有着理论与历史的双重意涵。因此，对实学的任何研究都必须明确地说明其是在哪个方面被理解的。

从理学能导出实学吗？

尽管实学源自对宋明新儒家哲学的强烈批判和反对，但仍然不清楚的是：在哪些基本方面实学与新儒家哲学不相容，在哪些方面又可认作是相容的？在下文，我想说明，实学并非理论上不相容于朱熹与王阳明的哲学，并且假如有适当的条件，实学可以从后两者的哲学中产生。但这并不是说：朱学与王学已经看到了产生的可能性，或者说在如下情况下也可以产生——缺乏社会历史条件刺激或独立于对朱学与王学抑制趋向的批判（这种批判促进了实学的发展）。由此，我们就可以把实学理解为基本上是缘起于社会历史因素，但并没有在新儒家形而上学和伦理学的理论性质方面做出根本的改变。

尽管有朱熹对"理"与"气"的形而上思辨，尽管他以认识"理"的方式对如何格物做出了哲学化的解释，进一步说，尽管他侧重书本知识而不够强调社会生活的实践运用；但可以看出，在其观点中，实学的精髓根本上还是存在的，且在此意义上实学是可以从其哲学中产生的。一旦显示出这样的产生，那么实学学派对朱熹新儒家哲学（朱学）的攻击显然就不可能在哲学上有效，如果说朱学体现了朱熹自身哲学的意旨的话。同样清楚的是：从朱学发展出实学需要一种特殊的视界，并且从历史上看，朱学没有发展出实学，其原因正是在于宋明新儒家缺乏这样的视界。如前所述，实学预设了对

432

"实"的某种理解、对关于"实"的问题的关注以及对其所处时代社会问题的回应。18 世纪的社会政治变化为上述理解、关注和回应提供了背景。这些就是实实在在地从朱学发展出实学所需的特殊视界。

要理解实学如何潜存于朱熹的著作，先须关注实学与朱学的相似性。首先，与实学拥护者所言相反，实学与朱熹哲学享有相当的相似性，两者都对不实用、不相关和空疏

的学习主题持批判态度。如前所述，实学认为，以应试为目的的考据（textual criticism）和诗文学习是在浪费时间、削弱心志。类似地，朱熹也支持这种观点：对达到真理来说，以应试为目的的考据和学诗是没有价值的。因此，他提出：所谓学，始于成为知者，继而学做圣人。伊川说，可有三种学习路径：学诗、学文、学孔子之教。要想理解"道"，别无他法，只有学孔子之教。[19]

朱熹谴责为应科举考试而学的负面效果，认为这会让人丧失高尚的生活目标，不集中精神去寻求义理。朱熹甚至尖锐地指出，为应科举而学文，使人瓦解和丧失对"义"的本然意识，导致人把自私自利作为生活目标。他说，因而就学习古今事物而言，就义利之事而言，人们就做不出分别，就看不到何为恰当，该做什么。因此，一个人尽管能够诵读熟习于文，那也适足以害其心。必须反其道而行之，那就能够谈论学习的正确方法。[20]

朱熹同样反对空想空谈而不关注生活的实际有用之事。他这一观点意指：作玄远之思而不触及对生活与实践的应用，或不能将玄远之思应用于社会生活。基于这点，并以无法放弃自利之心为据，朱熹反对佛道而坚决捍卫儒家，认为儒家是最正当和持中的学说。他说：就学而言，人不应变得遥不可及、高不可攀，所需关注的只是自己的言行，这样才会实实在在。今之学者谈论"道"，只论理不论事，只论心不论身。这种谈论深奥但无据于道，会堕入空疏和异端。[21]朱熹这么说当然不是谴责"理"，不是认为"理"不应当被作为学习的主题。他所指出的是，在学习"理"时应该联系具体事务来学，此即其所谓"事"。把思想的"深奥性"与具体事务分离而脱离实践，只不过是他所谓的**高幻**（high illusion/kao-huan）。[22]显然，实学正是与这样的高幻对立的。

对朱熹知行理论的正面阐释将呈现出朱学与实学间甚为密切的关系。朱熹关于知的理论之最突出的首要原则是，"学"必须指向现实的实在，必须与实践结合并指导实践。换句话说，"学"与对人性的密切关注是不可分的，或者说学离不开去发现有益于人性发展或认识事理的事物。朱熹反对脱离原理学习的单纯实践，同样也反对脱离实践而单纯学习原理。因此，他提出：一个人如果有了认识而不将其认识付诸实践，其认识就无用，而只是空洞的认识；一个人如果只是做事而没有认识，其做事就没有目标，而只是盲目的活动。[23]知与行是相需的，正如眼无足不能行，足无眼不能视。就何者为先来说，知应该在先。就何者重要来说，行应该更重要。[24]依据对"学"的这种基本观点，朱熹显然把"学"构想为有目标的，这个目标可被运用于生活与具体实在，并导出有益于社会或个人实现的结果。从这样的视角看，与颜元一样，朱熹也认为"学"应该是实践性的、具体的。

值得特别注意的是，朱熹把"学"界定为这样一个过程，其中人就其所未知或不知如何做而寻求知识与技能。[25]一个人如果已知某事或已获得做某事的能力，那么就可以将其已知已能付诸实践。朱熹称之为对其所知的复习（"习"）。[26]"学"与"习"都是

433

434

综合的，其范围无尽，因而它们并没有把实学所容纳或要促进的任何东西排除在外。因此，朱熹说：就学而言，至关重要的是不断习其所学，这在心思中应该总是最重要的；无事不应学，无时不应学，无处不应学。[27]这种"学"之路径的一个困难或许在于其太广泛松散、缺乏焦点从而缺乏紧迫感。因此，似乎对这一问题而言，与其说它没有纳入实学的对象，不如说是它没有挑出实学的对象并予以特别关注。

这种"学"之路径的另一个困难相关于朱熹这样的做法：他经常提到要学习以往圣人的观念与著作。在此意义上的"学"，更多是回顾性的，而不是前瞻性的。这样的"学"即使不在原则上也在实际上大多局限于儒家的学习主题，即如何以正确正直的方式平天下和服务君主。如果这是朱熹意想的实践有用性，那么在目标和方法上，朱熹之"学"就与颜元、龚自珍所代表的实学形成了对比。朱熹希望学习的目的在于自我修身和造就圣人，而总体上说实学以强国为最高目的。因此，朱熹哲学所提出的是儒家通过自我修身而"学"的理论边界。在《大学》的框架内，朱熹描述了其"学"的理论特点。朱熹提出：诵读而穷格物之理，广泛学习古往今来圣人提供的教义与价值观，学习就是在实践上有用的。[28]学习不等于诵读。但若不诵读，则不可能认识到学习方法。圣人只是教人立意、正心、修身、齐家、治国、平天下。所谓学，就是学这些。若不诵

435 读，则不知如何修身、如何齐家、如何治国。[29]"学"被设想为受到《大学》之原理的指导，因而"学"显然可能如朱熹原本意想的那样漫无边际。结合朱熹关于"理"的理论及《大学》中的格物致知论来看，"学"终究会成为探求对"理"的认识之事，而不是如朱熹表面宣称那样的对生活有用的实践。朱熹强调学习以认识"理"，这是不可理解的；而我认为这构成了一个障碍，是实学所拒绝和激烈批判的。

考察一下朱熹的如下两段叙述：（1）正是通过学，人们才能于其生活中见"理"；若不学，则不可能见"理"之完善、"理"之广大、"理"之精微。[30]（2）若心熟习于学，则自然见"理"之所在；若心熟习于学，则心会变得精微明澈；若心不见"理"，则是由于心仍是粗的。[31]一旦引入其理学，朱熹关于"学"的一般学说就似乎偏离了他"可实践地适用于社会生活"的本来想法。这是由于"理"被认作根本上是内在于人心的。"理"是在人们的学习过程中其心所认识到的性质。因此，"学"终究服务于人实现自我觉醒的目的，这界定了圣人人格的一个重要方面，但可能导致佛教式的诠释。朱熹提出：学不是在外的成长，而本是内在于自我的；尧舜从其性而得，而理未失；汤武复之，尽管有所失但设法回复其良善之性；学只是要复其旧性而已。[32]"学"如果只是要"复其旧性"，那确实不可能指向外部，而是要保持为道德形而上的学习。因此，"学"的主要效果在于转化气质以进于"道"。朱熹说，初学者下大功夫之时应该问、思、行，那就可能转化气质而进于道。[33]"学"由此变成向内的性格修养之事，而不是向外的改变社会、改善经济之事。

436 按照朱熹的观点，"行"是细致观察生活之"理"之事，而不是致力于寻求对其时

代的社会问题的解决。因此，它并不是真正"实"的实践，也不是社会经济意义上的"实"的实践。尽管存在某些困难阻碍着朱熹关于"学"的学说现实地发展出实学，尽管事实上这些困难可能已经造成严重的误解，误导朱子后学采取某种为实学所批判的理论与实践；但是，我们必须公平地看待朱熹关于"学"的学说，必须认识到，其本来意图和灵活的范围与实学的理论和实践是高度相容的。我们必须重申，可设想的是：在适当的社会刺激下，朱熹关于"学"的学说会促成实学的发展。作为后一断言的线索，我们可以再次引用朱熹的叙述，以证实其理解——"学"包含实践而有用的学习，且确实涵盖了实学积极寻求促进的对象。朱熹说：论及治人治己之学，有不少待学之事；天文、地理、礼乐之理、军事学、刑法，这些都是学习的对象，其特点是实践的有用性；对它们的学习，并不外在于人所当为；古人被教授六艺以养其心；它们被教授，正是出于这种目的；与空疏的词语游戏和校勘相比，前者之大优与后者之大蔽，是无可估量的。[34]尤为引人注意的是，朱熹提到六艺是教与学的对象。毋庸置疑，这样的说法是颜元和龚自珍之类实学的坚定拥护者也可能提出的。

尽管在很多情境很多时候朱熹都使用"实"这个词，比如"诚是实""诚实理也"[35]，但他所讲的"实"一般指真正的理或事物的真实之理。但就我所知，朱熹至少在两个地方所谈论的实学似乎不是关于对"理"的学习，而是在社会政治的意义上提出实学的含义。在其67岁时给君王的一份上奏书（memorial）——它是关于其编撰古籍或"礼"及《仪礼》的提议——中，他说，通过这样的编撰，我们有望保存有价值的东西乃至它们得以永久流传，由此后学可以识得实学，以不时用作社稷制度安排之助力。[36]在另一处，朱熹说：一个人如果把通过科举当作供养父母的手段而不从事修身之学，那么这就说明他缺乏适当的理想；一个人如果把通过科举看作妨碍实学，那么为什么他把它看作妨碍饮食呢？这只是说明他缺乏思想。[37]实学的意旨显然是与社会秩序和治理国家相关的，从而其获得了一种近似于颜元哲学中的实学意涵。

在这一点上，有趣的是注意到，在重要的新儒家思想家中，定然是朱熹最先使用实学这一重要而富于联想的术语。[38]

另外，必须特别注意朱学与浙东学派（Che-tung schools）[它包含永康学派（Yüng K'ang school）与永嘉学派（Yung Chia school）]之间的关系，以厘清朱熹所使用的实学之含义。永康学派的陈亮（Ch'en Liang）出于汉唐精神，呼吁采取强国和获取力量的政治经济措施。这显然是一种功利学说，被朱熹批判为缺乏取义动机和高尚的自我修养。永嘉学派的叶适（Yeh Shih）是一位较温和的功利主义支持者，因为他的这种支持建立在社会制度符合新儒家教义的基础上。但他仍然认为朱熹"正其谊不谋其利，明其道不计其功"（采取的是董仲舒的说法）的原则过于不实用、不现实。[39]将朱熹的实学观点与浙东学派的观点相比较，可以表明，朱熹在其"学"与哲学中对实践事务的关注即使不是反功利的，也是非功利的。

朱熹在其政治生活中如何用心于实践?

朱熹有着 47 年漫长而多变故的政治生涯,但似乎他对国家事务没有产生任何重要影响。相反,他的教义或正统的儒家方法之特点是富于正义感、公正感和公共意识,这使他经常成为那些反对者打击迫害的目标。[40]在朱熹的政治生涯中,有两件重要的事情值得特别提及和解释。

第一,总体上说,朱熹非常关心高等学院的建立。在主政南康(Nan Kang)期间(1179—1180),朱熹着手重建白鹿洞书院(White Deer Grotto Academy)并促成其兴盛。他还以其主导的救济工作著称,包括建立公共的救济粮仓以缓解饥荒。这表明,朱熹是一位有能力的称职官员,心中总是想着民众的经济福利和道德淳化。

第二,在他认为对国家具有重要性的政治改革方面,朱熹向帝王的进谏并不迟钝。在其上奏书中,他坦率地表达了对不少有利于国家和民众的事务的观点。在 1187 年戊申封事(Wu Shen Feng Shih)的进谏中,其改变皇帝孱弱状态的企图广为人知。他本可以做帝王的导师,但在建议未被采纳时选择了退休。

鉴于其政治生涯的这些事,很明显,朱熹一般会把他的信仰付诸实践,而且不论在与君王还是与其所关心的民众的关系上,他都确实是作为一名勤谨的儒家政治家来行动的。这么讲是要指出,他对政治是用心的,而不仅仅是一名思辨的哲学家。还可以断定,在实学的功利实践性的意义上,他关于"理"的学习与哲学并不妨碍他对具体的社会事务采取实用的态度。

要确定朱熹的哲学是否包含实学的功利实践性,就应该探询朱熹关于治理方法与政府管理的观点。如果实学的功利实践性终究意味着治国、稳定社会秩序、有利于民众的经济福利和提供教育指导,那么在相当程度上,朱熹哲学思想的构成应该决定其学习与哲学是否享有这种实践性。

确实,朱熹对实践的态度并非功利的。他支持董仲舒的原则,"正其谊不谋其利,明其道不计其功"。按照这种观点,"正谊"部分地在于认识"谊",并不需要获取实际利益;"明道"部分地在于理解"道",并不需要表现为社会政治经济的成功。他说:人应该以公正的方式执行其计划,成功与否,则取决于天;过去有些人的成功,不是由于他们有智识,而是由于巧合;一切没有必要的图谋、勉强和算计都是无益的,只是白费力气。[41]这种做事态度当然并不意味着朱熹完全不关心后果。这意味着人应该尽力而为,不让任何可能的失败阻碍尽其人力。它还蕴涵着,人应该仅采取正当的手段去达成正当的目标。绝不应该把这两个原理认作否定或拒绝这样的情况:一旦动机与实际的实践目标得以矫正,目标与后果对判断教义或学说的价值而言就是不相干的。

朱熹严肃地看待治国之事。他似乎提出了实现好政府的三个基本举措:(1)他呼吁，臣子应该荐举贤能，拒绝邪恶，心怀天下所有人以维护天下秩序[42]；（2）他呼吁，君王应该是无私而出于公心的，正其心而听劝谏，亲近正直者，疏远小人；（3）他还认为，学习和弄清事物的真正含义和原理，会启发民心，使更多民众能够明理，由此不必担心政府之过失。[43]他断言，要治国，就必须始于正心诚意[44]；这么说时他确实是在遵循孔子的观点。但他认为，人应该通过明理来格物致知；此时，他不仅推进了《大学》的观点，而且提出了他自己关于认识"理"的观点。大体上说，朱熹的结论是，政府有待于好人的存在，且仅有好制度是不够的。[45]就此而论，他并不保守，也没有向过往去求善，但就善本身的优点来捍卫善。因此，在被问及井田制的问题时他不加维护，也不赞成封建制度。

在其哲学评论中，朱熹对政府管理的具体事务表现出深深的关切。在此，我仅从他的言论中举几例。他呼吁：要做治安工作，恰当的做法是管理好执法人员，消除盗窃，鼓励农耕，抑制不体面的活动。[46]对于需要何种有利于社稷的公共措施，朱熹表现出高度的敏感。因此，关于其时代民众的经济负担，他提出：今之民穷，是因为军队用度给民众带来的财政负担。政府应该采取安军垦地的政策以减轻民众的负担。[47]他还呼吁采取一些其他的措施以改善民生，他提出：要应对今之民穷这种情况，政府就应该正确地核对土地所有权，以便恰当地征税；政府一旦知道正确的税收，就能够根据收益来规划预算，消除浪费以及名目不当的税收，这可以把民众从贫穷中解救出来；政府如果没有认识到民众是属于政府本身的，那就是对民众缺乏善意。[48]关于由干旱带来的饥荒，他提出：安排救济当然是解决方法，但还需要规划水利，没有水利，救济也解决不了问题。[49]关于当时的军事形势，朱熹呼吁，君王应该端正自己，努力领导军队，强化武力以御外侮。[50]

最后，如前所述，朱熹关注且极为看重教育，并呼吁建立学校以转化社会风气，为建立好政府打下基础。

王阳明的心学与实学相容吗？

尽管17、18世纪实学的倡导者批评王阳明学派空疏而流于禅，但对于从实学观点应该如何评估王阳明及其学，几乎没有任何解释被给出。而且，关于如何理解"实"的构成，答案亦莫衷一是。在王阳明看来，"实"的意思显然不可能是功利和赢利。事实上，他拒绝这种意义上的实学。"实"的意思不是把"理"用于事，不承认"理"的存在，也未将它与其具体运用分开；"实"也不是朱熹认为的那样只意味着对社稷事务的关心，因为王阳明的目标更为根本，不止于对社稷事务的关心。下文我将解释，王阳明把哪些明确斥为不"实"，把哪些认可为"实"。我主张，他的知行合一说与致良知说构成了实践性的一个根本维度。我还要说明，17世纪的实学观念应被视为王阳明实践性的哲学的精神遗产，尽管实学的倡导者从不曾承认这一点。

王阳明把"实"与"名"相对照，由此强调，"实"的主要含义是实际的或真实的，是确实已做之事。他说："对务实之心重一分，则务名之心轻一分。"[51] 如我们将看到的，"实"的这种概念是相关于在人生中呈现或实现良知的。良知内在于自我，而又普遍在人之中。它不必然给人们的政治生涯或学术事业带来成功，但它让人成为真正实现人己之性的圣贤。与之相反，"名"表示外表的东西，没有内在于自我的真正根据，由此限定于外在的成功、成就而于自我修养毫无裨益。显然，王阳明不仅拒绝名声意义上的"名"，而且拒绝知识、教育、文才或学问意义上的"名"。因为所有这些东西都可能旨在寻求功利和自利，从而成为实现善的障碍。他说：

> 记诵之广，适以长其敖也；知识之多，适以行其恶也；闻见之博，适以肆其辩也；辞章之富，适以饰其伪也。[52]

王阳明尤为排斥对考据与辞章的研究，在这方面他与实学倡导者的观点是一致的。但值得注意的是，王阳明比实学更进一步：实学极为看重关于事物的知识，而王阳明怀疑，求事物之知和学习原理可能无助于保持对人性的真正洞见。因此，王阳明拒绝朱熹的穷理说。王阳明把自己的学说称作"圣学"（learning of sagehood/*sheng-hsueh*），有时也称作"心学"。现在的问题在于，这种圣学或心学如何能够被视为包含或呈现出实践性的维度。

王阳明哲学的实质在于，人应该努力成为圣人，圣人视天地人物为关系亲密的一体，因而值得关怀和爱护。更具体地说，教育的目标在于达成和谐，实现所有人的福祉，从而以这样的一体化方式实现宇宙之善。这需要人做到完全无私，彻底觉悟己之性乃至他人与世界之性。人必须完全无私，必须保存对他人的普遍同情之心，必须按照公正的方式行动。人还必须彻底觉悟，因为对于应该和能够做什么，人必须达成正确的感知和判断。

按照王阳明的观点，无私的起点也是觉悟的起点，由此无私与觉悟是彼此相互依赖的，它们同时发源于同样的根源性和人类能力。他因循孟子，把这种同情能力称作良知。良知天生于每个人，因而既为人普遍所有，对特定个体而言又是独特的。它还是人类源自天地的终极性质，可以恰当地等同于《大学》中的"明德"和《中庸》中的"诚"。尽管良知普遍在人且对特定个体而言又是独特的，但需要极大努力和用心才能保持人之良知的活力与明觉，甚至需要更大的努力和用心才能使之呈现于所有的生活事务中。然而，随着良知持续不断的修养，人能够在其判断和行为中达成某种无私的心态和觉悟的视界。按照这种方式，可以说，人能够学以至圣人或正确地用心。此即王阳明所谓的致良知说。这种学说是要学习即使是在最不利的条件下也要保持人的正直、明澈、理性和善。

在此意义上，王阳明显然把圣学看成最具实践性的工作。它关注民众与社会之善的实现，在此意义上，无人能够否认，根据其哲学预设，它确实是实践性的。[53]

以保存和发展良知的方式，圣学不仅在实现人自身与社会之善的意义上是实践的，而且在王阳明所界定的知行合一的意义上也是实践的。王阳明认为，知与行不可被看作两种分离之事，而应该被设想为在其发生和完成中终究是合一的。如他所指出的："知是行的主意，行是知的功夫；知是行之始，行是知之成。"[54] 这种观点强调知与行的立意及其动态的辩证关系，这在政治经济与道德活动中非常明显。依据其知行合一的主张，他阐明了心的一个基本维度，即在行的意义上心的实践性。根据王阳明的观点：

> 知之真切笃实处即是行，行之明觉精察处即是知。知行工夫本不可离，只为后世学者分作两截用功，失却知行本体，故有合一并进之说。真知即所以为行，不行不足谓之知。[55]

王阳明知行合一说的要点在于，知与行本为一体，从未分离。考察知行本来合一的形而上根据，就可以清楚地看到，这种形而上根据可见于天赋予人的良知存在。良知不仅是善心善性的道德规定性，而且是洞察认知活动的实践性的根源。这就是说，"心"给予所有洞察和认知活动某种意志与愿望，乃至知必然指向行，这也是"心"的整个活动的满足或完成。如上所述的"心"，是王阳明心学和良知说的核心。联系其致良知说，这种学说还强调，其"学"的观念是学习成为圣人，圣人会完成或呈现个体与社会的善。[56]

在以上论述中，我分析指出了王阳明哲学理论中的实践概念。可以看出，这种道德形而上的实践概念不同于实学哲学家所倡导的实践概念，因为在后者看来，心学与致良知只会导致空谈玄思，从而是与实学的实践对立的。他们指出王阳明后学的狂禅一派来证明这种评价。但就王阳明来说，其心学与致良知说所界定的实践比实学的实践更基本，然而两者并非不能相容。这种心之活动意义上的实践，是一切实践的根源，是其他所有实践的统一和评判者。因此，根据"心"的这种基本实践性，王阳明反对在促进功利的实践中忽视道德实践，反对在讲道德实践态度之前讲功利的实践态度。一旦发展了道德实践，王阳明似乎就乐于接受功利实践，以作为促进社会有序和物质丰富的途径，例如，对于学校的作用，王阳明说：

> 学校之中惟以成德为事，而才能之异，或有长于礼乐，长于政教，长于水土播植者，则就其成德，而因使益精其能于学校之中。[57]

因此，可以做出这样的结论：一旦把王阳明学说的精神纳入考虑，就可以说明，实学能够在王阳明学说中有恰当的位置；尽管实学不可直接从王阳明学说导出，但它对理解王阳明学说来说极具相关性。

王阳明政治生涯中的实践

就人格和实践而言，王阳明是个极富号召力、极活跃的人。尽管他多才多艺，试图学过许多科目，但他求学是为了实现其内心深处的抱负，即寻求真理和对生存的智识满足。事实上，细察其传记就会看出，他所获得的认识与见识直接来自其寻求真理和智识满足的功夫。因此，其心学和致良知说是求知与智慧反思的结晶，是从其充满艰难险阻的生活经验中得来的。尽管他在早年学习了不少诸如道家、佛教之类"不实用"的学说——这在一定程度上可能对其晚年的儒家思想有所影响，但在长达 29 年的时间内，王阳明或多或少都在关注其时代的实践事务和实学。在吸引其注意力的实践事务中，最值得关注的莫过于他对军事学的执着。在 26 岁时，他担忧边境的战争，开始认真研究古代军事艺术。为了强国和促进政府的作用，他对参与当时政治的兴趣也在此期间占据主导位置。王阳明 28 岁中进士，在其后直至去世的 29 年里，他证明自己是一个心志坚定的老练政治家，尽管经常是不得不如此。他还为国家赢得了不少军事上的成功。他以极富活力的方式成功地提出了其学说和思想，教授了众多属于其思想流派的门人弟子。

这里无法全面叙述王阳明的政治生涯，来证实其丰富而不乏特色的政治实践。我们提及其政治生涯的目的仅在于关注这样的事实：他关于实践的教义来自其教学实践，且在相当程度上受到了其政治生活经验的启发。我们还有意指出，就其实践来看，不可能认为王阳明要反对后来 17 世纪的实学，反而是他间接地有助于满足后世实学的发展需要。然而不应忘记，王阳明尽管在其军事和政治生涯中是实践的，但他从未放弃把道德实践性作为其生涯和活动的根据与指导原理。这应该可以解释，为什么他的政治军事实践尽管取得成功却经常给他带来灾难。

关于王阳明的政治生涯，可以说有 3 件事体现了其道德实践性以及他对其时代政治事务的相关分析。第一，他 28 岁时写过一篇《边务疏》（P'ien Wu Shu）。该疏表明，他极为关心国家安全，真诚地希望改善军务。他提议要选贤能、组织军队、拓展土地耕种、采用法规，这些都是合理的措施，表现出一种在工作上实用而正确的用心。

第二，王阳明擅长地区行政管理。39 岁时在庐陵（Lu Ling）县担任地方长官时，他赢得了有能力的长官之名，给当地带来了真正的和平与秩序。他的组织与治理才能还表现在他对江西南部（Southern Chiang Hsi）和广西思田（Kuanghsi Ssu T'ien）的军事平定上。他关于地方政府的救济与改革政策给那些动乱地区带来了稳定的基础。这体现于其《南赣乡约》（Covenant for Governing the Southern Chiang His Area/Nan Kan Hsiang Yuen）草案和《处置平复地方以图久安疏》（Memorial on Pacifying Locality in Order to Secure Lasting Peace/Chu-chih ping-fu t'i-feng yi tu chiu-an su）中。[58]

第三，在领导军事战争和征伐方面，王阳明表现出很高的敏锐和睿智。他被授命领导 3 次针对叛乱和土匪的军事行动，在短期内卓有成效地完成了任务。1517—1518 年，他平定了江西南部的叛乱。1520 年，他击溃了宸濠（Shen Hou）叛乱。1528 年，去世前一年，他平定了广西边境地区的叛乱。王阳明政治生涯的这三件事足以表明，作为新儒家，他在其道德修养的实践哲学指导下，以实践的方式果断处理政治事务。就此而论，他与朱熹有很强的可比性，但他参与的政治活动更多。

结语

通过对颜元哲学的考察分析，我已说明，实践性可有多种含义。实学在其最恰当的意义上是指中国 17、18 世纪的运动，是对事物的学习以回应其时代的社会需要。我们还说明，实学在理论上可追溯到朱熹与王阳明的理论和实践。尽管从表面看，实学的提出与发展是否定朱学和王学的，但实际上朱熹与王阳明的学说都生发出应对其时代之社会问题的深刻关切，且并不包含不相容于实学的内容。事实上，有很强的证据支持这样的观点：通过吸收朱熹与王阳明学说中的道德实践性，实学的功利实践性获得了哲学与道德论证，由此得以明确和促进。这一点由如下事实即可说明：实学的大多数倡导者都明确支持儒家的基本信条，即好政府必须致力于民众的福祉。颜元显然是这样的儒家典范。倡导公羊学的龚自珍同样是坚持儒家政治信念的典范。我还说明，可以认为，朱熹的哲学为实学提供了根据，而王阳明的知行合一说构成了实学融入政府与社会的重要支柱。朱熹与王阳明的政治生涯证实了儒家在理论用于实践方面的活力和能力，这持续地启发着中国 18、19 世纪的实学实践家。

最后要说的是，我的这一说法——无论理论上还是实践上，朱熹与王阳明产生实学都是可以设想的——并非要否认：历史上看，由于朱学与王学的非实践的发展、其外部态度、对社会需要的迟钝而没能应答时代的紧迫问题，实学作为它们的取代者被有力地提出。

【注释】

[1] 参见服部宇之吉：《儒学与当代思想》，1955 页，台北，1964。

[2] 颜元：《上太仓陆桴亭先生书》，《存学编》卷一，8 页，上海，商务印书馆，1937。

[3] 参见颜元：《明亲》，《存学编》卷一，3～7 页。

[4] 参见侯外庐：《中国早期启蒙思想史》，北京，人民文学出版社，1958。

[5] 参见颜元：《上太仓陆桴亭先生书》，《存学编》卷一，8～10 页。

[6] 同上书，9 页。

[7] 参见颜元：《学辨一》，《存学编》卷一，12 页。

[8] 颜元曾这样谈论实学，他说："如天不废予，将以七字富天下：垦荒，均田，兴水利；以六字强天下：人皆兵，官皆将；以九字安天下：举人材，正大经，兴礼乐。"（颜元：《颜习斋先生年谱》卷下，见《颜元集》下册，763 页，北京，中华书局，1987）

[9] 参见颜元：《存学编》卷三，37 页。

[10] 同上书，49 页。

[11] 颜元：《四书正误》卷一，见《颜元集》上册，163 页，北京，中华书局，1987。

[12] 参见颜元：《漳南书院记》，《习斋记余》卷二，17～19 页，北京，中华书局，1985。

[13] 参见侯外庐：《中国早期启蒙思想史》，33 页及其后。

[14] 参见我的论文《17 世纪新儒家哲学中的理—气与理—欲关系》，即本书第 20 篇。

[15] 参见龚自珍:《定庵文集》下册，北京，商务印书馆，1959。

[16] 参见上书，第一部分。

[17] 参见上书，第二部分。

449　[18] 参见上书，第一部分。

[19] 参见 Chang Pei-hsing: *Shu Ching-ssu lu*，第 2 册，361 页。

[20] 参见上书，56～57 页。

[21] 参见上书，35 页。

[22] 参见上书，41 页。

[23] 参见上书，37 页。

[24] 参见上书，38 页。

[25] 参见上书，37 页。

[26] 同上。

[27] 参见上书，36 页。

[28] 参见上书，37 页。

[29] 参见上书，39 页。

[30] 参见上书，45 页。

[31] 参见上书，44 页。

[32] 参见上书，45 页。

[33] 参见上书，43 页。

[34] 参见上书，47 页。

[35] 参见《朱子语类》卷六、卷二十三。

[36] 参见王懋竑:《朱子年谱》，221 页，台北，1971。

[37] 参见 Chang Pei-Hsing: *Shu Ching Ssu-lu*，133 页。

[38] 在特意给我的一个注释中，陈荣捷指出，与朱熹同时代的陆象山也在一句话中使用了实学这一术语，其中的实学用作动词:"一意实学，不事空言。"(《陆象山文集》，49 页) 陈荣捷还指出，实学的这种用法还可以追溯到比朱熹更晚。

[39] 参见 Chang Pei-Hsing: *Shu Ching Ssu Lu*，175 页。

[40] 参见 Contard M. Schirokauer:《朱熹的政治生涯:摇摆不定的研究》(Chu His's Political Career: A Study in Ambivalence)，见芮沃寿 (Arthur F. Wright)、杜希德 (Denis Twitchett) 编:《儒家人格》(*Confucian Personalities*)，162～188 页，斯坦福，1962。又见王懋竑:《朱子年谱》。

[41] 参见 Chang Pei-Hsing: *Shu Ching Ssu Lu*，175 页。

[42] 参见上书，177 页。

[43] 参见上书，181 页。

[44] 参见上书，154 页。

[45] 朱熹提出:讨论制度是容易的，但一切都有待于是否有好人去执行好制度。(参见上书，162 页)

450　[46] 参见上书，151 页。

[47] 参见上书，164 页。

［48］参见上书，193 页。

［49］参见上书，189 页。

［50］参见范寿康:《朱子及其哲学》，282～291 页，台北，1964。

［51］《传习录·薛侃录》。

［52］《传习录·答顾东桥书》。

［53］参见《大学问》。

［54］《传习录·徐爱录》。

［55］《传习录·答顾东桥书》。

［56］参见《大学问》。

［57］《传习录·答顾东桥书》。

［58］参见《王文成公全书》卷六，77 页及其后;《王文成公全书》卷七，93 页及其后。

十八　儒家与新儒家的宗教实在与宗教理解[*]

　　为了比以往更准确、更充分地揭示儒家与新儒家作为一种宗教思想形式所具有的特征，我们将首先提出一个广泛而又与本文相关的宗教概念，并区分宗教思想的四种基本类型。在这个理论背景的衬托下，再分析古典儒家与宋明儒家的思想，并尝试把这个思想列为这四种类型之一。

宗教概念与宗教思想的四种主要类型

　　在当代哲学论著中，关于宗教的本质以及宗教对人类与个体自我的重要性，虽然存在多种不同的观点，但一般都同意，宗教在人类的发展及生命的圆满中发挥着根本的作用。

　　基于本文论旨的需要，我们可以把宗教看成以某种至为亲切而直接的方式，对人类及其生活具有根本重要性的问题予以基本的关注。更具体地说，我们可以把宗教看成一种活动，这种活动所涉及的问题关于个人的**终极性**、**整体性**，以及建立个人与终极性、整体性之间的关系。换句话说，我们可以把宗教看成个人与自我投身于终极性与整体性的一种形式。[1]说明此种投身于终极与整体实在的形式是宗教思想的本旨——至于是否及如何把这个思想描述为系统的神学或宗教哲学，则并非本文的论题。

　　鉴于对宗教的上述理解，我们可以借助对宗教中人类经验的一般理解，提出宗教思想的四种基本类型。

　　第一种类型的宗教思想，把存在经验中的终极与整体实在呈现为另一种人类存在。这就是传统所谓的"上帝"。我们将以正统的基督教，特别是奥古斯丁与阿奎那所认同的那种基督教为例证。[2]这个传统的关键特征在于，以信仰的方式对上帝力量的存在体验；因为，如奥古斯丁与阿奎那所强调的，信仰本身来自上帝的启示，是体认"上帝"

---

　　[*] 本文翻译参考了如下中译本：成中英：《儒家与宋明儒家哲学中的宗教实在与宗教理解》，戴华译，见李翔海、邓克武编：《成中英文集》，第2卷，57～78页，武汉，湖北人民出版社，2006。

的一种亲切的体验形式，而上帝是外在的生命之源，是超越的他者。[3]使人对这种体验感兴趣的，在于把人类认同于上帝力量的经验看成至为主观，而同时这种经验的来源与对象却又被看成至为客观。正由于上帝的绝对客观性，对信仰的经验才有绝对主观性。因此，在某种意义上，个人的宗教经验被一种绝对的存在与本体的二分所预先决定。我们或许可以将这种类型的宗教经验称为"**终极与整体实在在个体存在中的投射**"。基于此种终极与整体实在的存在投射，哲学的省思乃将上帝当作"存在投射"的对象。

　　第二种类型的宗教思想，则把存在经验中所显现的终极与整体实在视为大我或内在的自我。此类宗教经验与第一种类型的不同之处主要在于，此类经验并不借助切身的个人认同，将终极与整体实在体验为异于自身的对象或另外一个特定的个人。由于不分别"经验的自我"与"经验的实在"，经验的对象就被感知为整个经验主体的一部分。由于这种"部分—全体"的关系，非但终极与整体实在不被看成某个个人，甚至处于体验中的自我作为个人亦被消解。此种经验的来源在于经验主体的自我，这种自我在自我修养的辩证与动态过程中亲近终极与整体实在的价值。在此意义上可以说，终极与整体实在把自身"**融入**"（infuse）而不是**投射到**个人存在中。这里所谓的"融入"，乃关乎自我的再造与再发展。我们可以借用佛教"悟"的经验，以及印度吠陀（Vedantic）哲学"自我实现"的经验，作为此一类型宗教经验的范例。因此，佛教与吠陀哲学自然皆属于对此类宗教经验的哲学省思。简而言之，此类宗教经验是一种"**终极与整体实在在存在中的融入**"之经验。基于此类经验，哲学的省思乃将终极与整体实在当作一种透过"存在融入"而显现的实在。

　　第三种类型的宗教思想，可以说与一种"演绎"的宗教有关。所谓演绎的宗教，就是从理性的前提推导出一套基本的信念，这些信念有关于终极实在与整体的某些特性，或建立于理性的基础或与理性要求相符的宗教。从这个角度来看，则如康德所言，宗教就在"理性的限度之内"。[4]而宗教成为一种假定而被设立，也正是基于理性的要求。康德企图以理性道德为基础来证明宗教之合乎理性。当他在这一企图驱动下，为宗教对无限上帝之存在以及灵魂不朽的假设提供合理依据时，他似乎至少已替宗教奠定了客观与理性的基础，并成功地使宗教依赖道德，但并没有达成宗教就其自身的确证。

　　这种观点的特征在于，其依靠理性作为指导原则以建立某种理性的宗教。值得注意的是，关于宗教的这类哲学思考，把宗教关切看成一种理性的需要，是有待理性来确保的。它进而把宗教意识的对象视为理性感知与要求的对象。此一对象的性质，原只是假设性与建构性的，以满足人类为求道德完满而在情绪上与实践上产生的需要。此类宗教哲学可以被看成其本质在于想把宗教变成理性论证之事。终极与整体实在的宗教性质是理性论证所设定的实体。上述特征在康德的宗教观中有充分的表现。

　　最后一种类型的宗教思想，结合了第三种类型的理性要素与第二种类型的"致力于存在之圆满"的要素。与康德系统不同的是，它并不把终极与整体实在设定为一种基于满足道德实践要求而树立的理性建构，而是把终极与整体实在呈现为理性者通过道德实践的具体过程而达成的存在之圆满。事实上，我们可以把上述结合当作人类与道德达成存在之圆满的理性表征。因为道德的人类个体之存在圆满，并不是被投射到作为终极与整体实在的某个绝对超越的对象中，而是被理解为内在于人，被经验为终极与整体实在，同时又被赋予理性的形式。由此，它在理性的迫切要求中占得一席之地。当然，此

454 处至为深远的意义在于，这种"理性生命的存在圆满"与"存在圆满的理性展现"之间的对等，使得个体生命成为内在成长与精神内敛的动态过程。因此，我们对这两者之间对等的理解，应该以超越性与内在性合一、主体性与客体性合一以及生命与理性合一这种形而上架构为背景。我曾在别处指出，儒家哲学代表此类型的宗教思想，其中，人类的道德意识成为人类对于终极与整体实在之意识的具体显现，而内在于人的关于终极与整体实在之意识，亦成为人性及其至善的具体道德成就。[5]进一步说，道德既是个人和终极与整体实在发生关系之处，同时也是后者之意义得以实现之处。

对于儒家与新儒家的适用性

本文旨在借助宗教思想的上述四种类型，以之为理论背景来讨论与解析作为一种宗教思想形式的儒家与新儒家的哲学传统。我们之所以未能领会儒家与宋明儒家的宗教意识，或许是因为一般对宗教问题皆未从足够理论化的视角加以检视——按照此前确立的视角，我们未能理解儒家与新儒家的宗教意识，也没有发展出可替代此前视角的可能。显而易见的是，如大多数人所理解的，儒家与新儒家哲学不能归入第一种类型的宗教思想，因为把一个绝对超越的上帝当作人类存在敬畏与崇拜的对象，这种观念对这个传统来说是陌生的。[6]第二种类型亦不代表儒家与新儒家的整体传统的主流所具有的思想特质。[7]第二种类型所显示的个人非理性的神秘经验，在道德价值与道德秩序同时实现而又充满交感相通之事物的架构中并无真正地位。

第三种类型的宗教思想，是从科学与逻辑的理性主义之井然有序的背景中发展出来的。在中国的思想中，并无如此明确进行自我批判而又形式化的理性。因此，在儒家与新儒家的传统中，没有明显地表现出要以理性辩论来说明需要把宗教作为实践与道德的预设。因此，唯一的可能性在于第四种类型的宗教思想。对于第四种类型的宗教思想，可以说儒家与新儒家提供了一个最丰富且最具启发性的例子。

455 为了便于讨论儒家与新儒家的宗教哲学所独具的诸多论题和特征，我们首先将试图揭示儒家与新儒家的传统中对于终极与整体实在之意识的性质；然后，我们将探究此传统中把握终极与整体实在所遵循的模式。我们将把第一个问题称作"**宗教实在**的问题"，把第二个问题称作"**宗教理解**的问题"。我们将会看到，这两个问题在儒家与新儒家哲

学中是不可分的，因为作为经验实在之方法的"理解"，与作为理解终极与整体实在之源泉的"实在"，两者是不可分的。进而我们将看到，此不可分的特性实际上基于"天"（即终极与整体实在）和自我在本体上的合一，也基于"对于终极与整体实在的理解"与作为终极与整体实在的理性表现形式的"理解的终极与整体性"之间的动态同一。

儒家关于宗教实在的意识

在儒家哲学中，从前儒家的思想源头到《孟子》与《中庸》的人性哲学，对于终极与整体实在（即"天"）的意识经历了一个辩证发展的过程。[8] 显然，前儒家的"天"，代表世间万物的终极来源与权威。"天"首先赋予众生生命，赋予万物秩序。"天"是使宇宙间一切律动得以发生的恒常力量。此为"天"之大德。关于"天"的这种创生作用，我们应指出，天人之间具有一种血亲的直接关系，因为"天"被认为是人类的先祖。《诗经》中"天帝"的观念即为明显的例证："天帝"是凌驾一切的至高力量，人则被认为源自远古的先王。在此意义上，作为生命来源的"天"之存在显然是人类总体的标志。此血缘的事实突出了极为重要的一点：天人之间绝无本体上或任何其他类型的疏离。因此，不同于前述第一种类型宗教思想中所构想的基督教上帝，天与人在起源和本然上就是一体，两者之存有是合一的，如儒家与道家的思想所显示，这一点对人类关于终极与整体实在的意识产生了重要效果。我们有必要谈谈其中两种效果。除了创造性、亲缘性与天人合一之外，这两种效果形成了中国哲学中宗教实在的两个基本特质。

从天人之间的亲缘性及其存有合一而来的第一个结果，是"天"之宗教实在的世俗性。此特质的最佳明证在于，将现世的政权统治直接归因于"天"对世俗的关切。"天"一直被认为忧心人类全体的福祉，而君王由于握有统治的所有权与执行权，因此便负有照顾全民福祉的庄严义务。"天"透过现世君权对人类福祉的这种政治性关切，恰与西方宗教类型中讲求现世的救赎以及渡入另一灵魂界的思想形成鲜明的对照。[9]

这个差异不仅仅是表面上的，因为它明确了中国宗教思想中一些基本的问题和观点。在儒家和道家传统中，一直缺少一种实质上的个人灵魂观念，没有贬抑现世的倾向，没有对人的自我实现之潜能设立根本上的限制，也没有"人是堕落的"观念。这是由于儒家和道家的思想本身在理论上即已自足的。两者各自以明确而又相似的方式排除了此种需求的必要性，由此呈现了某种宗教的世界观，其中需要救赎的假设反而正好是有待检讨的。[10] 换句话说，在儒道思想中，这种现世性无须外部的解释，而可被视为对于终极性与整体性的意识的一种显现方式，在儒、道两家看来，这种方式可以满足人们的基本需要。

在儒家看来，个人被看作与社群交织在一起的，从而个人的提升和发展有赖整体社会秩序的完善。由此观之，政治治理只不过是个人自修以臻完善状态的延伸与普及。因

456

此，在儒家的意识中，终极与整体实在所具有的世俗性特征，与儒家把人视为一动态实体的观点有着内在生动的联系；在人这一动态实体中，"天"遂有落实之处，并得以呈现自身。这一点解释了作为人性一部分的"天"之内在性，也解释了人性之善的先天性；对此，我们随后再解释。进而它还说明，所谓灵魂是不可摧毁的封闭实体这一假设为什么是肤浅而不必要的。[11]

457 　　如上所示，天人合一及其亲缘性，其进一步的结果是"天"的内在性与人性之善的先天性。《中庸》强调"天命之谓性"。"天命"，就是"天"所构成之"命"，因为所谓"命"，正是"天"通过必然性和规律性之形式而参与现实。在《大传》中，我们发现如是说法：所以为"性"者皆得之于"天"，而"性"即"天"之所自然形成于现实者。阴阳之间交感互动的必然性和规律性引起万物之性——包括人性——的显发。此即"天之内在于人"的一面。

　　人性更引人注目的部分在于，天赋的人性可以透过修养而臻于绝对完美的境地，进而实现作为终极与整体实在之"天"的精神潜能。这可见于《中庸》的观点：至诚之人可以充分实现其本性，亦可以充分实现万物之性，并参赞天地之化育，进而与天、地鼎立。[12]《大传》断言，人性可以成就"道"之大业，可以通达"神明"和"变化"的终极与至高之境。由此观之，"天"之内在于人性正是来自这种潜能以及人性中要求完成这种潜能的动机。人不仅具有得之于"天"的潜能，而且拥有完成这种潜能的内在动力。在儒家学说中，这是对"天"的体验中产生的终极性与整体性意识之重要一面。与之相伴的是对人性与"天"的实在之间内在亲和的意识、积极要求予以实现的意识以及于**人自身**中能够实现"天"之实在的信心。这一点与基督教传统中人类为求救赎而终究要仰赖上帝，恰成强烈的对比。

　　人的天生善性源自"天"内在于人。"天"的整体实在及创生变化不已的活动，不断地化潜在为现实，这本身是善的，并体现于万物之性。[13]

458 　　关于中国古典哲学对终极与整体实在的意识，另有两个基本特质有待详细说明。第一，存在着一种"把宗教实在视为德智兼备的实有"的自觉意识。[14]在前儒家的思想与儒家著作中，"天"被说成仿佛完全是活生生的人，其观察与判断可以洞见人类善恶的根由。从"天"被视为人类始祖的现象观之，上述说法并不令人惊讶。"天"养育着人类，也在政治上支配着人类。[15]然而，我们将会看到，把终极与整体实在认作人，这种观念在后来的儒家著作中有了相当程度的改变。对孟子而言[16]，"天"不过是可修养成善之**性**［或可谓之自发之性（naturata）］；而在《荀子》中，又转成已成之性，即为了人类可能的外在之善而被加以探究的"性"。[17]在公元前3世纪，"天"的"去人格化"（depersonalization）（我们姑且可以如此称之），或许是与道家有关的自然主义思想家针对人格化的"天"进行理性的、自然主义的以及形而上的批判之结果。[18]"天"归属于"道"，"道"则是有规律而包罗万象的实在之自发而又必然的活动。因此，

"天"逐渐丧失其人格化色彩。然而，即使经过了这种"去人格化"的转变，对无所不在之"天"的意识仍然保留着自我意识内在于"天"之智能这一维度，这一维度是内省的结果。

或许可以说，在对于"天"作为生命和价值的终极与整体之源的意识活动中，人的自我意识亦必自然发生。这一自我意识的原理可明显见于《中庸》，为其"君子慎独"的训诫所证实。君子慎独的依据在于，隐者至显、晦者至明。但这种感通明悟的能力以及对于终极与整体实在之意识，更明白地显现为对人性之"诚"与"善"的内省。"诚"与"善"其实就是"天"之创造性存有的特质。孟子谓之"良知"，《中庸》谓之"至诚"，《易经》谓之"感通"。[19]在孔子的《论语》中，这个观念表现为"仁"。

在人类对人性的意识中，关于对终极与整体实在的内省，我们虽可视之为必然导引出"人格化的宗教实在"观念之因素，但其实可不必如是观之。如前所示，一个重要的事实是，在古典儒家学说的后期发展中，作为宗教意识之对象的宗教实在更多的是非人格化的，而不是人格化的。这一发展可被视为把"天"作为内在于人性的一部分的意识之提升而自然产生的结果。但是，此发展是否不相容于宗教实在具有感通性（perceptiveness）的观念？显然，这种不相容不必存在，因为在终极与整体实在中，理想的人性发展已然实现，而终极与整体实在没有理由不能被看作全具感通能力的、类似于人类的实体。不过，在这个极致尚未实现之前，对善的意识是人类在此实现历程中的性质，是趋向此实现之功夫所具有的性质。换句话说，"天"在儒家学说中的发展表明，我们应该把终极与整体实在视为如下两个历程的相互作用：一是人类致力于企及非人格的潜在理想之历程，其中的理想为终极与整体实在的观念所表示；一是将此理想在修养和意识中实现之历程。"神明"是有待达成的。"神明"内存于人性，但必须通过每个个人的自我实现功夫才能达成。

如是观之，我们可以说，终极与整体实在既不是绝对人格化的，也不是绝对非人格化的，因为它可能同时包含这两方面的因素。"天"内在于人性，使这种观点得以可能。终极与整体实在之所以不可被局限于人格化观点，是因为"天"是人的发展潜能。其之所以可被人格化，是因为理想的个人已臻于天人合一。这是一种视"天"为内在于人性的观念，而不是视上帝为超越人性的观念。在后一观念中，"上帝"是一种本体上殊异于个人存有与存在的人格，而在前一观念中，"天"不是另外一种人格，而是个人存有与存在的理想延伸，是个人生命力内在之创造性的根源，也是个人对内在之善性的一种理悟。

对于古典儒家哲学中关于终极与整体实在的意识，以上做出了一种描述与刻画。由此可以做出总结说这种意识涵盖了下列六个特征：对于创造力的意识、与人类的亲缘意识、对于现世性的意识、对于"天"之内在性的意识、对于天生善的意识、对于人格化与非人格化相同一的意识。现在可以对新儒家做出类似的探讨，以确定是否可以认为新

459

儒家学说持续表现出上述特征。

新儒家学说中对于宗教实在的意识

460   显然，新儒家自其早期的周敦颐、张载和二程，到后期的朱熹、陆象山，直到王阳明，莫不具备对于终极与整体实在的明确意识，甚至他们必定对其做出了更高的理论发展。很明显，朱熹采用"道体"一词来指称终极与整体实在。[20]"道体"代表一种对于终极与整体实在的总体意识，对万物之生成提供了辩证的解释。虽然此概念掺杂了道家"无极"的说法，但正如朱熹的恰当评述，掺杂此一说法的目的在于显示"道体"的广大无垠。[21]在张载那里，我们在"气"论中发现一种类似的关于终极与整体实在的形而上学：人作为"道"的创造物，亦处于"道"之中，并且能够成为创造的主体，因为他是发挥"道"之创造性潜能的参与者。[22]

    从上述新儒家的角度观之，我们可以看到，对于人类具有基本重要性的终极与整体实在，以或多或少具有系统性的形而上推理方式已获得明确的理性结构。然而，这并非来自纯理性的设想，而是如新儒家大师们的人生所明确展示的，是基于个人深刻严肃的体验。甚至可以说，正是通过这些大哲的深邃体验，对这些体验的理性省思才成为可能。新儒家强调对终极与整体实在的体验和修养，显然为把握、理解这种终极与整体性提供了基础。我们将会看到，在儒家与新儒家哲学中，终极与整体实在以及对之的理解是互相贯通的，并成为于人性中实现终极与整体实在的动态历程之两面。我们想要强调的是，在新儒家观念中，对于终极与整体实在之意识得到反省和体验的双重发展："道体"的形而上学与修养心性的理论不但不二，而且不可解析为二。

    由于新儒家发展出系统的形而上学，在新儒家对于终极与整体实在的意识中，我们几乎看不到明显的人格化成分。在"理"的概念推演中，人的内在本性也获得了广泛的

461   形而上结构。[23]"理"的引入，显然以这样的反思为前提：一切物性皆可被纳入一个理性的理解系统；"性"不但是体验的对象，而且是理解的对象；换句话说，有待体验之事，必然也要被理解为具有智识与感悟力的心灵之事。

    虽然在新儒家思想家那里常见的是，关于"理"可能会有多种互异的形而上诠释，但显然他们都会同意，理解了"理"，就可以满足我们想要理解世界与人类的愿望。因此，"理"是被赋予本体意味的理性与知识之功能。在某些情况下，"理"进而可被认作被客观地设想的终极实在本身（譬如朱熹）。[24]在新儒家的整体架构中，我们可以找出一系列的说法，认为终极与整体的形而上实在就是直觉上经验到或知性上显露出的理性或心灵。我们在此关切的是，"理"被用来联系"对于终极与整体实在的理性意识"与"此意识的终极与整体实在"。"理"统摄并且结合了"物"的世界与"心"（自我）的世界。[25]我们不必经过对"理"的详细批评就可以清楚地看出："理"是终极与整体实

在的新面貌。这个新面貌属于理性。[26]依据对于终极与整体实在的意识之特点的这一演变，我们可以在"理"的存有与具体实现方面补充其他特点及要素；因为我们可以谈及"理"的一体性、创造性以及人格化认同。另外，我们当然可以把新儒家的"理"说成对终极与整体实在之存有实现的理性展示，其中的终极与整体实在亦揭示于古典儒家的体验与意识中。

关于新儒家对儒家终极与整体实在意识的贡献，有两点须再讨论。第一，如前所述，新儒家中"理"的概念（可称之为"客观性理论"）的发展，同时牵涉一个"主观性理论"（即"心"的理论）的发展。虽然古典哲学经常谈到"心"，但却直到新儒家的兴起，有关"心"体现客观之"理"与实现"道"的微妙潜能才受到郑重的看待。从张载开始，"心统性情"说在二程和朱熹关于终极与整体实在的哲学及其对之的理解的哲学中，都扮演着重要的角色。[27]在陆象山与王阳明的思想中，"心"也得到了本体论与道德哲学上的描述。[28]虽然程朱与陆王这两种取径之间有极大的差异，但本文仅关注其相同之处。"心"是"体现本体之极致"的活动，同时也是此种极致的境界。它是修养与道德的根源。因此，它也是万物的创化来源。它是善的来源，其本身也透露出善。因此，基于良知发挥出来的功夫得以将善发展到极致。简而言之，"心"这一概念充分把握了终极与整体实在的内在性，并且使得达成这种实在成为与个人自我实现密切相关之事。

关于新儒家对终极与整体实在之意识的新见解，其第二点在于它明确而充分地揭示出"道德的本体内涵"与"本体的道德内涵"，例如在程颐与朱熹的思想中，儒家的"仁""义""礼""智"等德性被明确地同一于"理"，由此被给予了一个理性的形而上根基。[29]尤其是，"仁"被构想为宇宙创造之源，从而是天地之德，是终极整体实在的具体代表。[30]由此显然可见，"仁""义""礼""智"之德，一方面可谓是原来根植于人性中的终极与整体实在之体现，另一方面亦可谓是对于"理"之本体理解的实际运用——比如说人心是本然就有的能力。除了朱熹以外，在其他新儒家那里我们也看到了类似的基本观点。从这方面来说，新儒家哲学是我们了解儒家对于终极与整体实在的经验与意识——将之理解为一种把原本属于理性的与形而上的实在本体转化为道德的或存在方面的自我实现——所不能不事先认清的思想；另外，它还提供了一个基础，使我们能够将"理"作为对于终极与整体实在在存在与道德经验上的一种理性理解。这与我们以前对第四种类型的宗教思想的讨论完全相符。

儒家的宗教理解

在《尚书》和《诗经》等前儒家时期的作品中，作为人类判断与行为的指导，了解"天命"，就是要培养对"天"的敬畏感，在实践上遵从被认作"天命"者。"天命"并非被任意确定的，而是作为有利于世间大众的至善被确定的。这意味着，要理解"天"这个实在，就必须通达历代帝王之兴衰，以价值承诺的方式洞彻兴衰的内在原因。因此，这种理解必定一方面牵涉善之本质的知识，另一方面牵涉如何存善和行善；这两方面的知识都涉及善在社会历史中的实际表现。得到这种理解绝非易事，它必得经过一代又一代知识的经久累积、认定与修正方能企及，而绝非个人限于朝夕的智慧所能向望。这是一种依据新的经验而持续不断地予以改进的理解。它深刻地记存于社会中每个个人的心里，真正地反映了该社会群体所体认的宗教实在。尤甚于此，这种理解必定带来创造性的生命实践，促成对于宗教实在之意识的最终形成。

463

儒家对于理解终极与整体实在的看法，显然与以上阐述的类型相符。此一路向需要渐进的修养，仰赖个人的自我更新与扩充。《中庸》是以谓"修道之谓教"。缺少修养功夫，则无法真正理解"天"与"天命"。因此，依据以上论述，这种修养显然必须包括两个基本方针：（1）洞察并谨慎评估社会的历史演进，把握蕴藏其中的"天命"；（2）检省或体验这样的动态历程：按照善的标准，尽力发展人性、实现潜能。孔子是表现出这两个修养层面的典型。他曾指出要从实践与历史中学习。他说，他自己不是"生而知之"者，只不过喜欢向古代学习，勤敏地追求真知。[31]他甚至宣称，他未曾创作观念，而只是将之与过去建立关联。这意味着，他从对人类历史经验的理解中找到了有价值的道理。[32]另外，孔子并未局限于研究历史的教训，他关心真理与"义"的客观价值之建立和实现。他说："务民之义，敬鬼神而远之，可谓知矣。"[33]他又说，君子"忧道不忧贫"，"谋道不谋食"[34]。"道"是人际的秩序与和谐。显然，对"道"的这种信奉与追求，不会让人费心于崇拜鬼神的习俗。它实际上超越了这种习俗，指向对人们的愿望及其实现能力的理性理解。

464

最后，孔子有对于宗教实在的某种理解，它是长期修身与内在自律这一过程的结果。他列举了其品格修养与精神塑造的诸阶段，即"十有五而志于学，三十而立，四十而不惑，五十而知天命"[35]。显然，为了获得对终极与整体实在的理解、确立它对实际生活的意义，第一个步骤在于研习人类累积的实践经验。尽管这一步还不充分，但它必须被看成人生中实现德性（比如说"仁"与"义"）的基础。随后是"三十而立"与"四十而不惑"的阶段。而当"五十而知天命"的阶段来临时，此一理解是生命最终目的的彻底落实与显现——朝向自由与自足的精神成长的完成。因此，"天命"必须被视为整体与终极性对人生的综合意义，以及个人追求整体与终极性的综合意义。"天命"是"知""仁""勇"等一切以和谐形式呈现着生命的德性之源。

从上述儒家的观点来看，"知天命"就是为道德生命提供形而上的整体的基础，由此促进道德生命的修养与发展，使之成为经久的创造之源。因此，在此意义上，"知天命"并不以其本身为唯一鹄的；它也指向实际生活中自由的完全实现。孔子因而说到"六十而耳顺，七十而从心所欲，不逾矩"。宗教理解的鹄的可以被描述为道德实践与道德自觉相伴的生活。在这种生活中，知识与实践相互支持，共同构成终极自由——无拘束地表现自我，而又完全符合义务与善性——的来源。[36]本质上说，自由与理解的这一成就，就是创建义务与秩序的成就。它因而同于"天道"的创造表现与创造能力。

　　虽然孔子未曾明确指出，理解终极与整体实在的根据在于人性，但从其理解的实际达成以及该理解的性质看，其中无疑仍然蕴涵这样的观点：人性与"天"之性本来是一体的；而且，通过知行相济的自我修养，个人自然会逐渐体认到终极与整体实在，并从这一体认中获得人生意义。《孟子》中明确地指出，人就其本性而言趋向于实现一种真实的、属于人的存在状态，亦即认之为善、行之为德的状态。这种存在状态一般被称作"心"。[37]从"心"的这些感受出发，德性即可自显自成。正是以此为据，人性才被称为善的。根据这种构想，人不仅拥有这种当下显现德性的"心"，而且被特别地赋予道德认知的能力之"性"（即"良知"）。根据此一能力，人自然而然地看到并坚持符合善的行为原理。由此之故，人自发地处于区别善恶的心智状态（"是非之心"），此即知识或智慧的根源。[38]显然，孟子认为，对内在价值的道德认识根源于自然情感状态，因此也根源于人的存在状态。换言之，道德意识就是道德存在，道德存在就是道德意识。由于人性和终极与整体实在之性在根本上无异，所以个人的道德知识与道德意识就必须被予以修养与保存，以作为求得完全理解终极与整体实在的根基。孟子将此理解的境界描述为"万物皆备于我矣"[39]。这种自觉状态又涵括一切情感，孟子将之表示为"浩然之气"[40]。这种参照天地（终极与整体实在）来扩充真实生命的自觉，既是行为之"义"的来源，也是对之的洞见。

　　宗教理解在《中庸》那里发展到一个新的高峰。相关的中心观念是"诚"。"诚"不仅是使人能够参与终极和整体实在（被认作天地）之造化活动的个人品质，也是一种由于人性而向人呈现天道及其力量的性质。就此而论，"诚"是证实终极与整体实在的一种性质。因此，它一方面属于认识终极与整体实在的人，另一方面亦可谓属于该实在。它是人的本性，而此本性又同终极与整体实在合为一体。进一步说，它是人类中本然地感受实在的潜能，随后又在适当的条件下可以阐明实在，且透过"尽性"的功夫而充实己之性，进而充实此"实在"之性。在《中庸》中，完成这种实在的活动与能力被称为"人道"，其原因即在于此。这当然意味着，实在之性具有无穷的创造力。对"诚"之能力的描述，我们或许可以总结为：它是理解终极整体实在的一种途径，主要由对客观（世界）与主观（"心"）的终究合一的认识能力以及按照终极与整体实在来认识个人创造潜能的能力组成，进而可视之为彻底实现个人价值的能力。基于此种认识，不必产生"笛卡儿式的怀疑"，也不会产生"怀疑论"或"唯我论"的因素。儒家传统中的大量著作充分证明了这一点。[41]

　　最后，必须说明的是，依据《中庸》，对真实性的感受、实在的本真性以及理解万物之性的能力，它们有两个方面；这可见于"诚则明矣，明则诚矣"这个命题。一方

465

466

面，"明"是"心"对实在的明觉，导向于"诚"之中对实在更有力的把握；另一方面，"诚"是一种存在状态，具有适合追求终极与整体实在之道的内在光明。稍后将会谈到这种动态的同一关系。

在此必须提到，《大学》修养对终极与整体实在的理解所做的一个重要贡献。《大学》中说："大学之道，在明明德，在亲民，在止于至善。"[42] 在解释"明明德于天下"时，《大学》指出修养的八个步骤，始于格物致知，终于治国平天下。我们不须详究每一步骤的细节就可以清楚看到，《大学》建立了一连串必要的步骤，其中涉及有关知觉与实践、对万物的思考与观察以及社群生活中的人己相处之道。

这意味着，"明明德于天下"这一最终目标的达成，预设了一个积极参与世间事务以求其有序与和谐的过程。如果我们把"明德"看成实在所展示出的品质，进而将其看成终极与整体实在之"诚"，又把"明明德"看成认识到实在所展示的品质，那么《大学》就很明白地告诉我们，只有参与世务，我们才能认识终极与整体实在。逐渐理解终极与整体实在的前提条件，在于自我完全投入伦理与政治生活。此观点与《中庸》从"诚"到"明"的说法相符。另外，始于格物直到"诚"，完全符合《中庸》所谓从"明"到"诚"的过程。

《大学》并未阐释"明明德"之后的两个阶段；也就是说，在修养对于终极与整体实在之理解的哲学中，"亲民"和"止于至善"这两个阶段没有被给予一定的位置。依据上述讨论，我们可以将"亲民"看成"尽民与物之性"，将"止于至善"看成达到和维持"至诚"的能力——这个能力就是化育的能力，因此也就是参与终极和整体实在之造化的能力。以《大学》的理论方法为基础，可以将伦理与政治生活中的知与行，关联于对终极与整体实在的最终理解和实现。这个最终的境界在《易经》中被称为"神明"。[43] 个人可以达成这一境界，因为他可以和终极与整体实在相"感通"。[44] 显然，"感通"是人性中"诚"与"明"的作用，这种作用完全符合终极与整体实在的真性。

新儒家的宗教理解

在新儒家中，对终极与整体的清晰认识显然被明确地看作人的主要关切。从周敦颐、张载、二程、朱熹到其他诸儒的传统中，对"道体"（即终极与整体实在）的体认显然是处理世务的根据。因此，他们更有条理地强调修养对终极与整体实在的理解。在周敦颐和张载的形而上著作中，保存与体验个人中的"诚"，是达成对于终极与整体实在（无论被称为"太极"还是"太和"）的理解之最重要的步骤。[45] 事实上，周敦颐明确地把"诚"当作成圣的基础，因为根据他的看法，"太极"一切创造的、条理化的活动都是"诚"的作用。[46] "诚"因此可被认为就是"太极"本身，从而是变动的最终根源。这种性质又被说成人类可以体验的对象，因为人类源自"太极"的这一性质，能够通过分辨德性之有无来追求终极实在。

张载的哲学道出了"诚"的精微之处。"诚"与"明"联系在一起，被称为对于天德的天生知识（诚明所知乃天地所知）。[47]此知识是实在的当下呈现，从而构成人的本然之性。或许是根据这一点，张载得出结论：人应该爱他人，并参与世事。因为根据"诚"的"启示"，人的本性是开放的、可普遍化的，并且应该在认识到被自然地体验为"诚"的开放性与普遍性中实现自身。这进而导出这样的观点：对"仁"的体验，是对实在的最终认识的重要因素。体验"仁"，就是要体验万物之间的亲和与有机统一。理解终极与整体实在就是理解"仁"的活动，亦即理解一个开放、创造与本真的实在。理解终极与整体实在的唯一途径，在于通过天地活动来感知"仁"，通过性情来观察天地活动。在此意义上，对"仁"的体验，源自与自身人性相关的对本真实在的感知，这正是理解终极与整体实在的路径。因此，张载与朱熹皆主张儒家道德如"仁""义"等的形而上意涵。[48]"仁"被视为普被万物的创造活动，甚至是此活动自身；"义"被视为万物之理序。因此，关于如何修养对于终极与整体实在的理解这个问题，他们认为解答之道在于视道德为终极与整体实在的形而上活动。要解答该问题，就要了解道德生命的形而上基础与本体意涵。

二程在关于如何取得对道德的形而上理解这个问题上，特别提出几个哲学要点。首先，程颢劝人要"观天地生物气象"[49]。此"观"不是仅使用五官来"观察"，而是深切的"观省"。事实上，"生物气象"不易观察而知，必须通过感觉与体验才行。人类的此种观省能力，说明了天性内存于人性。因此，以下这点并不令人惊讶：天地中终极与整体实在的创造力可被视为指向对"仁"（爱与同情的情感）的肯定，并内在于人性。此"观天地生物气象"之"观"，代表了人类与天地之自然而密切的交感互动；宗教理解的目的就是扩展、加强和发展人与终极整体实在的本然联系。如果采取没有宗教意涵的理解，那么就不可能产生宗教情感。理解是一种修养的形式，以"观"宇宙创生现象的方式来养成把握终极与整体实在的既有能力。可以回顾孔子在证实其"观"创生而产生体验时的说法："天何言哉？四时行焉，百物生焉，天何言哉？"[50]

或许是因为接受周敦颐与张载关于"诚"的见解，二程都提出了自我修养的学说，而此学说显然与对于终极与整体实在的宗教理解相关。此即居敬穷理说。[51]何谓居敬穷理？它们如何与对于终极与整体实在的理解过程相关呢？从上面的讨论来看，"敬"显然是一种以终极与整体实在为个人生命目标及泉源而加以观想的心灵状态。因此，它是一种心灵意识与存在延续，并超越了为己的需要、欲望之局限。它是一种性情，各种德性如"仁"等可以由此推衍出来。在此意义上，"敬"可被解释为创造性的生命所处的本然无分状态，以及完整的宗教理解的开端。它事实上被程伊川描述和界定为"主一"与"无适"。[52]因此，它是一种天性的存在单一状态与天性的原始一体状态。它是一种

469

心灵状态，根源于对天地初始无穷之创造的意识。它是一种天性的状态，而此天性是在人类生命中实现的初始创造性。发现与保存"敬"，就是发现与保存原始的天性及个人对此天性的意识，也就是达成所谓的"涵养"。[53] 这是一条认知和理解终极与整体实在的路径。

470　　必须注意到，二程并不以"居敬"为唯一的求道方法。他们还指出格物的重要性。[54] 格物和居敬同样重要，因为借助格物而汲取知识，个人可以使自己成为有用之人，从而致力于生活的实际事务。格物是通过充分洞彻事物之理而被具体地达成的，而这又需要致力于学习与研究。在此并没有任何迹象表明可发展出科学探究的概念。因为科学探究意在导出有关事实本身的客观真理，其中没有预设人与整体自然之间的一体性；而格物穷理的目的在于，帮助我们首先通过终极与整体实在，其次通过实践与实际生活来认识特殊事物。因此，事物之"理"不是科学的公理，也不仅仅是事物的形式，它是这些事物的意义，这些意义相关于为居敬者所揭示和经验到的终极与整体。实际上正是通过这种专注的态度，我们才能将个体和终极与整体实在建立关联，因为在"敬"的状态下，个人才能体验终极与整体实在。我们也是通过"敬"，才能将个人的知识联系于实践，才能获得可用于实际生活的知识。这是因为在"敬"的状态下，行为才能自然不逾天道。所以，格物穷理永远会产生一些实际的"义"之原则或切乎现实生活的原则，这些原则确保生活的均衡；另外，一种容许"敬"持久更新的修养就是对于终极与整体实在的理解。

　　我们现在可以看到，对于新儒家二程及其全面追随者朱熹而言，对于终极与整体实在的理解具有两个方向，此两个方向之间的关系又可以圆形表示。第一个方向朝着保存原初心灵与个人所体验到的创造性发展；此方向是格物穷理的基础。第二个方向朝着发掘与更新实际生活的特殊原则发展；以此方向为基础，在"敬"的修养中对于终极与整体实在之意识和深刻体验，才能得到经久的扩充与把持。因此，如同"诚"一般，"敬"是理解"道"的起点与终点。二程和朱熹发展出来的理解终极与整体实在的方法，显然是古典儒家传统之延续与系统化。理解的"双向性"（twofold directionality）代表了他们的高度成就。这种"双向性"有助于我们更清楚地看到，儒家与新儒家思想中宗教理解

471　的真正性质和作用。儒家与新儒家的这种理解，可以被称为"对生命的有机的、整体的理解"，这在二程和朱熹的居敬穷理说中清晰可见。

　　在陆象山与王阳明的哲学中，这种"有机的、整体的理解"的方法也含蓄地得到了发展。就人类悟道的本然能力而言，我在程朱的居敬说、陆氏的求本心说以及王氏的致良知说三者之间，看不出有歧义不通之处。[55] 因为若详加分析，致良知在存在和实践方面的意义与居敬完全相似（虽然这两个学说在存在与实践方面所指涉的对象不必然相似）。由于篇幅的限制，此中细节不在此详究。我们应该注意的是，虽然陆王比程朱更强调致良知在取得悟道及体道之圣知方面的潜力，但他们却欠缺如下认识：个别生命实

际意义的推展，必须同时仰赖自律的"道问学"过程。程朱在这方面却有所强调。

结论一：宗教实在的动态一体性与儒家、新儒家之宗教理解

以上讨论了儒家与新儒哲学在宗教实在与宗教理解方面的观念，我们将以此为基础来讨论儒家与新儒家的宗教思想。我们也已看到，这是讨论儒家与新儒家之宗教实在的观念、其对终极与整体实在之宗教理解的观念以及其对修养此宗教理解的学说的适宜场合。儒家与新儒家哲学中，凡是被认为与宗教相关的事物，都是通过儒家与新儒家的终极与整体实在观念及其与人之间的关系而得以明确和刻画的。我们已看到，由于其本性与心灵，人类自然能认识与体验他和终极与整体实在之间的一体；这个被经验的一体性，让人们产生有意义的真实欲求和意愿，去追求对该实在的完全理解和把握。鉴于孔子对于人与"道"一体之体验的实践运用，鉴于新儒家哲学中对终极与整体实在的"有机的、整体的理解"，显而易见的是，人与"道"的一体必须全然体现为一个自然的历程，在此历程中，个人完全投身于伦理与政治的活动而实现其生命。为了维系个人与他人的交往和关系，道德实践与对实践的道德反省是必要的途径，而此两者又是修养人、"道"一体之体验与理解所产生的自然历程，这个历程也是修养对"道"的体验与体现所不可缺少的一面。对此，程朱都有或多或少的明确认识。

472

还可以认识到，儒家真实意义上的道德生命之充分实现以及对"仁""义"甚至"礼"的践行，将导致终极与整体实在的意识之自然显现与启示。换句话说，终极与整体实在的宗教性或意识，是道德生活的自然延伸与整合，因为道德生活显示出一个实在，这个实在被感知、信奉和激发为生活本身的泉源与目的，将生命的自我实现与生命的自我呈现接纳为其两面。甚至可以说，宗教性把终极与整体实在理解为道德生活的内在来源与本体证明。如此，道德生活与道德情感通过对于终极与整体实在的肯定和意识而具有更丰富的内涵：道德与伦理的生活因此成为推动实现实在之无穷创造历程的持久动力。另外，对于"道"的自觉也将不断地刺激实际生活与道德实践。我们可以和康德一样谈论道德自主（moral autonomy），但不必为了使道德有意义而替道德预设一套宗教的前提。道德本身即具意义，同时它也是人类对于终极与整体实在之宗教意识的完全实现。

如果我们把实际生活与道德实践看成实现所有生命潜能的一条有序而调适的途径，并且如果我们把它看成生命之具体而有机的理性成就，那么宗教实在显然正是理性的全然体现。宗教意识与理性、合理性不可分；它连续而完整，完全符合理性与合理性的尺度。因此，儒家意义上的宗教，不是从理性预设的前提发展出来的，而是在道德生命与道德生活的实际自我实现历程和成就中呈现出来的。这种意义上的宗教不同于西方宗教，它并不与理性和自然的客观性对立，而是主客合一：它是由主观与客观的鲜活统一

473

而达成的**圆满**状态。自然界的实在与道德实在都被视为这种意义的宗教之手段与目的。

可以进一步指出，从儒家与新儒家的观点来看，宗教实在事实上可被认为等同于宗教理解。换句话说，宗教理解可以被认为是宗教实在的实现，而宗教实在可以被认为是宗教理解所创造出来的产品。事实上，宗教理解的有机与完整的特质正反映出宗教实在的特质。宗教实在（即终极与整体实在）并不只存于心灵的理解与修养中。心灵不但意识到而且体现出作为创造性生命与道德生活之目的和来源的宗教实在。意识到宗教实在，就是要产生宗教的自觉，因为它就是要让人性的内在核心部分呈现出其最真实本真的、完整充分的面貌。

为了更清晰全面地说明宗教实在与宗教理解的关系，我们可以辨识儒家与新儒家思想中关于宗教实在与宗教理解的如下特点——或许可称之为其"有机一体性"（organic unity）与"动态同一性"（dynamic identification）。

（1）对于终极与整体实在的有机一体性的理解，清楚地表明宗教实在与对之的宗教理解是一体的。这是因为，只有基于宗教实在的创造性，宗教理解才成为可能；而宗教理解一旦经修养而成，就能既在人性及其自觉的范围内又能客观地使对宗教实在的认识更丰富、更深刻。宗教实在的自明创造力与人的宗教理解之间的这种相互关系，在如前所述的《中庸》对"诚"与"明"的阐释中清晰可见。

（2）宗教实在与宗教理解之动态或创造性同一，是通过知识与实践的动态或创造性的同一而形成的。显然，儒家与新儒家的宗教实在，正是实际地、普遍地不断创造的过程，而这个过程基本上采取践行的方式。另外，宗教理解必须如新儒家的格物说那样，由个人的博学、审问、慎思与明辨来贯穿始终。因此，宗教实在与宗教理解的关系可被视为一般意义上的知行关系。

474　　　现在可以指出，"知"与"行"可用许多方式贯通为一。其中一种方式是，把"知"视为一种形式的"行"，且只有从"行"之中才能派生出来；而"行"就其精微之处而言也包含自觉认识或"自知"。由此观之，人之中的宗教实在与宗教理解必然是彼此结合的，一如任何技艺的理论与实践。伊川曾说："知之必好之，好之必求之，求之必得之。"[56]知识与宗教理解必会使人把握宗教实在（此为存在的体验）；反过来说，对宗教实在的把握必会使人辨识人心中的宗教实在。实践与德性必须通过与之相应的知识来强化和延续，而后者使其自身的延续得以可能并不断强化。

（3）最后可以说，从客观与本体的角度来看，宗教实在与宗教理解是同一事物的两面，或同一事物的不同显现。因而可以说，宗教理解是宗教实在在人之中的形式，而人所意识到的宗教实在是最为完整的宗教意识，它是个人在自身的最终完成中达成的自我理解。程颐在提及终极与整体实在的宗教实在时说："在天为命，在义为理，在人为性，主于身为心，其实一也。"[57]这里所谓的"命""理""性"一体，不会妨碍三者在某种多样性的实现中各自做出动态的呈现；因而，其动态的多样性也不应妨碍它们的来源与归属成为同一种根源和目标的整体性合一。因此，在本体论意义上说，人的宗教理解和作为一自明历程的宗教实在终究为同一回事。通过各自的创造作用与潜能，也可说它们动态同一，必成一体。

结论二：神秘性概念新解

　　著名的基督教神学家鲁道夫·奥托（Rudolf Otto）在其著作《神圣者的观念》（*The Idea of the Holy*）中分析了宗教中一种显然为宗教性的性质，他称之为"神秘性"（Numinous）。[58] 表面上看来，"神秘性"是宗教经验里独特的心理对象。奥托的特殊见地在于，他列举了一些在宗教中对"神秘性"的心理经验所具有的不同成分。这些成分如下：（1）"至高神圣性与高超性"（supreme dignity and magnanimity）；（2）"神圣恐惧性"（holy tremor）；（3）"难以抗拒性"（overpoweringness）；（4）"存在充溢性"（plentitude of being）；（5）"人格意志的力量或急迫需要"（energy or urgency of a personal will）；（6）"被造者意识"（creature-consciousness）；（7）"狂热"（fascination）。[59]

　　现在，假设奥托所分析的宗教性或"神秘性"成分清单提供了一个正确的理解背景，那么人们就可以轻易看出，在上述儒家与新儒家宗教思想架构内的任何宗教经验和宗教情感，必然明显不同于奥托所辨识的（虽然在不少方面西方基督教所理解的"神秘性"类似于儒家、新儒家观点中的"神秘性"）宗教经验和宗教情感。可以很清楚地看到，在儒家与新儒家哲学中，宗教理解是一种心灵的情态，因而可以容纳"至高神圣性"和"存在充溢性"这两种成分。在古典儒家著作中，"天"和"道"的至高神圣性常被称作"神明"或"圣"。对"存在充溢性"的感知，可见于儒家对"'天'无言"所做的评论，以及二程描绘的"天"的普遍创造力。在某种意义上，甚至"难以抗拒性"与"人格意志的急迫需要"这两种成分也显见于儒家对宗教实在的意识中。如果我们把"难以抗拒性"看成个人自我的扩大，而不看成源自非我的外力，那么孟子所谓的"浩然之气"中的"浩然"就是"难以抗拒性"的例子。如果不提人格化之神的目的，则"人格意志的急迫需要"也可找到例证。不过，此"急迫需要"在当作"平衡把握终极实在之心灵的力量"方面并不重要。而在儒家与新儒家修养"道"的热忱中，以谋求深刻道理为目的的道德自律当然可以产生一股"急迫需要"的感觉。

　　除此之外，其他成分似乎完全见不到，或者根本不必要，例如，在古典儒家与新儒家中我们找不到"神圣恐惧性"；我们所能找到的是"敬"与"明"。更进一步，"被造者意识"与"完全的非我"这两种成分也不可见。儒家与新儒家从未感到那种在作为创造者的终极与整体实在和作为被造者的人类之间本体上的分隔及疏离。人类并不被视为渺小卑微的生命，反而被视为"创造者"或"共同创造者"（co-creator），参与着具有终极实在创造力特征的创造工作。因此，人不但没有"被造者意识"，反而有"创造者意识"（creator-consciousness），不但没有意识到"完全的非我"，反而意识到"完全的同我"（the wholly homogeneous）。这是因为终极之"道"从不离人，它在人性中显现自己，通过人来具体地实现。由于缺乏上述两种成分，显然也就没有热爱上帝或"狂热"的必要——这是一种神秘的因素。基督教中对上帝之爱是一种指向超越者的爱，且作为人的首要义务而被要求。然而，在儒家思想中，爱首先指"天"对人的爱，而不是人对"天"（或对神）的爱，因为爱（即"仁"）被视为"天"的本质属性，由此生命与生活、创造与改进才得以可能。在儒家和新儒家看来，虽然借助"狂热"这种成分，人能坚持对善的追求，但"狂热"并非人对宗教实在的适当反应。取而代之的是理性的沉静，这是儒家与新儒家的生活准则；人必须修养此德性以求得一种有益而睿智的生活以及对"道"的理解。之所以如此，大概是因为儒家与新儒家哲学中都没有人格化的上帝，因此也没有对此人格化上帝的个人感情。

为了补充对儒家与新儒家中"神秘性"之描述的不足，我们可以提出一个新的"神秘性"概念——它在理论上排除了儒家没有的成分，但纳入了奥托概念中没有的成分。这些新成分将以儒家与新儒家思想为根据界定出一个新的"神秘性"概念，其内容如下：（1）人性中的潜在完整性；（2）一切独特生命历程的有机一体性；（3）原理与德性之于万物中的普遍存在；（4）天地中无穷的创造性的爱（creative love）——此成分可被称为普遍之"仁"。依据前文的论述，我们很容易对这些成分做出阐释。在此，我们不做进一步的讨论，只提供由这些成分构成的"神秘性"的新概念，以求弥补奥托概念中的缺陷。

可以说，通过对奥托概念的批判，我们已发展出一个关于"神秘性"的新概念。我们可称之为儒家与新儒家的"神秘性"观念，并且可以认为，正是这一概念构成了儒家与新儒家的宗教意蕴。

【注释】

477

　　[1] 保罗·蒂利希（Pual Tillich）把宗教看成对终极实在的追求，从而视之为人类对终极实在的关切。[参见保罗·蒂利希：《经典宗教与对于终极实在的追求》（*Biblical Religion and the Search for Ultimate Reality*），1955]我在此引进"整体性"的概念，以之为宗教关切的对象之一；这是因为人类最终与最基本的关切必须指向一个整体的实在，这个实在超越了一切个体的、一切不完整、不完美和受限制的事物。

　　[2] 虽然奥古斯丁的神学与阿奎那的神学之间有着根本的差异，但他们都认为对神的信仰是神的恩赐，因而基本上不同于人的自然理性。阿奎那的亚里士多德主义倾向并没有阻碍他强调理性与信仰之划界的独特重要性。

　　[3] 正统派基督教神学家以及近世许多不同派别的基督教神学家都强调，神是另一超越现世的、完全不同的人格。

　　[4] 参见康德：《单纯理性限度内的宗教》（*Religion within the Limits of Reason Alone*），席尔得·格力

（Theodore M. Greene）、海特·赫尔逊（Hoyt M. Hudson）译，纽约，Harper & Row 公司，1960。

　　[5] 参见我的论文《儒家道德的辩证与人的形而上学》（Dialectics of Confucian Morality and the Metaphysics of Man），载《东西方哲学》（*Philosophy East and West*），1971。

　　[6] 早期的许多基督教传教士，譬如詹姆斯·理雅各（James Legge），试图将基督教的上帝比拟为儒家所说的"天"。从本文对"天"的概念分析中可以看出，这是不可能的。

　　[7] 尽管 17 世纪新儒家后期的学说仍然带有若干超越性的神秘主义色彩，但一般而言，古典儒家在发挥其"仁""义""礼"等概念时，新儒家在发挥其"性""心""理"等概念时，皆致力于排除其理论中的神秘主义因子。

　　[8] 此处所谓"辩证的发展"是指许多参差、歧异甚至彼此矛盾的因素，在发展过程中趋向统合与一致的一种过程。从这一观点出发对古典儒家与新儒家的发展所做的研究，参见我的论文《儒家道德的辩证与人的形而上学》，载《东西方哲学》，1971。

478

　　[9] "天"对人类现世福祉的政治性关切，参见《书经》中"天"或"帝"的基本观念。

　　[10] 对人和世界以及人和终极与整体实在之关系的任何基本看法，都牵涉许多形而上学和心理学的预设。要了解这些看法，必须首先考虑这些预设；仔细研究这些预设，与试图了解那些基本看法一样重要。

　　[11] 在儒家哲学中没有必要假设灵魂的存在，因为儒学中的个人可以经由修养的功夫而"赞天地之化育"，达到"天人合一"的境界。

　　[12] "惟天下至诚，为能尽其性；能尽其性，则能尽人之性；能尽人之性，则能尽物之性；能尽物之性，则可以赞天地之化育；可以赞天地之化育，则可以与天地参矣。"（《中庸》第二十三章）

　　[13] "可欲之谓善。"（《孟子·尽心下》）"一阴一阳之谓道，继之者善也，成之者性也。"（《易传·系辞上》）

　　[14] 这点可见于《书经》与《诗经》中"天""帝"拟人的事实。

　　[15]《书经》与《诗经》中此类证据甚多。

　　[16] "尽其心者，知其性也。知其性，则知天矣。存其心，养其性，所以事天也。天寿不贰，修身以俟之，所以立命也。"（《孟子·尽心上》）

　　[17] 参见《荀子·天论》。

　　[18] 郭沫若曾指出过这一点。（参见郭沫若：《先秦天道观之进展》，见《青铜时代》，1~65 页，北京，人民出版社，1954）

　　[19] "人之所不学而能者，其良能也；所不虑而知者，其良知也。"（《孟子·尽心上》）"惟天下至诚，为能尽其性。"（《中庸》第二十三章）"《易》无思也，无为也，寂然不动，感而遂通天下之故。"（《易传·系辞上》）

　　[20]《近思录》卷一即名"道体"，此卷主要显示周敦颐、张载、二程等人关于终极与整体实在的观点。

　　[21] 参见《朱子全集·答陆子静书》。

　　[22] 参见张载：《正蒙》卷一。

479

　　[23] 宋明儒学中的"理"在二程与朱熹手中获得了精致的发挥。"理"是存有的原则，同时也是人类对存有的精微知识。事实上，"理"的概念至为丰富，它涵括了一连串对于"人"以及"天"的"实体"与"实体意蕴"的观念。新儒家对"理"有多种不同的诠释，可见于张载、二程、朱熹、陆

九渊、王阳明之论述。

[24] 朱熹曰："太极非是别有为一物，即阴阳而在阴阳，即五行而在五行，即万物而在万物，只是一个理而已。"（《朱子语类》卷一）又曰："性即理。"（《朱子语类》卷四）

[25] 王阳明辨析万物后认为万物的事理无他，只在"致良知"而已。他说："良知即天理。"基于此，他主张"心即理"。（参见《传习录》卷二）

[26] 或许我们应该称这种理性为"有机理性"（organic rationality），因为它在"自然"与"人心"和"万物之理"之间建立起一种有机关系，致使两者在形而上学与知识论的意义上具有一种互通的整体性。

[27] 参见《近思录》卷一；《朱子语类》卷九十八。

[28] 陆、王皆视"心"为最终的实体与良善之原。

[29] 参见《河南程氏遗书》卷二；《朱文公文集》卷六十七。

[30] 朱熹论"仁"，参见《朱文公文集》卷六、卷七。

[31] 参见《论语·述而》。

[32] 同上。

[33] 《论语·雍也》。

[34] 《论语·卫灵公》。

[35] 《论语·为政》。

[36] 参见我的论文《儒家哲学的理论与实践》，载《中国哲学季刊》（Journal of Chinese Philosophy），第 1 卷第 2 期（1974）:179～198 页。

[37] 孟子所谓仁、义、礼、智四德即是针对此"性"或"情"而言的。（参见《孟子·公孙丑》）我们可以说，人的"性"或"情"是促使他产生特定行为的基本动力。

480

[38] 善恶之辨是修身养性的第一步，因此也是"尽性""成圣"的根源。

[39] 《孟子·尽心上》。

[40] 《孟子·公孙丑上》。

[41] 这是中国哲学尤其是儒家哲学的一种极重要的特质，它说明了何以中国在历史上一贯缺乏逻辑理论和理论性科学。

[42] 朱熹和王阳明对于此处应作"亲民"抑或"新民"有争议。朱熹认为应作"新民"，王阳明认为应作"亲民"；但是，"新民"的手段为何，"亲民"的目标何在，二人皆未触及。作者在此尝试提出一个解答："亲民"为了要"新民"，而"新民"亦需要"亲民"。由此以观，朱、王二说并无歧义。

[43] 参见《易传·系辞上》。"是以明于天之道，而察于民之故，是兴神物以前民用。圣人以此齐戒，以神明其德夫。"（同上）"化而裁之存乎变，推而行之存乎通，神而明之存乎其人。"（同上）

[44] "《易》无思也，无为也，寂然不动，感而遂通天下之故。非天下之至神，其孰能与于此！"（同上）

[45] 关于"太极"观念，参见周敦颐：《太极图说》。关于"太和"观念，参见张载：《正蒙》卷一。

[46] 参见周敦颐：《通书》。

[47] 参见张载:《正蒙》卷六。

[48] 参见张载:《西铭》;朱熹:《论仁》。

[49]《河南程氏遗书》卷六。此处"生物"之"生"乃一关键字眼,作者认为应作动词解,而非作形容词解。若作形容词解,则该引文意义失去生动性。

[50]《论语·阳货》。

[51] 参见《河南程氏遗书》卷二至卷八。

[52] 参见《近思录》卷二。

[53] 参见上书。

[54] 参见上书。

[55] 参见《陆九渊全集》卷一;《传习录》卷二。

[56] 转引自《近思录》卷二。

[57] 转引自《近思录》卷一。

[58] 参见鲁道夫·奥托:《神圣者的观念》,J. W. 哈维(Harvey)译,纽约,牛津大学出版社,1936。

[59] 参见上书,第2~6章。

十九 《明儒学案》中四句教的融贯性与含义

宋明新儒家的古典背景

程颐与朱熹哲学的一个通行假设是，人必须真正理解或深刻体验事物中的"理"或天理。无论我们如何论述，这种理解或体验都既具有本体意义也具有道德意义。它之所以具有本体意义，是因为它涉及人性完整的自我实现，同时完成人与天地万物的终究一体。它之所以具有道德意义，是因为它给予人某种根据——有此根据，人会以正当而自信的方式行动，对于对错问题不再犹疑不定。[1] 人想要发现自己在世界中的真正位置，想要按照正当的方式行动并产生行为的善，这可以说是人类理解的两个主要目标。可以认为，真正理解或深刻体验"理"或天理为这两个目标提供了某种答案。在宋代哲学中，程颐和朱熹似乎致力于界定这两个目标并解释如何达到。在明代哲学中，王阳明力求实现达到这两个目标的新途径。他不想通过致力于寻求"理"的客观秩序并将之作为关键所在，而是试图将"心"本身的自我理解作为基本起点，由此实现人在世界中的定位与人的价值，并将之视为确定行为之正当的终极根据。在此意义上，王阳明开辟了儒家的新路径，同时又对儒家做出了新诠释。他带领弟子走出的新路径接近于禅宗，相应地，也受到了正统儒家的批评。

关于实现人性与生活中的正当行动，最基本的术语和理念已然见于古典儒家的著作中。《易传》有"穷理""尽性""知命"的说法。[2] 在《论语》中可以看到，孔子关心"知天""知人""知言""成人"的说法。在如下段落中，孟子似乎重申了《易传》中"穷理""尽性""知命"的说法：尽其心者，知其性也。知其性，则知天矣。存其心，养其性，所以事天也。夭寿不贰，修身以俟之，所以立命也。（参见《孟子·尽心上》）而孟子还谈到"践形""养气""集义""取义"。我们在《大学》中还发现了新的术语，比如"诚意""格物""致知""正心"。《中庸》有诸如"致中和""致曲"之类的术语。如此种种术语及其基本预设和相关背景，可被视为构成了迅速发展的道德心理学与关于人的道德形而上学之根据——这种道德心理学既说明了人如何可能达到完成与善的终极状态，也提供了通往该状态的途径。它们所提供的道德形而上学说明了人的本性、本体实在的性质以及人与该本体实在的关系。它们既描述了在事物终极体系中人的地位，也以尽人力所能令人满意的方式表现了人的道德价值。这种道德心理学与道德形而上学，都为理解人在其个人生活以及社会网络与政治关系的社会交往中的行为提供了根据。因此，它们还为一种实践性的伦理道德提供了根据。如果把实践性的道德当作人类活动的核心与终极关切，当作关涉人之为人的全面展开，那么实践性的道德就可以在心理学与形而上学中得到证明，正如后两者在实践性的道德中有其根据。

宋明新儒家的主要问题似乎在于，后起的"理"概念与古典道德心理学、道德形而上学、道德学的术语之间的关系，这不仅是为了澄清"理"概念的深层含义，而且是为了在新的背景下重新检省和发展古典术语的逻辑蕴涵。从方法论的角度看，可以说宋明新儒家意识到了古典儒家术语在道德心理学、形而上学与道德学方面的丰富而深刻的含义。[3]他们想要以诸如"理""气""性""心"之类的新概念达成对这些术语的综合与发展。他们还想围绕某些核心概念，发展出由所有这些概念组成的理论体系。

依据上述两点就可以清楚地了解，宋明新儒家的价值与贡献之所在以及应该如何对其予以理解和评价。如一般所理解的，朱熹与程颐的核心论点是"性即理"。该论点无疑代表着一种理论综合并形成一种新的思想核心。但只有对照古典儒家术语的道德心理学、道德形而上学与道德理论的整个背景，该论点才能得到理解。类似地，我们如何看待王阳明对儒家哲学的贡献？答案是清楚的：王阳明通过"心"而对"理"做出了创造性的综合。尽管其是对陆象山的继承，但通过对格物致知的新理解，王阳明赋予"心即理"新生命、新含义，从而超出了陆学。正是通过在至为艰难窘迫的环境下的不屈成长，王阳明才开始发现其实在以及真实者的标准——自我之中的自制。这是他所揭出的孟子之良知的新含义。王阳明认为，良知不仅提供了正当的标准，而且提供了关于善与真实的标准。这是要肯定，人心能够确定和把握真实、正当与善而无须求之于外。

王阳明认为，其发现不仅是关于道德的发现，而且是本体论的发现，是关于实在之本性的发现。这是一个新的思想核心，由此其他思想得以解释和阐述。由此视角观之，其知行合一说与致良知说的形成实际上代表着，他达到和完善其关于良知本体的理解以及良知呈现于人类生活各个方面的功夫。因此，良知与致良知构成了王阳明及其门人之学的核心概念。

四句教作为王阳明致良知的总论：问题与诠释

综观王阳明的学术生涯，他不仅努力对其学说之含义及其寓意做出愈益精细的界定，而且力图把致良知说整理为一种整体融贯的理论，并纳入古典儒家的本体论、认识论、道德与实用的元素。在这方面我们可以注意，王阳明在去世前两年提出的悖论式的四句教，致力于总结性地说明其致良知说。这表明，这一理论已经成熟，而王阳明对各种哲学问题有了充分的自觉。四句教不仅使王阳明的哲学成为一个有条理的整体，而且为其后学设定了观念发展的基调，为我们整体地理解王阳明的儒学提供了线索。

王阳明的四句教，要追溯到其门人钱绪山与王畿（Wang Chi）1527 年的记录，其内容如下：

> （1）无善无恶是心之体。
> （2）有善有恶是意之动。
> （3）知善知恶是良知。
> （4）为善去恶是格物。

围绕这一教义的争议涉及这样一些问题：（1）"心之体"（目前所谓的本体）是否真的无善无恶？（2）"心之体"是什么？（3）善恶到底是如何产生的？（4）善因而是否具有本体根据？由于存在如此之多的问题且难以都对其做出回答，后世有不少学者开始怀疑四句教在王阳明哲学中的地位与有效性。

485　　黄宗羲（Huang Tsung-hsi）怀疑四句教的有效性，认为它来自王畿的传言；由此他断定，四句教是悬而未决的师传，因而未录入王阳明的著作。[4]的确，王阳明没有把四句教录入他自己的著作，但并没有历史根据说明它来自王畿的杜撰。因为在其两个重要弟子王畿[5]与钱德洪[6]的现存著作中，我们都看到了四句教。由此我们可以断定，它显然是王阳明对弟子的口授。然而，应该承认，这一口授深奥难解，容有不同的诠释。事实上可以说，它混杂甚至可能混淆了儒家的积极原理与佛教的消极原理。但是，毫无理由怀疑说：王阳明没有或不可能严肃地持有这种观点，而该观点不可能得到某种既保持又拓展和综合王阳明致良知说的恰当诠释。实际上，如我们将会看到的，王阳明觉察到这种教义明显的困难，因而叮嘱王畿与钱德洪要予以正确理解。

理解四句教的主要问题在于，如何在保持教义融贯性的同时，赋予它保存王阳明之儒家取向的深刻意义。为了融贯一致，王畿认为，如果"心之体"是无善无恶的，那么"意"就是无善无恶的。其中理当有这样的预设：在王畿看来，"物"有待于"知"，"知"有待于"意"，"意"有待于"心之体"。因此，融贯的观点就是，"心之体""意""知""物"都是无善无恶的。反过来说，如果可以讲"意"有善恶，那么就必然要说"心体"有善恶，而此与王阳明的教义相反。

钱德洪对四句教的诠释有所不同。他认为，"心之体"具有无善无恶的特点，然而人由于有习心而产生"意"，从而有了可以说有善有恶的欲望。正是由于"意"有善恶，我们才能践行存善去恶的自我修养。因此，按照钱德洪的观点，自我修养的意义依赖"意"之善恶的存在。显然，钱德洪只是假设本体上的无善无恶相容于"意"在认识论上的有善有恶，但没能解释或展示它们是如何相容的。

王阳明的诠释把上述两种诠释合为一体，他认为它们对教化民众各有其用处。王畿的诠释是关于启发天才的说法，而钱德洪的诠释是关于启发一般人的说法。王阳明说（按照钱德洪的记录）：

> 利根之人直从本源上悟入，人心本体原是明莹无滞的，原是个未发之中，利根之人一悟本体，即是功夫，人己内外，一齐俱透了。[7]

此段表明，王阳明并不否认，人一旦理解本体就应该忘记功夫。[8]功夫包含存善去恶的努力，因而可以说其包含运用本体来产生功夫。此段提供了通过理解功夫来理解本体的次序。

另外，王阳明对钱德洪的诠释之评论如下：

> 其次不免有习心在，本体受蔽，故且教在意念上实落为善去恶，功夫熟后，渣滓去得尽时，本体亦明尽了。[9]

显然，这里所讲的是要通过功夫达到本体。看来明显的是，第一种理解针对天才，而第二种理解针对一般人，因为大体说，把握心本体，要比关注个人的行为与意图更困难。按照钱德洪的记录，王阳明似乎提出：（1）针对天才的教义很难把握，乃至极少人能够认识到它；（2）若不教导大多数人存善去恶而仅教导他们致力于本体，则会把他们引向虚静——这是一种佛教徒的淡漠而超越的状态，违反了儒家的精神。那么，这就蕴涵着王阳明在此认为第二种诠释是最一般且可行的。

心本体的性质：它掺杂善恶吗？

就以教法之便为基础来解释四句教来说，看来引人注目的是，王阳明并没有直接或实质性地解释四句教的"潜藏"含义及其融贯性，至少从哲学的观点看是如此。问题仍然是本体是否掺杂善恶；或者换个说法，本体是否具有道德意义（尤其是在肯定了道德在本体上的重要性之后）。在《传习录》的一个段落中，王阳明为我们提供了解答这个问题的某些线索：

> 问："古人论性各有异同，何者乃为定论？"
>
> 先生曰："性无定体，论亦无定体，有自本体上说者，有自发用上说者，有自源头上说者，有自流弊处说者。总而言之，只是一个性，但所见有浅深尔，若执定一边，便不是了。性之本体，原是无善无恶的；发用上也原是可以为善，可以为不善的；其流弊也原是一定善一定恶的。"[10]

此段引文清楚地说明，有多种评判和理解本体的方法，而没有任何一种是绝对的或全面的。在某种意义上可以承认，本体是无善无恶的，因为它尚未用于事，没有与活动及其后果发生关联。这是一种"心"还没有为欲望、判断、感知或预期所发动的状态。这意味着：善恶是在"意"那里发生的问题；而"情"作为"心"发动的状态，并不必然产生于心本体。善恶之分的产生，其原因是"意"的活动与"心"的判断活动。此即所谓本体的发用。

但何为发用？发用的一个必要条件显然在于，"心"指向世间事物，由此事物构成"心"之"情"与"欲"的对象。"心"之发用的第二个必要条件在于，"心"之所"欲"或指向的对象内在地包含行为动机，从而可以说是驱动行为的原因。行为只要可能影响他人，就会导致有善恶之分的后果，因而"情"与"欲"的心灵状态也可说是有善有恶的。由此我们可以断言，一旦"心"主动交接于事——这些主动交接见于指向事物的"情"与"欲"以及由此而来的行为后果，善恶就成为"心"的属性。心本体并不主动交接于事物与行为，从而不可说有善恶之分。然而，心本体构成了"心"之活动的根据，是动力，是"心"的本体根基。因此，心本体促成了善恶的产生，尽管其本身并不包含善恶的内容。善恶来自本体与世界、事物的互动。

依据对本体的上述分析，我们可以得出两个结论。第一，本体或"心之体"可被设想为一种无"情"无"欲"的状态。[11]但能否说本体缺乏自觉意识？既然王阳明把良知认作心本体自身，答案就是"心"不缺乏自觉。王阳明说：

> 吾心之本体，自然灵昭明觉者也。[12]

但我们可能指出，这是一种从认识者（knower）的视角来描述本体的方式。然而，在涉及认识情况时，设定认识对象在逻辑上是有可能的，且没有理由认为，认识的对象不可能被认识心之外的事物来描述——事实上，它已经被描述为"性""天理""天命"。因此，王阳明说：

> 心之本体即是天理，天理只是一个，更有何可思虑得？[13]
>
> 至善是心之本体。[14]
>
> 天命之性，纯粹至善者也。[15]

上述引文似乎都显示，心本体可以用认识心之外的方式来描述。这表明王阳明确实认为，并非唯有"理"在本体上同一于认识之心。他提出，实在在"心"与"性"——而不是仅存于"心"——之中都有其本体。就其最终所持的观点"心即理"而论，他的意思并不是说，"理"只是"心"。众所周知，王阳明强调"心"是"理"的规定性，其要点在于，正是在"心"中才有"理"的终极性、统一性、确定性和清晰性以及善恶判断。这些性质对立于与朱熹学说相关的支离感。

第二，心本体是无善无恶的，这一说法的意思是：心本体本身并不牵涉"心"对于某物和可能行为的指向及其后果，它与"心本体确为至善"这一断言是相容的。[16]前面已经提到，王阳明在更多时候是讲，至善即是本体，即是"性"。但他如何能够坚持无善无恶是心之体，这仍然是个问题。这如何相容于本体为至善的说法？其显见的不相容性，显然导致黄宗羲及其老师刘宗周（Liu Tsung-chou）怀疑王阳明四句教的有效性。这种显见的不相容性在此不再明显，可解释如下：本体的至善可被理解为客观的善，而绝不包含实践的因素。如果我们可以用柏拉图的形式论（doctrine of forms）来说明，那么本体的"至善"论就是说，本体是善的完美而理想的形式——是善的标准，不可在其他层次确切地被复制或模仿。另外，"心"中"情"与"欲"的善恶是生活与经验中的具体事项。它们是接受判断与主观经验的对象，是与世间具体事务相关的。由此变得清楚的是：我们一方面可以谈论本体的至善，另一方面可以谈论与"心"之活动相关的善恶；因为仅当"心"有了目标、涉及对行为及其后果的考虑，我们才能谈论活动的成功、令人满意、和谐（善）及其反面（恶）。

心本体是佛教概念吗？

与对四句教的这种理解相关，一个更严肃的问题是：对本体的这种理解是否会导致佛教尤其是禅宗的立场；或者用更中立的方式来说，这种立场是否与佛教相关，由此"心"被认作唯一的终极真理，"心"被认为是一经觉悟就不回应任何事物而不执着于欲望的幻想？事实上，黄宗羲在如下论说中表达了这样的怀疑：

> "……既无善恶，又何有心意知物？终必进之无心、无意、无知、无物而后元。"如此，则"致良知"三字，著在何处？[17]
>
> 善恶双泯，任一点虚灵知觉之气，纵横自在，头头明显，不离著于一处，几何而不蹈佛氏之坑堑也哉！[18]

490

显然，黄宗羲把本体的无善无恶看作趋于佛教的迹象，或其至少是往佛教的方向迈出的一步。其论说的有趣之处在于，在他看来，佛教的核心论点毫无疑问是本体无善无恶，因为佛教所关注的觉悟正是要超越生死，达到"无恶可去，并无善可为"[19]的空无状态。但这种立场对儒家来说是不合理的，因为儒家有自身的生活方式。儒家思想家活在世间而直面日常生活的一切欲望。因此，如果他们说要泯灭善恶，那么他们实际上就是在助长恶！在这一段论说中，黄宗羲表达了对王畿四句教的反对，因为他认为这种教义不适合且有害于儒家。但他的担心用错了地方，因为如我们所见，本体无善无恶论并非在逻辑上不相容于"心"之善恶判断的必要性与必然性。

四句教的第一句无疑暗示着佛教的内涵，且可能引人进入佛教的观念。事实上不应否认，如我们所分析的，第一句的本体观念听起来确实是佛教的。但这么说并不是要认为，本体的真正性质以及对之的理解不会自然地放弃佛教的内涵——超越、淡漠、虚静。理解这一点的方式可以是佛教式的，因为要明白这一点，需要去除欲望与幻象的功夫。所有这些都显示，王学会达到可与佛教交流的地步。这还可以解释，其弟子如何通过王学而的确达到了佛教关于实在的终极体验的观念，甚至支持将之作为为学的最终目标，由此如他们的批评者所言，他们把王阳明原本的教义推向了佛教的阵营。王畿与王艮（Wang Ken）的情况确实如此。但对一种学说框架之内的终极发展来说，这是自然而然的。

托马斯·库恩（Thomas Kuhn）在其著作《科学革命的结构》（*The Structure of Scientific Revolutions*，1964）中指出：常规科学（normal science）会在给定的框架内解决问题，直至这种研究耗尽原有体系的潜力而产生需要更新方法来解决的问题，并由此发生相应的变革。在王阳明后学那里，显然没有发生革命性的改变。王学弟子或将四句教推到极致，或试图维持王学理论的均衡。由于讨论范围所限，我们将不追述王阳明后学——比如其重要弟子王畿、钱德洪、王艮、邹东廓（Chou Tung-kuo）、聂双江（Nieh Shuang-chiang）、罗念庵（Lo Nien-yen）——的发展。只需指出：原本的四句教表明，人不应停留于对其所发现的本体性质的理解，甚至不应停留于达到它的理解方法；而应该进而理解本体在社会人生中的发用，因为本体的发用比理解本体本身更重要。实际上，理解本体就是为了本体的发用，这可以说就意味着要如儒家之信仰所要求的，区分动机之善恶，在行为中为善去恶。这是王阳明终身一贯传授的致良知说之大体含义。

"意"——善恶的活动与含义

此前我已努力说明，关于本体的本体论如何相容于致良知的道德活动。可以说，我所做的是要维护四句教中第一句与其他三句之间的融贯性。我已表明，当"心"在回应事物时，本体中的善恶无异如何导致善恶之分的表现。存在着个体之"心"要予以回应的事物——王阳明的这一观点使他免于被贴上主观唯心主义的标签。当然，他可以在坚持"本体是普遍的且赋予万物统一性"的同时坚持认为，个体之"心"必须与外在事物发生相互作用。然而，个体之"心"一旦自觉其本体并获得或恢复其良知，就会按照由本体上普遍的"心"（本体）所提供的、善的天生标准来判断其活动。

那么，个体之"心"由于其思想和情感而有了个性，而这些思想与情感作为行为的基础，必然指向客观事物。"念"这个中文词，似乎恰当地刻画出把个体之"心"予以个性化的内容。"念"的字面含义是"现在的心"（"今心"）[20]，是活动与牵挂的显露。在某种意义上，"念"同于"意"，是以"心"之好恶为依据的自知。朱熹说："意是情专所主时。"[21]刘宗周指出，"意"可见于《大学》中的"恶恶臭，好好色"，并断言"意"是主宰"心"者，而不仅仅专注于某一对象之事。[22]依据对"意"的这种理解，我们可以把"念"确定地解释为"意"的基本成分，且可以说，"意"以"念"

这种"心"之活动方式而呈现自身。我们已经指出,"心"如何与事物交接而产生可有善恶之分的状态。这种善恶之分的出现至少表示,"心"已与事物交接并具有改变事物及其与事物关系的能力。这之所以可能,是由于以"意"与"念"的方式展开的"心"之活动。因此,可以说,"心"中的这种活动使善恶之分得以可能。

尽管王阳明——且就此而论所有的新儒家——很少清楚说明其所谓善恶的含义是什么,但通过概括他们在其生活中通常赞成之事,我们可以赋予其善恶某种含义。"仁""义""礼""智""信""忠""孝""悌"之类的儒家基本价值,是由于能够维护基本人类关系而受重视的,由此得以产生和谐的社会与健全的个人。它们是善价值,而其缺失乃至与之相反的趋向和做法或招致相反的效果则被认作坏事或恶事。由这些儒家基本标准观之,对王阳明这样的儒家思想家来说,善恶应该在儒家的框架内被判断和推论,而不是独立于人际关系以及于世间事物的关系来确定的事情。善恶不是内在于自身和以自身为据的实体。它们刻画着潜在的人际关系以及个人在同他人交往时的和谐与健全状态。鉴于对善恶的这种理解,我们可以看到,对"心"之所感、所欲、对事物之回应产生影响的是"心"之"意"或"念"的善恶。因为可以进一步假设,在儒家的框架内,从客观的视角看,"意"与"念"是善恶状态之形成与变化的起因或部分原因。由此可以说,要理解四句教的第二句"有善有恶是意之动",就是要理解"意"具有产生善恶状态的有效原动力,这里的善恶是在一种关于人的基本价值框架内由儒家学说清晰地建立的。

为了充实我们的理解,有必要重申,对王阳明以及他之前所有重要的新儒家来说,"意"或"念"是行为的动机,是有效地导致行为的部分原因。因此,它们要为其所产生的效果负责。这种对人类行为动因的信念是相当自然的,在无论东方还是西方的所有道德哲学家那里都是很普遍的。仍有待厘清的是,这些动机的效果能够在何种程度上得到评估。但依据现在的这种信念,我们已经有充分的理由坚持这样的观点:如果我们恰当控制自己的动机乃至培养好动机,根绝坏动机——这是《大学》与王阳明四句教第三、四句所强调的论点,那么我们就可以确保存善去恶。至少我们可以免受不从源头去恶之责。

493

意念的形而上根源:一种本体论的观察

与意念说紧密相关的一个形而上问题在于,个体之"心"是如何发生意念的,或者说其究竟是如何与外部事物交接的。一方面,该问题极重要,在诸如程颐、张载、朱熹之类的宋代新儒家那里得到了某些有价值的回答。另一方面,王阳明对澄清这个问题没有特别的兴趣。该问题独特的重要性在于,其答案相关于澄清儒家与佛教的分别。[23]看来很明显的是,个体"心"中意念的发生必然有其形而上根据,且必然不同于如我们所描述的本体。从本体上说，意念是什么？在众多宋代新儒家那里的理—气分别论提供了答案。按照这种分别，个体之"心"由不断运动的"气"以及与之相对的永恒不变的"理"组成。其结果是，可以说"气"构成了意念的本体根据。由于"气"还支配其他事物，我们通过意念的所思、所感、所欲，就是我们的气质之性与世间事物之间的基本相互作用形式之自然结果。这些是有待承认而不是有待证明的生活事实。从孔子、孟子到荀子的儒家思想家都承认这样的生活事实，并按照其表面的意思（at face value）予以接受。孟子甚至称之为"性"，他说："食色，性也。"[24]但不幸的是，由于没有从"气"——作为人与物共有的活动性与个体化原理——的本体假设得出正确的道德结论，有些新儒家希望消灭"心"中的欲望，由此在承认事物为真实的同时，把人性归结为某种似镜的被动存在的层次。如果承认事物的真实性，就必然承认"心"之活动（意念）的真实性。另外，佛教徒不仅希望消灭欲望，而且否认世间事物的真实性；他们的这种做法是融贯的，因为在"气"之中，他们看到的是人类欲望（或个体心中意念）的共同根源，以及关于外部个体对象存在的幻象。

王阳明没能注意到这样的双重任务（在发展儒家道德心理学的同时，要将之融贯地与其本体根据建立关联），因而他受到了批评，其寡欲说即为一例。但现在我们可以看到，只要善恶之分有其意义，只要个体心中意念的发生是自然的，我们就不必担心堕入佛教的立场。有充分的理由认为，王阳明坚持了儒家的这种基本观点。或许可以说，有某种本体的动力使人从王阳明四句教的第一句转到第二句。

第二与第三句建立关联的困难：来自刘宗周的反驳

尽管我们解决了四句教中第一句与第二句之间的困难，但仍然存在关于第二句与第三句之间关系的难题。这个难题涉及"意之动"与良知之间的关系，以及"意之动"中的善恶与良知所认识的善恶之间的关系。这些关系是怎样的？"意之动"先于还是后于良知的认识？善恶在良知认识它们之前就形成了吗？除了在"意之动"中感知善恶之外还需要认识善恶吗？"意"与"知"是两个实体还是一体？善恶之分别纯粹是"心"之判断之事还是独立于这种判断的存在？王阳明的弟子们力图回答这些问题，他们甚至试图系统地阐述这些问题，由此发展出多种理论。

黄宗羲的老师刘宗周提出了这类问题。他尤其对"意"与"知"的分离提出了两个反驳。刘指出的第一个反驳是，第三句与第二句不一致甚至相矛盾。他说："'有善有恶意之动，知善知恶知之良'，二语，决不能相入，则知与意分明是两事矣。"既然"知"与"意"看来截然有别而为二，那么就可以问："将意先动而知随之耶？抑知先主而意继之耶？如意先动而知随之，则知落后著，不得谓良。如知先主而意继之，则离照之下，安得更留鬼魅？若或驱意于心之外，独以知与心，则法惟有除意，不当诚意矣。"[25]

对刘宗周来说，"知"与"意"显然不可能为二；若为二，则难以建立两者的关联。这里的问题在于，第二与第三这两句是否必然使"知"与"意"析分为二。逻辑上说，从这两句并不必然导出"知"与"意"析分为二的结论。没有理由认为，在作为个体"心"之作用的"意"开始活动时，作为"心"之另一种作用的"知"就不可能即时地洞察活动中的善恶，亦即"意之动"中已然客观存在的善恶，因为在即时的活动中有着即时的分别。据此，则不会产生孰先孰后的问题，因为"意"与"知"是同时发生的，而此即"意"之始的微妙之处。此即刘宗周所持的立场，并且他认为"意之动"之时见善恶即是诚意，诚意由格物与正心的功夫而来。他认为，王阳明的致良知只不过是在这种意义上的诚意功夫。

依据上述诠释，四句教的第二与第三句是否相容呢？我认为它们是相容的，甚至一旦了解"心"中"知"与"意"的关系就不必产生误解。它们是"心"的两个方面且是合一的。然而，如我们所解释的，"意"是对外部世界的反应，在展示自身之中表现出自发性；"知"一旦形成就是对"意"的即时反应，因为它还是对事物的反应，且正是在这种反应中判断善恶。由此观点来看，可以说"意"的发生略早于"知"，因为"意"是"知"与"行"的动力。但为什么这种情况是不可接受的？为什么这会使"知"不那么善（"良"）？如果它把善恶区分开，那么它就是善的。事实上，王阳明的知行合一说认为，"知"与"行"是同一事之两面，从而不应否认"行"呈现的是"意"的直接结果。这一学说可能还意味着，"知"与"行"应为一体而相互作用，从而构成某种唯一的思想方法。它包含良知的指导以达成统一，这种指导导向王阳明的格物论。在大卫·休谟的《人性论》（*A Treatise of Human Nature*）中，理性区别于激情（passion）。理性具有判断激情之善恶的作用，而不必因此变得不那么值得尊重和赞许。激情是有力的，但也没有理由因此排斥激情。类似地，"意"具有启动"心"中活动的力量，没有理由因此就把"意"排斥于"心"之外；"意"恰恰就是"心"的活动。诚意说专注于作为个体之"心"的实质性活动。诚意，就是要在"意之动"中判别善恶，而这是良知的功能。良知的另一功能是敦促和运用"意"本身，以去恶存善。这类似于让理性指导激情，其中涉及王阳明四句教中第四句的格物说。

关于第二与第三句中"知"与"意"的分离，刘宗周的第二个反驳如下：

> 好而知其恶，恶而知其美，只此便是良知。然则致知工夫，不是另一项，仍只就诚意中看出。如离却意根一步，亦更无致知可言。余尝谓好善恶恶是良知，舍好善恶恶，无所谓知善知恶者，好即是知好，恶即是知恶，非谓既知了善，方去好善，既知了恶，方去恶恶。审如此，亦安见所谓良者？乃知知之与意，只是一合，相分不得精粗动静。[26]

刘宗周的反驳是，不应像第二和第三句看上去的那样把"意"的活动与"知"的活动分

496

开，因为它们实际上是不可分而为一体的。这可见于这样的观察：喜好善即是知善，厌恶恶即是知恶；进一步说，喜好即是知好，厌恶即是知恶。但在我看来，刘宗周的立场与第二、三句并不存在真正的矛盾，其可被视为关于"意"之活动所在与"知"之活动所在的分析性说明。这种分析性解释没有排除这样的假设或预设：如前所述，它们是同一个"心"的两个方面，甚至是描述同一个"心"的两种方式。实际上甚至可以指出，在第一句中，"心之体"不必被设想为完全与"意"无关——它只不过是"心"在独特情况下的一种状态，其中"意"尚未发动，但仍然是潜在的。心本体也是"意"本体，也是"知"本体。[27] 在"意"未发动时，存在着"中"；这里的"中"可被描述为不包含善恶，或者也等于说，如果认识到至善并不就是活动形式上的善，那么"中"就可被描被述为仅包含至善。关于对四句教的理解，刘宗周的担心源自对同一本体之各方面与过程的彻底分析性说明，误认为其显示出"心"的二分，这在我看来并非实际情况。

但是，必须对刘宗周所说的标准——通过好善而知善，通过恶恶而知恶——做出修正。我们总是通过好善而知善、通过恶恶而知恶吗？更一般地说，我们是通过喜好某事物而知善、通过厌恶某事物而知恶吗？不可能用简单的方式回答这个问题。在简单的情形下，我们通过好善而知善，通过恶恶而知恶，好恶是判断善恶或喜好与厌恶的标准。然而，直觉的判断是，好恶不可能总是这样的标准。在复杂的情形下，我们的所好所恶并不能保证我们做出正确的善恶判断。[28] 我们可能信任我们的直觉，努力加强、修整和更新直觉；但是，我们仍然可能受直觉的误导，而好恶就是直觉。事实上，刘宗周已经指出：依据《大学》关于自我修养的探讨，喜好某事物而又知其恶，厌恶某事物而又知其善，这是良知的能力。《大学》并没有说这就是良知。但如果这是良知，那么显然良知就仅仅是简单的好恶状态。必须说明，良知作为"心"之本体，所包含的不止于简单好恶中的"意之动"，而且还包含矫正观念、求得正确信息、扩大思考的眼界这些功夫。它包含被推荐的一切学习次序——《中庸》中的博学、审问、慎思、明辨、笃行。它包含《论语》中的"约礼"与"明善"。这么讲，并不是要回到朱熹的立场，而仅仅是为了避免对良知或致良知做出过于简单化的理解。

如果还是用休谟的理论来说明，那么休谟道德哲学中的理性将分析并推论出激情的活动中何为善恶。理性通过反思和计算来做预测，其不是一个简单的直觉之事。尽管理性可能始于简单的直觉而终于达到丰富的直觉，但推理的过程不必就是支离的。推理的过程是一体的，其前提与结论也是一体的。依据这种分别，我们仍可以坚持认为，"意"（比如说好恶）与"知"可能在功能和分析的意义上有别，但本体上是一体的。甚至可以指出，具体地喜好某事物是"意"的自然反应，而正确地判断"意"之所好恶是善还是恶，则是同一个"心"的理性判断能力。

格物论与"行"的规定性

至于四句教的最后一句，我已指出，良知一旦洞察"意之动"的善恶，就使"意"存善去恶。既然善恶的存在与"意之动"相关，那么存善去恶也就与"意之动"相关。我已说明，这并不意味着"意"与良知必为二事，而是可能构成同一个"心"的两面。它们必然为"心"的两面，这可见于这样的事实：良知可以在引发"意之动"之中确定善恶；甚至可能对"意"予以实际的矫正，由此我们能够就着"意之动"所呈现的善恶而有效地谈论存善去恶。

良知并非仅仅只是明觉的被动之事、静态之"理"，其还可以是带来改变的创造力。这意味着良知参与了"意之动"。它使"意之动"符合善，也就是说，它在"意之动"或"心"中实现"理"，从而实现"意之动"所专注的事物之"理"。这是王阳明所谓的格物。它不同于朱熹对格物的理解。朱熹把格物说成穷尽外部事物之"理"；而王阳明把格物当作源自"心"的积极运用，这种运用是良知通过"意"对事物的反应来进行的。它是要矫正事物之"义"，以于事物之中确立正理。用王阳明的话来说：

> 致吾心良知之天理于事事物物，则事事物物皆得其理矣。致吾心之良知者，致知也。事事物物皆得其理者，格物也。是合心与理而为一者也。[29]

王阳明的这一假设——可于事物之中得其"理"——来自其"心即理"的信念，而我们一旦理解了"心"，也就理解了个体事物中的"理"。在此意义上，"心"就是良知本体。[30]

依据对格物的上述诠释，"格"被诠释为"正"。那么，顺理成章的就是，"格"是"正"确定或规定事务的"意"（或"念"）；而这意味着使"意之动"归于正轨，确保其善而去恶。这就是要在每次"意之动"中实现良知。[31]在另一种意义上，它等同于诚意说，因为诚意正是要使"意之动"终究符合"理"，或者符合"心"或良知所呈现者。由此，我们就得出了四句教第四句的结论："为善去恶是格物"。

鉴于其格物说，王阳明格物思想一致性的微妙之处令人惊叹。很少有人注意到，其格物说对其知行合一说做出了新阐释，并使"行"有了更清晰的规定性。尽管在提出致良知说之前的学术生涯中，王阳明讨论过知行合一说，但他没有为知行必然合一提供形而上的理由。他仅仅是坚持认为它们应该合一，但它们确实是一体吗？依据其格物说，"知"与"行"事实上必为一体，因为"行"只不过是通过"意之动"而存善去恶的功夫，亦即"行"是格物的功夫。如是，则"行"必然导出"知"。依据其致良知说，"知"必然导出"行"，即使"意之动"符合善的功夫。由此，"知"与"行"在本体上是一体的。王阳明说："知是行的主意，行是知的功夫；知是行之始，行是知之成"[32]，"知之真切笃行处即是行，行之明觉精察处即是知"[33]；此时他或许心怀致良知与格物的观念。但显然，仅当这些观念得以明确时，其知行合一说才在逻辑上变得清晰，在本体意义上变得明白。

结语：致良知的四个要件

500   在以上论述中，我解释了四句教的内在融贯性及其与王阳明早期学说之间的融贯性。我还努力展示了四句教的哲学含义。首先，以此为据，我想要表明，王阳明的由其首要弟子记载的四句教是一种系统的成熟观点，不是教外别传，而有着深刻的本体与道德意义。我已厘清误解与反对的产生之所在，以及它们如何得以融合。其次，在我看来，四句教从整体上说也代表了对致良知问题的彻底解决。实际上可以说它明确了致良知的含义。然而，不必认为它提供了一份诸如"心之体"、"意之动"、良知、格物之类的规定性术语清单。尽管四句教中的这些陈述方式可能没有显示它们如何使致良知得以明确，但以如下方式重述，它们就会解释说明致良知的各个步骤和方面。这四句可以说产生了致良知的四个要件：（1）在把"心之体"用于事之前，应该将之认作无善无恶的。（2）应该认识到，善恶必然随着"心"中的"意之动"而呈现，而"心"中始终有"意之动"。（3）应该认识到，在"意之动"中，"心"中的一种内在成分始终执行着区分善恶的功能，它就是良知。（4）还应该认识到，在"意之动"中看出善恶之后，"心"能够存善去恶，因为在良知的指导下，"心"自觉到有存善去恶的义务。由四句教导出的这些要件，不仅澄清了致良知说的含义，而且说明了人如何可能持续地将之用于生活。致良知说从四句教那里获得了本体的与实用的这两方面的含义。

最后，依据此前对四句教的阐释以及结合致良知说的上述关联的阐释，可以进一步看出，王阳明的亲传弟子及再传弟子是如何就致良知以及良知本体或心本体的性质来发展其学说的。有些弟子如罗念庵与聂双江，似乎强调和把握了第一句的精神。其他一些
501   弟子如钱德洪与邹东廓，似乎强调和把握了第二、三句的精神。还有一些弟子如王畿与王艮，似乎强调和把握了第四句的精神。一个值得注意的有趣事实是，将第一句或第四句的重要性推到极致，就可能接近佛教尤其是禅宗。显然，聂双江成为佛教徒是由于前一种情况，而王艮成为佛教徒则属于后一种。[34]

【注释】

502   [1] 在此意义上，我们可以谈论儒家哲学中的"尽性"。

[2] 这些术语及其后的其他术语都含有在此无法充分讨论的哲学含义，提及它们并按常规译出是为了给本文的论题提供讨论的背景。

[3] 可以对"天"与"理"这两个概念的关系做一个简要考察："天"隐含着"理"的某些方

面，即"理"的自然性、统一性、有序性、生命性；进一步说，"理"隐含着"天"的某些方面，即"天"的真实性、客观性、合理性、不易性、必然性。古典儒家很少单独谈论"理"，一如新儒家很少单独谈论"天"。程颢的"天理"把两个富有活力的概念合为一个深刻的术语。

[4] 参见黄宗羲：《明儒学案·师说》。

[5] 参见王畿：《龙溪先生传记》。

[6] 参见钱德洪：《王阳明年谱》。

[7] 王阳明：《传习录》卷三。

[8] 我们将用"本体"来指"心本体"或简作"心之体"。王阳明有时把"心"本身等同于"本体"或"心之体"。牟宗三称之为"心体"。

[9] 王阳明：《传习录》卷三。

[10] 同上。

[11] 事实上，王阳明在有些论说中劝告应寡欲、灭欲以恢复本体。

[12] 王阳明：《大学问》。

[13] 王阳明：《传习录》卷二。

[14] 同上书，卷一。

[15] 《书编》，《王阳明全集》卷二十六。

[16] 这也是钱德洪所持的观点。

[17] 黄宗羲：《明儒学案·师说》。

[18] 同上。

[19] 同上。

[20] 这一词源学的解释是刘宗周指出的。（参见黄宗羲：《明儒学案·蕺山学案》） *503*

[21] 刘宗周引用朱熹《训蒙诗》的说法。（参见上书）

[22] 参见上书。

[23] 佛教把意念的发生斥为幻觉的产生，其本身的肇因是阿赖耶识（alaya-consciousness）。

[24] 《孟子·告子上》。

[25] 黄宗羲：《明儒学案·蕺山学案》。

[26] 同上。

[27] 正如可以讲心体，我们也可以讲意体。

[28] 例如，可能有人喜好吸大麻，但由此不能导出，我们认为吸大麻是无害的；否则，做科学实验来确定吸大麻是否有害就是不明智的。

[29] 王阳明：《传习录》卷一。

[30] 王阳明说："心外无物，心外无事，心外无理，心外无义，心外无善。"（王阳明：《王阳明全书·与王纯甫》）

[31] 参见王阳明：《大学问》。

[32] 王阳明：《传习录》卷一。

[33] 同上书，卷二。

[34] 就这一点来说，可以指出，如果对王阳明致良知说没有整体上的概要把握，那么就可能受到四句教的误导和迷惑，也不能理解像王畿这样的弟子所持的观点，其看似与王阳明的某些核心教义

相抵牾。所有这些错误都是由于没有理解王阳明的成熟体系发展出的范式和惯用语，以及其可能的限制和体系中内在的流弊。王学的兴衰，可被视为由其自身内在的逻辑所致。由于对四句教的不同理解，由于学说奠基者原初的整体视界之逐渐消失，由于偏重某一观点而忽视另一观点而带来的片面性，王学最终受到了其本身生命力的制约。

二十　17 世纪新儒家哲学中的理—气与理—欲关系

导论

中国哲学的学者一般承认，有两个关于新儒家的基本事实。其一，新儒家建基于孔 504
孟等古典儒家以及其他儒家经典，这也是新儒家学者所认识到的。其二，新儒家的兴起
是力图应对中国佛教之挑战的结果，中国佛教自公元 6 世纪以来得到了充分的发展。然
而，如何对这两个事实做出确切的诠释，却成为了一个有待深入研究的问题。但必须承
认，鉴于这两个事实，新儒家受到了中国佛教的影响但仍保持着儒家的精神。可以指
出，中国佛教对儒家的影响呈现为两种方式：（1）激起了儒家进行理论建构与形而上思
辨的兴趣；（2）儒家采纳了来自佛教观点的若干重要提示。

中国佛教中有两个主要倾向对新儒家哲学产生了明显影响。第一个倾向是存在与非
存在或虚无之间不可调和的二元论。这种倾向体现于各种佛教词汇的对比中，如"法"
与"事"、"色"与"空"、"染"与"净"。[1]第二个倾向是以"心"的方式对实在做
出唯心主义的诠释。这种倾向在唯识宗中占据主导，并通过禅宗的发展而暗中得到了加
强。第一种倾向体现于程颐与朱熹的二元论思维，他们把"理"（原理、秩序、理性） 505
与"气"（活力、不定的实在）描述为实在的不同形式。"理"是一切事物的终极实质，
恰当地构造和保存于静态的"中"。"理"进而是判断和规定存在之个体状况的完美标
准。最后，"理"等同于理性的权威，且实际上等同于任何可宣称为以理性为根据的权
威。因此，"理"是理性的原理，它以不变的秩序洞察世界。另外，"气"被当作不完美
的原理，产生多种多样的具体事物，给事物带来变化、变异和转化。"气"不是理性的
原理，而是动态的创造性。这种动态的创造性原理本质上既是完美的表现，又是不完美
的表现，它仅被认作生命的根据，而不是生命的理想。

"理"与"气"的差异，通过"理"的道德性与"气"以"欲"的形式表现出的
不道德性之间的对比而得到了强化。作为理性的原理，"理"保持社会与个人的秩序。

而作为生命生存的原理，"气"导致被动、欲望、失序，从而趋向恶。"理"与"欲"形成了对照，"欲"是根据"气"来解释的。"欲"中无"理"。"气"的本体原理由此就产生"欲"的堕落原理。作为价值，"理"是善的范式，因为善等同于秩序、均衡、稳定性、原状、理性。另外，"气"被当作"理"的反面，它缺乏秩序、理性稳定性、普遍性和均衡。道德恶被经验为失序、不稳定、特殊性以及腐败和毁灭的行为，因而自然而然就被等同于"气"或"气"的变体。因此，我们看到，"理"与"气"本体上的不相容就伴随着"理"与"欲"的道德对立。"理"与"气"本体上的不相容源自对本质存在、变易可能性、世界稳定性［"圆寂"（nirvana）］与流动性［"无常"（anitya）］的概括，因而"理"与"气"的对立以及由此派生出的"理"与"欲"的对立，就可以在理论上归因于佛教的影响。

另一个诠释实在的倾向以"心"为据，这可见于佛教的唯识宗；该倾向对新儒家的影响表现在，新儒家学者一般都支持"心"的立场。程朱理学中的一切绝非唯心主义的，但程朱把"心"看作唯一基本而重要的。因此，程朱理学所看重的"心统性情"这一说法表明，"心"的自觉意识是一个占主导的概念。在陆王心学那里，几乎毫无疑问的是，"心"对一切事物的存在都发挥着根本的作用，因为一切事物的意义都取决于"心"。就"心即理"来说，"理"的本体原理等同于"心"。在此前的论文中我已指出，陆王心学中的"理"概念表现了"心"中之"理"的主观性，而程朱理学中的"理"概念表现了"理"与"气"的二元对立。[2]

考虑到佛教对新儒家的影响，必须公平地指出，新儒家一般反对佛教且对佛教哲学持明确的批判态度。进一步说，新儒家理论上致力于构建新儒学以抗衡佛教哲学。或许除了王阳明、王畿和杨简（Yang Chien）之外，宋明时期其他所有的新儒家对佛教尤其是中观宗几乎没有真正的理解。中观宗是由唐代大师们充分发展起来的。当然，这一事实与佛教对新儒家的影响、新儒家对佛教的反对并不矛盾。重要的是要注意到，新儒家尽管认可儒家的信仰，但不必完全是古典意义上的儒家。新儒家本可以通过去除刚才提及的佛教影响，变得更像儒家或成为更纯粹的儒家。为什么没有发生这种情况，这是没有任何理由的，因为从更超然的视角看，新儒家的佛教元素本可以被看得更清楚。因此，真正的儒家可以选择拒绝这些元素，并以更融贯的形态、更强有力的结构来重建新儒学。

有一场广泛进行的运动贯彻17世纪的始终，这就是针对宋明大儒发展出的新儒学的批判、重估和重释。尽管儒家学者中的这场运动有不少文化甚至政治的诱因，但这一现象仍可以被视为新儒家内在的辩证发展。我这么说的意思是，本质上说，儒家思维已经达到融贯与完美的状态，从而是时候审视新儒家的不足，检省他们所受佛教概念的影响。从这种视角看，我们可以把17世纪儒家对新儒家的批判视为儒家意识在更深层次的觉醒，对伟大的新儒家传统来说，这种觉醒既是延续也是推进。事实上，即使在新儒

家发展的高峰期，也已然存在反对二元论的儒家思想趋向，与之相伴的是关注实用而反 *507*
对儒家正统的二元论、唯心主义与基本为非实用的思想。因此，宋代的陈亮和叶适批判
程朱理学非实用的思辨。明代的王廷相（Wang Ting-hsing）与黄绾（Huang Wan）也批
判王阳明的致良知说与知行合一说的现象主义和唯心论。[3] 甚至在宋代新儒家的主流
中，已被证明是一位杰出人物的张载，他所发展出来的哲学也隐含（即使并非明确
地）实用主义、自然主义和一元论的基调；从 17 世纪的观点来看，这在相当程度上
把握了《易》的古典儒家形而上学。所有这些思想家都可被视为 17 世纪儒家启蒙哲
学家的先驱。

　　本文的目的在于，突出 17 世纪儒家哲学家建设性的批判思想，说明 17 世纪其实是
一个极重要的时期，但在对儒家发展乃至整个中国哲学发展的研究中，它一般被忽视
了。我们尤为关注理—气与理—欲这两组基本关系，其中新儒家遭到批判，对古典儒家
精神的新诠释得以建立。我们将看到，这两种关系作为儒家体系的形而上与道德维度，
代表了儒家思想的和谐。因此，我们的讨论将为综合儒家思想的形而上与伦理洞见提供
新视角。从历史上说，我们希望这一努力将说明 17 世纪儒家思想的真正性质，并为 18
世纪儒家思想——其主要代表人物是戴震——的发展提供线索。[4]

　　我们将始于考察王夫之关于理—气与理—欲关系的观点，因为他无疑是 17 世纪最
坦率、最多产、最具原创性的思想家。然后，我们将考察颜元、李塨（Li Kung）、黄宗
羲、陈确（Ch'en Ch'ueh）、李二曲（Li Erh-ch'u）和方以智（Fang Yi-chih），他们对
"理"与"气"的诠释体现了西方物理学的影响。

王夫之思想的"气"与理—气关系

　　尽管 17 世纪的多数哲学家都继承了新儒家的哲学语汇，但许多术语的含义随着术 *508*
语之间的新关系组成的新背景而有所调整。由此，"理""气""欲"虽是旧术语，但在
王夫之的著作中获得新含义，这正是由于它们之间形成的新关系。现在让我们关注王
夫之那里的理—气关系，由此关系产生了一种新的宇宙论与形而上学。

　　王夫之认为，"气"是实在之中最基本的本质。它是一切事物得以形成的最初质料。
"气"不同于任何确定的事物，而是派生出确定事物（在器物的意义上我们称之为
"气"）的根源。王夫之依循张载，把"气"当作充满不可感知的空间且能做各种变化
者。"气"之变化的根本原理是"聚"与"散"。"聚"是生成及呈现出某种形式的过
程；而"散"是消亡及某种形式的瓦解过程，或者说仅是无形式的呈现过程。"气"由
于"聚"而为"有"，由于"散"而为"无"。由此，王夫之对张载的观点评论道："虚
空者，气之量；气弥沦无涯而希微不形，则人见虚空而不见气。凡虚空皆气也，聚则
显，显则人谓之有；散则隐，隐则人谓之无。"[5] 正是通过这两种变化过程，才会有丰

富的物种，事物才会井然有序。下文将会解释，"气"就其本身而言，不仅是变动转化的动力，而且是趋于有序、规范性和理性的必然趋势。

"气"尽管通过"聚"而产生形体，但根本上说是无形的，因而"气"可同一于张载的"太虚"（the ultimate voidness/t'ai-hsu），这个术语在张载的自然哲学中表示实在的不定基质（matrix）。由于"太虚"始终包含变动转化的过程，前面提及的聚散运动就确实内在于"气"的本质之中，从而构成了"气"产生世间事物的动能。换句话说，作为事物的基础，"气"由于其潜能而成为持续不断的变化之源。在此意义上，"气"不离于其内在的变化过程；其中"气"以各种方式表现自身，王夫之称之为"绷缊"（yin-yun），描述的是"气"以聚散的方式展开的变化活动。他说："绷缊，太和未分之本然"；"阴阳具于太虚绷缊之中"；"太虚即气，绷缊之本体"[6]。王夫之也把绷缊称作"气化"或"气"的转化。

如《易》所描述的，"气"的变化活动包含阴阳这两种势力的相互交替。在《易》的传统中，阴阳构成了整体实在之表象的两面，它们彼此对立，而又彼此相接互补。它们是事物可观察而又可先天确定的一体之两面。使这一整体得以可能的实在被称作"道"。展示这种兴衰的转化过程被称作"道"之动。因此，阴阳实际上与"道"是不可分的，正如实在的体与用不可分。"道"的这两面可以说是聚而有、散而无的基础，是"气"之转化中之动静的基础。正是这种变易的精神不断而终究产生万物。王夫之说：

> 阴阳具于太虚绷缊之中，其一阴一阳，或动或静，相与摩荡，乘其时位以著其功能，五行万物之融结流止、飞潜动植，各自成其条理而不妄，则物有物之道，鬼神有鬼神之道，而知之必明，处之必当，皆循此以为当然之则，于此言之则谓之道。[7]

在王夫之看来，"气"的变化活动或转化是一个创生过程，因为它产生万物与一切生命。因此，它是产生与生产的运动。重要的是，在"气"的宇宙本体论中，王夫之强调创生（"生生"）及其生产（"生"）。他把"生"（生命、生产、产生）看作"气"之转化的显著功能。阴阳的交替、互补与对立，应被视为生命的总体。甚至可以提出，对王夫之来说，生命的创生正是"气"之转化的目的。

这种变化被赋予创生的目的，类似于人人有其性。由此他说：

> 中涵者其体，是生者其用也。轻者浮，重者沉，亲上者升，亲下者降，动而趋行者动，动而赴止者静，皆阴阳和合之气所必有之几，而成乎情之固然，犹人之有性也。[8]

"气"的创生活动是连续而有目的的。它意在通过使创生活动成为实在的恒常活动而使生命保存和延续。在某种意义上，甚至死亡也是使新生命得以可能的自然变化过程。王夫之说："生之散而为死，死之可复聚为生，其理一辙，明矣。"[9]正是以此为据，王夫之反对佛教的生灭论，生灭论认为，灭意味着不复生，全灭意味着生命的彻底终结（涅槃而无残余）。王夫之坚持认为，把实在描述为往来、屈伸、聚散、晦明，比将其描述为生灭要远为高明。他提出，通过认识"气"的转化、理解太虚之本性，可使人在某种不断生长的意义上尽其性，而不受特定的死亡现象所困扰。[10]他说："天地之间，流行不息，皆其生焉者也，故曰'天地之大德曰生'。自虚而实，来也；自实而虚，往也……阳以生而为气，阴以生而为形。"[11]

"生"（生命产生）的重要性在于这样的事实：变化过程不仅是阴阳循环往复的交替，而且是没有重复的交替。它是"道"或"气"之实在的无限丰富潜能之实现。因为首先，"道"是无限丰富的。可以说，阴阳交替内在于"道"的这种生命潜能的实现过程。其次，阴阳交替的过程始终在生成新事物，从而是创造性的。在王夫之看来，这两种观点可能并非其原创，因为它们很容易从《易》或张载那里派生出来。但王夫之的创见在于他讲得更加清楚，亦即变化过程指向一切物种的展现。换句话说，变化过程能够演化出一切事物在彼此有别中充分实现的状态。他说："道生于有，备于大繁，有皆实而速行不息。"[12]事实上，他甚至指出，事物之性每天都在产生，每天都在逐渐完成（"日生日成"）。他还提出，"道"是丰富的，因为它每天都在产生新事物。在评注张载的一段话中，他描述了太和之"气"如何与五行结合而形成人性，由此来解释人们的本性。即使个人的人性也不是一成不变的，因为其性可以在新环境中产生新明觉、新情感。我们通过"心"来认识的这种人性，涵摄"心"而为一体，因为"心"本身应该出自"性"。[13]

最后，作为终极实在，"气"是在中和状态中展开的。为表示"气"的这一特性，王夫之采用了张载的术语"太和"。"气"的内在均衡和谐在于，它具有实现和维持现实中各种形式的无限秩序之潜能。在其潜在状态，它其实是各层级的形式。只有把"气"看作"太和"，"气"才能同一于"道"与"太极"。阴阳有别，但互动于太和时，它们并非彼此侵袭，而是彼此互补。此即太和。它在形成具体事物之后亦不失本然的和谐，故被称为太和。[14]王夫之把"气"认作既是太和又是太虚，由此就达到了对实在的一元诠释。因为根据王夫之的观点，太和之中有着变动转化的所有可能性，由此太和如太虚一般成为创造之源。类似地，太虚之中有着具体事物有序关联与实现的无尽潜能，由此太虚如太和一般成为条理化的根据。太虚表示"气"的创造力，而太和表示"气"的组织力。因此，王夫之说："太和之中，有气有神。神者非他，二气清通之理也。"[15]

王夫之依循张载的观点，把"气"当作可于具体的"象"之中呈现者，把"神"当作内在于"象"者。这并不是说"神"在"象"之上，而只是意味着"神"是秩序与条理的整体性潜能，而它在单个"象"之中是不可被把握的。

总之，"气"是整体的实在。它是阴阳二力之间变化的实在。进一步说，它是富于创新的生命创造过程。在潜在状态，它是无尽而不定的，然而，它又包含形成、转化、条理的一切可能性。最重要的是要牢记，"气"既是创造力，也是治理与组织力。因此，可以说，"气"包含了秩序与组织之理，但这可能只意味着"气"是事物潜在的秩序与和谐，因为"气"也是创造性的、动态的。"气"的创造动力是条理化的、具体化的。关系的秩序、和谐与条理是"气"中的趋向，并构成"气"之所是。不可把它们认作脱离于变动转化的情境。

那么在此，我们可以着手考察王夫之形而上学中的"理"（理性、秩序、原理）。我们将看到，作为对宋明新儒家的批判，王夫之形而上学的最终命题不是如程朱的"性即理"，也不是如王阳明的"性即心"，而是更具根本性的命题"气即理，理即气"。我们现在要解释这一点，并以此解释为据来为如下工作做好铺垫：正确理解王夫之的反二元论、自然主义形而上学及其作为反二元论的自然主义伦理（包含"理"与"欲"的统一）之意义。

应该肯定，在王夫之看来，"气"是根本的，而"理"是派生的。（1）在潜在的意义上，一般化的"理"并非其他，而只是阴阳互动、保持和谐、实现世界的方式。可以说，在世界现实化之前就有阴阳活动的潜在和谐。因此，在潜在的一般意义上，"理"应被理解为"气"的内在和谐与保持活动。这从以上"气"解作太和的论说中清晰可见。换句话说，"理"不是别的，只是一种趋势，趋向于世界的现实化、事物的有序、生命的呈现。

（2）作为趋向秩序与和谐的内部趋势，"理"必然展现为"气"的创造活动。就此而论，"理"的实现有待于"气"。事实上，没有这一实现过程，我们就不能在现实意义上谈论"理"。"理"只是"气"的一种状态、模式或品质。在"气"运动发展时，"理"作为"气"的模式而得以实现。因此，"理"可被认作在"气"的活动中所揭示的秩序与组织模式。"气"的不同活动产生不同的"理"。在由相关事件组成的世界中，"理"之活动的不同强度导致"气"不同程度的现实化。因此，王夫之说："气者，理之依也。气盛则理达。天积其健盛之气，故秩叙条理，精密变化而日新。"[16]这里所谓的"天"，是**可见于万物之"气"**的现实运动。**强盛之"气"**是达到活动高峰的"气"。在此语境中，"理"显然没有独立性，而只是"气"的内部展现。可以说，"理"是"气"的运作。"理之所自给，推其所自来，皆天地精微茂美之化，其酝酿变化，初不丧其至善之用。"[17]所谓天地之精微，无非自身转化过程中的"气"。

在本体状态，"理"与"气"是没有分别的。王夫之把这种"理""气"无别的状态称作太极，其用意在于表示它为一个完美的循环，王氏称之为理—气。他说："太极虽虚而理气充凝，亦无内外虚实之异……此理气遇方则方，遇圆则圆，或大或小，细缊变化，初无定质。"[18]从这种观点来看，"理"显然是"气"，而"气"显然是"理"。

这种整体实在的不同方面产生了"理"与"气"这两个我们分析出来的术语。王夫之说："盈天地之间，细缊化醇，皆吾本来面目也。其几，气也。其神，理也。"[19] 他有时把整体实在称作"天"，这里的"天"同于张载的太和、太虚以及本然意义上的"气"。王夫之明确指出，"理"是从太和与太虚之"气"派生出来的。"天之本色，一无色也。无色、无质、无象、无数，是以谓之清也，虚也，一也，大也，为理之所自出而已矣。"[20] "理"与"气"的动态同一，类似于"气"中阴阳的动态同一。

（3）我们已经说明，本体论上说，"理"与"气"不分；而宇宙论上说，"理"是"气"的实现方式，也就是"气"之活动趋于有序与条理化的倾向。现在，我们要进一步探讨"理"的如下特点：它描述"气"之活动所达成的明确秩序与条理，以及由此展示这种秩序与条理的世界。王夫之声称，"理者，天所昭著之秩序也"[21]。他说："理本非一成可执之物，不可得而见；气之条绪节文，乃理之可见者也。故其始之有理，即于气上见理；迨已得理，则自然成势，又只在势之必然处见理。"[22] "理"在现实地呈现于"气"之时，应该以具体的方式来设想。它只不过是趋于秩序与条理的倾向，是展现于事物中的秩序与条理。具体事物的具体形式与条理是基于实在的一般秩序与条理。尽管王夫之没有对事物的一般秩序与条理多加讨论，但他指出，它们是表现为异同、屈伸等方式的变化之"理"。一般认为，"气"的实现程度与活动类型不一，因而"理"的实现也在不同层次和不同程度上与"气"的活动发生关联。"气"会达到"性"的充分实现，因而作为"气"的一个内在方面，"理"也会在不同层次以不同的方式达到秩序与条理的充分实现。

如果关注王夫之所讨论的"道"与"器"的关系，我们就能够看出一般的"气"之活动中的一般化的"理"与特殊的"气"之活动中的特殊化的"理"这两者之间的关系。实现出来的"气"之世界，是"器"的世界。在关于《易》的宋代诠释传统中，"器"是相对于"道"而使用的。但按照王夫之的用法，"道"与"器"的关联方式如下："道"是"器"之"道"，而"器"不是"道"之"器"。[23] 这种立场是要强调"气"的而不是"道"的根本重要性。如我们所见，"道"不仅是"器"之中趋于秩序与稳定的倾向，而且在本然意义上"器"是"道"的根本。由此他说："苟有其器矣，岂患无道哉？"他断言"无其器则无其道"[24]。其中不仅蕴涵着，如果没有如此之"道"，就没有如此之"器"；而且蕴涵着，如果有某"器"，就必然有派生出的相应之"道"。他认为，绝不会出现这样的情况：有弓箭而无射箭之术，有马车而无驾驭之术，有儿子而无为父之道，有幼弟而无长兄之道。他认为有可能出现这样的情况：某些"道"或许可能存在，但它们并没有实际地存在，其原因仅在于还不存在相应的"器"。"道"或许可能存在，这一说法的意思只是，实现"理"的可能性总是内在于"气"的活动。

通过指出"道"依赖"器"，王夫之说明了"理"（"道"的整体呈现）依赖

"气"，并必定在具体对象（"器"）中实现自身。在现实意义上，"理"只有在"气"世界中完全具体化，才成其为"理"。可以说，"器"是通过"气"的活动及其秩序与条理化趋向而来的结果。因此，王夫之断定，君子之道只不过是要尽可能地穷尽使"器"得以可能的可能性。他这么讲，用意在于敦促人们发展"器"以发展"道"，或尽"气"之可能性以认识"理"。"理"是"气"产生之后的产物，在认识具体事物之前不可能把握"理"。[25]王夫之的观点可重述为，离"气"不可识"理"，或离"器"不可识"道"。

（4）理—气关系的最后一个重要方面，是与人的"心""性"相关的。人心的形成来自"气"最高程度的活动。它是终极实在之潜能的实现。因此，个人的存在表现了实在最可贵的潜能，而在变易进程中又是与其他一切事物相关联的。这一儒家立场，是包括宋明新儒家在内的所有儒学哲学家所共有的。在王夫之看来，重要的是，将人类个体相区别的"性"与"心"并不外在于"气"的本然实在。它们并非超出或高于"气"而独立存在的实体。据此，王夫之质疑程颐的断言，"心、性、天，只是一理"[26]。鉴于"理"在程朱哲学中的核心地位，这一断言通常被理解为对"理"的根本性质的表现。但在王夫之看来，人之"心"和"性"与"天"和"理"享有共同的根基，即"气"，因为它们都被认作由"气"派生出来的。他说："盖言心言性，言天言理，俱必在气上说，若无气处则俱无也。"[27]

进一步说，人心被认作"理"的具体化，因为"心"是由于"气"的转化而得以可能的。看来，王夫之甚至把"理"界定为实现于人心者，恰似实现于"天"者被界定为"象"、实现于"物"者被界定为"数"与"形"。[28]根据这种观点，"理"是对"心"中之事物形式与秩序的认识。王夫之进一步陈述说，万物皆有其定用，万事皆有其自然之规。所谓理即是如此之理。它们是人所必然能够认识和实践者。绝无人所不能认识和实践的其他之理。有此理，则人之认识不蔽，人之行为不犹疑。此即所谓心。理是人心之质，心是理之所存。[29]据此，"理"就被认作对自然与"心"之秩序与规律性的自觉认识。它是认识之事，理性之理。就与"心"相关来说，"理"其实可在适当的意义上同于理性。由此，"理"除了拥有客观秩序这一特点之外，还获得了一种主观规定性。在这一层面，王夫之同意王阳明"心即理"的观点。但他不认为其中的"即"表示本体，他认为其仅表示："心"是"理"，而许多事物也是"理"。他进一步将此限定为，除此之外的其他许多事物是"理"，因为"理"从根本上说是"气"，亦即"气"的活动或活动结果。王夫之明确指出，"人心之所先得，自圣人以至于夫妇，皆气化之良能也"[30]。

如果采取这样的认识——人性与物性呈现出某种秩序，这种秩序是人所能认识的，而并不是"理"之可见的唯一独有的领域或辨识"理"的唯一独有的层次——那么王夫之似乎也没有理由不同意"性即理"的观点。同时，"理"又被理解为由"气"派生的。从这种观点看，"心即理"或"性即理"之误在于两方面：（1）"理"被认作同于

"性"或"心"的狭隘领域。（2）把"理"认作根本的性质。如果用"气"来诠释"理""心""性"，那么王夫之就可能会接受"心即理"或"性即理"的命题，而同时避免王阳明与程朱各自所犯的错误。"理"与"性"都源自"气"，除此之外"理"与"性"还有进一步的关联，具体表现于"性乃生之理"的命题。这一命题的含义是：（1）"理"由"性"派生而来，正如具体物的形式由该物派生而来。（2）"理"为"心"所认识，而"心"由"性"派生而来。王夫之说："理自性生，欲以形开"[31]；"由性生知，以知知性，交涵于聚而有间之中，统于一心，由此言之则谓之心"[32]；"天理之自然，为太和之气所体物不遗者为性；凝之于人而函于形中，因形发用以起知能者为心"[33]。因此，我们可以用"心"来尽"性"，用"性"来关联"道"，用"道"来知"天"。

最后，我们要注意，在王夫之看来，"性"持续地处于产生与成长进程中。它并非某种一成不变者，而是包含变动转化的可能性。之所以如此，是因为"性"来自有着内在变化动力的"气"。王夫之说："性者生之理，未死以前皆生也，皆降命受性之日也。初生而受性之量，日生而受性之真"[34]；"夫性者生理也，日生则日成也"[35]。鉴于"性"的这种动态成长，也可以说"理"是成长变化的，由此否认了宋明新儒家中"理"的不可变性。其理由也不难找到，因为"理"终究是"气"之一面，而"气"就其性质而言是变化的。

王夫之基于理—气关系的理—欲关系

在宋明新儒家中，"理"与"气"彼此对立，因而"理"与"欲"自然也是彼此对立的。换句话说，"理"与"欲"的二元论被首次提出，而"理"与"气"的二元本体论之提出为"理"与"欲"的分离提供了根据。现在既然王夫之提出了一种"理"与"气"合一的宇宙本体论，那么自然就可以预期，在其道德哲学中"理"与"欲"的关系是互补而统一的。实际上，我认为，只有认识到"理"与"气"在形而上学中的基本统一，才能在哲学讨论中对理—欲关系做出正确的理解。据此，很明显的是，"理"在适用于人类时至少应有两种含义：其一，"理"是自然地实现于人性中的秩序与条理。它是人类的自然理性。其二，"理"应该是对客观世界中事物秩序与条理的认识和理解。这两种含义都可见于王夫之。考察关于"性"与"心"的概述以及"心"的认知能力，可以充分证实上述观点。

"理"在被应用于人类存在时还有两种含义。这两种含义与"气"的本体直接相关，也与"欲"的存在相关。它们没有被王夫之明确提出，但对于解释"欲"为何存在以及为何应把"欲"设想为与"理"统一来说很重要。其一，人性中的"理"本质上是"气"之活动的表现，是至为精致的"气"。在此意义上，"理"类似于"欲"，是一种

517

积极的原理，因为"欲"只不过是"气"的创造。因此，在"气"之活动的形而上层次，"理"与"欲"可以相互转化。其二，"理"是指向"性"之完善的一般潜能。它是这样一种原理：为了个人的充分发展，应该建立个人与他人乃至整体实在之间的关联。在此意义上，"理"可以被理解为来自条件的创造，其目的在于达成完善。它其实是使个人得以满足的德性实践。

可以说，"理"用于人类的上述四种含义，与前一部分"理"的四种形而上含义是相应的。由"理"的这四种含义观之，如果恰当地理解"欲"，"理"显然就绝不是与"欲"对立的，而可被理解为"欲"的体现，正如"欲"在恰当的意义上可被理解为"理"的体现。

那么，让我们关注王夫之对"欲"的理解。首先，王夫之把"欲"认作生命的自然活动。就"欲"是自然的而言，"欲"形成了某种形式和秩序，并构成了"理"的存在。实际上，借助"器"的抽象原理，"欲"应该已然是"理"的一种展现。诸如食色之类的"欲"，就其本身而言绝非不可欲的，它们是生命的自然实现。离开"欲"也无法讨论"理"，因为任何特定的"理"都必定体现于生命的现实活动中。"欲"是生命活动，因而要认识"理"，就必然要见"欲"。因此，王夫之认为，"理与欲皆自然"[36]；理与欲彼此相互转化。若有欲，则必有理。理欲尽管性质有别，但可共进。理是在欲之中被赋予的。[37]这里的问题在于，"理"与"欲"如何共进、如何能够相互转化而又性质有别？可以对此作一个很简单的答复。在王夫之看来，"理"全然可为"欲"，但"欲"只能是第二种和第三种含义上的"理"。"欲"本身是生命的自然流露，但不是如"理"可被认作的那样是"心"对生命的反思。就此而论，"欲"有别于"心"之"理"或认知能力。而"欲"与"理"之别还可有另一种意思，即"理"可形成这样一种"欲"——它倾向于整体实在中的个人实现，而"欲"只是欲望，没有如此倾向。换句话说，"理"是相关于一切人的、普遍或普遍化的"欲"，而"欲"没有这样的普遍化，其或多或少地局限于个人。

在坚持"一欲有一理"的同时，王夫之并未忽视"理"与"欲"在现象上的区别。他强调，"理"与"欲"的本体要在形而上学的根本意义上去理解，要在可使"理"与"欲"彼此促进实现的意义上去理解。在他看来重要的是，这样一种互促实现对生命来说不仅可能，而且必要。他说："圣人有欲，其欲即天之理。天无欲，其理即人之欲。学者有理有欲，理尽则合人之欲，欲推即合天之理。"[38]这一段明确表示，本体的"理"就是自然的人欲，而对"理"的彻底理解会导出对"欲"之重要性的肯定。

最后一点还可进一步展开，因为它表明"欲"与"理"是如何能够相互转化的。它们之所以能够相互转化，是因为要把"欲"普遍化，就要推至"理"，而寻求极致之"理"就将导致对"欲"的肯定。显然，这里蕴涵着对宋明新儒家的批判；后者没有在整体中见"理"、没有现实地面对"欲"，因而把"理"与"欲"相对立。按照刚才援引的原理，王夫之的观点是，实现整个世界之"理"的唯一途径在于实现每个人之所"欲"。这并不是说"欲"应该仅就其本身来实现，而是说应该在"欲"之整体网络中实现，这也是他人与每个人的"欲"之实现。这正是实现政治秩序、社会和谐、家庭稳定和个人福祉的方法。因此，王夫之说："于此可见：人欲之各得，即天理之大同；天理之大同，无人欲之或异。治民有道，此道也；获上有道，此道也；信友有道，此道也；顺亲有道，此道也；诚身有道，此道也。"[39]据此，王夫之认为，孔子之原理或"道"是一贯的。换句话说，这种一贯是通过"欲"的普遍化进而把"欲"现实地转化成"理"（反之亦然）而实现的。

令人困惑的是，尽管宋明新儒家谴责佛教抛弃世俗义务、否弃生命，但其本身也看轻生命之"欲"。或许，他们所要谴责的是部分的欲望或非普遍化、不能普遍化的欲望。但鉴于其"气"论，他们在谴责这些欲望时就会由此谴责一切欲望。王夫之并不谴责欲望，因为他视之为人性的流露，视欲望满足为人性的完善。以"礼"的方式来表现的生活秩序，依赖"欲"之实现与完成。因此，他说："礼虽纯为天理之节文，而必寓于人欲以见；虽居静而为感通之则，然因乎变合以章其用。唯然，故终不离人而别有天，终不离欲而别有理也。"[40]"欲"体现"理"，正如"气"体现"道"。我们甚至可以拓展出这样的形而上原理：为了完成"道"，我们必须创造"器"；就"欲"而言，为了完成"理"，我们必须产生"欲"。还可以说："理"是"欲"之"理"，而"欲"不是"理"之"欲"；正如王夫之所言，"道"是"器"之"道"，而"器"不是"道"之"器"。"欲"是主题，"理"是主题的特点。主题的特点不可能与主题相分离。王夫之认为，佛教之所以错误，正是因为其认为存在无对象的特点即所谓"理"。这一批评也适用于某些新儒家。

"理"不可离于"欲"，这一说法并非表示每一种"欲"都包含有益于生活之善的"理"。在王夫之所讨论的理—欲关系中，重要的是要认识到，生命的终极之"理"（即"性"）在于人应该追求他人身上之潜能的充分发展，这也构成其自身潜能之发展的根据和证成。因此，普遍化的原理是完成欲望的根据，也是实现"理"的原理。

那么，我们可以提议，在可欲的欲望与不可欲的欲望之间做个区分。可欲的欲望是我们自然而然体验到的，适用于每个人；而不可欲的欲望是我们不自然地拥有的，是由外部环境引起的，从而不可适用于每一种情境或每一个人。王夫之隐约地做出了这种区分。就其"有一欲，必有理"的说法而言，他视之为其理—气形而上学的理论结果是，任何"欲"或"欲"的任一种类都应该以其"理"的名义而得到满足。在相当程度上，他认为，如果存在某一有其"理"且可普遍化的"欲"或这样的"欲"的种类，那么此"欲"就应该得到满足。我们已经指出，可普遍化的"欲"是每个人都能够自然地体验到的欲望。王夫之声称，"于此声色臭味，廓然见万物之公欲，而即为万物之公理"[41]。在对四书的其他评论中，王夫之经常强调这一点，即满足自然之欲就是达到天之公理，自然之人欲与公理绝非不相容。[42]他还说，推吾爱己之心，可达爱他人之理。因为己与人享有同样的情感，故享有同样的道。人欲的普遍性是天理的终极之义。[43]

关于王夫之的理—欲关系，我们可概括出如下几点结论：

(1) 一"欲"寓有一"理"。
(2) 在可普遍化的"欲"中有生命之天理。
(3) 否弃"欲"，终究会否弃"生"。
(4) 要尽一"理"，必须尽相应的"欲"。

521

(5) 有教养者应该能够于日常生活随处见"欲"，亦随处见"理"。

我们已经讨论和阐明了第一点、第二点和第四点。现在要谈谈第三点和第五点，以作为王夫之理—欲关系的最终特征。如我们所指出的，王夫之反对佛教的生灭说，因为在他看来，生命正是"天下之动"，就人而言即形成"欲"之真实性。他讲"欲以形开"[44]。但必须有"形"的存在，且"气"之活动的内在目标就是要完成、保存、发展"形"。因此，对于实际地展示生命形式来说，"欲"具有重要意义，而不仅仅是生命形式的反映（在"心"之中）。"欲"因而是人类现实存在的基础。否弃"欲"，就是否弃活生生的人类实在，从而堕入佛道的观点。因此，王夫之认为，轻看形体则轻看自然之情，如此则轻看生命，脱离生命则必言空为真，生为幻，由此则会提出佛道之说。[45]

最后，人性之实现，既是在某种意义上构成"理"的"心"之活动中进行的，也是在需要与欲望的自然活动中进行的。"欲"与"理"之间具有统一性，因为存在"性"之中的本体统一。可以认为，这种统一在体验与认识中都自觉地把"欲"同一于"理"。人有必要通过修养来做到这一点，因为它是需要"心"的理解与专注而达到的形而上事实。王夫之认为，通过理解实在本身，人能够逐渐在生活中随处认取，把"欲"视为"理"，把"理"视为"欲"。他认为，孔孟就确实做到了这一点。他说："孟子承孔子之学，随处见人欲，即随处见天理。"[46]可以指出，此段的要点在于，我们必须创造性地使"理"达于"欲"，使"欲"达于"理"，使两者在生命之"气"的活动中既是本体上可接受的，也是本体上可证成的。

颜元与李塨的理—气与理—欲关系

我认为，就儒家形而上学与道德学而言，王夫之创造了17世纪反二元论的自然主义的根据地。其哲学不仅是批判宋明新儒家的根据，而且为儒家学说的重建提供了基础。这种趋向在颜元那里得到加强，在18世纪如戴东原（Tai Tung-yuan）和焦循

522

（Chiao Hsüen）等哲学家的著作中得到了明确有力的表达。为了厘清17世纪儒家思想的主要趋向，我们把王夫之的思想作为范例。下文拟依据这种对17世纪儒学新思想的反

思，详述和分析他关于理—气与理—欲的立场。

一般地说，颜元一如王夫之，赞成道德学与形而上学中反二元论的自然主义。一方面，他不具有王夫之那样的形而上学兴趣，也无意于像王夫之那样精细地阐述关于理—气与理—欲的形而上学。但另一方面，与王夫之相比，他更明确地批判宋明新儒家与佛教。而且，其鲜明特点在于极为强调实用的行为与儒家六艺的身体力行，以作为儒家的修身之道。我们将看到，这种对实用性的强调，为实现生活中"理"与"欲"的统一提供了比包括王夫之在内的 17 世纪哲学家更现实而明确的根据。

我们先关注颜元的理—气关系。颜元反对宋明新儒家，因为他认为他们的学说只是表面符合儒家的形式，其实缺乏儒家的实质。他认为，程朱学派和陆王学派都偏离了先秦儒家真正的实践，而隐约反映了佛教之"静"与禅宗之"虚"。按照他的看法，宋明新儒家享有与佛道一样的观念，即人的自然气禀是恶的，由此非存在优于存在。他担心，这种观念的流行会导致人们陷入迷路，而毁掉真正的生活，丧失真实的性格。由于这种担心，他写了关于"存学"与"存性"的文章。前者意在说明，"道"不在于空洞的思辨，也不在于学究式的学术积累，而在于践行德性、训练技艺，以及把"礼"运用于生活。后者意在厘清这样的立场："理"与"气"都是天道，"性"与"形"都是天命，人之"性"与"命"尽管是以不同的气质来区分的，但都是善的。"正性命之作用，而不可谓有恶。"[47] 从这种观点看，颜元关于理—气关系的看法，其首要目标就是要证明气质或气禀之善，由此个人能够在行为中对其气质予以充分发展。

尽管他认为"理"与"气"都同于天道，但他特别指出，"气"比"理"更根本。像王夫之一样，他接受了某种气化宇宙论，并以此为据，用"气"的活动来解释万物及其变化。他把"气"作为"宇宙真气""宇宙生气"来谈论。[48]"气"不离生命活动，因为"气"的特性正在于它是生命产生的基础。当然，对于"气"是否具有这种产生生命的创造性，颜元没有王夫之讲得清晰。但总体上看，颜元把"生生"现象当作"气"参与其中的根本实在。他说：

> 天地交通变化而生万物，飞潜动植之族不可胜辨，形象运用之巧不可胜穷，莫非天地之自然也。凡主生者皆曰男，主成者皆曰女，妙合而凝，则又生生不已焉。其生也气即天气，形即地形；其为生也皆纳天气，食地形。天地者，万物之大父母也；父母者，传天地之化者也。而人则独得天地之全，为万物之秀也。[49]

在此段引文中，颜元显然把"气"与"形"认作"天"与"地"。由此，既然天地是万物的父母，那么"气"与"形"也就应被认作万物的产生者。

既然"气"是万物的基本根据，那么"理"除了作为"气"所生之物的秩序形式之外就没有独立的本体性质。在《四书正误》（*Shih Shu Chen Wu*）中，颜元明确指出，"理者，木中纹理也，其中原有条理"[50]。按照这种方式来设想，"理"不离"气"，只

523

有在由"气"产生的事物中才能被认识到。它们是事物诸如长短之类的特性。特别地，人类之"理"正是在作为天地自然产物的人类条理中呈现的。因此，他说："人心真理即人心生理。"[51]进一步说，人类之"理"是人的自然气质，可被称作由"气"和天地之力发展而来的人类之"性"。他说："二气四德者，未凝结之人也；人者，已凝结之二气四德也。"[52]人类之"理"即是"性"，而"性"又由本然之"气"形成，因此人性能够产生作为德性根基的情感。

在此，我们可以提及颜元对程朱思想中的不一致性的批评。为了揭示这种不一致，他引用程颐的论述，"论性论气，二之则不是"，以及"有自幼而善，有自幼而恶，是气禀有然也"。还引用朱熹的论述，"才有天命，便有气质，不能相离"，以及"既是此理，如何恶？所谓恶者，气也"[53]。这些论述显然是不一致且矛盾的，因为显然，"若谓气恶，则理亦恶；若谓理善，则气亦善。盖气即理之气，理即气之理，乌得谓理纯一善，而气质偏有恶哉！"[54]以眼睛来类比，能见光明是"性"（或"理"），而为了见到光明，见光明的能力与眼球都必须具备。眼球和视觉能力都是天命，没有必要把天命之性与气质之性分离。由此颜元推导说："只宜言天命，人以目之性光明能视，即目之性善，其视之也，则情之善，其视之详略远近，则才之强弱，皆不可以恶言。"[55]当然，颜元承认，眼睛可能看错颜色，但这不纯粹是眼睛之"气质"的错误，也与眼睛之"性"有关。如果把错误归结为眼睛的气质，那么我们就不得不去掉眼睛。颜元断定这是佛教的观点。颜元这整个批判的结论都是由于其反二元的自然主义"气"论。他一开始就拒绝"气"与"理"的二元区分，因而不可能看出程朱理学是如何做出以"理""气"二元为本体原理的观点的。

现在，谈谈颜元关于理—欲关系的观点。像王夫之一样，颜元把"欲"看作"性"与"理"的一种形式，从而是实现价值与"理"的一种自然方式。但不止于此，他还强调一切德性的持续性与满足基本人类需要（"欲"）的必要性。在其《存人编》中，他质疑说，一个人如果在现实生活中不爱父母，也不希望再活下去，那么他是否还能谈论人性之有"仁"？他强烈批判佛教徒，因为他们试图抛弃使生活得以持续的伦理关系和人生努力。他认为，这么做而同时又谈论作为本然人性的仁义，这是不可能的。在他看来，"理"一直是在一切自然的情欲中展示自身的，因为存在着诸如性欲之类的自然欲望，它们是人们为了发展其"性"、完成自身潜能而必须面对和满足的。这是完成生命之"理"的路径。尽管这种主张只是隐含的，但显然在颜元的著作比如《存人编》中是存在的。在《存人编》中，他呼吁佛教徒和道士返回世俗的实际生活。他还呼吁冥想者、外国僧侣、仅思辨于性命的哲学家们和其他持有不当信仰者也这么做。他说："岂人为万物之灵而独无情乎？故男女者，人之大欲也，亦人之真情至性也。"接着他问僧侣们："你们果不动念乎？想欲归伦，亦其本心也。"[56]

显然个人具有欲望与需要，因而人类的伦理生活才得以可能，具体实用的行为世界才得以可能。对颜元来说，与践行"理"最相关的莫过于营造伦理生活、参与行为的世界。他总结说："非气质无以为性，非气质无以见性。"[57]进一步说，依据如前所述的"性"（或"理"）与"才性"运用之间的关系，颜元认为，"六行乃吾性设施，六艺乃吾性材具，九容乃吾性发现，九德乃吾性成就；制礼作乐，爕理阴阳，裁成天地，乃吾性舒张；万物咸若，地平天成，太和宇宙，乃吾性结果"[58]。

颜元自然而然地做出断言，要尽性至极，就只有反身，反身即是专注于自省，于万物之中见动与行。[59]他进一步指出，自我具有形体，这是"性"的作用；如果该形体不起作用，那么"性"之作用也就消失了。由此显然可见，对颜元来说，"欲"与"事"是"理"和"性"的组成部分，后者表现于"欲"与"事"的运作中。颜元学说的显著特点在于，"体"（"理"与"性"）必须在德性的实用培养中呈现。然而，如前所述，就"理"与"气"的功能关系之形而上证明而言，颜元与王夫之持同样的观点。

作为颜元的亲传弟子，李塨追随颜元，推进了这样的论点："理"不离"气"，"气"在"理"先。在对《论语》的评注中，他强调在阴阳活动、伦理关系和人们的实际事务之外不存在"理"与"道"。他坚守这一原则，即"理"是"事"的后天特性，因为仅当有了天、人、物之事务，才有这些事务之"理"。

黄宗羲、陈确、李二曲与方以智关于理—气和理—欲关系的观点

作为学术史家和思想家，黄宗羲对其时代问题抱有深切的关怀，通过著述与活动，其促进了 17 世纪哲学观点的形成，其著述包括伟大的作品《明儒学案》。尽管黄宗羲被列入陆王心学一派，但他对明代心学的弊端做出了客观的批评。他认为纯粹以"心"作为实在之根基的唯心主义教义极为接近佛教的观点。他说："（心学传）至龙溪、绪山，谓'良知简易直接，其他宗旨，无出于是。不执于见即曰虑，不染于欲即曰寂，不累于物曰乐。无有无，无始终，无阶级，俛焉日有孳孳，终其身而已'。"[60]

一般地说，黄宗羲同情王阳明的心学，但反对以独立于个体经验的绝对空灵之"心"来构想终极实在。他强调达至真理的自我修养功夫，进而力图把王阳明"无善无恶是心之体"重释为心之体无善恶，在此意义上其是非善非恶的。[61]这种重释的观点是极其深刻的。它在"心"的终极实在与"心"之间做了区分，这是王阳明未能做出的。"心"的终极实在不必然同于"心"，因为它可能无善恶之意而又并非独立于善恶。如果我们把善恶看作某种关系和活动，那么这就蕴涵着，黄宗羲所讲的"心"之终极实在与可判断为善恶的生命关系和活动之间有关联。

在此或许可以质疑，"心"的终极实在是什么？它如何与理—气关系发生关联？对这些问题尽管没有明确而全面的答案，但有充分的理由认为，黄宗羲可能基本上把这种

终极实在视为"气",而认为"理"是派生的。第一,他推崇其老师刘宗周的学说即"理"不离"气",认为这解答了万年之疑。[62]这万年之疑理当指,"理"与"气"如何关联以及"理"是否先于"气"。[63]按照这种观点,显然"心"的终极实在就是"气"。黄宗羲断定,离"气"就无所谓"理",离"心"("气"之流行)就不存在"性"。[64]在为刘宗周文集所作的序言中黄宗羲进而说:"夫盈天地间,止有气质之性,更无义理之性。谓有义理之性不落于气质者,臧三耳之说也。"[65]而且,黄宗羲还同情罗钦顺(Lo Chin-shun),他重视罗的这一观点,即贯穿天地古今者无非"气"。[66]在对浙东王门的记录中,他批评季本(Chi Pen)这样的观点:把"理"作为阳的方式,与之对照把"气"作为阴的方式。在黄宗羲看来,大化无非一"气":上升之势为阳,下降之势为阴。由此他断定,阴阳无非一气,而唯一之"理"就是阴阳之"理",此"理"自然不可能与"气"本身的活动相分离。[67]

第二,黄宗羲认为,没有离"气"之"理",其意思是指,在"气"变化的同时"理"不应不变。在他看来,"理"的变化与"气"相关联,而这只不过是具体事物的特点。依据这种观点,他批判薛瑄(Hsieh Hsuan);尽管薛瑄认为没有无"气"之"理",但他认为"气"能够聚散,而"理"不能。薛瑄举出如下例子来解释上述观点:"理"如阳光,而"气"如飞鸟;鸟可在各处飞翔,而阳光保持原样。[68]黄宗羲反驳说,依据这个类比,可能存在无飞鸟的阳光,也可能存在无阳光的飞鸟。因此,用来揭示理—气关系的这个类比是不当的。黄宗羲明确地评论说:"盖以大德敦化者言之,气无穷尽,理无穷尽,不特理无聚散,气亦无聚散也。以小德川流者言之,日新不已,不以已往之气为方来之气,亦不以已往之理为方来之理,不特气有聚散,理亦有聚散也。"[69]由此显然可见,黄宗羲认为"理"与"气"不仅在范围上共存,而且在性质上同步变化。值得注意的是,像王夫之一样,黄宗羲认为,在这样的语境中最初不可把"理"认作不可变或独立于具体事物。原因无它,只在于本体论上确信"理"只是"气"的特性。

鉴于其关于理—气统一的自然主义,自然就可以预期黄宗羲在人的自我实现问题上持有理—欲统一的观点。一般地说,这在黄宗羲那里确实如此,而理—欲关系的这一特征或许在陈确那里表现得更充分,陈确是黄宗羲的同学,他们皆属刘宗周门下。与黄宗羲一样,陈确对程朱理学持强烈的批判态度,甚至主张《大学》并非如程朱所认为的那样是传统儒家的经典。陈确反对为程朱所赞成的《大学》中"止于至善"的观点。他还进而反对"性""气""才""情"的多重分离,而与颜元一样认为,"天理只从人欲中见,人欲恰好处即天理也"[70]。可以指出,在某种意义上,陈确的理—欲观是刘宗周哲学的反映,正如黄宗羲的理—气观是刘宗周哲学的反映。

在17世纪所有的哲学家中,李二曲或许最为保守,这至少表现在他力图通过吸收程朱理学格物致知说来维持王阳明的唯心主义哲学。但尽管如此,他还是表现出17世纪实用主义的哲学精神，主张社会行为与德性践履的重要性。他进而强调"气质"与"性"是不可分的。这当然蕴涵着理—气合一的论点。一般地说，他把具体情况下的"气"当作实现"性"（或"理"）善的手段。[71]就此而论，他没有明确有力地谈论"气"与"理"的统一，且忽视了理—欲合一这一原理的伦理运用。然而，尽管深受宋明新儒家的影响，但他并没有致力于遵从"理""气"二元的教导以及灭人欲的可取性；这仍然是有意义的。

最后，我们想谈谈17世纪一位极少受关注的哲学家方以智。他是一位重要的哲学家，在对"理"及其与"气"之间关系的理解方面提出了一些新颖的观点。他受到了其时耶稣教会给中国带来的科学知识之影响。实际上可以说，17世纪理—气关系的理性主义与自然主义，由于方以智明确地把"理"联系到科学研究的努力而得以实现，这一努力表现在他独一无二的著作《物理小识》中。

方以智毫不含糊地认为，天地之间都是物，包括心、性、命。[72]他说："天地一物也。心一物也。惟心能通天地万物，知其原即尽其性矣。"[73]说"心"为一物，也就是说它本质上与世间万物并无不同，尽管"心"的确有它自身的性质，比如说感通的能力。[74]那么，问题随之而来："理"是什么？它与"气"是何种关系？在这一图景中，可就这个问题做出三点回答。

第一，方以智肯定没有离物之"理"。"理"是具体事物的物理特性，也是"心"在寻求了解外物时所认识到的事物。由于包括"心"在内的一般物都是"气"所化，"理"就必定是"气"所化的结果。"理"是事物的规律。他说："一切物皆气所为，空皆气所实也。物有则，空亦有则。以费知隐，丝毫不爽。其则也，理之可征者也，而神在其中矣。"[75]

第二，在方以智看来，"理"是事物的物理特性；要证实我们的这种理解，我们必须把事物认作物理的对象。这正是方以智在《物理小识》中所做的。在他看来，一切事物皆来自"气"，而"气"被明确描述为物理的实体。他在讨论中指出，"气"是人们在阳光中或在冬天能够看到的气体。他还把击鼓声的振动指认为气体的又一实例。在此情形下，"气"被认作空气。在来自耶稣教会的西方科学影响下，或许他对光和水做了特别的讨论[76]，把它们看作"气"之转化的结果。他说："气凝为形，发为光声"[77]，"气呵煖动而遇阴，则水见，雨亦如是也"[78]。一般地说，他发展了传统的五行说，认为所有的物理力量都是由于气的作用。

除了认识到气压缩成形、聚集生光、振动发声这些原理之外，他还认为，有不少"气"并未经过任何形式的压缩、释放或激发。[79]因此，如果把他的"气"认作现代物理学中的质能，那么其观点就极为类似于现代的物理理论。做出这样的辨识没有任何困难，尤其是考虑到他对哲学与科学研究之关系的总论。

方以智把人类的学问分为三个研究领域。首先的研究被称作"通几"（comprehending the fundamental beginnings/*t'ung-chi*），它在于追溯动静之物的复杂原理之起源。在此意义上，"通几"是某种哲学总论和特别的形而上学。接下来的研究被称作"质测"（inquiry into the natural characters of things/*chih-ts'e*），它在于考察具体事物的性质与趋势，根据经验证据来预测其变化规律。由此"质测"对应于现代的理论与实践科学，且如方以智所承认的，其包括声学、光学、医药学、数学、天文学。最后的研究被称作"宰理"（inquiry into principles of government/*ts'ai-li*），它在于认识政府、教育、伦理、社会伦理的原理，从而可以说对应于现代社会科学的理论及其应用。那么，按照方以智的观点，"通几"被涵摄于"质测"。[80]这意味着，哲学与形而上学被涵摄于科学研究。这一点与理—气关系的相关性在于：脱离对具体事物之具体原理的研究而展开对"理"的独立的形而上研究，这是不可能的。因此，对"理"的研究必须始于对"气"之具体情况的研究。对回答"理"的性质以及理—气关系问题来说，这是第三个要点。

不仅"气"比"理"更根本，而且对"气"的研究不可能脱离对"气"之具体性质的科学研究。方以智在那个时代是颇有洞见的，他提出，西方的"质测"是不完整的，由此人们可以对其做出进一步的研究。他意识到，总体上说，儒家擅长"宰理"而弱于"质测"。方以智强调"质测"之重要性，驳斥了宋明新儒家中的理—气二元论以及对"理""气"的空洞思辨。在"质测"中，他还为研究"理""气"开辟了道路。尽管未触及理—欲关系，但显然他一般会同情17世纪关于此问题的主流思想。也就是说，"理"与"欲"在伦理中不应分离，而应合一，其中满足"欲"是在生活中保存和达成"理"的唯一途径。

结 论

531 　　前文我们讨论了王夫之、颜元、李塨、黄宗羲、陈确、李二曲、方以智著作中的理—气与理—欲关系。他们都对理—气关系问题有所说明。其中大多数哲学家还根据理—气关系讨论了理—欲关系。就我们的分析，所有这些哲学家都在某种形而上学与道德哲学的反二元论框架内反对宋明新儒家，尽管程度有别。形而上学的反二元论的自然主义在于坚持"气"的本体在先性原理，以及"理"是通过"气"的发展而派生出来的原理。道德的反二元论的自然主义在于坚持"理""欲"实现的不可分性原理，以及自然之"欲"的天生正当与善性原理。我们把王夫之的观点作为17世纪儒家反二元论的自然主义的典型，这表现在反二元论的自然主义哲学——无论形而上学还是道德学——的每个方面。然后，我们通过将其他哲学家与这一典型进行比较，力图确定他们与王夫之之间的异同。在发展或推进王夫之关于实在与人类的非二元论的自然主义模型方面，其他哲学家似乎都有突出的表现。其中尤为突出的是，颜元给这一学说增加了实用的关注，而方以智给理—气关系提供了一种科学的图景。

必须承认，我们没有涵盖 17 世纪启蒙思潮中的每个重要的思想家。值得指出的是，我们略过了顾炎武（Ku Yen-wu）、朱之瑜（Chu Chih-yu）、唐甄（T'ang Chen）、陆世仪（Lu Shih-yi）、傅山（Fu Shan）、潘平格（Pan Ping-ke）。他们对宋明新儒家在理—气二分及其唯心主义倾向方面的观点都持批判态度。他们都强调"气"、"器"或"事"优先于"理"与"道"，以及它们在发展过程中的相互关联。其中有些思想家，比如唐甄，更进一步强调行为的实用性重于思辨。我们还应谈谈刘宗周。他是 17 世纪早期有着自然主义与反二元论倾向的哲学家；如前面提出的，他在理—气和理—欲关系问题上的影响在其弟子黄宗羲和陈确身上都有一定的体现。我们没有把 17 世纪反二元论的自然主义彻底地追溯到更早的时期，也没有追踪它们对后世的影响。但最后，提请注意这一点并非不适当的：主要是由于王夫之、颜元以及 17 世纪像他们这样的哲学家的努力，才有了后来在戴震和焦循那里演变得更为系统的理—气论与理—欲论，这些理论给儒家思想带来了新生命。 *532*

【注释】

[1] 在中观宗中可以说，正是由于"是"与"非"之间不可调和的对比，人必须超越或超脱这两者，并持续不断地这么做。 *533*

[2] 参见我的论文《新儒家的"理"：概念背景与本体类型》（The Neo-Confucian Li：Its Conceptual Background and Ontological Types），提交于哥伦比亚大学关于东方思想与宗教的研讨会，1969 年 5 月 9 日。

[3] 参见黄绾：《明道篇》；王廷相：《慎言》《雅述》。

[4] 依据本文，我们可以认为，在此讨论的 17 世纪哲学家可被视为戴震反二元论与自然主义哲学的精神导师和先驱。进一步说，我们希望这种讨论会指出包含于一般儒家思想中的基本问题，并为当代儒家哲学的重构提供思路。

[5] 王夫之：《张子正蒙注·太和篇》。

[6] 同上。

[7] 同上。

[8] 同上。

[9] 同上。

[10] 参见上书。

[11] 王夫之：《周易外传·系辞下传第五章》。

[12] 王夫之：《周易外传·序卦传》。

[13] 参见王夫之：《张子正蒙注·太和篇》。

[14] 参见上书。

[15] 同上。

[16] 王夫之：《思问录·内篇》。

[17] 同上。

［18］王夫之：《思问录·外篇》。

［19］同上。

［20］同上。

［21］王夫之：《张子正蒙注·诚明篇》。

［22］王夫之：《读四书大全说》卷九。

［23］参见王夫之：《周易外传·系辞上传第十二章》。

［24］同上。

［25］在此，王夫之强烈反对道家的这一原理：得言而忘象，得意而忘言。（参见王夫之：《周易外传·系辞上传第五章》）

［26］转引自朱熹：《四书章句集注·孟子集注》。

［27］王夫之：《读四书大全说》卷十。

［28］参见上书。

［29］参见王夫之：《四书训义》卷八。

［30］王夫之：《思问录·内篇》。

［31］王夫之：《周易外传·屯》。

［32］王夫之：《张子正蒙注·太和篇》。

［33］王夫之：《张子正蒙注·诚明篇》。

［34］王夫之：《思问录·内篇》。

［35］王夫之：《太甲二》，《尚书引义》卷三。

［36］王夫之：《张子正蒙注·诚明篇》。

［37］参见上书。

［38］王夫之：《读四书大全说》卷四。

［39］同上。

［40］同上书，卷八。

［41］同上。

［42］王夫之说："私欲之中，天理所寓"（王夫之：《四书训义》卷二十六），"天理充周，原不与人欲相为对垒"（王夫之：《读四书大全说》卷六）。

［43］参见上书，卷三。

［44］王夫之：《周易外传·屯》。我们理当注意，"欲"与"情"在王夫之那里是两种基本形式，因为"欲"是人类的自然情感，而人类的自然情感是关于人类需要和欲望的具体事实。

［45］参见王夫之：《周易外传·大有》。

［46］王夫之：《读四书大全说》卷八。

［47］颜元：《存学编·上太仓陆桴亭先生书》。

［48］参见颜元：《烈香集序》，《习斋记余》卷一。

［49］颜元：《人论》，《习斋记余》卷六。

［50］颜元：《四书正误》卷六。

［51］颜元：《烈香集序》，《习斋记余》卷一。

［52］颜元：《存性编·性图》。

534

535

[53] 颜元：《存性编·驳气质性恶》。

[54] 同上。

[55] 同上。

[56] 颜元：《存人编·唤迷途》。

[57] 颜元：《存性编·性理评》。

[58] 颜元：《存性编·明明德》。

[59] 参见颜元：《存人编·唤迷途》。

[60] 黄宗羲：《明儒学案·南中王门学案一》。

[61] 参见黄宗羲：《明儒学案·姚江学案》。

[62] 参见黄宗羲：《明儒学案·蕺山学案》。

[63] 刘宗周的观点是，盈天地之间者是气。人性之中，无非一气之流行。（参见上书）

[64] 参见上书。

[65] 黄宗羲：《南雷文定·先师蕺山先生文集序》。

[66] 参见黄宗羲：《明儒学案·诸儒学案》。

[67] 参见黄宗羲：《明儒学案·浙中王门学案》。

[68] 参见黄宗羲：《明儒学案·河东学案上》。

[69] 同上。

[70] 陈确：《陈确集·无欲作圣辨》。

[71] 参见李二曲：《靖江语要》。

[72] 参见方以智：《物理小识·自序》。

[73] 方以智：《物理小识·总论》。

[74] 按照方以智的观点，人天生最为天下秀。他认为，人的生命居于形体，而形体居于世界。（参见方以智：《物理小识·自序》）

[75] 方以智：《物理小识·气论》。

[76] 参见方以智：《物理小识·光与水论》。

[77] 方以智：《物理小识·光论》。

[78] 方以智：《物理小识·水论》。

[79] 参见方以智：《物理小识·四行五行说》。

[80] 参见方以智：《物理小识·自序》。

二十一 怀特海与新儒家的创生性范畴*

一

在熟悉怀特海的哲学尤其是体现于《实在与过程》（*Process and Reality*）一书中的体系之后，不少中国哲学家莫不表示，怀特海的哲学与中国哲学非常类似，足以与中国哲学比较参照。[1]这些中国哲学家评估中国哲学与怀特海哲学相似之处时，他们秉持的想法是，怀特海发展出了一套以"实在即变化过程"为基本观念的系统，这也是中国哲学自《易经》以降的基本观念。本文拟以方法论的考虑为着眼点，指出怀特海哲学与中国哲学之间有另一更可比较的特色。

任何哲学都应是有机的历程，也是有机的整体，而不能仅被视为一套脱离生命的、僵硬的客观概念系统。中国哲学的两大本土传统——儒家与道家，除了着力于彰显生活的理想规范之外，也希冀开拓出足以培育、转化人心以及人生的方法。怀特海把思辨哲学明确界定为：力图建构一套"观念上融贯的、有逻辑的、具有必然性的系统"以"解释经验"。但是，他的有机形而上学作为一套观念体系，在作用与效果上应具有本体论的意涵，同时应成为世界与生命体中的一个重要成分。以这种有机的哲学观为背景，怀特海的哲学与中国哲学就不仅在概念上相似，而且都主张哲学是真实的，不纯是概念

的。若被作为真实的实体看待，那么两者均可被视为足以容纳发展与创造性变化，恰如实在自身一般。因此，中国哲学与怀特海哲学的相似不是静态的比较，而是动态的互动；不是已完成的实相，而是在进展中的实相，即有待实现的潜相。中国哲学与怀特海哲学的所有潜在差异都很可能在更广大的解释系统中消融，而此系统中所有作为经验原料的观念都能各得其恰当的定位。因此，中国哲学与怀特海哲学的比较就不单纯是建构概念上相似的情况，而是借着比较的机会建立更丰富、更广博也更有意义的架构，同时架构中的分歧差异恰可彼此补足、充实，而非彼此抵触、矛盾。

---

* 本文翻译参考了如下中译本：成中英：《创生性范畴之分析》，唐洁之译，见成中英：《从中西互释中挺立》，149～173 页，北京，中国人民大学出版社，2010。

循此途径比较时，我们不可一意孤行，而无视中国哲学与怀特海哲学各自的概念有其迥异的历史源流。我们尤其不可不了解，怀特海哲学是一种根源于古希腊传统的多层面复杂结构；中国哲学则涵盖两千年之久的众多学派与作者。或许我们可以将历史追溯的观点与前述之前瞻的观点区分开来讨论。依历史追溯的观点，哲学的根源在那些难以把握的历史事实中；既然历史事实各自不同，那么从这些不同的事实中产生、成长的哲学也就必定不同。于是，中国哲学与怀特海哲学一定有内容上互不相涉而相异之处，因为两者分别牵涉不同的历史经验。举例来说，我们可指出，以"上帝的原初本质"（Primordial Nature of God）为超越实体源自柏拉图哲学，但在中国哲学中找不到与之对应的观念。我们也可指出，怀特海认为上帝的存在是"终极的非理性"[2]，其本身不可解释，但可用以解释有限世界中外表的非理性（非必然性），这样的观点源自亚里士多德的形而上学，而在中国哲学中也找不到与之完全相应的说法。我们大致可以认定，中国哲学与怀特海哲学之间的差异可以相互交融、相互包容（interprehend）（依据怀特海的精神而发明的新词），从而形成孕育新观点的基础。

本文拟主要探究在怀特海哲学与宋明儒学——以周敦颐与朱熹为主——中"创生性"（creativity）成立的互相呼应的条件。此两套哲学分别代表两套紧密关联的创生性范畴（categories of creativity）系统，用来说明现象以及我们对于变化与新事相（novelty）的经验。

这两套系统是紧密关联的，我使用这种说法并非意指两者如镜像一般彼此相应，而是指它们有共同的目标，即理解变化中的具体事物，也有一致的理解范围，即包罗世间一切；就达成生命与实在的有机图像而言，它们也有大致相同的方向。我认为，在这两套系统的宇宙论与形而上哲学理论中可发现很多相似的概念和结构；但我们也关心，存在两套系统对创生性范畴的定义、导向及说明或分析关键性的微妙差异。这些差异恰可保证我们的结论：这些范畴尽管彼此相似，但仍然属于两个不同的系统。尽管不能说明为什么存在这些差异但我们仍然能够通过这些差异来评价两系统中足以成立的优点以及可能产生的困难。我要强调的是，这两个系统各自的创生性范畴在概念及其含义上的近似，不应让人们误解从而忽略两者间的微妙差异。因此，本文将探究这两套创生性系统，特别是要关注这两套系统中的创生性这一中心概念。本文拟从怀特海的创生性范畴开始，然后转入宋明儒学的"太极"范畴，从而找到两套哲学系统在概念与本体论上的差异。

539

二

怀特海对创生性有如下描述：

> 创生性是诸共相的共相，刻画了终极的事相。它是终极的原理，正是借助这一原理，繁多才成为一种现实的缘现（occasion）：前者是离散的共相，后者是关联的共相。由繁多进于复合的统一体，乃万物之本性使然。[3]

创生性既然为形而上学的终极原理，那么就只能通过直觉来把握。这就是说，需要对具体经验中创生性之无所不在有所直觉。虽然怀特海只提到"创生性"是由繁多创生一体的原理[4]，但"创生性"显然也是由一体创生繁多的原理。正是在这种意义上，我们可以谈论宇宙之"创生的前进"（creative advance）。也正是在这种意义上，创生性既展露了宇宙的统一，也展露了宇宙的多样。

怀特海还主张，"创生性"是"新事相原理"（the principle of novelty）；亦即，借助*540* 这一原理，先前不存在的新事物得以产生。这是现实的实体（actual entities）之创生所蕴涵的活动，这一活动过程被称为"共生"（concrescence）。怀特海强调，"多成为一，又因一而增多"[5]。这是指任何一个现实实体的创生都是宇宙中的一个新事件，而任何一个新事件都可表征某类在过去"缘现"中不曾存在的性质。创生的历程永无止境，世间新事物的增加也就永无止境。为了说明万物不断地创生前进，怀特海引进了"永恒物相"范畴（category of eternal objects）。"永恒物相"的数量无限，为将新事相引入处于不断变化中的世界提供根据。"永恒物相"是超乎时间的本质，是有待在时间中实现的潜能。这些潜能不会在时间或变化的历程中被全然穷尽、实现。虽然如此，它们融入（ingress）变化的历程，为具体实体的形成提供"确定的形式"（forms of definiteness），而它们融入变化、创造之历程之所以可能，是因为怀特海所谓现实实体的"观念包容"（conceptional prehension）。就其最初融入而言，这些潜能不是在形体上（physically）而是在观念上消融于新兴的现实实体之形成。它们一旦在观念上消融，就能够在形体上消融。

由于永恒物相的存在，我们可以明白创生性涵盖了（有效的）因果性，但因果性并不足以穷尽创生性；因为我们可以对这两者做出明确的区分。因果性（即有效的因果性）仅限于"形体包容"（physical prehension）的创生，而创生性还包含永恒物相的"观念包容"，由此使原本仅为可能之事得以实现。

概而言之，创生性涵盖两个层面：第一，凡是观念、形式以及结构的所有可能性都已俱在；第二，要有动力以实现"现实缘现"（actual occasions）中若干可能的秩序、形式或性质，而这种动力在所有现实实体中都是生来就有的。这两个层面解释了世间何以出现且持续不断地出现新事相。而就究竟为何存在现实性或现实实体这个问题而言，怀特海形而上学中的创生性意指由纯粹可能性转化成现实性的**终极**必然性；在秩序、结构与性质尚未受限、尚未确定之域，创生性即是把它们予以现实化与确定的动力。它是持存与流变的永恒统一。怀特海把"对于所有可能性之综览"（the envisagement of all possibilities）称为"上帝的原初本质"，把演进中的一切现实性之无所不包的形体包容称为"上帝的继生本质"（the Consequent Nature of God）。上帝既然为一，我们为何不说"现实化的可能性"（possibility of actualization）与"可能性的现实化"（actualization of possibility）亦为一？我以为，不妨将怀特海的"上帝"视为只不过是对创生性终极原理的权

宜之名，这种原理是关于一种无终始的、开放的变化历程的。在此变化历程中，因果性 *541*
不过是现实实体自我形成的一种模式。如此，我就修正了怀特海明确表示的看法，以支持我认为其观点中蕴涵的更深层意义。

在怀特海哲学中，既然"现实缘现"（或"现实实体"）这一概念对说明包括因果作用在内的变化是关键性的，那么我们就可留意"现实缘现"的若干基本特色。首先，一个"现实缘现"就是一个经验单位。它是一个经验中的主体，是一个由自身经验所构成的主体。经验并非他物，而是对其他现实性与可能性——它们有助于该现实实体的形成——的掌握或融会。用怀特海的术语来说，经验就是包容（prehension），而包容就是要产生关联，就是要接受相关事物（对自己）的构建。因此，"现实缘现"或"现实实体"就是包容与经验的中心。"现实缘现"借助其经验来界定自己，因而"现实缘现"的任何事物都必然能够作为经验主体来构建自身，尽管这些经验不必以人类心灵与人类情感的方式被有意识地表达出来。

怀特海还有构想现实性的另一种方式：现实实体是经验的诸细节"聚合成长"（growing together）为一体的结果。现实实体不断地生成，共生。它是通过经验而形成的一个统一的、有组织的实体。不过，在此必须注意，经验无法被客观地指明。经验始终是某种条理化的、生命的力源或动力中枢。这种力源或动力中枢既是经验的主体，也是其所经验内容的统一体；这必须被设定为本体的一项基本事实。其实，怀特海采取的是一种关于实在的"单子论式的"（monadological）观点；只是在其宇宙论中，单子（monad）是生成变化的中心，其形成是由于关联与包容的创生的、开放的作为，而不像莱布尼茨的"单子论"那样是封闭且无窗户的实体。

由此显然可见，虽然对怀特海而言创生性范畴是终极性的，但对经验加以合理的说明并不需要存在的诸范畴——尤其是"现实实体"和"永恒物相"这两个范畴——来补足。可以说，创生性与同属"终极范畴"的另两个层面"一"和"多"是不可分的。甚至可以说，"一"是规定"现实实体"的原理，而"多"是规定"永恒物相"的原理。在此意义上，"现实实体"与"永恒物相"两者都可说参与了形而上理解的终极性；创生性则可被理解为促成"一"与"多"达到动态统一的原理，于是创生性可自"多"产生"一"，也可从"一"产生"多"。由此可以推论出，"一"与"多"是创生性的两面，同时展现于我们对和谐一致之生成的经验中，图示如下： *542*

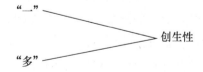

因此，既然怀特海说"上帝的原初本质"就是对所有永恒物相之综览，而"上帝的继生本质"就是对所有过去的现实实体之包容，那么我们又何妨将"上帝的原初本质"当作"多"，视"上帝的继生本质"为"一"，因而将上帝视为创生性自身呢？"一"与

"多"实际上不可分离，仅就此而论，上帝就是两种本质的统一，即原初的"多"与继生的"一"之统一。当然，我们没有理由反对"上帝的原初本质"不可有其"一"，而"上帝的继生本质"不可有其"多"。"一"与"多"在创生性中交错杂糅，因而"上帝的原初本质"与"上帝的继生本质"也应在上帝中交错杂糅。这点当足以说明，何以现实实体所构成世界的存在与演进方式正是我们理解世界的成果。世界并非由上帝开端；世界的存在不应从某种终极的起源中衍生，只要世界不时地展现创生性以及万物之创生的前进，那么世界自身就是终极。因此，倘若没有"现实实体界"与"永恒物相界"，那么创生性就不能被充分地说明。

由对怀特海创生性概念的分析显然可见，"终极范畴"（Category of the Ultimate）不可能被离析为各自独立的三面；终极应该只有一个，即表现出由"一"至"多"、由多至"一"之生成变化的创生性终极。怀特海关于存在的诸范畴可仅被视为对创生性的一种解说，是在经验中揭示的创生性实现的种种形态。在此意义上，存在的诸范畴源自创生性终极。现实实体是创生性的具体呈现。另外，"永恒物相"是内在于创生过程的、创造性的潜能形式。"永恒物相"提供了"多"与"一"的形式，因而确定并构成了"多"与"一"，从而内在于既定的创生性终极。类似地，"事实上的潜在决断"这一主张必然内在于既定的创生性历程与动力。包容与主观目的既然是现实实体在创生进程中成为现实实体的方式，那么它也就是现实实体的创生模式。因此，包容范畴（the Category of Prehension）可同时作为两条原理：一为创生性具体运用于宇宙经验的原理，一为从属于普遍的创生性终极的原理。

543

至于其余的存在范畴比如"关联范畴"（Category of Nexus）、"多样性范畴"（Category of Multiplicity）、"对比范畴"（Category of Contrast）等，都必须被视为诸永恒物相之间彼此相待的模态和方式，这种相待模态和方式是与某种给定的现实缘现背景相关联的。显然，"关联范畴"意在用于一群相互关联的现实缘现的结合（状态），正如"多样性范畴"意在用于有别的现实实体的离散（状态）。因此，它们是彼此对照的，是指涉复杂状况的两种模态。最后，"对比范畴"是使现实实体中的种种差异产生关联的方式，这种方式可以增益我们所知世界的深度与意义。事实上，对比或对立作为一种存在模态，可以说是通过"关联范畴"与"多样性范畴"的关联而得以说明的。

基于以上论述，怀特海所有的存在范畴可以说都是在表现处于现实化中的创生性；它们只是揭示出潜存于创生性本身中的现实丰富性。可以说，所有的存在范畴都是在逻辑上明确创生性的形式与内容。情况并非创生性创造出以这些存在范畴来描述的事物与形态，而是创生性的动力在这些存在范畴中得以具体化。

其实，我们不妨下结论：所有的存在范畴都可被明确为终极范畴的各个面相，而终极范畴又构成了有机的统一体，从而所有的存在范畴之间应该有着有机的统一性。遗憾的是，对于各范畴之间的关系，怀特海不曾勾勒出一幅明晰的图像。他甚至有将各范畴视为逻辑上互不相干的概念之倾向。但事实上，所有的范畴都应用于同一对象，即创生性原理或创生的前进。一旦了解这些范畴间的一体性与相互依存性，我们即可发觉怀特海哲学中的平实简易之处。这些范畴所具有的严谨性，甚至必然性与一贯性，也都将会为我们一一领会。这些特质之可能存在的唯一条件就是，这些范畴必定源自对创生性中终极的平易单纯与整合统一所产生的体验，亦即我们切身感受体验到的终极经验。若进一步探究怀特海的体系，当可发现其既隶属于宇宙论的界域，也涉及本体论的内容。因其适用于经验界，故就其意图而言其有宇宙论的规模，但就概念的层次而言则其又是本体论的。终极范畴并不是演化而成为存在之诸范畴的。终极范畴说明了存在之诸范畴，其本身也为存在之诸范畴所说明。可以用怀特海的术语，形成如下图示：

544

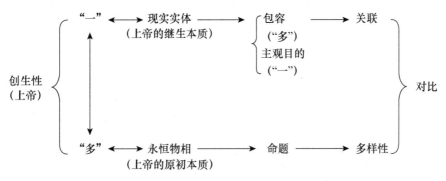

三

如果以前文的方式来诠释怀特海的思想，那就似乎颇接近自周敦颐以至朱熹等宋代大儒的一般见解。具体地说，可以认为，怀特海达到了著名的《太极图说》所代表的观点，这种观点是由周敦颐发展出来的，而为朱熹及其他宋明儒者普遍接受。下文即将阐释体现于新儒家《太极图说》以及朱熹著作中的形而上观点，力求将之与怀特海关于"创生性"及其诸范畴中的形而上见解相对照。我将先探究新儒家体系中"太极"以及其他相关的创生性概念之含义，以探索创生性范畴，并说明怀特海的创生性范畴与新儒家的创生性范畴之间如何相对应。

首先，必须指出，宋明儒家自觉到极有必要实现概念的有机统一。不消说，这是因为他们对作为整体的宇宙人生之有机统一具有某种本然的意识。因此，所有的基本概念都或多或少被自觉地表达出比怀特海哲学更具内在有机关联性。所有这些概念形成了一个由互通相依的成分组成的统一网络。各成分之间虽然相别，但仍保持着辩证的流动性与开放性，由此它们可以互相充实、支持，而非互相排斥、疏远。它们都源自对统合整体的核心体验，意在涵养和加强在实践生活中对整体性与统一性的本然意识——这是怀特海很少关注的方面，原因在于怀特海认为形而上学（宇宙论）主要是思辨的，而实践的一面则不甚显明。

在《太极图说》中，周敦颐对作为过程的实在或作为实在的过程做出了如下设想与见解：

> 无极而太极，太极动而生阳，动极而静，静而生阴。静极复动，一动一静，互为其根，分阴分阳，两仪立焉。
>
> 阴变阳合，而生水火木金土，五气顺布，四时行焉。
>
> 五行一阴阳也，阴阳一太极也，太极本无极也。五行之生也，各一其性。
>
> 无极之真，二五之精，妙合而凝，乾道成男，坤道成女，二气交感，化生万物，万物生生，而变化无穷焉。[6]

以上短文涵盖了宋明儒家思辨哲学的所有基本范畴与根本观念，这一哲学具有必然性、一贯性、系统性。其中的基本范畴是：太极、无极、动静、阴阳、乾坤、五气（五行）、气、生、性、万物。在始于《易经》的整个儒家传统中，"太极"显然是最重要的宇宙本体论范畴。我认为，"太极"确实是派生其他一切的形而上原型。在此意义上，"太极"与怀特海的创生性相应。不过，随着"太极"概念的展开，我们会看到，其所包含的许多观念可以阐明创生性的性质，为解决怀特海形而上学中如何联结各范畴的困难提供线索。

怀特海表示，创生性是不可解释的终极。我们能否同样把"太极"构想为不可解释的？《易经》中"太极"一词的提出者提供了对自然人生之变易的适当理解与体验，但并未表示，"太极"是有待在这样的背景中予以解释的。"太极"是对偶交替的律动。它涵蕴新事相，在具体的事物中呈现。"太极"又是时间的本质，正如时间是创生性的本质。在同一时间内，"太极"既简又杂，既易又难。不过，杂每自简始，又归于简；难每自易始，又归于易。太极也有自身的层次结构，但其层次不可被死板地界定，须针对个别的事物而予以独特的解悟，因而可保持开放而不僵化。太极无所不包，其涵容最广博，开拓最深入，根基最稳固，呈现最显明，理路最精微，诠释最穷尽。太极成就事事物物，但本身却活动不已，处于反复辩证地未完成的状态，同时也不能完成。最后，太极正是至善展现、自然实现自身之处。太极不但与生命、生活合而为一，也与生命、生活的潜能——所有组成、界定、增益生活和生命的事物——相同一。

既具备对变易的这层理解与体验，"太极"即指变易之本质，以及变易所需的创生力与其过程。因此，太极可符合说明与描述的标准，同时遵循"从简易到复杂"的创生变易原理。因此，《易·系辞传》有言："《易》有太极，是生两仪，两仪生四象，四象生八卦。"两仪即阴阳或乾坤（辟原理与翕原理）；四象指由两仪组成所得之四种排列形式，八卦则指由四象增一爻后所得之所有八种分殊的形式。若再增三爻，即再予以分化，即可得出六十四卦，此可由《易经》经文中看出。周敦颐以太极为生成之终极，及万物所有变化与配置理序的终极原理，显然也是承袭同样精神的发挥。

其次，对"太极"的理解可透过一套形而上学的格局来把握。此格局之完成，在于对下列诸条件之认识：（1）"太极"涵盖理则与创生性；（2）"太极"包含既决与未决；（3）"太极"的内容无限，无法穷尽，同时又维系新事相的孳衍；（4）"太极"不可与由个别事物及事件所形成的现实分离；（5）虽然"太极"不与任一特定的存在体相同一，但任一特定的存在体都自"太极"得其理则，同时在"太极"中有其分位。只要我们明白这些条件，我们就会明白何以"太极"被理解成万物之终极的缘起与终极的根基。"太极"不仅是宇宙生成的起源，而且是永恒持久、永不磨灭的"生成中的存有"与"存有中的生成"。"太极"之所以被称作"极"，即指太极之外，别无他物；存有与生成除了"太极"之外，别无其他基础与根源。

周敦颐在使"太极"的概念更加明了可解而易于玩索把握方面有一项重大的贡献，较之于《易经》实有过之而无不及。他引进"无极"一词作为"太极"之另一层面，因而可说明"太极"何以具有前述之太极的意义。"太极"之外没有任何"极"可言，既然没有极，正是"太极"之所在。这也是《太极图说》开宗明义第一句"无极而太极"的本义。[7]朱熹对这句话有如下之解释："太极却不是一物，无方所顿放。故周子曰'无极而太极'，是他说得有功处。"[8]但朱熹对"无极"的解释也有其限制：如果"太极"真如朱熹所解，则周敦颐一定会选择"太极而无极"的说法。周敦颐提出"太极"并不是纯粹为了避免他人将"太极"视为一物件看待。"无极而太极"显示出"太极"是原始、潜在、创生的活力（冲动），不在任何存有物中衍生，而通过"太极"本身之无形、无定的本性被给予，而"无极"一词恰可表达此种意涵。"无极"是绝对、无形、无定的潜在，总是在生成变化为实在，对动静及万物皆属必要。因此，"无极"所代表的是在我们有任何知觉之先存有与生成的原始统一状态。但因为无极也可被视为具有实现实在的能力，所以"无极"遂成"太极"——实在之自我实现的开端。此处应特别留意的是，周敦颐点明了"太极"的自我创生本性，同时，也将太极与变化之任何一个过程的实现视为一事。

对"太极"的解说，还有最后一道线索有待阐述。朱熹表示"'太极'是天地万物之理"[9]。不论《易经》作者还是周敦颐，他们都不曾用理来解释太极。理这一范畴是由二程传至朱熹的。程颢与程颐的理范畴系指世间万物之可知解的性质与合理性，还可被解释为万物整体中一物之"如其分"。因此，"理"这个字实蕴涵了外在的构成形式与内在的组织结构。同时，对理的正确了解也应将理视为预设了实在的有机统一。

"太极"既然被视为实在的有机统一，就应如周敦颐在《太极图说》中所说，与阴阳之律动既已合而为一，实无异于将"太极"视为创生性的中枢，借阴阳交替反复的变化过程而创化演进成具体实在的生生之力所具有的基本原始形态。五行与阴阳虽然同属生生之力的具体形态，但五行处于较阴阳之过程更为分化的地位，且五行从阴阳中深化而成，因而五行也导源于太极。值得留意的是，一方面，五行系实在中非常明显可见的形态，另外，五行又不属于任何特定、决断的殊相。五行系无形无状的力量，彼此间有质性的差异，而为个别物件或事件之成形所需的直接材料。因此，五行不可直截了当地作为事物的样型，而应被视为已分化的力量，随时可成形为事物。五行之间也有有机的关系，因为五行交相作用，彼此影响，交错杂糅，从而实现种种殊化的现象。就整体而言，五行是阴阳过程的展现，而阴阳过程本身也是太极的体现。因此，太极与五行实为一体。

促使太极导向阴阳的形态，从而分化为五行之物，是属于气的本性。宋明儒家主张，气内在于太极，甚或构成太极的本质；此看法可有力地支持以下结论：创生性与演变中的事件所形成之具象整体实在不分彼此，且两者既在外延上等同，又于时序上一致。至于气，其古义指未定的质体，宇宙中所有的个别事物都从气中产生、成形；由此可知其有相当丰富的意涵。气不具形相，却为所有形相之根。气乃万物之本源，又是已成形之物必将化解成的终极所在。气非固著静止，而永处变动之境。气可被理解为生成的流动状态，通过自然事物与自然事件的实现来彰显自己。不过，气的最佳解释，当为不定的、无限制的"生成中的质料"，经由阴阳交替反复、交错杂糅的过程所触发的内在动力，五行遂生；再经由五行的交合与相互作用，万物遂生。

关于气，有下列若干重要事项需要注意：（1）气起初以纯粹同质、无定的姿态出现，而逐渐分化、异化。（2）气中转形与变化的动力为气所固有，而非得自外在，毕竟气之外实已无他物可言。（3）"气—创生性"（ch'i-creativity）导向分化与异化的过程和结果，并不足以穷尽或取代"气—创生性"原本无形未定、同质浑化的自然状态。就第一项特质而言，气与太极实为一物。就第二项特质而言，气既有阴阳二态，又可借五行得以彰显，仅此而论，气实乃创生性之本质。就第三项特质而言，气的无定性与同质性无所不在，充塞于具体实在，使得绵延不断的创生变化得以维系、持养。因此，程颐有言：

> 冲漠无朕，万象森然已具，未应不是先，已应不是后，如百尺之木，自根本至枝叶，皆是一贯。[10]

宋明儒者认为虚、静、实在中之物、事之创生进展及落实具体化在本质上完全同一不二，这种见解实乃宋明儒学中最重要的创见，不禁令人想起大乘佛学中天台与华严二宗将"空性"（sunyata）与"因果"（karma）视为同一。但对宋明儒者而言，重点在于"实际存在体"的创生性与创生性本身未定的根源及动力相比较，真实程度毫不逊色。事实上，两者被视为彻底地交错杂糅、缠绕不分，而居处于阴阳的对立统一中。宋明儒者与佛学学者异曲同工，他们都主张此对立统一的本质在于创生性以及事物与生命的创生展现。他们也强调，无形与有形之间并无障碍，亦无间隔，两者完全消融潜入彼此。这正是我之所以要说，太极自阴阳深化至五行不只是宇宙变化的历程，也是本体结构的范型。关于这个层面，怀特海于其宇宙论之探索中未能予以彰显。

四

前文已述及朱熹将太极与理视为同一，也用理来解说太极。我们解释：理作为一种结构与秩序，其与人类知性（理性）相符合，也与人生及自然的普遍事迹相协调。太极若深化为气或气之活动，则显然理与气也必须紧密交合，如同一物之两面。这基本上是朱熹和程颐对理与气之关系、或太极与理之关系以及太极与气之关系所持的主张。朱熹有言："天下未有无理之气，亦未有无气之理"[11]，"有是理，便有是气……但有此气，则理便在其中"[12]。朱熹虽然持"理气相依"的说法，但却不曾明白表示理气之根本一元及统一。事实上，他不免有将理气视为分离的二体、只是恒常地结合为一体的倾向。他甚至赋予理较气优先的地位，因而使气成为理的创生后果。他说："有是理后，生是气"[13]，"先有个天理，然后有是气"[14]，"此本无先后之可言。然必欲推其所从来，则须说先有是理"[15]。

"理先于气"可能仅为我们知性解析的顺序，不过，我们也可认为，朱熹所理解的理，在某种意义的本体论次序中也先于气。此见解与周敦颐的《太极图说》有根本的差异和冲突。《太极图说》中明白地表示："五行之阴阳也，阴阳一太极也，太极本无极也。"因此，气若由理生，则气即理，理即气，两者必然合而为一。因为，就生命与自然所构成的具体实在而言，理与气实为不可分之一体，朱熹或许有充足的理由将理气二分，而视理为理想的法则，视气为人与人心的形成过程中自然而既定的实在。如此遂使人可勉力不涵养自修，同时也使恶之缺憾得以解说。但是，一味贬低气在世间一般事物形成过程中的地位，这一点没有充足的理由可以成立。世界既是一结构，也是一过程。变化过程不曾一刻脱离结构，结构也未曾脱离具体变化过程而独立存在。因此，理气并不是二元对立的关系，而只有于创生的统一中，方可见两者之分际。变化之始与终皆在于此。

张载对理气之原初的创生统一的体认，或较朱熹更为贴切。他明确主张，气乃实在之终极，其始终将阴阳消长之变化显现为创生性的两种模态。张载的宇宙论中，"理"不是先于气的。因为他以太极为太虚，他说："游气纷扰，合而成质者，生人物之万殊，其阴阳两端，循环不已者，立天地之大义。"[16]事物的创生并不是理强加于气的结果。事物乃自然地体现，而具有可为人进行理性的了解与分析的地位。因此，理充其量内存于气，作为牵制、规范、塑形的力量。不过，就太极被理解为通过气的自然律动而取得健动的性格而论，太极的概念具有深远的意涵。

我们不妨问：统一于太极中的理气，如何引入并孳生已潜在于此统一中的繁多各异的可感觉性质（sen-sible qualities）？亦即："太极"如何从其极其简易的初萌状态导出世间极其丰富的类型与殊相的分化状态？答案是："太极"意外地发展为各式各样不同的真正存在体，新旧杂然。气汲取了多样性，而可于适当的场合衍生某类特定的多样组合。为了宇宙万物之生，我们必须了解太极含有万物初生之机，借阴阳消长的创生过程

550

而得以不断演化。但这既不表示万物之多样性在太极中已完全确立，也不表示太极的存在或动静中包含了确定性的所有形式（即怀特海式的"永恒物相"）。恰好相反，"太极"的"无极"意味着物之始生时无确定可言，唯有通过"太极"的刚健运行方得以

551 渐次地将确定完成。从未定到确定的运动即是创生性之意涵。同时"现实实体"的确定，也不足以动摇或穷尽"太极"的原初、自然的未定，而此未定实为太极中"无极"的永久本性；仅此而论，在万物的创生变化中将永不乏新事相的出现。事物之每一种确定与成形都是"太极"之创生性的完整的证据与生动的阐释。因此，朱熹说："物物一太极。"[17]我们实不妨将支配确定与未定之间关系的原理称为"终极的或普遍的创生性原理"（Principle of Ultimate/General Creativity）。

在宋明儒者（也可说一般的中国哲学家）的心目中，世间万物特殊与确定模态从一开始即为阴阳消长交替之下的对立和鼓荡。"太极"实不外乎阴阳二力之长久统合。因此，阴阳二力不是作为"太极"简单的静态而存在（aspect de situ）的。阴阳律动既内在于"太极"，也内在于彼此；既不是机械的作用，也不是周期的循环；而是创生前进的过程。它涵盖了事物的样式与种类的具体实现，当然还包括其分化与殊化的过程。于是，此创生过程衍生五行，五行在阴阳的律动中行动、开展，遂生世间万物。我们须留意，生生创生性的分化、殊化及具体实现的过程不是漫无规律的随机事件，而具有内在的理则和层次，它通过具体事物挲衍的过程而得以开展、实现。

更具体地说，个别事物的理则和结构，其开展根据由易趋难、由简趋杂的基本律则来进行。分化伴随着整合，殊化伴随着普遍化，实现的过程也与负向创生（negative creation）或反具象化（deconcretion）过程并行不悖。每一个创生的律动都以阴阳之势能为构成之基元。《易经》中三爻所成之八卦与六爻所成之六十四卦的符号系统意在展现及举证出世界的创生过程、事物的挲生以及原始的阴阳律动之圆成与其层级成序的理则。《易经》中的这个过程表示：人世间或自然界中的任何一种事态，不论如何复杂、独一无二，都是从简易之始衍生，同时遵循阴阳的律动，而且也都各具结构，可于"太极"变化的整体系统中得以理解。此外，我们还需要留意，因实际世界之创生而使"太极"

552 发生分化，但"太极"之不可分化的一体性并不因此而被排除在外；新元素如"永恒物相"，也不会因此而从一超越的根源中被引入。分化与整合仅为表现和成就太极之丰富内涵的模态及途径。我们可以将节制"太极"的创生性模态的这一原理，称为"相对的或具体的创生性原理"（Principle of Relative/Specific Creativity）。

《易经》对创生的过程与结构同样重视。《易经》根据六爻的排列与解释所代表的若干有经验意义的原理来对变化的先后始终予以结构上的说明。[18]不过《易经》不曾将这些原理以系统贯之，也不曾指明具体事态的确定结构和其间关系的理则。直到宋明儒学兴起，显示变化过程的内在结构和外在理则的系统才相继开展。譬如：邵雍就推演出一套精微繁复、精辟独到的此类系统。这里，我们须留意的重点是："太极"、阴阳的

"创生性"有其遵从合理性的内在结构和外在理则，同时也可为人类知性所理解。说得精确些，具体存在体及其生成结果本身具有某种形式和结构，足以决定自身为何物。在宋明儒学中，理的概念之所以居关键地位，必须就上述之意义予以领会。"理"是万物整体中一物之如其分。使一物如其分的，正是该物之结构或形式。前文已提过，朱熹主张：在解悟变化过程中，理具有十分重要的地位。虽然理可提升至本体的地位而成为变化的基础，但理仍不与气分隔，而应在"太极"中与气形成有机的统一。

正如朱熹所主张的，物物皆有其理。因此，或许会有人以为，理恰如"永恒物相"一般，其作用在于决定一物之形式。但针对此看法，我们必须提出两个重要的论点：

第一，理可被视为具体事物之形式与结构的赋予者。但理不可与万物所由生之气相隔。气并不比理欠缺任何"永恒物相"的特质。因为气作为未定之原理，遂包含实现过程的所有可能性。但我们或须留意：理与气都具有类似"实际缘现"的特质。因为两者都有创生的动力，足以实现事物及事态。因此，将理视为唯一类似"永恒物相"的见解是错误的。较佳的见解或许是：理为了一物之气化（实现），联结了赋形之力量与怀特海的"主观归趋"之力量。就理之有机的结构来考量，此足以使我们断言：有理之物即是怀特海哲学中的"主体（subject）—超体（superject）"。

第二，理与理性的解悟有根本的关联。二程与朱熹赋予理本体的意涵，此意义之理，就是被回溯的理性解悟后所通晓之事物的形式与结构。理作为原理而言，要求物物皆有理。也就是说，万物都在太极中有其根源，太极即含万物之运动。此外，物物皆可探本溯源至气之整合与分化的种种模态。按照此义，理就如怀特海的本体原理，是使得万物之有机的统一以及对此统一的理性解悟之所以可能的根据。于是，我们可直称："太极"之创生过程中潜在的理是"理性的创生性原理"（Principle of Rational Creativity）。

前文已说明，宋明儒者如何理解创生性，以及理解创生性所需的根本范畴如何辩证地、有机地相互关联，从而实际上合而为一个整体。此整体中没有一个范畴是外在的，而且除了借此整体（"太极"）之架构以说明各范畴外，任何其他的说明皆属多余。前文分别提出的三原理，似已提供了充足的理据，使我们可就周敦颐和朱熹的形而上学所显现之诸范畴来理解"太极生万物"，而无须引进其他范畴。

宋明儒者心目中创生变化的过程，可用如下图示来说明：

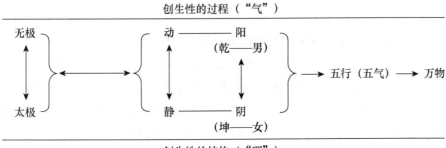

图中双箭头表示相互内在和交互的可转化性。单箭头一方面表示趋向殊化与分化的创生的前进，另一方面代表普遍化与整合的过程。分化与整合两者都是创生性不可或缺的要素，同时两者涵盖面一致，时序也完全吻合。创生性所有这些内在断面片刻的统一，可从理与气之无所不包的大一统中见其端倪。其中，理与气通过条理井然的解悟和终极的生命体验所组成的兼容并包的层级体系，将新异与理则、变化与恒久、存有与生成作为一个整体具体地展现。

五

554

此时，我们要问：宋明儒学的创生性范畴体系与怀特海的创生性范畴体系，空间如何比拟相较、相互对比？为了避免重复前文已论及的两者创生性范畴的近似之处，我们不妨就创生性的本性来指明这两个体系中的明显差异。这将足以引出具有相当丰硕成果的探究和讨论：

1. 创生性在宋明儒学的体系中比在怀特海的体系中更为彻底。"太极"是创生之终极，其涵容所有的可能性，与我们所体验到的创生前进的过程殊无二致。确定过程的差异、多样、突出以及动力，都是从"太极"之创生本性中遵循自然而然的方式所孳生演化而得。然而，怀特海必须将一与多引进终极范畴与"永恒物相"范畴，作为确定过程的形式，以与创生的作用力截然区别，甚或超越之。不过，他也提出了"上帝"概念，似有意将"永恒物相"与"实际存在体"一统于其中。但对于宋明儒学之"太极"所注重的创生性的内发律动和内在本性，怀特海却没有强调。

2. 为了说明新事相之孳生与万物之多样，宋明儒者将分化和整合的过程作为孳生的来源与动力。"多"不是从"上帝的先得性"中导引出的既定之相，而仅被视为太初之一（"太极"）之实现的一模态。此见解自然会导出宇宙间万物都相互关联的结论。可经由理性解悟的孳生原理，加上终极的创生性原理的共同作用，万物才得以从同一的创生过程中有机地孳衍而出。不论是新异、简易，还是秩序、众多，"太极"都可同时一并保存。如此就不必诉诸"永恒物相"并将之视为新奇事物的根据，这一根据的存有角色（ontological status）仍十分模糊，且其实际存在取决于现实存在之万物的整体结构。

3. "太极"之所以能够延绵不绝地创生，创生过程的两极对立的结构是其一个特殊原因。在宋明儒学系统中，我们处处可见如前一图示所显示的、对立两极彼此交错杂糅所得之创生果实和创生能力。由此我们可推想，宋明儒者认为，经过反复的螺旋式上升

555

所成的对立二极的变化，是实际行动中创生所具有的最简易也是逻辑上最清晰的图像。虽然，怀特海明了"理想的对立"（Ideal Opposites）对说明创生性十分重要，但就现实、具体以及交互关联的对立二极所生之创生变化而言，他没有建立一套标准的典范加

以分析和说明。当然，在怀特海的系统中，种种对立依然存在，例如"永恒物相"与"实际存在体"、恒久与流变、"上帝的先得性"与"上帝的后得性"、一与多、理则与变易、新事物与旧识、分立与合并、自由与必然、喜乐与忧愁、善与恶、上帝与世界等。然而，关于此类对立的终极调和以及相互的转化，则既缺乏强调，又少有提示。怀特海所缺少的并非"现时特事中生成变化之调和"，而是"过去、现时、未来的所有事物间交错杂糅，以及生成变化所化生之调和"。此即：像"太极"之生成中所呈现的不定与确定之间的调和仍付诸阙如。

4. "太极"中万物之生成变化和交错杂糅既已完全调和，就可明白看出，人尤其可被视为自"太极"的演化而成的创生诸力的调和与统协之一例。此外，人类、宇宙同终极实在之间有原始的统一与亲和，这也是显而易见的。只要我们将每一刹那和人类经验都理解为一个"实际存在体"，而此"实际存在体"是通过宇宙之创生的统一及其过程来把握的，那么我们就能通过人类经验的创生统一及其过程来理解宇宙。因为"太极"从未在现实世界中孳衍出任何在活跃性与复杂性上相当近似人类的物体，所以探索人类以求理解"太极"的创生诸力，这一想法可在"太极"的创生性中识见。尤其是，人类可因回应、参与"太极"的创生前进而开拓、完善自我，而不仅仅满足于成为如此创生前进的成果。

人类与其外之大宇宙之间的交互作用及交错杂糅，就是"太极"之创生性的一个具体实例。人对此具体实例的创生性可以有深切的体验，因为人也是一个宇宙性的存在体。宋明儒者恪守《易经》中的古老传统，对于"太极"中的创生整体中以人为创生实体的道理，刻意钻研以求其精。于是，许多人性创生性的范畴得以拓展，如一再使用的性、情、心等字眼便可为佐证。尽管这里无暇讨论这些名词的含义，但我们已足可以说，怀特海缺少对人性的如此关怀，此可反映其创生性系统的偏差，以及其系统对创生性本身的丰富内涵缺乏内在的体会与赏识。

5. 宋明儒学的创生性系统地提出了若干与理解创生性有关的范畴，这些范畴相互界定而且彼此护持。如前文所说，甚至"太极"范畴，以及各过程与各事物（或各事物的世界）所成立诸范畴，也互相护持，并且预设彼此，使各范畴都能为人所理解；同时，这些范畴也互为彼此存在、生成变化的根据。如前文所述，宋明儒学中的其他形而上基本范畴也在概念上相当深固地相互依存；事实上，多数宋明儒者都主张，不同的名称可应用于不同的界域来指称同一实在。在描述"创生性"的形而上语言中，永远存在统一的基准，以便将各自迥异的哲学用语加以汇合，一以贯之。不论早期的新儒家还是如王阳明等晚期新儒家，莫不皆然。王阳明就主张，其学说中的基本词汇都形而上地指称同一个终极真理。[19] 于是，哲学的系统遂成为有机的统一体，指引并展现世界与实在的有机统一；而哲学系统则是表现这种统一的象征。

宋明儒学的范畴间所形成之有机的统一，似乎无法在怀特海的创生性系统中察觉

556

到。怀特海的范畴似都只是平等并列，而无任何对范畴间的相互依存所做的明显着力的证明和肯定。在怀特海的体系中，各范畴之间的关系，不像宋明儒学中那般，而是彼此既不相互生成、相互融入，也不相互缠结。怀特海有意将各范畴之间的关系通过演绎（即逻辑）关系来表达，而不诉诸变化和创生性所交织成的广博的经验网络。因此，生命与心灵的具体事相被抽象地对待，且被置放于理性的观念秩序中。于是，一旦溯至终极的诸范畴，人们就必然与无法解释的无理性或非理性觌面。或许怀特海的思辨哲学过分追求逻辑的明晰、概念的精确以及系统的明细；而思辨哲学在本质上应保持丰富的不精确性与模糊性，但其又动态地具有意义。因此，怀特海关于过程的实在原理的精辟见解，时而进入死角而无法另辟坦途以求转圜，从而引发他人的疑问，进而产生对立与矛盾，动摇其概念的确定性。

【注释】

[1] 参照方东美、唐君毅、谢幼伟等先生的著作，我们可以证明，循着怀特海的创生性概念可发掘出因果关系的创生性与有机性的说明。这项对因果关系的新见解与中国传统对因果关系的看法大同小异，基本上是因为中国传统的看法系基于一套广博的创生性哲学。这点恰可说明怀特海哲学与中国哲学观念的相近之处以及其中蕴涵的意义。（参见我的论文《中国哲学中的一个因果性模型：一种比较研究》，即本书第 2 篇）

[2] 参见怀特海：《科学与现代世界》（*Science and the Modern World*），纽约，麦克米伦出版社，1925。

[3] 怀特海：《过程与实在》，纽约，1957。①

[4] 怀特海说："存在体的本性，使其从分离的多经由通道的过程汇成聚合的统一。"（同上书，32 页）

[5] 同上书，32 页。

[6] 周敦颐：《太极图说》卷一。

[7] 陈荣捷将"无极而太极"译作 The Ultimate of non-being and also the geat ultimate。我已于另一篇文章中指出，此句若如此英译，则根本忽略了中文"而"字的生动力量。［参见我对陈荣捷所译《近思录》的书评，载《东西方哲学》（*Philosophy East and West*），第 20 卷第 4 期（1970）：623 ~ 627 页］

[8]《朱子语类》卷七十五。

[9] 同上书，卷一。

[10]《近思录》。

[11]《朱子语类》卷一。

[12]《近思录》。

[13] 同上。

---

① 英文原版书中注释信息不详。

[14] 同上。

[15] 同上。

[16]《近思录》卷一。

[17]《朱子语类》卷一。

[18] 参见《易·序卦传》。

[19] 参见我的论文《王阳明心学中的统一性与创造性》，即本书第16篇。

558

索　引

图书在版编目(**CIP**)数据

成中英文集. 第五卷，儒家与新儒家哲学的新向度/成中英著；阮航译. —北京：中国人民大学出版社，2017.5
 ISBN 978-7-300-23715-2

Ⅰ.①成… Ⅱ.①成…②阮… Ⅲ.①哲学-文集②儒家-文集 Ⅳ.①B-53②B222.05-53

中国版本图书馆 CIP 数据核字（2016）第 285586 号

成中英文集·第五卷
儒家与新儒家哲学的新向度
成中英 著 阮航 译
Rujia yu Xinrujia Zhexue de Xinxiangdu

出版发行	中国人民大学出版社			
社 址	北京中关村大街 31 号		**邮政编码**	100080
电 话	010 - 62511242（总编室）		010 - 62511770（质管部）	
	010 - 82501766（邮购部）		010 - 62514148（门市部）	
	010 - 62515195（发行公司）		010 - 62515275（盗版举报）	
网 址	http://www.crup.com.cn			
	http://www.ttrnet.com(人大教研网)			
经 销	新华书店			
印 刷	涿州市星河印刷有限公司			
规 格	185 mm×260 mm 16 开本		**版 次**	2017 年 5 月第 1 版
印 张	26.75 插页 3		**印 次**	2017 年 5 月第 1 次印刷
字 数	543 000		**定 价**	108.00 元